W0282303

2002'de Oxford Üniversitesi'nde tarih doktorasını tamamlayan **Yuval Noah Harari**, hâlen Kudüs İbrani Üniversitesi Tarih Bölümü'nde dünya tarihi dersleri vermektedir. 2014 yılında yayımlanan *Hayvanlardan Tanrılara: Sapiens* 40'tan fazla dile çevrilmiş, dünya çapında çoksatar listelerini altüst etmiştir.

HOMO DEUS

yarının kısa bir tarihi

YUVAL NOAH HARARI

Kolektif Kitap ~ 90

Homo Deus
Yarının Kısa bir Tarihi

Özgün Adı:
Homo Deus - A Brief History of Tomorrow

ISBN: 978-605-5029-63-0

Türkçesi: Poyzan Nur Taneli
Yayıma Hazırlayan: Öykü Özçinik
Son Okuma: Bağış Bilir
Sayfa Düzeni: Kolektif Tasarım
Kapak Tasarımı: Deniz Akkol

2. Baskı, Aralık 2016, İstanbul
Sertifika No: 25574

Baskı ve Cilt: Berdan Matbaacılık
Güven Sanayi Sitesi C Blok No: 215-216
Topkapı, İstanbul - 0212 613 11 12
Sertifika No: 12491

kolektif. kitap, bilişim ve tasarım ltd. şti.

Caferağa Mah. Sarraf Ali Sok. No: 26/1 - Kadıköy, İstanbul
www.kolektifkitap.com - info@kolektifkitap.com
T: 0216 337 05 18 - F: 0216 337 03 18

HOMO DEUS

yarının kısa bir tarihi

YUVAL NOAH HARARI

Türkçesi: Poyzan Nur Taneli

Beni önemli konularda sevecenlikle eğiten
öğretmenim S. N. Goenka'ya
(1924-2013)

İÇİNDEKİLER

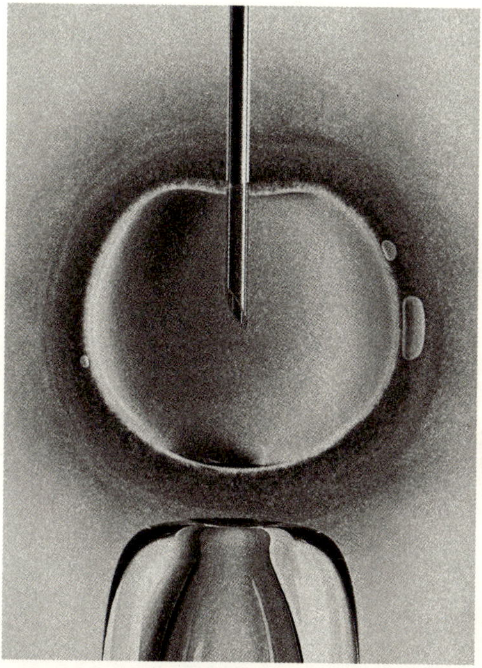

Görsel 1: *In vitro* fertilizasyon (suni döllenme), yaratılışa hükmetmek.

1
İnsanın Yeni Gündemi

ÜÇÜNCÜ BİNYILIN ŞAFAĞINA gerinerek ve gözlerini ovuşturarak uyanır insanlık. Hâlâ aklından feci bir kabusun sahneleri geçmektedir. "Dikenli teller ve devasa mantarlara benzer bulutlar... Oh be, neyse ki sadece kötü bir rüyaymış." Sonra banyoya gidip yüzünü yıkar insanlık, aynada kırışıklıklarını inceler, kendine bir kahve hazırlar ve ajandasını açıp sorar: "Bakalım gündemimizde bugün neler varmış?"

Bu sorunun cevabı binlerce yıl boyunca değişmemiştir. 20. yüzyıl Çin'inde, ortaçağ Hindistan'ında ya da antik Mısır'da insanlığı hep üç temel sorun meşgul etmiş, kıtlık, salgın ve savaşlar listenin en başında yer almıştır. Nesiller boyunca çeşitli tanrılara, meleklere ve azizlere yakarmış, sayılamayacak kadar çok alet, kurum ve sosyal yapı icat etmiş olsa da insanlık yine de açlık, hastalık ve şiddet yüzünden kitleler hâlinde ölmeye devam etmiştir. Birçok düşünür ve kahin de kıtlık, salgın ve savaşların tanrının muazzam planının ya da kusurlu tabiatımızın bir parçası olduğu ve kıyamete kadar bunlardan kurtulamayacağımız sonucuna varmıştır.

Ne var ki üçüncü binyılın şafağında insanlık, inanması zor bir gerçekliğe uyanır. Bu konuda herkes aynı fikirde olmasa da geçtiğimiz yıllarda kıtlık, salgın ve savaşları dizginlemeyi başardığımız söylenebilir. Şüphesiz bu sorunları tamamen çözemedik ama onları doğanın anlaşılamaz ve önlenemez meseleleri olmaktan çıkarıp mücadele edilebilir unsurlara dönüştürdük. Bu sorunlardan kurtulmak için artık herhangi bir tanrıya ya da azize yakarmak zorunda değiliz. Kıtlık, salgın ve savaşları engellemenin yollarını gayet iyi biliyoruz ve çoğu zaman da bunda başarıya ulaşıyoruz.

Hâlâ kayda değer bozgunlara uğradığımız doğru ancak bu yenilgiler karşısında, "Kusurlu dünyamızın işleyişi bu," ya da "Tanrı böyle buyurmuş," diyerek omuz silkmiyoruz artık. Aksine kıtlık, salgın ya da savaşlar kontrolümüzden çıktığında birilerinin sorumluluğunu yerine getirmediğini düşünüyor, bir soruşturma komisyonu oluşturuyor ve bir daha aynı hataları tekrar etmeyeceğimizi söylüyoruz. Bu işe yarıyor da. Yaşadığımız felaketlerde verdiğimiz kayıplar her geçen gün azalıyor. Tarihte ilk defa çok yemekten ölen insan sayısı, gıdasızlıktan ölen insan sayısından daha fazla. Enfeksiyona bağlı ölümler azalırken yaşlılığa bağlı ölümler giderek artıyor; askerler, teröristler ve suçlular tarafından katledilenlerin toplamından fazlası kendi canına kıyıyor. 21. yüzyılın başında ortalama bir insanın McDonald's menüleriyle tıkınmaktan ölme ihtimali kuraklık, Ebola virüsü ya da El-Kaide saldırısında hayatını kaybetme ihtimalinden çok daha yüksek.

Devlet başkanlarının, CEO'ların ve generallerin günlük programları hâlâ ekonomik ve askeri krizlerle doluyken, tarihin evrensel ölçeğinde insanlık artık kafasını kaldırıp yeni ufuklar arayabilir. Peki eğer kıtlık, salgın ve savaşları kontrol altına aldıysak, bundan sonra insanlığın gündemini neler belirleyecek? Yangının olmadığı bir dünya ve bu dünyada bir itfaiyeci olduğunuzu düşünün... İşte şimdi insanlık da 21. yüzyılda daha önce hiç duyulmamış bir soruyu kendine sormak zorunda. Bundan sonra neyle oyalanacağız? Verimli, sağlıklı ve uyumlu bir dünyada dikkatimizi ve yaratıcılığımızı ne cezbedecek? Biyoteknoloji ve bilgi teknolojilerinin bugün bize bahşettiği sınırsız olanakları göz önünde tutarak özellikle şu sorunun bir an önce cevaplanması gerekiyor. Bu olanakların bize verdiği güçle şimdi ne yapacağız?

Bu soruyu yanıtlamadan önce kıtlık, salgın ve savaşlar üstüne birkaç söz daha söylemek gerekiyor. Bu sorunları kontrol altına aldığımız iddiası birçoklarına ölçüsüz, ziyadesiyle naif ya da duygusuz gelecek ve devamında şu sorular öne sürülecektir: Günde iki doların altında zar zor geçinen milyarlarca insan için ne demeli? Peki Afrika'da devam eden AIDS krizi ya da Suriye ve Irak'ta tırmanan savaşlar ne olacak? İnsanlığın gelecekteki gündemini keşfe çıkmadan önce bu meseleleri irdeleyebilmek adına 21. yüzyılın başını daha yakından inceleyelim.

Biyolojik Yoksulluk Sınırı

Binlerce yıldır insanlığın en büyük düşmanı olan kıtlıkla başlayalım. Yakın zamana kadar birçok insan, yaşamını biyolojik yoksulluk sınırında, yetersiz beslenme ve açlık tehdidi altında sürdürüyordu. Küçük bir hata ya da birazcık şanssızlık bir ailenin ya da bir köyün tamamının ölüm fermanı demekti. Şiddetli yağışlar hasadınıza zarar verir ya da keçi sürünüz yağmalanırsa siz ve sevdikleriniz pekala açlıktan ölebilirdiniz. Toplumsal boyutlardaki talihsizlik ya da ahmaklıklar kitlesel kıtlıklarla sonuçlanabilirdi. Antik Mısır'ı ya da ortaçağda Hindistan'ı vuran büyük kuraklıklarda nüfusun neredeyse yüzde 10'unun helak olması sık rastlanan bir durumdu. Erzaklar hızla azalıyordu, taşımacılık yeterli miktarda yiyecek sağlama yolunda çok yavaş ve pahalıydı, ayrıca hükümetler de bunları organize edebilecek güç ve planlama becerisinden yoksundu.

Dilediğiniz tarih kitabını açın, açlıktan aklını yitirmiş, yokluk içindeki toplulukların dehşet verici hikayeleriyle karşılaşırsınız. 1694'ün Nisan ayında Beauvais kasabasında görev yapan bir Fransız memur, kıtlığın etkilerini ve yükselen gıda fiyatlarını aktarırken tüm bölgenin, "çalışacak işleri ya da uğraşları olmadığından ekmek alacak paradan yoksun, açlıktan zayıf düşmüş, sefalet içinde, yokluktan ölmek üzere sayısız zavallı ruhla dolu" olduğunu söyler. "Bir şekilde açlıklarını dindirmeye ve hayatlarını sürdürmeye çalışan bu insanların bir kısmı, haşlanıp gübre yığınlarında bekletilmiş at eti ve kedi gibi hiç de temiz olmayan şeyler yiyorlar. Diğerleri, inek ya da öküz kesilirken akan kanı ve aşçıların sokaklara attığı artıkları tüketiyor. Kalan sefillerse ısırgan ve benzeri yabani otlarla veya haşladıkları kök ve bitkilerle besleniyor."[1]

Benzer sahnelere Fransa'nın dört bir yanında rastlamak mümkündü. İki yıl içinde kötü hava şartları krallıktaki tüm hasadı vurunca 1694 baharına gelindiğinde tüm ambarlar boşalmıştı. Zenginler fahiş fiyatlar ödeyerek bulabildikleri tüm gıdayı istifliyor, yoksullarsa sürüler hâlinde ölüyordu. Güneş Kral XIV. Louis, Versailles Sarayı'nda metresleriyle oynaşırken nüfusun neredeyse yüzde 15'i, yani 2,8 milyona yakın Fransız, 1692 ve 1694 yılları arasında açlıktan ölmüştü. Ertesi yıl, 1695'te Estonya'yı vuran kıtlık, nüfusun beşte birinin canını almıştı. 1696'daysa sıra Finlandiya'ya gelmiş, nüfusun çeyreği ila üçte birine yakını hayatını kaybetmişti. 1695 ve 1698 yılları arasındaysa sert kıtlıklarla kırılan İskoçya'nın bazı bölgeleri, sakinlerinin yüzde 20'ye yakınını yitirmişti.[2]

Muhtemelen birçoğunuz öğle yemeğini kaçırdığınızda ve oruç tuttuğunuzda aç kalmanın ya da mucizevi bir diyetin gereği olarak birkaç gün sadece sebze suyuyla beslenmenin ne demek olduğunu biliyordur. Peki ya günlerce ağzınıza tek lokma girmemişken, bu durumun daha ne kadar süreceğini ve nereden bir parça yiyecek bulabileceğinizi bilmemek nasıl bir histir? Günümüzde insanların çoğu asla böylesi bir eziyet yaşamadı. Atalarımızsa bu duyguyu çok iyi biliyordu. Tanrıya, "Bu kıtlıktan kurtar bizi!" diye yakarırken tek hayal edebildikleri açlığın korkunç acısının dinmesiydi.

Geçtiğimiz yüzyıldaki teknolojik, ekonomik ve siyasi gelişmeler, giderek güçlenen bir güvenlik ağı yaratmayı başarmış ve insanevladını biyolojik yoksulluk sınırı altında yaşamaktan kurtarmıştır. Çeşitli bölgelerde zaman zaman kitlesel kıtlıklar yaşansa da bunlar istisna olarak kalmakta ve doğal afetlerden çok siyasetin bir sonucu olarak karşımıza çıkmaktadır. Dünyada artık doğal kıtlıklar kalmadı, sadece siyasi kıtlıklar var. Eğer Suriye, Sudan ya da Somali'de insanlar açlıktan ölüyorsa, bu bazı siyasetçiler böyle istediği için oluyor.

Dünyanın birçok yerinde, herhangi biri işini ve tüm varlığını kaybetse de açlıktan ölmeyecektir. Özel sigorta düzenlemeleri, hükümet kurumları, uluslararası sivil toplum kuruluşları bu kişiyi belki yoksulluktan kurtaramayacak ama hayatta kalması için ihtiyaç duyduğu günlük kalori miktarını karşılayacaktır. Küresel ticaret ağı, kuraklık ve sel gibi felaketleri bile iş fırsatlarına dönüştürerek gıda kıtlıklarını hızlı ve ucuz yollarla aşıyor. Savaşlar, depremler ya da tsunamilerle yerle bir olan ülkelerde bile uluslararası çabalarla kıtlıkların önüne geçilebiliyor. Hâlâ yüz milyonlarca insan her gününü aç kalarak geçiriyor olsa da çoğu ülkede aslında çok az sayıda insan açlıktan ölmektedir.

Yoksulluk birçok sağlık sorununa yol açıyor ve yetersiz beslenme dünyanın en zengin ülkelerinde bile yaşam süresini kısaltıyor. Örneğin Fransa'da 6 milyon insan (yani nüfusun neredeyse yüzde 10'u) beslenme sorunlarının tehdidi altında yaşıyor. Bu insanlar sabah uyandıklarında öğle vakti bir şey yiyip yiyemeyeceklerini bilmeden, çoğunlukla geceleri aç uyuyarak ve nişasta, şeker ve tuzla beslenip yeterince protein ve vitamin alamadıkları için dengesiz ve sağlıksız beslenerek yaşıyor.[3] Ne var ki hem yetersiz beslenme kıtlık anlamına gelmiyor hem de 21. yüzyılın başındaki Fransa 1694 yılının Fransa'sına hiç benzemiyor. Beauvais ya da Paris'in en yoksul varoşlarında bile insanlar haftalarca yiyecek bulamadığı için ölmüyor.

Aynı dönüşüm pek çok ülkede yaşanmıştır ve bunun en dikkat çekici örneği Çin'dir. Kıtlık, Sarı İmparator döneminden Kızıl Komünistlere dek bin yıl boyunca Çin'deki tüm idarecilerin başına musallat olmuştur. Çin yakın bir tarihe kadar gıda kıtlığıyla özdeşleşmiş bir ülkeydi. Milyonlarca Çinli, "Büyük Atılım" hareketinin neden olduğu felaketler sonucu açlıktan ölmüştü ve uzmanlar her fırsatta durumun daha da kötüye gideceğini söylüyordu. 1974'te Dünya Gıda Zirvesi'nin Roma'daki ilk toplantısında delegelere birçok kıyamet senaryosu sunulmuştu. Çin'in milyarlarca insanı beslemesinin hiçbir yolunun olmadığı, dünyanın en kalabalık ülkesinin büyük bir felakete sürüklendiği iddia edilmişti. Oysa o günlerde Çin, tarihinin en büyük ekonomik mucizelerinden birine doğru ilerliyordu. 1974'ten bu yana bugün hâlâ yüz milyonlarca Çinli yoksulluk ve yetersiz beslenmeden mustarip olsa da yazılı tarihinde Çin'in ilk defa kıtlıktan kurtulduğu söylenebilir.

Günümüzde birçok ülkede, aşırı beslenme kıtlıktan daha ciddi bir sorun hâline gelmiştir. 18. yüzyılda Marie Antoinette'in açlıktan kırılan kitlelere ekmek bulamıyorlarsa pasta yemelerini salık verdiği söylenir. Günümüzün muhtaç insanları Kraliçe'nin tavsiyesini harfiyen yerine getiriyor. Beverly Hills'in varlıklı sakinleri salata ve kinoalı tofuyla beslenirken, kenar mahalleler ve gettolarda yoksul insanlar hazır kek, cips, hamburger ve pizzayla karın doyuruyor. 2014 itibarıyla aşırı kilodan mustarip 2,1 milyara karşılık yetersiz beslenen insan sayısı 850 milyon. İnsan türünün yarısının 2030 yılında aşırı kilolu olması bekleniyor.[4] 2010'da kıtlık ve yetersiz beslenme yaklaşık bir milyon insanın canına mâl olurken, veriler obezitenin tek başına üç milyon insanı öldürdüğünü gösteriyor.[5]

Görünmez Ordular

Kıtlıktan sonra insanlığın ikinci en büyük düşmanı salgınlar ve bulaşıcı hastalıklardı. Tüccar, memur ve seyyahların aralıksız akınlarıyla birbirine bağlanan şehirler her ne kadar medeniyetin beşiği olsa da, aynı zamanda hastalıkların üremesi için de en uygun ortamı oluşturuyordu. Antik dönemde Atina'da ya da ortaçağ Floransa'sında yaşayanlar, hayatlarını her an hastalanıp bir sonraki hafta öle-

Görsel 2: Ortaçağ insanları Kara Veba'yı insanın havsalası ve idaresinin ötesinde korkunç şeytani bir güç olarak temsil etmişlerdi.

bileceklerini düşünerek ya da aniden patlak veren bir salgının tüm ailelerini yok edebileceğini bilerek geçirirlerdi.

Kara Veba olarak da bilinen meşhur salgın, 1330'larda Doğu Asya ya da Orta Asya'nın bir bölgesinde ortaya çıkmıştı. Bu felakete *Yersinia pestis* adında bir bakteri taşıyan ve ısırma yoluyla bu bakteriyi insanlara bulaştıran pireler sebep olmuştu. Hastalık, sıçanlar ve pirelerden oluşan bir ordunun sırtında hızla tüm Asya, Avrupa ve Kuzey Afrika'ya yayılarak yirmi yıldan kısa sürede Atlantik Okyanusu'nun kıyılarına dek ulaştı. Avrasya'nın toplam nüfusunun dörtte birinden fazlasının canına mâl olmuş, 75 ila 200 milyon arasında insanı öldürmüştü. İngiltere'de her on kişiden dördü hayatını kaybetmiş, vebadan önce yaklaşık 3,7 milyon olan nüfus 2,2 milyona kadar düşmüştü. Floransa'ysa 100 bin sakininin yarısını yitirmişti.[6]

Yöneticiler böylesi bir felaket karşısında elleri kolları bağlı, çaresiz kaldı. Bırakın hastaları tedavi etmeyi, salgını durdurmak için toplu dualar ve ayinler düzenlemek dışında, ne yapacaklarını bilmiyorlardı. İnsanlar modern çağa dek hastalıklardan kötü havayı, şeytanları ve kızgın tanrıları sorumlu tuttu ve bakterilerle virüslerin varlığından asla şüphelenmedi. İnsanlar melek ve perilere inanmaya hazırdırlar ama minik bir pirenin ya da tek bir damla suyun katil avcılardan bir ordu oluşturabileceğine asla ihtimal vermezler.

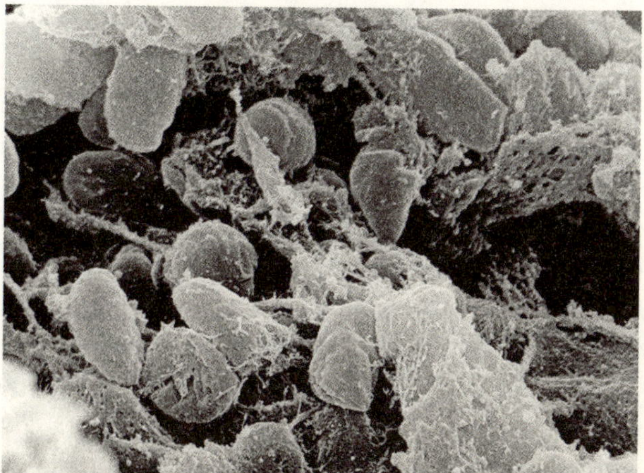

Görsel 3: Gerçek suçlu bu küçük *Yersinia pestis* bakterisiydi.[7]

Kara Veba tarihteki tek ya da en kötü bulaşıcı hastalık değildi. Avrupalıların ayak basmasıyla Amerika, Avustralya ve Pasifik Adaları'nı çok daha beter salgınlar vurdu. Salgın hastalık taşıdıklarından bihaber kaşif ve göçmenler, yerli halkları daha önce hiç karşılaşmadıkları hastalıklarla tanıştırdılar ve bu hastalıklar yerel nüfusun yüzde 90'ının hayatını kaybetmesine yol açtı.[8]

5 Mart 1520'de küçük bir İspanyol filosu Küba'dan Meksika'ya doğru yola çıktı. Gemiler, yanlarına birkaç Afrikalı köleyle beraber atlarını ve silahlarını almış 900 İspanyol askeri taşıyordu. Kölelerden Francisco de Eguía'nın üzerindeyse çok daha ölümcül bir yük vardı. Francisco farkında olmasa da trilyonlarca hücresinin arasında biyolojik bir bomba patlamaya hazır bekliyordu: çiçek virüsü. Meksika'ya vardığında vücudunda çoğalarak artan virüs, sonunda döküntü hâlinde tüm cildine yayıldı. Ateşlenen Francisco, Cempoallan kasabasında yerli bir ailenin evine bırakıldı. Hastalık evdekilere, sonra da onlar aracılığıyla tüm mahalleye bulaştı. Cempoallan on gün içinde mezarlığa dönmüştü. Kaçanlar hastalığı çevre kasabalara da yaymaya başladı. Salgın yüzünden kasabalar tek tek düşerken, dehşet içinde kaçan göçmenler hastalığı dalga dalga tüm Meksika'ya ve ötesine taşıyordu.

Yutakan Yarımadası'ndaki Mayalar Ekpetz, Uzannkak ve Sojakak adındaki üç kötü tanrının geceleri köy köy dolaşıp insanları hasta ettiğine inanırdı. Aztekler, ya Tezcatlipoca ve Xipe tanrılarını suçladı ya da tüm bu olanların kara büyü yapan beyaz adamın işi olduğunu düşündüler. Rahip ve doktorlara danıştılar. Onlar da dua etmek, soğuk banyo yapmak, vücudu katranla ovmak ve yaralara ezilmiş hamamböceği sürmek gibi tavsiyelerde bulundular. Kimse yaklaşmaya cesaret edemediğinden on binlerce ceset sokaklarda çürüdü. Çoğunlukla aileler tümden yok oldu. Bu sırada yöneticiler de salgından hastalanarak ölen ailelerin evlerinin tepelerine yıkılmasını emrediyordu. Bazı yerleşimlerde nüfusun yarısı ölmüştü.

Eylül 1520'de Meksika Vadisi'ne ulaşan salgın, Ekim ayında Aztek uygarlığının 250 bin nüfuslu efsanevi başkenti Tenochtitlan'ın kapılarından sızdı. İki ay içinde Aztek İmparatoru Cuitlahuac da dahil nüfusun en az üçte biri hayatını kaybetti. İspanyol filolarının ilk kez görüldüğü Mart 1520'de Meksika 22 milyon insana ev sahipliği yapıyordu, Aralık ayına gelindiğindeyse sadece bu insanların 14 milyonu hayattaydı. Çiçek virüsü aslında sadece ilk darbeydi. İspanyol efendiler yerlileri sömürerek ceplerini doldurmakla meşgulken grip, kızamık ve diğer bulaşıcı hastalıklar Meksika'yı birer birer vurdu. 1580'e gelindiğinde nüfus 2 milyonun altına düşmüştü.[9]

İki yüzyıl sonra 8 Ocak 1778'de İngiliz kaşif Kaptan James Cook Hawaii'ye adım attı. Yarım milyon insana ev sahipliği yapan, nüfus yoğunluğu yüksek, Avrupa ve Amerika'dan soyutlanmış Hawaii Adaları, Avrupa ve Amerika'daki hastalıklara hiç maruz kalmamıştı. Kaptan Cook ve adamları adaları grip, verem ve frengi gibi hastalıklarla tanıştırdı. Ardından gelen Avrupalılar ise tifo ve çiçek virüsünü taşıdılar. 1853'e gelindiğinde Hawaii'de yalnızca 70 bin kişi hayatta kalabilmişti.[10]

Salgınlar 20. yüzyılda da milyonlarca insanın canını almaya devam etti. Ocak 1918'de askerler kuzey Fransa'daki siperlerinde dirençli bir grip türü olan "İspanyol gribi" yüzünden ölmeye başladı. Cepheler dünyanın o zamana dek gördüğü en etkin tedarik ağıyla örülüydü. Britanya, ABD, Hindistan ve Avustralya'dan silah ve asker yağıyordu. Ortadoğu'dan petrol, Arjantin'den tahıl ve et, Malaya'dan kauçuk ve Kongo'dan bakır geliyordu. Karşılığında herkese İspanyol gribi bulaştı. Birkaç ay içinde dünya nüfusunun üçte biri, yani yarım milyar insan hastalığa yakalanmıştı. Virüs Hindistan'da 15 milyon insanın canına mâl olarak nüfusun yüzde 5'ini yok etti. Tahiti Adası'nın yüzde 14'ü, Samoa'nınsa yüzde 20'si yok oldu. Kongo'daki bakır madenlerindeki her beş işçiden biri hayatını kaybetti. Salgın bir yıldan kısa sürede, toplamda 50 ila 100 milyona yakın insanın canına mâl oldu. Oysa 1914-1918 tarihleri arasındaki I. Dünya Savaşı'nda 40 milyon insan ölmüştü.[11]

Birkaç on yılda bir insan türünü vuran bu ve benzeri epidemik fırtınaların yanında insanlar her yıl milyonların ölümüne neden olan daha küçük çaplı ama daha sık baş gösteren bulaşıcı hastalık dalgalarıyla da uğraştılar. Bağışıklık geliştirememiş çocuklar özellikle daha hassas olduklarından, bu tip hastalıklar sıklıkla "çocukluk hastalıkları" olarak anılır. 20. yüzyılın başına kadar çocukların neredeyse üçte biri yetersiz beslenme ve hastalıklar sebebiyle erişkinlik çağını göremiyordu.

Geçtiğimiz yüzyılda insan türü, artan nüfus ve gelişmiş ulaşım sistemleri yüzünden salgınlar karşısında daha savunmasız hâle geldi. Tokyo ya da Kinşasa gibi modern metropoller, patojenler için ortaçağ Floransa'sından ya da 1520'ler Tenochtitlan'ından daha zengin bir avlanma ortamı sağladı ve küresel tedarik ağı 1918'e göre bugün çok daha etkin. Bir İspanyol virüsü Kongo ya da Tahiti'ye yirmi dört saatten daha az sürede ulaşabilir. Demek ki ölümcül bir salgından diğerine sürüklendiğimiz epidemik bir cehennemde yaşadığımız gerçeği hiç de şaşırtıcı değil.

Ne var ki geçtiğimiz yıllarda salgınların sıklığı ve etkisi hatırı sayılır oranda azaldı. Bilhassa küresel boyutta çocuk ölümleri tüm zamanlara kıyasla en düşük seviyede, artık erişkinliğe ulaşmadan ölen çocuk sayısı yüzde 5'in altına düştü. Gelişmiş dünyadaysa bu oran yüzde 1'in bile altında.[12] Bu mucizeyi aşılar, antibiyotikler ve çok daha iyi medikal altyapı sağlayan 21. yüzyıl tıbbının eşi benzeri görülmemiş başarılarına borçluyuz.

Örneğin çiçek aşısı için başlatılan küresel kampanya öyle başarılı oldu ki Dünya Sağlık Örgütü (WHO) 1979'da insanlığın kazandığını ve çiçek hastalığının kökünün kazındığını ilan etti. İnsanlar ilk defa bir salgını yeryüzünden silip atmayı başardı. 1967'de 15 milyon kişiye bulaşan, bunların da 2 milyonunu öldüren hastalıktan 2014'e gelindiğinde eser yoktu. Bu mutlak zafer bugün o kadar kesin ki artık WHO insanları çiçek hastalığına karşı aşılamayı bile durdurdu.[13]

Birkaç yılda bir yeni bir salgın ihtimaliyle hâlâ paniğe kapılabiliyoruz. 2002-2003'te SARS, 2005'te kuş gribi, 2009-2010'da domuz gribi ve 2014'te Ebola salgınlarında yaşandığı gibi. Ancak alınan etkin önlemler sayesinde, görece çok daha az kurban verek bunları da atlatmayı başardık. Örneğin ilk ortaya çıktığında bir Kara Veba endişesi yaratan SARS virüsü, tüm dünyada toplamda bin kişiden daha az insanın yaşamına mâl oldu.[14] Başta kontrolden çıkacakmış izlenimi veren Batı Afrika'daki Ebola salgını, 26 Eylül 2014'te WHO tarafından, "modern zamanlardaki en ciddi halk sağlığı durumu" olarak tanımlanmıştı.[15] Buna rağmen, 2015 başında dizginlenen salgının Ocak 2016'da yine WHO tarafından ortadan kaldırıldığı ilan edildi. 30 binin üzerinde insanı etkileyen (11 bininin canına mâl olan) ve Batı Afrika'nın tamamına büyük çapta ekonomik zarar veren Ebola, tüm dünyada kaygı yarattı ancak yine de Batı Afrika sınırlarının ötesine yayılmadı ve ölen insan sayısı İspanyol gribiyle ya da Meksika'daki çiçek salgınıyla karşılaştırılamayacak kadar azdı.

Son yılların en büyük tıbbi başarısızlığı olarak görülen AIDS trajedisi bile bir ilerleme belirtisi olarak görülebilir. 1980'lerin başında patlak verdiğinden beri 30 milyondan fazla insanı öldüren AIDS, milyonlarca insanın da fiziksel ve psikolojik sıkıntılar çekmesine neden oldu. Bu yeni salgının teşhisi ve tedavisi oldukça zordu çünkü AIDS kendine has sinsi bir hastalıktır. Çiçek virüsü kapan bir insan birkaç gün içinde hayatını kaybederken HIV pozitif bir hasta haftalarca, hatta aylarca gayet sağlıklı görünebilir ve bu esnada hastalığı bilmeden başkalarına da bulaştırabilir. Ayrıca HIV tek başına öldürmez. Aksine bağışıklık sistemini çökerterek hastayı birçok başka hastalığa açık hâle getirir. AIDS kurbanlarını asıl öldüren bu ikincil hastalıklardır. Sonuç olarak AIDS'in ilk yayılmaya başladığı zamanlarda hastalara neler olup bittiğini anlamak daha zordu. 1981'de New York'ta hastaneye yatırılan iki hastadan biri görünüşte zatürreden, diğeriyse kanserden hayatını kaybetmek üzereydi. İkisinin de aylar, belki de yıllar önce kaptıkları HIV virüsünün kurbanları olduğuna dair ortada tek bir kanıt bile yoktu.[16]

Tüm bu zorluklara rağmen tıp dünyasının bu gizemli yeni salgını fark etmesinden sadece iki yıl sonra biliminsanları hastalığı tanımaya, virüsün nasıl bulaştığını anlamaya ve salgını yavaşlatmak için olası yöntemler önermeye başlamıştı bile. Takip eden on yıl içinde yeni ilaçlar sayesinde bir ölüm fermanı olmaktan çıkan AIDS kronik bir hastalık hâline geldi (en azından tedaviyi karşılayabilecek kadar varlıklı olanlar için).[17] AIDS'in 1981'de değil de 1581'de ortaya çıkmış olması durumunda olabilecekleri bir düşünün. Bırakın salgını tedavi etmeyi, büyük ihtimalle hastalığın sebeplerine, kişiden kişiye nasıl bulaştığına ve nasıl durdurulabileceğine dair öngürüsü olan tek bir kişi bile bulunamayacaktı. Söz konusu şartlar altında AIDS insan ırkının çok daha büyük bir kısmını yok edecek ve Kara Veba'ya benzer, hatta belki de onu katbekat aşan sonuçlar ortaya çıkacaktı.

AIDS'in yol açtığı korkunç sonuçlara ve sıtma benzeri bulaşıcı hastalıklar yüzünden her yıl ölen milyonlara rağmen, salgınlar geçtiğimiz bin yılla karşılaştırıldığında insan sağlığı için çok daha küçük bir tehdit oluşturuyor. İnsanların büyük bir kısmı bulaşıcı olmayan kanser ya da kalp hastalıkları gibi rahatsızlıklar sonucu ya da yaşlılıktan hayatını kaybediyor.[18] (Yeri gelmişken, kanser ve kalp hastalıkları çağımıza özgü değildir, antik devirlerde de görülmektedir. Ne var ki geçmiş çağlarda insanlar genellikle bu hastalıklardan ölecek kadar uzun yaşamıyordu.)

Birçokları bunun geçici bir zafer olduğunu ve Kara Veba'nın tanımadığımız bir akrabasının bir köşede sinsice beklediği korkusuyla yaşıyor. Salgınların tekrar artmayacağının garantisini vermek mümkün değil elbette ancak doktorlarla mikroplar arasındaki silahlanma savaşında doktorların daha hızlı ilerlediğini söylemek mümkün. Yeni bulaşıcı hastalıklar sıklıkla patojenlerin mutasyona uğraması sonucu ortaya çıkıyor. Bu mutasyonlar sayesinde hayvanlardan insanlara geçen patojenler, aynı şekilde insanların bağışıklık sistemini çökertiyor ya da antibiyotik benzeri ilaçlara karşı direnç geliştirmesine sebep oluyor. İnsanın çevre üzerindeki etkileri yüzünden bugün bu tip mutasyonlar büyük ihtimalle daha sık meydana geldiği gibi geçmişe kıyasla daha da hızlı yayılıyor.[19] Yine de tıbba karşı yarışta patojenler şansa bel bağlamak zorundalar.

Buna karşılık doktorlarınsa şanstan daha sağlam dayanakları var. Bilim tesadüflere çok şey borçlu olsa da doktorlar yeni bir ilaç keşfetme umuduyla test tüplerine rasgele kimyasallar koymuyorlar. Daha etkin ilaç ve tedavi geliştirmek yolunda her geçen yıl daha çok ve daha nitelikli bilgilerle donanıyorlar. Sonuç olarak 2050'de daha dirençli mikroplarla karşılaşacağımıza şüphe yok, buna karşın tıp bilimi de tüm bu hastalıklarla bugüne kıyasla şüphesiz çok daha etkin savaşabilecektir.[20]

2015'te doktorlar Teixobactin adında, henüz bakterilerin direnç geliştirmediği yepyeni bir antibiyotik tipinin bulunduğunu açıkladı. Bazı biliminsanları Teixobactin'in çok dirençli bakterilere karşı ezber bozan nitelikte olduğunu düşünüyor.[21] Biliminsanları bilinen tedavi yöntemlerinden farklı işleyişi olan yeni metotlar üzerinde çalışarak ilaç teknolojisinde devrim yaratacak yeni buluşlara imza atıyor. Bazı araştırma laboratuvarları, damarlarımızda dolaşarak hastalıkları teşhis edip patojenleri ve kanserli hücreleri yok edecek nanorobotlara ev sahipliği yapmaya çoktan başladı bile.[22] Mikroorganizmalar, organik düşmanlarıyla savaşlarında 4 milyar yıllık bir deneyime sahip olsalar da, biyonik avcılara karşı kelimenin tam anlamıyla deneyimsiz olduklarından etkin savunma geliştirmekte zorlanacaklardır.

Yeni bir Ebola salgınının patlak vermeyeceğinden ya da bilinmeyen bir grip türünün dünyayı kasıp kavurarak milyonları yok etmeyeceğinden emin olamasak da, artık böylesine bir durumu engellenemez doğal bir felaket olarak görmeyeceğimiz aşikar. Aksine böyle bir trajedi yaşarsak bunu insan elinden çıkma, kabul edilemez bir başarısızlık olarak görüp sorumluların cezalandırılmasını isteyeceğiz. 2014 yazının sonunda, küresel sağlık mercilerinin Ebola karşısında yetersiz kalındığı düşüncesinin yaygın kabul gördüğü birkaç hafta boyunca, alelacele soruşturma komiteleri kurulmuştu. 18 Ekim 2014 tarihinde yayımlanan ilk rapor, Dünya Sağlık Örgütü'nü salgına karşı harekete geçmekte yetersiz kalmakla eleştirmiş ve Afrika ayağındaki yolsuzluk ve yetersizlikleri ortaya çıkarıp salgından WHO'yu sorumlu tutmuştu. Eleştiriler giderek artmış, yeterince hızlı ve etkin davranmamakla suçlanan uluslararası camia bir bütün olarak hedef hâline gelmişti. Bu tip eleştiriler, insan türünün salgınları engelleyebilecek bilgi ve yetkinlikte olduğunu ve eğer bir salgın kontrolden çıkarsa bunun ilahi bir gücün hiddetinden çok insanevladının beceriksizliğinden kaynaklandığını varsayar. Benzer şekilde doktorların AIDS'in işleyiş mekanizmasını anlamasının üzerinden yıllar geçmişken bile Sahraaltı Afrika'da milyonlarca insanın hâlâ bu hastalıktan ölmesi, haklı olarak kötü talihten çok insanların aptallığına ve umarsızlığına yorulur.

Sonuçta AIDS ve Ebola gibi doğal felaketlerle mücadelede ibre insanlığın lehine dönüyor. Peki ya insan doğasından kaynaklanan tehlikeler bu durumda ne olacak? Bakteri ve virüsleri yenmemizi sağlayan biyoteknoloji, aynı zamanda bizzat insanların kendisini eşi benzeri görülmemiş bir tehdide dönüştürüyor. Doktorların hızla teşhis koyup yeni hastalıklara tedavi önermesini sağlayan araçlar, orduların ve teröristlerin daha korkunç, kıyamet alameti gibi hastalıklar yaratmasına da imkan sağlıyor. Öyle ki insan türünü gelecekte tehlikeye atacak büyük salgınların, acımasız bir ideolojinin takipçisi insanların bizzat kendi elinden çıkması işten bile değil. İnsanevladının doğal salgınlar karşısında çaresiz kaldığı çağ, muhtemelen sona erdi. Ne var ki o günleri mumla arayabiliriz.

Orman Kanununu Çiğnemek

Üçüncü iyi habere gelince, savaşların da sonu yakın. Tarih boyunca insanlar savaşların varlığını hep kanıksadı, oysa barış sadece geçici ve kırılgan bir durumdu. Uluslararası ilişkiler, iki devlet barış hâlinde olsa dahi, savaşın her daim bir seçenek olarak kenarda durduğu Orman Kanunuyla işliyordu. 1913'te Fransa'yla Almanya resmi olarak savaşta olmasalar da herkes 1914'te birbirlerinin boğazına sarılabileceklerini biliyordu. Siyasetçiler, generaller, burjuvazi ve vatandaşlar, geleceğe yönelik planlarında bir savaş ihtimaline her zaman açık kapı bırakırlardı. Taş Devri'nden Sanayi Devrimi'ne, Kuzey Kutbu'ndan Sahra Çölü'ne dünyadaki herkes, komşularının her an saldırabileceğini, ordularını yenebileceğini ve insanlarını öldürüp topraklarını işgal edebileceğini bilirdi.

Orman Kanunu tamamen ortadan kalkmış olmasa da 20. yüzyılın ikinci yarısında nihayet geçerliliğini yitirdi. Birçok bölgede savaşlar hiç olmadığı kadar seyrekleşti. Kadim tarım toplumlarında tüm ölümlerin yaklaşık yüzde 15'i insanlar arasındaki şiddetten kaynaklanırken, 20. yüzyılda ölümlerin sadece yüzde 5'inin, 21. yüzyıldaysa küresel çaptaki ölümlerin sadece yüzde 1'inin nedeni şiddetti.[23] 2012'de tüm dünyada ölen 56 milyon insandan yalnızca 620 bini (120 bin kadarı savaşlarda, 500 biniyse bireysel suçlarla) şiddet yüzünden hayatını kaybetti. Bunun yanında 800 bin kişi intihar ederken 1,5 milyonu da şeker hastalığından yitirdi yaşamını.[24] Görünen o ki artık şeker, baruttan daha tehlikeli.

Daha da önemlisi, insanevladının giderek daha da büyük bir çoğunluğu artık savaşları tasavvur bile edemiyor. Tarihte ilk defa hükümetler, şirketler ve bireyler yakın geleceklerini planlarken savaşı olası bir durum olarak değerlendirmiyor. Nükleer silahların, savaşları süpergüçler arasındaki çılgın bir toplu intihar girişimine dönüştürme ihtimali, dünyadaki en güçlü milletleri sorunların çözümü adına farklı barışçıl seçenekler bulmaya yönlendiriyor. Bununla beraber hammaddeye dayalı küresel ekonomi modeli de bilgi ekonomisine dönüşüyor. Önceden altın madenleri, buğday tarlaları ve petrol kuyuları gibi maddi malvarlıkları temel zenginlik kaynaklarıyken, bugün en büyük zenginlik kaynağı bilgi hâline geldi. Savaşla petrol kuyuları ele geçirebilirsiniz, ama bilgiyi bu yolla elde edemezsiniz. Bilgi en önemli iktisadi kaynak hâline geldikçe savaşların kârlılığı da azaldı; ve savaşlar, hâlâ eski usul hammadde ekonomileriyle yürüyen Ortadoğu ve Orta Afrika gibi belirli bölgelerle sınırlanmaya başladı.

1998'de Ruanda'nın, komşu Kongo'daki koltan madenlerini ele geçirip yağmalaması bir anlam ifade ediyordu; cep telefonu ve laptopların üretiminde kullanıldığı için yüksek talep gören koltanın, dünyadaki rezervlerinin yüzde 80'inin kontrolü Kongo'nun elindeydi. Yağmaladığı koltandan yılda 240 milyon dolar kazanan yoksul Ruanda açısından bu çok ciddi bir paraydı.[25] Buna karşılık, Çin'in California'ya saldırıp Silikon Vadisi'ni ele geçirmesinin hiçbir manası yok; Çinliler savaş meydanında üstün gelseler de Silikon Vadisi'nde yağmalayacak silisyum madenleri bulamayacaklar. Bunun yerine, Apple ve Microsoft gibi ileri teknoloji devlerinin programlarını satın alan Çinliler, aynı şirketlerin ürünlerinin imalatından milyarlarca dolar kazanıyorlar. Kongo koltanını yağmalayan Ruanda'nın bütün bir senede kazandığını barışçıl ticaretle tek bir günde elde etmeyi başarıyorlar.

Sonuç olarak "barış" kelimesi yeni anlamlar kazandı. Geçmiş nesiller barışı savaşın geçici yokluğu olarak değerlendiriyordu. Bizse bugün barışa savaşın mantıksızlığı olarak bakıyoruz. 1913'te Fransa'yla Almanya'nın barış hâlinde olduğunu söylemek, "Fransa ve Almanya halihazırda savaşta değil ancak gelecek yıl ne gösterir bilinmez," demekti. Bugün aynı şeyi söylediğimizde, iki ülke arasında herhangi bir durumda öngörülebilir bir savaşın çıkmasının artık hayal bile edilemeyeceğini kastetmiş oluruz. Böylesine bir barış anlayışı sadece Fransa ve Almanya için değil, (hepsi olmasa da) birçok ülke arasında geçerli. Önümüzdeki yıl Almanya'yla Polonya, Endonezya'yla Filipinler ya da Brezilya'yla Uruguay arasında savaş çıkabilme ihtimali yok denecek kadar az.

Bu Yeni Barış sadece bir hippi hayali değil. Güce tapan hükümetler ve açgözlü şirketler de buna inanıyor. Mercedes Doğu Avrupa'daki satış stratejilerini oluştururken Almanya'nın Polonya'yı işgal etmesinden daha ciddi ihtimallere odaklanıyor. Filipinler'den ucuz işgücü sağlayan bir şirket, Endonezya'nın gelecek yıl Filipinler'i işgal etmesinden endişe duymuyor. Brezilya hükümeti bir sonraki yılın bütçesini tartışırken, Brezilya savunma bakanının yerinden fırlayıp yumruğunu masaya vurarak, "Bir dakika! Ya Uruguay'ı işgal etmek istersek? Bu konuyu hiç dikkate almadık. Bu işgal için 5 milyar dolar ayırmalıyız," demiyor. Savunma bakanlarının benzer sözler sarf ettiği ülkeler yok değil ancak bunlar Yeni Barışın henüz köklenemediği bölgeler. Ben de bunlardan birinde yaşadığım için durumu gayet iyi biliyorum. Ne var ki bunlar istisna.

Yeni Barışın sonsuza dek süreceğini söylemek mümkün değil elbette. Barışı mümkün kılan nükleer silahlar misali, gelecekteki teknolojiler de yeni savaşlara zemin hazırlayabilir. Özellikle siber savaşlar küçük ülkeler ve devlet dışı aktörlere süpergüçlerle mücadele edebilme imkanı sağlayarak dünyadaki istikrarı bozabilir. 2003'te ABD Irak'a girdiğinde Bağdat ve Musul tahrip olurken,

Los Angeles ya da Chicago'ya tek bir bomba bile düşmedi. Kuzey Kore ya da İran gibi ülkeler gelecekte California'daki enerji hatlarını kesmek, Teksas'taki rafinerileri patlatmak ya da Michigan'daki trenleri çarpıştırmak için yazılım bombaları kullanabilirler. ("Yazılım bombaları" barış zamanında yerleştirilen ve uzaktan kontrol edilebilen zararlı bilgisayar programlarıdır. ABD ve birçok ülkede altyapı tesislerini kontrol eden ağlara yerleştirilmiş böylesi kodlar olması kuvvetle muhtemeldir.)

Diğer yandan yeteneği niyetle karıştırmamak lazım. Siber savaşlar yeni yıkım yöntemleri sunar ama bu onları kullanmak yolunda yeterince teşvik edici değildir. Geçtiğimiz yetmiş yılda insanlık sadece Orman Kanununun değil, Çehov Kanununun da yıkılabileceğini kanıtladı. Anton Çehov'un meşhur sözündeki gibi ilk sahnede görünen silahın üçüncü sahnede patlaması kaçınılmazdır. Tarih boyunca kral ve imparatorlar yeni bir silah edindiklerinde, er ya da geç şeytana uyar ve o silahı kullanırlardı. Ne var ki 1945'ten bu yana, insanlık bu dürtüye karşı gelmeyi öğrendi. Soğuk Savaş döneminde sahneye çıkan pek çok silah patlamadı. Artık atılmamış bombalar, fırlatılmamış füzelerle dolu bir dünyada yaşamaya alıştık; hem Ormanın hem de Çehov'un Kanununu çiğnemekte ustalaştık. Bir gün bu kanunlar yeniden hüküm sürerse bu kaderimizde yazdığı için değil kendi hatalarımız yüzünden olacak.

Peki ya söz konusu olan terörizmse? Merkezi hükümetler ve güçlü devletler kendilerini kontrol edebilmeyi öğrenmiş gibi görünseler de, teröristler yıkıcı yeni silahları kullanırken gözlerini bile kırpmayabilirler. Şüphesiz bu ihtimal endişe vericidir. Ne var ki terör, güce

Görsel 4: Moskova'da geçit töreninde nükleer füzeler. Hep görünen ama asla ateşlenmeyen silahlar.

gerçekten sahip olmayanların benimsediği bir zayıflık stratejisidir. Terör ciddi maddi zarar vermektense korku salarak işler. Teröristlerin çoğu zaman bir orduyu yenecek, bir ülkeyi işgal edecek ya da şehirleri ortadan kaldıracak güçleri yoktur. 2010'da tüm dünyada obezite ve obeziteye bağlı hastalıklar toplamda 3 milyon insanın ölümüne neden olurken, terör birçoğu gelişmekte olan ülkelerdeki 7697 kişinin canına mâl olmuştur.[26] Sıradan bir ABD vatandaşı ya da Avrupalı için Coca-Cola, El-Kaide'den çok daha ciddi bir tehdit.

Bu durumda teröristler dünyanın her köşesinde manşetleri kaplayıp siyasi düzeni nasıl değiştirebiliyorlar? Elbette düşmanlarını kışkırtıp aşırı tepki vermelerine neden olarak. Terör özünde bir gösteridir. Teröristler korkutucu bir şiddet gösterisi düzenleyip hayal gücümüzü ele geçirerek ortaçağ misali bir keşmekeşe düştüğümüze inandırırlar bizi. Akabinde devletler bu terör tiyatrosuna bir güvenlik gösterisiyle tepki verme zorunluluğu duyar ve yabancı bir ülkeyi işgal etmek ya da tüm bir halka zulmetmek gibi muazzam güç gösterileri düzenler. Bu aşırı tepki, çoğu zaman bizim güvenliğimizi teröristlerden daha fazla tehlikeye atar.

Terör büyük bir zücaciye dükkanını dağıtmaya niyetli bir sineğe benzer. Sinek güçsüzdür, tek başına bir fincanı bile hareket ettiremez. Bu yüzden kendine bir boğa bulur, kulağına girer ve vızıldamaya başlar. Boğa korku ve öfkeyle çıldırıp dükkanı altüst eder. Geçtiğimiz on yılda Ortadoğu'nun başına gelen de bundan ibaret. Radikal İslamcıların Saddam Hüseyin'i alt etmesi mümkün değildi. 11 Eylül saldırılarıyla kışkırttıkları ABD, onların yerine Ortadoğu dükkanını yerle bir etti. Şimdi de enkazın içinden yeşeriyorlar. Bizi ortaçağ günlerine sürükleyip Orman Kanununu geri getirmek isteyen teröristler aslında bunu gerçekleştiremeyecek kadar zayıflar. Bizi kışkırtsalar da nihayetinde her şey bizim tepkilerimizde bitiyor. Orman Kanunu yeniden yürürlüğe girerse bunun suçlusu teröristler olmayacak.

Kıtlık, salgın ve savaşlar muhtemelen gelecek yıllarda da milyonların canına mâl olmaya devam edecek. Ama tüm bunlar, aciz insanlığın kontrolünün dışında, engellenemez trajediler olmaktan çıkıp artık aşılabilir engeller hâline geldi. Yoksullukla mücadele eden yüz milyonlarca insanın; sıtmaya, AIDS'e ve vereme yenik düşen milyonların; ya da Suriye, Kongo veya Afganistan'da ateş çemberlerinde sıkışmış milyonların acılarının hafife alınması gerektiği anlamına gelmez bu. Anlatılmak istenen; kıtlık, salgın ve savaşların yeryüzünden silindiği ve artık bu konularda rahat olabileceğimiz de değil. Tam aksine. Tarih boyunca insanlar bu sorunların çözülemeyeceğini düşündüklerinden son vermeye çalışmadılar bile. Mucizeler göndermesi için tanrıya yakardılar ama kıtlık, salgın ve savaşların kökünü kazımak için ciddi bir girişimde bulunmadılar. 2016 dünyasının tıpkı 1916'daki gibi açlık, hastalık ve şiddetle dolu olduğunu iddia edenler, eski asırların bozguncu düşüncelerini ebedileştiriyorlar yalnızca. Bu görüş, insanların 20. yüzyılda sarf ettiği tüm çabaların boşuna olduğunu, tıbbi araştırmaların, ekonomik düzenlemelerin ve barış girişimlerinin beyhude olduğunu ima ediyor. Durum böyleyse neden zaman ve kaynaklarımızı daha fazla tıbbi araştırmaya, ekonomik yatırımlara ya da barış girişimlerine harcıyoruz?

Geçmişteki başarılarımızı kabul etmek, ileriye dönük hamlelerde bize cesaret vererek geleceğe yönelik umudumuzu besliyor ve sorumluluk hissimizi kamçılıyor. 20. yüzyıldaki gelişmelere rağmen insanlar kıtlık, salgın ve savaşlarla acı çekmeye devam ediyorsa bunun suçunu tanrıya ya da doğaya atamayız. Durumu iyileştirmek ve acı dolu olayları daha da azaltmak bizim elimizde.

Başarılarımızın azametini takdir ederken bir diğer noktayı gözden kaçırmamalıyız: Tarih boşluk kabul etmez. Kıtlık, salgın ve savaşlar azalıyorsa, insanlığın bunların yerini alacak başka gündemleri olacaktır. Bunların ne olacağını çok iyi düşünmemiz gerekiyor. Aksi takdirde eski savaş meydanlarında muzaffer olurken yeni cephelerde hazırlıksız yakalanabiliriz. Peki 21. yüzyılda insanlığın gündeminde kıtlık, salgın ve savaşların yerini hangi meseleler alacak?

En önemli mesele, insan türünü ve gezegeni bir bütün olarak kendi gücümüzden korumak olacaktır. Bize bol gıda, ilaç, enerji ve hammadde sağlayan olağanüstü ekonomik büyümemiz sayesinde kıtlık, salgın ve savaşları dize getirmeyi başardık. Ne yazık ki bu büyüme, gezegenin ekolojik dengesini birçok açıdan altüst ediyor ve biz bu sıkıntıları daha yeni yeni incelemeye başlıyoruz. Tehlikeyi kabul etmekte geç kalan insanevladı bu konuda pek ilerleme kaydedemedi. Çevre kirliliği, küresel ısınma ve iklim değişikliği tartışmalarına rağmen çoğu ülke, durumu düzeltmek için henüz ekonomik ya da siyasi fedakarlıklarda bulunmadı. Ekonomik büyüme ve ekolojik denge arasında seçim yapmak gerektiğinde siyasetçiler, yöneticiler ve seçmenler her zaman büyümeyi tercih ediyor. 21. yüzyılda felaketleri önlemek istiyorsak daha çok çaba göstermeliyiz.

Bundan sonra insanlık neyle uğraşacak? Kıtlığı, salgınları ve savaşları engellediğimiz için birazcık tatmin olup hâlimize şükrederek ekolojik dengeyi korumaya da çalışacak mıyız? Şüphesiz en mantıklı ihtimal bu olsa da, insan türü büyük ihtimalle bu yolu izlemeyecek. İnsanlar nadiren ellerindekiyle yetinmeyi biliyor. İnsan aklı hemen hemen her zaman kanaat etmek yerine daha fazlasını arzuluyor. İnsanlar hep daha iyinin, daha fazlanın ve daha lezzetlinin peşindeler. İnsan türü muazzam güçlere sahip artık; iyi de kıtlık, salgın ve savaş ihtimallerini geride bıraktığımız zaman ne yapacağız? Biliminsanları, yatırımcılar, bankacılar ve siyasetçiler neyle oyalanacaklar? Oturup şiir mi yazacaklar?

Başarı, hırsı ve açgözlülüğü beraberinde getirir; yeni başarılarımız bizi daha cüretkar hedefler koymaya yönlendiriyor. Eşi benzeri görülmemiş refah ve sağlık seviyeleriyle uyum içinde yaşamayı garantilediğimize göre, insanlığın yeni hedefi ölümsüzlük, mutluluk ve tanrısallık olacak gibi duruyor. Açlık, hastalık ve şiddetten kaynaklanan ölümleri azalttığımıza göre artık yaşlanmanın, hatta bizatihi ölümün üstesinden gelmeye çalışabiliriz. İnsanları küçük düşürücü sefaletten kurtardığımıza göre artık onları mutlu etmeyi amaçlayabiliriz. İnsanlığı hayatta kalma mücadelesinde yukarılara taşıdık. Şimdi artık insanları tanrı mertebesine yükseltmek için çalışıp *Homo sapiens*'i, *Homo deus*'a* dönüştürebiliriz.

* (Lat.) *Deus*. Tanrı, ilah. Yazar insan türünün bilimsel adı *Homo sapiens* ile bir kelime oyunu yaparak *Homo deus* (tanrı insan) terimini türetiyor. –çn

Ölümün Son Günleri

21. yüzyılda ölümsüzlük konusunda muhtemelen ciddi adımlar atılacak. Yaşlanmaya ve ölüme karşı mücadele; kıtlık ve hastalıklara karşı gelenekselleşmiş savaşın devamı niteliğinde sürerken, günümüzün üstün değerini, insan yaşamının değerini ortaya koyacak. Etrafımızdaki her şey bize insan yaşamının evrendeki en kıymetli şey olduğunu hatırlatıyor. Okullarda öğretmenler, meclislerde siyasetçiler, mahkemelerde avukatlar, sahnelerde oyuncular sürekli aynı şeyi tekrarlıyor. II. Dünya Savaşı'ndan sonra Birleşmiş Milletler tarafından kabul edilen ve muhtemelen evrensel bir anayasaya en yakın metin kabul edilebilecek İnsan Hakları Evrensel Beyannamesi, koşulsuz "yaşama hakkı"nın insanlığın en temel değeri olduğunu belirtiyor. Bu hakkı düpedüz ihlal eden ve bir insanlık suçu olan ölüme karşı topyekün savaşmamız gerekiyor.

Tarih boyunca dinler ve ideolojiler, yaşamın kendisine değer atfetmediler. Onun yerine varoluştan üstün ve onun ötesinde olduğunu iddia ettikleri şeyleri yücelttiler. Hatta bazıları alenen ölüm meleklerine düşkündü. Hıristiyanlık, İslamiyet ve Hinduizm varoluşumuzun anlamının ahiret hayatındaki yazgımıza dayandığı görüşünde ısrar ederek, ölümü yaşamın olumlu ve hayati bir parçası olarak gördüler. İnsanlar tanrı istediği için ölürdü ve ölüm de anlamlarla dolu, doğaüstü, kutsal bir deneyim olarak kabul edilirdi. Kişi son nefesini vermek üzereyken rahipler, hahamlar ya da şamanlar çağırılmalı, yaşamın terazisi dengelenmeli, kişinin evrendeki gerçek rolü benimsenmeliydi. Ölümün olmadığı bir dünyada Hıristiyanlık, İslamiyet ya da Hinduizm'i bir düşünün; cennet, cehennem ve reenkarnasyonun da olmadığı bir dünyada...

Modern bilim ve kültürse ölümü bambaşka açılardan değerlendirir. Ölüm doğaüstü bir gizem olarak düşünülmediği gibi hayatın anlamının kaynağı olarak da görülmez. Modern insan ölüme daha ziyade çözülebilecek ve çözmemiz gereken teknik bir sorun olarak bakar.

Peki insanlar tam olarak nasıl ölürler? Ortaçağ masalları Ölüm'ü elinde kocaman tırpanı, kukuletalı, kara cübbeli bir figür olarak betimler. Ona buna endişelenerek, oraya buraya koşuşturarak hayatını geçiren birinin karşısında aniden beliren Azrail, kemikli eliyle omzuna dokunarak, "Gel," der. "Lütfen! Bir yıl, bir ay, bir gün daha bekle, ne olur?" diye yalvarsanız da kukuletasının altından fısıldayan ölüm, "Hayır! ŞİMDİ geleceksin!" der ve ölürüz.

Gerçek hayattaysa insanlar kara bir figür omuzlarına dokunduğu, tanrı istediği ya da ölümlülük büyük kozmik planın bir parçası olduğu için ölmezler, her zaman teknik bir aksaklık yüzünden ölürler. Kalpleri kan pompalamayı bırakır. Ana damarları yağ tabakalarıyla tıkanır. Kanserli hücreler karaciğerlerine yayılır. Akciğerlerinde mikroplar çoğalır. Peki ya bu teknik aksaklıkların sorumlusu ne? Başka teknik aksaklıklar. Kalp, kalp kaslarına yeterli oksijen gitmediği için kan pompalayamaz. Kanserli hücreler, rasgele genetik bir mutasyon talimatlarını yeniden yazdığı için yayılır. Mikroplar biri metroda hapşırdığı için akciğerlere yerleşir. Hiçbiri doğaüstü olaylar değil, hepsi teknik aksaklıklardır.

Her teknik sorunun yine teknik bir çözümü vardır. Ölümün üstesinden gelebilmek için İsa'nın yeniden dirilmesini beklemek durumunda değiliz. Birkaç çalışkan biliminsanı başarabilir bunu. Ölüm geleneksel olarak rahiplerin ve teologların uzmanlık alanıydı ama artık onların yerini mühendisler aldı. Kanserli hücreleri kemoterapi ve nanorobotlarla yok edebiliyoruz. Antibiyotiklerle akciğerlerdeki

Görsel 5: Ölüm, ortaçağ sanatında Ölüm Meleği olarak temsil ediliyor.

mikropların kökünü kazıyabiliyoruz. Kalp kan pompalamayı bıraktığında ilaçlar ve elektroşokla yeniden çalıştırılabiliyor, o da olmadı yeni bir kalp nakledebiliyoruz. Karşılaştığımız her teknik aksaklık için elimizde halihazırda bir çözüm yok, doğru. Ne ki tam da bu yüzden kanser ve hastalık araştırmalarıyla genetik ve nanoteknoloji çalışmalarına bu kadar çok zaman ve kaynak ayırarak yatırım yapıyoruz.

Bilimsel araştırmalarla ilgisi olmayan insanlar bile ölümün teknik bir aksaklık olduğunu düşünmeye başladı. Doktoruna giden bir kadın, "Neyim var doktor?" diye sorduğunda, "Grip olmuşsunuz," ya da "Veremsiniz," veya "Kansersiniz," gibi cevaplar bekliyor. Doktor hiçbir zaman, "Ölümünüz gelmiş," gibi bir cevap vermiyor. Artık hepimiz grip, verem ya da kanserin bir gün çözülebilecek teknik aksaklıklar olduğunun bilincindeyiz.

İnsanların fırtına, kaza ya da savaşlarda hayatlarını kaybetmeleri durumunu bile engellenebilecek bir teknik hata olarak görme eğilimindeyiz. Hükümet daha iyi bir siyaset izleseydi, belediye işini daha iyi yapsaydı, komutan daha iyi kararlar alsaydı ölüm engellenebilirdi diye düşünüyoruz. Ölüm dava ve soruşturmaların kendiliğinden bir nedeni hâline geldi neredeyse: "Nasıl ölmüş olabilirler? Birileri mutlaka bir yerlerde hata yapmış olmalı."

Biliminsanları, doktor ve düşünürlerin büyük bir kısmı hâlâ uçuk ölümsüzlük rüyalarına mesafeli durduklarını ve bazı belirli sorunları çözmeye çalıştıklarını söylüyorlar. Ancak yaşlılık ve ölüm belirli sorunların sonucu olduğuna göre, biliminsanları ve doktorların araştırmalarını bırakıp, "Tamam, bu kadarı yeterli," diyebileceği bir nokta da olamaz: "Buraya kadar geldik, artık yeter. Verem ve kanseri yendik ama Alzheimer için çalışmayacağız. İnsanlar bu nedenle ölebilir." İnsan Hakları Evrensel Beyannamesi, "Doksan yaşına kadar yaşama hakkı vardır," demiyor. "Her insanın yaşama hakkı vardır," diyor. Bu kadar. Bu hakkın son kullanma tarihi yoktur.

Biliminsanları ve düşünürler arasında sayıları giderek artan bir grupsa bu günlerde artık daha açık konuşarak, modern bilimin öncü gelişmelerinin ölümü yeneceğinden ve insanlara sonsuz gençlik bahşedeceğinden bahsediyor. Önemli örnekler arasında geriatrist Aubrey de Grey ve farklı alanlarda uzmanlaşmış bir mucit olan Ray Kurzweil (1999 ABD Ulusal Teknoloji ve İnovasyon Nişanı sahibi) de bulunuyor. 2012'de Kurzweil, Google'da mühendislik yönetimine atandı ve Google bir yıl sonra "ölümü çözmeyi" hedefleyen Calico isimli küçük bir şirket kurdu.[27] Google yakın zamanda bir başka ölümsüzlük savunucusu Bill Maris'i de Google Ventures yatırım fonlarını yönetmek üzere görevlendirdi. Ocak 2015 tarihli röportajda, "Bana 500 yaşına kadar yaşamak mümkün müdür diye sorarsanız, cevabım evettir," diyen Maris, bu cesur sözlerini elbette çok miktarda nakitle de destekliyor. Google Ventures 2 milyarlık portföyünün yüzde 36'sını, aralarında hayat uzatma projelerinin de olduğu araştırmalar yürüten şirketlerine aktarıyor. Ölüme karşı mücadeleyi Amerikan futboluna benzeterek, "Birkaç sayı almaya değil, maçı kazanmaya çalışıyoruz," diye açıklayan Morris, neden diye sorulduğundaysa, "Çünkü yaşamak ölmekten çok daha güzel," cevabını veriyor.[28]

Silikon Vadisi'nin etkili diğer girişimcileri de benzer hayalleri paylaşıyor. PayPal'in kurucularından Peter Thiel, yakın zamanda sonsuza kadar yaşamayı planladığını itiraf etti. "Bence ölümle yüzleşmenin üç yolu vardır," diye açıklayan Thiel, "Kabullenebilirsiniz, inkar edebilirsiniz ya da savaşabilirsiniz. Toplumumuzun ağırlıklı olarak kabullenen ya da inkar edenlerden oluştuğunu düşünüyorum, ben savaşmayı tercih ediyorum." Çoğu insan gençlik hayalleri diyerek bu tip beyanları görmezden gelebilir. Ne var ki kişisel serveti 2,2 milyar dolara yaklaşan Thiel, Silikon Vadisi'ndeki en başarılı ve etkin girişimciler arasındadır.[29] Duvarlara coşkuyla kazınan yazılar artık değişiyor: Eşitlik mazide kaldı, bugünün modası ölümsüzlük.

Genetik mühendisliği, rejeneratif (onarıcı) ilaçlar ve nanoteknoloji gibi alanlarda büyük bir hızla ilerleyen gelişmeler daha da iyimser kehanetler doğuruyor. Kimi uzmanlar 2200, kimileriyse 2100 yılında insanların ölümü yeneceğine inanıyor. Kurzweil ve Aubrey de Grey'se çok daha hevesli görünüyorlar. 2050'de sağlıklı bir bedene ve sağlam bir banka hesabına sahip herkesin, her on yılda bir kefeni yırtarak ölümsüzlük şansını yakalayabileceğini düşünüyorlar. Kurzweil ve Aubrey de Grey'e göre, her on yılda bir sadece hastalıklarımızı tedavi etmek için değil, aynı zamanda ölen dokularımızı yenileyip el, göz ve beyinlerimizi biraz daha iyileştirerek bizi baştan yaratacak tedaviler için gidebileceğimiz klinikler olacak. Bir sonraki tedavinizin vakti gelmeden doktorlar fazlasıyla yeni ilaç, sürüm ve aygıt geliştirmiş olacak. Kurzweil ve Aubrey de Grey haklıysa, çoktan aramızda yaşamaya başlamış bir ölümsüze sokakta yürürken bile rastlamanız olası; en azından New York'ta Wall Street ya da 5. Cadde'de yürüyüşe çıktıysanız.

Daha doğru ifade etmek gerekirse, ölümsüz olmayacağız ama ecelimizle de ölmeyeceğiz. Tanrının aksine, gelecekteki süperinsanlar savaş ya da kazalarda yine hayatlarını kaybedebilecekler ve onları ölüler diyarından geri getirmenin bir yolu da olmayacak. Ne var ki bizim gibi ölümlülerin aksine, onların yaşamlarının vadesi dolmayacak. Bir bombayla parçalanmadıkları ya da bir kamyonun altında kalmadıkları sürece sonsuza dek yaşayabilecekler. Bu durum muhtemelen onları tarihin en gergin insanları hâline getirecektir. Biz ölümlüler, hayatlarımızın bir gün sona ereceğini bilerek alıyoruz günlük riskleri. Himalayalar'a tırmanıyor, denize giriyor, bir caddeyi geçmek ya da dışarıda yemek yemek gibi bir sürü tehlikeli faaliyette bulunuyoruz. Halbuki ebediyete dek yaşayabileceğinize inandığınızda, böyle bir sonsuzluğu riske atmak için deli olmanız gerekir.

Belki de ortalama yaşam süresini iki katına çıkarmak gibi daha mütevazı hedeflerle başlamalıyız. 20. yüzyılda ortalama yaşam süresini neredeyse ikiye katlayarak kırktan yetmişe yükselttik; demek ki 21. yüzyılda bir kez daha katlayarak yüz elliye çıkarabiliriz. Ölümsüzlüğe şimdilik erişemesek de insan toplumu için devrimsel nitelikte bir değişim olacaktır bu. Başlangıçta aile yapısı, evlilikler, çocuk ve ebeveyn ilişkileri değişecektir. Bugün insanlar hâlâ "ölüm ayırana dek" evli kalmayı umarak ve çocuk yapıp yetiştirmek üzerine kuruyorlar yaşamlarını. Yüz elli yıllık ömrü olan birini hayal edin. Kırklı yaşlarında evlense bile yaşayacak yüz on yılı daha olacak. Bir evliliğin yüz on yıl sürmesini beklemek sizce de gerçekçi mi? Katı Katolikler bile duraksayacaktır bu konuda. Günümüzde giderek yükselen, birden çok evlillik gerçekleştirme eğilimi daha da hız kazanacak gibi görünüyor. Kırklarında iki çocuk sahibi olmuş bir kadın, yüz yirmi yaşında çocuklarını nasıl büyüttüğünü sadece hayal meyal anımsayabilecek. Bu şartlar altında nasıl bir çocuk-ebeveyn ilişkisi geliştirilebileceğini öngörmek gerçekten çok zor.

Bir de profesyonel kariyerleri ele alalım. Bugün yirmilerimizde öğrendiğimiz bir meslek dalında hayatımız boyunca çalışacağımızı varsayarız. İlerleyen yaşlarda da öğrenmeye devam ederiz ama genel olarak yaşamı, eğitim dönemini takip eden çalışma dönemleriyle ayırırız. Yüz elli yaşına merdiven dayayabileceğiniz, hem de her gün yeni teknolojilerle sarsılan bir dünyada bu ayrım anlamsız olacaktır. İnsanlar çok daha uzun kariyerlere sahip olurken, doksanlarında bile kendilerini yenilemek ve geliştirmek zorunda kalacaklar.

Öte yandan altmış beş yaşında emekli olamayacaklarına göre, yeni fikirleri ve heyecanları olan yeni nesillere de yer açılamayacak. Fizikçi Max Planck'in meşhur sözündeki gibi, bilim cenazeden cenazeye ilerler. Değişen her nesille beraber yeni teorilerin eskilerin kökünü kazıyabileceğini ifade eden bu söz, sadece bilim için geçerli değil. İşyerinizi düşünün; akademisyen, gazeteci, aşçı ya da futbolcu olmanız fark etmez. Fikirleri fi tarihinden kalmış yüz yirmi yaşındaki patronunuz hakkında, hele de epey bir süre daha koltuğunu koruyacağını bildiğinizde, neler düşünürdünüz?

Siyasi alandaysa daha netameli sonuçları olacaktır bu durumun. Putin'in olduğu yere doksan yıl daha kazık çakacak olmasına ne buyurulur? Yeniden değerlendirince, insanlar yüz ellili yaşlarına değin yaşasalardı eğer, Stalin bugün yüz otuz sekiz yaşında hâlâ sapasağlam Moskova'yı yönetiyor olurdu. Mao yüz yirmi üç yaşında orta yaşlı bir adamken, Prenses Elizabeth tahtı yüz yirmi bir yaşındaki VI. George'tan devralabilmek için eli kolu bağlı bekliyor olurdu. Oğlu Charles'sa sırasını 2076 yılına kadar bekleyecekti.

Gerçek dünyaya dönelim. Kurzweil ve Aubrey de Grey'in kehanetlerinin 2050 ya da 2100'de gerçekleşebileceği iddiası hâlâ oldukça şüphe götürür. Bana soracak olursanız, sonsuz gençlik umudu için 21. yüzyıl hâlâ çok erken ve bunu önemseyen herkesin ciddi bir hayal kırıklığına uğrayacağını düşünüyorum. Öleceğini bilerek yaşamak başlı başına zorken, ölümsüzlüğe inanıp ölümle başa çıkmak çok daha zorlu olacak.

Geçtiğimiz yüzyılda ortalama yaşam süresi ikiye katlansa da, gelecek yüzyılda da bunu ikiye katlayabileceğimiz fikri esasen pek de sağlam bir temele dayanmıyor. 1900'de ortalama yaşam süresi kırk yıldan fazla değildi; çünkü pek çok insan yetersiz beslenme, enfeksiyonlar ve savaşlar nedeniyle ölüyordu. Ne var ki kıtlık, salgın ve savaşlardan sağ kurtulanlar, *Homo sapiens*'in doğal ömrünü yaşayarak rahatlıkla yetmiş ya da seksenlerine kadar sürdürüyorlardı yaşamlarını. Genel kanının aksine, yetmişlerini görenler geçtiğimiz yüzyıllarda da nadir rastlanan ucubeler gibi karşılanmıyordu. Galileo Galilei yetmiş, Isaac Newton'sa seksen dört yaşına kadar yaşadı; Michelangelo'ysa antibiyotik, aşı ya da organ nakillerinin yardımı olmadan seksen sekizine kadar sapasağlam ayaktaydı. Hatta ormandaki şempanzeler bile bazen altmışlarına kadar yaşayabilirler.[30]

Aslına bakılırsa, modern tıp doğal ömrümüzü bir yıl bile uzatmadı. Onun başarısı bizi *erken* ölümden kurtarıp kalan yıllarımızı da doya doya yaşamamızı sağlamaktı. Eğer kanseri, diyabeti ya da belli başlı diğer hastalıkları yenebilirsek, bu sadece herkesin doksanlarına kadar yaşayabileceği anlamına gelecek ama bırakın beş yüzü, yüz elli yaşına ulaşmamızı bile sağlamayacaktır. Bunun için tıbbın vücuttaki en temel yapıları ve süreçleri yeniden tasarlaması ve dokularla organları nasıl yenileyebileceğini keşfetmesi gerekiyor. 2100 yılına kadar bunları başarmamızın olanağıysa yok gibi görünüyor.

Ne var ki ölümü yenmeye çalışırken yaşadığımız başarısızlıklar, yine de bizi hedefe bir adım daha yaklaştıracak ve daha büyük umutlar doğurarak insanları daha çok çabalamaya teşvik edecektir. Google'ın Calico'su, Google'ın kurucu ortakları Sergey Brin ve Larry Page'i ölümsüz yapmak için zamanında yetişemeyecek olsa da hücre biyolojisi, genetik ilaçlar ve insan sağlığında muhtemelen önemli keşifler gerçekleşecek. Böylece *Googlecılar*'ın bir sonraki nesli daha iyi bir konumdan daha güçlü saldırabilecekler ölüme. Ölümsüzlük çanları çalan biliminsanları, kurt var diye bağıran yalancı çoban gibi görünseler de kurt er ya da geç gelecektir.

Sonuçta ölümsüzlüğe yetişemesek de ölümle savaş önümüzdeki yüzyılın öncü projesi olacak gibi duruyor. İnsan yaşamının kutsallığına duyduğumuz inancı ve bilimsel düzenin dinamiklerini göz önüne alıp kapitalist ekonominin ihtiyaçlarını da eklediğimizde, ölüme karşı amansız bir savaşın önüne geçmemiz pek mümkün görünmüyor. İnsan yaşamının kutsallığına olan ortak inancımız, ölümü kabullenmemize asla izin vermeyecek. İnsanlar bir şeyler yüzünden öldüğü sürece, ölümü yenmeye dönük çalışmalar son bulmayacak.

Bilimsel kurumlar ve kapitalist ekonomi bu mücadeleyi sürdürmekten ziyadesiyle memnun olacak. Birçok biliminsanı ve bankacı, kendilerine yeni keşifler yapma ve daha büyük ikramiyeler alma imkanı sunulduğu sürece ne konuda çalıştıklarını bile umursamaz. Ölümü alt edebilmekten daha büyük bir bilimsel hedef ya da sonsuz gençlik vaadinden daha dikkat çekici bir pazar düşünebiliyor musunuz? Kırkınızı geçtiyseniz, kapatın bir anlığına gözlerinizi ve yirmi beş yaşındaki bedeninizi düşünün. Sadece nasıl göründüğünüzü değil, bunun ötesinde bedeninizin nasıl *hissettirdiğini* düşünün. O hâlinize yeniden sahip olabilmek için ne kadar öderdiniz? Şüphesiz bu fırsattan istifade etmek istemeyecek insanlar da vardır ama ne gerekiyorsa verecek yeteri kadar müşterinin bulunacağı sonsuz bir pazar da mutlaka oluşacaktır.

Bütün bunların yanında, pek çok insanın içine işlemiş olan ölüm korkusu, ölümle mücadeleye karşı konulamaz bir hız kazandırıyor. İnsanlar ölümün kaçınılmaz olduğunu varsaydıklarından, doğal olarak genç yaştan itibaren içlerindeki sonsuza kadar yaşama isteğini bastırmayı ya da yerine başka hedefler koyarak bunu dizginlemeyi öğrenirler. Sonsuza kadar yaşama arzusuyla "ölümsüz" bir senfoni besteleyerek, ya "ebedi zaferler" peşinde koşar ya da ruhları "cennette ebedi mutluluğun keyfini çıkarabilsin" diye yaşamlarını bile bile feda ederler. Sanatsal yaratıcılığımız, politik bağlılıklarımız ya da dindarlığımızın büyük bir kısmı esasen ölüm korkusuyla beslenir.

Ölüm korkusu üzerinden müthiş bir kariyer çizen Woody Allen, beyaz perdede sonsuza kadar yaşamayı diliyor musunuz sorusuna, "Evimde yaşayabilmeyi tercih ederim," diyerek cevap verir ve ekler, "Çalışmalarımla değil, ölmeyerek ölümsüz olmak istiyorum." Ebedi zaferler, milliyetçi anma törenleri ya da cennet hayalleri, Allen gibi aslında ölmek istemeyen insanlar için oldukça zayıf alternatiflerdir. İnsanlar bir kere gerçekten ölümden kaçabileceklerine inanırlarsa (iyi ya da kötü sebeplerle) onların yaşama arzuları sanat, ideoloji ve dinlerin yükünden kurtularak ve karşısına çıkanı önüne katarak bir çığ gibi büyüyecektir.

Yakıcı bakışları ve upuzun sakallarıyla köktenci dindarların insanlıktan uzak olduklarını düşünüyorsanız, bir de ölümsüzlük iksirine ulaşabilecek ihtiyarlamış kodamanları ve yaşlanan Hollywood yıldızlarını düşünün. Eğer bilim ölüme karşı mücadelesinde kayda değer adımlar atabilirse gerçek savaş laboratuvarlardan parlamentolara, mahkemelere ve sokaklara kayacaktır. Bilimsel çabalar başarıyla taçlandığında, daha büyük siyasi kargaşalara neden olacaktır. Tarih sahnesindeki tüm çatışma ve savaşlar, bizi bekleyen gerçek mücadelenin sadece habercisi olabilirler: Sonsuza kadar genç kalma mücadelesinin...

Mutluluk Hakkı

İnsanlığın gündemindeki ikinci büyük proje muhtemelen mutluluğa giden yolu bulmak olacaktır. Tarih boyunca sayısız düşünür, kahin ve sıradan insan en yüce değer olarak hayattan ziyade mutluluğu yüceltmiştir. Antik Yunan düşünürü Epikür, tanrılara tapınmanın zaman kaybı olduğunu, ölümden sonrasının olmadığını ve mutluluğun hayatın tek gerçek amacı olduğunu savunur. Antik dönemde çoğu insan Epikürcülüğü reddetmiş olsa da onun fikirleri bugün geçerli hâle gelmiştir. Öteki dünyaya karşı duyulan şüphe, insanları sadece ölümsüzlüğü değil dünyevi mutluluğu aramaya da yönlendirmiştir. Sonsuza kadar sürecek bir çileyle yaşamayı kim ister ki?

Epikür'e göre mutluluğun peşine düşmek bireysel bir arayıştır. Modern düşünürlerse mutluluğu kolektif bir proje olarak değerlendirirler. Hükümet planlaması, ekonomik kaynaklar ve bilimsel araştırmalar olmadan bireyler mutluluk arayışlarında pek yol alamayacaklardır. Ülkeniz bir savaşla parçalanmış, ekonominiz krizde, sağlık sisteminiz çökmüşse sefalet çekmeniz kuvvetle muhtemeldir. 18. yüzyılın sonunda İngiliz düşünür Jeremy Bentham, en yüce değerin "çoğunluğun mutluluğu" olduğunu belirterek devletin, piyasanın ve bilimsel camianın varlığının kayda değer tek amacının küresel mutluluğu artırmak olması gerektiğini savunmuştur. Siyasetçiler barışı sağlamalı, girişimciler refahı artırmalı ve biliminsanları kralların, devletin ya da tanrının şanı için değil, siz ve benim gibiler daha mutlu bir hayat sürdürebilsin diye doğayı araştırmalıdır.

19. ve 20. yüzyıl boyunca, bir kesim Bentham'ın görüşlerine gerçekçi olmayan bir bağlılık gösteredursun hükümetler, şirketler ve laboratuvarlar daha net ve acil amaçlara yöneldiler. Ülkeler başarılarını vatandaşlarının mutluluğuyla değil topraklarının genişliği, nüfuslarının artışı ve gayrisafi yurtiçi hasılalarının (GSYİH) artışıyla ölçmeye başladılar. Almanya, Fransa ve Japonya gibi endüstrileşmiş toplumlar devasa eğitim, sağlık ve sosyal yardım sistemleri kurdular ancak bu sistemler bireysel refahı korumaktan çok uluslarını güçlendirmeyi amaçlıyordu.

Ulusa sadakatle hizmet edecek yetenekli ve itaatkar vatandaşlar yetiştirmek için okullar kuruldu. On sekizine ulaşan gençler yalnızca vatansever olmak için değil, komutanların emirlerini okuyup bir sonraki günün savaş taktiklerini düzenleyebilmek için de okuryazar olmalıydı. Topların menzilini hesaplamak ya da düşmanın şifrelerini kırabilmek için matematik bilmeleri; telsiz kullanabilmeleri, tank sürebilmeleri ve yaralı yoldaşlarına bakabilmeleri için elektrik, mekanik ve tıp alanlarına da bir miktar hakim olmaları gerekliydi. Ordudan ayrıldıktan sonra da katip, öğretmen ve mühendis olarak uluslarına hizmet etmeleri, bol bol vergi ödeyip modern ekonomiyi kurmaları bekleniyordu.

Aynı durum sağlık sistemi için de geçerliydi. 19. yüzyılın sonunda Fransa, Almanya ve Japonya gibi ülkeler kitlelere karşılıksız sağlık hizmeti sunmaya başladılar. Bebeklerin aşılara, çocukların dengeli beslenme planlarına erişimini sağlayıp gençlere beden eğitimi dersleri verdiler. Mikrop saçan bataklıkları kurutup, sivrisineklerin kökünü kazıdılar ve merkezi kanalizasyon sistemleri inşa ettiler. Amaçlarıysa insanları mutlu etmek değil ulusu güçlendirmekti. Ülkenin güçlü kuvvetli işçi ve askerlere ihtiyacı vardı; sağlıklı kadınlar daha fazla işçi ve asker doğurmalı, bürokratlar evlerinde pineklemek yerine sabah sekizde işbaşı yapmalıydı.

Sosyal yardım sistemleri bile insanların ihtiyaçlarından çok ulusların çıkarları için tasarlanmıştı. Otto von Bismarck 19. yüzyılın sonunda Almanya'da sosyal güvenlik ve emeklilik planlarının öncülüğünü yaparken temel hedefi, vatandaşların esenliğini artırmak değil sadakatlerini garantiye almaktı. On sekizinizde ülkeniz için savaştınız, kırkınızda vergilerinizi ödediniz, devletinize güvendiniz ve böylece yetmişinizde de devletiniz size bakacak.[31]

1776'da ABD'nin kurucu önderleri, yaşama ve özgürlük haklarının yanı sıra mutluluk peşinde koşma hakkını da üç temel vazgeçilemez haktan biri olarak kabul ettiler. Ancak Amerikan Bağımsızlık Bildirgesi'nin mutlu olma hakkını değil, mutluluk peşinde koşma hakkını sağladığının altını çizmek gerekir. Thomas Jefferson vatandaşların mutluluğundan devleti sorumlu tutmamıştı. Aksine onun hedefi devletin gücünü sınırlamaktı. Asıl amaç, bireylere devlet denetiminden uzak, özerk bir tercih alanı sağlamaktı: Mary yerine John'la evlenirsem daha mutlu olurum, San Francisco yerine Salt Lake City'de yaşayabilirim ya da süt sağmak yerine barmen olabilirim gibi tercihlerle mutluluğun peşinde dilediğim gibi koşarken yanlış tercihler yapsam da devlet buna karışmamalıdır.

Ne var ki geçtiğimiz yıllarda rüzgarın yönü değişti ve Bentham'ın görüşleri daha fazla öne çıkmaya başladı. İnsanlar bir yüzyıldan biraz daha uzun süre önce kurulan bu devasa sistemin, ulusları güçlendirmek yerine vatandaşların bireysel refah ve mutluluğuna hizmet etmesi gerektiğine inanmaya başladılar. Biz devlete değil, devlet bize hizmet etmek için var. Esasen devletin gücünü sınırlamak için tasarlanmış olan mutluluk peşinde koşma hakkı, usul usul mutlu olma hakkına dönüştü; sanki insanevladının mutluluk diye doğal bir hakkı varmış ve bizi hoşnutsuz eden her şeyi varlığımıza dönük bir saldırı ve temel bir insan hakkı ihlali sayarak devletin bu konuda harekete geçmesi gerekiyormuş gibi.

Kişi başına düşen GSYİH 20. yüzyılda ulusal başarıları değerlendirmek için kullanılan en önemli kıstas kabul edildi. Bu açıdan bakıldığında, her vatandaşı ortalama 56 bin doların üzerinde mal ve hizmet üreten Singapur, vatandaşları sadece 14 bin dolar üretebilen Kosta Rika'dan daha başarılı bir ülkedir. Ancak bugünün düşünürleri, siyasetçileri, hatta ekonomistleri bile GSYİH kıstasını GSYİM ile yani gayri safi yurtiçi mutlulukla desteklemek, hatta değiştirmek istiyorlar. Sonuçta insanlar üretmek değil mutlu olmak istiyorlar. Üretim, mutluluğun maddi temeli olduğu için önemlidir. Ancak üretim amaç değil sadece bir araçtır. Art arda gelen anketler Kosta Rikalıların hayat memnuniyetinin Singapurlulardan çok daha yüksek olduğunu ortaya koyuyor. Peki siz çok üreten mutsuz bir Singapurlu mu, yoksa az üreten mutlu bir Kosta Rikalı mı olmak istersiniz?

Bu mantık 21. yüzyılın ikinci temel hedefi olarak insanevladını mutluluğa ulaşmaya yönlendiriyor ve mutluluk hedefi ilk bakışta oldukça basit bir proje gibi duruyor. Kıtlık, salgın ve savaşlar sona erdiyse, insanlık daha önce eşi benzeri görülmemiş bir refah ve barış dönemine girdiyse, beklenen yaşam süresi hızla yükseliyorsa insanlar bunlarla mutlu olmalılar değil mi?

Hayır. Epikür hayatın tek gerçek amacı olarak mutluluğu tanımlarken takipçilerini mutluluğa ulaşmanın çok zor bir uğraş olduğu konusunda uyarır. Maddi kazançların tatmini uzun soluklu değildir. Öyle ki para, ün ve keyif peşinde körlemesine koşmak bizi sadece daha da aciz kılacaktır. Örneğin Epikür ölçülü yemeyi ve içmeyi, cinsel dürtülere gem vurmayı salık verir. Derin bir dostluk çılgın eğlencelerden daha fazla mutlu edecektir uzun vadede. Epikür yapılması ve sakınılması gerekenlerin kapsamlı bir etik haritasını oluşturarak mutluluğa giden güvenilmez patikada insanlara yol gösterici olmaya çalışmıştır.

Epikür'ün bir bildiği var, bu açık, mutlu olmak hiç de kolay değil. Geçtiğimiz yıllarda edindiğimiz benzeri görülmemiş kazanımlarımıza rağmen, günümüzdeki insanların mazide kalmış atalarından hatırı sayılır derecede daha mutlu olduğunu söylememiz pek de mümkün değil. Hatta yüksek refah, güven ve huzura rağmen gelişmiş dünyadaki intihar oranlarının geleneksel toplumlara kıyasla çok daha yüksek olması da bu görüşü destekler.

Peru, Guetamala, Filipinler ve Arnavutluk gibi yoksulluk ve siyasi istikrarsızlıktan mustarip, gelişmekte olan ülkelerde her yıl yaklaşık 100 bin insanda bir kişi intihar etmektedir. İsviçre, Fransa, Japonya ve Yeni Zelanda gibi varlıklı ve huzurlu ülkelerdeyse bu oran 100 bin insanda yirmi beştir. 1985'te birçok Güney Koreli yoksul, eğitimsizdi ve geleneklere tabi olarak otoriter bir diktatörlüğün altında sürdürüyordu yaşamını. Bugün Güney Kore öncü bir ekonomik güç, vatandaşları dünyanın en eğitimli insanları arasında ve göreceli olarak liberal demokratik bir yönetimin altında istikrarlı bir gidişatın keyfini sürüyor. Ne ki, 1985'te her 100 binde yaklaşık dokuz Güney Koreli kendini öldürürken, bugün bu oran üçe katlanarak 100 binde otuza kadar yükseldi.[32]

Elbette olaya farklı bir pencereden bakmamızı sağlayacak daha olumlu ve cesaretlendirici gelişmeler de var. Çocuk ölümlerindeki etkili düşüş, şüphesiz, modern hayatın stresini bir miktar azaltarak insanların mutluluğunu artırdı. Atalarımızdan biraz daha mutlu olsak da, yine de refah seviyemizdeki genel artış beklediğimizin çok altında. Taş Devri'nde ortalama bir insan günlük yaklaşık 4000 kaloriye ihtiyaç duyuyordu. Araç gereç yapmak, giyinmek, sanat eseri üretip ateş yakmak için gereken enerji de dahildi buna. Bugün ortalama bir ABD'li, karnını doyurmanın dışında, otomobili, bilgisayarı, buzdolabı ve televizyonu dahil günde yaklaşık 228 bin kalori kullanıyor.[33] Demek ki ortalama bir ABD'li, Taş Devri'nde ortalama bir avcı-toplayıcının tam altmış katı enerji tüketiyor. Peki ortalama bir ABD'li altmış kat daha mı mutlu? Bu toz pembe rüyalara biraz şüpheci yaklaşmakta fayda var.

Geçmişin sıkıntılarının önemli bir bölümünün üstesinden gelmiş olsak dahi, mutluluğu yakalamak yaşadığımız ıstırabı ortadan kaldırmaktan çok daha zor olabilir. Ortaçağda aç bir köylüyü memnun etmek için bir parça ekmek yeterliydi. Peki sıkılmış, yüksek maaşlı, fazla kilolu bir mühendisin keyfini nasıl yerine getirebilirsiniz? 20. yüzyılın ikinci yarısı ABD'nin altın çağıydı. II. Dünya Savaşı'ndaki galibiyetin akabinde Soğuk Savaş sonrasında gelen kesin zafer, ABD'yi küresel bir süpergüç hâline getirdi. 1950 ile 2000 yılları arasında GSYİH 2 trilyon dolardan 12 trilyon dolara çıkarken, kişi başına düşen gelirse ikiye katlandı. Doğum kontrol hapları seksi her zamankinden daha çok özgürleştirdi. Kadınlar, eşcinseller, Afro-Amerikalılar ve diğer azınlıklar pastadan nihayet biraz daha fazla pay almaya başladılar. Ucuz otomobil, buzdolabı, klima, elektrik süpürgesi, bulaşık makinesi, çamaşır makinesi, telefon, televizyon ve bilgisayar yağmuru günlük hayatı neredeyse tanınmayacak kadar değiştirdi. Ne var ki 1990'larda yapılan çalışmalar ABD'de bireysel refah seviyelerinin kabaca 1950'lerle aynı seyrettiğini gösteriyor.[34]

Japonya'da 1958'le 1987 yılları arasında yaşanan ve tarihin en büyük ekonomik yükselişlerinden biri olarak kabul edilen dönemde kişi başına düşen gelir neredeyse beşe katlandı. Japon yaşam tarzı ve sosyal ilişkilerinde milyonlarca olumlu ve olumsuz değişikliğe sebep olan zenginlik akımı, mutluluk seviyelerine şaşırtıcı derecede az etki edebildi. 1990'lı yıllarda Japonlar, yaşamlarından 1950'lerde olduğu kadar memnun ya da yine o kadar memnuniyetsizdi.[35]

Görünüşe göre benzeri görülmemiş kazanımlarımıza rağmen, mutluluğumuz gizemli bir cam kubbeye çarpıyor ve daha fazla büyüyemiyor. Herkes için bedava yemek sağlasak, tüm hastalıkları iyileştirsek, dünya barışını garantilesek bile bu cam kubbeyi aşmayı başaramayacağız. Gerçek mutluluğu yakalamak, yaşlılık ve ölümü yenmekten daha kolay olmayacak.

Mutluluğun cam kubbesi, onu taşıyan biri psikolojik, diğeri biyolojik iki sütun sayesinde sapasağlam duruyor. Psikolojik açıdan mutluluk nesnel şartlardan çok beklentilere dayanır. Mutlu ve esenlik içinde bir düzeni yöneterek memnun olamayız. Aksine, gerçeklik, beklentilerimizle buluştuğunda tatmin oluruz. Kötü olansa şartlar iyileştikçe beklentilerin balon gibi şişmesidir. İnsan türünün geçtiğimiz yıllarda yaşadığı şartlardaki belirleyici iyileşmeler, biraz daha kanaatkar bir tavır yerine daha büyük beklentilere dönüştü. Bu konuda önlemler almazsak gelecekteki kazanımlarımız bizi her zamankinden daha da doyumsuz hâle getirecek.

Biyolojik olarak hem beklentilerimiz hem de mutluluğumuz ekonomik, sosyal ya da politik koşullarla değil biyokimyamızla belirlenir. Epikür'e göre haz aldığımız ve acı çekmediğimiz sürece mutluyuzdur. Doğanın insana hükmeden iki efendisi olduğu fikrini Jeremy Bentham da sürdürür; yaptığımız, söylediğimiz ve düşündüğümüz her şeyi haz ve acı belirler. Bentham'ın halefi John Stuart Mill mutluluğun acının yokluğu olduğunu ve hazdan başka bir şey olmadığını söyler; haz ve acının ötesinde iyi ve kötü yoktur. İyi ve kötüyü tanrının kelamı ya da milli çıkarlar gibi başka yerlerde bulmaya çalışan herkes sizi ve muhtemelen kendini de kandırmaktadır.[36]

Bu ve benzeri düşünceler Epikür'ün döneminde kafirlik sayılırken, Bentham ve Mill'in zamanında köklü bir çöküş anlamına geliyordu. Ancak 21. yüzyıla gelindiğinde artık bilimsel bir inanıştı. Yaşambilimlerine* göre mutluluk ve ıstırap bedensel duyumların farklı dengelerinden ibarettir. Hiçbir zaman dış dünyadaki olaylara tepki vermeyiz, aksine sadece bedenimizin duyumlarına cevap veririz. Kimse işini kaybettiği, boşandığı ya da savaş çıktığı için çekmiyor acıyı. İnsanları mutsuz edebilecek yegane şey kendi bedenlerindeki nahoş duyumlardır. İşini kaybetmek tabii ki depresyonu tetikleyebilir ancak depresyonun kendisi zaten nahoş bedensel bir duyumdur. Binlerce farklı mesele kızdırabilir bizi ancak öfkenin kendisi soyut değildir. Öfkeyi daha da rahatsız edici ve katlanılamaz hâle getiren, vücutta terleme ve gerginlik olarak ortaya çıkmasıdır. Boşuna öfkeden "yanıp tutuşuyor" demeyiz.

Diğer yandan bilim, zam aldıklarında, piyangodan para kazandıklarında, hatta gerçek aşkı bulduklarında bile insanların aslında mutlu olmadığını söylüyor. İnsanları sadece ve sadece tek bir şey

* (İng.) *Life sciences*. Yaşambilimleri. Yaşayan organizmaları araştıran bilim dallarının yanı sıra biyoetik gibi konularla da ilgilenen disiplinlerarası bir alandır. Biyoloji bilimleri merkezde olmak üzere, moleküler biyoloji ve biyoteknoloji gibi başlıkların gelişmesiyle özelleşmiş ve çeşitli üniversitelerde ayrı kürsüler kurulmuştur. –çn

memnun edebilir; bedensel hazlar. 2014'teki Dünya Kupası Finali'nde Arjantin karşısında oynayan Alman takımının orta saha oyuncusu Mario Götze olduğunuzu düşünün; 113 dakika tek bir gol bile atılmadan uçtu gitti. Korku dolu penaltı atışlarına sadece yedi dakika var. Rio'daki Maracana Stadı'nda 75 bin heyecanlı taraftar ve tüm dünyada milyonlar ekranları başında maçı izliyor. André Schürrle size doğru o harika pası attığında, Arjantin'in kalesinden birkaç metre ötedesiniz. Topu göğsünüzde yumuşatıyorsunuz ve yavaşça ayaklarınıza yaklaşırken vurduğunuz top Arjantinli kaleciyi geçip ağlarla buluşuyor. Goool! Stat bir volkan gibi patlıyor. On binlerce insan delicesine bağırıyor, takım arkadaşlarınız sizi kucaklayıp öpmek için yarışıyor, Berlin ve Münih'teki milyonlar ekranlarının karşısında gözyaşlarına boğuluyor. Kendinizden geçmişsiniz ama top Arjantin kalesiyle buluştuğu için ya da tıklım tıklım Bavyera birahanelerinde süren kutlamalar yüzünden değil. Aslında içinizdeki duygu fırtınasına tepki veriyorsunuz. Tüyleriniz ürperiyor, elektrik dalgalarıyla vücudunuz sarsılıyor ve patlayan milyonlarca enerji topuna dönüşmüş gibi hissediyorsunuz.

Bu tip hisler yaşamak için Dünya Kupası Finali'ni kazandıran golü atmak zorunda değilsiniz. Beklenmedik bir terfinin heyecanıyla zıpladığınızda da benzer hisler yaşarsınız. Beyninizin derinlikleri futbol ya da iş arasındaki ayrımı bilmez. Sadece duyumları bilir. Bir terfi aldıysanız ama bir sebeple hoş bir duyumsama içinde değilseniz tatmin olmazsınız. Bunun tam tersi de geçerlidir. Eğer kovulduysanız ya da çok önemli bir maçı kaybettiyseniz ama bir sebeple çok hoş hazlar içindeyseniz (muhtemelen bir çeşit hap attığınız için) yine de bulutların üzerinde hissedebilirsiniz.

Kötü olansa hoş duyumların kısa sürede yatışıp nahoş duyumlara evrilmesidir. Dünya Kupası'nı kazandıran gol bile hayat boyu saadetin anahtarı değildir. Öyle ki o andan sonra her şey yokuş aşağı gitmeye bile başlayabilir. Geçtiğimiz sene beklenmedik bir terfi almış olsam da haberi aldığımdaki güzel hisler birkaç saatte yitip gidecektir. O harika hisleri yeniden yaşamak için tekrar terfi almam gerekir. Yeniden ve yeniden. Yeniden terfi alamayınca da sıradan bir piyonken hissedeceğimden çok daha üzgün ve öfkeli hissedebilirim.

Tüm bunlar aslında evrimin bir hatası. Biyokimyasal sistemimiz nesiller boyunca mutluluğumuzu değil, sağ kalma ve üreme ihtimalimizi artıracak şekilde evrildi. Biyokimyasal sistemimiz, sağ kalmaya ve üremeye yardımcı olan davranışları haz veren duygularla ödüllendirir. Bunlar sadece geçici hilelerdir. Açlık hissinden kurtulmak ve keyifli orgazmların tadını çıkarmak, yemek ve eş bulmayı gerektirdiği için mücadele ederiz. Ancak haz veren duygular ve keyifli orgazmlar çok uzun sürmez, o anları tekrar yaşamak istiyorsak dışarı çıkıp daha fazla yemek ve eş aramamız gerekir.

Sıradışı bir mutasyon, tek bir fındıkla sonsuz keyif duyabilen bir sincap yaratabilseydi ne olurdu? Teknik olarak sadece sincabın beynini yeniden düzenlersek mümkün olabilir bu. Kim bilir, belki de şanslı bir sincap milyonlarca yıl önce bu deneyimi gerçekten yaşamıştır. Öyleyse bile, o inanılmaz mutlu sincabın çok kısa süren hayatının sona ermesiyle bu sıradışı mutasyon da ortadan kalkmış olmalı. Mutluluktan bulutların üzerinde yaşayan sincap, bırakın farklı eşler aramayı, daha fazla fındık bulmak için bile çaba harcamayacaktır. Halbuki beş dakika sonra acıkan rakip sincapların daha uzun süre hayatta kalma ve genlerini bir sonraki nesile aktarma şansı yüksektir. Kazançlı işler, büyük evler, güzel eşler gibi edinmek istediğimiz fındıklar, tam da bu sebepten tek başlarına bizi uzun süre tatmin edemezler.

Bizi mutlu edenin amacın kendisi değil de ona varırken yürüdüğümüz yol olduğunu düşünen kimileri, durumun o kadar da kötü olmadığını iddia edebilirler. Everest'e tırmanmak tepesinde durmaktan daha tatmin edicidir, flört ve önsevişme orgazmın kendisinden daha heyecanlıdır, çığır açan bir deneyi yürütmek ödüller ve tebriklerden daha ilginç olabilir. Yine de durumu değiştirmez bu; evrim bizi geniş bir yelpazeye yayılmış hazlarla kontrol eder. Zaman zaman bizi huzur ve saadet gibi dingin hislerle kendimizden geçirirken, bazen de coşku ve heyecan gibi nefes kesici duygularla kışkırtabilir.

Bir hayvan hayatta kalma ya da üreme şansını artırmaya çalıştığında (örneğin yiyecek, eş ya da sosyal statüyle), uyanık ve heyecanlı olması için beyni onu cezbederek daha çok çaba göstermesini sağlayacak duygular yaratır. Ünlü bir deneyde, birkaç sıçanın beynine elektrotlar yerleştiren biliminsanları, hayvanların sadece bir pedala basarak heyecanlanmasını sağlayan bir sistem kurarlar. Sıçanlara lezzetli bir yemek ve pedala basma seçenekleri sunulduğunda (tıpkı çocukların yemek yerine bilgisayar oyununu tercih etmesi gibi) sıçanlar pedala basmayı tercih eder. Sıçanlar açlık ve yorgunluktan bayılana kadar defalarca basar pedala.[37] İnsanlar da başarının, şanın peşinde koşmanın heyecanını tercih edebilirler. Yarışı bu kadar cazip yapansa beraberinde gelen canlandırıcı duygulardır. Eğer stres, sadece sıkıntı ve bıkkınlık gibi tatsız duygular doğursaydı, kimse dağlara tırmanmaz, bilgisayar oyunları oynamaz ya da tanımadığı insanlarla buluşmazdı.[38]

Ne var ki yarışmanın heyecanı da tıpkı rekabetin neden olduğu mutluluk hissi gibi çabucak geçer. Tek gecelik ilişkinin heyecanını yaşayan bir çapkın, hisselerin hareketlerini izlerken tırnaklarını yemekten zevk alan bir işadamı ya da bilgisayar ekranındaki canavarları öldürmekten keyif alan bir oyuncu, önceki gün yaşadığı serüvenleri anımsarken hiçbir haz duymaz. Defalarca pedala basan sıçanlar gibi çapkınlar, işadamları ve bilgisayar oyunu tutkunları da her gün yeni bir heyecana ihtiyaç duyar. Daha da kötüsü, beklentiler de hemen duruma uyum sağlar ve dünün mücadeleleri bugünün bezginliği hâline gelir. Mutluluğa giden yol, rekabet ya da madalyalardan ziyade, heyecan ve sükunet dengesini korumaktan geçer; ancak birçoğumuz stresten sıkıntıya atlarken hoşnutsuz ve mutsuz olmaya devam ederiz.

Bilim haklıysa ve mutluluğumuz biyokimyasal sistemimiz tarafından belirleniyorsa süresiz tatmin hissini garantiye almanın tek yolu, sisteme hile karıştırmaktan geçer. Ekonomik büyüme, sosyal reformlar ve siyasi devrimleri bir kenara bırakın; küresel mutluluk seviyesini yükseltmek için insanın biyokimyasıyla oynamamız gerekir. Son yıllarda yaptığımız şeyler tam da bunu amaçlıyor. Elli yıl önce psikiyatrik ilaçlar toplumun nezdinde ciddi bir kusur gibi görülür, kullananlar bir nevi damgalanırdı. Bugünse durum değişti. İyi ya da kötü, nüfusun gittikçe artan bir çoğunluğu, sadece elden ayaktan düşüren zihinsel hastalıkları tedavi etmek için değil sıradan depresyon ve zaman zaman gelen buhranlarla baş edebilmek için de düzenli olarak psikiyatrik ilaçlar kullanıyor.

Örneğin okul çağındaki çocuklar tarafından Ritalin gibi uyarıcılar gittikçe daha fazla kullanıyor. 2011'de 3,5 milyon ABD'li çocuk dikkat eksikliği ve hiperaktivite bozukluğu tanısıyla ilaç kullanıyordu. Birleşik Krallık'ta bu sayı 1997'de 97 binken, 2012'de 786 bine yükseldi.[39] Temel hedefleri dikkat bozukluklarını tedavi etmek olan bu ilaçları, günümüzde tamamen sağlıklı çocuklar, öğretmen ve ebeveynlerinin sürekli büyüyen beklentilerini karşılayabilmek için performanslarını artırmak amacıyla kullanıyor.[40] Pek çok kişi bu duruma karşı çıksa da asıl problem çocuklarda değil eğitim sistemindedir. Çocuklar dikkat bozukluğu, stres ve düşük notlar gibi sıkıntılar yaşıyorsa tüm bunlar için aslında zamanı geçmiş öğretim yöntemlerini, kalabalık sınıfları ve hayatın doğal olmayan hızlı temposunu suçlamalıyız. Belki de çocukları değil okulları geliştirmeliyiz. İnsanlar binlerce yıldır öğretim yöntemlerini tartışıyor. Bu tartışmaların gelişimini gözlemlemek gerçekten çok ilginçtir. İster antik Çin ister Viktorya Britanyası olsun, herkesin diğer tüm seçeneklere hararetle karşı durabildiği kendi gözde yöntemi vardır mutlaka. Ancak bugüne kadar herkesin hemfikir olduğu tek görüş, eğitimi iyileştirmek için okulları değiştirmemiz gerektiğidir. Günümüzdeyse tarihte ilk defa, kimileri öğrencilerin biyokimyasını değiştirmenin daha etkin olduğuna inanıyor.[41]

Ordular da aynı doğrultuda ilerliyor: ABD askerlerinin Irak'ta yüzde 12'si, Afganistan'daysa yüzde 17'si savaşın stresi ve baskısıyla baş edebilmek için uyku ilaçları ya da antidepresanlar kullanıyordu. Korku, depresyon ve travma tuzaklar ya da bombalar değil; hormonlar, nörotransmiterler ve nöral ağlar yüzünden ortaya çıkar. Aynı tuzağa düşmüş omuz omuza iki askerden biri korkudan donup yıllar sonra bile geceler boyu gördüğü kabuslarla aklını kaybedebilirken, diğeri cesaretle ileri atılıp bir madalya kazanabilir. Buradaki fark askerlerin biyokimyalarındadır ve bu kontrol edilebildiğinde hem daha mutlu askerler hem de daha etkin ordular olacaktır.[42]

Mutluluğu biyokimyasal değişikliklerde aramak, en çok işlenen suçların başında gelir aynı zamanda. 2009'da ABD federal hapishanelerindeki suçluların yarısı uyuşturucu yüzünden içeride; İtalya'daki tutukluların yüzde 38'i, Birleşik Krallık'taysa yüzde 55'i uyuşturucu kullanmak ya da ticaretini yapmakla ilgili suçlara karışmıştır. 2001 tarihli bir rapor, Avustralya'da hüküm giyenlerin yüzde 62'sinin suç işledikleri anda uyuşturucu etkisi altında olduğunu ortaya koyuyor.[43] İnsanlar unutmak için alkol, huzurlu hissetmek için kenevir, dinç ve özgüvenli hissetmek için kokain ve metamfetaminler tüketiyor, kendinden geçmek için ecstasy, Beatles şarkısı "Lucy in the Sky with Diamonds" misali elmaslar eşliğinde bulutların üzerinde hissetmek içinse LSD kullanıyor. Bazı insanların çok çalışıp çabalayarak ya da bir aile kurarak sahip olmayı umduklarına, diğerleri doğru dozda moleküllerle çok daha kolay ulaşmayı deniyor. Bu da sosyal ve ekonomik düzenin varlığına temel bir tehdit olduğundan, ülkeler biyokimyasal suçlara karşı kararlı, kanlı ve umutsuz bir savaş yürütüyor.

Devletler "iyi" müdahaleleri "kötü" olanlardan ayırarak, mutluluğun biyokimyasal yollarla aranmasını düzenlemeye ve kontrol etmeye çalışırlar. Buradaki yöntem çok açıktır: Siyasi istikrarı, sosyal düzeni ve ekonomik büyümeyi güçlendiren biyokimyasal müdahalelere izin verilir, hatta bunlar teşvik bile edilir (okuldaki hiperaktif çocukları sakinleştiren ya da gergin askerleri cepheye süren müdahaleler gibi). İstikrarı tehdit eden tüm girişimlerse yasaklanır. Bir yandan her yıl üniversitelerin araştırma laboratuvarları, ilaç şirketleri ve suç örgütleri yeni uyuşturucu maddeler yaratırken, diğer yandan devletin ve pazarın ihtiyaçları değişmeye devam ediyor. Mutluluğun peşinde biyokimyasal müdahalelerle ilerleyen koşu hızlandıkça siyaset, toplum ve ekonomiyi de şekillendiriyor, her şeyi kontrol etmek daha da zorlaşıyor.

Uyuşturucular aslında sadece başlangıç. Araştırma laboratuvarlarındaki uzmanlar epeydir beynin doğru noktasına gönderilebilen elektrik uyarıları ya da bedenimizin bir kopyasını tasarlamak gibi insan biyokimyasına dönük daha karmaşık müdahalelerin üzerinde çalışıyor. Yöntemi ne olursa olsun, yaşamın temel doğasını değiştirmeyi gerektiren biyolojik müdahalelerle mutluluğa erişmek hiç de kolay olmayacaktır. Fakat bir daha düşünecek olursak kıtlık, salgın ve savaşları aşmak da hiç kolay değildi.

• • •

İnsan türünün biyokimyasal mutluluğa erişmek için bu kadar çok çaba göstermesinin ne kadar doğru olduğunu kestirmek gerçekten mümkün değil. Mutluluğun insan toplumunun en yüce amacıymış gibi gösterildiğini ama aslında saptırılmış bireysel bir tatmin ihtiyacından fazlası olmadığını iddia edenler de var. Kimileriyse mutluluğun sahiden de en yüce değer olduğunu kabul ederken, bir haz deneyimi olarak mutluluğun biyolojik tanımına katılmıyor.

Epikür yaklaşık 2300 yıl önce, ölçüsüz bir haz arayışının mutluluktan çok sefalete yol açacağı konusunda uyarmıştı. Ondan birkaç yüzyıl önce Buda daha da radikal bir iddiayla haz peşinde koşmanın sefaletin ve ıstırabın kaynağı olduğunu öne sürüyordu. Bu hazlar geçici ve anlamsız titreşimlerdir. Sonuçta tatmine ulaşılamayacağı gibi yeni deneyimler sadece daha fazla arzuya neden olacaktır. Dolayısıyla ne kadar keyifli ve heyecanlı duygular deneyimlersek deneyimleyelim, asla bizi tatmin edemeyeceklerdir.

Eğer ki mutluğu geçici hazlar olarak tanımlar ve daha fazlasını deneyimlemeyi arzularsam, bitip tükenmeyecek bir arayışa girmekten başka çarem olmayacaktır. Onlara eriştiğim anda da kolayca yok olacaklardır; geçmiş hazların sade anıları beni tatmin etmeyeceğine göre sürekli yeniden başlamam gerekecektir. Bu arayışla yıllar boyu devam etsem de, sürdürülebilir kazanımlara asla ulaşamayacağım gibi daha fazla haz arzuladıkça daha stresli ve doyumsuz olmam kaçınılmazdır. İnsanlar gerçek mutluluğa erişmek için haz arayışlarını hızlandırmamalı, aksine yavaşlatmalıdır.

Budizmin bu yaklaşımı biyokimyasal görüşlerle birçok ortak paydaya sahiptir; ikisi de hazların oluştuğu kadar hızlı kaybolacağı konusunda hemfikirdir. İnsanlar hazları gerçekten deneyimlemeden daha fazlasını arzuladıkça daha doyumsuz olacaklardır. Ne var ki bu sorunun birbirinden çok farklı iki çözümü mevcut. Bunlardan biyokimyasal olanı, insanları hazdan yoksun bırakmamak için bitmeyen hazlar sağlayacak ürün ve tedaviler üretmek. Buda daha az arzulayarak hazların hayatımızı kontrol etmesine izin vermememizi tavsiye ediyordu. Buda'ya göre zihnimizi tüm arzuların geçiciliğini gözlemleyecek şekilde eğitebiliriz. Zihnimiz, hazların geçici ve anlamsız titreşimlerden ibaret olduğunu kavradığında, duyduğumuz arzuyu da kaybederiz. Hızla ortaya çıkıp kaybolan bir şeyin peşinde koşmanın ne anlamı olabilir?

Günümüzdeyse insanlar biyokimyasal çözümlere daha çok ilgi duyuyor. Himalayalar'daki rahipler ya da fildişi kulelerdeki düşünürler ne derse desin, büyük kapitalistler için mutluluk hazdır, bu kadar. Bizi mutlu etmeyen şeylere karşı duyduğumuz sabırsızlıkla doğru orantılı olarak hazlara duyduğumuz arzu artıyor. Bilimsel araştırmalar ve piyasalar bu hedefe kilitlenmiş, her yıl daha iyi ağrıkesiciler, yeni tatlar, daha rahat yataklar, daha çok bağımlılık yapan akıllı telefon oyunları geliştiriyor; böylece otobüs beklerken bir an bile sıkılmıyoruz.

Tüm bunlar da yeterli olmayacaktır. *Homo sapiens* daimi hazlar deneyimlemeye uyumlu olarak evrimleşmediğinden dondurmalar ve akıllı telefon oyunları da yeterli gelmeyecektir. Biyokimyamızı değiştirmemiz, zihin ve bedenlerimizi yeniden yaratmamız gerekecektir. Bu konudaki çalışmalar halihazırda sürüyor zaten. Gidişatın iyi mi kötü mü olduğunu tartışmaksa size kalmış; ancak görünen o ki küresel mutluluğu daimi kılmak için *Homo sapiens*'in yeniden tasarlanarak bitmeyen hazların keyfini sürmesi, 21. yüzyılın ikinci yarısının ikinci büyük projesi olacaktır.

Gezegenin Tanrıları

Hazzın ve ölümsüzlüğün peşinde koşan insanlık, sahiden de tanrılar katına yükselmeye çalışıyor. Sadece ilahi olduğu için değil, yaşlılık ve ıstırabın üstesinden gelebilmesi, biyolojik temelleri üzerinde tanrısal bir kontrol edinmesini gerektirdiği için. Ölümü ve acıyı sistemimizden çıkarabilecek güce sahip olduğumuzda organlarımızı, duygularımızı ve zekamızı da binlerce farklı şekilde dilediğimizce yönlendirebileceğiz. Herkül'ün gücünü, Afrodit'in şehvetini, Athena'nın bilgeliğini, Dionysos'un deliliğini ya da istediğiniz her neyse onu satın alabilirsiniz. Şimdiye kadar, insan gücü genel olarak dış araçların geliştirilmesiyle artıyordu. Gelecekte bu, insan bedeni ve zihninin bir üst sürüme yükseltilmesine ya da doğrudan kullandığımız araçların birleşmesine bağlı olarak artacak olabilir.

İnsanları tanrı mertebesine yükseltmek muhtemel üç şekilde ilerleyebilir: Biyoloji mühendisliği, siborg mühendisliği ve organik olmayan varlıkların mühendisliği.

Biyoloji mühendisliği organik bedenlerimizin kapasitelerini fark etmekten tamamen uzak olduğumuz anlayışından yola çıkar. Doğal seçilim 4 milyar yıldır bedenlerimizin orasını burasını kurcalayarak amipten sürüngenlere, oradan memelilere ve sonunda Sapiens'e dönüşmemize yol açan ince ayarlar yapıyor. Sapiens'in son durak olduğunu düşünmemiz için ortada hiçbir sebep yok. Genlerimiz, hormonlarımız ve sinir hücrelerimizdeki görece küçük değişiklikler, taştan kesici aletler yapmanın ötesine geçemeyen *Homo erectus*'u uzay gemisi ve bilgisayarlar üreten *Homo sapiens*'e dönüştürmeye yetti de arttı bile. DNA'mız, hormon sistemimiz ve beyin yapımızdaki birkaç minik değişiklikle neler ortaya çıkabileceğini kim bilebilir? Biyomühendislik doğal seçilimin bütün hünerini sergilemesini sabırla beklemeyecektir. Biyomühendisler eski Sapiens bedeninin genetik kodunu baştan yazacak, beynindeki devreleri yeniden bağlayacak, biyokimyasal dengesini değiştirecek, hatta yeni uzuvlar geliştirecektir. Sapiens türü olarak nasıl *Homo erectus*'tan farklıysak, bizden de o kadar farklı ve yeni küçük "tanrıcıklar" üretecekler.

Siborg mühendisliği bunu bir adım öteye taşıyarak organik bedeni organik olmayan biyonik eller, yapay gözler ya da kan dolaşımımızda seyrederek sorunlarımıza teşhis koyup hasarları onaracak nanorobotlar gibi araçlarla birleştirecek. Böylesi bir siborg, herhangi organik bir bedenin hayal bile edemeyeceği kabiliyetlere sahip olacaktır. Örneğin, organik bir bedenin işlemesi için her parçasının birbiriyle doğrudan temas hâlinde olması gerekir. Bir filin beyni Hindistan, göz ve kulakları Çin, ayakları Avustralya'daysa bu fil muhtemelen ölmüştür; mistik anlamda hayatta olsa bile göremez, duyamaz ve yürüyemez. Öte yandan bir siborg, aynı anda birden fazla yerde var olabilir. Siborg bir doktor Stockholm'deki evini hiç terk etmeden Tokyo'da, Chicago'da ya da Mars'ta bir uzay istasyonunda acil bir ameliyata girebilir. Bir çift biyonik göz ve elin yanında hızlı bir internet bağlantısı yeterli olacaktır. Tekrar düşününce, neden bir çift göz ya da el isteyelim ki? Neden dört tane olmasın? Hatta bunlar fuzuli bile olabilir. Siborg bir doktor zihniyle araçları yönetebilecekken neden elleriyle neşter tutmaya ihtiyaç duysun?

Tüm bunlar bilimkurgu gibi duyulsa da aslında tamamı zaten gerçekleşti. Maymunlar beyinlerine yerleştirilmiş elektrotlar sayesinde bedenlerinden ayrı biyonik el ve ayakları kontrol etmeyi öğrendiler. Felçliler, biyonik uzuvları sadece düşünce gücüyle hareket ettirmeyi ya da bilgisayar kullanmayı başardılar. Dilerseniz evinizdeki elektronik aletleri, "zihin okuyucu" bir başlık sayesinde kontrol edebilirsiniz. Beyninize herhangi bir şey yerleştirmeyi gerektirmeyen bu başlık, kafa derinizden geçen elektrik sinyallerini okuyarak çalışıyor. Mutfağın ışıklarını açmak isterseniz, başlığınızı takıp önceden programlanmış ışıkları, örneğin sağ elinizi hareket ettirir gibi bir zihinsel işaret hayal ederek açabilirsiniz. Böyle bir başlığı internetten 440 dolar gibi bir ücret karşılığında sipariş edebilirsiniz.[44]

2015'in başında, Stockholm'deki yüksek teknoloji merkezi Epicenter'daki birkaç yüz çalışanın ellerine mikroçipler yerleştirildi. Pirinç tanesi büyüklüğündeki bu çipler, bugün kişisel güvenlik bilgilerini sakladığı işçilerin ellerini sallayarak kapıları açmalarını ya da fotokopi makinelerini çalıştırmalarını sağlıyor. Yakında bu yöntemle ödeme yapabilmeyi de umuyorlar. Bu girişimin arkasındaki ekipten Hannes Sjoblad durumu şu şekilde izah ediyor: "Teknolojiyle sürekli etkileşim hâlindeyiz. Bugün süreç oldukça karışık, şifrelere ve pin kodlarına ihtiyaç duyuyoruz. Tüm bunları bir dokunuşla halletmek daha kolay olmaz mıydı?"[45]

Ne ki organik beynin hayatın emir-komuta merkezi olarak kalacağını varsayan siborg mühendisliği bile görece tutucu bir görüş olarak kabul edilebilir. Daha cüretkar yaklaşımlar organik parçaları tamamen ortadan kaldırarak tümüyle organik olmayan varlıklar yaratmayı umuyor. Nöral ağların yerini, organik kimyanın sınırlarına takılmadan sanal ve sanal olmayan dünyaları dolaşabilecek akıllı yazılımlar alacak. Hayat organik bileşiklerin dünyasında 4 milyar yıl dolandıktan sonra, organik olmayan âlemin uçsuz bucaksız diyarlarında aklımızın ucundan bile geçmeyecek şekillere bürünerek ortaya çıkacak. Aklımızın ucundan geçecek her şey organik kimyanın bir ürünü sonuçta...

Organik âlemin sınırlarını aşmak, yaşamın gezegenimiz Dünya'nın sınırlarının ötesinde de var olmasına olanak sağlıyor. Doğal seçilim tam 4 milyar yıl boyunca yaşamı bu uçan kayanın özgün koşullarına bağlı kıldığından yaşam minicik bir gezegene sıkışıp kalmıştı. En güçlü bakteriler bile Mars'ta sağ kalamıyor. Ancak organik olmayan yapay zeka, yabancı gezegenlerde koloni kurmakta hiç zorlanmayabilir. Organik hayatın yerini organik olmayan varlıkların alması gelecekte Kaptan Kirk yerine Mr. Data tarafından yönetilen galaktik bir imparatorluğun tohumlarını atıyor olabilir.

•••

Bu yolun nereye çıkacağını ya da gelecekte tanrıları andıran nesillerimizin neye benzeyeceğini bilmemizin imkanı yok. Geleceği öngörmek hiçbir zaman kolay değildir. Devrim niteliğindeki biyoteknolojiler bunu daha da zorlaştırıyor. Taşımacılık, iletişim ve enerji alanlarındaki yeni teknolojilerin etkilerini görmek başlı başına zorluyken, mesele insanın sürümünü yükseltmeyi amaçlayan teknolojilere geldiğinde bambaşka bir mücadeleye dönüşüyor. Bahsi geçen teknolojiler, insan zihni ve arzularını dönüştürmek için de kullanılabileceğinden, bugünün aklı ve arzularıyla bu etkilerin derinliğini ölçmek, doğal olarak mümkün değil.

Binlerce yıl boyunca tarih pek çok teknolojik, ekonomik, sosyal ve siyasi devrime sahne oldu. Tüm bu süreçte değişmeyen tek şey insanlığın kendisiydi. Araç ve kurumlarımız, kutsal kitapların indirildiği zamanlardan çok farklı; ne var ki insan zihninin derinliklerindeki yapılar olduğu gibi kaldı. Kutsal kitapların sayfalarında, Konfüçyüs'ün metinlerinde, Sofokles ve Euripides'in trajedilerinde hâlâ kendimizi bulabiliyoruz. Tıpkı bizim gibi insanlar tarafından yaratılan bu klasiklere baktığımızda bizden bahsediyorlar gibi hissediyoruz. Modern bir tiyatro uyarlamasında Ödipus, Hamlet ya da Otello kot pantolon ve tişört giyip Facebook hesaplarıyla oynuyor olabilirler ama oyunun aslındaki duygusal çelişkiler hep aynı kalıyor.

Bununla birlikte, teknoloji insan zihninin yeniden yapılandırılmasını sağladığında *Homo sapiens* türü ortadan kalkacak, insan tarihi nihayet sona erecek ve bizim gibi insanların kavrayamayacağı yepyeni bir süreç başlayacak. Birçok düşünür 2100 ya da 2200 yılında dünyanın neye benzeyeceğini öngörmeye çalışıyor. Bu tam anlamıyla bir zaman kaybı. Kayda değer her öngörü, insan zihninin yeniden yapılandırılmasını hesaba katmak durumunda ve bunu da hakkıyla yapmak mümkün değil. "Bizimki gibi zihinler biyoteknolojiyle ne yapabilir?" gibi bir soruya pek çok akıllıca cevap verilebilir. Ancak, "Başka türlü zihinlere sahip varlıklar biyoteknolojiyle neler yapabilir?" sorusuna pek de akıllıca bir cevap bulamazsınız. Söyleyebileceğimiz tek şey, bize benzeyen insanlar biyoteknolojiyi kullanarak kendi zihinlerini yeniden yaratabilir ve bizim bugünkü zihnimizin, olabilecekleri kavramasına imkan yoktur.

Detaylar belirsiz olsa da tarihin genel gidişatı hakkında fikir sahibi olabiliriz. 21. yüzyılın üçüncü büyük projesi, insan türüne ilahi bir güç, yaratma ve yok etme gücü sağlayacak ve *Homo sapiens* türünü *Homo deus*'a dönüştürecek. Açıkça ilk iki projeyi de kapsayan bu üçüncü proje, gücünü de bu iki projeden alıyor. Yaşlanmaktan, ölümden ve ıstıraptan kaçmak için beden ve zihinlerimizi yeniden yaratma kabiliyetine sahip olmayı istiyoruz ancak bir kez buna sahip olduğumuzda bunun gibi bir yetenekle başka neler yapabileceğimizi kim bilebilir? Bu nedenle yeni insanın gündeminde birçok alt başlıkla beraber tek bir başlık var esasında: Tanrı mertebesine yükselmek.

Bu sav bilimsellikten uzak ya da açık biçimde kulağa delice geliyorsa sıklıkla ilahilik yanlış anlamda kullanıldığı içindir. İlahilik belirsiz soyut bir kavram değildir. Her şeye muktedir olmakla aynı anlama da gelmez. İnsanları tanrı mertebesine yükseltmekten bahsedildiğinde her şeye muktedir göklerdeki "tanrı baba" figürü yerine antik Yunan tanrıları ya da Hindu devalarını düşünmek daha yerinde olacaktır. Gelecek nesillerimiz tıpkı Zeus ya da Indra'nınkiler gibi kendi korkularına, tuhaflıklarına ve sınırlarına sahip olacaklar. Ancak bizden çok daha geniş bir yelpazede sevebilecek, nefret edebilecek, yaratabilecek ve yakıp yıkabilecekler.

Tarih boyunca tanrıların her şeye muktedir olmaktan çok, canlı varlıklar tasarlamak ve yaratmak, kendi bedenlerini değiştirmek, çevreyi ve havayı kontrol etmek, uzaktan iletişime geçebilmek ve zihin okumak, yüksek hızlarda seyahat etmek ve tabii ki ölümden kaçarak sonsuza kadar yaşamak gibi belirli süpergüçlere sahip olduğuna inanılırdı. İnsanlar da tüm bu kabiliyetlere, hatta daha fazlasına sahip olmanın peşindeler.

Binlerce yıldır ilahi addedilmiş belirli geleneksel kabiliyetler, bugün üzerine pek de kafa yormadığımız çok sıradan uğraşlar hâline geldi. Sıradan bir insan geçmişteki bir antik Yunan, Hindu ya da Afrika tanrısından çok daha hızlı hareket edip iletişim kurabiliyor. Örneğin Nijerya'daki Igbolar, yaratıcı tanrı Chukwu'nun insanları ölümsüz yapmak istediğine inanır. İnsanlara biri öldüğünde bedenine küller serpmeleri hâlinde bedenin yeniden hayata döneceğini söylemesi için bir köpek gönderir. Maalesef yorgun köpek yolda oyalanır ve sabırsız Chukwu da bu önemli mesajı acilen yetiştirmesi için bir koyun yollar. Kaderin cilvesi bu ya, hedefine vardığında nefes nefese kalmış koyun talimatları yanlış aktarır ve insanlara ölülerini gömmelerini söyleyerek ölümü kalıcı hâle getirir. Bu nedenle bugün insanların ölmesi gerekir. Keşke Chukwu uyuşuk köpeklere ya da alık koyunlara güveneceğine mesajını iletmek için Twitter kullansaydı!

Eski tarım toplumlarındaki birçok din, metafizik sorulara ve ölümden sonraki yaşama şaşırtıcı derecede ilgisizdir. Bunun yerine tarım üretimini artırmak gibi oldukça gündelik dertlere odaklanırlar. Bu nedenle Eski Ahit'te tanrı *asla* ölümden sonra cezalandırmaktan bahsetmez, ödüller vaat etmez. İsrailoğulları'na, "[...] Size bildirdiğim buyruklara iyice kulak verirseniz [...] ülkenize ilk ve son yağmuru vaktinde yağdıracağım. Öyle ki tahılınızı, yeni şarabınızı, zeytinyağınızı toplayasınız. Tarlalarda hayvanlarınız için ot sağlayacağım, siz de yiyip doyacaksınız. Sakının, ayartılıp yoldan çıkmayasınız; başka ilahlara tapmayasınız, önlerinde eğilmeyesiniz! Öyle ki, Rab size öfkelenmesin; yağmur yağmasın, toprak ürün vermesin diye gökleri kapamasın; size vereceği verimli ülkede çabucak yok olmayasınız," (Yasa'nın Tekrarı 11: 13-17). Bugün biliminsanları Eski Ahit'in tanrısından çok daha iyisini yapabiliyor. Yapay gübreler, endüstriyel böcek ilaçları ve genetiğiyle oynanmış tohumlar sayesinde tarım üretimi, kadim çiftçilerin tanrılarından beklentilerini katbekat aşıyor. Sıcaktan kavrulan İsrail devleti artık kızgın bir ilahın gökleri kapayıp tüm yağmuru durduracağından korkmuyor; bilakis yakın zamanda Akdeniz kıyılarına kurdukları tuzdan arındırma (desalinasyon) tesisleri sayesinde içme suyunu denizden karşılayabiliyor.

Bugüne dek, geçmişin tanrılarıyla rekabet edercesine, daha da gelişkin araçlar yaparak yarışıyorduk. Çok da uzak olmayan bir gelecekte kadim tanrıları sadece araçlarıyla değil, bedensel ve zihinsel yetileriyle de aşabilecek süperinsanlar yaratabiliriz. Ne var ki o noktaya ulaştığımızda, ilahlık bizim için sanal gerçeklik kadar sıradan olacaktır; çantada keklik bir harikalar harikası.

İnsanların tanrı mertebesine erişmek için şanslarını deneyeceğine kuşku yok, ellerinde bunu istemek için çokça sebep ve gerçekleştirebilecek birçok yöntem var. Bazen umut vaat eden yollar bir sonuca varmasa da alternatifler hep olacaktır. İnsan genomunun ciddi müdahaleler yapılamayacak kadar karmaşık olduğu ortaya çıksa da, bu durum düşünce gücüyle kontrol edilen bilgisayarlar, nanorobotlar ya da yapay zekanın gelişimini engellemeyecektir.

Paniğe gerek yok. En azından şimdilik. Sapiens türünü bir üst sürüme yükseltmek Hollywood'un kıyamet senaryolarından ziyade tarihi bir süreç içinde ilerleyecek. *Homo sapiens* bir robot isyanıyla yeryüzünden kazınmayacak. Muhtemelen kendini adım adım bir üst sürüme güncellerken robotlar ve bilgisayarlarla birleşecek ve gelecekteki nesiller artık İncil'i yazan, Çin Seddi'ni inşa eden ve Charlie Chaplin'in antika şakalarına gülen hayvanlar olmadıklarını fark edecekler. Tüm bunlar bir günde ya da birkaç yılda gerçekleşmeyecek olsa da şimdiden gündelik hayatımızda karşılık bulmaya başladı. Her gün milyonlarca insan akıllı telefonlarının hayatlarını biraz daha kontrol etmesine izin veriyor ve daha etkin antidepresanlara başlıyor. İnsanlar sağlık, mutluluk ve gücün peşinde bir bir özelliklerini değiştirecekler, ta ki artık insan olmadıkları güne dek.

Biri Bu Gidişata Dur Desin!

Sakin karşılayanlar bir yana, pek çok kişi bu tür ihtimalleri duyduğunda hemen paniğe kapılıyor. Akıllı telefonlarının verdiği tavsiyeleri dinlerken ya da doktorlarının yazdığı her ilacı alırken mutlu olsalar da, geliştirilmiş süperinsanlardan bahsedildiğinde, "Umarım o vakitten önce bu dünyadan göçmüş olurum," diyorlar. Bir arkadaşım yaşlanmaktan korkma nedeninin, etrafından kopuk, olan biteni anlamayan ve hiçbir şeye katkıda bulunamayan nostaljik, yaşlı bir kadına dönüşmek olduğunu anlatmıştı. Süperinsanları duyduğumuzda, tür olarak hepimiz bu korkuyu yaşıyoruz. Böylesi bir dünyada kimliğimizin, rüyalarımızın, korkularımızın bile yersiz kalacağından ve artık hiçbir şeye katkıda bulunamayacak olmaktan korkuyoruz. Bugün ne olursanız olun, dindar bir Hindu, bir futbolcu ya da gelecek vaat eden lezbiyen bir gazeteci; avcı bir Neandertal Wall Street'e ne kadar yabancı hissederse, gelişmiş bir dünyada siz de o kadar yabancı hissedeceksiniz.

Borsalardan on binlerce yıl farkla kurtuldukları için Neandertaller'in NASDAQ'la ilgili sorunları yoktu. Ne var ki bugünkü anlam dünyamız da birkaç on yıl içinde kaybolabilir. Dünyadaki varlığınız anlamsızlaşmadan önce sizi kurtarması için ölüme güvenemezsiniz. 2100 yılında sokaklarda tanrılar yürümeyecek olsa da *Homo sapiens*'i geliştirme çabası dünyayı tanınamayacak kadar değiştirecek. Bilimsel araştırmalar ve teknolojik gelişmeler çoğumuzun anlayabileceğinden çok daha hızlı ilerliyor.

Uzmanlara göre genetiğiyle oynanmış bebeklere ya da insan seviyesinde yapay zekaya ulaşmaya daha çok yolumuz var. Ancak çoğu araştırmacı akademik ödeneklere ve üniversite programlarına bağlı bir zaman çizelgesi çerçevesinde düşünüyor. Bu nedenle o "uzun yol" yirmi yıl gibi bir süreyi ima ederken, "asla" dedikleri şeyin gerçekleşmesiyse elli yıl bile sürmeyebilir.

İnternetle ilk karşılaşmamı hâlâ hatırlıyorum. 1993'te lisedeyken birkaç kişi, şu an bilgisayar mühendisi olan arkadaşımız Ido'yu ziyarete gitmiştik. Biz masa tenisi oynamak istiyorduk, Ido çoktan bir bilgisayar hayranı olmuştu. Masa tenisine başlamadan son mucizesini göstermekte ısrar etti. Telefon kablolarını bilgisayara bağlayıp birkaç tuşa bastı. Bir dakika boyunca duyulan cızırtılar ve sinyallerden sonra bir sessizlik oldu. Bağlantı kurulamamıştı. Biz kenarda homurdanırken Ido yeniden denedi. Tekrar tekrar, defalarca. En sonunda küçük bir sevinç çığlığıyla bilgisayarını yakınlardaki üniversitenin merkezi bilgisayarına bağlamayı başardığını söyledi. "Peki merkezi bilgisayarda ne var?" diye sorduk. "Şimdilik hiçbir şey," diye itiraf etti. "Henüz yok, ama istediğiniz her şeyi koyabilirsiniz." Sorgulamaya devam ettik, "Mesela?" "Bilmem, her şeyi," dedi Ido, anlattıklar pek de gelecek vaat etmiyordu. Masa tenisi oynayıp sonraki haftalarda Ido'nun saçma fikrini yeni eğlencemiz hâline getirdik. Üzerinden yirmi beş yıl geçti. Önümüzdeki yirmi beş yılda nelerle karşılaşacağımızı kim bilebilir?

Bu nedenle bireyler, kurumlar ve hükümetler giderek ölümsüzlük, mutluluk ve ilahi kudreti daha da ciddiye alıyor. Sigorta şirketleri, emeklilik fonları, sağlık sistemleri ve maliye bakanlıkları beklenen yaşam süresinin artması karşısında dehşete düşmüş durumdalar. İnsanlar beklenenden daha uzun süre yaşıyor ve emeklilikleriyle tıbbi tedavi masraflarını karşılamaya yetecek para yok. Yetmişli yaşlar yeni kırklar olmaya başladıkça, uzmanlar emeklilik yaşını yükseltmeyi ve iş piyasasının tamamını yeniden yapılandırmayı öneriyor.

İnsanlar büyük bilinmeze doğru hızla ilerlediğimizi fark edip bu gidişattan korunmak için ölüme bile sığınamayacaklarını fark ettikçe birilerinin bu gidişata dur demesini istiyorlar. Ancak bunu yapmamıza imkan yok.

Öncelikle kimse bu gidişatı nasıl durduracağını bilmiyor. Bazı uzmanlar yapay zeka, nanoteknoloji ya da genetik gibi tek bir alandaki gelişmelere hakim ama kimse her konuda uzman değil. Bu yüzden tüm noktaları birleştirerek resmin tamamını görebilme yetisine sahip hiç kimse yok. Farklı alanlar birbirlerini öyle karmaşık şekillerde etkiliyorlar ki, en iyi beyinler bile yapay zeka gibi bir alandaki gelişmelerin nanoteknolojiyi nasıl etkileyeceğini ya da tam aksi bir durumun neye yol açabileceğini öngöremiyor. Kimse son bilimsel gelişmelerin tamamını özümseyemiyor, küresel ekonominin on yıl içinde neye benzeyeceğini ya da bu telaşla nereye gittiğimizi bilmiyor. Sistemi tam olarak anlayan biri olmayınca, haliyle onu durdurabilecek biri de olmuyor.

İkinci olarak, biri bu gidişatı durdurabildiğinde ekonomimizle birlikte toplumumuz da çökecektir. Sonraki bölümlerde açıklanacağı üzere, modern ekonomi devamlılığını sağlamak için sürekli büyümeye ihtiyaç duyar. Büyüme durursa ekonomi rahat bir dengede durulmak yerine parçalara ayrılarak çöker. Bu nedenle kapitalizm ölümsüzlük, mutluluk ve ilahi güçler peşinde koşmamızı istiyor. Giyebileceğimiz ayakkabıların, kullanabileceğimiz otomobillerin, gidebileceğimiz kayak tatillerinin bir sınırı var. Sürekli büyüme üzerine kurulu bir ekonomi ölümsüzlük, mutluluk ve ilahlık gibi dur durak bilmeyen hedeflere muhtaçtır.

Peki dur durak bilmeyen hedeflere muhtaçsak neden en azından mutluluk ve ölümsüzlükle yetinip, bu süperinsan güçlerinin peşindeki korkutucu macerayı bir süreliğine rafa kaldırmıyoruz? Çünkü bu hedef diğer ikisinden bağımsız düşünülemez. Felçli hastaların yeniden yürümesini sağlayacak biyonik bacaklar geliştirdiğinizde, aynı teknolojiyi sağlıklı insanları geliştirmek için de kullanırsınız. Yaşlı insanlardaki hafıza kaybını nasıl durduracağınızı bulduğunuzda, aynı tedaviyle gençlerin hafızalarını da güçlendirirsiniz.

Yükseltme ve geliştirmeyi, iyileştirmeden ayırabilecek net bir çizgi bulmak zordur. Tıp çoğu zaman normun dışında kalan insanları kurtarmak için yola çıksa da, aynı bilgi normali aşmak için de kullanılıyor. Viagra tansiyon problemleri için ortaya çıkmış bir ilaçken, Pfizer'i oldukça şaşırtarak cinsel iktidarsızlığa çare oldu. Milyonlarca erkek yeniden cinsel yetilerine kavuşurken, hiçbir sorunu olmayanlar, aynı ilacı normali aşmak ve daha önce sahip olmadıkları cinsel gücü elde etmek için kullandılar.[46]

Bazı ilaçlar üzerinden anlatabileceğimiz benzeri hikayeler aynı zamanda tüm bir tıp tarihinin öyküsüdür. Modern plastik cerrahi I. Dünya Savaşı sırasında, Aldershot askeri hastanesinde Harold Gillies yüz hasarlarını tedavi ederken ortaya çıktı.[47] Savaştan sonra cerrahlar aynı tekniklerin son derece sağlıklı ama çirkin burunları daha güzel numunelere dönüştürebildiğini fark etti. Plastik cerrahi hâlâ hasta ve yaralılara yardım etmeye devam etse de, bir o kadar da estetik operasyonlara odaklanmaya başladı. Bugünlerde plastik cerrahlar sağlıklı olanı tedavi edip zengini güzelleştirdikleri özel kliniklerde milyonlar kazanıyor.[48]

Aynı süreç genetik mühendisliğinde de gözlemlenebilir. Bir milyarderin süperzeki bir çocuk yaratma niyetinde olduğunu açıklaması durumunda oluşabilecek kamuoyu tepkisini bir düşünün. Süreç tabii ki böyle ilerlemeyecek. Her şey genetik profillerinin bir sonucu olarak çocukları ölümcül genetik hastalıklara yakalanma riski taşıyan anne babalarla başlayacak. *In vitro* fertilizasyon uygulayacak ve döllenmiş yumurtanın DNA'sını test edip risk faktörlerini arayacaklar. Her şey yolundaysa ne âlâ. Ancak DNA testinde korkulan mutasyonlar tespit edilirse embriyonun yok edilmesi gerekecek.

Neden tek döllenmiş yumurtayla risk alalım? Birden fazlasını dölleyerek, üç dört tanesi hasarlıysa bile en azından bir sağlıklı embriyoya sahip olabiliriz. *In vitro* uygulaması yeterince ucuz ve kabul edilebilir olduğunda kullanımı yaygınlaşabilir. Mutasyonlar sık karşılaşılan risklerdir. Herkesin DNA'sında zararlı mutasyonlar ve risk barındıran aleller bulunabilir. Eşeyli üreme bir piyango bileti gibidir. (Ünlü ve muhtemelen uydurma bir anekdot, Nobel ödüllü Anatole France'la güzeller güzeli yetenekli dansçı Isadora Duncan'ın 1923'teki buluşmasını anlatır. O dönemdeki popüler insan ırkının ıslahı hareketini tartışırken Duncan, "Benim güzelliğim ve senin zekana sahip bir çocuk düşünsene!" dediğinde France yanıtlar: "Tabii, ama ya *benim* güzelliğim ve *senin* zekanı alırsa ne olur bir düşünsene.") O zaman neden bu piyangoya biraz müdahale etmeyelim? Birden fazla yumurta dölleyerek en iyi kombinasyonu seçelim. Kök hücre araştırmaları bir kez ucuz ve sınırsız insan embriyosu sağlamayı başarırsa, kendi DNA'nızı taşıyan, son derece doğal, hiçbir genetik mühendisliğe maruz kalmamış ihtimaller arasından en uygun bebeği seçebilirsiniz. Bu işlemi birkaç nesil devam ettirdiğinizde, kolaylıkla süperinsanlardan oluşan bir toplum (ya da tüyler ürpertici bir distopya) kurabilirsiniz.

Peki ya birden fazla yumurta dölleyip hepsinde ölümcül mutasyonlar olduğunu fark ederseniz ne olacak? Tüm embriyolar yok mu edilmeli? Yoksa bunu yapmak yerine sorunlu genler mi değiştirmeli? Çığır açıcı gelişme mitokondriyal DNA'yla yaşanacak. İnsan hücrelerinde bulunan küçük bir organel olan mitokondri, hücrelerin kullandığı enerjiyi üretir. Hücrenin çekirdeğindeki DNA'dan tamamen farklı, kendine özgü bir gen dizilimi vardır. Hasarlı mitokondriyal DNA, organizmaya ciddi zarar verebilir hatta ölümcül hastalıklara yol açabilir. Halihazırda sahip olduğumuz *in vitro* teknolojisiyle "üç-ebeveynli bir bebek" yaratarak mitokondriyal genetik hastalıkların üstesinden gelmek teknik olarak mümkün. Bebeğin nükleer DNA'sı iki ebeveynden gelirken, mitokondriyal DNA üçüncü bir insandan alınıyor. 2000'de Michigan'da Sharon Saarinen, Alana isminde oldukça sağlıklı bir kız bebek dünyaya getirdi. Alana'nın nükleer DNA'sı annesi Sharon ve babası Paul'dan aktarılırken, mitokondriyal DNA'sı başka bir kadından alındı. Teknik açıdan bakılınca Alana'nın üç biyolojik ebeveyni var. 2001'de ABD hükümeti, güvenlik ve teknik endişeler nedeniyle bu tedaviyi yasakladı.[49]

Ne var ki 3 Şubat 2015'te İngiltere Parlamentosu, bu tedavinin ve ilgili araştırmaların önünü açarak "üç-ebeveynli embriyo" adı verilen yasanın lehinde oy kullandı.[50] Nükleer DNA'yı değiştirmek teknik olarak henüz mümkün olmadığı gibi yasal da değil, ancak teknik zorluklar aşıldığında hasarlı mitokondriyal DNA'yı değiştirmemizi mümkün kılan mantık, aynı imkanı nükleer DNA'ya da tanıyacak gibi duruyor.

Tüm bu değişimler çerçevesinde atılacak ikinci adımsa iyileştirme olacaktır. Ölümcül genleri ıslah etmek bir kez mümkün olduğunda, tüm kodu yeniden yazarak geni iyileştirmek dururken neden yabancı bir DNA'yı aktarma zahmetine katlanalım ki? Sonrasında aynı mekanizmayı sadece ölümcül genleri ıslah etmek için değil otizm, zeka geriliği veya obezite gibi daha az ölümcül hastalıklardan sorumlu genleri iyileştirmek için de kullanabiliriz. Kim çocuğunu bu hastalıklarla mücadele ederken görmek ister ki? Genetik bir testin kızınızın akıllı, güzel ve iyi huylu olacağını ancak kronik depresyondan mustarip kalacağını öngördüğünü düşünün. Bir test tüpünün içinde hızla yapılacak acısız bir müdahaleyle onu yıllar sürecek sıkıntılardan kurtarmak istemez miydiniz?

Peki neden bir adım daha ileri gitmeyelim? Hayat sağlıklı insanlar için bile bu kadar çetin bir mücadeleyken, küçük kızınızın normalden birazcık daha güçlü bir bağışıklık sistemine, biraz daha iyi bir hafızaya ya da azıcık daha neşeli bir karaktere sahip olmasını istemez misiniz? Siz bunları kendi çocuğunuz için istemediniz diyelim, ya komşularınız kendi çocukları için bu yöntemi uygularsa? Sizinki geride mi kalacak? Tamam, diyelim ki hükümetiniz tüm vatandaşlarına bebeklerine müdahale etmelerini yasakladı, ama Kuzey Koreliler bu yöntemle bizimkileri geçecek inanılmaz dâhiler, sanatçılar ve atletler yetiştirmeye başladığında ne olacak? Böyle böyle küçük adımlarla çocuk seçebileceğimiz genetik kataloglara doğru yol alacağız.

İyileşme, her tür gelişme ve sürüm yükseltmenin ilk adımıdır. Düşünce gücüyle yönetilen bilgisayarlar ya da genetik mühendisliği üzerine çalışan profesörlere bu araştırmalara nasıl başladıklarını sorun. Muhtemelen çoğu, bir hastalığı iyileştirmeye çalıştığını söyleyecektir. "Genetik mühendisliği sayesinde," diyeceklerdir, "kanseri yenebiliriz. Eğer beyinlerimizi bilgisayarlara bağlayabilirsek şizofreniyi tedavi edebiliriz." Belki, ama şüphesiz bununla kalmayacaktır. Bilgisayarlarla beyinleri birbirine başarıyla bağladığımızda, bu teknolojiyi sadece şizofreniyi tedavi etmek için mi kullanacağız? Bununla yetineceğimizi düşünen biri, bilgisayarlar ve beyinler hakkında çok şey biliyor olsa bile, toplum ve insan haletiruhiyesi hakkında pek de fikir sahibi değil demektir. Bu kadar mühim bir atılımın sonuçlarını iyileşmeyle sınırlayıp geliştirme için kullanıma kapatamazsınız.

Toplumlar pek tabii yeni teknolojilerin kullanımını sınırlandırabilirler. İnsan ırkını ıslah etme hareketleri II. Dünya Savaşı'ndan sonra gözden düştü ve organ ticareti artık hem mümkün hem de çok kazançlı olsa da sınırlı bir etkinlik olarak kaldı. Dolayısıyla gelecekte, tasarlanmış bebeklerin insanları öldürüp organlarını alması teknolojik olarak mümkün olsa bile, bu da sınırlı bir etkinlik olarak kalacaktır.

Savaş alanında Çehov Kanununun pençelerinden kaçabilmeyi nasıl başarıyorsak, başka alanlarda da kaçmayı başarabiliriz. Bazı silahlar hiç patlamasa da sahneye çıkabilirler. Bu nedenle insanlığın yeni gündemi üzerine kafa yormak çok önemli. Tam da yeni teknolojilerin kullanımı konusunda seçim yapmamız gerektiği için, ne olup bittiğini iyice anlayıp bu teknolojiler bizim yerimize karar vermeden, kendi kararlarımızı vermeliyiz.

Bilgi Çelişkisi

21. yüzyılda insanlığın ölümsüzlüğe, mutluluğa ve tanrısallığa ulaşmayı amaçladığını öngörmek bazı insanları kızdırabilir, uzaklaştırabilir ya da korkutabilir; bu nedenle birkaç noktayı açıklığa kavuşturmak gerekiyor.

Öncelikle bu iddialı girişimler, 21. yüzyılda bireylerin edimi olarak değil insanların kolektif eylemi olarak hayata geçecek. Birçok insan bu projelerde rol alsa bile her birinin oynadığı rol çok küçük olacak. Kıtlık, salgın ve savaşlar azalsa da elitler sonsuz gençlik ve ilahi güçler peşinde koşarken, gelişmekte olan ülkelerde ve köhne mahallelerde milyarlarca insan yoksulluk, hastalık ve şiddetle mücadele etmeye devam edecek. Bu açıkça haksızlık gibi görünüyor. Tek bir çocuk bile sağlıksız beslenmeden ölmeye, tek bir yetişkin bile uyuşturucu savaşlarında öldürülmeye devam ettiği sürece, insanlığın tüm gücüyle bu yaraları sarmaya çalışması gerektiği iddia edilebilir. Ne zaman son savaş baltası toprağa gömülür, o zaman yönümüzü bir sonraki büyük hedefe çevirebiliriz. Ancak tarih böyle ilerlemez. Saraylarda yaşayanların planları, barakadakilerle hiçbir zaman birbirini tutmadı ve bu durum 21. yüzyılda da değişecek gibi görünmüyor.

İkinci olarak bu tarihsel bir öngörü, siyasi bir manifesto değil. Gecekondularda yaşayanların kaderini görmezden gelsek bile ölümsüzlük, mutluluk ve ilahi güç peşinde koşmamız gerektiğini o kadar kolay söyleyemeyiz. Bu projeleri benimsemek büyük bir hata olabilir. Fakat tarih çok büyük yanlışlarla doludur. Sicilimize ve günümüzün değerlerine baktığımızda, sonunda bizi yok edecek olsa da, ölümsüzlük, mutluluk ve ilahi güce ulaşmaya çalışacağız gibi görünüyor.

Üçüncü olarak, ulaşmaya çalışmak elde etmekle aynı şey değildir. Tarih çoğu zaman abartılmış umutlarla şekillenir. 20. yüzyılda Rus tarihi, çoğunlukla eşitsizliği yenmeye çalışan komünistlerin çabalarıyla şekillendi ama bu çaba başarıya ulaşamadı. Benim öngörüm, insanlığın 21. yüzyılda neye ulaşmayı *deneyeceğine* odaklanıyor, neyi *başaracağına* değil. Gelecekte ekonomi, toplum ve siyasetin ölümü yenme çabasıyla şekilleneceğini iddia etmem, 2100 yılında insanların ölümsüz olacağı anlamına gelmez.

Dördüncü ve en önemlisiyse bu öngörünün bir kehanet olmaktan çok, olası seçeneklerimizi değerlendirmek yönünde bir çaba olduğudur. Eğer bu tartışma daha farklı seçimler yapmamıza ve öngörünün boşa çıkmasına neden olacaksa, bu çok daha iyi. Hiçbir şeyi değiştiremeyeceksek öngörülerde bulunmanın ne anlamı var?

Karmaşık sistemler, mesela hava durumu gibi kompleks yapılar, bizim öngörülerimizden bihaberdir. İnsan gelişimiyse aksine bunlara tepki verir. Daha doğru tahminler, daha çok tepki doğurur. Çelişkilidir ki, daha çok veri toplayıp bunları daha iyi hesapladıkça olaylar iyice yoldan çıkarak tahmin edilmez hâle gelir. Ne kadar çok bilirsek, o kadar az öngörebiliriz. Bir gün uzmanların ekonominin en basit yasalarını çözdüğünü hayal edin. Bankalar, hükümetler, yatırımcılar ve müşteriler bu yeni bilgiyi yeni yöntemlerle kullanarak rakiplerinin önüne geçmeye çalışacak. Yeni bilginin kullanımı yeni davranışlara yol açmıyorsa ne işe yarar, değil mi? Ne var ki insanlar davranışlarını değiştirirlerse ekonomik teoriler metruk ve işe yaramaz hâle gelir. Bu durumda geçmişteki ekonominin nasıl işlediğini bilsek de, bırakın geleceği, şimdi bile çarkın nasıl döndüğünü anlayamayız.

Bu farazi bir örnek değil. 19. yüzyılın ortasında Karl Marx gerçekten muhteşem ekonomik çıkarımlarda bulundu. Bu çıkarımlara dayanarak proletaryayla burjuvazi arasında gerçekleşecek ve ilk grubun galibiyetiyle sonuçlanarak kapitalist sistemin çöküşüne neden olacak, giderek şiddetlenen çatışmalar öngördü. Marx devrimin, Sanayi Devrimi'nin öncüsü İngiltere, Fransa ve ABD gibi ülkelerde başlayarak dünyaya yayılacağından oldukça emindi.

Marx kapitalistlerin de okumayı bildiğini unuttu. Başlarda sadece bir avuç takipçisi onu ciddiye alıp çalışmalarını okuyordu. Ancak bu ateşli sosyalistler taraftar ve güç kazandıkça kapitalistler alarma geçti. Onlar da *Das Kapital*'i inceleyerek Marksist analizlerin çıkarımlarını benimsemeye başladılar. 20. yüzyılda, sokak çocuklarından başkanlara herkes, tarih ve ekonomide Marksist yaklaşımları sahiplenmişti. Hastalığın seyrine dair Marx'ın öngörülerine şiddetle karşı çıkan iflah olmaz kapitalistler bile onun yaklaşımlarından faydalandı. 1960'larda CIA, Vietnam ve Şili'deki toplumsal yapıyı incelerken Marksist sınıf teorisinden faydalandı. Nixon ya da Thatcher dünyaya bakarken, kendilerine en önemli "üretim araçları" nelerdir diye sordular. 1989'la 1991 arasında George Bush komünizmin "Şeytan İmparatorluğu"nun çöküşünü izlediği hâlde, 1992'de Bill

Clinton'a yenilmekten kurtulamadı. Clinton'ın başarılı kampanyasının sloganı tek bir ilkeyle özetleniyordu: "Sorun ekonomi, aptal herif." Marx bile daha iyi ifade edemezdi.

İnsanlar Marksist yaklaşımları kullanmaya başlayarak davranışlarını da buna göre şekillendirdiler. İngiltere ve Fransa gibi ülkelerdeki kapitalistler işçilerin suyuna gitmeye, milli bilinci güçlendirmeye ve işçileri siyasi sisteme dahil etmeye çalıştılar. Sonuç olarak işçiler seçimlerde oy kullandıkça, işgücü sırayla tüm ülkelerde güç kazanmaya başladı ve böylelikle kapitalistler yataklarında mışıl mışıl uyuyabildiler. Nihayetinde Marx'ın öngörüleri boşa çıkmış oldu. Komünist devrimler İngiltere, Fransa ve ABD gibi öncü endüstriyel güçleri hiçbir zaman kuşatamadı ve proletaryanın diktatörlükleri tarihin tozlu sayfalarında kayboldu.

Tarihsel bilginin çelişkisi budur. Davranışı değiştirmeyen bilgi işe yaramaz, ama davranışı çok hızlı değiştiren bilgi de hızla bağlamını yitirir. Daha çok veriye sahip oldukça tarihi daha iyi anlarız ama tarih rotasını hızla değiştirir ve bilgilerimiz de hızla miadını doldurur.

Yüzyıllar önce, insan türü yavaş yavaş bilgi biriktirebiliyor, siyaset ve ekonomi de sakin bir ritimde değişiyordu. Bugün bilgimiz aşırı bir hızla artıyor ve teoride dünyayı gitgide daha iyi anlıyoruz. Ancak aslında tam tersi gerçekleşiyor. Yeni bilgiler daha hızlı ekonomik, sosyal ve siyasi değişimlere neden oluyor; biz ne olduğunu anlama çabasıyla bilgi birikimini çoğaltıyoruz ve bu da daha büyük dalgalanmalara yol açıyor. Zamanla günümüzü anlamakta ve geleceği öngörmekte daha da zorlanır hâle geliyoruz. 1016 yılında Avrupa'nın 1050'de nasıl bir yere benzeyeceğini tahmin etmek görece daha kolaydı. Şüphesiz hanedanlıklar yıkılabilir, işgal edilebilir ya da doğal afetler olabilirdi. Ancak 1050'de Avrupa'nın hâlâ krallar ve rahipler tarafından yönetilen, çoğu sakini kıtlık, salgın ve savaşlardan perişan olmuş köylülerden oluşan bir tarım toplumu olacağı açıktı. Oysa 2016'da, 2050'de Avrupa'nın neye benzeyeceği hakkında hiçbir fikrimiz yok. Siyasi sistemin ne olacağını, işgücü piyasasının nasıl yapılandırılacağını ya da çalışanların nasıl bedenlere sahip olacağını bile söyleyemiyoruz.

Çimenlerin Kısa Bir Tarihi

Tarihin bir hükmü yoksa ve gidişatını da tahmin edemiyorsak, neden tarih okuyoruz? Bilimin en temel amacının geleceğe dair öngörülerde bulunmak olduğu düşünülür; meteorologların yarın havanın yağmurlu mu güneşli mi olacağını bilmesi beklenir; ekonomistlerin değeri düşen kurun bir krize yol açıp açmayacağının, iyi doktorların akciğer kanseri tedavisinde kemoterapinin mi radyoterapinin mi daha etkili olacağının bilgisine sahip olması beklenir. Benzer şekilde tarihçilerden de atalarımızın davranışlarını incelemeleri ve daha aklı başında kararlar alıp benzer hatalar yapmamızı engellemeleri istenir. Ancak günümüzde, geçmiş zamanların aksine, bu beklentiler hemen hemen her zaman boşa çıkar. İkinci Pön Savaşı'ndaki Hanibal'ın taktiklerini öğrenerek III. Dünya Savaşı'nda kullanmaya çalışmak zaman kaybıdır. Süvarilerin savaşında işe yarayan yöntemlere siber savaşta ihtiyaç duyulmayacaktır.

Bilim de geleceği öngörmekten ibaret değildir. Biliminsanları her alanda ufkumuzu genişleterek yeni ve bilinmeyen gelecekler yaratmanın peşindeler. Bu durum tarih için daha da geçerli. Tarihçiler zaman zaman kehanetlerle şanslarını deneyip (pek de başarılı olmasalar da) aslında değerlendiremeyeceğimiz seçeneklerin varlığından bizi haberdar etme amacı güderler. Tarihçiler geçmişi tekrar etmeyelim diye değil, geçmişten kendimizi kurtaralım diye geçmiş üzerinde çalışırlar.

Her birimiz, belirli değerleri ve kuralları olan, kendine has bir ekonomik ve siyasi sistemle idare edilen belirli bir tarihsel gerçekliğe doğarız. Bu durumun doğal, sabit ve engellenemez olduğunu düşünerek, bu gerçekliği olduğu gibi kabul ederiz. Dünyamızın bir dizi rastlantı sonucu ortaya çıkmış bir olayla meydana geldiğini, tarihin sadece teknoloji, siyaset ve toplumla değil, aynı zamanda düşüncelerimiz, korkularımız ve rüyalarımızla şekillendiğini unuturuz. Geçmişin soğuk eli, atalarımızın mezarından çıkıp boğazımıza sarılarak bakışımızı tek bir geleceğe yönlendirir. Doğduğumuz andan itibaren hissettiğimiz o el yüzünden, bunu varoluşumuzun doğal ve kaçınılmaz bir parçası sanırız. Bu nedenle nadiren kendimizi sarsıp özgür kılarak başka gelecekler tasavvur ederiz.

Tarih okumak, geçmişin sımsıkı tutunan o soğuk elini gevşetmeyi amaçlar. Başlarımızı çevirip atalarımızın hayal edemediği ya da hayal etmemizi istemediği ihtimalleri fark etmemizi sağlar. Rastlantı sonucu ortaya çıkmış bir dizi olayı gözlemleyerek, kendi düşünce ve hayallerimizin nasıl şekillendiğini fark eder ve farklı düşünceler, farklı hayaller üretiriz. Tarih okumak bize ne yapacağımızı söylemese de daha fazla seçenek sunar.

Dünyayı değiştirmeye çalışan akımlar genellikle tarihin yeniden yazılmasıyla ortaya çıkar, insanların geleceği yeni baştan tasavvur etmelerinin önü de böylelikle açılır. İster işçilerin grev yapmasını, ister kadınların bedenlerinin kontrolünü ellerine almasını, ister ezilmiş azınlıkların siyasi haklarını geri almasını istiyor olun, atılması gereken ilk adım bu toplulukların tarihlerini yeniden anlatmaktır. Yeni tarih, "Bugünkü hâlimizin ne doğal olduğunu ne de sonsuza dek süreceğini," söyler. Bir zamanlar her şeyin başka olduğunu hatırlatır. Sadece bir dizi tesadüfi olay bugünün haksız dünyasını ortaya çıkarmıştır. Akıllıca davranırsak dünyayı değiştirebilir, çok daha iyi bir dünya kurabiliriz. Marksistler bu nedenle kapitalizm tarihi okur, feministler ataerkil toplumların oluşumunu çalışır ya da Siyahiler köle ticaretinin dehşetlerini anarlar. Geçmişi ebedileştirmeyi değil ondan kurtulmayı amaçlarlar.

Büyük devrimler için işleyen kurallar, gündelik hayatta da geçerlidir. Genç bir çift, yeni evlerini tasarlayan mimardan evin önüne küçük bir yeşil alan yapmasını ister. Neden? "Çünkü yeşillik güzeldir," diye cevaplayacaklar muhtemelen. Peki neden böyle düşünürler? Bunun da arkasında bir tarih var.

Taş Devri'ndeki avcı-toplayıcılar mağaralarının önü güzel olsun diye çim yetiştirmezdi. Atina Akropolisi'nde, başkent Roma'da, Kudüs Tapınağı'nda ya da Pekin'deki Yasak Şehir'de ziyaretçileri karşılayacak bir yeşil alan yoktu. Özel mülklerin ve kamu binalarının önündeki alanlarda çim yetiştirme fikri ortaçağın sonlarına doğru Fransız ve İngiliz aristokratların şatolarında doğdu. Modern çağın başında bu alışkanlık kök salarak asaletin sembolü hâline dönüştü.

Bakımlı çimler, özellikle çim biçme makineleri ve otomatik sulama sistemlerinin olmadığı devirlerde çok fazla zahmet ve emek gerektirdiği hâlde karşılığında hiçbir değerli ürün vermiyordu. Çim yemedikleri için üzerinde hayvan bile otlatamıyordunuz. Yoksul köylülerin değerli toprakları ve zamanlarını çimlere harcayacak lüksü yoktu. Şatonun girişindeki bakımlı çim alansa kimsenin taklit edemeyeceği özel duruma oldukça yaraşır bir statü sembolüydü. "O kadar varlıklı ve güçlüyüm ve o kadar çok toprağım ve hizmetkârım var ki bu yeşil fanteziyi karşılayabiliyorum," demenin aleni bir beyanıydı. Çim alan ne kadar bakımlı ve büyükse hanedan o kadar güçlü demekti. Bir dükü ziyaret ettiğinizde çimleri bakımsızsa onun da sıkıntı içinde olduğunu bilirdiniz.[51]

Kıymetli çimler sık sık önemli kutlamalara, sosyal etkinliklere ev sahipliği yapsa da, geri kalan vakitlerde yasaklı bölgeydi. Bugün bile sayısız saray, hükümet binası ve kamu alanında tabelalar insanlara, "Çimlere basmayınız," uyarısında bulunur. Oxford'da olduğum dönemde sadece yılda bir gün oturmamıza ve dolaşmamıza izin verilen harikulade çimlerle kaplı kocaman bir avlu vardı. Diğer günlerdeyse ayağıyla kutsal çimeni kirleten öğrencinin vay hâline...

Asil saraylar ve şatolar çimleri bir otorite sembolüne dönüştürdüler. Modern dönemin sonunda kralların kafası uçurulup, dükler giyotine yollanırken yeni başkan ve başbakanlar çimleri korudular. Parlamentolar, yargı binaları, başkanlık sarayları ve diğer kamu binaları bakımlı keskin yeşil bıçakların üzerinde güçlerini ilan ettiler. Bir yandan da çimler spor dünyasını ele geçirdi. Binlerce yıldır buzdan kuma, akla gelebilecek her türlü zeminde oynayan insanlar, ne hikmetse son iki yüzyıldır futbol ve tenis gibi önemli oyunları çimlerde oynamaya başladı. Tabii ki sadece parası olanlardan bahsediyoruz. Rio de Janerio'nun *favela*'larında Brezilya futbolunun gelecek nesilleri toprak ve çamurun içinde eğreti toplarla oynarken, zengin banliyölerde çocuklar özenle bakılan çimlerin üzerinde keyiflerine baktı.

İnsanlar o vakitten beri çimleri siyasi güç, sosyal statü ve ekonomik varlıkla ilişkilendiriyor. 19. yüzyılda yükselen burjuvazinin heyecanla çimleri benimsemesine şaşmamalı. Önceleri sadece bankacı, avukat ve sanayiciler özel mülklerinde çim alan kullanabiliyordu. Sanayi Devrimi orta sınıfı genişletip, çim biçme makinesi ve otomatik sulama sistemlerini geliştirince milyonlarca aile bir anda çim masrafını karşılayabilmeye başladı. Amerikan banliyölerinde taptaze çimler, varlıklı insanların lüksü olmaktan çıkıp bir orta sınıf ihtiyacına dönüştü.

Banliyö kültürüne yeni bir geleneğin eklenmesi de bu zamana rastlar. Kilisedeki pazar ayininden sonra birçok insan sadakatle çimlerini biçmeyi âdet hâline getirdi. Sokaklarda yürürken, her ailenin çimlerinin genişliği ve durumuna bakarak varlıklarını ve statülerini ölçebilmeye başladık. Şu bakımsız çimlerin hâlinden yan komşunun evinde bir terslik olduğu belli. Çim bugün ABD'de darı ve buğdaydan sonra en yaygın ekin; çim pazarıysa (bitkileri, gübresi, biçme makineleri, sulama sistemleri ve bahçıvanlarıyla) her yıl milyarlarca dolar büyüyor.[52]

Çimler sadece bir Avrupa ya da Amerikan çılgınlığı olarak da kalmadı. Loire Vadisi'ni hiç ziyaret etmemiş insanlar bile, ABD başkanlarını Beyaz Saray'ın çimlerinde konuşma yaparken gördü, yeşil sahalarda futbol maçları izledi ya da Homer'la Bart Simpson'ın çim biçme sırasının kimde olduğu üzerine ettikleri kavgalara şahit oldu. Dünyanın her yerinde insanlar çimleri güç, para ve prestijle ilişkilendirdiler. Uçsuz bucaksız diyarlara yayılan çimler, şimdi de İslam dünyasının kalbini çalıyor. Katar'da yeni inşa edilen İslami Sanatlar Müzesi'nin çimleri, Harun Reşid'in Bağdat'ından çok XIV. Louis'nin Versay'ını anımsatıyor. ABD'de bir şirket tarafından tasarlanıp üretilen ve Arap çölünün ortasında 100 bin metrekareden fazla yer kaplayan çim alanın yeşil kalabilmesi her gün akıl almaz miktarda su harcanarak sağlanıyor. Bu sırada Doha'dan Dubai'ye banliyölerdeki orta sınıf aileler de çimleriyle gururlanıyor. Beyaz entariler ve kara çarşaflar olmasa kendinizi Ortadoğu'dan çok ABD'nin ortasında sanabilirsiniz.

Çimlerin tarihini okuduktan sonra, hayalinizdeki evi tasarlarken önüne küçük bir çim alan kondurma fikrini tekrar gözden geçirebilirsiniz. Yine de dilediğinizi yapmakta özgürsünüz tabii. Ancak Avrupalı düklerden, kapitalist patronlardan ve Simpsonlar'dan vasiyet aldığımız kültürel yükten özgürleşip kendiniz için bir Japon kaya bahçesi ya da tamamen özgün yeni bir tasarım da hayal edebilirsiniz. Tarihi öğrenmek için en iyi motivasyon geleceği tahmin etmek değil kendinizi geçmişten kurtararak başka yazgılar tasavvur edebilmektir. Bu şüphesiz sınırsız bir özgürlük tanımaz, geçmişle şekillendiğimiz gerçeğinin önüne geçemeyiz; ancak bir parça özgürlük bile hiç olmamasından iyidir.

Görsel 6: Loire Vadisi'ndeki Chambord Şatosu'nun I. François tarafından 16. yüzyılın başında yaptırılan çimleri. Her şeyin başladığı yer.

Görsel 7: Kraliçe II. Elizabeth'in onuruna Beyaz Saray çimlerinde düzenlenen karşılama töreni.

Görsel 8: Mario Götze'nin, Maracanã çimlerinde maçın sonucunu belirleyip Almanya'ya 2014 Dünya Kupası'nı kazandıran golü.

Görsel 9:
Küçük burjuva cenneti.

Birinci Perdedeki Silah

Bu kitabı zenginleştiren tüm öngörüler, günümüzdeki sorunları tartışmayı amaçlayıp geleceği değiştirmek için bir davet niteliğindedir. İnsanlığın ölümsüzlük ve mutluluğun peşinde, tanrı mertebesine erişmeye çalışacağını öngörmenin, inşa ettikleri evin önünde bir çim alan isteyeceklerini öngörmekten pek de bir farkı yok esasında. Ancak bunu bir defa sesli dile getirdiğinizde, hemen ardından diğer seçenekler hakkında da düşünmeye başlıyorsunuz.

İnsanlar tanrı mertebesine erişmeyi hayal edemedikleri ya da ölümsüzlük rüyaları göremediklerinden değil, bu kadar açıksözlü ifadelere alışkın olmadıkları için çok şaşırıyorlar. Oysa bu konularda düşünmeye başladıklarında, bu iddialar pek çoğuna makul geliyor. Böbürlendiğimiz teknolojik gelişmeleri bir kenara bırakırsak, ideolojik olarak bunlar yeni düşünceler değil. Dünya üç yüzyıldır *Homo sapiens*'in hayatını, gücünü ve mutluluğunu kutsayan hümanizmle yönetiliyor. Ölümsüzlük ve mutluluk kazanmaya, tanrı mertebesine yükselmeye çalışmak, uzun zamandır etrafta var olan hümanist idealleri makul sonuçlarına taşıyor sadece. Uzun zamandır cebimizde sakladıklarımızı açıkça masaya seriyor.

Ben de masaya bir şey koymak istiyorum: Bir silah. Birinci sahnede beliren ve üçüncü sahnede patlayacak olan bir silah. İlerleyen bölümler, hümanizmin (insan türüne tapınmanın) dünyayı nasıl fethettiğini tartışacak. Ancak hümanizmin yükselişi aynı zamanda kendi sonunun tohumlarını da ekiyor. İnsanları tanrılara yükseltme çabası hümanizmi makul sonucuna götürürken, diğer yandan da hümanizmin doğasındaki kusurları ortaya çıkarıyor. Kusurlu bir idealle yola çıktığınızda, kusurları ancak idealin gerçekleşmesi yakınsa fark edersiniz.

Bu sürecin çoktan hastanelerin geriatri bölümlerinde işlemeye başladığını görebilirsiniz. İnsan hayatının kutsallığına sarsılmaz bir inançla bağlı hümanist bakış yüzünden insanları "Bunun nesi kutsal?" diye sormak zorunda bırakan acınası bir seviyeye varana dek onları hayatta tutuyoruz. Benzer inançlarla 21. yüzyılda insan türünü sınırlarının ötesine süreceğiz muhtemelen. İnsanları tanrılara dönüştürecek teknolojiler, insanları bağlamlarından koparıp alakasız varlıklar hâline getirebilir. Örneğin yaşlılık ve ölümün işleyişini çözüp onları engelleyebilecek güce sahip bilgisayarlar, aynı zamanda insanları işlerinden de edebilir.

Bu nedenle 21. yüzyılın asıl gündemi, bu uzun açılış bölümünde öne sürdüklerimden çok daha karmaşık olacak. Şu an ölümsüzlük, mutluluk ve tanrısallığa erişme çabası, gündemimizdeki ilk üç madde gibi görünüyor olabilir. Ancak bu hedeflere yaklaştıkça ortaya çıkacak karışıklıklar bizi tamamen farklı sonuçlara yönlendirebilir. Bu bölümde açıklanan gelecek, sadece geçmişin geleceğidir; yani geçtiğimiz üç yüzyılda hakim olan fikir ve umutların ışığında şekillenmiş bir geleceğin. 21. yüzyılın fikirleri ve umutlarıyla doğmuş esas gelecekse bambaşka olabilir.

Tüm bunları anlamak için tek yapmamız gereken geriye dönüp bakmak ve *Homo sapiens*'in aslında ne olduğunu, hümanizmin nasıl dünyaya hakim bir din hâline geldiğini ve hümanizm rüyasını gerçekleştirmeye çalışmanın aslında neden insanlığın kendi sonunu getireceğini incelemektir. İşte bu kitabın temel meselesi bu.

İlk kısım bizim türümüzü bu kadar özel yapan şeyin ne olduğunu anlamaya çalışırken *Homo sapiens*'le diğer hayvanlar arasındaki ilişkiye odaklanıyor. Okurlar geleceğe dair bir kitapta, hayvanların neden bu kadar yer kapladığını merak edecektir. Şahsi kanım doğa ve insan türünün geleceği hakkında ciddi bir tartışmanın diğer hayvanlarla başlamadan yürümeyeceğidir. *Homo sapiens* kendisinin de bir hayvan türü olduğu gerçeğini unutmak için elinden geleni yapıyor. Ancak kendimizi tanrılara dönüştürmeye çalışırken nereden geldiğimizi hatırlamak hayati önem taşır. İlahileştiğimiz geleceğe dair hiçbir inceleme, hayvani geçmişimizi ya da hayvanlarla ilişkimizi göz ardı edemez. Çünkü hayvan-insan ilişkisi, gelecekte süperinsanlarla insanlar arasında kurulacak ilişkiye en yakın model olma özelliği taşır. Süperzeki siborgların etten kemikten, sıradan insanlara nasıl davranacağını mı merak ediyorsunuz? İnsanların daha az zeki hayvan akrabalarına nasıl davrandığıyla başlamak sağlıklı olabilir. Mükemmel bir benzetme olmasa da hayal etmek yerine gerçekten gözlemleyebileceğimiz en iyi model budur.

Kitabın ikinci kısmı, birinci kısımın sonuçlarından yola çıkarak *Homo sapiens*'in geçtiğimiz bin yılda nasıl tuhaf bir dünya yarattığını ve bizi günümüzün yol ayrımlarına taşıyan geçmişimizi inceliyor. *Homo sapiens* nasıl oldu da evrenin insan türünün etrafında döndüğünü ve insanların tüm anlam ve gücün odağı olduğunu iddia eden hümanist öğretiye inandı? Bu öğretinin ekonomik, sosyal ve siyasi sonuçları nelerdir? Bu öğreti gündelik yaşantımızı, sanatımızı ve en gizli tutkularımızı nasıl şekillendiriyor?

Üçüncü ve son kısımdaysa kitap 21. yüzyılın başına dönüyor. İnsan türü ve hümanist öğretiyi çok daha iyi anladıktan sonra bugünkü uğraşlarımızı ve muhtemel geleceğimizi betimliyor. Hümanizmin yerine getirmeye çabaladığı girişimler neden kendi sonunu getirebilir? Ölümsüzlük, mutluluk ve ilahilik arayışımız insanlığa duyduğumuz temel inancı nasıl sarsabilir? Bu felaketin alametleri nelerdir ve gündelik hayatta her birimizin verdiği kararlara nasıl yansır? Eğer hümanizm gerçekten tehlikedeyse, yerini ne alabilir? Bu kitap sadece felsefe yapmıyor ya da başıboş kehanetlerde bulunmuyor. Daha çok akıllı telefonlarımızı, flört etme ritüellerimizi ya da işgücünü mercek altına alarak gelecek hakkında ipuçları arıyor.

Hümanizme kalpten gönül verenlere tüm bunlar oldukça karamsar ve iç karartıcı gelebilir. Ancak hemen sonuca varmamak gerek. Tarih birçok dinin, imparatorluğun ve kültürün yükseliş ve çöküşüne sahne oldu. Bu tip ayaklanmalar her zaman kötü sonuçlar doğurmaz. Hümanizm pek de uzun sayılmayacak bir süredir, üç yüzyıldan beri dünyada hakimiyetini sürdürüyor. Firavunlar Mısır'ı üç bin yıl, Papalık ise Avrupa'yı bin yıl yönetti. II. Ramses döneminde bir Mısırlı'ya bir gün firavunların yok olacağını söyleseydiniz, muhtemelen dehşete kapılıp, "Nasıl firavunsuz yaşarız? Düzen, barış ve adaleti kim sağlar?" derdi. Ortaçağda insanlara tanrının öleceğini söyleseydiniz korku içinde, "Nasıl tanrısız yaşarız? Hayatımıza kim anlam verip bizi kıyametten koruyacak?" diye feryat ederlerdi.

Geçmişe bakınca, birçokları firavunların düşüşü ve tanrının ölümünü olumlu gelişmeler olarak görüyor. Belki de hümanizmin çöküşü de aynı derecede hayırlara vesile olur. İnsanlar bilinmeyenden korktukları için değişimden kaçınırlar. Ancak tarihin tek değişmezi, her şeyin değiştiğidir.

I. Kısım

Homo Sapiens Dünyayı Fethediyor

İnsanlarla diğer tüm hayvanlar arasındaki fark nedir?

Türümüz dünyayı nasıl fethetti?

Homo sapiens daha üst bir yaşam formu mu,
yoksa yalnızca yerel bir zorba mı?

2
Antroposen*

DİĞER HAYVANLARLA KURDUĞU ilişkilere bakınca, insanlar tanrıya dönüşeli çok oldu, diyebiliriz. Pek hakkaniyetli ya da merhametli tanrılar olmadığımızı bildiğimizden olsa gerek bu konuda kafa yormak istemeyiz. Bir National Geographic belgeseli veya bir Disney filmi izlediğinizde ya da bir masal kitabı okuduğunuzda Dünya'nın biz insanlara denk aslanlar, kurtlar ve kaplanlarla dolu olduğu izlenimine kapılabilirsiniz. Aslan Kral Simba orman hayvanlarına hakimdir, Kırmızı Başlıklı Kız, Hain Kurt'tan kaçmaya çalışır, Orman Çocuğu Mogli cesurca kaplan Shere Han'la yüzleşir. Ancak maalesef hiçbiri yok artık. Televizyonlarımız, kitaplarımız, rüyalarımız ve kabuslarımız hâlâ onlarla dolu olsa da, gezegenimizin Simbaları, Shere Hanları ve Hain Kurtları yok oluyor. Dünya insanlar ve onların evcilleştirilmiş hayvanlarıyla dolup taşıyor.

Grimm Kardeşler'in diyarı, Kırmızı Başlıklı Kız ve Hain Kurt'un ülkesi Almanya'da bugün kaç tane kurt yaşıyor dersiniz? Yüzden az (hayatta olanlar da çoğunlukla sınırı geçen Polonya kurtları). Öbür

* (İng.) *Anthropocene*. Jeolojik zaman cetvelinde, insan türünün yerküreye etki etmesiyle başladığı düşünülen devredir. Devreler (epoklar) jeokronolojik birimler arasında çağlardan uzun devirlerden kısa, on milyonlarca yılı ifade edebilen süreçlerdir. Nobel Ödüllü kimyacı Paul Crutzen tarafından ortaya atılan Antroposen terimi, başlangıç tarihi tartışmalı olduğu için halihazırda tanımlanmış otuz dört devrenin sonuncusu olarak henüz kesin kabul görmemiştir. –çn

taraftan Almanya 5 milyon evcil köpeğe ev sahipliği yapıyor. Gezegende toplam 200 bin kadar kurt dolanırken, 400 milyondan fazla evcil köpek var.[1] Dünya 600 milyon evcil kediye karşılık 40 bin aslana, 900 bin Afrika mandasına karşılık 1,5 milyon evcil ineğe, 50 milyon penguen ve 20 milyar tavuğa sahip.[2] 1970'ten bu yana giderek artan ekolojik farkındalığa rağmen yaban hayat nüfusu yarı yarıya düştü (zaten durum 1970'lerde de çok parlak değildi).[3] 1980'de Avrupa'da 2 milyar vahşi kuş varken, bu sayı 2009'da 1,6 milyara gerilemişti. Aynı yıl Avrupalılar eti ve yumurtaları için 1,9 milyar tavuk yetiştirdi.[4] Bugün dünyadaki büyük hayvanların (yani ağırlığı birkaç kilogramdan fazla olanların) yüzde 90'ı insanlardan ya da evcilleştirilmiş hayvanlardan oluşuyor.

Biliminsanları gezegenimizin tarihini Pleistosen, Pliyosen ve Miyosen gibi devrelere ayırıyor ve biz de Holosen devresinde yaşıyoruz. Ancak bunun geçtiğimiz 70 bin yılını Antroposen devresi olarak anmak daha sağlıklı olacaktır: İnsanlığın dönemi. Binlerce yıl boyunca *Homo sapiens* küresel ekolojideki değişikliğin en önemli faili hâline gelmiştir.[5]

Bu daha önce eşi benzeri görülmemiş bir olgudur. 4 milyar yıl önce yaşam ortaya çıktığından beri, hiçbir tür tek başına küresel ekolojiyi değiştiremedi. Ekolojik devrimler ve kitlesel yok oluşlara her devirde rastlansa da bunların hiçbiri belirli bir kertenkele, yarasa ya da mantar türü yüzünden gerçekleşmedi. Aksine tüm bunlar iklim

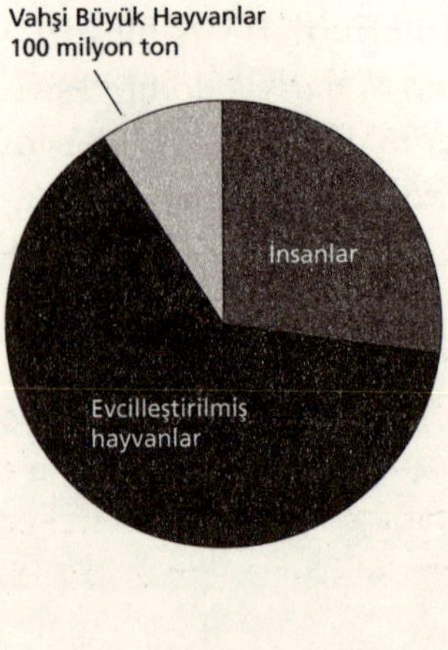

Görsel 11: Büyük hayvanların küresel biyokütlesi.

değişikliği, tektonik plakaların hareketi, volkanik patlamalar ya da asteroit çarpışmaları gibi muazzam doğal süreçlerin sonuçlarıydı.

Bazı insanlar devasa volkanik patlamalar ya da çarpışan asteroitler karşısında bugün hâlâ tehlike altında olduğumuzu düşünüyor. Hollywood yapımcıları bu endişeler üzerinden milyarlar kazandı. Ancak gerçekte bu ihtimaller oldukça düşüktür. Kitle ölümleri milyonlarca yılda bir görülür. Büyük bir asteroidin önümüzdeki 100 milyon yıl içinde gezegenimize çarpacağı doğru ama bunun önümüzdeki salı gerçekleşmesi yok denecek kadar düşük bir ihtimal. Asteroitlerden korkmak yerine kendimizden korkmalıyız.

Korkmalıyız çünkü *Homo sapiens* oyunun bütün kurallarını baştan yazdı. Bu maymun türü 70 bin yıl içinde tek başına küresel ekolojiyi kökten değiştirmeyi başardı. Etkimiz buzul çağı ve tektonik hareketlerle aynı kulvarda değerlendiriliyor. Yüzyıl içinde etkimiz, 65 milyon yıl önce dinozorları öldüren asteroitleri geride bırakabilir.

O asteroit karadaki evrimin gidişatını değiştirmiş olsa da 4 milyar yıl önce ilk organizmaların ortaya çıkmasından bu yana değişmeyen temel evrim kurallarını etkilemedi. Süregiden bin yıllar boyunca virüsler de dinozorlar da doğal seçilimin sarsılmayan kurallarına bağlı kalarak evrimleşti. Yaşam tuhaf ve beklenmedik şekillere bürünse de organik âlemin sınırlarına bağlı kaldı; sonuçta kaktüsler de balinalar da organik bileşenlerden meydana geliyordu. Bugünse artık insan türü doğal seçilimi akıllı tasarımlarla değiştirmeye kalkıyor; yaşamı organikten inorganiğe taşıyor.

Gelecekte bizi bekleyen ihtimalleri bir kenara bırakıp geçtiğimiz 70 bin yıla odaklansak bile Antroposen devresinin dünyayı benzeri görülmemiş şekilde değiştirdiği ortada. Asteroit çarpması, tektonik plaka hareketleri ve iklim değişikliği; tüm bu hareketler yerkürenin tamamındaki organizmaları değiştirdi elbette, ancak bu olayların etkileri her bölgede farklıydı. Gezegen hiçbir zaman tek bir ekosistemden ibaret değildi, daha çok birbiriyle bağlantılı pek çok ekosistemin toplamıydı. Tektonik hareketlerin Kuzey ve Güney Amerika'yı birleştirmesi Güney Amerika'daki keseli memelilerin birçoğunun sonunu getirdi ama Avustralya kanguruları üzerinde olumsuz bir etkisi olmadı. 20 bin yıl önce son Buzul Çağı'nın en sert günleri yaşandığında, iklim değişikliğine uyum sağlama zorunluluğu hem Basra Körfezi'ndeki hem de Tokyo Körfezi'ndeki denizanaları için geçerliydi. Bu iki grup arasında hiçbir bağ olmadığından, her iki grup da farklı tepkiler geliştirip iki uç yönde evrimleştiler.

Bunun aksine Sapiens yerküreyi bağımsız ekolojik alanlara ayıran sınırları aştı. Antroposen devresinde gezegen ilk kez tek bir ekolojik birim hâline geldi. Avustralya, Avrupa ve Amerika farklı iklimler ve topografyalara sahip olmaya devam etse de insanevladı dünyanın dört bir yanındaki organizmaların düzenli olarak iç içe geçmesine neden oldu. Derme çatma ahşap sandallar uçak, petrol tankeri ve devasa kargo gemilerine dönüşünce bütün denizlerdeki en küçük kara parçalarına kadar tüm kıtalar birbirine bağlandı. Gelinen noktada coğrafyaları başlı başına ele almak imkansız hâle geldi. Örneğin Avustralya'nın ekolojisi kıyılara ve çöllere taşınan Avrupa memelileri ya da Amerika mikroorganizmaları göz önünde bulundurulmadan anlaşılamaz oldu. İnsanların geçtiğimiz üç yüzyılda Avustralya'ya taşıdığı hayvanlar, bitkiler ve virüsler bugün bölge ekolojisi üzerinde yerel türler olan kanguru ve koalalardan daha fazla etkiye sahip.

Antroposen kavramının geçtiğimiz birkaç yüzyıla özgü olmadığının altını çizmek gerekir. On binlerce yıl önce, Taş Devri'ndeki atalarımız Doğu Afrika'dan dünyanın dört bir köşesine yayılmaya başlayıp yerleştikleri her kıtanın bitki örtüsü ve faunasını değiştirdiler. Avustralya'daki büyük hayvanların yüzde 90'ının, Amerika'daki büyük memelilerin yüzde 75'inin, gezegendeki büyük kara memelilerinin neredeyse yarısının ve tüm diğer insan türlerinin soyunu tükettiler; tüm bunların yanında ilk buğday tarlasını ekip ilk metal aleti şekillendirdiler, ilk yazıyı yazdılar ve ilk parayı bastılar.[6]

Büyük hayvanlar yavaş üredikleri ve sayıları diğerlerine göre daha az olduğu için özellikle tehdit altındaydı. Soyları tükenmiş olan mamutlarla, kurtulmuş olan tavşanları karşılaştırabiliriz. Bir mamut sürüsü muhtemelen bir düzine kadar üyeden oluşurdu ve her yıl sürüye iki yeni yavru eklenecek kadar üreyebiliyordu. Yöredeki insan kabilesi her yıl yalnızca üç mamut bile avlasa, mamut sürüsündeki ölüm sayısı doğumları aşınca birkaç nesil içinde mamutlar yok oldular. Öbür yandan tavşanlar, tavşan gibi ürüyordu. İnsanlar her yıl yüzlerce tavşan avlasa da bu soylarını tüketmeye yetmiyordu.

Atalarımız tabii ki mamutların kökünü kazımayı amaçlamadılar, sadece eylemlerinin sonuçlarının farkında değillerdi. Mamut ve benzeri büyük hayvanların yeryüzünden silinmesi evrimsel takvimin geniş periyotları baz alınınca çok hızlı bir süreç gibi görünebilir. Ancak söz konusu olan insan zamanıysa, mamutların soylarının tükenmesinin oldukça yavaş ve aşamalı ilerlediğini söyleyebiliriz. İnsanlar yetmiş seksen yıldan fazla yaşamazken, bir türün tükenmesi yüzyıllar sürüyordu. Atalarımız yılda iki ya da üçü geçmeyen yıllık mamut avıyla, bu kürklü devlerin ortadan yok olması arasındaki bağı muhtemelen kuramadılar. Olsa olsa nostaljik bir dede şüpheci gençlere, "Benim gençliğimde buralar mamuttan geçilmezdi. Mastodonlar ve devasa geyikler de görürdük. Tabii o zamanlar kabile şefleri dürüsttü, küçükler de büyüklerine saygılı davranırdı," diye yakınmıştı.

Yılanın Çocukları

Antropolojik ve arkeolojik kanıtlar arkaik avcı-toplayıcıların animist olduklarına işaret ediyor; onlar insanları hayvanlardan ayıran hiçbir temel fark olmadığına inanıyordu. Yaşadıkları vadiyi çevreleyen sıradağlar bölgenin tüm sakinlerine aitti ve herkes ortak kurallara uymak zorundaydı. İnsanlar hayvanlar, ağaçlar ve taşlarla konuştukları gibi periler, iblisler ve hayaletlerle de konuşurlardı. Bu iletişim ağından da insanları, filleri, meşe ağaçlarını ve ruhları birbirine bağlayan çeşitli değerler ve kurallar doğuyordu.[7]

Animist dünya görüşü modern dünyada varlıklarını hâlâ sürdürebilen bazı avcı-toplayıcı topluluklara rehberlik etmeye devam ediyor. Güney Hindistan'ın tropik ormanlarında yaşayan Nayaka insanları da bu topluluklardan biridir. Yıllardır Nayaka insanlarıyla çalışan antropolog Danny Naveh, Nayakaların ormanda yürürken kaplan, yılan ya da fil gibi tehlikeli hayvanlarla karşılaştığında hayvana hitaben, "Sen de ormanda yaşıyorsun, ben de ormanda yaşıyorum. Sen buraya avlanmaya geliyorsun, ben de buraya kök ve yumruları toplamaya geliyorum. Sana zarar vermeye gelmedim," diye konuştuğunu aktarıyor.

Nayakaların "yalnız yürüyen fil" olarak adlandırdıkları bir erkek fil, bir gün kabileden birini öldürür. Ancak Nayakalar Hindistan orman işletmesinin fili yakalama çalışmasına yardım etmeyi reddederler. Naveh'e bahsi geçen filin eskiden başka bir erkek fille çok yakın olduğunu ve sürekli onunla gezindiğini anlatırlar. İkinci fil bir gün ormancılar tarafından yakalanır ve "yalnız yürüyen fil" de sonrasında kızgın ve şiddete yatkın hâle gelir. "Eşin senden alınsa ne hissederdin? Bu fil de öyle hissediyor. Bu iki fil, akşamları ayrılır kendi yollarına giderlerdi [...] ama her sabah mutlaka yeniden bir araya gelirlerdi. O gün fil, dostunu düşmüş, yerde yatar vaziyette buldu. Hep bir arada olan ikiliden birini vurursan, diğeri nasıl hisseder?"[8]

Bu tip animist görüşler endüstrileşmiş toplumlardaki birçok insanı uzaydan gelmişçesine şaşırtıyor. Çoğumuz hayvanların temelde farklı ve daha aşağıda bir konumda olduğuna doğrudan kanaat getiriyoruz. Çünkü en eski geleneklerimiz bile avcı-toplayıcı dönem bittikten binlerce yıl sonra yaratıldı. Örneğin Eski Ahit'te geçen en eski hikayeler bile milattan önce ikinci binyıldan eskiye gitmez. Ne var ki Ortadoğu'da avcı-toplayıcılık 7000 yıldan daha uzun zaman önce sonra ermişti. Tahmin edileceği üzere animist inançları reddeden İncil'deki tek animist öykü, uğursuz bir uyarı misali, kitabın en başında çıkar karşımıza. Mucizeler, harikalar ve olağanüstü hikayelerle dolup taşan uzun bir kitap olmasına rağmen İncil'de bir hayvanın insanla tek konuşması, yılanın Havva'yı Bilgi Ağacı'nın yasak meyvesini yemek için kandırdığı diyalogdan ibarettir. (Evet, Balam'ın eşeği de birkaç kelam eder, fakat sadece Balam'a tanrının mesajını iletmeye çalışır.)

Görsel 12: Michelangelo, *İlk Günah ve Cennet'ten Kovuluş*, Sistine Şapeli. Bir insan bedeniyle bütünleşen yılan, tüm olaylar silsilesini başlatır. Tekvin'in ilk iki bölümü ilahi monologlarla ("ve Tanrı dedi ki... ve Tanrı dedi ki... ve Tanrı dedi ki...") doludur, üçüncü bölüme gelindiğinde sonunda bir diyalogla karşılaşır ve yılan ile Havva'nın konuşmasını dinleriz ("... dedi yılan kadına ... ve dedi kadın yılana ..."). İnsanla hayvan arasında bu kendine has konuşma, insanlığın gökten düşmesine ve Cennet'ten kovulmasına neden olur.

Adem ile Havva, Cennet'te avcı-toplayıcı gibi yaşarlar. Cennet'ten kovulmaları, Tarım Devrimi'yle çarpıcı benzerliklere sahiptir. Kızgın tanrı, Adem'in meyve toplamaya devam etmesine izin vermektense Adem'i "alın terini dökerek kazandığı ekmeği" yemeye mahkum eder. İncil'deki hayvanların insanlarla yalnızca tarım döneminden önce Cennet'te konuşmaları bir rastlantı olmayabilir. İncil bundan hangi derslerin çıkarılmasını ister? Yılanları dinlemeyip hayvan ve bitkilerle konuşmamak en hayırlısıdır belki. Sonuçta bu konuşma bizi felaketten başka bir şeye götürmemiştir.

Bu hikayenin daha derinlere uzanan kadim anlamları da vardır. Çoğu Sami dilinde Havva'nın karşılığı olan "Eve" yılan, hatta "dişi yılan" demektir. Atalarımızın İncil'deki annesinin adı arkaik animist bir miti, yılanların düşmanımız değil atamız olduğu fikrini barındırıyor.[9] Birçok animist kültür, insanların yılanlar ve sürüngenler dahil çeşitli hayvanlardan dönüştüğüne inanır. Avustralyalı Aborjinler, dünyayı Gökkuşağı Yılanı'nın yarattığına inanıyor. Aranda ve Dieri insanları, belirli kabilelerin ilkel kertenkelelerin ya da yılanların insana dönüşmesiyle ortaya çıktığı inancını koruyorlar.[10] Üstelik, modern Batı da sürüngenlerden evrimleştiğimizi düşünüyor. Her birimizin beyni, sürüngen bir öz üzerine kurulu ve fiziksel yapımız da yine değişim geçirdiğimiz sürüngenlere dayanıyor.

Tekvin'in yazarları, arkaik animist inançların kalıntılarını Havva'nın adında korumuş gibidirler ancak geri kalan izleri örtmek konusunda çok daha özenli davranmışlardır. Tekvin, soyumuzun yılana dayandığı söylemini reddeder ve insanların cansız bir maddeden ilahi bir dokunuşla yaratıldığını anlatır. Animistler insanları başka bir hayvan türü olarak görürken İncil insanın kendine has bir yaratım olduğunu söyler ve içimizdeki hayvanın varlığını kabullenmenin tanrının kudretini inkar etmek olduğunu iddia eder. Sonuçta modern insan, kökeninin sahiden de sürüngenlere dayandığını keşfettiğinde tanrıya isyan etmiş ve onu dinlemeyi, hatta varlığına inanmayı bile reddetmiştir.

Atadan Kalma İhtiyaçlar

İncil yenilikçi bir fikir olarak "insanın ayırt edici özellikleri olduğu" iddiasını barındırmakla beraber, esasen insan ve hayvan ilişkilerinde yeni bir dönem açan Tarım Devrimi'nin sonuçlarından biridir. Tarımın gelişmesi, birçok türün soyunun tükendiği yeni bir dalga yaratırken, daha da önemlisi, dünyada benzeri görülmemiş bir yaşam formu ortaya çıkardı: evcil hayvanlar. İnsanlar yaban hayatta "vahşi" varlığını sürdüren sayısız türden ancak yirmi kadar memeli ve kuş türünü evcilleştirebildiği için bu gelişme başlarda pek de fark edilmedi. Ancak yüzyıllar geçtikçe bu özgün yaşam formu hakimiyet kurmaya başladı. Bugün büyük hayvanların yüzde 90'ından fazlası evcilleştirilmiş durumda.

Ne yazık ki evcil türler, bu benzersiz sözde başarının bedelini yine daha önce hiç deneyimlenmemiş acılarla ödediler. Hayvanlar âlemi milyonlarca yıldır türlü acılara ve sefalete alışık olsa da, Tarım Devrimi zamanla daha da kötüleşen yepyeni ıstırap türleri ortaya çıkardı.

Sıradan bir gözlemci için evcil hayvanlar, vahşi akrabaları ve atalarına kıyasla çok daha iyi şartlarda yaşıyormuş gibi görünebilir. Bizonlar doğada günlerini yemek, su ve barınak arayarak geçirir ve aslan, parazit ya da sel gibi tehditler altında yaşar. Evcilleştirilmiş büyükbaş hayvanlarsa kendilerine insanlar tarafından sağlanan yemek, su ve barınağın keyfini çıkarır ve aynı zamanda hastalıklardan, avcılardan ve doğal afetlerden korunur. İnek ve buzağıların büyük bir kısmının kendini eninde sonunda mezbahada bulduğu doğrudur ancak bu kaderlerini vahşi bir bizonunkinden daha mı talihsiz kılar? Bir insan tarafından kesilmek bir aslan tarafından mideye indirilmekten daha mı kötüdür? Timsahların dişleri çelik bıçaklar kadar ölümcül değil midir?

Evcilleştirilmiş hayvanların yazgısını bu kadar kötü yapan nasıl öldükleri değil nasıl yaşadıklarıdır. Eski zamanlardan günümüze dek çiftlik hayvanlarının yaşam koşullarını şekillendiren birbirinden önemli iki unsur vardır: insanların istekleri ve hayvanların ihtiyaçları. Bu yüzden insanlar et ve süt elde etmek için inek beslediğinde, düzenli ürün alabilmenin yolu ineklerin uzun ömürlü olmasından ve üremelerinden geçer. Teoride bu durumun inekleri korkunç eziyetlerden koruması gerekir. Sonuçta çiftçi ineklerine iyi bakmazsa hayvanlar yavrulayamadan kısa zaman içinde ölür ve çiftçi de aç kalır.

İnsanlar çiftlik hayvanlarının hayatta kalmasını ve üremesini sağlarken maalesef onlara korkunç eziyetler edebiliyorlar. Bu sorunun kökeninde, evcil hayvanların vahşi atalarından miras aldıkları pek çok fiziksel, duygusal ve sosyal ihtiyacın insan çiftliklerinde hiçbir işe yaramaması yatıyor. Çiftçiler hiçbir ekonomik riske girmeden bu ihtiyaçları görmezden gelebiliyor. Hayvanları minik kafeslere tıkıp boynuz ve kulaklarını kesiyor, yavruları annelerinden ayırıyorlar. Istırap içindeki hayvanlarsa yaşamaya ve üremeye devam ediyor.

Bu düzen doğal seçilimin en temel kuralıyla çelişmiyor mu? Evrim teorisi tüm içgüdü, istek ve duyguların sadece hayatta kalma ve üreme amacıyla evrimleştiğini iddia ediyor. Öyleyse çiftlik hayvanlarının sürekli üremesi, tüm gerçek ihtiyaçlarının karşılandığını göstermez mi? Bir ineğin hayatta kalması ya da üremesi için gerçekten ihtiyaç duymadığı bir "ihtiyacı" nasıl olabilir?

Tüm içgüdü, istek ve duyguların hayatta kalma ve üremenin evrimsel baskılarını yönetmek için şekillendiği kesinlikle doğrudur. Ancak bu baskılar bir anda ortadan kalksa bile onları şekillendiren içgüdü, istek ve duygular beraberinde hemen yok olmazlar. En azından aniden yok olmazlar. Artık hayatta kalmak ve üremek için işlevsel olmasalar da hayvanın öznel deneyimini biçimlendirmeye devam ederler. Hem hayvanlar hem de insanlar için seçilimin baskılarını neredeyse bir gecede değiştiren tarım fiziksel, duygusal ve sosyal ihtiyaçları değiştiremedi. Evrim tabii ki hiçbir zaman yerinde saymıyor ve tarımın gelişmesinden bu yana geçen 12 bin yıldır insanları değiştirmeye devam ediyor. Örneğin Avrupa ve Batı Asya'daki insanlar inek sütünü sindirebilme yetisi geliştirirken artık insanlardan korkmayan inekler de vahşi atalarından çok daha fazla süt üretebiliyor. Ne var ki bunlar yüzeysel değişimler. İnekler ve insanların derinlerdeki duyusal ve duygusal yapıları Taş Devri'nden beri ciddi bir değişim göstermedi.

Modern insanlar tatlıyı neden bu kadar seviyor dersiniz? 21. yüzyılın başında insanlar hayatta kalmak için çikolata ve dondurmayla beslenmek zorunda değildi ancak Taş Devri'ndeki atalarımızın tatlı bir meyve ya da bal bulduklarında yapmaları gereken en akıllıca şey yiyebildikleri kadar çok tatlı yemekti. Neden gençler dikkatsiz araç kullanır, kavgaya karışır ya da internette gizli bilgileri hacklemeye çalışırlar? Çünkü bugün manasız hatta yararsız görünen tüm bu arkaik genetik kararlar, 70 bin yıl önce evrimsel olarak çok gerekliydi. Bir mamutun peşinde hayatını tehlikeye atarak korkusuzca koşabilen genç bir avcı, tüm rakiplerini eleyerek yöredeki güzelin gönlünü çalabilirdi; şimdiyse elimizde sadece bu maço genler kaldı.[11]

Sonuçta aynı evrimsel mantık, insanlar tarafından kontrol edilen çiftliklerdeki ineklerin, boğaların ve sığırların da yaşamlarını şekillendiriyor. Sığırlar da yabanda hayatta kalabilmek ve üreyebilmek için etkin bir biçimde iletişim kurmak ve işbirliği yapmak zorundaydı. Tüm sosyal memeliler gibi sığırlar da bu sosyal becerileri bebek-

Tarif kendi kendine çorba yapamaz elbette. Tarifi okuyup adımları takip etmek için birine ihtiyaç duyarsınız. Ancak bu algoritmayı otomatik olarak takip eden bir makine de tasarlayabilirsiniz. Makineye suyu, sebzeleri ve elektriği verdiğinizde, çorbayı hazırlayacaktır. Çorba yapma makinelerine pek rastlanmasa da içecek hazırlayan otomatları bilirsiniz. Bu makinelerin bozuk para için bir girişi, içeceği verdiği bir bölümü ve sıra sıra butonları vardır. İlk sırada kahve ve çay seçenekleri; ikinci sırada şekersiz, az şekerli ve şekerli; üçüncüdeyse sütsüz, sütlü ve soya sütlü seçenekleri bulunur. Makineye yaklaşan kişi para girişine bozukluklarını atar, "kahve", "az şekerli" ve "süt" yazan butonlara basar. Çalışmaya başlayan makine belirlenmiş adımları takip eder. Bardağa kahveyi ve kaynar suyu ekler, biraz şeker ve sütten sonra "Çın!" sinyalini verir, işte size bir bardak kahve. Bu bir algoritmadır.[14]

Geçtiğimiz yıllarda, biyologlar butonlara basıp kahve içen insanların da bir algoritma olduğuna kanaat getirdiler. Şüphesiz, otomattan daha karmaşık bir algoritma olsa da, insan da bir algoritmadır. Ancak bu kompleks algoritmalar sadece kahve değil kendi kopyalarını da yaratabiliyor artık (tıpkı doğru butonlara olması gereken sırayla bastığınızda yeni bir otomat verebilecek bir otomat gibi).

Otomatları kontrol eden algoritmalar, mekanik dişliler ve elektrik devreleriyle çalışır. İnsanları kontrol eden algoritmalarsa tıpkı insanların inekleri, babunları, samurları ya da tavukları kontrol ettiği gibi duyular, duygular ve düşüncelerle işler. Bir hayatta kalma problemini ele alalım: Ağaçta sallanan muzları gören bir babun, aynı anda kenarda saklanan bir aslan fark eder. Babun muzlar uğruna hayatını riske atmalı mıdır?

Bu durumu bir olasılık hesabı gibi özetleyebiliriz: Babunun muzları yemezse açlıktan ölme ihtimaline karşılık, aslanın babunu yakalama olasılığı nedir? Babunun bu sorunun içinden çıkabilmek için birçok veriyi değerlendirmesi gerekir. Muzlardan ne kadar uzağım? Aslanla aramda ne kadar mesafe var? Ne kadar hızlı koşabilirim? Peki aslan ne kadar hızlı koşabilir? Aslan uyuyor mu, uyanık mı? Tok mu görünüyor, yoksa aç mı? Ağaçta kaç muz var? Muzlar büyük mü, küçük mü? Hâlâ yeşiller mi, yoksa olgunlaşmışlar mı? Dışarıdan gelen bu verilere ek olarak, babunun kendi bedeni hakkındaki bilgileri de değerlendirmesi gerekir. Eğer açlıktan ölüyorsa, o muzlar için ne pahasına olursa olsun her şeyi riske atması olasıdır. Ancak zaten toksa ve muzları sadece açgözlülükten istiyorsa hayatını riske atmalı mıdır?

Bu ihtimalleri tartmak için babunun otomatları kontrol eden mekanizmalardan çok daha karmaşık algoritmalar kullanması gerekir. Böylesi durumlarda doğru hesap yapmanın mükafatı çok daha büyüktür. Buradaki bedel babunun hayatının ta kendisidir. Çekingen babun (algoritmaları tehlikeyi abarttığından) açlıktan ölecek ve onu korkak yapan genleri de onunla beraber yok olacaktır. İhtiyatsız babunsa (algoritmaları tehlikeyi küçümsediğinden) aslana yem olacak ve pervasız genleri de gelecek nesilleri göremeden ortadan kalkacaktır. Tüm algoritmalar sürekli doğal seçilimin kalite kontrolünden geçer. Yalnızca ihtimalleri doğru hesaplayabilen hayvanlar gelecek nesillere genlerini aktarabilir.

Anlatılanlar hâlâ oldukça soyut, değil mi? Babunlar bu ihtimalleri tam olarak nasıl hesaplayabiliyor? Kulağının arkasından bir kalem, çantasından bir defter çıkarıp hesap makinesiyle hız ve enerji seviyeleri üzerine tahminler yürütmedikleri aşikar. Tüm bu karmaşık işleyiş duyuların ve duyguların ve işte bu algoritmaların işi. Babun açlığını *hissediyor*, aslan karşısında korkudan titrediğini *hissediyor*, muzlara baktıkça ağzının sulandığını *hissediyor*. Saniyeler içinde duyular, hisler ve isteklerin karıştığı bir duygu patlaması *hissediyor*, hesaplama dediğimiz şey tam da budur. Bir sonraki aşamada duygular ortaya çıkar: Babun birden heyecanlandığını hisseder, tüyleri dikleşir, kasları gerilir, göğsü genişler ve derin bir nefes alıp, "İleri! Yapabilirim, muz aşkına!" diyerek atlar muzlara. Diğer senaryoya göreyse korkusuna yenilir, omuzları düşer, midesi kasılır, bacakları titrer ve "Anne! Aslan var! Yardım et!" diye sızlanır. Bazen ihtimaller o kadar yakındır ki karar vermek daha da zorlaşır. Bu durum bile bir duygu olarak dışarı vurulur. Babunun kafası karışır ve kararsız hisseder: "Evet... Hayır... Evet... Hayır... Of! Ne yapacağımı bilmiyorum."

Genleri bir sonraki nesle aktarabilmek için hayatta kalma problemlerini çözmek yetmez; hayvanların üreme sorunlarına da çözüm bulabilmesi gerekir ve bu süreçler de algoritmalara muhtaçtır. Doğal seçilim tutku ve tiksinmeyi, üreme şanslarını hızla değerlendiren algoritmalar olarak geliştirmiştir. Güzellik, "başarılı bir yavruya sahip olmak için daha yüksek bir ihtimal" anlamına gelir. Bir kadın, "Ne kadar yakışıklı bir adam!" diye düşünürken ya da dişi bir tavuskuşu, "Tanrım, şu kuyruğa bak," derken hissettikleri aslında otomatın çalışma prensibine çok benzer. Erkeğin vücudundan yansıyan ışık dişilerin retinalarına vurdukça, milyonlarca yıl içinde evrimle damıtılmış inanılmaz güçlü algoritmalar işlemeye başlar. Birkaç milisaniye içinde algoritmalar erkeğin dış görünüşünde üreme ihtimallerini ele veren küçücük ipuçlarını yakalayıp karara varır: "Muhtemelen oldukça sağlıklı, üreyebilen ve muhteşem genlere sahip bir erkek. Onunla çiftleşirsem yavrularım da sağlıklı ve mükemmel genlere sahip olabilir." Bu karar tabii ki cinsel cazibenin ateşli arzularının tam ortasında kelimeler ve sayılarla söze dökülmez. Dişi tavuskuşları ve pek çok kadın bu hesapları kalem kağıtla yapmaz, sadece hissederler.

Görsel 13: Bir tavuskuşu ve bir insan. Bu resimlere baktığınızda oranlar, renkler ve boyutlar hakkındaki veriler biyokimyasal algoritmalarınız tarafından işlenerek sempati, tiksinti ya da kayıtsızlık gibi duygular hissetmenize neden olur.

Nobel Ekonomi Ödülü sahipleri bile hesaplarının çok azını kalem kağıt kullanarak yapıyor; eş seçimi, kariyer ya da sosyal çevre gibi en önemli kararlarımızın dahi yüzde 99'u duyular, duygular ve istekler olarak adlandırdığımız çok özellikli algoritmalar tarafından alınıyor.[15]

Bu algoritmalar tüm memeliler ve kuşların (muhtemelen bir grup sürüngenin ve balıkların da) yaşamlarını kontrol eder ve insanlar, babunlar ya da inekler korktuğunda beyinlerinin birbirine yakın alanlarında benzer nörolojik süreçler oluşur. Sonuç olarak korkmuş bir insan, korkmuş bir babun ve korkmuş bir ineğin benzer deneyimler yaşaması oldukça muhtemeldir.[16]

Arada farklar da vardır elbette. İnekler *Homo sapiens*'in simgesi olan merhamet ve zalimlik gibi duyguları ya da insanların yıldızlı gökyüzüne bakıp sonsuzluk karşısında yaşadığı hayreti hissetmiyor gibi görünüyorlar. Bu durumu hayvanlar cephesinden ele aldığımızdaysa insanların, büyükbaş hayvanlara özgü anlamlandıramayacağımız duygular karşısında yabancılık duyması makul duruyor. Ancak görünüşe göre temel bir duygu tüm memeliler tarafından paylaşılıyor: Anne ve yavrusu arasındaki bağ. Öyle ki bu türe adını veren de bu bağdır; İngilizcede memeli anlamına gelen "mammal", Latince *mamma* yani meme kelimesinden türemiştir. Memeli anneler yavrularını öylesine severler ki kendi bedenlerini emmelerine izin verirler. Memeli yavrularsa anneleriyle bir bağ kurabilmek ve onlara yakın kalabilmek için karşı konulmaz bir istek duyar. Yaban hayattaki buzağılar, kedi ve köpek yavruları eğer anneleriyle bağ kuramazlarsa uzun süre hayatta kalamaz. Yakın zamana kadar bu durum insan yavruları için de geçerliydi. Diyelim ki bir inek, dişi bir kedi ya da bir köpek nadir görülen bir mutasyon yüzünden yavrularını umursamayarak uzun ve rahat bir hayat yaşadı, bu durumda genlerini bir sonraki nesle aktaramayacaktır. Zürafalar, yarasalar, balinalar ve kirpiler için de geçerlidir bu. Diğer duygular tartışmaya açık olsa da memeli yavrularının anne bakımı olmadan hayatta kalamadığı düşünülünce, anne sevgisi ve güçlü anne-bebek bağının tüm memelilerin ayırt edici ortak özelliği olduğu ortadadır.[17]

Biliminsanlarının bu durumu kabullenmesi uzun yıllar aldı. Yakın zamana kadar psikologlar insanlarda bile ebeveyn ve çocuk arasındaki duygusal bağın önemini sorguluyordu. 20. yüzyılın ilk yarısında, Freudcu teorilerin etkisine rağmen, hakim davranışbilimci ekoller ebeveynler ve çocuklar arasındaki ilişkinin maddi alışverişe dayandığını, çocukların genel olarak yemek, barınak ve sağlık açısından bakıma muhtaç olduğunu ve ebeveynler bu ihtiyaçları karşıladığı sürece çocukların da onlarla bağ kurduğunu iddia ediyordu. Sevgi, şefkat, kucaklanmak ve öpülmek isteyen çocukların sadece "şımarık" olduğuna kanaat getiriliyordu. Çocuk bakımı uzmanları ebeveynleri tarafından kucaklanan ve öpülen çocukların yetişkinliklerinde muhtaç, egoistik ve güvensiz kişilikler olacağı konusunda uyarılar yapıyordu.[18]

Çocuk bakımı konusunda önde gelen isimlerden John Watson, 1920'lerde anne babalara sıkı sıkıya tembihliyordu: "Çocuklarınızı asla öpmeyin ve onlara sarılmayın, kesinlikle kucağınıza almayın. Eğer zorundaysanız bir kez alınlarından öperek iyi geceler dileyin. Sabahları tokalaşmayı tercih edin."[19]

Ünlü *Infant Care* [Çocuk Bakımı] dergisi, çocuk yetiştirmenin sırrının, disiplin ve çocukların ihtiyaçlarının katı bir günlük düzen içinde karşılanması olduğunu belirtiyordu. 1929 tarihli bir makalede, eğer bebek beslenme saatinden önce yemek isteyerek ağlamaya başlarsa, "Ağlamasını durdurmak için kucağınıza alıp sallamayın, beslenme saati gelmeden kesinlikle yemek vermeyin. Biraz ağlamak, değil çocukları, küçücük bir bebeği bile incitmez."[20]

Ancak 1950 ve 60'lara gelindiğinde davranışbilimcilerin katı teorileri üzerindeki fikir birliği yerini duygusal ihtiyaçların temel önemini göz önünde bulunduran bakış açılarına bıraktı. Psikolog Harry Harlow bir dizi ünlü (ve akıl almaz derecede acımasız) deney yürüterek çok önemli sonuçlara ulaştı. Deneylerde bebek maymunlar doğumdan kısa zaman sonra annelerinden koparılıp küçük kafeslerde yalnız bırakıldılar. Bebek maymunlara dolu süt biberonu olan, metalden yapılmış oyuncak bir anne modeliyle, üzerine yumuşak kıyafetler giydirilmiş ancak biberonu boş olan bir anne modeli sunulduğunda bebek maymunlar açlık pahasına bir parça beze sarılmayı tercih ettiler.

Bebek maymunlar, John Watson ve *Infant Care* uzmanlarının anlayamadığı bir şeyi bilmektedir: Memeliler sadece yemekle yaşayamaz, duygusal bağlara da ihtiyaç duyarlar. Milyonlarca yıl önce evrim maymunları karşı konulamaz bir duygusal bağ kurma isteğiyle programlamıştır. Bunun yanında evrimin genlerimize kazıdığı kodlar yüzünden, duygusal bağların genelde soğuk metal nesnelerle değil yumuşak tüylü şeylerle kurulabildiğini varsayarız. (Aynı sebeple küçük çocuklar da kesici aletler, taşlar ya da ahşap bloklar yerine oyuncak bebeklere, battaniyelere ya da kokuşmuş eski paçavralara bağlanırlar.) Harlow'un denek maymunlarının duygusal bağ kurma ihtiyacı o kadar güçlüdür ki onları besleyen metal parçasını bir kenara bırakıp, bu ihtiyaçlarını karşılayabilecek gibi duran tek nesneye, kumaştan yapılmış modele yönelirler. Ne var ki bez parçasından yapılmış anne de ihtiyaçlarına cevap veremez ve minik maymunlar sürekli psikolojik ve sosyal sorunlar yaşayan nevrotik ve asosyal yetişkinlere dönüşürler.

Bugün 20. yüzyılın başındaki çocuk yetiştirme tavsiyelerine hayretle bakıyoruz. Uzmanlar bir çocuğun zihinsel ve bedensel gelişiminin yemek, barınak ve ilaç gibi temel gereksinimlerin yanı sıra duygusal ihtiyaçlarının karşılanmasına bağlı olduğunu nasıl göremediler? Ancak ne yazık ki konu diğer memelilere geldiğinde biz de bu aleni gerçeğe sırtımızı dönmeye devam ediyoruz. Tıpkı John Watson ve *Infant Care* uzmanları gibi tarih boyunca çiftçiler de domuzcukların, buzağıların ve çocukların maddi ihtiyaçlarını giderseler de duygusal ihtiyaçlarını görmezden geldi. Et ve süt endüstrisinin dayalı olduğu düzen, memeli âleminin en temel özelliği olan duygusal bağları ortadan kaldırıyor. Çiftçiler üreyen ve süt veren ineklerini dur durak bilmeden döllüyor. Doğumdan hemen sonra annelerinden ayrılan buzağılar, çoğu zaman bir gün bile annelerini emmeden, onların bedenlerinin ve dillerinin sıcaklığını duymadan geçiriyor yaşamlarını. Harry Harlow'un birkaç yüz maymuna yaptığını, et ve süt endüstrisi her yıl milyarlarca hayvana yapıyor.[21]

Tarım Sözleşmesi

Çiftçiler bu davranışlarını nasıl meşrulaştırır? Avcı-toplayıcılar ekosisteme verdikleri zararın pek farkında olmasalar da çiftçiler ne yaptıklarını gayet iyi biliyordu. Evcil hayvanları sömürerek onları insanların isteklerine ve heveslerine tabi kıldıklarının farkındalardı. Tarım Devrimi sonrasında ortaya çıkan ve mantar gibi yayılan yeni teist dinlerle meşrulaştırdılar davranışlarını. Teist dinler, kainatı bir varlıklar meclisi olarak görmek yerine, yüce tanrılar tarafından yönetilen bir teokrasi olarak gördüler. Bu düşünce genellikle tarımla bağdaştırılmaz, ancak teist dinler tarım işletmeleriydi, en azından ilk dönemlerinde. Yahudilik, Hinduizm ve Hıristiyanlık gibi dinlerin teolojisi, mitolojisi ve ibadet ritüelleri başlangıçta insanlar, evcilleştirilmiş bitkiler ve çiftlik hayvanlarının aralarında kurdukları ilişkileri merkezine almıştı.[22]

"Kitaba dayalı Yahudilik" köylülere ve çobanlara hitap ediyordu. Birçok emri çiftçilik ve köy yaşamıyla ilgiliydi ve dini tatilleri de hasat kutlamalarıydı. İnsanlar bugün Kudüs'teki antik tapınağı, bembeyaz cübbelere bürünmüş keşişlerin dindar hacıları karşıladığı, ahenkli koroların ilahiler söylediği, havaya yoğun esansların karıştığı büyük bir sinagog olarak hayal ediyor. Gerçekteyse tapınak bir mezbaha ya da mangal partisini andırıyordu. Eli boş gelmeyen hacılar, sürüsüyle koyun, keçi, tavuk gibi hayvanları beraberinde getiriyor, onları tanrının mabedine adadıktan sonra pişirip yiyordu. İlahiler söyleyen koronun sesi buzağıların ve çocukların feryatları arasında zar zor duyuluyordu. Kana bulanmış cübbeleriyle kurbanların boğazlarına sarılan keşişler, etrafa fışkıran kanı kavanozlara toplayıp sunaklara saçıyordu. Havada esans gibi yükselen kan ve ağır et kokusu, her yere akın eden kara sineklerle iç içe geçiyordu (bkz. Çölde Sayım 28, Yasa'nın Tekrarı 12, Yeşu ve Hakimler). Dini tatilini bahçesinde mangal yakarak geçiren modern Yahudi bir aile, zamanını sinagogda dini metinler okuyarak geçiren tutucu bir Yahudi aileye kıyasla kitabın ruhuna çok daha yakındır.

Bu tip teist dinler, tarım ekonomisini yeni evrensel mitlerle meşrulaştırdı. Animist dinler evreni sayısız renkli aktörle dolu dev bir

Çin operası misali resmediyordu. Filler ve meşeler, timsahlar ve nehirler, dağlar ve kurbağalar, hayaletler ve periler, melekler ve şeytanlar, tamamı bu evrensel operada bir rol üstleniyordu. Teist dinler senaryoyu baştan yazarak evreni kasvetli bir Henrik Ibsen oyununa çevirdiler ve artık sadece iki karakter vardı: Tanrı ve insan. Bu geçişten sağ çıkan melekler ve şeytanlar yüce tanrıların hizmetkarları ve elçileri oldu. Tüm hayvanlar, bitkiler ve diğer doğal olguları barındıran animist oyuncularsa sessiz bir dekora dönüştü. Bazı hayvanlar tanrılar tarafından kutsandı ya da birçok tanrıya hayvan özellikleri yakıştırıldı: Mısır tanrısı Anubis bir çakalın kafasına sahipken, Hz. İsa sık sık kuzu olarak betimleniyordu. Antik Mısırlılar tavuklarını çalan çakalla Anubis'i çok iyi ayırabiliyordu, ayrıca hiçbir Hıristiyan da bıçağının altındaki kuzuyu İsa sanmadı.

Genelde teist dinlerin yüce tanrıları kutsadığını düşünürken insanları da kutsadıklarını gözden kaçırırız. Bu zamana dek, *Homo sapiens* binlerce oyuncunun yer aldığı bir ekibin sadece bir üyesiydi. Yeni teist oyundaysa Sapiens tüm evrenin etrafında döndüğü ana kahraman hâline geldi.

Bu arada tanrılara birbiriyle bağlantılı iki rol biçildi. İlk olarak Sapiens'in neden diğerlerinden daha özel olduğunu ve insanların neden tüm diğer organizmalara hükmederek onları sömürebileceğini anlattılar. Örneğin Hıristiyanlık, insanların yaratılışın tamamına hakim olmasını, Yaratıcı'nın insanları kendi otoritesiyle yetkilendirmesine bağlar. Ayrıca ebedi ruh sadece insanlara bahşedilmiştir. Bu ebedi ruhun kaderi tüm Hıristiyan âleminin odağı olduğu ve hayvanların da ruhu olmadığına göre hayvanlar tali varlıklardı. İnsanlar yaratılışın zirvesine doğru ilerlerken, tüm diğer organizmalar kenara itildi.

İkinci olarak tanrılar, insanlar ve ekosistem arasında aracı olmalıydı. Animist evrende herkes birbiriyle doğrudan konuşabiliyordu. Bir ren geyiğinden, incir ağaçlarından, bulutlardan ya da taşlardan bir şey istemeniz gerekirse sormanız yeterdi. Teist evrendeyse insanlar dışında her şey sessizdi. Bu nedenle ne ağaçlarla ne de hayvanlarla doğrudan konuşmak mümkündü. Peki ağaçtan daha fazla meyve, inekten daha çok süt; buluttan yağmur, böceklerden ekinlerinizden uzak durmalarını nasıl isteyeceksiniz? Tanrılar işte burada devreye girerdi; yağmur yağdırmaya, bereketi artırmaya ve onları korumaya söz verirlerdi, tabii insanlar karşılığını verdiği müddetçe. Tarım sözleşmesinin temelinde bu yatıyordu. Tanrılar tarlaların bereketini artırır ve korurlarken, insanlar da ürettiklerini tanrılarla paylaşırdı. Ekosistemin tamamı pahasına sadece iki tarafın çıkarlarını gözeten bir sözleşme...

Nepal'in Bariyapur kasabasında her beş yılda bir tanrıça Gadhimai kutlamaları yapılır. 2009'da tanrıçaya kurban edilmek üzere 250 bin hayvan katledilerek yeni bir rekor kırıldı. Nepalli bir şoförün İngiliz gazeteciye açıkladığı gibi: "Bir şey dilediğimizde tanrıçaya adaklarımızı sunarız ve rüyalarımız beş yıl içinde gerçek olur."[23]

Teist mitolojiler bu sözleşmenin satır aralarını açıklar. Mezopotamya kökenli Gılgamış Destanı, tanrıların dünyayı yok etmek için gönderdiği büyük tufanın neredeyse tüm insan ve hayvanları helak ettiğini anlatır. Tüm bu olanların ardından artık kendilerine adak sunacak kimseler kalmadığını fark eden tanrılar, açlık ve mutsuzluktan çileden çıkarlar. Şans o ki tanrı Enki'nin telkinlerini dinleyen sadık müridi Utnapishtim, ailesini, akrabalarını ve hayvanlarını da alarak ormana sığınmış ve kurtulmayı başarmıştır. Sular çekilince sığındığı yerden çıkan bu Mezopotamyalı Nuh, ilk iş tüm hayvanlarını tanrılara kurban eder. "Tanrılar çeşnilerin kokusunu aldı / Tanrılar tatlı kokuları aldı / Tanrılar adaklara sinekler gibi üşüştüler," diye devam eder destan.[24] Mezopotamya'da anlatılan bu yorumdan neredeyse bin yıl sonra yazılan Eski Ahit'de de benzer bir hikaye anlatılır, sığınağından çıkar çıkmaz, "Nuh Tanrı'ya bir sunak yaptı. Orada bütün temiz sayılan hayvanlarla kuşlardan yakmalık sunular sundu. Güzel kokudan hoşnut olan Tanrı içinden şöyle dedi: 'İnsanlar yüzünden yeryüzünü bir daha lanetlemeyeceğim.'" (Tekvin 8:20-21)

Büyük tufan hikayesi tarım dünyasının temel miti hâline gelmiştir. Bu miti modern çevreci bir bakışla yorumlamak da mümkündür. Belki de insanlar ilahi tanrılar tarafından yaratılışın devamını korumakla görevlendirilmişti sahiden de ve büyük tufan da bize davranışlarımızın tüm ekosisteme zarar verdiğini öğretiyordu. Ne var ki geleneksel yorumlar, büyük tufanı insanın üstünlüğünün ve hayvanın değersizliğinin bir kanıtı olarak yorumlamayı tercih etti. Bu yorumlara göre Nuh'tan istenen, hayvanların selametini gözetmesi değil tanrılar ve insanların ortak çıkarları adına tüm ekosistemi kurtarmasıydı. İnsan olmayan organizmaların herhangi bir içsel değeri yoktu, sadece bizim için yaratılmışlardı.

Sonunda, "Tanrı baktı, yeryüzünde insanın yaptığı kötülükleri gördü" ve "Yarattığım insanları, hayvanları, sürüngenleri, kuşları yeryüzünden silip atacağım," dedi, "Çünkü onları yarattığıma pişman oldum" (Tekvin 6:7). Eski Ahit'e göre *Homo sapiens*'in hataları yüzünden tüm hayvanların yok edilmesi oldukça akla yatkındır; sanki insanların tüm hatalı davranışlarının müsebbibi zürafaların, pelikanların ve uğurböceklerinin varlığıymış gibi... Eski Ahit'te, Tanrı'nın *Homo sapiens*'i yarattığına pişman olup bu günahkar maymunu yeryüzünden silerek devekuşları, kangurular ve pandalardan oluşan bir sonsuzluk yaratması düşünülemezdi.

Teist dinlerin de hayvan dostu inançları yok değil elbette. Tanrılar insanlara hayvanlar âlemi üzerinde hakimiyet verseler de, bu güç bazı sorumluluklarla beraber geldi. Örneğin, Yahudilere sebt gününde hayvanlarını dinlendirmeleri, yersiz acılar çektirmemeleri emredilmiştir. (Ne var ki bir çıkar çatışması söz konusu olduğunda, insanların çıkarları daima hayvanlarınkine üstün gelmiştir.[25])

Talmud'da mezbahaya götürülürken kaçıp "Hahamlık ilkelerine dayalı Yahudilik"in kurucularından Haham Yehuda Ha-Nasi'ye sığınan bir buzağının hikayesi anlatılır. Buzağı başını Haham'ın cübbesinin altına sokup ağlamaya başlar. Hahamsa buzağıyı iterek, "Git. Bu amaç için yaratıldın," der. Merhamet göstermeyen Haham, tanrı tarafından cezalandırılır ve on üç yıl boyunca ağrılı bir hastalıkla cebelleşerek acı çeker. Bir gün, Haham'ın evini temizleyen hizmetkarı yeni doğmuş fareler bulur ve onları dışarı atmaya çalışır. Haham Yehuda zavallı yaratıkları kurtarmak için ileri atılır ve hizmetkarına onları rahat bırakmasını söyler çünkü, "Tanrı herkese iyi davranır, sevecenliği bütün yarattıklarını kapsar." (Zebur 145:9) Farelere merhamet eden Haham'a tanrı da merhamet gösterir ve o gün Haham iyileşir.[26]

Diğer dinler, özellikle de Jainizm, Budizm ve Hinduizm hayvanlarla daha fazla empati kurar. İnsanlarla ekosistemin geri kalanı arasındaki bağı anlar ve en önemli ahlaki emirleri, yaşayan herhangi bir canlının canına kastetmemektir. İncil'deki "Öldürme!" emri sadece insanlar için geçerlidir; *ahimsa* (zarar verme) denilen antik Hint öğretisiyse hisseden her canlıyı kapsar. Jain keşişleri bu konuda çok özenlidir. Yanlışlıkla bir böcek yutmamak için ağızlarını kapalı tutar, yürürken önlerine çıkabilecek minik canlıları kibarca kenara çekmek için bir süpürge taşırlar.[27]

Ne var ki Jainizm, Budaizm ve Hinduizm de dahil olmak üzere, tarıma dayalı tüm dinler, her zaman insan üstünlüğünü ve hayvanların sömürülmesini (etleri için olmasa da süt ve kas güçleri için) meşrulaştırır. Belirli sınırlamalar koşuluyla diğer hayvanları kullanabilme ve onlara hükmedebilme hakkı veren doğal bir hiyerarşinin olduğunu iddia ederler. Örneğin Hinduizm inekleri kutsar ve etlerinin yenmesini yasaklar, ancak ineklerin sütlerini paylaşmak isteyen cömert hayvanlar olduklarını ileri sürer ve süt endüstrisinde insanlara istedikleri özgürlüğü tanır.

Sonuç olarak insanlar "tarım sözleşmesini" imzalar. Bu sözleşmeye göre tanrılara, doğaya ve elbette hayvanlara karşı çeşitli ödevleri yerine getirdiği sürece insanlara diğer hayvanlara hükmetme izni verilmiştir. Çiftlik hayatında sıradan bir günü yansıtan bu düzenin varlığına inanmak pek de zor değildir.

Ekosistem üzerindeki etkilerinin farkında olmayan avcı-toplayıcılar, kendilerini üstün varlıklar olarak görmüyordu hâliyle. Birkaç düzine kişiden oluşan sıradan bir avcı grubunun yüzlerce vahşi hayvanla çevriliyken hayatta kalması, grubun bu hayvanların isteklerini anlamalarına ve onlara saygı duymasına bağlıydı. Avcılar kendilerine, "Geyik ne rüya görüyor," ya da "Aslan ne düşünüyor," diye sorardı. Yoksa geyikleri avlayamaz, aslandan kaçamazlardı.

Çiftçilerse aksine insan arzu ve düşünceleri tarafından şekillendirilmiş kontrollü bir dünyada yaşıyordu. İnsanlar fırtına ve deprem gibi zorlu koşullara maruz kalsalar da diğer hayvanların isteklerinden bağımsız bir hayat sürüyordu. Çiftlikte yetişmiş biri genç yaşta ata binmeyi, öküzleri sabana koşmayı, inatçı eşeği kırbaçlamayı ve koyunları otlatmayı öğrenirdi. Bu tip günlük işlerin doğanın düzeni ya da takdiriilahi olduğuna inanması hiç de zor değildi.

Tarım Devrimi hem ekonomik hem de dini bir devrimdir. Yeni dini inançlar yeni ekonomik ilişkilerle ortaya çıkmış ve her ikisi de hayvanların vahşice sömürülmesini meşrulaştırmıştır. Geçmişte kalmış bu süreç, günümüzde tarım faaliyetine geçen her avcı-toplayıcı toplulukla yeniden yaşanıyor. Geçtiğimiz yıllarda Güney Hindistan'daki avcı-toplayıcı Nayakalar sürü otlatma, tavukçuluk ve çay yetiştirme gibi tarım pratikleri uygulamaya başladılar. Bununla beraber, doğal olarak, hayvanlara karşı yeni tavırlar da geliştirdiler; vahşi organizmalarla karşılaştırıldığında evcil hayvanlara (ve bitkilere) karşı farklı davranışlar sergilediler.

Nayaka dilinde kendilerine has bir kişiliğe sahip tüm canlılara *mansan* deniyor. Nayakalar üzerine çalışan Antropolog Danny Naveh'in çalışmalarında Nayakalar tüm fillerin *mansan* olduğunu söylüyor: "Biz de ormanda yaşıyoruz, onlar da ormanda yaşıyor. Hepimiz *mansan*'ız [...] Tıpkı ayılar, geyikler ve kaplanlar gibi. Tüm orman hayvanları." Peki ya inekler? "İnekler farklı. Onları her yere götürmeniz gerekiyor." Peki tavuklar? "Onlar bir hiç, *mansan* değiller." Peki ya ormandaki ağaçlar? "*Mansan*, çok uzun yıllardır yaşıyorlar." Peki çay öbekleri? "Ah, bunları ben yetiştiriyorum, çay yapraklarını satıp marketten istediklerimi alabilmek için. Hayır, onlar *mansan* değil."[28]

Hayvanların hisseden ve saygı duyulması gereken varlıklar mertebesinden basit mallara indirgenmesi inekler ve tavuklarla sınırlı kalmadı elbette. Birçok tarım toplumu çeşitli sınıflara mensup insanlara da alınıp satılabilecek mallar gibi davranmaya başladı. Antik Mısır ve İsrail'de ya da ortaçağda Çin'de insanları köleleştirmek, onlara işkence etmek ya da üstünkörü nedenlerle canlarını almak oldukça sık rastlanan uygulamalardı. Köylüler çiftliğin yönetimi hakkında inek ya da tavuklara nasıl danışmıyorsa egemenler de krallıklarını nasıl yöneteceklerini köylülere sormuyordu. Ne zaman etnik bir grupla dini bir topluluk çatışsa her ikisi de karşıdakini insan olarak görmeyi bırakıyordu. "Ötekileri" adeta alt insan olarak görüp bir nevi yaratık olarak nitelemek, zalimlik yolundaki ilk adımdı. Çiftlikler şişirilmiş efendilerden, sömürülmeye uygun aşağı ırklardan, imha etmek için semirtilmiş vahşi canavarlardan ve en tepede tüm bu düzenden lütfunu esirgemeyen yüce bir tanrıdan mürekkep yeni toplum modelleri hâline geldi.

Beş Yüzyıllık Yalnızlık

Modern bilimin ve sanayinin gelişmesi, insan-hayvan ilişkisindeki yeni dönüm noktalarını da şekillendirdi. Tarım Devrimi boyunca insan türü hayvanları ve bitkileri susturarak animist senfoniyi insan ve tanrı arasındaki bir diyaloğa dönüştürdü. Bilimsel Devrim sırasındaysa insan türü tanrıları da susturdu. Dünya artık insanın yönettiği tek kişilik bir gösteri. İnsan türü boş sahnede, kendi kendine konuşarak, kimseyle müzakere etmeden, hiçbir yaptırımla karşılaşmaksızın gücüne güç katıyor. Fizik, kimya ve biyolojinin temel kanunlarını deşifre eden insan türü, şimdi de bunları canı istediği gibi kullanıyor.

Avcı-toplayıcılar bozkıra çıktığında vahşi boğanın yardımını ister, boğa da onlardan bir şeyler beklerdi. Eski çiftçiler ineklerinin bol süt vermesini istediğinde cennetteki tanrıya yakarır, tanrı da şartlarını bildirirdi. Nestlé laboratuvarlarının beyaz önlüklü çalışanları, süt üretimini artırmak istediğinde genetik çalışmalar yürütür ama genler bunun karşılığında onlardan hiçbir şey istemez.

Ancak tıpkı avcıların ve çiftçilerinki gibi laboratuvarlardaki insanların da mitleri vardır. En ünlü mitleri, Bilgi Ağacı ve Cennet Bahçesi efsanelerinden, üstelik utanmadan izinsiz alıntılar yaparak, tüm hikayeyi Lincolnshire'daki Woolsthorpe Köşkü'nün bahçesine taşır. Bu mite göre Isaac Newton bir gün bir elma ağacının altında otururken kafasına olgun bir elma düşer. Newton neden elmanın dümdüz yere düştüğünü merak eder, neden yana ya da yukarı değil? Bu merakı onu Newton mekaniğinin kanunlarını ve yerçekimini keşfetmeye götürecektir.

Newton'ın hikayesi Bilgi Ağacı mitini tersine çevirir. Cennet Bahçesi'ndeki yılan insanları günaha teşvik ederek tanrının gazabını üzerine çeker. Adem ve Havva yılanın ve Tanrı'nın gözünde birer eğlenceden ibarettir. Woolsthorpe Bahçesi'ndeyse insan tek temsilcidir. Newton'ın kendisi fizik kanunlarından daha çok İncil üzerine çalışan inançlı bir Hıristiyan olsa da, Bilimsel Devrim'e katkı sağlayarak Tanrı'nın kenara itilmesine yardım etmiştir. Newton'ın halefleri kendi Yaratılış öykülerini yazmaya başladıklarındaysa artık ne Tanrı ne de yılan işlerine yarar. Woolsthorpe Bahçesi artık doğanın kanunlarıyla yönetiliyor ve bu kanunları anlayabilecek tek girişimci de, tahmin edeceğiniz üzere, insanın ta kendisi. Hikaye Newton'ın kafasına bir elmanın düşmesiyle başlıyor olsa da sonuçta elma kendi isteğiyle düşmüyor.

Cennetin Bahçesi mitinde insanlar merak ettikleri için cezalandırılır. Tanrı onları Cennet'ten kovar. Woolsthorpe Bahçesi mitindeyse bırakın cezalandırılmayı, insanlık merak sayesinde evreni daha iyi kavrayıp daha da güçlenerek teknolojik cennete bir adım daha yaklaşır. Dünyanın her köşesinde sayısız öğretmen, Newton mitini merak uyandırmak için anlatır; yeterince bilgilenirsek, burada, dünyada bir cennet yaratabileceğimizi anlatmaya çalışırlar.

Öyle ki tanrı da Newton mitindeki yerini alır: Tanrı Newton'ın ta kendisidir. Bilimin biyoteknoloji, nanoteknoloji ve diğer meyveleri olgunlaştığında *Homo sapiens* tanrısal güçler edinecek ve tekrar Eski Ahit'teki Bilgi Ağacı'nda biten tam bir çember çizmiş olacak. Arkaik avcı-toplayıcılar sadece başka bir hayvan türüyken, çiftçiler kendilerini yaratılışın en üst noktası olarak gördüler. Biliminsanları da sürümlerimizi yükselterek bizi tanrılara dönüştürecek.

•••

Tarım Devrimi teist dinlerin doğmasına neden olurken Bilimsel

Devrim de tanrıların yerine insanların geçtiği hümanist dinleri yarattı. Teist dinler Yunancada tanrı anlamına gelen *theos*'a taparken hümanistler insana taparlar. Liberalizm, komünizm ve Nazizm gibi hümanist dinlerin temelinde, *Homo sapiens*'in evreni anlamlandıran ve ona hükmeden özgün ve kutsal özüne duyulan inanç yatar. Evrende olup biten her şey, *Homo sapiens*'in üzerinde bıraktığı etkiye göre iyi ya da kötü olarak addedilir.

Teizm Tanrı adına geleneksel tarımı, hümanizmse İnsan adına modern endüstriyel tarımı meşrulaştırır. Endüstriyel tarım insanların ihtiyaçlarını, arzularını ve taleplerini kutsarken diğer her şeyi görmezden gelir. Endüstriyel tarım insan doğasının kutsallığına sahip olmayan hayvanlarla aslında hiç ilgilenmez. Modern bilim ve teknoloji insanlara antik tanrılardan çok daha büyük güç sağlayınca da tanrı bir işlerine yaramaz. Bilim de modern şirketlerin ineklere, koyunlara ve tavuklara geleneksel tarım toplumlarındakinden bile kötü şartlarda hükmetmesini sağlar.

Antik Mısır, Roma İmparatorluğu ya da ortaçağda Çin'de insanlar biyokimya, genetik, zooloji ve epidemiyoloji gibi alanlarda oldukça sınırlı bilgiye sahipti. Dolayısıyla bu alanlara müdahale edebilme güçleri de sınırlıydı. O zamanlarda inekler, koyunlar ve tavuklar etrafta koşturup kenardaki çöplerde ya da yakındaki koruda yiyecek arayabiliyordu. Hırslı bir köylünün binlerce hayvanı kalabalık bir kümese tıkıştırmaya çalışması hâlinde ölümcül bir salgınla tüm hayvanların (etraftaki köylülerle beraber) telef olması çok muhtemeldi. Hiçbir keşiş, şaman ya da tanrı bunu önleyemezdi.

Endüstriyel kümes ve ağıllar, modern bilim salgın, mikrop ve antibiyotiklerin sırlarını keşfettiğinde elverişli olmaya başladı. Aşılar, ilaçlar, hormonlar, merkezi havalandırma ve otomatik besleme sistemleri sayesinde, on binlerce inek ve tavuğu hareket bile edemedikleri kafeslere tıkarak benzeri görülmemiş miktarlarda verimli et, süt ve yumurta üretimi sağlamak mümkün oldu.

İnsan-hayvan ilişkileri geçtiğimiz yıllarda yeniden değerlendirildikçe bu tip uygulamalar yavaş yavaş eleştirilerin hedefi hâline geldi. Ansızın sözde alt yaşam türlerinin kaderine akıl almaz bir ilgi göstermeye başladık, belki biz de onlardan birine dönüştüğümüz içindir. Eğer bilgisayar programları süperinsan zekasına ve benzersiz bir kudrete erişirse, bu programlara insanlardan daha mı fazla değer vereceğiz? Örneğin bir yapay zekanın insanları sömürmesi, hatta kendi istek ve ihtiyaçları doğrultusunda onları öldürmesi kabul edilebilir mi olacak? Eğer yüksek zekasına ve kudretine rağmen buna asla izin verilmeyecekse insanların inekleri sömürmesi ve öldürmesi hâlâ nasıl kabul görebiliyor? İnsanı inekler, tavuklar, şempanzeler ve bilgisayar programlarının tümünden ayıran yüksek zekası ve kudreti dışında bir alametifarikası mı var? Öyleyse bu ayırt edici özelliğin kaynağı nedir ve yapay bir zekanın buna asla sahip olamayacağından nasıl emin olabiliriz? Böyle bir özelliğimiz yoksa, bilgisayarlar insanları zeka ve kudretiyle geride bıraktıktan sonra bile, insan hayatına özel bir anlam yüklemeye devam etmek için bir nedenimiz kalacak mı? Evet, bizi bu kadar zeki ve kudretli yapan şey tam olarak nedir ve insan olmayan varlıkların bize rakip olabilme olasılığı, bizi geride bırakma ihtimali nedir?

Bir sonraki bölüm *Homo sapiens*'in doğasını ve kudretini inceleyerek yalnızca hayvanlarla ilişkilerimizi daha iyi kavramayı değil, gelecekte bizi neyin beklediğini ve insanlarla süperinsanlar arasındaki ilişkinin nasıl olabileceğini anlayabilmeyi amaçlıyor.

3
İnsanın Alametifarikası

DÜNYANIN EN GÜÇLÜ türünün *Homo sapiens* olduğu şüphe götürmez. Ahlaki olarak da üstün bir konuma sahip olduğunu düşünen bu tür, insan yaşamının inekler, filler ya da kurtlarınkinden daha kıymetli olduğuna inanmak istiyor. Tabii ispatlanmış bir sav değil bu. Ayrıca güçlü olan her zaman haklı mıdır? İnsanlar ağıl hayvanlarından sırf daha güçlü diye, insan hayatı bir ineğinkinden daha mı değerlidir? ABD Afganistan'a göre çok daha güçlü bir devlet, peki bu ABD'lilerin hayatını Afganlardan daha mı değerli kılar?

Uygulamada ABD'lilerin hayatı Afganlarınkinden daha *değerli*. Ortalama bir ABD'linin eğitimine, sağlığına ve güvenliğine bir Afganınkinden çok daha fazla para harcanıyor. Bir ABD vatandaşının öldürülmesi, uluslararası camiada bir Afganistan vatandaşınınkinden çok daha fazla önem taşır. Genel kanıya göre bu durum, jeopolitik güç dengesinin adaletsiz bir sonucu sadece. Afganistan'ın yumruğu masaya ABD'ninki kadar sert inmese de, Tora Bora Dağları'ndaki bir çocuğun hayatı, Beverly Hills'deki bir çocuğunki kadar kutsaldır.

Diğer yandan insan yavrularını buzağılardan üstün kabul ettiğimizde, bunun ekolojik güç dengesinin bir sonucu olduğuna inanmak istiyoruz. İnsan hayatının daha temelde bir yerde, daha üstün olduğuna gerçekten inanmak istiyoruz. Sapiens türünün mensupları olarak, gücümüzün bizi üstün kıldığını düşünmekten keyif alıyor ve ayrıcalıklı varoluşumuzun temelini sonsuz kudretimize dayandırmayı seviyoruz. İyi de insanın alametifarikası ne olabilir?

Geleneksel tektanrılı inançlar bu soruya sadece Sapiens'in ebedi bir ruha sahip olduğu yanıtını verir. Beden bozulup çürürken, ruh kurtuluşa veya kıyametine doğru yol alır, ya cennette sonsuz güzelliklerin keyfini sürer ya da cehennemde ebedi eziyeti çeker. İnekler ve diğer hayvanların ruhları olmadığına göre bu kozmik oyunda yer bulmaları da imkansızdır. Birkaç yıl yaşar, öldüklerinde de hiçlikte yiterler. Bu nedenle fani ineklere zaman ayırmaktansa dikkatimizi ebedi insan ruhuna vermemiz gerekir.

21. yüzyılın başında milyarlarca insan ve hayvanın yaşamını şekillendirmeye devam eden bu güçlü mit, basit bir çocuk masalı değildir. İnsanların ruhları sonsuzlukta yaşarken hayvanların fani bedenlerden ibaret olduğu inancı hukuki, siyasi ve ekonomik sistemlerimizin temelini oluşturur. İnsanların yemek için, hatta bazen sadece eğlence için hayvanları öldürmesinin kabul görmesi, durumun vahametini anlamak adına iyi bir örnektir.

Ancak son dönemlerin bilimsel keşifleri açıkça bu tektanrıcı mitin aksini iddia ediyor. Tektanrılı dinlerin de öne sürdüğü gibi hayvanların ruhları yok; laboratuvar deneyleri de mitin bu kısmını doğruluyor. Tüm çalışmalar ve titiz incelemelerin sonunda inekler, fareler ya da Hint şebeklerinde herhangi bir ruh belirtisinin izine bile rastlanamadı. Ne var ki aynı laboratuvar deneyleri, bu tektanrıcı mitin birincil önermesini, yani insanların *ruhu olduğu* iddiasını da çürütüyor. Biliminsanları *Homo sapiens*'i on binlerce tuhaf deneye tabi tutup, kalbimizin her köşesine, beynimizin her kıvrımına bakmalarına rağmen, bu zamana değin büyülü bir özellik tespit edemediler. Tıpkı inekler gibi Sapiens'in de ruhu olduğuna dair tek bir kanıt bile mevcut değil.

Bildiklerimiz bununla sınırlı olsaydı biliminsanlarının araştırmaya devam etmesi gerektiğini savunabilirdik. Bir ruh bulamadıklarına göre belki de yeterince iyi araştırmamışlardı. Ancak yaşambilimleri sadece yeterli delil bulunamadığından değil, ruh inancı evrimin temel kanunlarıyla çeliştiği için ruhun varlığından şüphe duyar. Evrim teorisinin tektanrıya inanan dindarlar arasında yarattığı nefretin nedeni işte bu çelişkidir.

Kim Korkar Darwin'den?

2012'deki Gallup anketine göre ABD'de nüfusun yalnızca yüzde 15'i *Homo sapiens*'in herhangi ilahi bir etki olmadan doğal seçilimle evrimleştiğine inanıyor; yüzde 32'si insanların milyonlarca yıl içinde erken yaşam formlarından günümüze evrimleştiğini ancak tüm bu sürecin tanrı tarafından yönetildiği inancını sürdürüyor; yüzde 46'sıysa İncil'de anlatıldığı gibi tanrının geçtiğimiz 10 bin yılda insanlara günümüzdeki hâlini verdiğini düşünüyor. Ortalama üç yıllık üniversite eğitiminin bu görüşler üzerinde hiçbir etkisi olmadığı gibi aynı anket üniversite mezunlarının yüzde 46'sının İncil'deki yaratılış hikayesine inanırken, sadece yüzde 14'ünün hiçbir ilahi etki olmadan insanların evrimleştiğini düşündüğünü ortaya koyuyor. Yüksek lisans ve doktora dereceli mezunlar arasında İncil'e iman etme oranı yüzde 25'ken, türümüzün yaratılışında tek başına doğal seçilime itibar edenler toplamın sadece yüzde 29'unu oluşturuyor.[1]

Okulların iyi bir evrim teorisi eğitimi vermediği ortada. Buna rağmen tutucu dindarlar hâlâ evrimin öğretilmemesi gerektiğini savunuyor. Öte yandan tüm organizmaların bir çeşit üst akıl (diğer bir ifadeyle tanrı) tarafından yaratıldığını savunan akıllı tasarım teorisinin çocuklara mutlaka öğretilmesini talep ediyorlar: "İki teoriyi de öğretin, çocuklar kendileri karar versin."

Neredeyse kimse kuantum mekaniği ya da görelilik kuramını tartışmazken evrim teorisi neden bu kadar tepki çekiyor? Neden siyasetçiler çocukların madde, enerji, uzay ve zaman konusunda diğer teorilere de aşina olmasını talep etmiyor? Halbuki Einstein ve Werner Heisenberg'in gaddarlıklarıyla karşılaştırıldığında Darwin'in fikirleri pek de tehlikeli değildir. Evrim teorisi basit ve net bir esasa, en uyumlu olanın hayatta kalması ilkesine dayanır. Oysa görelilik kuramı ve kuantum mekaniği bir şeyin yoktan var olabileceğini, zamanın ve uzayın bükülebileceğini ya da bir kedinin aynı anda hem hayatta hem de ölü olabileceğini savunur. Sağduyumuzla dalga geçmesine rağmen kimse masum ilkokul çocuklarını bu rezil fikirlerden korumaya çalışmıyor. Neden?

Görelilik Kuramı el üstünde tutulan inançlarımızın hiçbiriyle çelişmediği için kimseyi kızdırmıyor. Çoğu insan zaman ya da uzayın mutlak ya da göreceli olup olmadığıyla zerre ilgilenmiyor. Zamanı ve uzayı bükebileceğinizi düşünüyorsanız, buyurun tabii. Dilediğiniz gibi bükmeye çalışabilirsiniz, kime ne? Lakin Darwin ruhlarımızı elimizden aldı. Evrim teorisi yeterince kavrandığında ruhun olmadığı gerçeğini kabullenmek kaçınılmazdır. Dindar bir Hıristiyan ya da Müslüman biri için olduğu kadar, laik ve herhangi bir inanç sistemine dahil olmayanlar için de ölümden sonra baki kalacak sonsuz bir öz fikrinden vazgeçmek oldukça korkutucu olsa gerek.

"Birey" kelimesinin İngilizce karşılığı olan "individual," bölmek anlamına gelen "divide" sözcüğünün "in" olumsuzluk ekiyle birleşmesinden oluşur ve tam anlamıyla "bölünemez olanı" ifade eder. Bölünemeyen bir "in-dividual" olduğumu söylemek, benliğimin bir araya getirilmiş parçalardan oluşmadığını, aksine bütüncül bir varlık olduğunu ifade eder. İddiaya göre bölünemeyen benliğimin özü, kendinden hiçbir şey kaybetmeden ya da kendine hiçbir şey katmadan bir durumdan diğerine varlığını sürdürebilir. Halbuki sinirler ateşlendikçe, hormonlar salgılandıkça ve kaslarım kasıldıkça bedenim ve beynim sürekli bir değişim hâlindedir. Kişiliğim, isteklerim ve ilişkilerim asla aynı kalmaz, hatta on yıllar içinde kökten değişimler geçirir. Fakat buna rağmen doğumumdan ölümüme kadar hatta ölümümden sonra bile aynı kaldığım söyleniyor.

Evrim teorisiyse benliğimin bölünemeyen, sabit ve sonsuzluğa uzanabilecek bir özü olduğu fikrini maalesef reddediyor. Bu teoriye göre fillerden meşe ağaçlarına, hücrelerden DNA moleküllerine kadar tüm biyolojik varlıklar, kendilerinden daha küçük ve basit parçaların dur durak bilmeden birleşip ayrışmasından meydana gelir. Filler ve hücreler de yeni birleşme ve ayrışmaların sonucu olarak zaman içinde adım adım evrimleştiler. Bu nedenle bölünemeyen ya da değişim geçirmeyen bir şey doğal seçilim sonucu var olmuş olamaz.

Örneğin insan gözü lens, kornea ve retina başta olmak üzere sayısız küçük parçanın bir araya gelmesiyle oluşmuş son derece karmaşık bir sistemdir. Göz tüm bu parçalarıyla yoklukta birden belirmiş olamaz. Aksine milyonlarca yıl içinde küçücük adımlarla evrimleşmiştir. Gözlerimiz 1 milyon yıl kadar önce yaşamış *Homo erectus*'un gözlerine çok benzer. Ancak 5 milyon yıl kadar önce hayatta olan bir *Australopithecus* gözüyle daha az benzerlik gösterir. 150 milyon yıl önce yaşayan bir *Dryolestes*'in gözlerindense oldukça farklıdır. Gezegenimizi yüz milyonlarca yıl önce mesken tutmuş tekhücreli organizmalarlaysa hiçbir ortak yanı yok gibidir.

Ne var ki tekhücreli organizmaların bile karanlığı ışıktan ayırmalarını sağlayan ya da bir yönden diğerine ilerlemelerini mümkün kılan minik organelleri vardır. Bu basit alıcılardan insan gözüne doğru ilerleyen yol oldukça uzun ve dolambaçlıdır; aslında harcayacak yüz milyonlarca yılınız olsa, bu yolu adım adım yeniden keşfedebilirsiniz. Göz birçok minik parçadan oluştuğu için bu değişimi görebiliriz. Birkaç nesilde bir gerçekleşen küçük mutasyonlar gözün parçalarını yavaş yavaş değiştirir; örneğin kornea biraz daha bombeli hâle gelir ve milyonlarca nesil sonrasında bu değişimler insan gözünü oluşturur. Göz parçalardan oluşmayan bütüncül bir şey olsaydı, doğal seçilim sonucu evrimleşemezdi.

Evrim teorisi bu nedenle ruh fikrini kabul edemez, hele de "ruh" dediğimiz şey bölünemeyen, sabit ve sonsuzluğa uzanabilecek bir varlıksa. Doğal seçilim, göz çeşitli parçalardan oluştuğu için insan gözünü oluşturabilmiştir. Ancak ruhları oluşturan parçalar yoktur. Sapiens'in ruhu, Erectus ruhundan evrimleştiyse bu süreç hangi aşamalardan geçmiştir? Sapiens ruhunda Erectus'takinden daha gelişmiş bir parça mı vardır? Fakat ruhlar parçalardan oluşmaz.

İnsan ruhunun evrimleşmediğini, aydınlık bir günde tüm görkemiyle yoktan var olduğunu iddia edebilirsiniz. Peki o aydınlık gün tam olarak ne zamandı? İnsanlığın evrimini daha yakından incelediğimizde, o günü bulmak tahmin ettiğimizden daha zordur. Var olmuş her insan bir erkek sperminin bir kadın yumurtasını döllemesi sonucu dünyaya gelmiştir. Ruhu üflenen ilk bebeği düşünün. Anne ve babasına çok benzeyen bu bebeğin tek farkı, ebeveynlerinin aksine, bir ruha sahip olması. Biyolojik bilgimiz, bu bebeğin korneasının ebeveynlerinkinden daha bombeli olmasını rahatlıkla açıklayabilir. Tek bir gendeki minik bir mutasyon bu değişikliği izah edebilir. Ancak biyoloji, bir parça bile ruhu olmayan ebeveynlerden ebedi ruha sahip bir bebeğin doğmasını açıklayamaz. Tek ya da birden fazla mutasyon, bir canlıya tüm değişimlerin karşısında durabilecek, hatta ölümü yenebilecek bir öz sağlayabilir mi?

Ruhların varlığı evrim teorisiyle açıklanamaz. Evrim değişim demektir, hâliyle sonsuz varlıklar yaratma meziyetinden yoksundur. Evrimsel açıdan bakıldığında insanın özüne en yakın şey olan DNA'mız, bir sonsuzluk makamı olmaktan çok bir mutasyon ve değişim aracıdır. Ruhlarını terk etmektense evrim teorisini reddeden büyük bir çoğunluğu korkutan da budur işte.

Borsanın Neden Bilinci Yoktur?

Sadece *Homo sapiens*'in bir bilince sahip olduğu iddiası, dünyadaki tüm hayvanlar karşısında insanın üstünlüğünü kanıtlamak için benimsenen bir diğer hikayedir. Ruhtan farklı olarak mistik ve sonsuz bir varlık olmadığı gibi göz ya da beyin gibi bir organ da değildir bilinç; aksine acı, keyif, öfke ve sevgi gibi öznel deneyimlerin akışıdır. Bu zihinsel deneyimler bir an parlayıp hemen kaybolan, birbirine bağlı duyu, duygu ve düşüncelerden meydana gelir ve böyle sürer gider. (Tekrar üzerine düşündüğümüzde hissettiklerimizi duyu, duygu ve düşünce olarak belirgin gruplara ayırmaya çalışsak da aslında hepsi iç içedir.) Bu coşkulu deneyimler bütünü, bilinç akışını oluşturur. Sonsuz ruhun aksine, zihnin birçok parçası vardır, daima değişir ve sonsuz olduğunu düşünmemiz için hiçbir neden yoktur.

Ruhun varlığı konusunda farklı görüşler olsa da bilinç akışı her an şahit olduğumuz somut bir gerçekliktir. Dünyada en çok emin olduğumuz şeydir; onun varlığından şüphe duyamazsınız. Şüpheyle kendimizi tükettiğimiz anlarda, "Öznel deneyimler gerçekte var mıdır?" sorusunda kaybolsak da şüphe duyduğumuzdan eminizdir.

Zihin akışını oluşturan bilinçli deneyimler tam olarak nelerdir? Her öznel deneyimin iki temel özelliği vardır: Duyu ve arzu. Sayısız yeteneklerine rağmen robot ve bilgisayarlar hiçbir şey hissetmez ve istemezler. Bir robot ana işlemcisine pilinin bittiği sinyalini gönderebilen enerji sensörlerine sahip olabilir. Bir elektrik prizine ilerleyip fişini takarak kendini tekrar şarj da edebilir. Ne var ki bu süreç boyunca hiçbir şey hissetmez. Oysa bir insan, enerjisi tükendiğinde acıkır ve bu rahatsız edici histen kurtulmak ister. İşte bu nedenle robotların aksine insanların bilinci olduğunu düşünürüz. İnsanları açlık ve yorgunluktan bitip tükenene kadar çalıştırmak suçken, robotları pilleri bitene kadar çalıştırmak hiçbir ahlaki sorun teşkil etmez.

Peki ya hayvanlar? Onların bilinci var mıdır? Öznel deneyimler yaşarlar mı? Bir atı yorgunluktan bayılana kadar çalıştırmak kabul edilebilir mi? Önceki sayfalarda değinildiği gibi yaşambilimleri artık tüm memelilerin, kuşların ve bazı sürüngenlerle balıkların duyu ve duyguları olduğunu iddia ediyor. İlaveten duyu ve duyguların biyokimyasal bilgi işleme algoritmaları olduğunu ortaya koyan güncel bilimsel çalışmalar da mevcut. Robotlar ve bilgisayarların hiçbir öznel deneyim yaşamadan bilgi işleyebildiğini biliyoruz; belki de aynı durum hayvanlar için de geçerlidir. Örneğin insanlarda beyindeki duyu ve algıları kontrol eden birçok devrenin bilgi işleyebildiğini ve tamamen bilinçsiz olarak belirli hareketleri tetikleyebildiğini biliyoruz. Peki açlık, korku, sevgi ve sadakat gibi hayvanlara da atfettiğimiz birçok duyu ve duygunun arkasında öznel deneyimlerden ziyade gizlenmiş algoritmalar olabilir mi?[2]

Bu yaklaşımı modern felsefenin kurucusu kabul edilen René Descartes da benimsemişti. 17. yüzyılda Descartes tüm hayvanların bir robot ya da otomat misali kendi kendine işleyen akılsız varlıklar olduğunu ileri sürerken, sadece insanların hissedebileceği ve arzulayabileceği inancını koruyordu. Adamın biri köpeğe tekme attığında hayvan hiçbir şey deneyimlemiyor, bir otomatın tek bir his ya da istek duymadan kahve yapması gibi otomatik olarak havlayıp kaçıyordu.

Bu yaklaşım o dönem geniş çevrelerce kabul gördü. 17. yüzyılda doktorlar içorganların nasıl çalıştığını gözlemlemek amacıyla hiçbir anestezi uygulamadan köpekleri canlı canlı kestiler, üstelik vicdanları bile sızlamadan. Onlara göre ortada yanlış bir şey yoktu, tıpkı bir otomatın kapağını açıp dişlilerin dönmesini izlemekte bir sorun olmadığı gibi. 21. yüzyılın başında bile pek çok insan hayvanların bilinci olmadığını, en iyi ihtimalle farklı bir tür içsel bilince sahip olduklarını iddia etmeye devam ediyor.

Hayvanların bizimkine benzer bir bilince sahip olup olmadığını anlamak için öncelikle kendi zihinlerimizin nasıl işlediğini ve ne gibi görevler üstlendiğini daha iyi anlamamız gerekir. Bunlar hayli zor sorular olsa da takip eden bölümlerin odak noktasında zihin olunca bu konu üzerinde durmakta fayda var. Zihnin ne olduğunu anlamadan yapay zeka gibi yepyeni teknolojilerin ne anlama geldiğini tam olarak kavrayamayız. Bu nedenle hayvan zihnine odaklanan soruları bir süreliğine kenara bırakıp kabaca bilimin zihin ve bilinç hakkında neler öne sürdüğüne bir bakalım. Daha yakın ve anlaşılabilir olduğundan, önce insan bilinci üzerine yapılmış çalışmaları ele alacağız ve sonrasında hayvanlara bakarak, insanlar için geçerli olan gerçeklerin tüylü ve kürklü akrabalarımız için ne anlama geldiklerini sorgulayacağız.

Dürüst olmak gerekirse bilim, zihin ve bilinç hakkında şaşırtıcı derecede az bilgiye sahiptir. Genel kanı, bilincin beyindeki elektrokimyasal tepkimeler sonucu ortaya çıktığı ve zihinsel deneyimlerin temel bir veri işleme görevini yerine getirdiği yönündedir.[3] Ne var ki beyindeki biyokimyasal tepkimeler ve elektrik akımlarından oluşan yığının nasıl olup da acı, öfke ya da sevgi gibi öznel deneyimleri ortaya çıkardığını kimse bilmiyor. Belki on, belki de elli yıl içinde net bir açıklamaya sahip olabiliriz. Elbette 2016 yılında sahip olduğumuz bilgiler üzerinden yapabileceğimiz çıkarımlar son derece sınırlı kalacaktır.

Biliminsanları fMRI taramaları yaparak ve elektrotlar yardımıyla beyindeki elektrik akımlarıyla öznel deneyimler arasında bağlantılar, hatta nedensel ilişkiler kurmayı başardı. Sadece beyin aktivitelerinize bakarak uyanık mı, rüyada mı, yoksa derin uyku da mı olduğunuzu söyleyebiliyorlar. Algı eşiğinin sınırında bir sürede size bir resim gösterip o resmin farkında olup olmadığınızı anlayabiliyorlar, hem de size sormadan. Hatta ve hatta beyindeki ayrı nöronları belirli bir zihinsel içerikle bağdaştırmayı bile başardılar, "Bill Clinton" ya da "Homer Simpson" nöronlarını buldular. Kişiye ABD'nin 42. başkanı denildiğinde "Bill Clinton" nöronu yanıyor ya da "Homer Simpson" resmi gösterdiğinizde, adını veren nöron ateşleniyor.

Daha genel olarak baktığımızda, biliminsanları beyindeki belirli bir bölgede bir elektrik fırtınası koptuğunda öfkelendiğinizi, bu fırtına dinip başka bir alan aydınlandığında âşık olduğunuzu biliyor artık, hatta doğru nöronları uyardıklarında aşk ya da öfke hissetmenizi bile sağlayabiliyorlar. Peki ama nasıl oluyor da bir elektronun bir yerden başka bir yere hareketiyle öznel bir Bill Clinton imgesi ya da aşk ve öfke gibi hisler oluşabiliyor?

Beyin dallanıp budaklanmış ağlarla birbirine bağlı 80 milyar nörondan oluşan oldukça karmaşık bir sistemdir; en sık karşımıza çıkan açıklama budur. Milyarlarca nöron, ileri geri milyarlarca elektrik sinyali yolladığında öznel deneyimler oluşur. Elektrik sinyalleri basit biyokimyasal tepkimeler olsa da sinyallerin kendi aralarındaki etkileşimleri çok daha karmaşık bir olguyu, bilinç akışını ortaya çıkarır. Aynı döngüyü başka alanlarda da gözlemleyebiliriz. Bir aracın hareketi basittir, ancak milyonlarca araç aynı anda hareket ederek etkileşime geçtiğinde trafik sıkışabilir. Tek bir hisseyi alıp satmak kolaydır ancak milyonlarca borsacı milyonlarca hisseyi alıp satmaya kalktığında, değme uzmanları bile afallatacak ekonomik krizler çıkabilir.

Maalesef bu açıklama sorunun karmaşıklığını ortaya koymaktan başka hiçbir işe yaramıyor. Milyarlarca elektrik sinyalinin oradan oraya hareket etmesi gibi tek tip bir olgudan, aşk ya da öfke gibi öznel deneyimleri yaratan bambaşka bir olgunun nasıl ortaya çıktığına dair hiçbir açıklama sunamıyor. Trafik sıkışıklıkları ve ekonomik krizler gibi karmaşık süreçlere yapılan benzetmeler de aslında yanıltıcı olabilir. Trafik neden sıkışır? Tek bir aracı takip ederek bu sorunun cevabına ulaşamayız, trafik sıkışıklığı birçok aracın etkileşimi sonucu oluşur. A aracı B aracının hareketini etkileyerek C aracının yolunu kesmesine neden olur ve bu böyle devam eder. Eğer tüm ilgili araçların hareketlerini ve birbirlerini nasıl etkilediklerini haritalandırabilirseniz, trafik sıkışıklığının tüm hikayesini takip edebilirsiniz. Bu durumda tüm bu hareketliliğin trafiğin sıkışmasına nasıl sebep olduğu sorusu anlamsız olacaktır. "Trafik sıkışıklığı" insanların belirli bir olaylar zincirini adlandırdığı soyut bir terimden ibaret kalacaktır.

Öte yandan "öfke" beyindeki milyarlarca elektrik sinyali için kullandığımız soyut bir tanım değildir yalnızca. Elektriğin henüz ne olduğu bilinmezken bile insanların aşina olduğu ve somut olarak hissettikleri bir deneyimdir öfke. "Öfkelendim!" dediğimde elle tutulur, tanıdık bir histen bahsederim. Eğer nöronlardaki kimyasal tepkimenin nasıl elektrik sinyaline dönüştüğünü ve milyarlarca benzer tepkimenin, nasıl milyarlarca başka sinyale sebep olduğunu açıklayabilirseniz, "Milyarlarca olay nasıl olur da bir araya gelip benim somut öfkemi yaratır?" diye sorarsınız.

Binlerce aracın İstanbul sokaklarında yavaşça birikerek ilerlemesine trafik sıkışıklığı diyoruz ama buradan bir İstanbullu bilinci ortaya çıkıp köprüden süzülerek "Ah be, sıkışmış hissediyorum!" demiyor. Milyonlarca insan milyonlarca hisse sattığında ekonomik kriz çıktı diyebiliriz ama yüce bir Wall Street ruhu gelip, "Lanet olsun, krizde hissediyorum," diye söylenmiyor. Trilyonlarca su molekülü gökte bir araya gelerek sıkıştığında bulut diyoruz ama bir bulut bilinci belirip, "Yağmurlu hissediyorum," diye ilan etmiyor. Peki beynimde milyarlarca elektrik sinyali oradan oraya hareket edince nasıl bir zihin belirip, "Çok sinirliyim!" diyebiliyor? 2016 itibarıyla bu konuda kesinlikle herhangi bir fikrimiz yok.

Sonuç olarak bu tartışma sizin de kafanızı karıştırdıysa, merak etmeyin, yalnız değilsiniz. En iyi biliminsanlarının bile zihnin ve bilincin şifrelerini çözmenin peşinde yürüyecek hâlâ çok yolu var. Bilimin en güzel yanı, bir konu hakkında yeterli fikir sahibi olmadıklarında, her türlü teoriyi ve durumu deneyip sonunda biliminsanlarını bilgi eksiklerini itiraf etmek zorunda bırakmasıdır.

Yaşamın Dengesi

Biliminsanları beyindeki elektrik sinyallerinin nasıl bir araya gelip öznel deneyimler ortaya çıkarabildiğini bilmiyor. Daha da önemlisi, böylesi bir olgunun evrimsel açıdan faydalarını kestiremiyorlar. Yaşam algımızdaki en büyük eksik işte bundan kaynaklanıyor. Milyonlarca nesil boyunca insanların tavşanları kovalayabilsinler ve aslanlardan kaçabilsinler diye ayakları ve tavşanın nereye gittiğini, aslanın nereden geldiğini görebilsinler diye gözleri gelişti. Peki açlık ve korku gibi öznel deneyimler ne işe yarıyor?

Biyologlar kısa süre önce bu soruyu basitçe yanıtladı. Eğer açlık ya da korku hissetmezsek, tavşanları kovalamaya ya da aslanlardan kaçmaya bile yeltenmeyiz. Dolayısıyla öznel deneyimler, yaşamımızı sürdürebilmek için hayati önem arz eder. Bir aslan gördüğünde insan neden kaçar? Çünkü korkmuştur ve kaçar; öznel deneyimler insan davranışını böyle açıklar. Ancak biliminsanları çok daha detaylı gerekçeler sunabiliyor artık. İnsan bir aslan gördüğünde gözlerinden beynine elektrik sinyalleri iletilir. Gelen sinyaller, belirli nöronları harekete geçirerek daha çok sinyal iletilmesini sağlar. Bunlar da sırası geldikçe ateşlenen diğer nöronları uyarır. Eğer doğru nöronlar yeterince hızlı ateşlenebilirse böbreküstü bezlerine giden emirler adrenalin salgılar; kalp daha hızlı çarpması için talimat alır, motor bölgedeki nöronlar bacak kaslarına sinyaller gönderip kasılıp gevşeme emri verir; böylece insan aslandan kaçmaya başlar.

Çelişkili olansa bu süreci haritalandırmayı geliştirdikçe bilinçli hisleri açıklamanın da *zorlaşmasıdır*. Beyin daha iyi anlaşıldıkça, zihin de bir o kadar anlamsızlaşmaya başlıyor. Eğer tüm sistem elektrik sinyalleriyle çalışıyorsa neden korku *hissetmeye* ihtiyaç duyuyoruz? Eğer elektrokimyasal bir tepkime zinciri gözdeki sinir hücrelerinden başlayıp bacak kaslarının hareketini tetikleyebiliyorsa bu zincire neden öznel deneyimler ekleniyor? Ne işe yarıyor olabilirler? Sayısız domino taşı, hiçbir öznel deneyime ihtiyaç duymadan birbiri ardına düşebiliyor. Nöronlar birbirlerini ateşlemek ya da böbreküstü bezleri hormon salgılamak için neden duygulara ihtiyaç duyar? Kas hareketleri ve hormon salınımlarımız da dahil, bedensel aktivitelerimizin yüzde 99'u hiçbir bilinçli duygu olmadan harekete geçer. Peki geri kalan yüzde 1'lik kısımda yer alan durumlarda nöronlar, hücreler ve bezler neden çeşitli duygulara ihtiyaç duyar?

Anılarımızı sakladığı, plan yaptığı ve kendi kendine yepyeni imgeler ve fikirler üretebildiği için zihne ihtiyacımız olduğunu düşünebilirsiniz. Ancak zihnin işlevi sadece harici uyarıcılara yanıt vermekten ibaret değildir. Örneğin aslan gören bir insan otomatik olarak harekete geçmez. Bir önceki yıl aslanın teyzesini yediğini hatırlar. Onun tarafından parçalanmanın nasıl bir his olacağını düşünür. Yetim kalacak çocukları için endişelenir. Bu nedenle de kaçar. Öyle ki zincirleme tepkilerin pek çoğuna doğrudan harici uyaranlar değil, bizzat zihin önayak olur. Daha önce uğradığı aslan saldırısını hatırlayan bir insan, aslanların neden olduğu tehlikeler üzerine düşünmeye başlar. Kabiledekileri toplar ve aslanı korkutup kaçırmak için yeni yöntemler geliştirmeye koyulurlar.

Bu noktada biraz durmak gerekiyor. Peki tüm bu anılar, hayaller ve düşünceler tam olarak nedir ve nerede dururlar? Biyolojideki güncel teorilere göre anı, hayal ve düşüncelerimiz metafizik bir alanda yer almaz. Bilakis, milyarlarca nöron tarafından ateşlenen elektrik sinyallerinin bir parçasıdır onlar da. Aslında anı, hayal ve düşünceleri oluştururken bile gerçekleşen sadece milyarlarca nörondan geçen bir dizi elektrokimyasal tepkimenin böbreküstü bezleri ve bacak kaslarında sonlanmasından ibarettir.

Bu uzun ve dolambaçlı yolda, bir nöronun ateşlenmesiyle diğerinin tepkisi arasında, zihnin araya girerek ikinci bir nörona müdahale ettiği bir an var mıdır acaba? Tek bir elektronun bile bir önceki parçacığın hareketi yerine öznel korku deneyimiyle harekete geçtiği, elle tutulur bir an? Eğer her elektron bir önceki elektron yüzünden harekete geçiyorsa, korku duymaya neden ihtiyaç duyduğumuza dair hiçbir fikrimiz yok.

Felsefeciler bu bilmeceyi hileli bir soruyla özetler: Zihinde, beyinde olmayan neler meydana gelir? Eğer zihinde, dev nöron ağımızda olup bitenler dışında hiçbir şey gerçekleşmiyorsa zihne neden ihtiyaç duyarız? Eğer zihinde nöron ağının ötesinde de bir şeyler oluşabiliyorsa tüm bunlar nerede gerçekleşir? Bill Clinton ve Monica Lewinsky skandalı hakkında Homer Simpson'ın ne düşündüğünü size sorduğumu varsayalım. Muhtemelen bu konuda daha önce hiç kafa yormadığınızdan, zihninizin öncesinde bağlantı kurmadığı bu iki anıyı birleştirmesi gerekecektir. Homer'ın bira içerken Clinton'ın "O kadınla hiçbir cinsel münasebetim olmadı," konuşmasını dinlediği bir imge canlanabilir mesela zihninizde. İyi de bu birleştirme işlemi nerede gerçekleşir?

Bazı beyin araştırmacıları, bu işlemin pek çok nöronun etkileşimiyle ortaya çıkan ve "küresel çalışma alanı" adı verilen bir yerde gerçekleştiğini ileri sürer.[4] Sadece bir benzetme olarak kullanılan "çalışma alanı" yakıştırmasının arkasında yatan nedir? Çeşitli bilgiler tam olarak nerede buluşup birleşirler? Güncel yaklaşımlara göre kesinlikle beşinci boyutta değil; bu bilgiler önceden bağlantısı olmayan iki nöronun bir anda birbirlerine sinyaller göndermesiyle oluşuyor diyebiliriz. Bill Clinton nöronuyla Homer Simpson nöro-

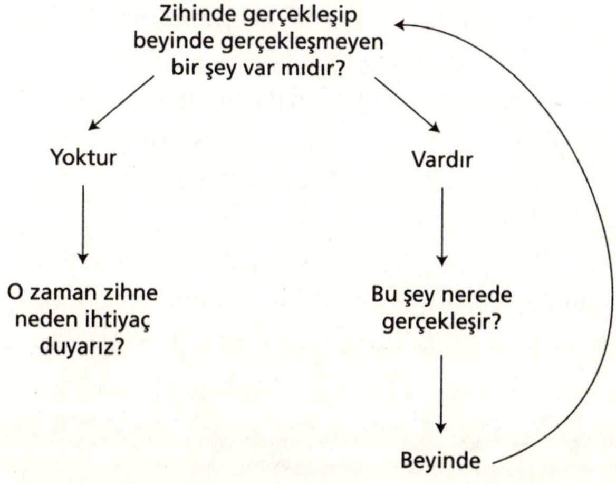

nu arasında yeni bir sinaps* oluşur. Bu durumda bile temel sorumuz yanıt bulamaz; iki nöronun fiziksel olarak bağlanma ânının ötesinde, neden anıların bilinçli deneyimlerine ihtiyaç duyarız?

Bu bilmeceyi matematik terimleriyle de sorabiliriz. Günümüzdeki genel kanı organizmaların algoritmalar olarak ele alınabileceği ve algoritmaların da matematik formülleri olarak ifade edilebileceği yönündedir. Otomatın bir bardak kahve hazırlarken geçtiği tüm aşamaları sayılar ve matematik sembolleriyle yazabileceğimiz gibi, yaklaşan aslan yüzünden telaşlanan bir beynin geçtiği aşamaları da aynı şekilde ifade edebiliriz. Algoritmanın olmazsa olmaz bir parçası olarak bilinçli deneyimler eğer bu süreçte önemli bir rol üstleniyorsa onların matematiksel ifadeleri olmak zorundadır. Korkunun algoritmasını yazarak "korkuyu" bir dizi hassas hesaplamanın adımları olarak parçalarına ayırdığımızda, "hesaplama sürecinin doksan üçüncü adımı, işte korkunun öznel deneyimi," diyebilmemiz gerekir. Ancak matematiğin sonsuz diyarının herhangi bir yerinde, öznel deneyimleri barındıran herhangi bir algoritma söz konusu mudur? Henüz böyle bir bilgiye sahip değiliz. Matematik ve bilgisayar mühendisliği alanındaki muazzam bilgi birikimimize rağmen, yarattığımız hiçbir veri işleme sistemi çalışmak için öznel deneyimlere ihtiyaç duymaz ve acı, keyif, öfke ya da sevgi gibi duygular hissetmez.[5]

Belki de öznel deneyimlere kendimiz hakkında düşünebilmek için ihtiyaç duyuyoruzdur. Hayatta kalma ve üreme ihtimallerini değerlendirerek savanda dolaşan bir hayvan, davranışlarını ve kararlarını gözden geçirebilmeli ve bazılarını diğer hayvanlara da aktarabilmelidir. Beyin aldığı kararlara özgü sonsuz bir döngü içinde bir model oluşturmaya çalışırken konudan sapar ve abrakadabra! Bu döngüden bilinç doğar.

Bu görüş elli yıl önce akla yatkın gelse de 2016'da aynı heyecanla karşılanması maalesef mümkün görünmüyor. Google ve Tesla gibi şirketlerin tasarladığı sürücüsüz otonom araçlar artık yolları-

* (İng.) *Synapse*. Nöronların diğer nöronlara ya da kas veya salgı bezleri gibi nöron olmayan hücrelere mesaj iletmesine olanak tanıyan özelleşmiş bağlantı noktaları. –çn

Görsel 14: Google'ın sürücüsüz aracı seyir hâlinde.

mızda seyrediyor. Otonom araçları kontrol eden algoritmalar her saniye diğer taşıtları, yayaları, trafik ışıklarını ve yoldaki çukurları değerlendirerek milyonlarca hesabı aynı anda yapabiliyor. Kırmızı ışıkta başarıyla durabilen, engelleri aşabilen, diğer araçlarla arasında güvenli bir mesafe bırakabilen bu araçlar hiçbir korku hissetmiyor. Üstüne diğerlerinin davranışlarını da etkileyeceği için otonom araçların aynı zamanda kendi hareketlerini de hesaba katması ve bunu diğer araçlara bildirebilmesi gerekiyor. Tüm bunları sorunsuz halledebilen otonom araçların hiçbir bilinci yok. Otonom araçlar istisna değil, pek çok bilgisayar programı herhangi bir bilinç geliştirmeden, hiçbir duygu ya da istek duymadan inisiyatif alabiliyor.[6]

• • •

Zihin açıklanamıyor ve hangi amaca hizmet ettiği bilinemiyorsa neden bu tartışmayı bir kenara bırakmıyoruz? Bilim tarihi terkedilmiş kavram ve teorilerle doludur. Modern bilimin ilk öncüleri ışığın hareketini açıklamaya çalışırken tüm evrenin eter adında bir maddeyle dolu olduğunu öne sürmüş ve ışığın eter dalgaları olduğunu düşünmüşlerdi. Zaman içinde eterin varlığına dair hiçbir kanıt bulunamayınca ışık hakkında yeni ve daha iyi teoriler ürettiler. Sonuç olarak eter bilimin çöplüğünü boyladı.

Aynı şekilde insanlar binlerce yıl boyunca çeşitli doğal olguları açıklamak için tanrıyı kullandılar. Neden şimşek çakar? Tanrı istediği için. Neden yağmur yağar? Tanrı istediği için. Yeryüzünde hayat nasıl başladı? Tanrı bahşetti. Geçtiğimiz yüzyıllarda biliminsanları Tanrı'nın varlığına dair hiçbir deneysel kanıt bulamazken şimşekler, yağmur ve hayatın başlangıcına dair detaylı açıklamalar konusunda hayli gelişme kaydettiler. Gelinen noktada, felsefenin birkaç alt dalı dışında, bağımsız değerlendirmeye tabi hiçbir bilimsel yayın Tanrı'nın varlığını ciddiye almıyor. Tarihçiler müttefiklerin II. Dünya Savaşı'nı tanrının yardımıyla kazandığını iddia etmediği gibi ekonomistler de 1929 krizi konusunda Tanrı'yı suçlamıyor, jeologlar tektonik tabakaların hareketlerini açıklamak için Tanrı'ya sığınmıyor.

Ruhu da benzer bir kader bekliyordu. Binlerce yıl boyunca insanlar tüm davranışlarımızı ve kararlarımızı ruhun şekillendirdiğine inanıyordu. Ancak ruhun varlığını destekleyen hiçbir kanıt bulunamazken, başka teorilerin güç kazanmasıyla birlikte yaşambilimleri ruh kavramını da tarihin tozlu sayfalarına gönderdi. Pek çok biyolog ve doktor kişisel olarak hâlâ ruhun varlığına inanıyor olabilir ama bilimsel bir yayında bu inancını tartışmayacaktır.

Zihnin de ruh, Tanrı ve eterle birlikte bilim tarihinin tozlu sayfalarında yerini almasının vakti gelmiş olabilir mi? Sonuçta henüz kimse mikroskop altında acıyı ve sevgiyi gözlemleyemese de bu duygular için öznel yorumlara yer bırakmayan detaylı biyolojik açıklamalar yapabiliyoruz. Ne var ki zihinle ruh arasında (tıpkı zihinle Tanrı arasında olduğu gibi) ciddi bir fark var: Ebedi ruhun varlığı tamamen bir varsayımken, acı deneyimi doğrudan hissedilebilir ve elle tutulabilir bir gerçekliktir. Ayağımı çarptığımda (bilimsel açıklamasını o an yapamasam da) canımın acıdığından şüphe duymam. Lakin yara iltihaplanır ve kangrenden ölürsem, ruhumun yaşayacağından emin olmamın hiçbir yolu yok. İçtenlikle inanmak isteyeceğim bu ilginç ve rahatlatıcı ihtimalin varlığına dair elle tutulur hiçbir kanıt yok. Herkes gibi biliminsanları da sürekli acı ve şüphe gibi öznel duygular deneyimleyince, hâliyle bunların varlığını da reddedemiyorlar.

Zihin ve bilinçten vazgeçmenin bir başka yolu da varlıklarını reddetmek yerine aralarındaki ilişkiyi yadsımak olabilir. Daniel

Dennett ve Stanislas Dehaene gibi kimi biliminsanları, işin içine öznel deneyimleri hiç karıştırmadan tüm soruların beyin çalışmalarıyla yanıtlanabileceğini iddia eder. Onlara göre biliminsanları "zihin", "bilinç" ve "öznel deneyim" gibi kavramları sözlüklerinden ve makalelerinden rahatlıkla çıkarabilirler. Ne var ki ilerleyen bölümlerde göreceğimiz gibi, modern siyasi ve etik yapının tamamı öznel deneyimler üzerine kuruludur ve pek azı yalnızca beyin çalışmalarına dayanılarak çözülebilir. Mesela işkence ya da tecavüz neden yanlıştır? Sadece nörolojik açıdan bakıldığında, işkence gören ya da tecavüze uğrayan kişinin beyninde belirli biyokimyasal tepkiler oluşur ve çeşitli elektrik sinyalleri bir sinir demetinden diğerine doğru hareket eder. Bunda ne sorun olabilir ki? Modern insanların çoğu, öznel deneyimler sebebiyle işkence ve tecavüz konusunda etik kaygılar duyar. Öznel deneyimlerin konu dışı olduğunu iddia edecek her biliminsanının, işkence ve tecavüzün kötülüğünü öznel deneyimlerle gerekçelendirmeden izah edebilmesi gerekir.

Kimi biliminsanlarıysa bilincin var olduğunu, büyük ahlaki ve siyasi değerler barındırdığını ama herhangi bir biyolojik işlevi olmadığını iddia eder. Bilinç belirli beyin süreçlerinin gereksiz biyolojik bir yan ürünüdür. Jet motorları gürleyerek çalışır ama gürültü uçağın ilerlemesini sağlamaz. İnsanların karbondioksite ihtiyacı yoktur ama her nefeste havaya karbondioksit salarız. Benzer şekilde bilinç de karmaşık sinir ağlarının ateşlenmesi sonucu ortaya çıkan bir tür zihinsel kirlilik olabilir; hiçbir işe yaramaz, sadece vardır. Eğer bu yaklaşım doğruysa milyonlarca yıldır milyarlarca yaratığın çektiği acı ve yaşadığı haz, sadece zihinsel bir kirlilikten ibarettir. Doğru olmasa bile üzerinde durulması gereken bu görüşün 2016'da güncel bilimin bize sunabildiği en iyi teori olması da ayrıca şaşırtıcıdır.

•••

Belki de yaşambilimlerinin meseleye yaklaşımında sorun vardır. Yaşambilimlerinin temel varsayımı, yaşamın veri işlemekten ibaret ve tüm organizmaların da hesap yapıp kararlar veren makineler olduğu yönündedir. Ancak organizmalar ve algoritmalar arasındaki bu benzetmenin bizi yanlış yönlendirme ihtimali yüksektir. 19. yüzyılda biliminsanları beyni ve zihni buhar makinesine benzetirdi. Buhar makinesini seçtiler çünkü dönemin en ileri teknolojisi olan bu makineler trenleri, gemileri ve fabrikaları çalıştırıyordu; hayatı açıklamaya çalışanlar da beynin benzer ilkelere göre çalıştığını varsayıyordu. Zihin ve beden, basınç yaratıp tahliye ederek hareket ve iş üreten borular, silindirler, vanalar ve pistonlar gibi algılanıyordu. Freudcu psikoloji üzerinde bile derin etkileri olan bu bakış açısı nedeniyle psikoloji jargonu bugün hâlâ makine mühendisliği kavramlarıyla doludur.

Şu Freudcu tezi inceleyelim: "Ordular saldırganlığı körüklemek için cinsel dürtüden yararlanır. Ordu cinsel dürtüleri tavan yapmış genç erkekleri toplar. Askerlerin cinsel ilişkiye girerek tüm o basıncı azaltma fırsatlarını sınırlayarak gerilimin içlerinde birikmesine neden olur. Daha sonra bu birikmiş basıncı yeniden yönlendirir ve bu basıncın askeri saldırganlık olarak dışavurumunu sağlar." Buhar makineleri de tam olarak bu yöntemle çalışır. Buharı kapalı bir kazana hapsedersiniz. Buhar gittikçe daha çok basınç biriktirir ve vanayı açıp basıncı önceden belirlenmiş bir yönde tahliye ettiğinizde amacınıza ulaşmış olursunuz. Bu benzetme sadece ordular için geçerli değildir, gündelik hayatta pek çok sebeple içimizin sıkıştığından ve biraz "deşarj olmazsak" patlayacağımızdan bahsederiz.

21. yüzyılda insan psikolojisini buhar makineleriyle karşılaştırmak epey çocukça kaçar. Bugün çok daha karmaşık ve gelişmiş teknolojilere sahibiz, dolayısıyla insan psikolojisini basıncı düzenleyen bir buhar makinesi yerine veri işleyen bir bilgisayar olarak açıklıyoruz. Ne var ki bu analoji de zaman içinde bir önceki kadar naif kalabilir. Sonuçta bilgisayarların zihni yok. Yazılım hataları karşısında kahrolmuyor ya da baskıcı rejimler tüm ülkedeki web ağına müdahale ettiğinde, erişime kapatılan internetin canı yanmıyor. O hâlde neden bilgisayarları zihni anlamak için bir model olarak alıyoruz?

Bilgisayarların duyuları ve istekleri olmadığına sahiden emin miyiz? Şimdilik bunlara sahip olmasalar da yeterince karmaşıklaştıklarında bilinç geliştirebilirler mi? Eğer bunlar ihtimal dahilindeyse bu süreci nasıl anlayabiliriz? Otobüs şoförlerimizin, öğretmenlerimizin, psikoloğumuzun yerine geçtiklerinde, duyguları olan bilgisayarlar mı yoksa sadece akılsız algoritmalar mı olduklarını nasıl ayırt edebileceğiz?

Konu insanlar olduğunda, bilinçli zihinsel deneyimleri bilinçsiz beyin aktivitelerinden ayırabiliyoruz. Bilinci anlamaya hâlâ fersah fersah yolumuz olsa da biliminsanları bilincin bazı elektrokimyasal izlerini belirlemeyi başardılar. Biliminsanları bir şeyin bilincinde olduklarını beyan eden insanlara inanabileceklerini varsayarak koyuldular bu yola. Bu varsayıma dayanarak, insanlar bilinçli olduklarını bildirdiklerinde beyinde beliren, bilinçsiz anlardaysa asla ortaya çıkmayan belirli kalıpları ayırt edebildiler.

Bu sayede bitkisel hayatta olan bir hasta bilincini tamamen mi yitirdi, yoksa sadece bedeni ve konuşması üzerindeki hakimiyetini mi kaybetti, artık belirlenebiliyor. Hasta, beyni bilinç belirtileri gösteren kalıplar sergiliyorken konuşamıyor ya da hareket edemiyor olsa bile muhtemelen bilinci yerindedir. Öyle ki kısa bir süre önce doktorlar fMRI görüntüleme tekniklerinden faydalanarak bu tip hastalarla iletişim kurmayı da başardılar. Yalnızca "evet" ya da "hayır"la yanıtlanabilecek sorular sorarak, hasta "evet" demek istiyorsa tenis oynadığını hayal etmesini, "hayır" cevabı vermek istiyorsa da evini düşünmesini istediler. Hastanın motor korteksleri aydınlandığında "evet," uzamsal bellekle alakalı bölümler harekete geçtiğindeyse "hayır" cevabı aldıklarını gözlemlediler.[7]

Tüm bunlar insanlar için anlaşılırken, konu bilgisayarlara geldiğinde durum ne olur? Silikon tabanlı bilgisayarlar, karbon tabanlı insan sinir ağından oldukça farklı yapılara sahip olduğuna göre bilincin insandaki izleri benzerlik göstermeyebilir. Bir kısırdöngüye girmiş gibiyiz. İnsanların bilincinde oldukları beyanını doğru varsayarak insan bilincinin izlerini belirliyor ve bunun da insanların bilinçli olduğunun "kanıtı" olduğunu düşünüyoruz. Peki yapay bir zeka da kendi bilinci olduğunu beyan ettiğinde ona da hemen inanmalı mıyız?

Bu soruya henüz bir yanıt bulamadık. Binlerce yıl önce, felsefeciler kişinin kendi zihninin varlığı dışında başka kimsenin zihninin varlığından kesin olarak emin olamayacağını fark etmişlerdi. Karşımızdakinin bilinçli olduğunu varsaysak bile bundan emin olamayız. Belki de ben kainatın tamamında bir şeyler hisseden tek varlığımdır ve diğer tüm insanlar ve hayvanlar robotlardan ibarettir. Belki de rüya görüyorumdur ve tanıştığım herkes rüyamdaki karakterlerdir. Belki de sanal bir dünyaya hapsolmuşumdur ve diğer tüm varlıklar sıradan simülasyonlardır.

Mevcut bilimsel kabullere göre, deneyimlediğim her şey beynimdeki elektrik hareketliliğinin bir sonucuysa, teorik olarak "gerçek" dünyadan hiçbir şekilde ayıramayacağım tamamen sanal bir dünya yaratmam mümkün olabilir. Kimi beyin araştırmacıları çok da uzak olmayan bir gelecekte bunun mümkün olabileceğine inanıyor. Belki de zaten böyle bir simülasyonun içindesinizdir, kim bilir? Bir bakmışsınız takvim 2216'yı gösteriyor ve siz de sıkılmış ergen bir karakter olarak "sanal dünya" oyununun içinde, 21. yüzyılın ilkel ve heyecanlı dünyasında gezintiye çıkmışsınız. Buna bir kez ikna olduğunuzda, matematik bilimi korkutucu sonuçlar için yardımını esirgemeyecektir: Gerçek tek bir dünya varken, muhtemel sanal dünyaların sayısı sonsuz olacaktır; bu durumda gerçek olan tek dünyada yaşıyor olma ihtimaliniz neredeyse sıfırdır.

Bilimsel atılımlarımızdan hiçbiri bu kötü şöhretli "Başka Zihinler" probleminin üstesinden gelmeyi başaramadı. Biliminsanlarının bugüne kadar geliştirebildiği en iyi test olarak bilinen Turing Testi'nin kapsama alanıysa sosyal kabullerle sınırlıdır. Turing Testi'nde bir bilgisayarın zihni olup olmadığını belirleyebilmek için karşınızdakinin kim olduğunu bilmeden, aynı anda hem bir insanla hem de bir bilgisayarla iletişim hâlinde olmanız gerekir. Dilediğiniz soruyu sorabilir, oyunlar oynayabilir, tartışabilir hatta flört edebilirsiniz. Zaman kısıtlaması yoktur. Daha sonra karşınızdakilerden hangisinin bilgisayar, hangisinin insan olduğuna karar vermeniz istenir. Sonuçta eğer karar veremez ya da hata yaparsanız, bilgisayar Turing Testi'ni geçmiş olur ve bilgisayarı zihni olan akıllı bir varlık olarak kabul etmemiz gerekir. Bu elbette kesin bir kanıt sayılamaz. Başka zihinlerin varlığını kabul etmek, esasında toplumsal ve hukuki bir sözleşmedir.

Turing Testi bilgisayar çağının öncülerinden İngiliz matematikçi Alan Turing tarafından 1950'de yaratıldı. İngiltere'de homoseksüelliğin yasak olduğu dönemde bir eşcinsel olarak hayatını sürdürmeye çalışan Turing, 1952'de eşcinsel davranışlar sergilemekten hüküm giydi ve kimyasal kastrasyonla cezalandırıldı. İki yıl sonra da intihar etti. Turing Testi, 1950'lerde Britanya'da her eşcinselin geçmek zorunda olduğu sıradan bir sınavın tekrarıydı aslında: Heteroseksüel bir erkek gibi görünebilir misin? Turing gerçekten kim olduğumuzun önemsiz olduğunu kişisel deneyimlerinden biliyordu, önemli olan sadece başkalarının sizin hakkında ne düşündüğüydü. Turing'e göre gelecekteki bilgisayarlar tıpkı 1950'lerdeki eşcinseller gibi olacaktı. Bilinçli olup olmamaları bir şey değiştirmeyecekti, önemli olan insanların bu konuda ne düşüneceğiydi.

Laboratuvar Farelerinin Depresif Hayatı

Zihinle tanıştıktan ve bu konuda ne kadar az bilgi sahibi olduğumuzu gördükten sonra diğer hayvanların zihni var mı sorusuna geri dönebiliriz. Köpekler gibi bazı hayvanlar Turing Testi'nin uyarlanmış versiyonlarını kesinlikle geçiyorlar. Biz insanlar bir varlığın bilinçli olup olmadığını anlamak için genellikle matematiksel yetkinliğe ya da iyi bir hafızaya sahip olmasından çok, bizimle duygusal ilişkiler kurabilmesiyle ilgileniyoruz. İnsanlar zaman zaman silah, otomobil hatta iç çamaşırı gibi fetişlere duygusal bağlılıklar geliştirseler de bu tek taraflı bağlar hâliyle bir ilişkiye dönüşmüyor. Köpeklerin insanlarla kurdukları duygusal ilişkide taraf olabilmeleri, köpek sahiplerini hayvanlarının akılsız makineler olmadığına ikna ediyor.

Duyguların algoritmalar olduğunu ve hiçbir algoritmanın işlemek için bilince ihtiyaç duymadığını iddia edilen şüpheciler için bu veriler tabii ki yeterli gelmeyecektir. Bir hayvan karmaşık bir duygusal davranış sergilediğinde, bunun çok yönlü ama bilinçsiz bazı algoritmaların sonucu olmadığını kanıtlayamıyoruz. Bu iddia insanlar için de geçerlidir. Bir insanın yaptığı her şey, sözde bilinçli olduklarını belirttikleri durumlar da dahil, teoride bilinçsiz algoritmaların işi olabilir.

Konu insanlara gelince bilinçli olduğunu söyleyen herkesin sözüne güvenebileceğimizi varsayıyoruz. Bu asgari varsayıma dayanarak bilincin beyindeki izlerini belirleyebiliyor ve insanın bilinçli ve bilinçsiz durumlarını sistematik olarak ayırabiliyoruz. Hayvan ve insan beyni birçok ortak özelliğe sahip olduğundan, bilincin izlerini derinlemesine anladıkça edindiğimiz bilgileri hayvanların bilinci var mı sorusunu netleştirmek için de kullanabiliriz. Bir köpek beyni, bilinçli insan beynine benzer örüntülere sahipse, bu köpeklerin bilinçli olduğuna dair güçlü bir kanıttır.

Maymunlar ve fareler üzerinde yapılan ilk testler, en azından bu iki türün beyinlerinin bilinç izleri taşıdığını ortaya koyuyor.[8] İnsan ve hayvan beyni arasındaki farklılıklar ve şu an bilincin sırlarını keşfetmekten çok uzak olduğumuz gerçeği hesaba katıldığında, şüphecileri tatmin edecek testlerin geliştirilmesi yılları bulabilir. Peki hayvanların bilinçli olup olmadığını ispatlama görevini kim üstlenecek? Aksi kanıtlanana kadar köpekleri akılsız makineler olarak mı kabul edeceğiz, yoksa aleyhte ikna edici bir kanıt gösterilmediği sürece köpeklere bilinçli varlıklar gibi mi davranacağız?

7 Temmuz 2012'de sinirbilim ve bilişsel bilimlerin önde gelen uzmanları Cambridge Üniversitesi'nde Cambridge Bilinç Deklarasyonu'nu imzaladılar. Bu bildirgeye göre, "Ortak kanıtlar hayvanlarda nöroanatomik, nörokimyasal ve nörofizyolojik bilinç durumlarının alt katmanlarının var olduğunu ve hayvanların kasıtlı davranışlar sergileme kapasitesi taşıdıklarını göstermektedir. Bunun bir sonucu olarak, elimizdeki kanıtlara göre insan, bilinç oluşturan nörolojik altyapıya sahip tek canlı değildir. Bütün memelilerin ve kuşların da aralarında bulunduğu insan olmayan hayvanlarda ve ahtapot gibi pek çok farklı canlıda bu nörolojik altyapı bulunmaktadır."[9] Diğer hayvanlar da bilinçlidir demeye varmıyor deklarasyonun dili, çünkü hâlâ açık delillere sahip değiliz. Yine de ispat yükü artık aksini düşünenlerin sırtındadır.

Mayıs 2015'te bilim camiasında yön değiştiren rüzgar karşılığını buldu. Yeni Zelanda "Hayvan Hakları İyileştirme Yasası"nı onaylayarak dünyada hayvanların hissedebilen duyarlı varlıklar olduğunu yasal olarak tanıyan ilk ülke oldu. Yasa hayvanların duygusal varlıklar olduğunu tanımayı zorunlu kılarak, hayvan yetiştiriciliği gibi alanlarda hayvanların refahı için uygun koşulların sağlanmasını şart koşuyor. Koyun nüfusunun insan nüfusundan daha yoğun olduğu bir ülkede (4,5 milyon insana karşı 30 milyon koyun) bu hatırı sayılır derecede önemli bir gelişmedir. Kanada'nın Québec eyaleti de benzer bir yasa geçirdiğine göre benzer hamleler diğer ülkelerden de beklenebilir.

Pek çok şirket hayvanları hiç de hoş olmayan laboratuvar testlerine tabi tutsa da, çelişkili biçimde, onları duygusal varlıklar olarak da kabul ediyor. Örneğin ilaç şirketleri antidepresanların geliştirilmesinde düzenli olarak fareleri deney hayvanı olarak kullanıyor. Sık kullanılan bir protokole göre, yüz fare (istatistiksel güvenilirlik için) suyla dolu cam bir tüpe yerleştiriliyor. Fareler bitip tükenene dek tüpten çıkmaya çalışıyor ama başaramıyorlar. On beş dakika sonra çoğu umudunu yitiriyor ve çırpınmayı bırakıyor. Etraflarına kayıtsız, cam tüpün içinde kalakalıyorlar.

Ardından farklı yüz fare daha tüplere atılıp on dördüncü dakikada, umutları tükenmeden hemen önce tüpten çıkarılıyor. Kurulanıp beslendikten ve biraz dinlendirildikten sonra tekrar tüplere atılıyorlar. İkinci turda, pes etmeden önce çoğu fare yirmi dakika kadar çabalıyor. Neden altı dakika daha dayanıyorlar? Çünkü bir önceki turda kurtarılmış olmanın anısı beyinlerinde biyokimyasal salınımları tetikleyerek farelere umut veriyor ve çaresizlik hissini geciktiriyor. Eğer bu biyokimyasalı diğerlerinden ayırt edebilirsek insanlar için antidepresan olarak kullanabiliriz. Ancak farelerin beyni her an sayısız kimyasal akışa ev sahipliği yaparken doğru kimyasal bileşeni nasıl ayırt edeceğiz?

Buna cevap bulmak için deneye hiç katılmamış iki grup fareye, sonuca en yakın olduğunu düşündükleri iki ayrı kimyasal enjekte ediliyor ve fareler tekrar suya atılıyor. A kimyasalı almış fareler pes

Görsel 15: Solda, cam tüpten kaçmaya çalışan umutlu bir fare. Sağda, tüm umudunu kaybetmiş, etrafına kayıtsız bir fare.

etmeden önce sadece on beş dakika çırpınıyorsa A maddesi listeden çıkarılıyor. B kimyasalı enjekte edilmiş fareler yirmi dakika boyunca kendilerini paralıyorsa CEO ve hissedarlara köşeyi döndükleri müjdeleniyor.

Daha da şüpheciler tüm bu anlatıya farelerin insanileştirildiklerini söyleyerek itiraz edebilirler. Bu açıdan da irdeleyelim: Fareler bazen hızla hareket eder, bazen öylece dururlar ama hiçbir şey hissetmezler; bilinçsiz algoritmalar tarafından yönlendirilirler. Peki bu doğruysa tüm bu deneylerin amacı nedir? Psikiyatrik ilaçlar davranışların ötesinde, insanların *hislerini* de değiştirmek için tasarlanmıştır. Psikiyatriste, "Beni bunalımdan kurtaracak bir şey yazabilir misiniz?" diye soranlar, can sıkıntılarını gidermek adına daha da kırılgan hâle gelecekleri mekanik uyarıcılardan istemiyorlar, mutlu *hissetmek* istiyorlar. Şirketler böyle mucizevi bir ilacı geliştirirken ancak ve ancak fare davranışlarına insansı duyguların eşlik ettiğini varsayarlarsa deneyler işe yarayacaktır ve gerçekten de bu varsayım psikiyatri laboratuvarlarında oldukça yaygındır.[10]

Kendini Bilen Şempanze

İnsanın yüceliğini kutsamak isteyen bir başka yaklaşım, fare ve köpek gibi hayvanların bilinçlerinin olduğunu ama özbilinçlerinin olmadığını öne sürer. Hayvanların bunalmış, mutlu, aç ya da tok hissedebildiklerini kabul eder ama ne hikmetse açlık ya da bunalmışlık hissinin "ben" denilen o özgün varlığa ait olduğunun farkında değillerdir.

Bu fikir yaygın olduğu kadar mantıksızdır. Acıkan bir köpek, bir parça et bulur ve yemeğini başka bir köpeğe vermektense mideye indirir. Bir köpeğe komşu köpeklerin salyasına bulanmış bir ağaç koklatın; ânında kokunun kendisine mi, komşunun sevimli labradoruna mı yoksa bir yabancıya mı ait olduğunu anlayacaktır. Köpekler kendi kokularıyla, muhtemel eş ve rakiplerinin kokularına çok farklı tepkiler verirler.[11] O hâlde köpeklerin özbilinçten yoksun olduğu iddiası boşa çıkmaz mı?

Bu iddianın daha karmaşık ve detaylı bir yorumuysa farklı özbilinç seviyeleri olduğunu söyler. Yalnızca insan, geçmişi ve geleceği olan ebedi bir benlik olarak algılar kendini. Çünkü muhtemelen sadece insanlar geçmiş deneyimleri ve gelecek davranışları üzerine kafa yorarken dillerini kullanırlar. Diğer tüm hayvanlarsa geçmiş ve gelecekten bağımsız, ezeli bir şimdide sürdürür varlıklarını. Geçmişlerini hatırlayıp geleceğe dönük planlar yapabiliyor gibi görünseler de aslında sadece anlık dürtülere ve uyaranlara tepki verirler.[12] Mesela sincaplar fındıkları geçen kış açlık hissettikleri ya da gelecek hakkında endişelendikleri için istiflemez. Hissettikleri dürtülerin kökenlerinden veya amaçlarından habersiz, anlık bir dürtüyle hareket eder. Henüz hiç kış görmemiş gencecik sincaplar bile fındık istifler.

Ne var ki yaşanmış ve yaşanılacak olayların bilincinde olmak için dilin neden gerekli bir koşul olduğu açık değildir. İnsanların kendilerini ifade ederken dili kullanması bir kanıt sayılamaz, sonuçta diğer hayvanlar sözsüz olarak da aynı dertleri gayet iyi aktarabilir. Öyle ki insanlar da çoğu zaman söze dökmeden geçmiş ve geleceğin bilincindedirler. Özellikle rüya görürken bütünüyle sözsüz anlatıların farkındayızdır, öyle ki uyandığımızda rüyalarımızı kelimeye dökmekte bile zorlanırız.

Çeşitli deneyler bazı hayvanların (papağan ya da çalı kargası gibi kuşlar dahil olmak üzere) birbirinden bağımsız olayları hatırlayarak olası ihtimaller için bilinçli olarak hazırlandıklarını ortaya koyuyor.[13] Ancak hayvanlar ne kadar karmaşık davranışlar sergilerse sergilesin, şüpheciler her zaman bunların zihindeki bilinçli imgeler yerine bilinçsiz algoritmalardan kaynaklandığını iddia edebileceği için, bu bilgiyi de tartışma götürmez bir kanıt olarak sunmak imkansızdır.

İşveç'teki Furuvik Hayvanat Bahçesi'nde yaşayan Santino adındaki erkek şempanze bu sorunu anlamamıza yardımcı olabilir. Can sıkıntısından bir az olsun kurtulmak isteyen Santino heyecan verici bir hobi geliştirir: ziyaretçi taşlamak. Ne var ki pek de özgün bir etkinlik değildir bu; öfkeli şempanzelerin taş, sopa, hatta dışkı fırlatması oldukça sık rastlanan bir durumdur. Ancak Santino tüm hareketlerini önceden planlar. Sabah hayvanat bahçesi açılmadan, erken saatlerde cephanesini toplayıp köşeye yığar ama bu esnada hiç renk vermediği gibi herhangi bir öfke belirtisi de göstermez. Ziyaretçilerin, Santino özellikle taş yığının yakınlarında durduğunda dikkat etmeleri gerektiğini öğrenmeleri fazla zaman almaz ve böylelikle Santino'nun hedeflerini tutturması zorlaşır.

2010'un Mayıs ayında Santino yeni bir yöntem geliştirir. Her zamanki gibi erken saatlerde uyuduğu köşesinden bir saman balyası alır ve samanları ziyaretçilerin genellikle şempanzeleri izlemek için toplandığı köşeye doğru, kafesin duvarına yakın bir yere yerleştirir. Ardından topladığı taşları samanların altına saklar. Bir saat kadar sonra ilk ziyaretçiler toplanırken Santino hiçbir huzursuzluk ya da saldırganlık belirtisi göstermeden rahat tavırlar sergiler. Hedefleri menzile girdiği anda Santino gizlediği taşları kaptığı gibi insanları bombalamaya başlar. 2012 yazında Santino silahlanma yarışını hızlandırarak sadece balyaların altına değil, ağaç kovuklarına, duvar kenarlarına, bulabildiği her uygun yere taşlarını istifler.

Gel gör ki Santino bile bu şüphecileri ikna edemeyecektir. Sabahın yedisinde oraya buraya taş sıkıştırırken Santino'nun ziyaretçileri haklamanın ne kadar eğlenceli olduğunu düşündüğünden nasıl emin olabiliyoruz? Belki Santino da hiç kış yaşamamasına rağmen "kış için" fındık saklayan o genç sincap gibi bilinçsiz bir algoritma tarafından yönetiliyordur, kim bilir?[14]

Yoksa, haftalar önce canını yakan rakibine saldıran erkek şempanzenin aslında geçmişte kalmış bir davranışın öcünü aldığı falan da yoktur. Şüphecilere göre şempanze, nedeni sonucundan çok daha karmaşık, anlık bir öfkeye kapılarak tepki verir. Yavrusunun peşinde bir aslan gören anne fil, aylardır biricik bebeğini besleyip büyüttüğünü hatırladığından değil aslana karşı akıl sır ermez bir düşmanlıkla dolduğu için hayatını riske ederek kendini öne atar. Sahibi geldiğinde mutlulukla zıplamaya başlayan köpek, doğumundan beri kendini besleyip seven sahibini bildiği için değil açıklanamayan bir coşkuyla dolup taştığından oyunlar yapar.[15]

Bu iddialar "Başka Zihinler" probleminin çeşitlemeleridir, tek birini bile ne çürütebilir ne de kanıtlayabiliriz. Bilinç gerektiren herhangi bir algoritmaya aşina olmadığımızdan, hayvanların tüm davranışları, bilinçli anılar ve planlardan ziyade bilinçsiz algoritmaların sonucu gibi görünür. Santino örneğinde de asıl soru, hangi tarafın kendini kanıtlamak zorunda olduğuyla ilgilidir. Santino'nun davranışına en uygun açıklama ne olabilir? Geleceğe yönelik bilinçli planlar yaptığını varsayarak karşı çıkanlardan aksini ispatlamalarını mı beklemeliyiz? Yoksa şempanzenin bilinçsiz algoritmalar tarafından yönetilerek bilincinde olduğu tek şeyin saman balyalarına taş saklamaya yönelik derin bir dürtü olduğunu düşünmek daha mı akla yatkın?

Santino geçmişini hatırlamıyor ya da geleceği üzerine hayal kurmuyorsa bile bu kendi varlığının farkında olmadığı anlamına gelir mi? Sonuçta geçmiş ya da gelecek üzerine kafa yormuyorken de insanların özbilinci olduğuna inanıyoruz. Örneğin çocuğunun vızır vızır işleyen bir caddeye atladığını gören bir anne, o an geçmişi ya da geleceği irdelediği için duraksamaz. Tıpkı anne fil gibi çocuğunu kurtarmak için koşar. Bu anneyi neden fille aynı kefeye koyup, "Bebeğini tehlikeden kurtarmak için koşan anne, bunu hiçbir özbilince sahip olmadan sadece anlık bir dürtüyle hareket etti," diyemiyoruz?

İlk buluşmalarında tutkuyla öpüşen genç bir çifti, yaralı arkadaşını kurtarmak için ağır ateş altında ileri atılan askeri, ya da çılgın fırça darbeleriyle şaheserini ortaya çıkarmakta olan sanatçıyı düşünün. Hiçbiri geçmiş ya da gelecek üzerine hülyalara dalarak duraksamıyor. Bu onların da özbilinçten yoksun oldukları anlamına gelir mi?

Akıllı At

2010'da biliminsanları alışılagelmedik bir dizi dokunaklı fare deneyi yürütür. Bir fareyi küçük bir kafese kapatıp kafesi daha geniş bir hücreye yerleştirir ve başka bir farenin hücrede serbestçe dolaşmasına izin verirler. Kafesteki farenin sıkıntı uyaranları yaymaya başlaması özgür farenin de kaygı ve gerginlik belirtileri göstermesine neden olur. Serbest fare pek çok kez tutsak dostunu kurtarmaya çalışır ve birkaç denemeden sonra kafesi açıp tutsağı özgür bırakmayı başarır. Araştırmacılar aynı deneyi, hücreye bir parça çikolata bırakıp tekrarlarlar. Özgür fare artık tutsağı kurtarmak ya da çikolatanın keyfini tek başına sürmek arasında seçim yapmalıdır. Birçok fare önce dostunu kurtarmayı sonra çikolatayı paylaşmayı tercih eder (tabii az sayıda farenin sanki bazı farelerin daha kötü huylu olduğunu bizlere göstermek ister gibi, bencil davrandığı da olur).

Şüpheciler sonuçları görmezden gelerek özgür farenin empati kurmak yerine sadece kaygı ve gerginlik belirtilerini ortadan kaldırabilmek için tutsak fareyi kurtardığını öne sürerler. Huzursuzluk hisseden farelerin bu duygudan kurtulmaktan başka emelleri yoktur. Belki de... Peki aynı şey insanlar için de geçerli midir? Dilenciye para verdiğimde, onu görmenin bende yarattığı huzursuz hislerle hareket etmiyor muyum? Aslında dilenciyi mi düşünüyorum, yoksa birazcık vicdanımı rahatlatarak kendimi daha iyi hissetmenin mi peşindeyim?[16]

Özümüzde fareler, köpekler, yunuslar ya da şempanzelerden farklı değiliz. Onlar gibi bizim de ruhumuz yok. Bizim gibi onların da bilinci ve karmaşık bir duyu ve duygu dünyası var. Her hayvanın kendine has özellik ve yeteneği, insanların da farklı farklı kabiliyetleri var. Hayvanların sadece daha tüylü hâllerimiz olduğunu hayal ederek onları gereksiz yere insansılaştıramayız. Bu yanlış bir yaklaşım olmanın ötesinde, hayvanları anlamamızın ve onlara kendi şartlarında gereken değeri vermemizin de önüne geçer.

1900'lerin başında Almanya'da Akıllı Hans adında ünlü bir at vardır. Almanya'yı baştan aşağı dolaşan Hans, gittiği yerlerde Alman diline olan hayret verici yeteneğini ve daha da ilginci, matematik zekasını sergiler. "Hans, üç kere dört kaçtır?" diye sorulduğunda toynağını on iki kere vurur. Yazılı bir mesajla, "Yirmiden on bir çıkarsa kaç kalır?" diye sorulduğunda takdire şayan bir Prusya dikkatiyle tam dokuz kere tıklar.

1904'te Alman eğitim kurulu, bir psikolog başkanlığında bilimsel bir komisyon görevlendirip durumun araştırılmasını ister. Bir sirk müdürü ve veterinerin de aralarında bulunduğu on üç kişilik komisyon tüm bu yeteneklerin uydurma olduğundan emindir, ancak ellerinden geleni yaptıkları hâlde bir dalavere ya da sahtekarlık izine rastlayamazlar. Hans sahibinden ayrılıp kendisine soru soran yabancılarla tamamen yalnız bırakıldığında bile soruların çoğunu doğru yanıtlar.

1907'de yeni bir araştırmaya girişen psikolog Oskar Pfungst sonunda gerçeği ortaya çıkarır. Meğerse Hans muhataplarının beden dilini ve yüz ifadelerini dikkatle gözlemleyerek doğru cevapları buluyordur. Hans üç kere dördün kaç olduğu sorulduğunda geçmişteki deneyimlerinden yola çıkarak, insanların ondan toynaklarını belirli bir sayıda vurmasını beklediğini bilir. Tık tık toynaklarını vururken bir yandan dikkatle insanları incelemeye devam eder. Doğru sayıya yaklaştıkça insanlar daha da gerilir, doğru cevabı verdiğindeyse gerilim zirveye ulaşır. Hans da insanların davranışlarından ve ifadelerinden bu gerilimi okumayı öğrenir. Tıklamayı bırakınca gerilimin yerini hayranlık ve kahkahalara bırakmasını izler, böylelikle doğru yaptığından emin olur.

Hayvanları insansılaştırma eğilimindeki insanların sık sık hataya düşerek hayvanlara sahip olduklarından daha harikulade yetenekler bahşetmesinin en iyi örneği Akıllı Hans'tır. Ne var ki asıl dersimiz bu değil; tam aksine Hans'ın hikayesi, hayvanları insansılaştırarak diğer canlıların özgün yeteneklerini ve hayvan bilişini *küçümsediğimizin* somut bir göstergesidir. Söz konusu matematikse Hans bir dâhi olmayabilir. Sekiz yaşındaki herhangi bir çocuk çok daha iyisini yapabilir. Ancak beden dilinden duygu ve niyetleri okuyabilmekte Hans sınır tanımayan bir yetenektir. Kendi dilinde bana üç kere dört kaç diye soran bir Çinli'nin duruşundan ve bakışlarından ayağımı

Görsel 16: Akıllı Hans sahnede, 1904.[17]

yere vurarak doğru cevabı bulmama imkan yok. Akıllı Hans atlar beden diliyle anlaştığı için bu yeteneğe sahiptir. Hans'ı inanılmaz yapansa bunu sadece diğer atların değil yabancı insanların duygu ve niyetlerini çözmek için de kullanabilmesidir.

Peki hayvanlar bu kadar akıllıysa neden atlar insanları arabaya koşmuyor, fareler üzerimizde deneyler yürütüp yunuslar çemberlerden atlamamızı istemiyor? *Homo sapiens*'in tüm diğer hayvanlara hükmetmesini sağlayan bir ayrıcalığa sahip olduğu şüphesiz. *Homo sapiens*'in hayvanlardan bambaşka bir düzlemde var olduğuna dair şişirilmiş gerçekleri ve insanların ruh ya da bilinç gibi eşsiz bir öze sahip olduğu iddialarını geride bıraktığımıza göre, gerçekliğe geri dönüp bizi bir adım öteye taşıyan fiziksel ve zihinsel özelliklerimizi inceleyebiliriz.

Pek çok araştırma insanlığın ilerlemesinde alet yapabilme becerisi ve zekanın özellikle önemli olduğunu gösteriyor. Diğer hayvanların da bazı aletler yapabilmesine karşılık insanların bu alanda açık ara daha başarılı olduğuna şüphe yok. Fakat mesele zekaya gelince sınırları çizmek zorlaşır; zekayı tanımlamak ve ölçmek için çalışan koca bir sektöre rağmen bu konuda henüz bir fikir birliği sağlanmış değil. Neyse ki zekanın mayın tarlasında dolaşmak zorunda değiliz; ne zeka ne de alet yapabilme becerisi dünyayı fetheden Sapiens'in başarısını tek başına açıklayamaz. Sık başvurulan zeka tanımlarına bakılırsa insanlar bir milyon yıl kadar önce de yeryüzündeki en zeki canlılardı, alet yapabilme becerisinde ellerine su dökebilen yoktu; ne var ki çevredeki ekosisteme etki edemeyen önemsiz canlılardı. Zeka ve alet yapmak dışında olmazsa olmaz bir özellikleri yoktu.

Öyleyse insanevladı tarif edilemeyen üçüncü bir özellik sayesinde değil, zekasını geliştirerek ve daha iyi aletler geliştirme yeteneğinin evrimleşmesiyle mi gezegeni ele geçirmeyi başardı? Bunun da pek doğru olduğunu sanmıyorum çünkü tarihsel kanıtlara göre bireylerin zeka ve alet yapabilme becerisiyle türümüzün kudreti arasında doğrudan bir bağ kurulamadı. 20 bin yıl önce ortalama bir Sapiens muhtemelen bugün ortalama bir türdeşinden hem çok daha zeki hem de daha becerikliydi. Modern okullar ve işverenler zaman zaman yeteneklerimizi ölçtüğünde ne kadar başarısız olursak olalım, refah devleti en temel ihtiyaçlarımızı bir biçimde karşılıyor. Oysa Taş Devri'nde doğal seçilim sizi her daim aralıksız testlere tabi tutuyordu, sonu gelmeyen testlerin birinde bile tökezleseniz ânında öbür dünyayı boylardınız. Taş Devri'ndeki atalarımızın üstün alet yapabilme becerilerine, keskin zekalarına ve hassas duyularına rağmen, 20 bin yıl önce insan türü bugün olduğundan çok daha güçsüzdü.

Geçtiğimiz 20 bin yılda insan türü, taş uçlu mızraklarla mamut avlamaktan uzay mekikleriyle Güneş Sistemi'ni keşfetmeye doğru attığı her adımı, maharetli elleri ve büyük beyinlerinin evrimi sayesinde başarmadı (hatta beyinlerimiz eskiye oranla daha küçük[18]). Dünyayı ele geçirmemizi sağlayan en can alıcı özellik, birçok insanı bir araya getirip birbirleriyle iletişim kurmalarını sağlayabilmekti.[19] İnsan bir şempanzeden ya da kurttan bireysel olarak çok daha zeki olduğu ya da daha becerikli parmakları var diye değil, *Homo sapiens* kalabalık gruplarla bile esnek işbirliği yapabilen tek tür olduğu için dünyaya hükmediyor. Zeka ve alet yapma becerisi de çok önemli elbette. Ancak insanlar kalabalık gruplar hâlinde esnek işbirlikleri geliştiremeselerdi, yaratıcı beynimiz ve marifetli ellerimiz uranyum atomları yerine hâlâ çakmaktaşı parçalıyor olurdu.

İşbirliği en önemli özellikse, milyonlarca yıldır kitleler hâlinde işbirliği yapabilmelerine rağmen neden karıncalarla arılar nükleer bombalarla bizi yok edemediler? Çünkü onların işbirliği esneklikten yoksun. Arılar inanılmaz karmaşık yöntemlerle işbirliği içine girer ve sosyal yapılarını bir gecede değiştiremez. Kovanı tehdit eden yeni bir tehlike ya da bir fırsat belirdiğinde, arılar kraliçeyi giyotine yollayıp cumhuriyet kuramaz.

Fil ve şempanze gibi sosyal memeliler, arılardan çok daha esnek işbirliği yapabilir ancak akrabalarının ve dostlarının az sayıda olacağı unutulmamalıdır. Kurdukları iletişim kişisel tanışıklık seviyesindedir. Eğer ikimiz de birer şempanzeysek ve işbirliği yapmamız gerekiyorsa sizi tanımak isterim: Ne tür bir şempanzesiniz? İyi huylu musunuz yoksa kötü niyetli misiniz? Sizi tanımadan sizinle işbirliği yapamam. Bildiğimiz kadarıyla sadece Sapiens sayısız yabancıyla esnek ilişkiler kurabiliyor. Ebedi bir ruha ya da özel bir tür bilince sahip olduğumuz iddiasının aksine, elle tutulur bu yeteneğimiz Dünya'daki hükümranlığımızı açıklamaya yetiyor.

Çok Yaşa Devrim!

Tarih büyük çaplı işbirliğinin önemini gösteren pek çok örnekle doludur. Sadece *Homo sapiens*'le diğer hayvanlar arasında değil farklı insan gruplarının çatışmalarında da zafer hep daha iyi işbirliği yapanındır. Roma, Yunanistan'ı büyük beyinlere sahip olduğu ya da yüksek alet yapabilme kapasitesi sayesinde değil işbirliği becerisiyle fethetmiştir. Tarih boyunca disiplinli ordular nizamsız kalabalıkları kolaylıkla ezmiş, müttefikler dağınık kitleleri kontrol altına almıştır. 1914'te Rus asilzadeleri, devlet görevlileri ve işadamlarından oluşan 3 milyonluk nüfus, 180 milyon işçiye ve köylüye hükmetti. Rus elitleri çıkarlarını korumak adına nasıl beraber hareket etmeleri gerektiğini çok iyi bilirken, 180 milyonluk halk kitlesi etkili işbirliği kurma kabiliyetinden yoksundu. Öyle ki elitler çoğu zaman tüm emeklerini, hükmettikleri 180 milyonun işbirliği yapabilmesini engellemek için harcıyordu.

Devrim için kalabalıklar asla yetmez. Devrimler çoğu zaman büyük kitlelerle değil olayları ateşleyen küçük gruplarla başlar. Devrim için, "Kaç kişi bizi destekler?" diye değil, "Destekleyenler ne kadar etkin işbirliği yapabilir?" diye sormanız gerekir. Rus Devrimi 180 milyon köylü Çar'a karşı ayaklandığında değil, bir avuç komünist kendini doğru zamanda doğru yerde bulduğunda başlamıştır. 1917'de 3 milyonluk Rus orta ve üst sınıfına karşılık Komünist Parti'nin yalnızca 23 bin üyesi vardı.[20] Ancak komünistler iyi organize olarak dev Rus İmparatorluğu'nu ele geçirmeyi başardılar. Rusya'da otorite Çar'ın zayıf ellerinden Kerensky'nin geçici hükümetinin titreyen ellerine kayarken, komünistler tüm gücü ellerine geçirdiler.

Komünistler 1980'lerin sonuna kadar ellerindeki gücün farkında değildi. Seksen yıl boyunca etkin organizasyon yöntemleri sayesinde iktidarlarını korumayı başaran komünistler, bir noktadan sonra etkili organize olamadıkları için koltuklarını kaybettiler. 21 Aralık 1989'da Romanya'nın Komünist diktatörü Nikolay Çavuşesku, Bükreş'in merkezinde kitlesel bir miting düzenledi. Birkaç ay önce Sovyetler Birliği Doğu Avrupa'daki komünist rejimlere verdiği desteği kesmiş, Berlin Duvarı yıkılmış, Polonya, Doğu Almanya, Macaristan, Bulgaristan ve Çekoslovakya'da devrimler yerle bir olmuştu. 1965'ten beri Romanya'yı yöneten Çavuşesku, Temeşvar'da patlak veren isyanlara rağmen bu fırtınaya direnebileceğine inanıyordu. Gelişmelere karşı bir önlem olarak Romanyalılara ve tabii dünyanın geri kalanına, nüfusun çoğunluğu tarafından hâlâ sevildiğini, en azından etkili olduğunu göstermek amacıyla Bükreş'te dev bir miting düzenledi. Çatırdayan partisi meydanı dolduracak yaklaşık 80 bin kişi topladı, ülkenin dört bir yanında herkes işini gücünü bırakıp radyo ve televizyonların başına geçmeleri konusunda uyarıldı.

Görünüşte coşkulu tezahüratlar koparan kalabalığa, geçmişte defalarca yaptığı gibi sarayının meydana bakan balkonundan seslendi Çavuşesku. Beraberinde eşi Elena, parti liderleri ve bir koruma sürüsü eşliğinde, artık alametifarikası olmuş kasvetli konuşmalarından birine başladı. Sekiz dakika boyunca kalabalıktan yükselen alkışlarla durumdan memnun, Romanya sosyalizminin şanlı tarihini övüyordu. Sonra işler rayından çıktı. Tarihin canlı kaydını izlemek isterseniz, "Çavuşesku olaylı son miting"* diye aratarak YouTube'da kendi gözlerinizle görebilirsiniz.[21]

YouTube'daki videoda görülebileceği gibi, "Bükreş'teki bu muhteşem etkinliğin katılımcılarına ve organizatörlerine teşekkür etmek isterim [...]" diyerek uzunca bir cümleye başlayan Çavuşesku, olanlara inanamayarak şaşkınlıktan dili tutulmuş ve gözleri fal taşı gibi açılmış hâlde giderek sessizleşti. Cümlesini bitiremedi. Göz açıp kapayıncaya dek, tüm düzenin nasıl çöktüğünü gözlemleyebilirsiniz. Fitili dinleyicilerden birinin yuhalamaya başlaması ateşledi. Sesini çıkarmaya ilk cüret eden o kişinin kim olduğu bugün hâlâ tartışma konusudur. Sonra biri diğerini takip etti ve saniyeler içinde kitleler ıslıklamaya, yuhalamaya ve bağırmaya başladı: "Te-meş-var! Te-meş-var!"

Tüm bu yaşananlar Romanya televizyonlarında naklen yayınlanırken, nüfusun dörtte üçü ekranlara kitlenmiş yürekleri ağzında olanları izledi. Kötü şöhretiyle nam salmış gizli polis teşkilatı "Securitate" hemen yayının durdurulmasını emretti ancak televizyonlar emirlere uymadı. Kameraman elindeki kamerayı gökyüzüne çevirdi. İzleyiciler balkondaki parti liderlerinin yaşadığı paniği göremediler ama ses kaydetmeye ve yayına devam eden teknisyenler sayesinde olan biteni dinlemeyi sürdürdüler. Tüm Romanya yuhalamaların karşısında sanki mikrofonda teknik bir sorun varmış gibi davranıp "Alo! Alo!" diye bağıran Çavuşesku'yu duydu. Eşi Elena, "Sessiz olun! Sessizlik!" diyerek kalabalığı azarladı, ta ki Çavuşesku hâlâ naklen yayın yapan televizyon ekranlarında eşini susturana kadar: "Asıl sen sessiz ol!" Daha sonra meydandaki heyecanlı kalabalığa döndü ve yalvarırcasına rica etti, "Yoldaşlar! Yoldaşlar! Sessiz olun, yoldaşlar!"

Ne var ki yoldaşların sessiz olmaya niyeti yoktu. Bükreş'te toplanan 80 bin kişi, balkondaki kürk şapkalı yaşlı adamdan daha güçlü olduğunu fark ettiği an Komünist Romanya un ufak oldu. Asıl

* Yazarın metnin orijinalinde verdiği İngilizce altyazılı, daha uzun videonun linkine kitabın sonundaki notlarda ya da YouTube'da "Ceauşescu's last speech" kelimelerini aratarak ulaşabilirsiniz. –çn

Görsel 17: Bir düzenin yıkıldığı an. Çavuşesku şaşkınlıktan donakalmış, gözlerine inanamıyor.

hayret verici olansa, sistemin çöktüğü o andan çok, onlarca yıl nasıl ayakta kalmayı başardığıdır. Devrimler neden bu kadar nadir gerçekleşir? Kitleler teoride harekete geçip önlerine geleni paramparça edebilecekken, neden balkondan onlara emreden bir adama amade, bazen yüzyıllar boyunca alkışlayıp tezahürat etmeye devam ederler?

Çavuşesku ve adamları üç hayati koşulu sağlayarak 20 milyon Romanyalı'yı kırk yıl boyunca yönetmeyi başardı. Öncelikle sadık komünist parti bürokratlarını ordu, sendika hatta spor kulüpleri gibi tüm işbirliği ağlarının başına yerleştirdiler. İkinci olarak antikomünist işbirliğine hizmet edebilecek ne siyasi ne ekonomik ne de sosyal bir organizasyonun var olmasına izin verdiler. Üçüncü ve son olarak, Sovyetler Birliği ve Doğu Avrupa'daki kardeş komünist partilere sırtlarını dayadılar. Ara ara yaşanan gerilimlere rağmen, bu partiler ihtiyaç ânında birbirini destekledikleri gibi sosyalist cennetlerine yabancıların burunlarını sokmalarına da engel oldular. Bu şartlar altında, yönetimdeki elitlerin onlara yaşattığı tüm zorluklara ve sefalete rağmen 20 milyon Romanyalı etkin bir işbirliğiyle hiçbir muhalefet geliştiremedi.

Çavuşesku bu üç koşulu sağlayamaz olduğunda yitirdi kudretini. 1980'lerin sonunda Sovyetler Birliği desteğini çekince komünist rejimler domino taşı gibi devrilmeye başladı. Aralık 1989'a gelindiğinde Çavuşesku dışarıdan hiçbir destek alamadığı gibi tüm çevre ülkelerde yerel muhalefetler doğuyordu. İkinci olarak, Komünist Parti'de görüş ayrılıkları başlamıştı; ılımlılar kendilerini bir an önce Çavuşesku'dan sıyırıp daha geç olmadan reformlara başlamayı umuyordu. Üçüncüsüyse Bükreş'te bir gösteri düzenleyen ve bunu naklen yayınlayan Çavuşesku'nun, devrimcilere kendi güçlerini fark edecekleri ve karşısında toplanabilecekleri mükemmel bir fırsatı altın tepside sunmasıydı. Bir devrimi yaymak için televizyondan daha hızlı bir yöntem olabilir mi?

Balkondaki sakar yöneticinin ellerinden kayıp giden güç, tabii ki meydandaki kitlelerin eline geçemedi. Kalabalık ve coşkulu olsalar da nasıl bir araya gelerek organize olacaklarını bilmiyorlardı. Tıpkı 1917'de Rusya'daki gibi güç, tek sermayesi iyi işbirliği olan küçük bir grup siyasi aktörün eline geçti. Romanya Devrimi, Komünist Parti'nin ılımlı kanadının perde arkasından durumu yönetmek için bir maske olarak kullandığı, kendini Romanya Ulusal Kurtuluş Cephesi olarak tanımlayan grup tarafından gasp edildi. Cephenin ayaklanan kitlelerle hiçbir gerçek bağı yoktu, orta kademeli parti yetkilileriyle doluydu ve Komünist Parti merkez komitesi eski üyesi ve bir dönem propaganda sorumlusu Ion Iliescu tarafından yönetiliyordu. Iliescu ve yoldaşları kendilerini demokratik siyasetçiler olarak yeniden tasarlayıp ellerine geçen her fırsatta devrimin liderleri olduklarını ilan ettiler; çok geçmeden geçmiş deneyimleri ve sahip oldukları yakın ilişki ağlarını kullanarak ülkenin kontrolünü ele geçirip sömürmeyi sürdürdüler.

Komünist Romanya'da her şey devlet mülkiyetindeydi. Demokratik Romanya hızla varlıklarını hızla özelleştirip, ne olup bittiğinin gayet farkında ve birbirinin ekmeğine yağ sürmek için işbirliği yapan eski komünistlere sudan ucuza sattı. Ulusal altyapıyı ve doğal kaynakları idare eden devlet şirketleri, eski komünist yetkililere yok pahasına peşkeş çekilirken, parti neferleri üç beş kuruş ödeyerek servetlerine servet kattılar.

Ion Iliescu'nun çalışma arkadaşları bakanlar, meclis üyeleri, banka yöneticileri ve multimilyonerlere dönüşürken, kendisi de Romanya başkanı seçildi. O günden bugüne ülkeyi yöneten yeni

Romanyalı elitler, eski komünistlerden ve onların ailelerinden oluşuyor. Temeşvar ve Bükreş'te kelle koltukta yola çıkan kitleler, kendi çıkarlarını koruyacak kurumlar yaratmayı ve nasıl işbirliği yapacaklarını bilemeyince arta kalanlarla yetinmek zorunda kaldılar.[22]

2011'de kader ağlarını Mısır Devrimi için de aynı şekilde ördü. 1989'da televizyonun yaptıklarını, 2011'de Facebook ve Twitter başardı. Yeni medya, kitlelerin uyumlu şekilde hareket etmesine yardımcı oldu, böylece binlerce insan doğru zamanda Mübarek rejimini devirmek üzere meydanlara döküldü. Ancak 100 bin insanı Tahrir Meydanı'na toplamak mühim bir başarı olsa da siyasi mekanizmaya hakim olup gizli odalarda anlaşmalar yaparak ülke yönetmek bambaşka bir iştir. Sonuç olarak göstericiler, Mübarek devrilince oluşan boşluğu dolduramadı. Mısır'ı etkin bir şekilde yönetmek için organize olmuş yalnızca iki kurum vardı: Ordu ve Müslüman Kardeşler. Devrim önce Müslüman Kardeşler, sonunda da ordu tarafından gasp edildi.

Romanyalı eski komünistler ve Mısırlı generaller, kendilerinden önceki diktatörlerden ya da Bükreş ve Kahire meydanlarındaki göstericilerden ne daha üstün bir zekaya ne de daha mahir ellere sahipti. En büyük üstünlükleri esnek işbirliği becerileriydi; kalabalıklardan daha iyi organize olup dar görüşlü Çavuşesku ve Mübarek'ten çok daha esnek olmaya rıza gösterdiler.

Cinsellik ve Şiddetin Ötesinde

Sapiens'in dünyaya hükmedebilmesinin sebebi kalabalık topluluklarla esnek işbirliği yapabilmesiyse bunun insanevladının kutsallığına duyduğumuz inancı gölgelemesi gerekir. Özel olduğumuzu ve bu nedenle de çeşitli imtiyazlara sahip olmamız gerektiğini düşünmeye yatkınız. Kanıt olarak da türümüzün akıl almaz başarılarını sunarız: Piramitleri ve Çin Seddi'ni inşa ettik, atomun ve DNA moleküllerinin sırlarını çözdük, Güney Kutbu'na, hatta Ay'a ulaştık. Eğer bu başarılar her bir bireyin sahip olduğu emsalsiz bir özden, diyelim ki ebedi bir ruhtan kaynaklansaydı, insan hayatını kutsamanın bir anlamı olabilirdi. Ancak zaferler büyük çaplı işbirlikleri sayesinde gerçekleştiğine göre neden tek tek insanlara saygı duymamız gerektiği hâlâ bir açıklamaya muhtaçtır.

Bir kovan tek bir kelebekten çok daha güçlüdür ama bir arının bir kelebekten daha kutsal olduğu anlamına gelmez bu. Romanya Komünist Partisi dağınık Romanya halkına başarıyla hükmetmiştir. Buradan parti üyelerinin hayatının sıradan bir vatandaştan daha kıymetli olduğu sonucu çıkarılabilir mi? İnsanlar şempanzelere göre daha iyi organize olabilirler, bu nedenle insanlar uzay mekikleriyle aya çıkarken, şempanzeler hayvanat bahçelerinde ziyaretçi taşlar. İyi de bu insanların daha üstün olduğu anlamına mı gelir?

Kim bilir, belki de. Öncelikle insanların nasıl bu kadar iyi işbirliği yapabildiğine odaklanmalıyız. Neden yalnızca insanlar bu kadar büyük ve karmaşık sosyal sistemler kurabilirler? Sosyal işbirliği şempanzeler, kurtlar ve yunuslar gibi pek çok sosyal memeli arasında samimi tanışıklıklara dayanır. Sıradan şempanzeler, yalnızca birbirlerini iyice tanıyıp sosyal bir hiyerarşi geliştirdikten sonra beraber avlanır. Dolayısıyla şempanzeler sosyal etkileşime ve iktidar mücadelesine çok ciddi vakit harcar. Yabancı bir şempanzeyle karşı karşıya geldiklerinde genellikle anlaşamaz ve çığlıklar eşliğinde kavgaya tutuşur ya da olabilecek en kısa sürede kaçarlar.

Pigme şempanzeler olarak da bilinen bonobolar arasındaysa işler biraz daha farklı yürür. Bonobolar genellikle gerginlikleri çözmek ve sosyal bağları güçlendirmek için cinselliği kullanır. Beklendiği üzere homoseksüel ilişki de oldukça yaygındır. İki yabancı bonobo grubu karşılaştığında ilk etapta korku ve düşmanlık sergileyerek ormanı çığlıklar ve ulumalarla doldurur. Kısa bir süre sonra dişiler tarafsız bölgeye çekilir ve yabancıları savaşmak yerine sevişmeye davet eder. Genellikle kabul edilen davet üzerine birkaç dakika içinde her yer savaş alanına döner ve etraf akla gelebilecek her tür pozisyonda sevişen bonobolarla dolar. Ağaçlardan ters sallanarak bu işi yapanlarına bile rastlanır.

Sapiens bu numaraları iyi bilir, bazen sıradan şempanzeler gibi güç ilişkileri kurarken, zaman zaman sosyal ilişkileri tıpkı bonobolar gibi cinsellikle güçlendirir. Ne var ki savaşma ya da sevişme veya kişisel tanışıklık, kalabalık gruplar arasında büyük çaplı işbirliklerinin temeli olamaz. Yunan siyasetçilerle Alman bankacıları yumruk yumruğa bir kavgaya ya da bir seks partisine davet ederek Yunanistan'ın borç krizini çözemezsiniz. Araştırmalar Sapiens'in 150'den fazla bireyle (aşk ya da nefret olması fark etmez) yakın ilişki kuramayacağını ortaya koyar.[23] Samimi ilişkiler insanların kitleler hâlinde işbirliği yapabilmesini sağlamaz.

Psikologlar, sosyologlar, ekonomistler ya da insan toplumunun sırlarını laboratuvar deneyleriyle çözmeye çalışanlar için bu pek de iyi bir haber sayılmaz. Organizasyonun zorluğu ve finansal nedenlerle deneylerin ciddi bir kısmı ya bireyler ya da az katılımcılı gruplar üzerinde yürütülür. Ne var ki küçük grup davranışları baz alınarak, kitlelerden oluşan toplumların davranış dinamiklerini analiz etmeye çalışmak oldukça tehlikelidir. 100 milyon nüfuslu bir toplumun tutum ve davranışları yüz bireyden oluşan bir grubunkinden temelde ayrılacaktır.

Davranışsal ekonominin en ünlü deneylerinden birini, Ültimatom Oyunu'nu ele alalım. Bu deney genellikle iki kişiye uygulanır. Katılımcılardan birine 100 dolar verilir ve bu parayı dilediği gibi diğer katılımcıyla paylaşması istenir. Katılımcı paranın tamamını kendine saklayabilir, ikiye bölebilir ya da çoğunu diğerine verebilir. Diğer katılımcıysa teklifi kabul edebileceği gibi kendisine önerilen parayı baştan reddedebilir. Eğer reddederse kimse hiçbir şey kazanmayacaktır.

Klasik ekonomi teorileri, insanların rasyonel ve hesap yapabilen makineler olduğu inancını korur. Bu teori, çoğunluğun 99 doları kendine saklayıp karşı tarafa bir dolar önereceğini ve karşı tarafın da bunu kabul edeceğini iddia eder. Kendisine bir dolar önerilen kişi her zaman evet diyecektir. Diğerinin elindeki 99 doları neden dert etsin ki?

Klasik ekonomistler muhtemelen hiç laboratuvardan çıkıp gerçek dünyaya adım atmadılar. Ültimatom Oyunu'nu oynayan pek çok kişi, düşük teklifleri "haksız" bulduğu için parayı reddeder.

Enayi yerine konulmaktansa birkaç dolar kaybetmeyi tercih ederler. Gerçek dünya böyle döndüğünden çok az kişi düşük teklif sunar ve parayı ya eşit böler ya da kendilerine cüzi bir fark ayırarak karşı tarafa ortalama 30-40 dolar teklif ederler.

Ültimatom Oyunu klasik ekonomi teorilerini ciddi anlamda sarsarken, geçtiğimiz yılların en önemli ekonomik keşiflerinden birinin gerçekleşmesine önayak olur: Sapiens katı matematik mantığıyla değil duyarlı bir sosyal mantıkla hareket eder. Duygularımız tarafından yönetiliriz. Daha önce de gördüğümüz gibi bu duygular geçmişte kalmış avcı-toplayıcı grupların sosyal mekanizmalarını yansıtan karmaşık algoritmalardan ibarettir. Eğer 30 bin yıl önce vahşi bir tavuk yakalamanıza yardım etseydim ve tavuğun çoğunu kendinize ayırıp bana sadece bir kanadı layık görseydiniz, "Bir kanat, hiç yoktan iyidir," demeyecektim. Aksine evrimsel algoritmalarım devreye girecek, adrenalin ve testosteron salgılamaya başlayacak, kanım kaynayacak ve yumruğu çakıp avazım çıktığı kadar bağıracaktım. Kısa vadede aç kalmış, hatta bir iki darbe almış bile olabilirdim. Ancak uzun vadede karşılığını alacağım kesindir, beni kazıklamaya çalışacakları uyarmış olurum. Taş Devri'nde haksız teklifleri uysalca kabul edenler hayatta kalamadığı için bugün hâlâ haksız teklifleri reddediyoruz.

Günümüzdeki avcı-toplayıcı gruplar üzerinde yapılan gözlemler de bu görüşü destekliyor. Birçok topluluk oldukça adil paylaşır, bir avcı etine dolgun bir geyikle geldiğinde herkes payına düşeni alır. Aynısı şempanzeler için de geçerlidir. Şempanzelerden biri avladığı domuzla geldiğinde, sürünün diğer üyeleri de birer parça koparırlar.

Yakın zamanda yapılmış başka bir deneyde primatolog Frans de Waal, yan yana iki kafese birbirlerinin davranışlarını görebilecek şekilde iki Kapuçin maymunu yerleştirir. Frans de Waal ve meslektaşları iki kafese de küçük taşlar koyup bu taşları kendilerine vermeleri için maymunları eğitirler. Maymunlar her bir taş karşılığında bir parça yiyecek alırlar. İlk ödül bir parça salatalıktır. İki maymun da hâlinden memnun salatalıklarını yer. Birkaç denemeden sonra Frans de Waal deneyin ikinci kısmına geçer. Bu sefer taşı veren ilk maymuna üzüm verilir. Üzümler salatalıktan çok daha lezzetlidir. Ne var ki taşı veren ikinci maymun yine bir salatalık alır. Biraz önce salatalıktan gayet memnun olan maymun öfkelenir. Salatalığı alır, bir an şaşkınlıkla bakar ve öfkeyle araştırmacılara geri atarak zıplayıp çığlıklar atar. Bu maymun kesinlikle enayi değildir.[24]

Ültimatom Oyunu ve (dilerseniz yine YouTube'dan izleyebileceğiniz) bu eğlenceli deney, pek çok insanı primatların doğal bir ahlak anlayışına sahip olduğuna ve eşitliğin evrensel bir değer olduğuna ikna etti. İnsanlar doğaları gereği eşittir, eşit olmayan toplumlar hınç ve tatminsizlik yüzünden iyi işleyemez.

Fakat sahiden de böyle midir? Bu teoriler şempanzeler, Kapuçin maymunları ve küçük avcı-toplayıcı topluluklar için geçerli olabilir, laboratuvarlarda küçük gruplara uyguladığınızda akla yatkın sonuçlar verebilir. Ancak insan kitlelerini gözlemlediğinizde bambaşka bir gerçeklikle karşılaşırsınız. İnsanlık tarihine baktığımızda, sayısız krallık ve imparatorluğun akıl almaz derecede eşitlikten uzak ancak şaşılacak kadar dengeli ve etkin olduğunu görürüz. Antik Mısır'da firavunlar serin ve şatafatlı saraylarında rahat yastıklara yayılarak, altın sandaletler, değerli taşlarla bezeli elbiseler içinde, güzeller güzeli hizmetkarlar tarafından ağızlarına uzatılan bal tadında üzümlerle beslenirdi. Pencerelerinden acımasız güneşin alnında, tarlalarda kirli paçavralar içinde uğraşıp didindikten sonra gün sonunda tek bir salatalık yiyebilirse kendini şanslı sayan köylüleri izliyorlardı. Yine de antik Mısır'da köylüler nadiren ayaklanırdı.

1740'ta Prusya Kralı II. Friedrich, Silezya'yı işgal eder ve Prusya'yı büyük bir güce dönüştürerek kendisine Büyük Friedrich lakabını kazandıracak bir dizi kanlı savaş başlatır. Yüz binlerce insanın canını alır, kalanlarıysa sakat ya da muhtaç bırakır. Friedrich'in askerlerinin çoğu çelik gibi bir disipline ve gaddar talimlere maruz kalan acemi erlerdir. Beklendiği gibi askerler başkomutanlarına duydukları sevgiyi bir an bile sorgulamazlar. Akın eden birliklerini izleyen Friedrich, generallerinden birine bu sahnede kendisini en çok şaşırtan şeyin şu olduğunu söyler: "Burada son derece emniyetteyiz, bir de şu 60 bin adama bak; hepsi düşmanımız, içlerinden birinin bile elindeki silah ve güç neredeyse bizimkine eşdeğer, ne var ki hepsi varlığımız karşısında titriyor, onlardan korkmamız için hiçbir sebep yok."[25] Friedrich sahiden de adamlarını güvensizlik duymadan izliyordu. İlerleyen yıllarda, savaşın tüm zorluklarına rağmen, 60 bin silahlı adamdan biri bile kendisine karşı isyan etmedi; hepsi de görülmemiş bir cesaretle hayatlarını feda ederek onun adına çarpıştı.

Peki Mısır köylüleriyle Prusya askerleri neden Ültimatom Oyunu'ndan ya da Kapuçin maymunlarından öğrendiklerimizden sonra oluşan beklentilerimizi boşa çıkaracak şekilde davrandılar? Çünkü kalabalık topluluklar küçük gruplardan temelde çok daha farklıdır. Biliminsanları bir milyon kişinin 100 milyar doları paylaşmaya çalıştığı bir Ültimatom Oyunu deneyi yapmayı başarabilselerdi, kim bilir nasıl sonuçlar elde edilirdi?

Muhtemelen tuhaf ve nefes kesici yeni dinamikler gözlemlenirdi. Bir milyon insan topluca karar veremeyeceğine göre her grup küçük bir yönetici elit oluşturabilirdi. Bir grup 90 milyarı kendine saklayarak karşı tarafa 10 milyar dolar önerseydi sonuç ne olurdu? İkinci grubun liderleri bu haksız teklifi memnuniyetle kabul edip 10 milyarı İsviçre'deki banka hesaplarına akıtırken ödül ve cezalarla grup arkadaşlarının isyan etmesini engelleyebilirdi. Yönetim muhaliflerin derhal cezalandırılacağına dair tehditler savurabilir, sabırlı ve uyumlu davrananlara öteki dünyada sonsuz ödüller vaat edebilirdi. Antik Mısır ve 18. yüzyılda Prusya'da bunlar yaşandı ve dünyanın her köşesindeki sayısız ülkede işler hâlâ böyle yürüyor.

Bu tehdit ve vaatler istikrarlı hiyerarşiler ya da kitlelerarası işbirliği ağları yaratabiliyor, tabii insanlar bu düzenin insanların kaprisleri yerine doğanın değişmez kanunları ya da tanrının kutsal emirleri olduğuna inandığı sürece. İnsanların geniş çaplı tüm işbirlikleri aslında hayali düzenlere inanmamız nedeniyle kurulabilmiştir. Sadece kafamızın içinde var olmasına rağmen bu kurallar bütününe karşı konulamaz yerçekimi kanunuymuş gibi inanırız. "Gök tanrıya on boğa kurban edersen yağmur yağacak, aileni onurlandırırsan cennete gideceksin, söylediklerime inanmazsan cehennemi boylayacaksın." Sapiens belli bir yörede yaşadığı ve aynı hikayelere inandığı sürece, aynı kuralları izleyerek yabancıların benzer davranışları tanımasını kolaylaştırır ve böylelikle geniş çaplı işbirliği ağları kurabilir. Sıklıkla sarık, sakal ya da takım elbise gibi görsel işaretlerle, "Bana güvenebilirsin, ben de aynı hikayeye inanıyorum," mesajı verilir. Şempanze akrabalarımız böylesi hikayeler yaratıp bunları yayamadıkları için kalabalık gruplarla işbirliği yapamazlar.

Anlamlar Örgüsü

İnsanlar nesnel ve öznel gerçeklikler olmak üzere yalnızca iki tür gerçeklik biçimi olduğunu varsaydıklarından "hayali düzenler" fikrini kabullenmekte zorlanırlar. Nesnel gerçeklikte, her şey inançlarımız ve duygularımızdan bağımsız olarak var olur. Örneğin yerçekimi nesnel bir gerçekliktir. Newton'dan çok önce de vardır ve ona inanmayanları bile aynı şekilde etkiler.

Öte yandan öznel gerçeklik, kişisel inançlarımız ve duygularımızla derinleşir. Başıma saplanan şiddetli ağrılar sebebiyle doktora gittiğimi varsayalım. Tepeden tırnağa muayene etmesine rağmen bir sorun bulamayan doktor kan testi, idrar testi, DNA testi, röntgen, elektrokardiyogram, fMRI taraması ve daha birçok tahlil isteyecektir. Doktor eğer sonuçlarda bir sorun görmezse tamamen sağlıklı olduğumu söyleyerek beni eve gönderecektir. Ancak ağrım yine de devam eder. Nesnel tahlillerde bir şey çıkmamasına, hatta benden başka kimse ağrıya dair bir bulgu elde edememesine rağmen, ağrı benim için tamamen gerçektir.

Pek çok insan gerçekliğin yalnızca nesnel ya da öznel olabileceğini, üçüncü bir seçeneğin olamayacağını varsayar. Bir şey kendi öznel hislerinden doğmamışsa, o hâlde nesnel olduğu sonucuna çok hızla vararak kendisini rahatlatır. Eğer pek çok kişi Tanrı'ya inanıyor, para dünyada serbestçe dolaşabiliyor, milliyetçilik savaşlar çıkarıp imparatorluklar kurabiliyorsa tüm bunlar benim öznel inancımdan ibaret olamaz. Tanrı, para ve uluslar nesnel gerçeklikler olmalıdır.

Ne var ki üçüncü bir gerçeklik var: Öznelerarası düzey. Öznelerarası oluşumlar bireysel inanç ve duygulardan ziyade birden fazla insan arasındaki iletişime dayanır. Tarihte pek çok şey öznelerarasıdır. Örneğin paranın nesnel bir değeri yoktur. Kağıt bir parayı yiyemez, içemez ya da giyemezsiniz ama insanlar değerine inandığı sürece parayla yemek, içecek ve kıyafet satın alabilirsiniz. Fırıncı bir anda paraya olan inancını kaybedip bu kağıt parçasına karşılık bana ekmek vermeyi reddederse birkaç sokak ötedeki süpermarkete giderim. Ancak süpermarketteki kasiyer, işportacılar, alışveriş merkezleri de artık bu kağıt parçasını kabul etmiyorsa o zaman para değerini yitirecektir. Kağıt parçası var olmaya devam edecektir tabii ama değerini yitirecektir.

Bu gibi durumlar zaman zaman yaşanır. 3 Kasım 1985'te Myanmar hükümeti beklenmedik bir anda yirmi beşlik, ellilik ve yüzlük kyat banknotların artık tedavülden kalktığını ilan etti. Paralarını değiştirme şansından mahrum bırakılan insanların hayat boyu dişlerinden tırnaklarından artırdıkları birikimleri değersiz kağıt parçalarına dönüştü. Feshedilen banknotların yerine hükümet Myanmar'ın diktatörü General Ne Win'in yetmiş beşinci doğumgününü kutlamak adına yetmiş beşlik kyat banknotlar bastı. Ağustos 1986'da on beşlik ve otuz beşlik kyatlar dolaşıma girdi. Söylentilere göre numerolojiye inanan diktatör için on beş ve otuz beş şanslı sayılardı. Ne var ki yeni banknotlar tebaasına pek şans getirmedi. 5 Eylül 1987'de hükümet yine ansızın otuz beşlik ve yetmiş beşlik banknotların artık para olmadığına hükmetti.

İnsanlar inanmayı bıraktığı anda buharlaşacak tek şey para değildir. Aynı şey yasalar, tanrılar, hatta koca koca imparatorluklar için de geçerlidir. Dünyayı şekillendirenler bir bakmışsınız bir anda yok olmuşlar. Akdeniz Havzası'nın bir zamanlar en kıymetli tanrıları olan Zeus ve Hera, bugün kimse onlara inanmadığı için artık tarihsel birer figürdür. İnsan ırkını topyekun ortadan kaldırabilecek Sovyetler Birliği bir kalem dokunuşuyla sona ermiştir. 8 Aralık 1991'de öğleden sonra saat 14:00'te, Viskuli yakınlarında devlete ait bir sayfiye evinde Rusya, Ukrayna ve Beyaz Rusya liderleri bir araya gelip Belavezha Mutabakatı'nı imzalar: "SSCB'nin kurucu devletleri olan bizler; Beyaz Rusya Cumhuriyeti, Rusya Federasyonu ve Ukrayna, 1922'de imzaladığımız uluslararası kanuna tabi ve jeopolitik bir varlık olarak kurduğumuz SSCB'nin varlığının sona erdiğini ilan ederiz."[26] Hepsi bu kadar işte, Sovyetler sona erer.

Parayı öznelerarası bir gerçeklik olarak kabul etmek görece daha kolaydır. Çoğu insan antik Yunan tanrılarının, kötü imparatorlukların ya da yabancı kültürlerin de sadece hayal gücümüzde var olduğunu benimsemeye açıktır. Ne var ki hayatımıza anlam veren *kendi* tanrımızın, *kendi* ulusumuzun ya da *kendi* değerlerimizin kurgudan ibaret olduğunu kabullenmek istemeyiz. Hayatlarımızın nesnel bir anlam taşıdığına, fedakarlıklarımızın zihnimizdeki hikayelerin ötesinde bir değeri olduğuna inanmak isteriz. Gelgelelim birçok insanın yaşamı sadece anlatılan hikayelerle var olur.

Anlam insanların birlikte ördüğü ortak hikayeler ağıdır. Kilisede evlenmek, Ramazan'da oruç tutmak ya da seçimlerde oy kullanmak gibi belirli davranışlar neden bizim için anlamlıdır? Çünkü ebeveynlerimiz de böyle düşünür, kardeşim de oruç tutar ve tüm komşularımız, diğer şehirlerdeki hatta uzak diyarlardaki insanlar bile oy kullanır. Peki tüm bu insanlar neden anlatıları anlamlı bulur? Çünkü arkadaşları ve komşuları da aynı görüşleri paylaşır. İnsanlar kendi kendini çeviren bu döngüde devamlı birbirlerinin görüşlerini destekler. Karşılıklı her kabul, anlam örgüsünü herkesin düşüncesine inanmaktan başka bir çareniz kalmayıncaya kadar güçlendirip sıkılaştırır.

Görsel 18: Belavezha Mutabakatı imzalanırken. Kalem kağıda dokunur ve abrakadabra! Sovyetler yok olur.[27]

Gel zaman git zaman anlam örgüsü çözülür ve yerini yenileri alır. Tarihi araştırmak, bu örgülerin çözülme ve oluşma süreçlerini izleyerek belirli bir çağda insanlara hayattaki en önemli olguymuş gibi gelen şeylerin, gelecek nesillerin gözünde ne kadar anlamsızlaştığını fark ettirir.

1187'de Selahaddin Eyyübi, Hıttin Muharebesi'nde Haçlıları yenerek Kudüs'ü fetheder. Papa kutsal şehri geri almak için III. Haçlı Seferi'ni başlatarak karşılık verir. Selahaddin Eyyübi'ye karşı savaşmak için yurdunu terk eden John adında genç bir İngiliz asili düşünün. John tercihlerinin nesnel bir anlamı olduğuna inanırdı. Bu savaş uğruna yaşamını feda ettiğinde, ruhunun cennete yükselerek uhrevi zevklerle dolu sonsuzlukta keyif çatacağından emindi. John cennet ve ruhların insanlar tarafından uydurulmuş hikayeler olduğunu duysaydı dehşete kapılırdı herhalde. Eğer kutsal topraklara ulaşabilirse Müslüman bir savaşçının indirdiği balta darbesiyle acı içinde kulakları çınlarken gözleri kararıp yere yığıldığı an, göz alıcı bir ışığın etrafını saracağına, ahenkli arp notaları eşliğinde parlak kanatlı meleklerin onu muhteşem altın kapıdan içeri çağıracağına inancı tamdı.

John inanılmaz sıkı ve güçlü bir anlam örgüsünün tuzağına düştüğü için tüm bunlara inanır. Hatırlayabildiği en eski anılarında, kalenin ana salonunda büyükbabası Henry'nin paslı kılıcı asılıdır. Çocukluğundan beri II. Haçlı Seferi'nde ölen büyükbabası Henry'nin artık cennette meleklerle dinlendiğini ve gökyüzünden John'la ailesini izlediğini dinler. Zaman zaman kaleyi ziyaret eden halk ozanları, kutsal topraklarda çarpışmış cesur Haçlılara methiyeler düzerler. Kiliseye gittiğinde izlemeyi sevdiği vitray camlardan birinde, at üzerindeki ortaçağ şövalyesi Godfrey de Bouillon, kötücül bakışlı Müslümanı mızrağıyla delip geçer; bir başkasındaysa cehennemde yanan günahkar ruhlar resmedilir. Hayatında gördüğü en bilgili adam olan yerel rahibi her zaman dikkatle dinler John. Neredeyse her pazar, özenle derlenmiş meseller ve herkesin gülmekten kırıldığı şakalar eşliğinde Katolik Kilisesi'nden başka bir kurtuluş olmadığını açıklar rahip; Roma'daki Papa kutsal babamızdır, onun emirlerine uymalı ve sözünden çıkmamalıyızdır. Çaldığımızda ya da öldürdüğümüzde bizi cehenneme gönderecek olan Tanrı, Müslümanları öldürdüğümüzdeyse bizi cennetinde karşılayacaktır.

John on sekizine yaklaşırken bir gün, darmaduman hâlde bir şövalye kaleye girer ve nefes nefese yeni havadisi ilan eder: "Selahaddin Eyyübi Hıttin'de Haçlı ordusunu dağıttı! Kudüs düştü! Papa yeni sefer kararı aldı, ölen herkese ebedi kurtuluş bahşediyor!" İnsanlar korku ve şaşkınlıkla bakışırken, John'un yüzü uhrevi bir coşkuyla aydınlanır: "Kafirlerle savaşmaya, kutsal toprakları özgürleştirmeye gidiyorum!" Herkes bir anlığına sessizleşir, haberi gözyaşları ve kahkahalarla karşılar. Annesi gözlerini silerek John'a sarılır ve oğluyla gurur duyduğunu söyler. Babası sırtını sıvazlayarak: "Ah senin yaşında olaydım, yalnız bırakmazdım seni. Ailemizin onuru söz konusu, bizi hayal kırıklığına uğratmayacağını biliyorum!" der. İki arkadaşı daha John'a katılır. Nehrin karşı kıyısındaki can düşmanı baron bile iyi dileklerini iletmek için ziyaretine gelir.

John kaleden ayrılırken köy sakinleri viranelerinden çıkıp ona el sallar, güzel kızlar kafirlerle savaşmak üzere yola düşmüş Haçlı şövalyenin arkasından hayranlıkla bakar. İngiltere'den yelken açıp Normandiya, Provence, Sicilya üzerinden uzak ve yabancı diyarlara doğru yol alır, aynı inançla aynı hedefe doğru yürüyen tanımadığı şövalye grupları kendisine katılır. Ordu, sonunda kutsal topraklara varıp da Selahaddin Eyyübi'yle savaşa tutuştuğunda, John en fanatik Sarazenlerin bile kendisiyle aynı inancı paylaşmasına şaşırır. Yalnız kafaları bir parça karışıktır; onlara göre Hıristiyanlar kafir, Müslümanlar inançlıdır. Ancak temel bir konuda hemfikirdirler, Kudüs ve Tanrı için savaşanlar dosdoğru cennete gidecektir.

Ortaçağ medeniyeti böylece kendi anlam örgüsünü oluşturur, John ve çağdaşları da sinekler gibi bu anlam örgüsüne yakalanır. John'un gözünde tüm bu hikayelerin hayal gücünün birer ürünü olması akıl alır gibi değildir. Belki ailesi ve akrabaları yanılıyordur, peki ya tüm o halk ozanları, arkadaşları, kasabadaki kızlar, o âlim rahip, nehrin karşısındaki baron, Roma'daki Papa, Provence ve Sicilya'daki şövalyeler, hatta ve hatta Müslümanlar bile, hepsinin sanrılar içinde olması mümkün müdür?

Sonra yıllar geçer. Tarihçiler bu anlam örgüsünü incelerken biri çözülür ve yerine bir yenisi oluşturulur. John'un ailesi ve arkadaşları sırayla ölür. Halk ozanlarının Haçlılar hakkında çalıp söyledikleri, yerini trajik aşk hikayeleri üzerine sahnelenen oyunlara bırakır. Ailenin yerle bir olan kalesi yeniden inşa edildiğinde hiçbir yerde büyükbaba Henry'nin kılıcının izine rastlanmaz. Fırtınada parçalanan kilise camları yenilendiğinde, ortaçağ şövalyesi Godfrey de Bouillon ve cehennemdeki günahkarların yerini, İngiliz Kralı'nın Fransa'ya karşı kazandığı muhteşem zafer almıştır artık. Rahip, Papa'ya kutsal babamız değil, "Roma'daki o şeytan" diye hitap etmektedir. Yakınlardaki üniversitede âlimler antik Yunan metinlerine dalmış, ölü bedenleri kesip incelerken kapalı kapılar ardında birbirlerine ruh diye bir şey olmadığını fısıldamaktadır.

Yıllar geçmeye devam eder. Bir zamanlar kalenin yükseldiği tepede bir alışveriş merkezi vardır artık. Köşedeki sinemada kim bilir kaçıncı defa *Monty Python ve Kutsal Kase* gösterilmektedir. Kilisede yalnızlıktan sıkılmış bir papaz, ziyarete gelen iki Japon turisti ağzı kulaklarında karşılayıp uzun uzun vitrayların hikayesini anlatırken, dinlediklerinin anlamsızlığı karşısında kafa sallayan turistler kibarca gülümserler. Kilisenin merdivenlerine oturmuş gürültücü gençler iPhone'larından, YouTube'da John Lennon'ın "Imagine" [Hayal et] şarkısının yeni bir yorumunu dinliyordur. "Cennetin olmadığını hayal et," der Lennon, "denersen kolay olduğunu göreceksin." Pakistanlı bir çöpçü kaldırımları süpürürken, radyoda haberler başlar: "Suriye'deki katliam devam ediyor. Güvenlik Konseyi görüşmelerinden bir karar çıkmadı." Bir anda zamanda bir kırılma olur ve gençlerden birinin yüzü gizemli bir ışık huzmesiyle aydınlanır: "Kafirlerle savaşmaya, kutsal toprakları özgürleştirmeye gidiyorum!"

Kafirler ve kutsal topraklar ne demek? Bu kelimeler İngiltere'de pek çok kişi için bugün hiçbir anlam ifade etmiyor. Muhtemelen papaz bile kafirlerle savaşmaya niyetlenen gencin psikotik bir nöbet geçirdiğini düşünecektir. Öte yandan Uluslararası Af Örgütü'ne katılıp göçmenlerin haklarını korumak adına Suriye'ye gitmeye karar veren genç bir İngiliz, ortaçağda deli muamelesi görecekken bugün kahraman gibi değerlendirilecektir. 12. yüzyılda İngiltere'de kimse insan haklarının ne olduğunu bilmiyordu. Ortadoğu'ya canınız pahasına gidip Müslümanları öldürmek yerine, bir Müslüman topluluğunu diğerinden korumak istediğinizden mi bahsediyorsunuz? Aklınızı kaçırmış olmalısınız.

İşte tarih böyle gözler önüne seriliyor. İnsanlar bir anlam örgüsü oluşturup tüm kalpleriyle buna inanıyor; ancak er ya da geç örgü çözüldüğünde nasıl da tüm bu hikayeyi ciddiye aldıklarına anlam veremiyorlar. Soğuk Savaş çılgınlık gibi görünmeye başladı bile. Otuz yıl önce nasıl oldu da insanlar komünist bir cennete inandıkları için nükleer bir katliamı göze alabildiler? Önümüzdeki yüzyılda demokrasi ve insan haklarına duyduğumuz inanç da gelecek nesillere aynı şekilde anlamsız görünebilir.

Rüya Zamanı

Sapiens bir anlam örgüsü kurabildiği için dünyaya hükmedebiliyor; hem de yalnızca ortak hayal gücümüzde var olan bir hukuk, güç, varlık ve mekan örgüsü oluşturabildiği için. Bu anlam örgüsü insanların Haçlı Seferleri düzenlemesini, sosyalist devrimler yapmasını veya insan hakları mücadelelerine girişmesini sağlıyor.

Diğer hayvanlar da çeşitli şeyler hayal edebilir. Fare avlamak için pusuya yatmış bir kedi, fareyi göremese de onun biçimini ve tadını hayal edebilir. Ancak günümüzde sahip olduğumuz verilere göre kediler sadece fare gibi somut şeyleri hayal edebilirler. Tadı kokusu olmayan ABD doları, Google, Avrupa Birliği gibi şeyleri değil. Yalnızca Sapiens bu tip kuruntuları zihninde yaratabilir.

Sonuç olarak kediler ve diğer hayvanlar nesnel evrene mahkumken ve iletişim sistemlerini yalnızca verili gerçekliği betimlemek için kullanırken; Sapiens, dili tamamen yeni gerçeklikler yaratmak için kullanır. Geçtiğimiz 70 bin yılın içinde yarattığı öznelerarası gerçeklikler o kadar güçlendi ki Sapiens artık dünyaya hükmedebiliyor. Şempanzeler, filler, Amazon Ormanları ve Kutup buzulları 21. yüzyılda varlıklarını sürdürebilecek mi? Hepsinin akıbeti, ortak hayal gücümüzle var ettiğimiz Avrupa Birliği ve Dünya Bankası gibi öznelerarası oluşumların istekleri ve kararlarına bağlı.

Hayvanlar ruhları ya da zihinleri yetersiz diye değil, hayal güçleri yetersiz olduğu için bize karşı koyamaz. Aslanlar koşar, zıplar, pençe atar ve ısırır, ne var ki bir banka hesabı ya da dava açamaz. 21. yüzyılda nasıl dava açacağını bilen bir bankacı, savandaki en vahşi aslandan bile daha güçlü sayılır.

Öznelerarası oluşumlar yaratabilme yeteneği insanları diğer hayvanlardan kopardığı kadar beşeri bilimleri de yaşambilimlerinden ayırıyor. Tarihçiler, tanrı ve ulus gibi öznelerarası oluşumların gelişimini anlamaya çalışırken, biyologlar neredeyse böyle kavramların varlığını bile reddediyor. Kimileri genetik kodları çözdüğümüz ve beyindeki her nöronun haritasını çıkarabildiğimizde, insanlığın sırrını çözeceğimizden emin. Sonuçta ruh diye bir şey yoksa düşünceler, duygular ve duyular biyokimyasal algoritmalardan ibaretse biyolojinin insan topluluklarının aşırılıklarını açıklayamaması için hiçbir sebep olmamalı, değil mi? Bu açıdan bakınca evrimsel baskılarla tetiklenmiş bölgesel çatışmalardan ibaret olan Haçlı Seferleri'nde Selahaddin Eyyübi'yle savaşmaya kutsal topraklara giden İngiliz şövalyelerinin, komşu sürüyle bölgeyi paylaşmaya çalışan kurtlardan hiçbir farkı kalmıyor.

Bunun aksine beşeri bilimler, hormonlara ve nöronlara indirgenemeyecek öznelerarası oluşumların önemini vurgular. Tarihsel düşünmek, hayalimizdeki hikayelerin içeriklerine gerçek güçler atfetmek anlamına gelir. Tarihçiler iklimsel değişiklikler ve genetik mutasyonlar gibi nesnel etkileri göz ardı etmezler tabii, ancak insanların uydurduğu ve inandığı hikayelere daha çok ağırlık verirler. Kuzey ve Güney Kore arasındaki farklılıklar, Pyongyang'daki insanların genleri Seul'dekilerden çok farklı olduğu ya da kuzey daha soğuk ve dağlık olduğu için değil, kuzeye bambaşka kurgular hakim olduğu için ortaya çıkmıştır.

Nörobiyolojideki gelişmeler belki bir gün komünizm ve Haçlı Seferleri'ni yalnızca biyoloji terimleriyle açıklamamızı mümkün kılar. Ancak o güne daha çok zaman var, bunu biliyoruz. 21. yüzyılda tarihle biyoloji arasındaki çizginin belirsizleşme nedeni, tarihi olayları tamamen biyolojiyle açıklamamız değil, DNA zincirlerini baştan yazacak ideolojik kurgular, iklimi değiştirecek siyasi ve ekonomik çıkarlar, dağlar ve nehirlerin coğrafyasına boyun eğdirecek sanal gerçeklikler olacak. İnsanlar genetik ve elektronik kodları çözdükçe, öznelerarası gerçeklik nesnel gerçekliği yutacak ve biyoloji tarihle birleşecek. 21. yüzyılda kurgu, belki de hovarda asteroitleri ve doğal seçilimi kenara iterek yeryüzündeki en nüfuzlu güç hâline gelecek.

Görsel 19: Yaratıcı. Jackson Pollock bir ilham ânı yaşarken.

II. Kısım
Homo Sapiens Dünyayı Anlamlandırıyor

İnsanlar nasıl bir dünya yarattı?

Dünyayı kontrol etmenin ötesinde insanlar kendi anlamlandırdıkları dünyaya nasıl inanmaya başladılar?

İnsan türüne tapmanın ideolojisi olan Hümanizm nasıl gelmiş geçmiş en önemli din hâline geldi?

4
Hikaye Anlatıcılar

KURT VE ŞEMPANZE gibi hayvanlar ikili gerçeklikte yaşar, hem ağaç, taş ve nehir gibi harici nesnel varlıkların hem de korku, keyif ve arzu gibi öznel deneyimlerin farkındadır. Sapiens ise üç katmanlı bir gerçeklikte sürdürür varlığını. Ağaç, nehir, korku ve arzunun yanı sıra Sapiens dünyasında para, tanrı, ulus ve şirket gibi hikayelere de yer vardır. Tarihin sayfalarında ilerledikçe tanrılar, uluslar ve şirketler; nehirler, korkular ve arzular pahasına etkilerini genişlettiler. Dünyada hâlâ pek çok nehir var ve insanlar da hâlâ korku ve arzularıyla hareket etmeye devam ediyor; ancak Hz. İsa, Fransız Devrimi ve Apple barajlar kurup nehirlerden faydalandılar ve de en derin endişe ve özlemlerimize yön vermeyi öğrendiler.

21. yüzyıl teknolojileri daha güçlü kurgular yaratacağına göre geleceğimizi anlamak için Hz. İsa, Fransız Devrimi ve Apple'a dair bu hikayelerin nasıl bu denli güçlendiğini de anlamak zorundayız. İnsanlar tarihi yazdıklarına inansa da, esasında tarih, kurgulardan oluşan bir ağın etrafında örülür. Kişisel temel yetilerimizin Taş Devri'nden bu yana tamamen değişmese bile gerilediğini söylemek yanlış olmaz. Ne var ki hikayeler örgüsü zamanla hep daha da güçlenerek ilerledi ve tarihi Taş Devri'nden Silikon Devri'ne taşıdı.

Her şey 70 bin yıl önce Sapiens'in sadece hayal gücünde var olan şeyler hakkında konuşabilmesini sağlayan Bilişsel Devrim'le başladı.

Takip eden 60 bin yıl boyunca Sapiens'in ördüğü pek çok kurgu ağı görece küçük ve yerel kaldı. Bir kabilenin taptığı saygıdeğer ataların ruhu, komşu kabilelere tamamen yabancıydı; bir yörede kıymetli olan denizkabukları hemen ilerideki sıradağların ardında değersizdi. Yine de ataların ruhunun ve değerli denizkabuklarının Sapiens'e inanılmaz ayrıcalıklar sağladığı bir gerçekti; bu sayede yüzler, hatta binlerce hemcinsiyle Neandertal ya da şempanze akrabalarının yapabileceğinden çok daha etkin işbirliği yapabiliyordu. Ne var ki bir şehri ya da krallığı avcılık ve toplayıcılıkla beslemek imkansızdı. Bu nedenle Sapiens avcı-toplayıcı kaldığı sürece, kurgu ağlarını genişletebilse bile gerçekten kitlesel bir işbirliği kuramayacaktı. Nitekim Taş Devri'nin ruh, peri ve iblisleri de bu büyük işbirliğini mümkün kılamayacak kadar zayıf kurgulardı.

12 bin yıl kadar önce başlayan Tarım Devrimi, öznelerarası ağları genişletmek ve güçlendirmek için gereken maddi temeli sağladı. Tarım kalabalık şehirlerdeki binleri ve disiplinli ordulardaki askerleri beslemeyi mümkün kıldı. Erken dönemde tarım, ortak mitleri korumak ve kitlesel işbirliği sağlamak amacıyla insan beyninin oldukça sınırlı veri işleme yetilerine bel bağlamak durumundaydı.

Çiftçiler büyük tanrılara dair hikayelere inandı. En yüce tanrılarına tapınaklar inşa edip onurlarına festivaller düzenlediler, kurbanlar, araziler ve hediyeler sundular. Altı bin yıl kadar önce Sümerlerdeki ilk antik şehirlerde tapınaklar aynı zamanda önemli siyasi ve ekonomik merkezler olarak da hizmet verirdi. Sümer tanrıları modern markalara ya da şirketlere benzer bir işlev üstlenmişti. Bugün şirketler mülk sahibi olabilen, para ödeyebilen, insanları işe alan ve ekonomik girişimlerde bulunabilen yasal kuruluşlardır. Uruk, Lagaş ve Şuruppak antik kentlerinde tanrılar kendi tarlalarına ve kölelerine sahip olabilen, borç alıp verebilen, maaş ödeyebilen, barajlar ve su kanalları inşa edebilen yasal kuruluşlar gibi işliyordu.

Tanrılar asla ölmediği ve miras kavgasına düşecek çocukları da olmadığından gitgide daha fazla mülk ve güç kazandılar. Zamanla daha çok Sümerli kendini tanrılar tarafından işe koşulmuş, onların tarlalarını ekip vergi öderken buldu. Tıpkı günümüzde John'un

Google'da, Mary'nin Microsoft'ta çalışması gibi antik Uruk'ta da biri yüce tanrı Enki'ye hizmet ederken, komşusu tanrıça İnanna'nın emrindeydi. Enki ve İnanna'nın tapınakları Uruk semalarını kaplıyor, ölümsüz tanrıların logoları yapıları, ürünleri ve kıyafetleri süslüyordu. Sümerlilerin gözünde Enki ve İnanna, günümüzün Google ve Microsoft'u kadar gerçekti. Taş Devri'ndeki hayaletler ve ruhlar benzeri öncülleriyle karşılaştırıldığında Sümer tanrıları oldukça kudretli sayılırdı.

Tanrıların insanların hayal gücünden başka bir yerde var olmadığı aşikar olunca, işletmelerini gerçekten onların yönetmediklerini söylemenin de lüzumu yok. Günlük uğraşlar tapınak rahipleri tarafından idare edilirdi (Google ve Microsoft'un yönetici olarak kanlı canlı insanları işe alması gibi). Ancak tanrılar mülkiyet ve güç kazandıkça rahipler tanrıların ihtiyaçlarına cevap verememeye başladılar. Yüce gök tanrıyı ya da her şeyi bilen yeryüzü tanrıçasını temsil etseler de sonuçta hata yapabilen ölümlülerdi. Hangi araziler, hangi meyve bahçeleri tanrıça İnanna'ya aitti, İnanna'nın işçilerinden kaçı maaşlarını aldı, hangi çiftçiler ödeme yapmadı ya da tanrıça verdiği borçlara ne kadar faiz işletiyor unutmaya başladılar. Dünyadaki pek çok yer gibi Sümer'de de insanların kurduğu işbirliği örgüsünün Tarım Devrimi'nden binlerce yıl sonra bile yeterince genişleyememesinin sebebi buydu. Sümerliler güçlü ve büyük krallıklar, geniş ticaret ağları ve evrensel dinler oluşturamamıştı.

Bu engel yaklaşık beş bin yıl kadar önce yine Sümerliler yazıyı ve parayı icat edince ortadan kalktı. Aynı ebeveynlere sahip, aynı zamanda ve mekanda doğan bu Siyam ikizleri, insan beyninin veri işleme sınırlarını kaldırdı. Yazı ve para, yüz binlerce insandan vergi toplamayı, karmaşık bürokrasileri işletmeyi, uçsuz bucaksız krallıklar kurmayı mümkün kıldı. Sümer'de bu krallıklar tanrılar adına insan rahip-krallarla yönetilirken, komşu Nil Vadisi'nde insanlar biraz daha ileri giderek rahip-kralları tanrılarla birleştirdi ve yaşayan ilahları, firavunları yarattı.

Mısırlılar firavunları ilahi bir vekil değil gerçek tanrılar olarak görüyordu. Tüm Mısır o tanrıya aitti ve insanlar firavunların emirlerine uymak ve vergilerini ödemek zorundaydı. Tıpkı Sümer tapınaklarında olduğu gibi firavunlar döneminde Mısır'da da tanrı tüm ticari imparatorluğunu kendi kendine idare etmiyordu. Kimi firavunlar demir yumruk misali katı kurallarla ülkeyi yönetirken, kimileri ziyafet ve festivallerle günlerini geçiriyordu, fakat her iki durumda da Mısır'ın yönetimi binlerce okuryazar yetkiliye düşüyordu. Her insan gibi firavunların da biyolojik bedenlerinin zorunlu ihtiyaçları, istekleri ve duyguları vardı ama işin özünde firavunun biyolojik varlığının pek bir önemi yoktu. Nil Vadisi'nin gerçek hükümdarı, milyonlarca Mısırlının birbirlerine anlattıkları hikayelerdeki hayal ürünü bir firavundu.

Firavun başkent Memfis'teki sarayında eşleri ve metresleriyle gününü gün ederken, yetkilileri Akdeniz kıyılarından Nubiya Çölü'ne uzanan krallıkta mekik dokuyordu. Yetkililer her köyün ödemesi gereken vergiyi hesaplayıp papirüsten uzun parşömen tomarlara kaydeder ve Memfis'e yollardı. Başkentten gelen yazılı bir emirle yetkililer ordu için asker temin eder ya da bir yapının inşası için işçi toplardı. Kraliyet ambarlarında ne kadar buğday olduğunu, su rezervleri ve kanalları temizlemek için kaç işgününe ihtiyaç duyulacağını, firavunun haremi ziyafet çekebilsin diye saraya kaç ördek ve domuz yollanması gerektiğini hesaplarlardı. Yaşayan tanrılar ölüp de bedenleri mumyalanarak ihtişamlı ve savurgan bir cenaze töreniyle Memfis sınırları dışındaki kraliyet nekropolüne taşındığında bile bürokrasi işliyordu. Yetkililer kayıtları tutmaya, vergileri toplamaya, emirler yağdırmaya ve firavunluk denilen o makinenin dişlilerini yağlamaya devam ediyordu.

Sümer tanrılarını günümüzün markalaşmış şirketlerine nasıl benzettiysek firavunları da modern zamanın Elvis Presley, Madonna ya da Justin Bieber gibi markalaşmış isimlerine benzetebiliriz. Tıpkı firavunlar gibi Elvis'in biyolojik bedeninin de biyolojik ihtiyaçları, arzuları ve duyguları vardı. Elvis de yiyor, içiyor ve uyuyordu. Ancak Elvis biyolojik bir bedenden çok daha fazlasıydı. Yine tıpkı firavun gibi Elvis bir hikaye, bir mit, bir markaydı ve markası biyolojik bedeninden çok daha kıymetliydi. Elvis hayatı boyunca onun

Görsel 20: Markalar yeni icat edilmedi. Elvis Presley gibi firavunlar da yaşayan bir organizmadan çok bir markaydı. Simgelediği şeyler, milyonlarcası için dünyevi varlığının çok daha ötesinde anlamlara sahipti ve ölümünden sonra bile ona tapmaya devam ettiler.

alametifarikası plaklardan, biletlerden, posterlerden, telif haklarından milyonlarca dolar kazandı. Elvis bunlar için aslında oldukça az emek sarf ederken temsilciler, avukatlar, yapımcılar ve sekreterlerden oluşan küçük bir ordu durmaksızın çalışırdı. Sonuçta Elvis'in bedeni öldüğünde marka için işler olağan hızıyla yürümeye devam etti. Bugün bile hayranları Kral'ın poster ve albümlerini satın alıyor, radyolar telif ödüyor, her yıl yarım milyon hayranı Graceland'deki mezarına, Kral'ın Memphis, Tenessee'deki nekropolüne ibadet eder gibi gitmeye devam ediyor.

•••

Yazının icadından önce hikayeler insan beyninin sınırlarına tabiydi. İnsanların hatırında tutamayacağı karmaşık hikayeler uydurmaları mümkün değildi. Yazıyla beraber insan aklı yerine tablet ve papirüslerle aktarılabilen son derece uzun ve dallı budaklı hikayeler yazmak mümkün oldu. Hiçbir antik Mısırlı, firavunun tüm toprak varlığını, aldığı vergi miktarını bilmediği gibi Elvis Presley de kendi adına imzalanan sözleşmelerin içeriği hakkında tam bir bilgiye sahip değildi; tıpkı dünya üzerinde hiçbir canlının Avrupa Birliği'nin tüm yasa ve yönetmeliklerini tamamen bilemeyeceği ya da hiçbir finansçının dünyadaki bütün piyasaları takip edemeyeceği gibi. Bir yerlerde kayıtlı bulunan tüm bu ufak tefek ayrıntıların toplamı firavunları, Elvis'i, AB'yi ve piyasaları tanımlayıp gücünü tarif eder.

Böylelikle yazı insanların ve toplumların, algoritmik bir düzen kurabilmesini mümkün kıldı. Duyguların ne olduğunu ve beynin nasıl işlediğini incelerken "algoritma" terimine rastlamış ve bu kavramı hesap yapmak, problem çözmek ve karar vermekte kullanılabilecek bir dizi metodolojik adım olarak tanımlamıştık. Okuryazar olmayan toplumlarda insanlar tüm hesapları kafalarında yaparak karar alırlar. Okuryazar toplumlardaysa insanlar çeşitli ağlar şeklinde organize olur; her birey devasa bir algoritmanın içinde sadece küçük bir adımdır ve algoritma önemli kararları bir bütün olarak verir. Bürokrasinin özü de budur.

Modern bir hastaneyi örnek alalım. Kapıdan adımınızı attığınızda danışma sizden sağlık durumunuzla ilgili sorulardan oluşan bir form doldurmanızı ister. Cevaplarınız önce hangi testlerin yapılacağına karar verilebilmesi için bir hemşireye iletilir. Şikayetleriniz ve sağlık durumunuza dair verdiğiniz yanıtlar gözetilerek gerekli tahlillerde karar kılınır. Diyelim tansiyonunuz ve nabzınız ölçülür ve kan örneğiniz alınır. Görevli hekim ilk sonuçları inceler ve sizi hangi servise yönlendireceğine karar vermek için sadece tıbbi bilgisinden faydalanmakla kalmaz, hastane prosedürünü de gözetir. Sevk edildiğiniz bölümde x-ray ve fMRI taramaları gibi kalın tıp kitapları tarafından kabul görmüş çok daha detaylı testlere tabi tutulursunuz. Uzmanlar sonuçlarınızı en güncel istatistiksel metotlarla ve veri tabanlarıyla karşılaştırarak inceler ve size hangi ilaçları vereceğine ya da daha ne gibi testler yapılacağına karar verir.

Algoritmik yapılar danışmadaki görevlinin, hemşirenin ya da doktorun kim olduğunun sürecin işleyişi bakımından önemsizleşmesini sağlar. Prosedürün çalışanların kişilikleri, siyasi görüşleri ve o anki ruhsal durumlarıyla da hiçbir ilgisi yoktur. Kurallara ve yönetmeliklere uydukları sürece sizi tedavi edebilme ihtimalleri oldukça yüksektir. İdeal algoritmaya göre hayatınız "düzenin" elindedir, hasbelkader o ya da bu konuma gelmiş nefes alan ölümlülerin değil.

Bu düzen hastaneler için olduğu kadar ordular, hapishaneler, okullar, şirketler, hatta antik krallıklar için de geçerlidir. Antik Mısır modern bir hastaneye kıyasla teknolojik açıdan çok daha az gelişmiştir şüphesiz, ancak algoritmik temelleri aynıdır. Antik Mısır'da da karar birliğine tek bir hükümranın sözüyle değil, birbirlerine taşlara kazınmış yazılarla bağlı bir yetkili ağı üzerinden varılıyordu. Yaşayan tanrı firavunun adına hareket eden bu ağ, insan toplumunu yeniden yapılandırdı ve doğal dünyayı baştan şekillendirdi. Örneğin MÖ 1878'le MÖ 1814 arasında Mısır'ı yöneten firavunlar III. Senusret ve oğlu III. Amenemhat, Nil Nehri'ni Feyyum Vahası'nın bataklıklarına bağlayan dev bir kanal açtırdı. Barajlar, su rezervleri ve yan kanallardan oluşan karmaşık bir sistem, Nil'in bir kısmını Feyyum'a aktararak 50 milyar metreküp su tutabilen dev bir yapay göl yarattı.[1] Bir karşılaştırma yapmak gerekirse insan eliyle yapılan en büyük su rezervi sayılabilecek ABD'deki Mead Gölü (Hoover Barajı tarafından oluşturulur) ancak 35 milyar metreküp su tutabilmektedir.

Feyyum mühendislik projesi, firavuna Nil'i düzenleme, yıkıcı selleri engelleme ve kuraklık zamanlarında kıymetlenen sudan bolca faydalanma gücü verdi. Buna ek olarak Feyyum Vahası'nı çıplak bir çölle çevrelenmiş, timsahtan geçilmeyen bir bataklıktan Mısır'ın tahıl ambarına dönüştürdü. Yapay gölün kıyısına, Yunanların Crocodilopolis (timsahlar şehri) olarak anacağı Shedet şehri kuruldu. Firavunla özdeşleştirilen timsah tanrı Sobek'in (döneme ait heykeller zaman zaman firavunu bir timsah kafasıyla betimler) tapınaklarıyla bezendi şehir. Tapınakta kutsal sayılan ve Sobek'in cisimleşmiş hâli olduğuna inanılan Petsuchos adında bir timsah yaşardı. Tıpkı yaşayan tanrı firavun gibi yaşayan tanrı Petsuchos'la da rahipler daima sevgiyle ilgilenirdi. Bu şanslı sürüngene hesapsızca yemekler, hatta oyuncaklar sunulur, hayvan altın pelerinler ve değerli taşlarla bezenmiş taçlarla süslenirdi. Sonuçta Petsuchos rahiplerin markasıydı, hakimiyetleri ona bağlıydı, ekmek tekneleriydi. Petsuchos öldüğünde mumyalanır ve yerini doldurması için hiç zaman kaybetmeden yenisi bulunurdu.

III. Senusret ve III. Amenemhat döneminde Mısırlıların ne buldozerleri ne de dinamitleri vardı. Metal aletleri, atları, hatta tekerlekleri bile yoktu (tekerlek MÖ 1500'lere kadar Mısır'da yaygın olarak kullanılmaya başlanmadı). Bronz gereçler dönemin son teknolojisi sayılsa da o kadar pahalı ve nadirdi ki inşaat işinin büyük bir kısmı sadece taş, tahta ve kas gücüne dayanarak yürütülüyordu. Pek çokları antik Mısır'ın baraj, su rezervi ve piramit gibi dev yapılarının uzaylılar tarafından yapıldığını öne sürer. Tekerlek ve metal alete bile sahip olmayan bir kültür, nasıl böylesi harikaları yapmış olabilir ki?

Ancak gerçek çok farklı. Mısırlılar Feyyum Gölü ve piramit gibi devasa yapıları dış dünyadan gelen yardımlarla değil üstün organizasyon becerileriyle inşa etti. Firavun binlerce okuryazar bürokrata güvenerek, on binlerce işçiyi ve onları yıllarca idare edebilecek yiyeceği toplamayı başardı. Böylece on binlerce işçi, onlarca yıl işbirliği yaparak yapay bir gölü ya da dev bir piramidi sadece taş ve tahta kullanarak inşa edebildi.

Firavunsa parmağını bile oynatmadı. Vergileri o toplamadı, mimari planların hiçbirini kendi çizmedi, eline bir kez olsun kürek almadığına hiç şüphe yok. Ancak Mısırlılar sadece yaşayan tanrı firavuna ettikleri duaların ve cennetteki efendi Sobek'in, Nil Vadisi'ni yıkıcı sellerden ve kuraklıklardan kurtarabileceğine inanıyorlardı ve bunda haklıydılar. Firavun ve Sobek, Nil'in su seviyesini değiştirmek için hiçbir şey yapmayan hayali oluşumlardı ancak milyonlar firavuna ve Sobek'e inanarak barajlar kurup kanallar kazmak için işbirliği yaptıkça seller ve kuraklıklar azaldı. Taş Devri'nin kutsal ruhları bir yana, Sümerli tanrılarla bile karşılaştırıldığında; antik Mısır'ın tanrıları şehirler kuran, ordular toplayan, milyonlarca insan, inek ve timsahın hayatını kontrol eden gerçekten güçlü varlıklardı.

Bir şeyler kurdukları ve kontrol ettikleri için hayali varlıkları takdir etmek garip gelebilir. Ama bugün ağız alışkanlığıyla ilk nükleer bombayı ABD yaptı, Çin Üç Boğaz Barajı'nı inşa etti, Google otonom araç üretti diyoruz. Neden firavun su rezervi inşa etti, Sobek bir kanal kazdı diyemeyelim ki?

Kağıt Üzerinde Yaşamak

Yazı böylelikle milyonların hayatını organize eden ve nehirlerin, bataklıkların, timsahların gerçekliğini yeniden şekillendiren güçlü kurgusal varlıkların görünürlüğünü sağladı. Aynı zamanda insanların gerçekliği soyut semboller aracılığıyla deneyimlemesine imkan tanıyarak bu kurgu varlıklara inanmayı kolaylaştırdı.

Avcı-toplayıcılar günlerini ağaçlara tırmanarak, mantar arayarak, yaban domuzu ve tavşanlarını kovalayarak geçirirdi. Günlük gerçeklikleri ağaçlar, mantarlar, yaban domuzu ve tavşanlardan ibaretti. Çiftçiler tüm gün tarlalarında toprağı sürerek, hasat toplayarak çalışır, mısır öğütüp çiftlik hayvanlarına bakardı. Gerçeklikleri çıplak ayaklarının altındaki çamurun hissi, sabanı çeken öküzün kokusu, fırından yeni çıkmış sıcak taze ekmeğin tadından oluşuyordu. Öte yandan antik Mısır'daki katipler vakitlerinin büyük bir kısmını okumaya, yazmaya ve hesap yapmaya ayırırdı. Gündelik gerçekleri kimin hangi tarlaya sahip olduğunu, bir öküzün ne kadar ettiğini, köylülerin yıllık ne kadar vergi ödeyeceğini belirleyen parşömenlerin üzerindeki mürekkep izleriydi. Bir katip iğne uçlu kaleminin ucuyla bir kasabanın kaderini belirleyebilirdi.

İnsanların ciddi bir kısmı modern zamana kadar okuma yazma bilmiyordu fakat zamanla tüm önemli yöneticiler gerçekliği yazılı metinler aracılığıyla görmeye başladılar. İster antik Mısır'da, ister 21. yüzyıl Avrupa'sında olsun, okuyup yazabilen elitlerin gözünde bir parça kağıda karalanmış her şey ağaçlar, öküzler ve insanlar kadar gerçekti.

1940 baharında Naziler kuzeyden Fransa'ya girdiğinde Yahudi nüfusu ülkeyi güneyden terk etmeye başladı ama sınırı geçmek için İspanya ve Portekiz vizesine ihtiyaçları vardı. Hayatlarını kurtaracak kağıt parçasının peşinde çaresizce koşuşturan on binlerce Yahudi, diğer göçmenlerle beraber Bordeaux'daki Portekiz Konsolosluğu'nu kuşattı. Portekiz hükümeti Fransa'daki görevlilerine, Dışişleri Bakanlığı'ndan onaylanmamış başvurulara vize vermelerini yasaklasa da, Konsolos Aristides de Sousa Mendes otuz yıllık kariyerini çöpe atarak bu karara itaat etmeyi reddetti. Nazi tankları Bordeaux sınırına yaklaşırken Sousa Mendes ve ekibi zamana karşı, gece gündüz demeden, neredeyse uyumadan çalıştı; Sousa Mendes yorgunluktan bayılmadan önce binlerce vize hazırlamıştı.

Bu göçmenlerden herhangi birini kabul etmeye pek de gönlü olmayan Portekiz hükümeti, itaatsiz konsolosu dışişlerinden ihraç etti ve eve dönüş yolunda kendisine eşlik etmesi için muhafız bile yolladı. İnsanların sözlerine itibar etmeyen yetkililer, belgelere derin bir saygı duyar. Sousa Mendes'in emirlere karşı gelerek verdiği vizeler Fransız, İspanyol ve Portekiz bürokratların hepsi tarafından kabul edildi ve 30 bine yakın insan Nazilerin ölüm kamplarından kurtarıldı. Yalnızca plastik bir mühür kuşanmış Sousa Mendes, soykırım boyunca tek başına girişilmiş en büyük kurtarma operasyonunu başarıyla tamamladı.[2]

Aslında sıklıkla kutsal belgelerin olumsuz etkilerine rastlarız. Sousa örneği sadece istisnadır. 1958'le 1961 yılları arasında komünist Çin'de, Mao Zedong ülkesini hızla bir süpergüce çevirmek isteyince Büyük Atılım adını verdikleri bir hareket başlattı. Üretim

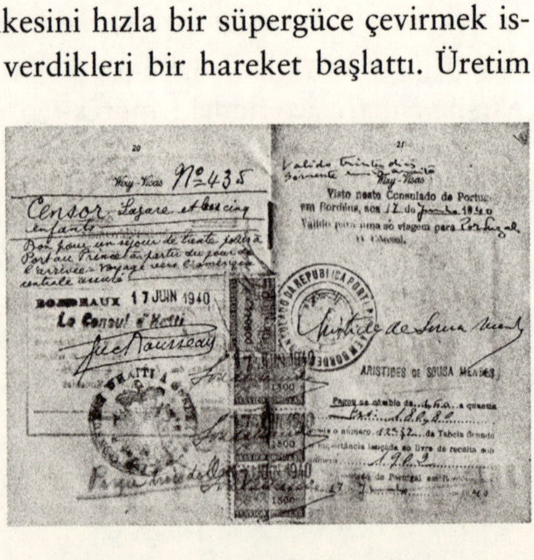

Görsel 21: Sousa Mendes'in Haziran 1940'ta onayladığı, hayat kurtaran binlerce vizeden biri.

Görsel 22: Aristides de Sousa Mendes, plastik mühürlü melek.

fazlası tarımsal ürünleri kullanarak endüstriyel ve askeri projelerini finanse etmeyi amaçlayan Mao, tarım üretiminin ikiye, hatta üçe katlanmasını emretti. Karşılanması imkansız istekleri, Pekin'deki hükümet yetkililerinden bölgesel yöneticilere, hatta taşra şeflerine varıncaya dek en alt yönetim kademesine kadar ulaştı. İtiraz etmeye korkan ve üstlerine yaranmak isteyen yerel yöneticiler, tarım üretiminde etkileyici veriler beyan ettikleri hayali raporlar düzenledi. Uydurulmuş rakamlarla dolu raporlara, yetmezmiş gibi bürokratik hiyerarşinin her kademesinde bir sıfır daha eklendi ve veriler abartıldıkça abartıldı.

1958'e gelindiğinde Çin hükümetine sunulan yıllık tarımsal üretim miktarı, gerçek rakamın yüzde 50 üzerindeydi. Raporlara inanan hükümet, Çin nüfusunu doyuracak kadar yiyecek ayırdığını düşünerek yabancı ülkelere silah ve ağır iş makineleri karşılığında milyonlarca ton pirinç sattı. Gelinen noktada tarihte yaşanan en korkunç kıtlık felaketinde milyonlarca Çinli canından oldu.[3]

Bu süre zarfında Çin'in tarım mucizesini anlatan hevesli raporlar dünyada karşılık buluyordu. Tanzanya'nın idealist başkanı Julius Nyerere, Çin'in başarısından çok etkilenmişti. Tanzanya'daki tarımı modernleştirmek isteyen Nyerere, Çin'i model alan kolektif çiftlikler kurmakta kararlıydı. Karşı çıkan köylülerin üzerine geleneksel köyleri yok etmeleri için orduyu ve polisi gönderen Nyerere, yüz binlerce köylüyü zorla kolektif çiftliklere yerleştirdi.

Hükümet bu çiftlikleri minyatür cennetler olarak pazarlıyordu, ne var ki çoğu çiftlik yalnızca kağıt üzerinde mevcuttu. Başkent Darüsselam'da yazılan raporlar şu günde, şu kadar kasaba sakininin şu çiftliğe yerleştirildiğini belirtiyordu. Oysa kasabalılar gönderildikleri yere vardıklarında kelimenin tam anlamıyla hiçbir şey bulamıyordu. Ev, tarla ya da hiçbir araç gereç yoktu. Yetkililerse Başkan Nyerere'ye büyük başarılar raporlayıp duruyordu. On yıl içinde Tanzanya, Afrika'nın en büyük gıda ihracatçısı konumundan dış yardımlar olmaksızın kendi halkını bile besleyemeyecek gıda ithal eden bir ülkeye dönüştü. 1979'a gelindiğinde Tanzanya'daki çiftçilerin yüzde 90'ı kolektif çiftliklerde çalışarak ülkenin tarımsal üretiminin yalnızca yüzde 5'ini karşılayabiliyordu.[4]

Yazının tarihi, bir dizi talihsizlikle dolu olsa da etkin yönetimdeki payı düşünüldüğünde, en azından hükümetlerin gözünde, kazanımları bedellerine ağır basıyor. Hiçbir yönetici bir kalem oynatmayla gerçekliği değiştirebilmenin cazibesine karşı koyamaz. Eğer sonuç bir felaket olursa daha hacimli kayıtlar tutmak, daha fazla yasa çıkarıp emirler yağdırmak nasılsa çare olacaktır.

Yazı dili, gerçekliği betimlemenin en mütevazı yolu olarak kabul görürken zamanla gerçekliği yeniden şekillendirmenin güçlü bir aracına dönüştü. Resmi makamların raporları çıplak gerçeklerle karşılaştığında, kendinden ödün veren taraf genellikle gerçeklik oldu. Vergi kurumları, eğitim sistemleri ya da herhangi bir bürokratik durumla muhatap olmuş herkesin bildiği gibi, gerçekler bir şeyi değiştirmez. Belirleyici olan her zaman elinizdeki formlarda yazanlardır.

Kutsal Metinler

Metinlerle gerçeklik birbirine ters düştüğünde boyun eğen taraf gerçeklik midir? Bürokratik sistemlerin üzerine yapışmış abartılı ve alelade bir iftira olmasın bu? İster Mao Zedong'a ister firavuna hizmet etsin, pek çok bürokrat rasyonel insanlardı ve şüphesiz şu savı desteklerlerdi: "Yazıyı tarlaların, kanalların ve ambarların gerçekliğini tasvir etmek için kullanıyoruz. Tasvir ne kadar doğruysa o kadar gerçekçi kararlar alıyoruz. Tasvir doğruluktan uzaklaştıkça kıtlığa hatta isyanlara bile yol açabiliyor. Hâliyle biz yöneticiler de hatalarımızdan ders çıkararak daha gerçekçi tasvirler yapmaya çalışıyoruz. Böylelikle belgelerimiz de zamanla daha hassas ve hatasız hâle geliyor."

Bir açıdan doğru gibi görünen bu sav, başka bir tarihsel dinamiği göz ardı eder. Bürokratlar güçlendikçe kendi hatalarına karşı duyarsızlaşır ve savunma geliştirirler. Gerçekliği yansıtmak için kendi hikayelerini değiştireceklerine, hikayelerine uyması için gerçekliği değiştirirler. Nihayet nesnel gerçeklik olarak yansıttıkları da kendi bürokratik fantezilerinden ibarettir. Örneğin çoğu Afrika ülkesinin sınırları nehir yataklarına, dağlara ve ticaret yollarına itibar edilmeden çizilmişti; lüzumsuz yere tarihsel ve ekonomik alanları bölen bu haritalandırma, yerel dini ve etnik kimlikleriyse görmezden geldi. Aynı kabile kendini birkaç ülke sınırıyla birden bölünmüş bulurken, birden fazla rakip kabile aynı ülkeye toplanabiliyordu. Böylesi sorunlar dünya üzerindeki pek çok ülkenin başına musallat olmuştu, ancak Afrika'da özellikle daha şiddetli yaşandı, çünkü sınırlar çizildiğinde yerel halkların talepleri, sürece asgari düzeyde bile yansımadı. Üstelik bu sınırlar Afrika'ya bir kez bile ayak basmamış Avrupalı bürokratlar tarafından çizilmişti.

19. yüzyılın sonunda kimi Avrupalı güçler Afrika topraklarında hak iddia ettiler. İhtilafın tüm Avrupa'yı kasıp kavuracak topyekun bir savaşa dönüşmesinden korkan taraflar 1884'te Berlin'de bir araya geldiler ve Afrika'yı bir pasta misali böldüler. O dönemde Afrika'nın iç kesimleri Avrupalıların henüz keşfetmedikleri topraklardı. Afrika'nın kıyı şeridinin oldukça hassas haritalarına sahip olan İngiliz, Fransız ve Almanlar; Nijer, Kongo ve Zambezi nehirlerinin okyanusa döküldüğü yerleri çok iyi biliyordu. Ancak bu nehirlerin iç kesimlerde ne yöne ilerlediğine, kıyılarında hangi krallık ve kabilelerin yaşadığına, yerel din, tarih ve coğrafyaya dair pek bir fikirleri yoktu. Bu detaylar Avrupalı diplomatların umurunda da değildi. Yarı boş bir Afrika haritasını iyi cilalanmış bir Berlin masasına serip

oraya buraya birkaç çizgi atarak kıtayı kendi aralarında bölüştüler.

Ellerinde mutabık oldukları haritayla Afrika'nın iç kesimlerine doğru ilerleyen Avrupalılar, Berlin'de çizdikleri sınırların çoğunun Afrika'nın coğrafi, etnik ve ekonomik gerçekliklerini yansıtmadığını fark ettiler. Ancak sömürgeciler kendi aralarında savaşmamayı tercih edip anlaşmalarına sadık kaldılar ve hayali çizgiler Avrupa kolonilerinin gerçek sınırlarına dönüştü. 20. yüzyılın ikinci yarısında, Avrupa imparatorlukları çözülerek koloniler özgürlüklerini kazandıkça, kurulan yeni ülkeler de değişikliklerin bitmeyen çatışmalara yol açabileceğinden korkup sömürgecilik döneminden kalma sınırları benimsediler. Bugün Afrika ülkelerinin boğuştuğu pek çok sorun, mevcut sınırların hâlen hiçbir anlam ifade etmemesinden kaynaklanır. Avrupalı bürokratların yazılı fantezileri Afrika gerçekleriyle yüzleşince gerçeklik boyun eğmek zorunda kalır.[5]

Modern eğitim sistemimiz yazılı kaynaklara sorgusuz sualsiz boyun eğen pek çok örnekle doludur. Masamın genişliğini ölçerken kullandığım ölçü birimi sonucu etkilemeyecektir. 200 santimetreyi ya da 78,74 inçlik ölçüyü baz almam sonucu değiştirmez, masamın

Görsel 23: 19. yüzyıldan kalma, Avrupa'da yapılmış bir Afrika haritası. Afrika'nın iç kesimleri hakkında pek de bilgi sahibi olmamaları, Avrupalıları kıtayı paylaşmaktan ve sınırlarını çizmekten alıkoymadı.

genişliği aynı kalacaktır. Bürokrasinin insanları ölçerken kullandığı araçlarsa sonuçlarda büyük farklar yaratır. Okullar insanları sayısal notlarla ölçmeye başladığından beri milyonlarca öğrenci ve öğretmenin hayatı kökünden değişti. Üstelik notlandırma nispeten yeni bir buluştur. Avcı-toplayıcılar başarıları için hiçbir zaman notlandırılmadığı gibi Tarım Devrimi'nden binlerce yıl sonra bile çok az eğitim kurumu kesin notlar kullanılırdı. Ortaçağda kunduracının çırağı, yıl sonunda ayakkabı bağcıklarından pekiyi ama tokalarından zayıfla geçtiğini belirten bir kağıt almıyordu. Shakespeare'in zamanında bir lisans öğrencisi Oxford'dan sadece iki sonuçla ayrılabilirdi; diplomayla ya da diplomasız. Kimsenin aklına öğrencilerin birine 74, diğerine 88 vermek gelmiyordu.[6]

Sanayi çağıyla birlikte kitle eğitim sistemi düzenli notlandırmaya başladı. Fabrikalar ve bakanlıklar sayıların diliyle düşünmeye alışınca okullar da bu modaya uydu. Her öğrencinin değerini ortalama bir not biçerek ölçmeye başladılar. Öğretmen ve müdürün değeriyse okulun genel ortalamasıyla belirleniyordu. Bürokratlar ölçümleri için bu yeni aracı benimseyince gerçeklik değişti.

Aslında okulların öğrencileri eğitmeye ve aydınlatmaya odaklanması gerekiyordu ama bu yeni yöntem başarıyı ölçmenin tek yolu kabul edilince yüksek notlara odaklandılar. Her öğrenci, öğretmen ve müfettişin bildiği gibi sınavda yüksek not almak için gereken beceriler edebiyat, biyoloji ve matematiği derinlemesine kavramak için gerekenlerle aynı değildir. Her öğrenci, öğretmen ve müfettiş aynı zamanda çok iyi bilir ki, bu iki beceri arasında seçim yapılması istendiğinde pek çok okul yüksek notları tercih eder.

Yazılı kayıtların gücü kutsal metinlerin ortaya çıkmasıyla zirveye ulaştı. Antik medeniyetlerdeki rahip ve katipler, belgeleri gerçekliğin rehberi olarak görmeye alışkınlardı. Metinler ilk etapta vergilerin, tarlaların ve ambarların gerçekliklerinden bahsediyordu. Bürokrasi güç kazandıkça metinler de yetki kazandı. Rahipler sadece tanrının mülklerinin listesini değil isteklerini, emirlerini ve sırlarını da yazmaya başladılar. Sonuçta ortaya çıkan metinler gerçekliği bütünüyle tasvir ettiğini iddia ediyordu ve nesiller boyu âlimler tüm cevapları İncil'in, Kur'an'ın ya da Vedalar'ın sayfalarında aramaya alıştılar.

Teoriye göre eğer bazı kutsal kitaplar gerçekliği yanlış aksettiriyorsa inananlar bunu er ya da geç fark edecek ve metnin tüm otoritesi sarsılacaktır. Abraham Lincoln herkesi her zaman aldatamayacağınızı söyler. Bu pek iyimser bir yaklaşım. Teoriden gerçekliğe dönecek olursak, insanın işbirliği ağlarının gücü, gerçekle kurgu arasında kurulmuş hassas bir dengeye bağlıdır. Gerçeklikle çok fazla oynarsanız zayıf düşer ve ileri görüşlü rakiplerinizle mücadele edemezsiniz. Diğer yandan, kurgulanmış mitlere biraz da olsa sırtınızı yaslamadan insan kitlelerini etkin bir şekilde organize etmek mümkün değildir. Katışıksız gerçekliğe sadık kalarak içine hiçbir kurgu karıştırmazsanız çok az insan peşinizden gelecektir.

Bir zaman makinesi edinip modern biliminsanlarını antik Mısır'a yollayabilsek hiçbiri yerel rahiplerin köylülere anlatıp durduğu kurguları teşhir edip evrimden, görelilikten ve kuantum fiziğinden bahsederek iktidarı ele geçiremezdi. Biliminsanlarımız bilgilerini birkaç tüfek ve ağır silah yapmak için kullanarak firavun ve timsah tanrı Sobek'in karşısında ciddi bir üstünlük edinebilirdi. Ancak demir cevherlerine ulaşmak, maden ocakları kurmak ve barut üretebilmek için çalışacak çok sayıda köylüye ihtiyaç duyacaklardı. Bu biliminsanlarının enerjinin kütleye bölündüğünde ışık hızının karesine eşit olduğunu açıklayarak kitleleri peşlerinden sürükleyebileceğine inanıyor musunuz sahiden? Eğer ısrarcıysanız, günümüz Afganistan'ı ya da Suriye'sinde şansınızı deneyebilirsiniz.

Firavunlar dönemi Mısır'ı, Avrupa imparatorlukları ya da modern okul sistemi gibi gerçekten güçlü insan organizasyonları, pek de ileri görüşlü sayılmaz. Kudretleri büyük oranda, kurgusal inanışları itaatkar gerçekliğe dayatabilme yeteneklerinden ileri gelir. Para kavramı da bundan ibarettir mesela. Hükümetler anlamsız kağıt parçaları basıp bunların değerli olduğunu ilan eder ve geri kalan her şeyin değerini hesaplamak için para kullanılır. Hükümetler bu değersiz kağıt parçaları aracılığıyla vatandaşlarına vergi ödetme gücüne sahip olur, bu yüzden vatandaşların ellerinde bu kağıtlardan az da olsa bulundurmaktan başka çaresi yoktur. Ardından bu kağıt paralar gerçekten değerlenince hükümet görevlileri inançlarında haklı çıkar çünkü para basma yetkisini elinde bulunduran hükümetin gücü artar. Birileri, "Bunlar sadece değersiz kağıt parçaları!" diyerek itiraz etse ve paraya sahiden değersiz kağıt parçaları gibi davransa da bu itiraz hayatta pek karşılık bulmaz.

Eğitim sistemi, öğrencileri değerlendirmek için geçerli yöntem olarak yeterlilik sınavlarını belirlediğinde de, aynı döngü ortaya çıkıyor. Sistemin okullara öğrenci alımlarını, devlet kademelerine ve özel sektöre işe alım standartlarını belirleyecek kadar otoritesi var. Hâl böyle olunca öğrenciler tüm eforlarını iyi notlar almak için sarf ediyor. Talibi bol bütün kademelerin sınav sistemiyle belirlenmiş kişilerle dolu olduğu düşünülünce, bu kademelere gelmiş olanların sistemin birer savunucusu olması şaşırtıcı değil elbette. Eğitim sisteminin hayati sınavları kontrol etmesi onu daha da güçlendirirken notlandırma sistemi ve sınavların okullar, devlet kademeleri ve özel sektör üzerindeki etkisini de artırıyor. Birileri, "Diploma dediğiniz sadece değersiz bir kağıt parçası!" der ve buna göre hareket ederse hayatta ilerleme şansı azalıyor.

Kutsal metinler de aynı mantıkla hareket eder. Dini düzen kutsal kitabın tüm soruların cevaplarını barındırdığını öne sürerken bir taraftan mahkemelere, hükümetlere ve işyerlerine, kutsal kitapların söylediklerine göre davranmaları için baskı yapar. Akıllı biri kutsal metinleri okuduktan sonra dünyaya bakıp anlatılanların sahiden de gerçeklerle uyumlu olduğunu görür: "Kutsal metinler tanrıya kurban vermek, onun adına bağışta bulunmak gerektiğini söyler, sahiden de herkes böyle yapar. Kutsal metinler erkeklerin kadınlardan üstün olduğunu, kadınların bırakın mahkemede hakimlik yapmayı, şahit bile olamayacağını söyler; hakikaten de hiç kadın hakim yoktur ve mahkemeler kadınların şahitliklerini kabul etmez. Kutsal metinler kim tanrının kelamını öğrenirse hayatta başarılı olacağını söyler; nitekim tüm iyi mevkiler kutsal kitabı ezbere bilenlerle doludur."

Akıllı kişi doğal olarak kutsal kitabı öğrenmeye başlar ve ruhani bir âlim olup hakim atanır. Görevi boyunca kadınların mahkemede şahitlik yapmasına izin vermez; tabii yerine seçeceği halefi de kutsal kitabı iyi bilen biri olacaktır. Kim ki, "Bu kitap sadece kağıttan ibaret!" diye itiraz eder ve buna göre davranırsa, o şaşırmış tanrıtanımaz hayatta muvaffak olamayacaktır.

Kutsal metinler gerçekliğin doğası hakkında insanları yanıltsa da, otoritelerini binlerce yıl korumayı başarabilirler. Örneğin İncil'e göre okunan bir tarih algısı özünde kusurludur; ne var ki dünyaya yayılmayı başarmıştır ve hâlâ milyonları kendisine inandırmaya devam etmektedir. İncil tektanrıcı bir tarih anlatısı pazarlamış, dünyanın ben ve benim yaptıklarımdan başka hiçbir şeyle ilgilenmeyen, mutlak güce sahip tek bir ilah tarafından yönetildiğini iddia etmiştir; başıma gelen her iyi şey işlediğim hayırların ödülü, her felaketse günahlarımın cezasıdır.

Antik dönemde Yahudiler, kuraklık olduğunda ya da Babil Kralı Nebukadnezar topraklarını işgal ettiğinde, bu felaketlerin kendi günahlarının bir cezası olduğuna inanırlardı. Babil'i fetheden Pers Kralı Kiros'un Yahudilerin topraklarına dönmesine izin vermesiyle Kudüs'ü yeniden inşa eden Yahudiler, Tanrı'nın pişmanlıkla dolu dualarını kabul ettiğini düşünüyordu. Eski Ahit bu dönemi aktarırken, kuraklığın Filipinler'deki volkanik bir patlamanın sonucu olabileceğini, Nebukadnezar'ın Babil'i ticari çıkarlarını korumak üzere işgal ettiğini, Kral Kiros'un Yahudileri korurken kendi siyasi çıkarlarını gözetebileceğini ihtimal dahilinde bile bulundurmuyordu; küresel ekolojiyi, Babil ekonomisini ya da Pers siyasi sistemini anlamak için hiçbir çaba sarf edilmemişti.

Bu kendine odaklı olma hâli, tüm insanların çocukluğunda belirleyici bir özelliktir. Her ulustan ve kültürden çocuk kendini dünyanın merkezi sanarak diğer insanların duygularına ya da koşullarına pek de ilgi göstermez. Boşanma çocuklar için bu yüzden travmatik bir deneyimdir. Beş yaşında bir çocuk, kendisinden bağımsız nedenlerle önemli bir şeyler olabileceğini kavrayamaz. Anne ve babası, birbirinden farklı istekleri ve sorunları olan bağımsız bireyler olduklarını ve onun yüzünden boşanmadıklarını ne kadar anlatırsa anlatsın, çocuk bunu içselleştiremeyecektir. Her şeyin onun yüzünden olduğuna inanır. Çoğu insan bu çocuksu sanrıdan büyüdükçe kurtulur. Tektanrıcılar ise öldükleri âna kadar bu sanrıya tutunur. Ebeveynlerinin kendisi yüzünden kavga ettiğini düşünen çocuk gibi, tektanrıcılar da Perslerin Babillerle savaşmasının sebebinin kendileri olduğunu düşünürler.

İncil'le aynı dönemlerde görece daha gelişmiş bir tarih algısına sahip bazı kültürler mevcuttu. Animist ve çoktanrılı dinler dünyayı tek bir tanrının mutlak alanından ziyade birden fazla tanrının oyun alanı olarak görürler. Bu yüzden de animist ve çoktanrılı inançlarda, olayların kişiden ya da kişinin en gözde ilahından bağımsız gerçekleştiğini kabullenmek daha kolaydır; olanlar ne işlediğim hayırların ödülü ne de günahlarımın cezasıdır. Herodot, Thucydides ve Sima Qian gibi tarihçiler, günümüzün görüşlerine oldukça benzerlik gösteren karmaşık teoriler geliştirmiş, savaş ve devrimlerin sayısız siyasi, sosyal ve ekonomik sonuçları olabileceğini açıklamışlardır. Herodot, Pers siyasetine özel bir ilgi duyarken, Sima Qian'sa steplerde yaşayan barbarların kültürlerini ve inançlarını merak eder.[7]

Günümüzde uzmanlar İncil'den çok Herodot ve Sima Qian'a itibar eder. Modern devletlerin diğer ülkeler hakkında bilgi toplamak, küresel ekolojik, siyasi ve ekonomik gelişmeleri izlemek için bu denli yatırım yapmalarının nedeni tam da budur. ABD ekonomisi tökezlemeye başladığında, İncil'in öğretilerine sıkı sıkıya bağlı Cumhuriyetçiler bile kendi günahlarından çok Çin'i işaret ederler.

Herodot ve Thucydides gerçekliği İncil'in yazarlarından çok daha iyi kavramış olsalar da karşı karşıya getirildiklerinde İncil ezici bir güçle kazanacaktır. Yunanlar Yahudi tarihini benimsemişlerdir, Yahudiler Yunanlarınkini değil. Thucydides'ten bin yıl sonra bile Yunanlar barbar bir kavim tarafından istila edildiklerinde günahlarının ilahi bir cezayla karşılık bulduğunu düşündüler. İncil'in aktardığı dünya görüşü ne kadar yanlış olursa olsun, büyük çapta bir işbirliği için daha iyi bir zemin sağlar.

Bugün bile ABD başkanları göreve başlamadan önce yeminlerini ederken ellerini İncil'in üzerine koyarlar. ABD ve İngiltere dahil olmak üzere, dünyada pek çok ülkede hâlâ mahkemelerde tanıklar ellerini İncil'e basarak doğruyu söyleyeceklerine, tüm doğruları ve sadece doğruları aktaracaklarına yemin ederler. Kurgular, mitler ve hatalarla dolup taşan bir kitaba el basarak doğruyu söyleyeceğine dair yemin etmek ne kadar da ironik.

Ama İşe Yarıyor!

Kurgular daha iyi işbirliği yapmamızı sağlarken hedeflerimizi de belirler, bu da kurgudan faydalanmanın kefaretidir. Yarattığımız hedeflere ve çıkarlarımıza hizmet etmek üzere şekillendirilmiş detaylı işbirliği sistemlerine sahip olabiliriz ve kriterlerini benimsediğiniz sürece sistem iyi çalışıyor da görünebilir.

Müslüman bir mollanın şöyle dediğini varsayalım: "Sistemimiz işliyor. Dünyada toplam 1,5 milyar Müslümanız, her gün daha fazla insan Kur'an okuyarak kendini Allah'a adıyor." Başarıyı ölçmek için doğru kriter bu mudur? Bir okul müdürü diyebilir ki: "Sistemimiz işliyor. Geçtiğimiz beş yılda sınav sonuçlarında yüzde 7,3'lük bir artış görüldü." Bir okulu değerlendirmenin en iyi yolu bu mudur? Antik Mısır'da bir yetkili, "Sistemimiz işliyor. Dünyadaki herkesten daha çok vergi topluyor, daha geniş kanallar kazıyor ve daha büyük piramitler inşa ediyoruz," diyebilir. Firavunlar zamanında Mısır vergilendirme, sulama ve inşaat sistemlerinde dünya lideriydi doğru, peki gerçekten önemli olan bu mudur?

İnsanların pek çok maddi, sosyal ve psikolojik ihtiyaçları vardır. Antik Mısır'daki köylülerin, avcı-toplayıcı atalarına göre daha sevgi dolu ve iyi sosyal ilişkiler kurup bunun keyfini sürüp sürmediklerini bilmenin hiçbir yolu yok. Beslenme, sağlık ve çocuk ölüm oranları gibi verilere bakacak olursak hayatları çok daha kötü gibi duruyor. MÖ 1850'lerden kalma bir belgede anlatıldığı üzere, Feyyum Gölü'nü yaratan III. Amenemhat'ın yönetimi döneminde, Dua-Khety adında hâli vakti yerinde bir adam, oğlu Pepy'yi yazmayı öğrenmesi için okula götürür. Dua-Khety yol boyunca gördüğü köylü, işçi, asker ve zanaatkarların sefil hayatlarını tasvir ederek çoğu insanın mahkum olduğu bu umutsuz kaderden kaçabilmesi için Pepy'nin tüm dikkatini okumaya yönlendirmek istediğini yazar.

Dua-Khety'ye göre topraksız bir tarla işçisinin hayatı zorluk ve ıstırapla doludur. Paçavralar içindeki işçi, elleri su toplayana dek tüm gün çalışır. Sonrasında firavunun adamları gelir ve bu sefer de zorunlu işlerde çalıştırmak üzere alıp götürürler. Tüm bu çalışmanın karşılığında ödeme olarak sadece hastalık kapacaktır. Eve ölmeden dönmeyi başarsa bile vaziyeti perişandır. Toprak sahibi köylünün kaderi de hallicedir. Günlerini nehirden tarlaya kovalarla su taşıyarak geçirir. Ağır yükün altında omuzları çöker, boynu iltihaplı yaralarla kaplanır. Sabahları pırasaların olduğu tarlayı, öğleden sonraları hurmaları, akşamları kişnişleri sulaması gerekir. Sonunda düşer ve ölür.[8] Tasvir biraz abartılı olsa da tamamen yanlış değildir. Firavunlar zamanında Mısır, döneminin en güçlü krallığıyken, basit bir köylü için bunun karşılığı sağlık ve sosyal güvence değil vergiler ve zorunlu çalışma olmuştur.

Bunlar sadece Mısırlılara özgü sorunlar değildi. Çin hanedanlarının, Müslüman imparatorlukların, Avrupa krallıklarının akıl almaz başarılarına rağmen, MS 1850'de bile ortalama insan hayatı, bırakın iyileşmeyi, tarihsel olarak çok gerilerde kalmış avcı-toplayıcılardan bile çok daha kötüydü. 1850'de Çinli bir köylü ya da Manchesterlı bir fabrika işçisi, avcı-toplayıcı atalarından çok daha uzun süre çalışıyordu. İşleri fiziksel olarak daha zor, zihinsel olarak çok daha az tatmin ediciydi, beslenmeleri daha tek yönlüydü, hijyenik koşulları karşılaştırılamayacak kadar kötüydü ve enfeksiyonlarla gelişen hastalıklar çok daha yaygındı.

Seçmeniz için size iki tatil paketi sunulduğunu düşünelim:

Taş Devri Paketi: İlk gün el değmemiş ormanda on saat yürüyüş yapacağız, akşam çökerken bir nehrin kenarında kamp kuracağız. İkinci gün nehirde on saat kanoyla dolaşacak, küçük bir gölün kıyısında kamp kuracağız. Üçüncü gün yerel halktan nasıl balık tutulacağını ve yakındaki koruda mantar toplamayı öğreneceğiz.

Modern Proletarya Paketi: İlk gün pislik içindeki bir tekstil fabrikasında on saat çalışacağız, sıkış tıkış bir apartman dairesinde geceleyeceğiz. İkinci gün yakındaki markette on saat kasiyerlik yapacak ve uyumaya aynı daireye gideceğiz. Üçüncü gün yerel halktan nasıl banka hesabı açarak ev kredisi alacağımızı öğreneceğiz.

Hangi paketi seçerdiniz?

Mesele insanların kurduğu işbirliği ağlarını değerlendirmeye gelince her şey bakış açımıza ve kullanmayı seçtiğimiz değerlendirme araçlarına göre değişir. Mısır firavununu üretim, beslenme ve sosyal uyum açısından mı değerlendiriyoruz? Yoksa aristokrasi, basit köylüler, domuzlar ve timsahlara mı odaklanıyoruz? Tarih tek bir anlatı değildir; aksine binlerce çeşitli anlatıdan meydana gelir. Neyi anlatmayı seçersek, bir diğerini susturmayı tercih etmiş oluruz.

İnsanların kurduğu işbirliği ağları, kendilerini kendi yarattıkları değerlerle ölçer ve kanıksandığı gibi kendilerine oldukça yüksek notlar verir. Özellikle de tanrı, ulus ve şirket gibi kurgusal oluşumlar adına örülmüş ağlar, kendilerini bu kurgusal oluşumun penceresinden değerlendirir. Bir din, ilahi emirleri harfiyen yerine getirilirse başarılıdır; ulusal çıkarlarını koruyabilen bir ulus şanlı olacaktır; bir şirket çok para kazandıkça büyüyebilir.

Herhangi bir insan ağının tarihini incelerken, zaman zaman durup kurgusal olmayan gerçeğin penceresinden bakmanın faydası olacaktır. Bir varlığın kurgusal olup olmadığını nasıl bilebilirsiniz? Oldukça basittir aslında; "Acı çekiyor mu?" diye sorun yeter. İnsanlar Zeus'un tapınaklarını yaktığında Zeus acı çekmez. Euro değer kaybettiğinde Euro kederlenmez. Bankalar battığında banka mağdur olmaz. Bir devlet savaşta kaybettiğinde devlet ıstırap çekmez, bankalar ve devletler metaforlardan ibarettir. Fakat savaşta yaralanan bir askerin acısı gerçektir. Yiyecek tek lokması olmayan yoksul bir köylü gerçekten eziyet çeker. Annesinden ayrılan yeni doğmuş bir buzağı gerçekten ıstırap duyar. Gerçeklik budur.

Bu acılar, kurgulara duyduğumuz inançtan kaynaklanıyor olabilir tabii. Örneğin ulusal ve dini mitlere inanmak bir savaşın çıkmasına neden olabilir ve sonucunda milyonlar evlerini, uzuvlarını, hatta hayatlarını kaybedebilir. Savaşın nedeni kurgusal olsa da çekilen ıstırap tamamen gerçektir. Bu nedenle kurguyu gerçekten ayırmak için elimizden geleni yapmamız gerekir.

Kurgu kötü değil, hayati bir olgudur. Para, devlet ya da şirket gibi ortaklaşa kabul ettiğimiz hikayeler olmadan hiçbir karmaşık insan toplumu işleyemez. Uydurduğumuz kurallara inanmadan futbol oynayamayız. Piyasalardan ya da mahkemelerden, benzer uydurma hikayelere inanmadan yararlanamayız. Ancak bu hikayeler sadece araçlardır. Hedeflerimiz ya da değerlerimiz hâline gelmemelidir. Sadece kurgu olduklarını unuttuğumuz anda gerçeklikle bağımızı kaybederiz. "Şirket için çok para kazanmak" ya da "ulusal değerlerimizi korumak" gibi çatışmaların içine düşeriz. Şirket, para ve ulus sadece hayalimizde var olabilir. Hepsini kendimize hizmet etmek için yaratmışken, neden *onlar uğruna* kendi hayatlarımızı feda edelim?

21. yüzyılda geçmişte görülmediği kadar güçlü kurgular ve totaliter dinler yaratacağız. Biyoteknoloji ve bilgisayar algoritmalarının yardımıyla bu dinler dakika dakika varlığımızı kontrol etmekle kalmayacak; bedenlerimizi, beyinlerimizi ve zihinlerimizi de şekillendirecek, cennetler ve cehennemlerden oluşan bütünlüklü sanal dünyalar yaratacaklar. Kurguyu gerçekten, dini de bilimden ayırmayı başarmak hiç olmadığı kadar zor ve hayati olacak.

5
Tuhaf İkili

HİKAYELER İNSAN TOPLUMLARININ temelleri ve dayanaklarıdır. Zaman içinde tanrılar, uluslar ve şirketler nesnel gerçekliğe hükmedecek kadar güç kazandı. Yüce tanrı Sobek'e, Cennet'in Emri'ne ya da İncil'e inanmak Feyyum Gölü'nün, Çin Seddi'nin ve Chartres Katedrali'nin inşasını mümkün kıldı. Lakin bu hikayelere körü körüne inanmak, gerçek duygusal varlıklar olan insanların yaşamlarını iyileştirmek yerine tanrı ve ulus gibi kurgusal varlıkların şanına şan katmakla sonuçlandı.

Peki bu değerlendirme günümüz için de geçerli midir? İlk bakışta modern toplum, antik Mısır ya da ortaçağ Çin'inden çok farklı görünür. Modern bilimin ilerleyişi insanın oynadığı oyunun temel kurallarını değiştirdi. Geleneksel mitler hâlâ önemini korusa da modern sosyal sistemlerin antik Mısır ya da ortaçağ Çin'inde bilinmeyen, evrim teorisi gibi nesnel bilimsel teorilere her geçen gün daha da itibar ettiğini söylersek yanılmış olur muyuz?

Bilimsel teorilerin yeni mitler olduğunu, bilime duyduğumuz inancın antik Mısırlıların yüce tanrı Sobek'e duyduğundan pek de farklı olmadığını öne sürebiliriz elbette. Diğer yandan bu karşılaştırmanın iler tutar bir yanı yok. Sobek sadece ona iman edenlerin ortak tahayyülünde var olabiliyordu. Sobek'e ibadet etmenin, barajlar ve kanallar inşa ederek Mısır'ın sosyal sisteminin yapı taşlarını oluşturduğu aşikardır. Ancak dualar tek başına Nil'in su seviyesini değiştiremeyeceği gibi bilimsel teoriler de insanları bir araya getirmek için yeterli olmayacaktır. "Tanrı, iman edenlere elbette yardım edecektir," denir. Bu söz dolaylı yoldan Tanrı'yı inkar eder; ne var ki tanrıya duyduğumuz inanç, kendimiz için bir şeyler yapmamızı sağlarsa, o zaman faydası dokunur. Tanrı'nın aksine, antibiyotikler kendilerine iman etmeyenlere de fayda sağlar. Antibiyotiklere inansanız da inanmasanız da enfeksiyonlarınızı onlar iyileştireceklerdir.

Sonuç olarak modern dünya modern-öncesi oldukça farklıdır. Mısırlı firavunlar ve Çinli imparatorlar kıtlık, salgın ve savaşları bin yıl uğraşmalarına rağmen alt edemediler. Modern toplumlarsa birkaç yüzyılda hepsini kontrol altına almayı başardı. Tüm bunlar öznelerarası mitleri, nesnel bilimsel bilgiler uğruna terk etmenin meyveleri olamaz mı? Bu sürecin gelecek yıllarda hızlanmasını bekleyemez miyiz? Teknoloji insanların sürümünü yükseltmemizi, yaşlanmanın önüne geçmemizi, mutluluğun formülünü bulmamızı mümkün kıldıkça insanlar kurgusal tanrıları, ulusları ve şirketleri gittikçe daha az umursayarak fiziksel ve biyolojik gerçekliğin sırlarını çözmeye odaklanacaklardır, değil mi?

Durum böyle görünse de aslında her şey çok daha karmaşık. Modern bilim oyunun kurallarını değiştirdi, fakat mitlerin yerine gerçekleri koymadı. Mitler insan türüne hükmetmeye devam ediyor ve bilim bu mitleri daha da güçlendiriyor. Bilim öznelerarası gerçekliği yok ederken nesnel ve öznel gerçekliği hiç olmadığı kadar bütünlüklü kontrol etmeyi de mümkün kıldı. Bilgisayarlar ve biyomühendislik sayesinde insanlar gerçekliklerini oyuncakları hâline gelmiş kurgulara uydurmaya çalıştıkça kurgu ve gerçeklik arasındaki geçiş de gitgide bulanıklaşıyor.

Sobek rahipleri ilahi timsahların hayalini kurarken firavun ölümsüzlük rüyaları görüyordu. Kutsal timsah aslında oldukça sıradan, altın kıyafetler kuşanmış bir bataklık sürüngeniydi, firavunsa en yoksul köylü kadar ölümlüydü. Ölümünden sonra bedeni koruyucu yağlar ve kokulu parfümlerle mumyalanacak, fakat bir ölü kadar cansız kalmaya devam edecekti. 21. yüzyılın biliminsanlarıysa hakiki teknolojik timsahlar geliştirecek ve sistemin elitlerine sonsuz gençlik bahşedebilecek kudrete sahipler.

Böylelikle bilimin ilerleyişi bazı mitlerin ve dinlerin etkilerini hiç olmadığı kadar güçlendirecek. Bunun nedenini anlayabilmek ve önümüzdeki yüzyılda bizi bekleyen meselelerle yüzleşebilmek için en huzursuz edici sorulardan birine dönmeliyiz: Modern bilimin dinle ilişkisi nedir? İnsanlar bu soruya verilebilecek tüm cevapları binlerce kez vermiş gibi görünüyor. Ne var ki uygulamada bilim ve din, beş yüzyıllık bir çift terapisinden sonra bile birbirini anlamayan evli bir çifte benziyor. Adam, Prenses Sindirella hayalleri kurarken kadın hâlâ Yakışıklı Prens'i bekliyor, bir yandan da çöpü kimin çıkaracağına dair tartışmaya devam ediyorlar.

Mikroplar ve Şeytanlar

Bilim ve dine dair yanlış anlaşılmaların çoğu, dinin hatalı tanımlamalarının sonucudur. İnsanlar dini sıklıkla batıl inançlar, ruhanilik, doğaüstü güçler ve tanrılara duyulan inançla karıştırırlar. Din bunlardan hiçbiri değildir; din batıl inançlarla bir tutulamaz, sonuçta çoğu insan en kıymetli inancını "hurafe" olarak adlandırmayacaktır. Biz her zaman "doğruya" inanırken, sadece diğer insanlar batıl inançlara iman ediyordur.

Doğaüstü güçlere *inanan* insanlar bulmak da kolay değildir. Şeytanlara, ruhlara ve perilere inananlar için bunlar doğaüstü varlıklar değildir. Kirpiler, akrepler ve mikroplar gibi onlar da doğanın bir parçasıdır. Modern doktorlar görünmeyen mikropları, voodoo rahipleriyse görünmeyen ruhları hastalıklardan sorumlu tutar. Ortada doğaüstü bir şey yoktur: Bir ruhu kızdırırsanız bedeninize girer ve size acı verir. Bundan daha doğal ne olabilir ki? Ruhlar sadece inanmayanların gözünde tabiatın doğal dengesinin dışındadır.

Dini doğaüstü güçlerle bir tutmak, din dışındaki tüm doğal olguları, dinin yardımcı unsurlarına indirgemek olur. Tüm doğayı mükemmel bir şekilde kavradıktan sonra üzerine bazı "doğaüstü" dogmalar ekleyip eklememek size kalmışır. Çoğu din dünyayı kendisinin yardımı olmadan anlayamayacağınızı iddia eder. Eğer dinlerin kaidelerini göz önünde bulundurmazsanız hastalık, kuraklık ya da depremlerin asıl nedenlerini hiçbir zaman bilemezsiniz.

Dini "tanrılara inanmak" olarak tanımlamanın da birkaç sorunlu yanı vardır. Kendisini adamış bir Hıristiyanın dindar olduğunu söyleriz çünkü Tanrı'ya inanmaktadır; ateşli bir komünistin dindar sayılmamasının sebebiyse komünizmin bir tanrısısının olmamasıdır. Oysa dinler tanrılar değil insanlar tarafından yaratılmıştır ve sosyal işlevleriyle tanımlanır. Din her alanı kapsayarak insani kanunlar, doğrular ve değerler üzerinde insanüstü meşruiyet kuran hikayeler bütünüdür. İnsani sosyal yapıların insanüstü kanunları yansıttığını öne sürerek kendine meşruiyet kazandırır.

Dinler yaratmadığımız ve değiştiremeyeceğimiz bir ahlaki kanunlar sistemine tabi olduğumuzu öne sürer. Dindar bir Yahudi bu ahlaki kanunlar sisteminin Tanrı tarafından yaratıldığını ve kutsal kitaba aktarıldığını söyler. Bir Hindu bu kanunların Vedalar'da biz insanlara açıklandığına ve Brahma, Vişnu ve Şiva'da karşılık bulduğuna inanır. Budizm ve Daoizmden tutun komünizm, Nazizm ve liberalizme kadar tüm dinler, doğaüstü tabir edilen bu kanunların özünde doğa kanunları olduğunu ve o ya da bu tanrı tarafından yazılmadığını iddia eder. Doğal olarak her inanç, Buda ve Laozi'den Marx ve Hitler'e kadar, başka başka kahin ve peygamberler tarafından ortaya çıkarılmış ve aktarılmış bir dizi farklı doğa kanununa inanır.

Yahudi bir çocuk, "Baba neden domuz yememeliyiz?" diye sorduğunda, babası düşünceli bir biçimde uzun ve kıvırcık sakalını sıvazlar ve, "Doğrusu, Yankele, dünyanın düzeni böyle. Hâlâ çok gençsin ve henüz anlamıyorsun ama domuz eti yersek Tanrı bizi cezalandırır ve sonumuz felaket olur. Bunu ben söylemiyorum, haham da söylemiyor. Dünyayı haham yaratmış olsaydı belki de domuz yenmesine izin verilen bir dünya yaratırdı. Ama dünyayı haham yaratmadı, Tanrı yarattı. Ve nedendir bilmesem de tanrı dedi ki, domuz yememeliyiz. Demek ki yememeliyiz. Anladın mı?" diye yanıtlar.

1943'te Alman bir çocuk, üst düzey SS subayı olan babasına,

"Baba neden Yahudileri öldürüyoruz?" diye sorduğunda, parlak deri çizmelerini ayağına geçiren babası cevap verir: "Doğrusu Fritz, dünyanın düzeni bu. Henüz çok gençsin ve hâlâ anlamıyorsun ama Yahudilerin yaşamasına izin verirsek yozlaşmaya ve insanlığın sonunun gelmesine neden olacaklar. Bu benim fikrim değil. Bu Führer'in fikri bile değil. Dünyayı Hitler yaratmış olsaydı belki de doğal seçilimin işlemediği, Yahudilerle Aryanların beraber uyum içinde yaşayabildiği bir dünya yaratırdı. Ama dünyayı Hitler yaratmadı. O sadece doğanın kanunlarını çözerek bize bu kanunlar doğrultusunda yaşamayı emretti. Bu kanunlara karşı gelirsek sonumuz felaket olur. Anlaşıldı mı?"

2016'da, İngiliz bir çocuk liberal parti üyesi babasına, "Baba Ortadoğu'daki Müslümanların insan hakları bizi neden ilgilendiriyor?" diye sorduğunda, elindeki çay fincanını bırakırken düşüncelere dalan baba yanıtlar: "Doğrusu Duncan, hâlâ çok gençsin ve henüz anlamıyorsun ama dünyada tüm insanlar, Ortadoğu'daki Müslümanlar bile aynı tabiata sahiptir; bu nedenle aynı doğuştan gelen haklardan faydalanmalılar. Bu ne benim fikrim ne de parlamentonun kararı. Dünyayı Parlamento yaratmış olsaydı evrensel insan hakları kuantum fiziğiyle beraber bir alt komitede kaybolup gidebilirdi. Ama dünyayı Parlamento yaratmadı, o sadece anlamaya çalışıyor. Bu nedenle Ortadoğu'daki Müslümanların doğal insani haklarına saygı duymalıyız; yoksa göz açıp kapayıncaya kadar bizim haklarımız da çiğnenir ve sonumuz felaket olur. Şimdi gidebilirsin."

Liberaller, komünistler ve diğer modern öğretilerin destekçileri kendi sistemlerinin "din" olarak telaffuz edilmesinden hoşlanmazlar; dini batıl inançlar ve doğaüstü güçlerle ilişkilendirirler. Bir komünist ya da liberale dindar olduğunu söylerseniz, kendisini temelsiz hayallere körü körüne inanmakla suçladığınızı düşünecektir. Oysa kavramın bu kullanımı insanlar tarafından icat edilmemiş, ama her ne hikmetse insanların sadakatle uyduğu bir ahlaki kanunlar sistemine inancı tarif etmektedir. Bildiğimiz kadarıyla tüm insan toplumları böyle düşünüyor. Her toplum, mensuplarına bir tür insanüstü ahlaki kanuna uymaları gerektiğini, aksi takdirde felaketin geleceğini söylüyor.

Dinler; hikayelerindeki detaylarda, somut emirlerinde, vaat ettikleri ödül ve cezalarda farklılık gösterirler. Ortaçağ Avrupa'sında Katolik Kilisesi tanrının zengin insanları sevmediğini iddia ediyordu. Hz. İsa bir devenin iğne deliğinden geçmesinin, varlıklı birinin cennetin kapılarından geçmesinden daha kolay olduğunu söylüyordu. Zenginlerin Tanrı'nın krallığına girmesine yardım etmek isteyen kilise, onları sık sık bağış yapmaya ve sadaka vermeye teşvik ediyor, cimrilerin cehennemde yanacağını söylüyordu. Modern komünizm de varlıklı insanları sevmez ama onları ölümden sonra alevler içinde yakmakla değil sınıf çatışmasıyla tehdit eder.

Komünizmin tarihsel kanunları Hıristiyanlığın emirlerini andırır; her ikisi de insanların kendi iradeleriyle değiştiremeyeceği insanüstü güçlerdir. İnsanlar kendi yarattıkları ve değiştirmekte özgür oldukları kurallardan bir gecede vazgeçebilir, mesela bir sabah futboldaki ofsayt kuralını kaldırabilirler. Ancak Marx'a göre tarihin kanunlarını değiştiremeyiz. Kapitalistler ne yaparsa yapsın, özel mülk biriktirmeye devam ettikleri sürece sınıf çatışmalarına ve yükselen proletaryanın karşısında yenilmeye mahkumdurlar.

Eğer bir ihtimal siz de bir komünistseniz, komünizm ve Hıristiyanlığın çok farklı olduğunu öne sürebilirsiniz; komünizm doğru, Hıristiyanlıksa yanlıştır. Kapitalist sistemin özünde sınıf çatışması gerçekten vardır ama zenginler öldükten sonra cehennemde sonsuz acılar çekmezler. Durum böyle olsa bile bu komünizmin bir din olmadığı anlamına gelmez. Aksine komünizmin tek doğru din olduğunu gösterir. Her dinin müritleri kendi inançlarının tek doğru olduğuna inanırlar. Herhalde yalnızca tek bir dinin müritleri *haklı.*

Eğer Buda'yla Tanışırsanız

Dinlerin sosyal düzeni koruma ve büyük çapta işbirliği organize etme aracı olduğu önermesi, dini en önemli ruhani yol olarak görenler için can sıkıcı olabilir. Ancak dinle bilim arasındaki mesafe düşündüğümüzden çok daha az, dinle ruhanilik arasındaki mesafeyse bir o kadar fazladır. Din bir anlaşmayken ruhanilik bir yolculuktur.

Din bütünlüklü bir dünya anlayışı sunar ve önceden belirlenmiş amaçları olan, sınırları belirli bir sözleşme takdim eder. "Tanrı vardır. Bize belirli şekillerde davranmamızı söyler. Tanrı'ya inanırsanız cennete kabul edilirsiniz. Tanrı'ya karşı gelirseniz cehennemde yanarsınız." Bu anlaşmanın oldukça açık maddeleri toplumun insan davranışlarını düzenlemesini sağlayan ortak kurallar ve değerler yaratmasını mümkün kılar.

Ruhani yolculuk insanları gizemli yollardan bilinmeyen istikametlere götürür, dolayısıyla dinin normatifliğiyle hiçbir alakası yoktur. Arayış genellikle büyük bir soruyla başlar: Ben kimim? Hayatın anlamı ne? İyi nedir? Çoğu insan mevcut güçler tarafından verilmiş hazır cevapları öylesine kabullenirken, ruhani arayıştakiler kolay kolay tatmin olmazlar. Yalnızca iyi bildikleri istikametlere ya da gitmek istediklere yere değil, yol nereye çıkarsa çıksın büyük soruların peşinde koşar dururlar. Bu nedenle çoğu insan için akademik çalışmalar, ruhani yolculuklardan ziyade anlaşmalar gibidir; bizi büyüklerimiz, devletler ve bankalar tarafından onaylanmış, önceden belirlenmiş hedeflere götürürler. "Yıllarca ders çalışıp lisans diplomamı alacağım ve iyi maaşlı bir işi garanti edeceğim." Karşınıza çıkan büyük sorular sizi aklınızın bile almadığı beklenmedik istikametlere sürüklerse pekala akademik çalışmalar da ruhani bir yolculuğa dönüşebilir oysa. Diyelim ki bir öğrenci Wall Street'te iyi bir işi garantilemek için ekonomi okumaya başladı. Ancak öğrendikleri onu hasbelkader bir Hindu aşramına ya da Zimbabve'de HIV hastalarına yardım etmeye yönlendirdi, bu durumda buna pekala ruhani bir yolculuk denilebilir.

Böylesi bir yolculuğu neden "ruhani" addederiz? Bu iyi ve kötü olmak üzere iki tanrının varlığına inanan, antik düalist dinlerden kalmış bir mirastır. Düalizme göre iyi tanrı, huzurlu ruhlar dünyasında yaşayacak saf ve sonsuz ruhları yaratmıştır. Zaman zaman şeytan olarak da isimlendirilen kötü tanrıysa, maddeden yapılma öteki dünyayı yaratır. Şeytan yarattıklarını sonsuza dek nasıl yaşatacağını bilmediğinden, maddelerin dünyasındaki her şey çürür ve yok olur. Kusurlu yaratımına yaşam verebilmek isteyen şeytan, saf ruhları baştan çıkarır ve geçici maddi bir bedene hapseder. İnsan budur işte; kötü maddi bir ruha sıkışmış iyi bir ruh. Ruhun hapishanesi olan beden eninde sonunda çökerek öleceği için şeytan dur durak bilmeden ruhları yiyecek, seks ve güç gibi bedensel zevklerle yoldan çıkaracaktır. Beden yok olduğunda ruhun ait olduğu dünyaya kaçma şansı vardır, bedensel zevklere duyduğu istekle baştan çıkar ve yeni maddi bir bedene girer. Ruh bedenden bedene göçerken, günlerini ziyafetler, seks ve güç uğruna heba eder.

Düalizm insanlara bu maddi prangalarından kurtulup, bize çok yabancı olsa da, gerçek evimiz olan ruhani dünyaya geri dönmek üzere bir yolculuğa çıkmamızı tembihler. Bu arayışta tüm maddi arzuları ve anlaşmaları reddetmemiz gerekir. Bu düalist mirasın etkisiyle teamüllerden ve bu geçici dünyanın sunduğu anlaşmalardan şüphe ederek bilinmeyen bir istikamette gerçekleştirdiğimiz her yolculuk "ruhanidir."

Bu ruhani yolculuklar dinlerle karıştırılmamalıdır. Dinler dünyevi düzeni güçlendirmeyi amaçlarken ruhanilik ondan kaçmaya çalışır. Ruhani göçebelerin en mühim görevlerinden biri hakim dinlerin inanç ve teamüllerine meydan okumaktır. Zen Budistleri, "Yolda Buda'ya rastlarsanız öldürün," der. Bu tavsiye ruhani bir yoldayken karşınıza kurumsallaşmış Budizmin kesin fikirleri ve değişmez yargıları çıktığında kendinizi onlardan da kurtarmanız gerektiği anlamına gelir.

Ruhanilik dinler için ciddi bir tehdittir. Kendi müritlerinin ruhani yolculuklarının dizginlerini ellerinde tutmak isteyen dinler, sadece yiyecek, seks ve güç peşinde koşan sıradan insanlar tarafından değil hakikatin peşine düşmüş, palavralardan fazlasını bekleyen ruhani arayışçılar tarafından da tepki görmüştür. Katolik Kilisesi'ne karşı yükselen Protestan ayaklanması da dindar münzevi bir rahip olan Martin Luther tarafından ateşlenmiştir. Varoluşa dair sorulara cevap arayan Luther, kilisenin sunduğu ayinlere, geleneklere ve anlaşmalara tabi olmayı reddetmiştir.

Görsel 24: Papa, para için endüljansları satarken (Bir Protestan risalesinden).[1]

Luther'ın zamanında kilise inananlara son derece cazip anlaşmalar sunuyordu. Günah işlemişseniz ve öteki dünyada sonsuz bir ıstıraba hapsolmak istemiyorsanız elinizi korkak alıştırmadan bir endüljans* satın alabilirdiniz. 16. yüzyılın başında kilise, Avrupa'yı kasaba kasaba dolaşarak sabit fiyatlara endüljans satan profesyonel "seyyar kurtuluşçular" çalıştırmaya başlamıştı. Cennete giriş vizesi mi istiyorsunuz? On altın yeterli. Rahmetli büyükbaba Heinz'le büyükanne Gertrud'un da sizinle olmasını diler misiniz? Hiç sorun değil, otuz altına halledilebilir. Ünlü bir seyyar kurtuluşçu olan Dominikan rahibi Johannes Tetzel, efsaneye göre, altınlar sandığına düştüğü an ruhun araftan cennete uçtuğunu söylermiş.[2]

Luther bu konuda kafa yordukça, önüne sunulan anlaşmadan ve bunu sunan kiliseden şüphe duymaya başlar. Kurtuluş satın alınamaz. Papa insanların günahlarını affetme ve cennetin kapılarını aralama yetkisine sahip olamaz. Protestan anlatıya göre, 31 Ekim

* (İng.) *Indulgence*. Ortaçağda halktan para toplamak amacıyla Papa tarafından günah çıkarma ve ölümden sonra cennete gitme vaadiyle satılan belgelerdir. Katolik öğretisinde kişinin "günahları için çekmesi gereken cezayı azaltmanın bir yolu" anlamına gelir. Kişi günahı bağışlandıktan sonra rahibe ödemesi gereken kefareti indirebileceği gibi, ölümden sonra Araf'taki günahlardan arınma sürecinde çekeceği cezalardan da bu belgeyle kurtulabilir. –çn

1517'de Luther, Wittenberg'deki Azizler Kilisesi'ne, kolunun altında kalınca bir belge, bir çekiç ve birkaç çiviyle yürür. Elindeki kağıtlar endüljansların satılması da dahil dönemin yaygın dini uygulamalarına karşı toplam doksan beş eleştirel tez içermektedir. Luther bunları kapıya çiviledikçe, kurtuluşu önemseyen her Hıristiyanı Papa'nın otoritesine başkaldırmaya çağırır ve cennete giden başka yollar arama çağrısıyla Protestan Reformu'nun ilk kıvılcımlarını çakar.

Tarihsel açıdan ruhani her yolculuk, bireysel olarak aşılması gereken çilelerle doludur. İnsan işbirliği sadece sorulara değil kesin cevaplara da ihtiyaç duyar. Dini yapıların çıkmazları karşısında hiddetlenenlerse yeni değerler sistemi oluşturup farklı yapılar kurar.

Aynı açmaza düşen düalistlerin ruhani yolculukları da dini birer kuruma dönüşmüştür. Katolik Kilisesi'nin kanunlarına, kurumlarına ve geleneklerine karşı çıkan Martin Luther yeni kanunlar derlemiş, yepyeni bir kurumsallaşmayla gelenekleri baştan icat etmiştir. Buda ve İsa da benzer süreçler yaşamışlardır. Hakikatin peşinde ödün vermeden ilerledikleri arayışlarında Hinduizmin ve Yahudiliğin kanunlarını, geleneklerini ve yapılarını bozmuşlardır. Tarihin bir cilvesidir ki Buda ve İsa adına tarihte görülmediği kadar çok kanun koyulmuş, gelenek ve yapı icat edilmiştir.

Sahte Bir Tanrı Yaratmak

Artık dini daha iyi anladığımıza göre bilimle arasındaki ilişkiye dönebiliriz. Bu ilişkinin iki ayrı uçta yer alan iki farklı yorumu vardır. Bu yorumlardan biri, bilim ve dinin yeminli düşmanlar olduğunu savunur ve modern tarihin bilimsel bilgiyle dini batıllığın kıran kırana süren savaşıyla şekillendiğini ileri sürer. Zamanla bilimin ışığı dinin karanlığını dağıtır ve dünya gitgide seküler, rasyonel ve müreffeh bir yere dönüşür. Kimi bilimsel bulguların dini dogmaların temellerini sarstığı doğrudur ama bu tüm vakalar için geçerli değildir. Örneğin İslam dininin, 7. yüzyılda peygamber Hz. Muhammed tarafından Arabistan'da kurulduğu iddia edilir ve bu iddiayı destekleyen yeterince bilimsel kanıt mevcuttur.

Daha da önemlisi bilim, sürdürülebilir kurumlar yaratabilmek için her zaman dinin yardımına ihtiyaç duyar. Bilim dünyanın nasıl işlediğine odaklanır ama insanların nasıl davranması gerektiğine dair bilimsel bir yöntem yoktur. Bilim insanların oksijen olmadan hayatta kalamayacağını söyler. Peki suçluları nefessiz bırakarak infaz etmek kabul edilebilir mi? Bilim bu tip soruları yanıtlayamaz. Sadece dinler gerektiğinde bize rehberlik edebilir.

Öyle ki biliminsanlarının üstlendiği her pratik proje aslında dini görülerden beslenmektedir. Yangtze Nehri üzerindeki Üç Boğaz Barajı'nın inşaatını ele alalım. Çin hükümeti 1922 yılında barajı yapmaya karar verdiğinde fizikçiler barajın dayanması gereken basıncı, ekonomistler tahmini maliyetini ve elektrik mühendisleri ne kadar elektrik elde edileceğini hesapladı. Ancak hükümetin başka etmenleri de göz önünde bulundurması gerekiyordu. Baraj inşaatı, binlerce kilometrekarelik eşi benzeri bulunmayan arkeolojik alanı ve köy ve kasabaların bulunduğu yaşam sahalarıyla dolu altı yüz kilometrekarelik bir bölgeyi sular altında bırakacaktı. Bir milyondan fazla insan yerinden edilmiş ve binlerce tür, tehlikeye atılmıştı. Çin nehir yunuslarının soyunun tükenmesinde en temel etmenin bu baraj olduğu düşünülür. Üç Boğaz Barajı hakkında kişisel fikriniz ne olursa olsun, inşa edilmesi bilimsel değil etik bir meseledir. Hiçbir fizik deneyi, ekonomi modeli ya da matematik denklemi binlerce megawatt elektrik ve milyarlarca yuan üretmenin mi, yoksa tarihi pagodaların ve Çin nehir yunuslarını kurtarmanın mı daha değerli olduğunu belirleyemez. Sonuç olarak bir dine ya da ideolojiye sahip olmadan sadece bilimsel teorilerle temellenmiş bir düzen sürdürülemez.

Karşı görüşse bilim ve dinin tamamen ayrı krallıklar olduğunu savunur. Bilim doğruları araştırır, din değerlerden bahseder ve bu ikili asla yan yana gelemez. Dinin bilimsel doğrular hakkında söz söyleyemeyeceği gibi bilim de dini kanaatler konusundaki görüşlerini kendine saklamalıdır. Papa insan hayatının kutsal olduğuna inanıyorsa kutsaldır, kürtaj da günahtır; biyolog bunu ne kanıtlayabilir ne de çürütebilir. Bir birey olarak her biyolog Papa'yla tartışabilir elbette, ama bir biliminsanı olarak asla kavgaya tutuşamaz.

Bu yaklaşım makul görünse de dini yanlış değerlendirir. Bilim sadece gerçek olgularla ilgilenir, doğru; ancak din asla yalnızca etik yargılarla kendini sınırlandırmaz. Din olgusal bazı iddialarda bulunmadıkça, uyulması gereken herhangi bir talimat oluşturamaz; bu noktada da bilimle çakışır. Pek çok dini dogmanın en önemli bileşenleri etik ilkeler değil olgusal önermelerdir: "Tanrı vardır", "Ruh öteki dünyada günahları yüzünden cezalandırılır", "İncil insanlar tarafından değil bir ilah tarafından yazılmıştır", "Papa hiçbir zaman hata yapmaz." Bunlar olgusal önermelerdir. Gündemde olan hararetli dini tartışmaların ve dinle bilim arasındaki anlaşmazlıkların çoğu, etik yargılardan çok bu olgusal önermeler üzerinedir.

Kürtajı ele alalım. Liberaller genellikle kürtaj hakkını savunurken dindar Hıristiyanlar sıklıkla kürtaja karşıdır. Kavganın temel sebebi de aslında etik değil olgusaldır. Hıristiyanlar da liberaller de insan yaşamının kutsallığına derinden inanır, cinayet korkunç bir suçtur. Ancak belirli biyolojik olgular üzerinde anlaşamazlar. İnsan yaşamı ne zaman başlar? Ana rahmine düşme ânında mı, doğumda mı, yoksa arada bir noktada mı? Bazı insan kültürlerindeyse hayat doğumla bile başlamaz. Kalahari Çölü'nde yaşayan !Kung San kabilesi ve Kuzey Kutbu'nda yaşayan Inuit topluluğunun üyelerine göre insan yaşamı bebeğe ad konulduğu anda başlamaktadır. Bebek dünyaya geldiğinde ailesi adını koymadan önce bekler. Bebeği büyütmemeye karar verirlerse (herhangi bir sakatlık ya da ekonomik zorluk yüzünden) öldürürler. Bu kararın ad koyma töreninden önce olduğu düşünüldüğünde yaptıkları cinayet değildir.[3] Bu ve benzeri kültürlerden gelenler insan hayatının kutsallığı konusunda liberallere ve Hıristiyanlara katılsalar da bebek katlini makul karşılayabilirler.

Dinler kendi reklamlarını yaparken güzel değerleri öne çıkarma eğilimindedir. Oysa Tanrı genelde olgusal önermelerin satır aralarında gizlidir. Katolik inancı kendisini evrensel sevgi ve şefkatin dini olarak pazarlar. Ne kadar da güzel! Buna kim karşı çıkabilir? Peki o zaman neden tüm insanlık Katolik değil? Çünkü satır aralarını okuduğunuzda Katolikler, "hata yapması söz konusu olmayan Papa"ya sorgusuz sualsiz itaat bekler; Haçlı Seferleri'ne katılıp kafirleri kazıklara bağlayıp yakmayı emrettiğinde bile. Uyulması gereken bu tip talimatlar sadece etik yargılardan çıkarılamaz. Aksine genellikle etik yargılarla olgusal önermelerin bir araya gelmesinden doğar.

Felsefenin uhrevi dünyasından çıkıp tarihsel gerçeklikleri gözlemlediğimizde, dini hikayelerin hemen hemen her zaman üç bileşenden oluştuğunu görürüz:

1. "İnsan hayatı kutsaldır," gibi etik yargılar.
2. "Yaşam insan ana rahmine düştüğü an başlar," gibi olgusal önermeler.
3. "Kürtaja hiçbir zaman izin verilemez, gebelikten bir gün sonra bile," gibi etik yargılarla olgusal önermelerin birleşmesinden doğan talimatlar.

Bilimin, dinlerin ortaya koyduğu etik yargıları çürütme ya da kanıtlarla destekleyebilme gibi bir yetkisi ya da yetisi yoktur. Ancak dinin olgusal önermeleri hakkında biliminsanlarının söyleyeceği çok şey vardır. "İnsan fetüsü ana rahmine düştüğünde sinir sistemi hemen oluşur mu? Acı hissedebilir mi?" gibi olgusal soruların karşısında biyologlar rahiplerden çok daha yetkindir.

Her şeyi daha da açıklığa kavuşturmak için, dini propagandalarda pek de duymayacağınız türden, zamanında akıl almaz sosyal ve siyasi sonuçlar doğurmuş tarihsel bir gerçeklikten bahsedelim. Ortaçağ Avrupa'sında papalar çok daha geniş sınırları olan bir siyasi otoritenin keyfini sürüyordu. Avrupa'da ne zaman siyasi bir anlaşmazlık çıksa meseleyi çözecek otoritenin kendileri olduğunu öne sürüyorlardı. İddia ettikleri otoriteyi kurmak için de Avrupalılara sürekli Konstantin'in Bağışı'nı hatırlatıyorlardı.

Hikayeye göre Roma İmparatoru Konstantin, 30 Mart 315'te Papa I. Silvester ve haleflerine Roma İmparatorluğu'nun batısının daimi kontrolünü veren resmi bir belge imzalamıştı. Bu kıymetli belgeyi arşivlerinde saklayan Papalar ne zaman hırslı prensler, kavgacı şehirler ya da isyankar köylülerle karşı karşıya kalsa bu güçlü propaganda aracını öne sürüyordu.

Ortaçağda Avrupa'daki insanların antik imparatorluk hükümlerine saygısı sonsuzdu, belge ne kadar eskiyse o kadar otoritesi olduğuna inanılırdı. Aynı zamanda onların nezdinde krallar ve imparatorlar Tanrı'nın temsilcileriydi. Konstantin, Roma İmparatorluğu'nu pagan diyarından Hıristiyan bir imparatorluğa çevirdiği için ayrıca el üstünde tutuluyordu. Herhengi bir kent meclisinin önüne, büyük Konstantin'in kendi eliyle imzaladığı bir hüküm konsa ortaçağ Avrupalıları kesinlikle antik belgelere sadık kalmayı tercih ederlerdi. Böylece Papa ne zaman siyasi bir muhalefetle karşılaşsa Konstantin'in Bağışı'nın belgelerini sallar ve itaat beklerdi. Bu yöntem her zaman işe yaramıyordu tabii ama Konstantin Bağışı, papalık propagandasının ve ortaçağ siyasi düzeninin köşetaşıydı.

Konstantin'in Bağışı'nı yakından incelediğimizde hikayenin yine üç temel bileşenden oluştuğunu görürüz:

Etik yargı	Olgusal önerme	Uyulacak Talimat
İnsanlar antik imparatorluk hükümlerine dönemin popüler düşüncelerinden daha çok değer vermelidir.	30 Mart 315'te İmparator Konstantin Avrupa'nın hakimiyetini papalara vermiştir.	1315 yılında Avrupalılar Papa'nın emirlerine uymalıdır.

Antik imparatorluk hükümlerinin etik otoritesi gün gibi ortadaydı. 21. yüzyıldaki pek çok Avrupalının nezdinde, günümüz vatandaşlarının talepleri, çoktan öteki dünyaya göçmüş monarkların dayatmalarından önce gelir. Ancak hiçbir deney ya da denklem bu konuda bir karara varmaya yardımcı olamayacağına göre bilimin söyleyecek hiçbir sözü yoktur. Günümüzde bir biliminsanı zaman yolculuğuyla yedi yüzyıl öncesine gitse ortaçağ Avrupalılarına antik imparatorların hükümlerinin, güncel siyasi tartışmalarla hiçbir alakasının olmadığını kanıtlayamaz.

Konstantin'in Bağışı hikayesi de etik yargılara dayanmıyordu aslında. Bilimin doğrulamaya ya da çürütmeye yetkin olduğu kesin olgusal önermeler de barındırıyordu. Katolik bir rahip ve öncü bir dilbilimci olan Lorenzo Valla 1411'de Konstantin'in Bağışı'nın sahte olduğunu kanıtlayan bilimsel bir çalışma yayınladı. Lorenzo Valla, belgenin üslubu ve grameriyle beraber, içerdiği bazı kelime ve terimleri inceledi. Belgenin 4. Yüzyıl Latincesinde kullanılmayan yabancı kelimeler içerdiğini ve muhtemelen Konstantin'in ölümünden yaklaşık dört yüzyıl sonra düzenlendiğini ortaya koydu. Üstelik belgedeki tarih, "30 Mart, Konstantin'in dördüncü, Gallicanus'un ilk kez konsül olduğu yıl," olarak belirtilmişti. Roma İmparatorluğu'nda her yıl iki konsül seçilir ve görüldüğü üzere belgeler konsül yıllarına göre tarihlenirdi. 315 yılında Konstantin dördüncü defa konsül olmuştu olmasına ama ne talihsizliktir ki Gallicanus ilk kez 317'de konsül seçilmişti. Bu çok önemli belge sahiden Konstantin'in zamanında kaleme alınmış olsaydı asla böyle bir hata barındırmazdı. Thomas Jefferson'la arkadaşlarının Amerikan Bağımsızlık Bildirgesi'ne "34 Temmuz 1776" tarihini atması gibi bir şeydi bu.

Bugün tüm tarihçiler Konstantin'in Bağışı'nın 8. yüzyılda papalığa ait bir mahkeme tarafından sahtecilik yapılarak düzenlendiği konusunda hemfikirdir. Lorenzo Valla antik imparatorluk hükümlerinin etik otoritesini hiçbir zaman tartışmaya açmamış olsa da yapmış olduğu bilimsel analiz, Avrupalıların Papa'nın emirlerine uyması gerektiğini söyleyen talimatların temelini çürütmüştür.[4]

• • •

Uganda parlamentosu 20 Aralık 2013'te Eşcinsellik Karşıtı Yasa'yı kabul ederek, eşcinsel edimleri suç ilan etti ve bazı eylemleri müebbet hapisle cezalandırma kararı aldı. Tanrı'nın eşcinselliği yasakladığını öne süren bazı ateşli Hıristiyan gruplar yasanın oluşturulmasına ilham vermiş ve yasayı desteklemeyi sürdürmüşlerdi. Gerekçe olarak Eski Ahit'in Levililer 18:22 (Kadınla yatar gibi bir erkekle yatma. Bu iğrençtir.) ve Levililer 20:13 (Bir erkek başka bir erkekle cinsel ilişki kurarsa, ikisi de iğrenç şeyler yapmış olur. Kesinlikle öldürülecekler. Ölümü hak etmişlerdir.) bölümlerini gösteriyorlardı.

Aynı dini hikaye tüm dünyada geçtiğimiz yüzyıllarda milyonlarca insanın hayatının paramparça olmasından da sorumluydu. Hikayeyi kısaca şöyle özetleyebiliriz:

Etik yargı	Olgusal önerme	Uyulacak talimat
İnsanlar Tanrı'nın emirlerine uymalıdır.	Üç bin yıl kadar önce Tanrı insanların eşcinsel edimlerini yasaklamıştır.	İnsanlar eşcinsel edimlerde bulunmamalıdır.

Peki bu hikaye doğru mu? Biliminsanları insanların Tanrı'ya itaat etmesi gerektiği yargısına kafa tutamıyor. Kişisel olarak karşı çıkabilirsiniz. İnsan haklarının ilahi otoriteye üstün geldiğine inanabilir ve Tanrı, insan haklarını çiğnememizi istiyorsa ona kulak asmamanız gerektiğini düşünebilirsiniz. Ama bu meseleyi karara bağlayabilecek bilimsel bir deney sunamazsınız.

Diğer yandan, üç bin yıl önce Kainatın Yaratıcısının *Homo sapiens* türünün üyelerine "hemcinsler arası edimlerden kaçının" diye buyurduğu olgusal önermeyle ilgili bilimin söyleyeceği çok şey vardır. Bu önermenin doğru olduğunu nereden biliyoruz? İlgili külliyat incelendiğinde bu sav milyonlarca kitap, makale ve internet sitesinde tekrar etmesine rağmen aslında tek bir kaynağa dayanıyor: İncil. Öyleyse biliminsanı soracaktır, İncil ne zaman ve kim tarafından kaleme alındı? Altını çizmek gerekir ki değer yargısı içermeyen olgusal bir sorudur bu. Dindar Yahudiler ve Hıristiyanlar en azından Levililer kitabının Sina Dağı'nda Tanrı tarafından Musa'ya dikte edildiğini ve o zamandan beri tek bir kelimenin bile değişmediğini iddia edeceklerdir. "Ama," diye ısrar edecektir biliminsanı, "bundan nasıl emin olabiliriz? Sonuçta Papa da Konstantin'in Bağışı'nın 4. yüzyılda bizzat Konstantin tarafından yazıldığını söylemişti, ama bugün biliyoruz ki Papa'nın katipleri tarafından dört yüzyıl sonra uydurulmuş."

Artık bilimsel yöntemlerin tüm cephanesini İncil'in ne zaman ve kim tarafından yazıldığını bulmak için kullanabiliriz. Biliminsanları bir yüzyıldan uzun süredir tam da bu konu üzerinde çalışıyor, ilginizi çekiyorsa bulgular üzerine yazılmış uzun kitapları inceleyebilirsiniz. Özetlemek gerekirse, hakemli bilimsel dergilerde yayımlanan pek çok çalışmada, İncil'in birçok farklı insan-yazar tarafından yüzyıllar önce gerçekleşmiş olayları betimlemeye çalışarak kaleme alınan ortak bir metinler toplamı olduğu ileri sürülür. Bu metinlerin birleştirilerek tek bir kutsal kitapta toplanması, kitapta geçen zamanlardan çok sonra gerçekleşmiştir. Örneğin Davud muhtemelen MÖ 1000 yıllarında yaşamıştır ama Eski Ahit'in beşinci kitabı olan Tesniye'nin yaklaşık MÖ 620'de Yehuda Kralı Yoşiyahu'nun sarayında, kralın otoritesini güçlendirmek amacıyla bir propaganda aracı olarak kaleme alındığı kabul edilir. Eski Ahit'in üçüncü kitabı olan Levililer ise çok daha geç bir tarihte bir araya getirilmiştir, MÖ 500'den önce derlenmiş olması mümkün değildir.

Geçmiş dönemlerde Yahudilerin kutsal metinleri tek kelimesine bile dokunmadan sakladıkları inanışına gelince; biliminsanları kutsal kitaplardaki Yahudiliğin özünde, metin temelli bir din olmadığını hatırlatıyor. Aksine bu din de pek çok Ortadoğulu komşusu gibi tipik bir Demir Çağı inancıydı. Sinagogları, yeşivaları, hahamları hatta kutsal kitapları bile yoktu. Bunun yerine insanlarını sezonluk yağışlar ve askeri zaferlerle kutsasın diye uğruna tapınak ayinlerinde hayvanların kurban edildiği kıskanç gök tanrıları vardı. Dini elitler, yetkilerini herhangi bir entelektüel birikimden değil doğuştan ayrıcalıklı rahip ailelerinden alıyordu. Genellikle okuryazar olmayan rahipler tapınaklardaki ayinlerle meşgul olur, yazmaya ya da herhangi bir metin üzerinde çalışmaya vakit ayırmazlardı.

İkinci Tapınak Dönemi'nde adım adım rakip dini elitler ortaya çıktı. Pers ve Yunan etkisiyle metinler kaleme alan ve yorumlayan Yahudi âlimler gitgide önem kazandılar. Bu âlimler zamanla haham olarak tanınır oldu ve bir araya getirdikleri metinler "Ahit" olarak kutsandı. Böylece hahamlığın otoritesi doğuştan gelen bir ayrıcalığa değil bireysel entelektüel yeteneklere dayanmaya başladı. Yeni elitlerle eski rahip ailelerin arasındaki çatışma kaçınılmazdı. Hahamların şansına, Romalılar MS 70'te Büyük Yahudi İsyanı'nı bastırırken

Kudüs'ü ateşe verdiler. Harabeye dönen tapınakla beraber rahip aileler dini otoritelerini, ekonomik güçlerinin temelini, *var olma nedenlerini* yitirdiler. Geleneksel Yahudilik, yani tapınaklar, rahipler ve kafa kesen savaşçılardan oluşan bu inanç yok oldu. Yerine kitapların, hahamların ve saçlarını ayıran âlimlerin yeni Yahudiliği doğdu. Âlimlerin asıl uzmanlıkları yorumlamaktı. Bilgeliklerini yalnızca, her şeye muktedir Tanrı'nın kendi tapınağının yerle bir edilmesine nasıl müsaade ettiğini açıklamak için değil, kutsal kitaplarda anlatılan eski Yahudilikle, yarattıkları bu çok farklı Yahudilik arasındaki uçurumu aşmak için de kullandılar.[5]

En iyi bilimsel verilerimize göre Levililer'in eşcinselliğe karşı hükümleri, antik Kudüs'teki birkaç rahip ve âlimin önyargısından öteye hiçbir şey ifade etmiyor. Bilim tanrının emirlerine uyup uymamaları konusunda insanlar adına karar veremeyecek olsa da, İncil'in kökenleri hakkında pek çok şey söyleyebilir. Uganda siyasetçileri kainatı, galaksileri, karadelikleri yaratan o büyük gücün iki hemcins *Homo sapiens* biraz eğlendiğinde kahrolduğunu düşünüyorlarsa bilim bu garip görüşlerinden sıyrılmaları için onlara bir nebze de olsa yardımcı olabilir.

Kutsal Dogma

Etik yargılarla olgusal önermeleri ayırmak her zaman kolay değildir. Dinlerin, olgusal önermeleri etik yargılara dönüştürerek, aslında oldukça basitçe aşılabilecek tartışmaları üstü kapalı hâle getirmek ve ciddi karışıklıklar yaratmak gibi rahatsız edici eğilimleri vardır. "Tanrı İncil'i yazdı," gibi olgusal önermeler sıklıkla, "Tanrı'nın İncil'i yazdığına inanmalısınız," gibi ahlaki hükümlere dönüşebilir. Bu olgusal önermeye inanmak çok nadiren bir erdeme dönüşürken şüphe duymaksa kabul edilemez bir günahtır.

Etik yargılar sıklıkla içlerinde olgusal önermeler gizler; ancak yargılar şüphe götürmez bir şekilde kabul gördüğünden destekçileri bu olguları açıklamaya lüzum görmezler. "İnsan hayatı kutsaldır," (bilimsel teste tabi tutulamaz) etik yargısı, "her insanın ebedi bir ruhu vardır," (bilimsel tartışmaya açık) olgusal önermesinin üzerini örtebilir. Aynı şekilde ABD'li milliyetçiler "ABD ulusu kutsaldır," diye iddia ettiğinde, görünüşte ahlaki olan bu yargı, aslında "ABD geçtiğimiz yüzyıllarda ahlaki, bilimsel ve ekonomik gelişmelerin pek çoğunun öncüsüdür," olgusal önermesini beyan eder. ABD ulusunun kutsallığını bilimsel olarak mercek altına almak mümkün değilken, bu yargıyı yine bilimsel bir açıdan incelediğimizde ABD'nin sahiden de ahlaki, bilimsel ve ekonomik gelişmelerde rakipsiz bir payı olup olmadığını gözlemleyebiliriz.

İnsan değerleri *her zaman* olgusal önermeler barındırdığından, bu tartışma Sam Harris gibi felsefecileri, bilimin etik açmazları her zaman çözebileceği düşüncesini savunmaya yöneltmiştir. Harris tüm insanların üstün tek bir değer paylaştığını, acıyı en aza indirip mutluluğu olabildiğince artırmayı amaçladıklarını ve sonuç olarak tüm ahlaki tartışmaların mutluluğu olabildiğince artırmayı hedefleyen olgusal önermelerle ortaya çıktığını düşünmektedir.[6] Radikal İslamcılar mutlu olmak için cennete gitmek ister, liberaller daha fazla mutluluk için insan özgürlüğünün artması gerektiğini savunur, Alman milliyetçileri dünyayı Berlin yönetseydi herkesin daha iyi durumda olacağına inanır. Harris'e göre İslamcıların, liberallerin ve milliyetçilerin arasında ahlaki bir çekişme yoktur, sadece ortak bir amaca ulaşmanın en doğru yöntemi konusunda olgusal bir anlaşmazlık içindedirler.

Harris haklıysa ve tüm insanlar mutluluğun peşindeyse, hâlihazırdaki ahlaki çekişmeleri çözmek için bu görüşe başvurmak inanılmaz zor olacaktır; özellikle de mutluluğu ölçmek için henüz elimizde bilimsel bir tanım yokken. Üç Boğaz Barajı örneğini tekrar değerlendirelim. Projenin tek amacının dünyayı daha mutlu bir yer hâline getirmek olduğu üzerinde anlaşsak bile ucuz elektriğin mi yoksa geleneksel yaşam tarzlarının ve nadir bulunan Çin nehir yunuslarını kurtarmanın mı küresel mutluluğu artıracağını nasıl bilebiliriz? Bilincin sırlarını çözmedikçe küresel bir mutluluk ve acı ölçüsü belirleyemeyiz; bırakın farklı türleri, farklı bireylerin mutluluk ve acılarını bile karşılaştıramıyoruz. Bir milyar Çinliye ucuz elektrik üretmek kaç birim mutluluktur? Bir yunus türünün soyunun tükenmesi kaç birim mutsuzluktur? Hepsinden önce, mutluluk matematiksel değerlere tabi tutulabilecek değerler midir? Dondurma yemek keyiflidir, gerçek aşkı bulmak daha da keyiflidir; peki yeterince dondurma yiyerek gerçek aşkın yarattığı mutluluğa denk gelebilecek keyfi biriktirebilir misiniz?

Sonuçta bilim etik tartışmalara düşündüğümüzden çok daha ciddi katkılar sağlasa da en azından henüz aşılamamış bir sınır var. Herhangi bir dinin rehberliği olmadan büyük çapta bir sosyal düzeni sürdürmek imkansız gibi görünüyor. Üniversite ve laboratuvarlar bile dini bir desteğe ihtiyaç duyuyor. Din bilimsel araştırmalar için ahlaki gerekçeler sunuyor, karşılığında da bilimsel gündemi şekillendirip gelişmelerden yararlanıyor. Hâl böyle olunca bilim tarihini, dini inançları göz önünde bulundurmadan anlamak mümkün değildir. Biliminsanları bu gerçek üzerine nadiren kafa yormayı tercih etse de Bilimsel Devrim tarihteki en dogmatik, hoşgörüsüz ve dindar toplumlarda başlamıştı.

Cadı Avı

Bilimi sıklıkla sekülerlik ve hoşgörü gibi değerlerle özdeşleştiririz. Gerçekten öyleyse modern dönemin başındaki Avrupa, bilimsel devrimin doğabileceği son yer olmalıydı. Columbus, Kopernik ve Newton dönemi Avrupa'sı fanatik dindarların en yoğun, hoşgörünün en az olduğu yerdi. Bilimsel Devrim'in öncüleri, Yahudi ve Müslümanların sürgün edildiği, kafirlerin yakıldığı, kedi seven her yaşlı kadının cadı ilan edildiği, her dolunayda yeni bir din savaşının başladığı toplumlarda yaşıyordu.

1600'lerde Kahire'ye ya da İstanbul'a seyahat ettiğinizde çokkültürlü ve hoşgörülü metropollerle karşılaşırdınız; Sünniler, Şiiler, Ortodoks Hıristiyanlar, Katolikler, Ermeniler, Kıptiler, Yahudiler, hatta zaman zaman Hindular bile görece uyum içinde hep birlikte yaşarlardı. Osmanlı İmparatorluğu dini sebeplerle ayrımcılık yapsa ve aralarında kendilerince çatışmalar yaşansa da Avrupa'yla karşılaştırıldığında özgürlüklerle dolu bir cennetti. O dönemin Paris ya da Londra'sı, üzerinden dini radikallik akan, sadece hakim grupların barınabildiği topraklardı. Londra'da Katolikler, Paris'te Protestanlar öldürülürken, Yahudiler şehirlerden sürülür, Müslümanlar ise şehirlere adım bile atamazdı. Yine de Bilimsel Devrim, Kahire veya İstanbul yerine Londra ve Paris'te başladı.

Moderniteyi bilimle din arasında bir mücadele olarak resmetmek neredeyse bir âdet hâline geldi. Teoride bilim de din de hakikatle ilgilenir ama ikisi de farklı hakikatlere değer verdiklerinden çatışmaya mahkumdurlar. Aslında ne bilim ne de din hakikati önemser; kolaylıkla kendilerinden ödün verebilir, beraber var olabilir, hatta işbirliği bile yapabilirler.

Din her şeyin ötesinde düzen ister. Sosyal bir yapı kurmayı ve bunu sürdürmeyi amaçlar. Bilimse her şeyden önce güç kazanmakla ilgilenir. Araştırmalarıyla hastalıkları iyileştirme, savaşlar kazanma ve besin yaratma gücü edinebilmeyi amaçlar. Tekil olarak biliminsanları ve rahipler hakikate çok kıymet veriyor olabilirler ama toplumsal kurum olarak bilim ve din, düzen ve gücü hakikate tercih eder. Tam da bu yüzden gayet iyi dost olabilir. Hakikat yolundaki tavizsiz arayış ruhani bir yolculuktur, dini ve bilimsel kurumların sınırlarında sürdürülemez.

Dahası modern tarihi, bilimle din arasında, özellikle de tek bir din, yani hümanizm arasında yapılmış bir sözleşme süreci olarak görmek daha doğru olacaktır. Modern toplum hümanist dogmalara inanır ve bilimi bu dogmaları sorgulamak yerine, uygulamak için kullanır. 21. yüzyılda hümanist dogmaların yerini saf bilimsel teorilerin alması hâlâ pek mümkün görünmüyor. Gayet tabii bilimi ve hümanizmi birbirine bağlayan sözleşme bozulabilir ve yerini bilimle yeni hümanizm-sonrası bir din arasında varılacak bambaşka bir anlaşmaya bırakabilir. Bundan sonra gelecek iki bölümde, bilimle hümanizm arasındaki modern sözleşmeye odaklanacağız. Kitabın üçüncü ve son kısmıysa bu sözleşmenin neden bozulduğunu ve yerine gelebilecek anlaşmanın neye benzeyebileceğini açıklamaya çalışacak.

6
Modern Sözleşme

MODERNİTE BİR SÖZLEŞMEDİR. Doğduğumuzda imzaladığımız bu sözleşme, öldüğümüz güne dek yaşamımızı düzenler. Çok az kişi bu sözleşmeyi feshedebilir. Bu sözleşme yediklerimizi, işimizi, hayallerimizi şekillendirir; nerede yaşayacağımızı, kimi seveceğimizi, nasıl öleceğimizi belirler.

Modernite ilk bakışta çok karmaşık göründüğünden çok az insan neye imza attığını anlamaya çalışır. İndirdiğiniz programlar onlarca sayfadan oluşan hukuki bir sözleşmeyi imzalamanızı istediğinde hızlıca maddelere göz atar, son sayfaya geçer, "kabul et" butonuna tıklar ve bir daha bunun üzerine düşünmezsiniz. Halbuki modernite şaşırtıcı derecede basit bir anlaşmadır. Tüm sözleşmeyi tek bir cümlede özetleyebilirsiniz: İnsanlar güç karşılığında anlamı terk etmiştir.

Modern döneme kadar pek çok kültür, insanların büyük kozmik planda küçük bir rolü olduğuna inanıyordu. İnsan türü her şeye kadir tanrıların ya da doğanın baki kanunlarının tasarladığı bu düzene müdahale edemezdi. Kozmik düzen insan yaşamını anlamlandırırken insan gücünü de sınırlıyordu. İnsanlar sahnedeki oyuncular gibiydi; sözlerine, gözyaşlarına ya da mimiklerine anlamlar yükleyen senaryo, rollerinin icrasına katı sınırlamalar getiriyordu. Hamlet birinci sahnede Claudius'u öldüremez ya da Danimarka'yı terk edip Hindistan'da inzivaya çekilemezdi. Shakespeare buna izin vermezdi. Tıpkı insanların sonsuza kadar yaşayamayacağı, tüm hastalıklardan kurtulamayacağı ya da diledikleri şekilde davranamayacağı gibi. Senaryoda yazmayan hiçbir şey gerçekleşemezdi.

Modern dönem öncesi insanlar güçten feragat etmenin karşılığında, hayatlarının anlam kazandığını düşünüyordu. Cephede ne kadar cesurca savaştıklarının, krallarını nasıl desteklediklerinin, yasak kılınmış yiyecekleri tercih edip etmemelerinin ya da yan komşuyla kırıştırmaya niyet edip etmediklerinin gerçekten bir anlamı ve önemi olduğunu düşünüyorlardı. Arada sorunlar çıkarsa da bu inanç, insanları felaketler karşısında psikolojik olarak koruyordu. Savaş, kıtlık ya da kuraklık gibi korkunç olaylar karşısında kendilerini teselli edebiliyorlardı: "Her şeye kadir tanrılar ya da doğanın baki kanunlarının tasarladığı büyük bir kozmik oyunda kendi rolümüzü oynuyoruz. Bu senaryonun sırlarına hakim değiliz ama her şeyin bir amaç uğruna gerçekleştiğinden emin olmalıyız. Bu korkunç savaşın, salgın ya da kuraklığın da mutlaka gidişatta bir anlamı vardır. Ayrıca bu oyunun mutlu ve anlamlı bir sonla biteceğine emin olmalı, içimizi ferah tutmalıyız. Savaşta, salgınlarda ya da kuraklıkta bile vardır bir hayır; alametleri bugün olmasa bile ahirette kendini gösterecektir."

Modern kültürse büyük kozmik bir plana duyulan bu inancı reddeder. Hayattan daha üstün bir dramada yerimiz olmadığı kanısındadır. Hayat bir senaryo, bir tiyatro değildir; yönetmeni, yapımcısı ve anlamı da yoktur. Bilimsel bilgilerimiz ışığında söyleyebileceğimiz tek şey, evrenin hengameden ibaret ama hiçbir anlam taşımayan amaçsız bir süreç olduğudur. Minicik bir gezegendeki kısacık varlığımızla, o veya bu şekilde böbürlenip söylenir, sonra da göçer gideriz.

Ortada bir senaryo ve insanların rol alacağı büyük bir trajedi olmadığından, başımıza felaketler de gelse hiçbir güç bizi kurtarıp acılarımıza bir anlam katamıyor. Mutlu ya da kötü bir son yok; hatta hiçbir son yok. Olaylar birbiri ardına sadece olageliyor. Modern dünya bir amaca inanmıyor, sadece nedenleri umursuyor. Modernitenin bir sloganı varsa o da şu olmalı: "Olur böyle şeyler."

Bizi bağlayan bir senaryo ya da amaç yoksa ve "böyle şeyler oluyorsa" insanlar önceden belirlenmiş hiçbir rolle sınırlandırılamaz. Dilediğimiz her şeyi yapabiliriz. Cehaletimiz dışında hiçbir şey bizi engelleyemez. Salgın ve kuraklıkların kozmik bir anlamı yoktur ve ikisini de ortadan kaldırabiliriz. Savaşlar daha iyi bir gelecek uğruna katlanmamız gereken kaçınılmaz felaketler değildir, savaşları durdurabiliriz. Ölümden sonra bizi bekleyen bir cennet de yoktur ve cenneti dünyada yaratıp, birkaç teknik zorluğu aşmayı başarırsak sonsuza dek bu cennette yaşayabiliriz.

Araştırmalara kaynak ayırırsak bilimsel gelişmeler teknolojik süreçleri hızlandıracaktır. Yeni teknolojiler ekonomik büyümeyi ateşleyecek ve büyüyen ekonomiler araştırmalara daha çok kaynak ayırabilecektir. Böylelikle her geçen yıl daha fazla yiyeceğin, daha hızlı araçların ve daha iyi ilaçların keyfini sürebiliriz. Bir gün teknolojimiz o denli ilerler ve bilgimiz o kadar engin olabilir ki, ebedi gençlik iksirini, gerçek mutluluğun özünü damıtabilir, dileyebileceğimiz her ilaca sahip olabiliriz; o zaman hiçbir tanrı bizi durduramaz.

Modern sözleşme insanlara akla hayale sığmayacak cazip imkanlar sunmakla birlikte, devasa tehlikeler de yaratıyor. Her şeye muktedir olma ihtimalimiz çok yakın, neredeyse parmaklarımızın ucunda, ancak tam altımızda hiçlikten meydana gelen dipsiz bir uçurum uzanıyor. Anlamdan yoksun bir evrende, güç peşinde, bitmek tükenmek bilmeyen bir koşudur aslında modern yaşam. Modern kültür tarihte görülmediği kadar güçlü ve dur durak bilmeden araştırıyor, üretiyor, keşfediyor ve büyüyor, ama aynı zamanda daha önce hiçbir kültürde görülmediği kadar büyük bir varoluş endişesiyle bir türlü rahata kavuşamıyor.

Bu bölüm modern zamanlardaki güç arayışımıza odaklanıyor. Bir sonraki bölüm insan türünün kainatın sonsuz boşluğunun içine bir anlam sıkıştırabilmek adına gitgide artan gücünü nasıl kullandığını inceleyecek. Biz modern insanlar güç karşılığında anlamdan vazgeçtik, doğru; ancak sözümüzü tutmakla sorumlu olduğumuz bir muhatabımız yok esasında. Modern sözleşmenin bedelini ödemeden tüm faydalarından yararlanabilecek kadar akıllı olduğumuzu varsayıyoruz.

Bankacılar Neden Vampirlerden Farklıdır?

Modern güç arayışı, bilimsel gelişme ve ekonomik büyümenin ittifakıyla ilerler. Tarihin ciddi bir kısmında ekonomi donup kalmışken bilim de kaplumbağa hızıyla ilerliyordu. İnsan nüfusunun kademeli olarak artması üretime yansısa ve ara sıra yapılan keşifler kişi başına düşen büyüme oranını etkilese de süreç oldukça yavaş ilerliyordu. MS 1000 yılında yüz nüfuslu bir kasabanın buğday üretimi yüz tonsa, MS 1100'de yüz beş nüfuslu bir kasabanın buğday üretimi ancak yüz yedi tonu bulabiliyordu. Bu büyüme artışı ne hayatın gidişatını ne de sosyopolitik yapıyı etkileyebiliyordu. Modern dönem öncesi insanlar, bugün herkesin takıntılı olduğu büyüme kavramından bihaberdi. Prensler, rahipler ve köylüler ellerindeki üretimin aşağı yukarı sabit olduğunu, insanın kendini sadece başkalarından aşırarak zenginleştirebileceğini ve torunlarının daha iyi koşullarda yaşamasının da pek mümkün olmadığını düşünüyordu.

Ekonomideki bu durağanlık büyük oranda yeni projeleri destekleyecek kaynak bulunamamasından kaynaklanıyordu. Yeterince kaynak olmadan bırakın yeni buğday başakları tasarlamayı, enerji kaynakları keşfetmeyi ya da yeni ticaret yolları açmayı; bataklıkları kurutmak, köprüler inşa etmek ya da tahıl ambarları ve limanlar yapmak bile kolay değildi. Krediler az olduğundan kaynaklar sınırlı, insanlar büyümeye inanmadığından krediler sınırlı, ekonomi durağan olduğundan büyümeye duyulan inanç yetersizdi. Durağanlık kısır bir döngüde kendini yeniden üretiyordu.

Her yıl dizanteri salgınlarından mustarip bir ortaçağ kasabasında yaşadığınızı düşünelim. Bir tedavi bulmayı kafanıza koyarsınız. Bir çalışma alanı kurmak, tıbbi bitkiler ve kimyasallar satın almak, yardımcılarınıza ödeme yapmak ve ünlü doktorlarla görüş alışverişinde bulunmak için seyahat etmeye ve tüm bunlar için de maddi kaynaklara ihtiyacınız vardır. Araştırmanızla meşgulken kendinize ve ailenize bakacak paraya da ihtiyaç duymanız kaçınılmazdır. Ancak böyle bir birikiminiz yoktur. Yöredeki değirmenciye, fırıncıya ve demirciye gider, birkaç yıl boyunca ihtiyaçlarınızı karşılamaları karşılığında dizanteriye tedavi bularak zengin olacağınızı ve tüm borçlarınızı ödeyeceğinizi vaat edersiniz.

Ne yazık ki değirmenci, fırıncı ve demirci razı olmaz. Ailelerine bakma zorunlulukları bir yana, mucize ilaçlara inandıkları da yoktur. Bunca yıldır korkunç hastalıklara yeni mucize ilaçlar bulunduğunu ne gören ne de duyan olmuştur. Erzak istiyorsanız, nakit ödemenizi isterler. Daha ilacı bile keşfetmeden, tüm zamanınızı araştırmaya ayırırken nasıl geçinebilirsiniz ki zaten? Gönülsüzce tarlanızı sürmeye dönersiniz, kasaba dizanteriden kırılırken kimse yeni tedaviler geliştirmeyi denemez, tek bir altın para bile el değiştirmez. Ekonomi böylece durağanlaşır ve bilim olduğu yerde sayar.

Bu döngü modern dönemde insanların geleceğe inanmasıyla nihayet kırılır ve kredi mucizesi doğar. Kredi güvenin ekonomik tecellisidir. Bugünlerde yeni bir ilaç geliştirmek istiyorsam ve yeterince param yoksa bir bankadan kredi alabilir, özel bir yatırımcıya ya da girişimci sermaye fonlarına başvurabilirim. 2014 yazında Ebola virüsü Batı Afrika'da ortaya çıktığında ilaç ve aşı geliştirmeye çalışan ilaç şirketlerinin hisselerine ne olmuştur dersiniz? Tabii ki tavan yaptılar. Tekmira'nın hisseleri yüzde 50 değer kazanırken, BioCryst' in hisselerindeki artış yüzde 90'ı gördü. Ortaçağda bir salgın olduğunda insanlar gözlerini cennete çevirir ve Tanrı'ya yakararak günahlarının bağışlanmasını isterdi. Bugün yeni bir salgın haberi alanlar, telefonlarına uzanıp borsacılarını arıyor. Bir salgın bile borsada yeni bir iş fırsatı yaratabiliyor.

Yeterince yeni girişim başarılı olursa insanların geleceğe duyduğu güven artar, krediler yükselir, faizler düşer, girişimciler daha rahat para biriktirir ve ekonomi büyür. İnsanlar geleceğe daha çok güvenmeye başlar, ekonomi büyümeye ve beraberinde de bilimsel gelişmeyi büyütmeye devam eder.

Gayet anlaşılır, değil mi? Peki insanevladı ekonomik büyümenin hız kazanması için neden modern çağa kadar bekledi? Aptal oldukları için değil herhalde. Binlerce yıldır insanların büyüme ihtimaline inanmamasının daha derin bir anlamı vardı: Bu büyüme hislerimizle çelişiyor, evrimsel mirasımıza, dünyanın işleyişine aykırı geliyordu. Doğal sistemlerin çoğu bir denge dahilinde var olur. Pek çok varoluş mücadelesi, galibi olmayan, birinin kazancının diğerinin kaybı olduğu, toplamı sıfır olan bir oyundur.

Bir vadide her yıl aşağı yukarı aynı miktarda ot bittiğini ve bu otlağın 10 bin kadar tavşanı beslediğini, bu tavşanların da yeterince hızlı ve akıllı olmayanlarının ya da şanssız olanlarının yüz kadar tilkiye av olduğunu düşünelim. Zeki ve gayretli bir tilki ortalamadan fazla tavşanı silip süpürdüğünde, diğer tilkiler muhtemelen aç kalacaktır. Eğer tüm tilkiler aynı anda tavşan avlamayı başarırsa, tavşan nüfusu hızla düşecek ve gelecek yıl daha da çok tilki açlıkla boğuşacaktır. Tavşan pazarında ara ara dalgalanmalar olsa da uzun vadede tilkiler, her yıl bir öncekine kıyasla yüzde 3'ten fazla tavşan avlamayı beklemezler.

Tabii ki bazı ekolojik gerçeklikler daha karmaşıktır, her varoluş mücadelesi toplamı sıfır olan bir oyun değildir. Pek çok hayvan türü etkin işbirliği yapar, hatta bazıları birbirlerine borç bile verirler. Doğanın en ünlü bankası vampir yarasalarınındır. Mağaralarda binlerce üyesiyle toplu hâlde yaşayan bu yarasalar, her gece uçarak ava çıkarlar. Uyuyan bir kuş ya da dikkatsiz bir memeli bulduklarında, derisine ince yaralar açıp hayvanın kanını emerler. Ancak tüm vampir yarasalar her akşam bir kurban bulamaz. Hayatın belirsizliğiyle baş edebilmek adına, vampirler birbirlerine borç kan verirler. Yuvaya eli boş dönen bir vampir, daha talihli olan dostundan bir parça çalıntı kan kusmasını rica eder. Kimin kimden borç aldığını gayet iyi hatırlayan vampir, bir zaman sonra yuvaya aç döndüğünde eski dostuna gider ve yaptığı iyiliğin karşılığını tahsil eder.

Ancak insan bankacıların aksine vampirler asla faiz işletmez. A vampiri B vampirine on santilitre kan verdiyse on santilitre geri alacaktır. Vampirler kredilerini yeni işleri finanse etmek ya da kan pazarını büyütmek amacıyla kullanmaz. Çünkü öteki hayvanlar tarafından üretilen kan miktarını artırmalarının hiçbir yolu yoktur. Kan pazarının kendi içinde dalgalanmaları olsa da vampirlerin 2017'de bir önceki yıldan yüzde 3 daha fazla kan olacağını, 2018'deyse pazarın yüzde 3 daha büyüyeceğini öngörmesinin olanağı yoktur. Sonuç olarak vampirler büyümeye inanmaz.[1] İnsanevladı milyonlarca yıllık evrimsel süreç boyunca vampirler, tilkiler ve tavşanlarla aynı şartlar altında yaşadı. Bu yüzden insanlar da büyümeye inanmakta zorlandı.

Mucize Pasta

Evrimsel baskılar dünyayı boyutu değişmeyen bir pasta olarak görme alışkanlığı kazandırdı insanlara. Bu anlayış gereği, eğer biri büyük bir dilim alırsa, bir başkası kaçınılmaz olarak daha küçük bir dilime razı gelecektir. Bir aile ya da şehir büyüyebilir ama insanevladı bugün ürettiğinden daha fazlasını üretemeyecektir. Hıristiyanlık ve İslam gibi geleneksel dinler tam da bu nedenle insanlığın sorunlarını mevcut kaynaklarla çözmeye çalışır; ya eldeki pastayı baştan paylaştırır ya da göklerde bir başka pasta daha olduğunu vaat eder.

Buna karşın modernite, ekonomik büyümenin sadece mümkün olabileceğini değil, olmazsa olmaz bir gereklilik arz ettiğini savunur. Dualar, iyilik yapmak ve meditasyon rahatlatıcı ve ilham verici olabilir ama kıtlık, salgın ve savaş gibi sorunlar ancak büyümeyle çözülebilir. Bu temel dogma tek bir fikirde özetlenebilir: "Bir sorununuz varsa muhtemelen 'daha fazla' şeye ihtiyacınız vardır, 'daha fazla' şeye sahip olmak için de daha fazla üretmeniz gerekir."

Modern siyasetçi ve ekonomistler büyümenin üç temel sebeple hayati olduğu konusunda ısrar ediyor. Öncelikle daha çok ürettiğimizde daha fazla tüketerek yaşam kalitemizi yükseltiyor ve iddiaya göre daha mutlu yaşıyoruz. İkinci olarak, insan türü her geçen gün çoğalıyor ve ekonomik büyüme bulunduğumuz konumu korumaya bile zar zor yetişebiliyor. Örneğin Hindistan'ın yıllık nüfus artış oranı yüzde 1,2 ve bu da demek oluyor ki Hindistan ekonomisi her yıl en az yüzde 1,2 büyümezse işsizlik artar, maaşlar azalır ve ortalama yaşam kalitesi düşer. Üçüncü ve son olarak, Hintliler çoğalmayı bıraksa ve Hintli orta sınıf şu an sahip olduklarıyla yetinse bile Hindistan yoksulluktan kırılan yüz milyonlarca vatandaşı için ne yapabilir? Ekonomi büyümez ve bu nedenle pasta aynı boyutta kalırsa, yoksullara ancak zenginlerden pay aktarabilirsiniz. Bunun için zor tercihler yapmanız gerekir, bu tercihler de ciddi memnuniyetsizliklere hatta şiddete yol açabilir. Zorlu tercihlerden, memnuniyetsizlik ve şiddetten kaçınmak istiyorsanız daha büyük bir pastaya muhtaçsınızdır.

Modernite "daha fazla" formülünü radikal dincilikten Üçüncü Dünya'daki otoriter rejimlere, hatta bitmiş evliliklere bile uygulanabilecek, yani hemen her türlü kamusal ve özel derde deva olabilecek bir ilaca dönüştürdü. Pakistan ve Mısır gibi ülkeler iyi bir büyüme hızı tutturabilseydi, vatandaşları özel arabaların, ağzına kadar dolu buzdolaplarının ve dünyevi bolluğun keyfini sürmek dururken radikallerin peşine düşmeyecekti. Benzer şekilde Kongo ve Myanmar gibi ülkeler liberal demokrasinin belkemiği olan varlıklı orta sınıflar yaratabilirdi. Aynı formülü mutsuz bir çifte uyguladığınızda, daha büyük bir ev (bir çalışma odasını paylaşarak sıkışmak zorunda kalmadıklarından), yeni bir bulaşık makinesi (böylece bulaşıklar hakkında da tartışmayacaklar) ve haftada iki pahalı terapi seansı sayesinde evlilikleri kurtulacaktır.

Böylece ekonomik büyüme neredeyse tüm modern dinlerin, ideolojilerin ve hareketlerin buluştuğu hayati bir kesişim noktası hâline geldi. Sovyetler Birliği'nin megaloman Beş Yıllık Kalkınma Planları, en az ABD'nin soyguncu mafyatik burjuvazisi* kadar büyümeye takıntılıydı. Belli konularda ayrılığa düşen Hıristiyanlarla Müslümanların cennet inancında ortaklaşması gibi Soğuk Savaş sırasında hem kapitalistler hem de komünistler, dünyadaki cenneti ekonomik büyüme sayesinde yaratabileceklerine inanmışlardı. Sadece yöntem konusunda kavgaya tutuşmuşlardı.

Bugün Hindu vaizler, dini bütün Müslümanlar, Japon milliyetçiler ve Çinli komünistler pek çok farklı değer ve amaca inanıyor olabilirler ancak hepsi benzeşmeyen hedeflerini gerçekleştirmenin yolunun ekonomik büyümeden geçtiği konusunda hemfikirler. 2014'te Hindistan başbakanı seçilen dindar Hindu Narendra Modi, başarısını memleketi Gujarat'ın büyüyen ekonomisine ve sadece onun ül-

* (İng.) *Robber-baron*. Ortaçağda arazilerinden geçen yollarda haraç kesen feodal lordlar için kullanılan Almanca *Raubritter* kelimesinden gelen *robber-baron*, 19. yüzyılda zenginliklerine zenginlik katmak için türlü türlü yola başvurmaktan kaçınmayan Amerikalı işadamlarını eleştirmek için kullanılmaya başlanmış ve daha sonra Sovyetler için bir propaganda malzemesi hâline gelmiştir. –çn

kenin milli ekonomisine yeni bir kan olabileceği kanısına borçludur.

Benzer görüşler, siyasal İslamcı Recep Tayyip Erdoğan'ın 2003'ten beri iktidarını korumasını sağlıyor. İktidardaki Adalet ve Kalkınma Partisi ekonomik büyüme konusundaki kararlılığının tekrar tekrar altını çizerken, Erdoğan'ın hükümeti on yıldan uzun bir süre boyunca etkileyici büyüme oranları tutturmayı başardı.

Japonya başbakanı milliyetçi Shinzo Abe, Japon ekonomisini yirmi yıldır aşamadığı durağanlıktan çıkaracağına yemin ederek 2012'de göreve başladı. Amacına ulaşmak uğruna kullandığı sert ve pek de alışılmadık yöntemlerine "Abenomi*" lakabı bile takıldı. Bu sırada Çin'de, geleneksel Marksist-Leninist fikirlere hâlâ bağlı görünen Komünist Parti, uygulamada ise Deng Xiaoping'in ünlü "gelişme tek acı gerçektir," şiarı devreye girdi ve ülke, "kedi fare yakaladığı sürece beyazmış, karaymış fark etmez," yaklaşımıyla yönetildi. Daha açık bir ifadeyle Xiaoping ekonomik büyümeyi sağlamak için, Marx ve Lenin'in hoşuna gitmese de, gereğinin yapılacağını söylüyordu.

Singapur gelişmiş bir şehir devlete yaraşır şekilde bu görüşü bir adım öteye taşıyarak bakanlık maaşlarını gayri safi yurtiçi hasılaya sabitledi. Böylece sanki tüm işleri ekonominin büyümesini ve maaşların artmasını beklemekten ibaretmişçesine Singapur ekonomisi büyüdükçe bakanların da maaşı artıyordu.[2]

Büyümeye duyulan bu takıntı, modern dünyada yaşadığımız için bize oldukça sıradan ve anlaşılır geliyor. Halbuki geçmişte böyle değildi; Hint mihraceler, Osmanlı sultanları, Kamakura şogunları ve Han imparatorları ekonomik büyümeyi sağlamak uğruna nadiren siyasi risk alırdı. Modi, Erdoğan, Abe ve Çin devlet başkanı Xi Jinping'in kariyerlerini ekonomik büyüme uğruna ortaya koymaları, büyümenin tüm dünyada neredeyse ilahi sayılabilecek bir mertebeye ulaştığının kanıtıdır.

---

* Japon lider Abe'nin adıyla İngilizcede ekonomi anlamına gelen *economics* arasında bir kelime oyunu yapılarak türetilen terim, Abe'nin benimsediği Keynesçi ekonomik büyüme politikalarını tanımlamak için kullanılır. *Economics* kelimesinin kökeni ev idaresi anlamına gelirken, Abe İngilizce argoda ereksiyon olarak da kullanılmaktadır. –çn

Ekonomik büyümenin artık pek çok etik sorunumuzu çözebildiği göz önüne alındığında, büyümeye duyulan inancı bir din olarak görmek belki de yanlış değildir. Ekonomik büyümenin tüm iyiliklerin kaynağı olduğu iddiası, insanları tüm ahlaki anlaşmazlıkları bir kenara bırakarak uzun vadede büyümeyi garantileyecek sistemleri benimsemeye teşvik ediyor. Böylece binlerce tarikat, parti, hareket ve guruya ev sahipliği yapan Modi'nin yönetimindeki Hindistan'da, insanlar inançları ne kadar farklılık gösterirse göstersin, dar boğazı ekonomik büyümeyle aşabileceklerine duydukları inançla işbirliği yapmayı tercih ediyor.

"Daha fazlasına" iman etmek bireyleri, şirketleri ve hükümetleri ekonomik büyüme önünde engel oluşturabilecek sosyal adaleti koruma, ekolojik dengeyi gözetme, aileyi şereflendirme gibi tutumları, kısacası her şeyi gözden çıkarmaya itiyor. Sovyetler Birliği'nde yönetim en hızlı büyüme yönteminin devlet kontrolündeki komünizm olduğunu düşünüyordu. Kolektivizasyonun* yoluna çıkan her şey dümdüz edildi; tabii milyonlarca kulak,** ifade özgürlüğü ve Aral Gölü de. Bugünlerde genel kanı serbest piyasa kapitalizminin uzun vadede büyüme sağlayacak en etkin sistem olduğu yönündedir. Böylece açgözlü işadamları, toprak zenginleri ve ifade özgürlüğü koruma altına alınırken, serbest piyasa kapitalizmine engel teşkil eden ekolojik habitat, sosyal ve geleneksel değerler yok ediliyor.

Bir ileri teknoloji şirketinde çalışarak saatte yüz dolar kazanan bir yazılımcıyı ele alalım. Bir gün babası felç geçirir. Artık babasına bakması, ihtiyaçlarını karşılaması ve yemek yapması, hatta yıkanırken dahi babasına yardımcı olması gerekir. İşe daha geç gidip erken dönerek babasının bakımını tamamen üstlenebilir. İş verimliliği düşecek ve bütçesi zorlanacaktır ancak babası vefalı kızının ilgisinin keyfini sürebilecektir. Bir başka seçenek olarak, yazılımcı saati on

* Stalin'in liderliğinde 1928-1940 yılları arasında tarım sektörünün *kolhoz* ve *sovhoz* adı altında iki farklı tür kolektif çiftliklere dönüştürülmesi projesine verilen addır. *Kolhoz* sıklıkla bireysel arazilerin birleştirilerek kooperatif yapısı altında toplanmasıyken, sovhoz kamulaştırmayla el konulmuş, daha gelişmiş "tarım fabrikaları" niteliğinde işleyen devasa devlet arazileriydi. –çn

** (Rus.) *Kulak*. Rusya'da Çarlık döneminde arazi sahibi varlıklı çiftçilerdir. Ekim Devrimi'yle sömürgeci olarak adlandırılıp, Stalin döneminde kolektivizasyon hareketi içinde dağıtılmışlardır. –çn

iki dolara babasıyla kalacak ve tüm ihtiyaçlarını karşılayacak Meksikalı bir yardımcı tutacaktır. Yazılımcı açısından işler olağan akışında sürerken hem yardımcı hem de Meksika ekonomisi durumdan faydalanacaktır. Sizce yazılımcı bu durumda ne yapmalıdır?

Serbest piyasa kapitalizminin bu soruya katı bir cevabı var. Eğer ekonomik büyüme aile bağlarının zayıflamasını ve dünyanın öbür ucundan bir çalışan tutulmasını gerektiriyorsa, gereken yapılmalıdır. Yine de bu cevap etik bir yargıdan çok olgusal bir önermedir. Bazı insanlar yazılım mühendisliğinde uzmanlaşırken diğerleri yaşlıların bakımını üstlenirse böylelikle hem daha fazla yazılım üretilebilir hem de yaşlılara uzmanlaşmış bakım hizmetleri sağlayabiliriz. Peki ekonomik büyüme aile bağlarından daha mı önemlidir? Haddini aşarak böylesi ahlaki yargılarda bulunan serbest piyasa kapitalizmi, bilimin sınırlarını geçerek dinin topraklarına adım atar.

Birçok kapitalist, din etiketini taşımaktan hoşlanmayacaktır; gerçi dinler göz önünde bulundurulunca kapitalizm evladır diyebiliriz. Ölümden sonra cennet vaat eden diğer dinlerin aksine kapitalizm mucize vaadini bu dünya için verir, hatta zaman zaman sözünü de tutar. Kıtlık ve salgınların önüne geçilmesinde, büyümeye inanan gayretli kapitalistlerin rolü büyüktür. İnsanların arasındaki şiddetin azalması, anlayış ve işbirliğinin artması konusunda da kapitalizm övgüyü hak eder. Bir sonraki bölümde açıklanacağı gibi bu gelişmelerin gerçekleşmesinde başka önemli etmenler de vardır elbette, ancak kapitalizm insanların ekonomiye bakışını değiştirerek küresel barışa inanılmaz katkılar sağlamıştır. Eskiden başkasının kârı benim zararım diyerek ekonomiyi toplamı sıfır olan bir oyun olarak değerlendiren insanlara, başkasının kârını kendi kârı olarak görebileceği bir kazan-kazan durumu sunmuştur. Bu karşılıklı fayda küresel barışı, Hıristiyanların "komşunu sev" ya da "sana tokat atana öbür yanağını çevir" vaazlarının verildiği yüzyıllardan çok daha ileri bir aşamaya taşımıştır.

•••

Büyümeye biçtiği yüce değer sonucunda kapitalizm ilk emri verir: Kazancınızla büyümeyi hedefleyerek yatırım yapınız. Tarih boyunca prensler ve rahipler kazançlarını gösterişli karnavallarda, şatafatlı saraylarda ve gereksiz savaşlarda çarçur ettiler. Paralarını muhafaza etmek isteyenlerse altınlarını demir sandıklara kilitleyip zindanlara gömdü. Kapitalizm inancının müritleri kazançlarını istihdama, fabrikalarını genişletmeye ya da yeni ürünler geliştirmeye harcıyor.

Eğer tüm bunları yapmayı bilmiyorlarsa paralarını bir bilene, bankacıya ya da girişimci bir kapitaliste emanet ederler. Bu girişimci de yatırımları çeşitli girişimcilere borç verir. Çiftçiler yeni ekinler, müteahhitler yeni evler, enerji şirketleri yeni petrol sahaları, silah fabrikaları yeni silahlar geliştirmek amacıyla girişimciden borç alır. Bu yatırımların kazançları, borçların faiziyle ödenmesini sağlar. Sonuçta sadece daha fazla buğday, ev, petrol ve silaha sahip olmakla kalmaz, aynı zamanda bankalardan ve yatırımcılardan yeniden borç alabilecek kadar çok para kazanırız. Tekerlek, en azından kapitalizmin tekerleği, dur durak bilmeden döner. Kapitalistlerin, "Yeter. Yeterince büyüdük, artık yavaşlayabiliriz," diyeceği bir an asla gelmeyecektir. Kapitalistlerin neden asla durmayacağını merak ediyorsanız, bankada yüz bin doları olan ve bu parayla ne yapacağını bilmeyen bir arkadaşınızla biraz sohbet edebilirsiniz.

"Bankaların faizleri çok düşük," diye şikayet edecektir, "paramı yılda yüzde 0,5 bile vermeyen bir tasarruf hesabına yatırmak istemiyorum. Devlet tahvillerinden belki yüzde 2 kazanabilirim. Kuzenim Richie, Seattle'da bir daire aldı ve neredeyse yüzde 20 kazandı bile! Belki ben de emlak işine girmeliyim ama herkes yakında gayrimenkul balonunun patlayacağını konuşuyor. Borsa hakkında ne düşünüyorsun? Bir arkadaşım Çin ya da Brezilya gibi gelişmekte olan ekonomilerin yatırım fonlarından almamı önerdi." Soluklandığı bir an araya girip, "Peki neden 100 bin dolarınla yetinmiyorsun?" diye sorduğunuzda, kapitalizmin neden durmayacağını arkadaşınız benden daha iyi açıklayacaktır.

Bu hikayenin kıssadan hissesi yaygın kapitalist oyunlar aracılığıyla her çocuğun ve gencin kafasına kazınır. Satranç gibi modernite öncesi oyunlar durağan bir ekonomi olduğunu varsayar; oyuna on altı parçayla başlar ve asla daha fazlasıyla bitiremezsiniz. Nadiren bir piyon vezire dönüşebilse de daha fazla piyon üretemez ya da atlarınızı tanklara dönüştüremezsiniz. Satranç oyuncuları bu yüzden hiçbir zaman yatırım yapmayı düşünmek zorunda değiller. Modern masa ve bilgisayar oyunlarıysa aksine yatırıma ve büyümeye odaklanır.

Özellikle *Minecraft*, *The Settlers of Catan* ya da Sid Meier'in *Civilization*'ı gibi strateji oyunları iyi birer gösterge olabilir. Bu oyunlar ortaçağ, Taş Devri ya da hayali bir dünyada geçse de ilkeleri temelde aynıdır, hepsi kapitalisttir. Amacınız bir şehir, krallık ya da tam teşekküllü bir medeniyet kurmak olabilir. Oldukça mütevazı bir başlangıçla, tek bir köy kurarak ya da yakındaki tarlaları işleterek işe koyulursunuz. Varlıklarınız başlangıçta size buğday, tahta, demir ve altın gibi küçük gelirler sağlar; sonrasında varlıklarınızı akıllı yatırımlara çevirmeniz gerekir. Askerler gibi üretken olmayan ama olmazsa olmaz araçlarla köyler, tarlalar ve madenler gibi üretken yatırımlar arasında seçimler yapmanız beklenir. Genellikle kazanmanızı sağlayacak strateji, mümkün olan en düşük payı üretken olmayan zorunluluklara yatırırken, üretken yatırımlarınızı olabildiğince artırmaktır. Daha fazla köy kurmak, bir sonraki elde (gerekiyorsa) daha fazla asker satın almanızı sağlarken hem gelirlerinizin hem de yatırımlarınızın artmasını sağlar. Kısa sürede köyleriniz kasabaya dönüşür. Üniversiteler, limanlar ve fabrikalar inşa eder, yeni denizler ve okyanuslar keşfeder, nihayet medeniyetinizi kurar ve oyunu kazanırsınız.

Nuh'un Gemisi Sendromu

Peki ekonomi sonsuza dek büyüyebilir mi? Eninde sonunda kaynakları tüketip yok olmayacak mı? Bu durumda, büyümeyi daimi kılabilmenin tek yolu bitip tükenmeyen kaynaklar keşfetmektir.

Bu kaynakları elde etmenin yollarından biri yeni topraklar fethetmekti. Avrupa ekonomisi ve kapitalist sistemin yüzyıllar süren ekonomik büyümesinin temeli ağırlıklı olarak denizaşırı sömürgelerine dayanırdı. Ancak dünyadaki kara parçalarının da bir sonu var. Bazı girişimciler bir noktada yeni gezegenler hatta galaksiler keşfedeceğimizi içtenlikle umuyor; modern ekonominin o zamana kadar daha iyi bir büyüme yolu bulması da şart tabii.

Moderniteye çözüm sunansa yine bilim olmuştur. Tilkiler daha fazla tavşan üretmeyi bilemediğinden tilki ekonomisi büyümüyordu. Tavşanlar nasıl ot yetiştirebileceklerini kestiremediğinden tavşan ekonomisi durağandı. Oysa insanlar yeni hammadde ve enerji kaynakları keşfedebilir ve insan ekonomisi de bu keşifler devam ettiği sürece büyüyebilir.

Pastanın büyümediğine inanan geleneksel dünya görüşü iki tür kaynak olduğunu varsayar. Hammadde ve enerji. Aslına bakarsanız dünyada üç tür kaynak bulunur: Hammadde, enerji ve bilgi. Hammadde ve enerji tükenebilir, elinizdekiler kullanıldıkça azalacaktır. Bilgiyse aksine büyüyen bir kaynaktır, ne kadar kullanırsanız elinizdeki o kadar artar. Hatta sahip olduğunuz bilgi dağarcığını artırmak size hammadde ve enerji de sağlayabilir. Alaska'da petrol sahası araştırmalarına 100 milyon dolar yatırım yaparak petrol çıkardığımda petrolüm olur ama torunlarıma daha az petrol kalacaktır. Diğer taraftan güneş enerjisi araştırmalarına 100 milyon dolar yatırarak yeni ve daha etkin bir enerji üretme yöntemi geliştirebilirsem hem kendime hem de torunlarıma daha çok enerji sağlayabilirim.

Binlerce yıl boyunca insanlar dünyanın sunabileceği tüm bilgiye sahip olduklarını iddia eden kutsal metinlere ve antik geleneklere inandıklarından ilerlemeyi amaçlayan bilimsel yolun önüne engel koydular. Yeryüzündeki tüm petrol sahalarının çoktan keşfedildiğini düşünen bir şirket petrol arayarak zaman ve para kaybetmek istemeyecektir. Aynı şekilde kayda değer her şeyin çoktan bilindiğine inanan bir kültür de yeni bilgilerin peşine düşmeyecektir. Modernite öncesi pek çok medeniyetin durumu da böyleydi. Bilimsel Devrim insanevladını bu naif inançtan kurtarır. En büyük bilimsel keşif cehaletin keşfidir. İnsanlar bir kez dünya hakkında ne kadar az şey bildiklerini fark edince, sonu ilerlemeye çıkan bilimsel yolları aydınlatan bilginin peşinde koşmak için pek çok nedene sahip oldular.

Her nesille beraber bilim yeni enerji kaynakları, yeni hammaddeler, daha iyi makineler ve yeni üretim yöntemleri keşfetti. 2016 itibarıyla insanevladı hiç olmadığı kadar çok hammadde ve enerjiye sahipken üretim hızıysa zirveye ulaşmış durumda. Buhar makinesi, içten yanmalı motorlar ve bilgisayar gibi icatlar yepyeni sanayi kollarını yoktan var etti. Önümüzdeki yirmi yıla baktığımızda, 2036'da bugüne göre daha fazla üretip çok daha fazla tüketebileceğimizi güvenle söyleyebiliyoruz. Nanoteknolojinin, genetik mühendisliğinin ve yapay zekanın üretimde bir devrim daha yapacağına, durmadan genişleyen süpermarketlerimizde yeni raflar açacağına hiç kuşkumuz yok.

• • •

Sonuç olarak kaynak yetersizliğini aşabilme ihtimalimiz oldukça yüksek görünüyor. Ekolojik denge artık modern ekonominin asıl büyük düşmanıdır. Hem bilimsel gelişme hem de ekonomik büyüme incecik ve kırılgan biyosferde meydana geliyor. Büyüme ve ilerleme hız kazandıkça, yarattıkları şok dalgaları da ekolojiyi sarsıyor. Dünyadaki herkese varlıklı ABD'lilerin sahip olduğu yaşam koşullarını sağlamak için birkaç gezegene daha ihtiyacımız var, ancak elimizdeki sadece bu. Gelişme ve büyüme sonucunda ekosistem yok olursa bedelini sadece vampir yarasalar, tilkiler ve tavşanlar değil Sapiens de ödeyecek. Ekolojik çözülme ekonomik felaketlere, siyasi çalkantılara, insanların yaşam koşullarının kötüleşmesine neden olacağı gibi belki de insan medeniyetinin varlığını da tehdit eder hâle gelecek.

Gelişme ve büyümeyi biraz olsun yavaşlatarak bu tehlikeyi de azaltabiliriz. Yatırımcılar bu yıl portföylerinin yüzde 6 oranında büyümesini beklerken, on yıl sonrası için yüzde 3, yirmi yıl sonrası için yüzde 1'lik oranlara razı olur ve otuz yıl içinde ekonomik büyümeyi yavaşça durdururlarsa bulunduğumuz yerde mutlu mesut yaşamaya devam edebiliriz. Ne var ki büyüme dini bu kafir düşünceye karşı çıkıyor. Aksine, daha da hızlı büyümemizi emrediyor. Keşiflerimiz ekosistemin dengesini altüst ederek insanlığı tehdit ediyorsa, o zaman kendimizi koruyacak bir şeyler üretmeliyiz. Ozon tabakası inceliyor ve bizi cilt kanseri karşısında savunmasız kılıyorsa daha güçlü güneş kremleri, gelişmiş kanser tedavileri üreterek yeni güneş kremi fabrikalarının ve kanser tedavi merkezlerinin büyümesini teşvik etmeliyiz. Yeni endüstriler atmosferi ve okyanusları kirletip küresel ısınmaya neden olarak türleri kitleler hâlinde yok ediyor ve gezegenimiz sıcak, kasvetli ve kirlenmiş hâle geliyorsa, o zaman hayatın güzelliklerini tesis edebilecek sanal dünyalar ve yüksek teknoloji mabetleri yaratmalıyız.

Pekin'de hava kirliliği öyle boyutlara ulaştı ki insanlar dışarıya çıkmaya çekiniyor, varlıklı Çinliler kapalı alanlarda hava temizleme sistemlerine binlerce dolar yatırıyor. 2013'te yabancı diplomatlar ve varlıklı Çinlilerin çocuklarını gönderdiği "Beijing International School" bir adım daha ileri giderek içinde altı tenis kortu ve oyun sahaları bulunan devasa bir alanın üzerine beş milyon dolara mâl olan bir kubbe inşa ettirdi. Diğer okullar da bu modayı takip ediyor ve Çin'de hava temizleme sistemleri pazarı inanılmaz bir hızla yükseliyor. Tabii pek çok Pekinli, çocuklarını International School'a gönderecek ve de evlerinde böylesi lüks sistemler kurabilecek maddi güce sahip değil.[3]

İşte böylece insan türü kendini iki arada bir derede sıkışmış, iki cephede birden savaşır hâlde buldu. Üstelik bir yandan bilimsel ilerlemeyi ve ekonomik büyümeyi daha da hızlandırmamız gerektiğini düşünüyoruz. Bir milyar Çinli ve bir milyar Hintli orta sınıf da ABD'liler gibi yaşamak istiyor ve ABD'liler ciplerinden ve alışveriş merkezlerinden ödün vermedikçe, onlar da hâliyle kendi hayallerinden ödün vermek için bir neden göremiyor. Diğer yandan ekolojik kıyamet yaklaşırken gardımızı almak zorunda olduğumuzu da biliyoruz. İki cephede sürdürdüğümüz bu savaş her geçen yıl zorlaşıyor. Her atılım Delhi'nin kenar mahallelerinde yaşayanları Amerikan Rüyası'na bir adım daha yaklaştırırken gezegeni de uçurumun kenarına biraz daha sürüklüyor.

İyi habere gelirsek, insan türü yüzlerce yıldır artan ekolojik sorunlara yenilmeden ekonomisini büyütmeyi başardı. Pek çok tür bu süreçte helak oldu, insanlar da birden fazla ekonomik kriz ve ekolojik felaketle karşı karşıya kaldı ama bugüne kadar hepsinden sıyrılmayı başardık. Gelecekteki başarılarımızın teminatı da doğa kanunları olmayacaktır. Kim bilir, belki de bilim, ekonomiyle birlikte ekolojiyi de kurtaracak bir çözüm bulmayı başarır. Tempomuz yükseldikçe hata yapma lüksümüz de azalıyor. Eskiden yüzyılda bir önemli bir buluşa imza atmak yeterliyken, bugün iki yılda bir mucizeler yaratmamız gerekiyor.

Ekolojik bir kıyametin insanların tahmin ettiğinden çok daha tehlikeli sonuçları olabileceğini göz önünde bulundurmalıyız. Tarihin adaleti yoktur. Bir felaket yaşandığında yoksullar her zaman zenginlerden daha çok acı çeker; felaketin nedeni zenginler de olsa, sonuçlarına yine yoksullar katlanacaktır. Küresel ısınma, kurak Afrika ülkelerindeki yoksulların hayatlarını, varlıklı Batılılarınkinden çok daha fazla etkilemeye başladı bile. Bilimin kudreti bu tehlikeyi ancak zenginleri memnun ettiği sürece ortadan kaldırmaya yetebilir.

Sera gazı emisyonunu ele alalım. Pek çok araştırmacı ve gitgide daha fazla siyasetçi küresel ısınma gerçeğinin ve büyük tehlikenin farkına varıyor. Ne yazık ki bu farkındalık davranışlarımızı biraz olsun değiştirmedi. Küresel ısınma üzerine pek çok söz sarf etsek de insanevladı uygulamada bu facianın önüne geçebilmek için hiçbir ekonomik, sosyal ve siyasi fedakarlıkta bulunmadı.

2000'le 2010 yılları arasında emisyon değerleri hiç azalmadı. Aksine 1970'le 2000 yılları arasında emisyon değerlerindeki artış yılda yüzde 1,3 civarındayken sonraki on yıllık dönemde her yıl yüzde 2,2 civarındaydı.[4] Sera gazı emisyonunun azaltılması için hazırlanan 1997 Kyoto Protokolü küresel ısınmayı durdurmaktan çok ertelemeyi hedefliyordu; yine de kirliliğin baş sorumlusu ABD, ekonomik büyümesi zarar görecek korkusuyla kararı onamayı reddetti ve emisyon değerlerini düşürmek adına hiçbir ciddi adım atmadı.[5]

2015 yılının Aralık ayında Paris Anlaşması'yla daha da iddialı hedefler belirlendi. Anlaşma ortalama ısı artış hızını sanayi çağı öncesi seviyelerin 1,5 puan üzerine çekebilmeyi amaçlıyordu. Bu hedefe ulaşmak için atılması gereken zor adımların hepsi 2030 sonrasına, hatta 21. yüzyılın ikinci yarısına ertelenerek, hesap gelecek nesillere kesilmiş oldu. Yöneticiler emisyonları azaltmanın (ve tabii büyümeyi yavaşlatmanın) siyasi bedelini gelecek nesillere miras bırakarak yeşilci görünmenin siyasi meyvelerini topluyor. Oysa bu satırları kaleme aldığım Ocak 2016'dan baktığımda bile ABD ve kirliliğin diğer başlıca sorumlularının Paris Anlaşması'nı imzalamaları pek ihtimal dahilinde görünmüyor. Çoğu siyasetçi ve seçmen, ekonomi büyüdükçe biliminsanlarının ve mühendislerin bizi kıyametten kurtarabileceğine inanıyor. Konu iklim değişikliğiyse büyüme müritleri mucize beklemekle kalmıyor, mucizenin geleceğine kesin gözüyle bakıyor.

Gelecekte biliminsanlarının gezegeni kurtaracak keşifler yapacağı varsayımına dayanarak insan türünün geleceğini riske atmak

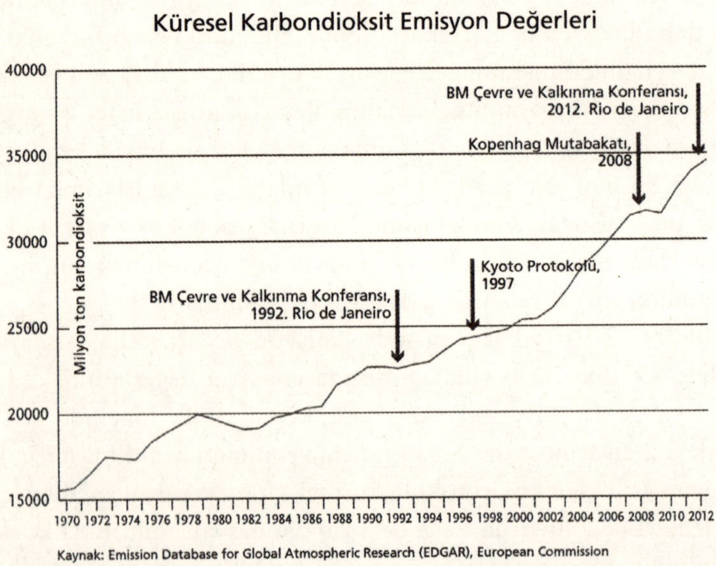

Görsel 25: Küresel ısınma üzerine yapılan hiçbir konferans, zirve ya da protokol, sera gazı emisyonunu dizginlemeyi başaramadı. Grafiği dikkatlice incelediğinizde, emisyonların yalnızca ekonomik kriz ve durgunluk dönemlerinde düştüğünü göreceksiniz. Bu nedenle 2008-2009 arasında sera gazı emisyonundaki sınırlı düşüş Kopenhag Mutabakatı'nın değil, küresel ekonomik krizin bir sonucuydu. Küresel ısınmayı durdurmanın tek yolu, hiçbir hükümetin yanaşmadığı, ekonomik büyümeyi durdurma adımını atmaktan geçiyor.

sizce ne kadar mantıklı? Dünyayı yöneten çoğu başkan, bakan ve CEO oldukça mantıklı insanlar oldukları hâlde neden böyle bir kumar oynuyorlar? Belki de kişisel gelecekleri üzerine bahse girdiklerini düşünmüyorlardır? Biliminsanları yaklaşan tufanı durduramasa bile, en kötü ihtimalle, geride kalan milyarları boğulmaya terk ederek zenginlere yüksek teknolojili bir Nuh'un gemisi yapabilirler. Son teknoloji ürünü Nuh'un gemisine duyulan bu inanç, halihazırda insan türünün ve tüm ekosistemin karşısındaki en büyük tehdit olabilir. Öteki dünyada bir cennet olduğuna inanan insanlara nükleer silahların verilmemesi gerektiği gibi küresel ekolojinin kaderi de bu yüksek teknolojili gemiye inanan insanlara teslim edilmemeli.

Peki ya yoksullar? Onlar neden isyan etmiyor? Tufan olduğunda bedeli onlar ödeyecek, ekonomik durağanlığın yükünü sırtlanan da yine onlar olacak. Kapitalist bir dünyada yoksulların hayatı sadece ekonomi büyüdükçe iyileşebilir. Bu yüzden de yoksulların bugünün ekonomik büyümesini yavaşlatarak ekolojik tehlikeleri azaltacak herhangi bir adımı desteklemeleri beklenemez. Çevreyi korumak çok hoş bir ideal, ama kirasını ödeyemeyenler, hâliyle buzulların erimesinden çok kredi kartı borçlarını dert ederler.

Bitmeyen Hengame

Hem ekonomik çöküşü hem de ekolojik felaketi aynı anda savuşturabilmeyi başarsak bile, tüm bunlar bireylerin hayatında ciddi strese ve gerginliğe neden oluyor. Yüzlerce yıl süren ekonomik büyümenin ve bilimsel gelişmenin sonucunda, en azından gelişmiş ülkelerde, yaşamın sakin ve huzurlu olması gerekirdi. Eğer atalarımız elimizin altındaki araçların ve kaynakların bolluğundan haberdar olsaydı, sanki cennetteymişiz gibi bir huzurla, dertsiz tasasız yaşadığımızı düşünürlerdi. Ne var ki gerçekler çok farklı. Tüm başarılarımıza rağmen, sürekli daha da fazlasını yapma zorunluluğunu ve üretme baskısını omuzlarımızda hissediyoruz.

Kendimizi, patronumuzu, kredilerimizi, hükümeti, eğitim sistemini suçluyoruz. Ne var ki bu aslında onların suçu değil. Tüm bunlar doğarken imzaladığımız modern sözleşmenin bir sonucu. Modernite öncesi dünyada, insanlar sosyalist bir bürokrasinin sıradan yöneticilerine alışkındı. Kartlarını basıp işgününü başlatıyor ve başkalarının bir şeyler yapmasını bekliyorlardı. Modern dünyadaysa işleri biz insanlar yönetiyor ve gece gündüz baskı altında yaşıyoruz.

Toplumsal düzeyde yaşandığında bu yarış sonu gelmeyen ayaklanmalarla sonuçlanır. Geçmişte sosyal ve siyasi sistemler varlıklarını yüzlerce yıl sürdürebilirken, bugün her yeni nesil eski bir düzeni yıkarak yerine yenisini kuruyor. *Komünist Manifesto*'nun ustalıkla dile getirdiği gibi, modern dünya tam bir belirsizlik ve karmaşa gerektirir. Tüm yerleşmiş ilişkiler, kendilerine bağlı eski değer yargıları ve görüşlerle birlikte çözülüp dağılırken yeni oluşanlarsa kök salmadan eskimektedir. Katı olan her şey buharlaşır, kutsal olan ne varsa kutsallığını yitirir ve nihayet insanlar davranışlarına ve karşılıklı ilişkilerine neyin ne olduğunu bilerek bakmak zorunda kalır.

Modernite yarattığı tüm gerginliğe ve karmaşaya rağmen insanların bireysel ve toplumsal düzeyde bu yarıştan kopmaması için çok çalışmak durumundadır. İşte bu yüzden en yüce değer olarak büyümeyi yüceltir ve büyüme uğruna her türlü riski göze almamızı ve elimizden gelen fedakarlığı yapmamızı bekler. Toplumsal düzeyde hükümetlerin, şirketlerin ve organizasyonların başarılarının büyümeyle ölçülmesi teşvik edilirken, ekonomik dengeden bir lanetmiş gibi uzak durulur. Bireysel olarak sürekli gelirimizi artırmaya, yaşam koşullarımızı iyileştirmeye özendiriliriz. Hâlinizden memnun olsanız bile daha fazlasını istemeniz gerekir. Dünün lüksleri bugünün gereklilikleri olur. Üç odalı bir evde, tek araba ve bir bilgisayarla gayet iyi yaşayıp giderken, artık beş odalı bir eve, iki arabaya ve iPodlardan, tabletlerden ve akıllı telefonlardan oluşan bir koleksiyona *ihtiyacınız* vardır.

İnsanları daha fazlasını istediklerine ikna etmekse hiç zor değildir, insanlar kolayca hırsa kapılır. Ancak devlet ve kilise gibi toplumsal kurumları yeni bir idealin peşine düşmeye ikna etmek oldukça zordur. Bin yıl boyunca, toplumlar bireysel istekleri kontrol altına alarak bir denge tutturmaya çabalamıştı. İnsanların kendileri için hep daha fazlasını istedikleri biliniyordu, pasta büyümeyince sosyal uyumu tesis etmenin yolu da bireysel istekleri dizginlemekten geçiyordu. Para tutkusu kötüydü. Modernite dünyayı tepetaklak ederek insanları dengenin kaostan daha kötü olduğuna ikna etti. Para hırsı büyümeyi besliyordu, büyümenin sağladığı güç iyi ve gerekliydi. Modernite insanları daha da fazlasını istemeye özendirdi, böylece nefsine gem vurmaya dair binlerce yıllık öğretileri yerle bir oldu.

Serbest piyasa kapitalizmi, sebep olduğu kaygıları büyük ölçüde yatıştırma gücüne sahip olduğu için bu kadar yaygın bir ideoloji hâline geldi. Kapitalist düşünürler durmadan bizi telkin etti: "Merak etmeyin her şey yoluna girecek. Ekonomi büyüdüğü sürece piyasanın görünmeyen eli her şeyin çaresine bakacak." Böylece kimse ne olduğunu, nereye gittiğimizi anlamadan göz açıp kapayıncaya kadar büyüyen, gözü doymayan bu kaotik sistem kutsandı. (Komünizm de büyümeye inanıyordu ama bir farkla: Kaosu engelleyebileceğini ve devlet planlamasıyla büyümeyi kontrol edebileceğini iddia ediyordu. Fakat ilk etapta başarılı olsa da serbest pazar karşısında tutunamadı.)

Serbest piyasa kapitalizmine sövmek bugünlerde entelektüel çevrelerin gündeminde. Dünyamız kapitalizmin hakimiyeti altında olduğuna göre, gelecekte bir kıyamete yol açmadan eksiklikleri tespit etmeli ve anlamaya çalışmalıyız. Kapitalizmi eleştirirken faydalarını ve marifetlerini de görmezden gelemeyiz. Gelecekte yaşanacak muhtemel ekolojik felaketi saymazsak ve ölçütümüz üretim ve büyümeyse kapitalizmin şu âna dek harikalar yarattığını kabul etmeliyiz. 2016'da stres dolu ve karmaşık bir dünyada yaşıyor olabiliriz, ancak yıkım ve şiddetle geleceği söylenen kıyamet alametleri henüz belirmedi. Daimi büyümenin ve küresel işbirliğinin abartılı vaatleriyse yerine getirilmiş durumda. Ara ara ekonomik krizler ve uluslararası savaşlar yaşasak da kapitalizm uzun vadede kıtlığı, salgınları ve savaşları engellemekle kalmadı, onları yenmeyi başardı. Binlerce yıl boyunca din adamları insanların bu illetleri kendi başlarına yenemeyeceklerini öne sürdüler. Yeni dönemin aktörleri bankacılar, yatırımcılar ve sanayicilerse iki yüzyıl içinde tümünün üstesinden gelmeyi başardılar.

Sonuç olarak modern sözleşme eşi benzeri görülmemiş bir kudret vaadinde bulundu ve sözünü de tuttu. Peki bedeli ne oldu? Modern sözleşme güce karşılık anlamdan vazgeçmemizi istiyor. İnsanlar bu korkutucu taleple nasıl başa çıkabilir? Anlamdan vazgeçmek dünyayı ahlak, güzellik ve merhametten mahrum, karanlık bir yere dönüştürecektir şüphesiz. Ancak insanevladının bugün sadece hiç olmadığı kadar güçlü değil aynı zamanda bir o kadar da uyum ve işbirliği becerisine sahip olduğu gerçeği de ortada. İnsanlar bununla nasıl baş ediyor? Ahlak, güzellik, hatta merhamet; tanrıların, cennetin ve cehennemin olmadığı bir dünyada nasıl var olacak?

Kapitalistler bu soruyu yanıtlarken, her zaman olduğu gibi, piyasanın görünmez elini övmekten geri kalmıyor. Ne var ki piyasanın eli sadece görünmez değil aynı zaman da kör de; bu yüzden insan toplumunu tek başına kurtarması mümkün değil. Tek bir ülke pazarı bile bir tür tanrı, kral ya da dini kurum olmadan kendini idame edemez. Mahkemeler ve polis dahil olmak üzere her şey satılığa çıktığında güven uçar gider, krediler çarçur olur, işletmeler batar.[6] Peki modern toplumu çökmekten ne kurtardı? İnsanevladı aslında arz ve talep kanunu tarafından değil, devrimsel nitelikte yeni bir dinin yükselişiyle kurtuldu: Hümanizm.

7

Hümanist Devrim

MODERN SÖZLEŞME, yaşamlarımızı anlamlı kılan büyük kozmik plana duyduğumuz inançtan vazgeçmemiz karşılığında bize güç vaat ediyor. Sözleşmeyi dikkatlice incelediğinizde, sinsi bir cayma şartı olduğunu fark edebilirsiniz. Eğer insanlar büyük kozmik bir plana dayandırmadan bir anlam bulmayı başarırlarsa, sözleşmeyi ihlal etmiş sayılmıyorlar.

Anlam olmaksızın düzeni sürdürmenin imkansız olduğu bu dünyada cayma şartı modern toplumun kurtuluşu oldu. Modernitenin büyük siyasi, sanatsal ve dini projesinin tek amacı, yüce kozmik bir plana dayandırılmayan bir anlam bulmaktı. İlahi bir oyunun oyuncuları değiliz, kimse bizi ve yaptıklarımızı umursamıyor, kimse gücümüzü sınırlamıyor ama yine de yaşamlarımızın bir anlamı olduğundan eminiz.

2016 itibarıyla insan türü birbiriyle çelişen bu iki durumu aynı anda kontrol etmeyi başardı. Eskisine göre çok daha fazla güç elde etmekle kalmadık, aynı zamanda Tanrı'nın ölümünün ilanı da beklenenin aksine toplumu çöküşe sürüklemedi. Tarih boyunca peygamberler ve felsefeciler, büyük kozmik plana duyulan inanç olmazsa düzen ve birliğin yok olacağını iddia etmişlerdi. Bugünse kozmik bir tasarıya inanmaya devam edenler, küresel düzen karşısındaki en tehditkar unsurlardır. Allah'tan korkan Suriye, seküler Hollanda'dan çok daha şiddet dolu.

Ortada kozmik bir plan yoksa ve hiçbir ilahi ya da doğal kanuna tabi değilsek, toplumu ayakta tutan nedir? Amsterdam'dan Bükreş'e, New Orleans'tan Montreal'e binlerce kilometrelik mesafeyi insan tacirleri tarafından kaçırılmadan, haydutlar tarafından tuzağa düşürülmeden ya da düşman kabileler tarafından öldürülmeden nasıl katedebiliyoruz?

Yakından Bakmak

Anlamsız ve kanun tanımaz varlığımızın panzehri, dünyayı geçtiğimiz yüzyıllarda fethetmiş yeni bir devrimci öğreti olan hümanizmin ta kendisidir. Hümanizm dini insanlığa tapınarak, Budizm ve Daoizmde doğa kanunlarının, Hıristiyanlık ve İslamdaysa Tanrı'nın oynadığı rolü insana devretmek istiyor. Büyük kozmik plan insanların hayatına bir anlam kazandırırken, hümanizm bu ilişkiyi tersine çevirerek insan deneyimlerinin kainatı anlamlandırmasını bekliyor. Hümanizme göre insanlar kendi iç deneyimleri üzerinden sadece kendi yaşamlarının değil tüm evrenin anlamını devşirebilmelidir. Hümanizmin ilk emri de budur: Manadan yoksun dünyaya bir anlam kazandırınız.

Modernitenin yarattığı dini devrimin temelinde Tanrı inancını ortadan kaldırmaktan çok herkesi insanlığa inandırma derdi vardır. Yüzlerce yıl süren zahmetli bir çalışma sonucu düşünürler metinler kaleme aldı, sanatçılar şiirler ve senfoniler yazdı, siyasetçiler anlaşmalar yaptı ve sonunda insanları, insanlığın evreni anlamla doldurabilme gücü olduğuna ikna ettiler. Hümanist devrimin derinliğini ve etkilerini iyice kavrayabilmek için modern Avrupa kültürünün ortaçağdakinden ne kadar farklı olduğuna bakabilirsiniz. 1330'da Londra, Paris ve Toledo halkı insanların kendi başlarına iyiyi kötüden, haklıyı haksızdan, güzeli çirkinden ayıramayacağını düşünürdü. Yalnızca Tanrı iyiyi, haklıyı ve güzeli tanımlayabilirdi.

Her ne kadar insanların özgün yetilere ve ayrıcalıklara sahip olduklarını kabul görse de, cahil ve yoldan çıkmaya müsait oldukları da göz önünde bulundurulurdu. Dolayısıyla insan muhakkak bir dış güç tarafından denetime tabi tutulmalı, insanlara rehberlik edilmeliydi. Aksi takdirde asla ebedi gerçekleri anlayamaz, geçici zevkler ve dünyevi sanrılara kapılıp giderlerdi. Buna ek olarak ortaçağ düşünürleri insanların ölümlü oluşunun altını çizerken fikirlerinin ve duygularının da bir o kadar fani olduğunu hatırlatırdı. İnsan bugün sevdiği şeyden yarın nefret edebilirdi ve en nihayetinde zaten ölüp toprağa karışacaktı. Bu yüzden insan fikrine dayalı her anlam bütünü, kırılgan ve geçiciydi. Demek ki tartışmasız doğruların, yaşamın ve evrenin anlamı, insanüstü ezeli bir kanuna dayanıyor olmalıydı.

Bu görüş Tanrı'yı anlamın en yüce kaynağı olarak göstermekle kalmadı, anlamı aynı zamanda otoritenin de kaynağı hâline getirdi. Anlam ve otorite her zaman omuz omuzaydı. İster iyi ister kötü, ister doğru ister yanlış olsun, davranışlarımızın arkasındaki anlamları belirleyen her kimse, nasıl düşünüp davranacağımızı söyleyebilecek otoritenin sahibi de oydu.

Tanrı'nın anlam ve otoritenin tek kaynağı olduğu inancı sadece felsefi bir teoriden ibaret değildi, bu inanç aynı zamanda gündelik yaşantıyı da her yönüyle belirliyordu. 1300 yılında küçük bir İngiliz kasabasında, evli bir kadının yan komşusuna meylettiğini ve onunla seviştiğini düşünün. Gizlice evine dönerken yüzünde bir tebessümle elbisesini düzelttiğinde aklına sorular üşüşür: "Neydi şimdi tüm bunlar? Neden böyle bir şeye kalkıştım? Yaptıklarım iyi mi, kötü mü? Nasıl bir insanım ben? Yeniden yapmalı mıyım?" Sorularına yanıt bulabilmek için kasabanın rahibinden af dileyip ona rehberlik etmesini istemelidir. Kutsal metinleri sular seller gibi ezberleyen rahip, bu metinler sayesinde zinanın Tanrı katında ne ifade ettiğini gayet iyi bilmektedir. Tanrı'nın kutsal kelimelerine dayanarak, hataya yer bırakmadan, kadının ölümcül bir günah işlediğini belirleyen rahip, yaptıklarını telafi etmezse cehennemi boylayacağını bildirir kadına. Hemen tövbe etmeli, yaklaşan Haçlı Seferi için on altın bağışlamalı, altı ay boyunca et yemekten kaçınmalı ve Canterbury'deki Aziz Thomas Becket'in mezarını ziyaret etmelidir. Tabii söylemeye ne hacet, bu korkunç günah bir daha asla tekrar edilmemelidir.

Düzen günümüzde çok farklı işliyor. Hümanizm yüzyıllardır evrendeki tek anlam kaynağı olduğumuza ve bu sebeple özgür irademizin en yüce otorite olması gerektiği düşüncesine bizi zamanla alıştırıyor. Neyin ne olduğunu söyleyecek harici bir varlık beklemektense kendi duygularımıza ve arzularımıza kulak veriyoruz. Çocukluğumuzdan beri bize tavsiyelerde bulunan hümanist sloganlara maruz kalıyoruz: "Kendini dinle, kendine dürüst ol, kendine güven, kalbinin sesini dinle, ne istiyorsan onu yap." 18. yüzyılda duyguların kutsal kitabı sayılan *Émile* isimli yapıtında Jean-Jacques Rousseau yaşamın kurallarını özetler: "[... bu kuralları] yüreğimin derinliklerinde doğa tarafından silinmez harflerle yazılmış olarak buluyorum," der, "Yapacağım şey konusunda yalnızca kendimi dinlemeliyim: İyi olduğunu hissettiğim her şey iyidir, kötü olduğunu hissettiğim her şey kötüdür."[1]

Benzer şekilde yaşadığı yasak ilişkinin anlamını merak eden modern bir kadın, herhangi bir rahibin ya da antik bir kitabın yargılarına körü körüne inanmaya meyletmeyecek, aksine dikkatle hislerini tartacaktır. Hisleri net değilse yakın bir arkadaşını kahveye çağırıp onunla paylaşacaktır. Durum hâlâ netleşmemişse terapistini arayarak olanları aktaracaktır. Elbette alışılageldik bir karşılaştırmayı tekrarlayıp modern terapistle ortaçağdaki rahibin aynı konumda olduğunu söyleyebiliriz. Ancak uygulamada bu iki meslek dev bir uçurumla ayrılmaktadır. Terapistin iyiyi ve kötüyü belirleyen kutsal bir kitabı yoktur. Kadın hikayesini anlatmayı bitirdiğinde terapistin, "Seni yozlaşmış kadın! Korkunç bir günah işlemişsin," demesi beklenmez. Aynı şekilde terapist, "Harika, aferin sana," da demeyecektir. Kadın ne yapmış ve ne anlatmış olursa olsun şefkatli bir ses tonuyla, "Bu olanlar hakkında ne *hissediyorsunuz*?" diye soracaktır.

Terapistin kütüphanesinin, Freud ve Jung'un kitaplarının ve bin sayfalık *Mental Bozuklukların Tanısal ve Sayımsal El Kitabı*'nın (DSM) ağırlığı altında ezildiği doğrudur. Ancak bunlar da kutsal metinler sayılamaz. DSM hayatın anlamını değil rahatsızlıkları tanımlar. Çoğu psikolog insan davranışlarının gerçek anlamını sadece duyguların belirleyebileceğine inanır. Bu yüzden de ne terapistin hastanın ilişkisiyle ilgili fikrinin ne de Freud, Jung ya da DSM'nin aldatma üzerine genel tutumunun bir ehemmiyeti olur; terapist kendi fikirlerini hastasına dayatamaz. Onun yerine hastasının yüreğinin derinliklerindeki duyguların farkına varmasına yardım etmelidir, aranan cevaplar sadece orada bulunabilir. Ortaçağ rahipleri hayrı şerden ayırabilmek için Tanrı'ya acil yardım hattı üzerinden bağlanırken, modern terapistler ancak duygularımızla bağ kurmamıza yardım edebilirler.

Evlilik kurumunun makus kaderi de böyle açıklanabilir. Ortaçağda evlilik Tanrı'nın emri, kutsal bir tören olarak değerlendirilirdi. Tanrı çocuklarını kendi istediği gibi emirlerine uygun olarak evlendirmesi için bir rahip görevlendirmişti. Evlilikdışı ilişkiler hem ilahi hem de ailevi otoriteye karşı utanmaz bir başkaldırıydı. Sevgililerin duygularından ve düşüncelerinden tamamen bağımsız, ölümcül bir günahtı zina. Bugün insanlar aşk evlilikleri yapıyor ve aralarındaki bu bağ, duygularıyla bir anlam kazanıyor. Bu durumda vaktiyle sizi bir adamın kollarına sürükleyen duygular, bugün de bir başkasının peşinden gitmenize neden olabilir değil mi, ne var bunda? Yirmi yıldır eşiniz tarafından karşılanmayan duygusal ve cinsel tutkularınız evlilikdışı bir ilişkide size sunuluyorsa yeni sevgiliniz kibar, tutkulu ve ihtiyaçlarınıza karşı hassassa neden bu durumun keyfini çıkarmayasınız?

Bir dakika, orada dur diyebilirsiniz. Tarafların hislerini görmezden gelemeyiz. Kadın ve sevgili birbirlerinin kollarında harika hissediyor olabilirler ancak eşler durumu öğrendiğinde herkesin hayatı ciddi bir süre mahvolacak. İş boşanmaya giderse çocuklar duygusal yaraları onlarca yıl beraberinde taşıyacaklar. Bu yasak ilişki hiç ortaya çıkmasa dahi, saklamaya çalışmanın gerginliği, sonunda yabancılaşma ve küskünlük gibi duyguların yaşanmasına neden olacaktır.

Hümanist etik üzerine yapılan en ilginç tartışmalar, tıpkı evlilikdışı ilişkiler konusunda olduğu gibi insanların duyguları çatıştığında ortaya çıkıyor. Bir davranış birini memnun ederken diğerinin canını sıkıyorsa, sonuç ne olmalıdır? Birbirimizin duygularını nasıl karşılaştırıp ölçebiliriz? İki sevgilinin mutluluğu, geride kalan eş ve çocukların kötü hissetmesinden daha mı ağır basar?

Bu soruya verdiğiniz yanıt sonucu değiştirmeyecektir, esas önemli olan tarafları anlayabilmektir. Modern insanlar evlilikdışı ilişkiler konusunda çeşitli görüşlere sahip olabilirler ama ne olursa olsun, görüşlerini kutsal metinler ya da ilahi emirlerle değil insan duygularıyla meşrulaştırmayı tercih ederler. Hümanizm bir şeyin kötü olarak kabul edilmesi için yalnızca bir insanı kötü hissettirmesinin yeterli olduğunu söyler. Cinayet, Tanrı bir zamanlar "Öldürmeyeceksin," diye buyurduğu için değil; kurbana, ailesine, arkadaşlarına ve tanıdıklarına korkunç acılar çektirdiği için yanlıştır. Hırsızlık, kadim bir metin, "Çalmayacaksın," yazdığı için değil, sahip olduklarını kaybetmek insana kötü hissettirdiği için kötüdür. Bir davranış kimseyi üzmüyorsa hiçbir sorun yaratmayacaktır. Aynı kadim kutsal metin, Tanrı'nın herhangi bir canlıya benzeyen put yapmayacaksın (Mısır'dan Çıkış 20:4) diye buyurduğunu yazar. Ama kimseye zarar vermeden küçük heykeller yapmamın nesi günah olabilir?

Benzer bir düşünce eşcinsellik tartışmalarına da nüfuz etmiştir. Eğer iki yetişkin erkek sevişiyor ve bunu yaparken kimseye zarar vermiyorlarsa bunun ne zararı olabilir ve bu durumu neden yargılamamız gerekir? İki erkeğin arasındaki bu özel meselenin tarafları kişisel duygularıyla seçim yapmakta özgürdürler. Ortaçağda iki erkek, rahibe gidip birbirlerine âşık olduklarını, daha önce hiç böyle hissetmediklerini itiraf etseler, mutlu olmaları bu ilişkiye şiddetle karşı çıkan rahibin yargılarını değiştiremeyecekti kuşkusuz, hatta suçluluk duymamaları durumu daha da kötüleştirecekti. Bugünse iki erkek birbirine âşıksa, "Kendinizi nasıl iyi hissediyorsanız öyle yapın!" deniliyor, "Hiçbir rahibin aklınızı karıştırmasına izin vermeyin. Kalbinizin sesini dinleyin. Kendiniz için en iyi olanı yine en iyi siz bilirsiniz."

Ne ilginçtir ki bugün en muhafazakar dindarlar bile eğer kamuoyunu etkilemek istiyorlarsa bu hümanist söylemi benimsiyor görünüyorlar. On yıldan beri İsrail'deki LGBT topluluğu Kudüs sokaklarında Onur Yürüyüşü düzenliyor. Anlaşmazlıklarla parçalanmış bu şehrin ahenkli bir gösteriye tanıklık ettiği o günde, dindar Yahudiler, Müslümanlar ve Hıristiyanlar bir anda ortak bir söylemde birleşiveriyorü. Ne ilginçtir ki Onur Yürüyüşü'ne karşı duydukları öfkeyi dile getirirken, "Tanrı eşcinselliği yasakladığı için bu etkinlik düzenlenmemeli," demiyorlar. Bunun yerine her fırsatta mikrofonlara ve televizyon kameralarına, "Kutsal şehir Küdus'ün sokaklarında bir Onur Yürüyüşü görmek bizi derinden yaralıyor. Eşcinseller nasıl hislerine saygı duyulmasını istiyorlarsa onlar da bizimkine saygı duymalılar," benzeri beyanatlarda bulunuyorlar.

7 Ocak 2015'te fanatik Müslümanlar, Hz. Muhammed'in karikatürünü yayımladıkları gerekçesiyle Fransız dergisi *Charlie Hebdo*'yu basarak çalışanlarını katlettiler. Takip eden günlerde Müslüman kuruluşlar saldırıyı lanetlerken bir "ama" eklemeden edemediler. Örneğin Mısırlı Gazeteciler Sendikası, şiddete başvuran teröristleri lanetlerken bir nefeste, "dünyanın dört bir yanında yaşayan milyonlarca Müslümanın kalbini kırdıkları için," dergiyi de kınadı.[2] Sendikanın Tanrı'nın emirlerine karşı geldiği gerekçesiyle dergiyi suçlamadığının da altını çizmek gerek; işte ilerleme diye buna diyoruz.

• • •

Duygularımız yalnızca özel hayatlarımıza anlam kazandırıp şekil vermekle kalmaz, sosyal ve siyasal süreçlere de anlam kazandırır. Ülkeyi kimin yöneteceğini, hangi dış politikayı izleyeceğimizi, ne gibi ekonomik adımlar atacağımızı tasarlarken cevapları kutsal metinlerde aramayız. Papa'nın emirlerini kılavuz edinmediğimiz gibi Nobel Ödüllü Biliminsanları Toplantısı'nın kararlarıyla da hareket etmeyiz. Bunların aksine, pek çok ülkede demokratik seçimler düzenler, insanlara önlerindeki meselelerle ilgili ne düşündüklerini sorarız. Seçmenlerin en iyisini bildiğine, bireylerin özgür seçimlerinin en üstün siyasi otorite olduğuna yürekten inanırız.

Peki insanlar tercihlerine nasıl karar verir? Teoride seçmenlerin en derinlerindeki duygularına kulak verdiklerini düşünürüz. Bunu başarmak her zaman kolay değildir. Hislerimizle bağ kurabilmemizin tek yolu, içi boş propaganda sloganlarından, acımasız siyasetçilerin sonu gelmez yalanlarından, kamuoyunu kurnazca yönlendirmek isteyenlerin yarattığı karmaşadan, parayla tutulmuş uzmanların dikte edilmiş fikirlerinden uzaklaşmamızdan geçer. Kendimize has o iç sese ancak tüm bu tantanadan kurtularak kulak verebiliriz. O iç ses kulağımıza, "Cameron'a oy ver", "Clinton'a oy ver" ya da "Modi'ye oy ver" diye fısıldar ve oy pusulasına bir damga basarak ülkeyi kimin yönetmesi gerektiğini belirleriz.

Ortaçağda bu yöntem aptallığın daniskası olarak görülürdü. Cahil ayaktakımının genel geçer hisleri, önemli siyasi kararlara nasıl sağlam bir zemin oluşturabilirdi ki? İngiltere Güller Savaşı'yla darmadağın olurken, kimse Lancaster ya da York için oy kullanacakları bir referandumla çatışmayı durdurabileceğini düşünmezdi. Papa II. Urban I. Haçlı Seferi'ni başlattığında, halkın iradesini temsil ettiğini öne sürmüyordu. Söz konusu olan halkın değil, Tanrı'nın iradesiydi. Siyasi otorite cennetten inmişti, ölümlülerin kalplerinden ve akıllarından değil.

Etik ve siyaset alanında olduğu gibi estetik alanında da geçerliydi aynı kurallar. Ortaçağda sanat öznel ölçütlerle değerlendirilmezdi. Güzelliğin standartları insanların geçici heveslerini yansıtacak şekilde belirlenmemişti. Aksine insanın zevklerinin, insanüstü emirlere boyun eğmesi gerektiği düşünülürdü. Sanatın ilhamını insanların duygularından değil insanüstü güçlerden aldığına inanılan bir dönemde bundan daha doğal bir yaklaşım olamazdı. Ressamların, şairlerin, bestecilerin ve mimarların elleri sözde ilham perileri, melekler ve Kutsal Ruh tarafından yönlendiriliyordu. Bir besteci ne zaman bir ilahi kaleme alsa, kalemin teşekküre layık görülmemesi gibi, besteci de hiçbir şekilde takdir edilmiyordu. Kalem insanın parmakları arasında oynarken parmakların kontrolü Tanrı'nın elindeydi.

Ortaçağ âlimleri yıldızların gökteki hareketinin semavi bir müzik yaratarak tüm evrene yayıldığına inanan klasik Yunan görüşlerine sıkı sıkıya bağlıydı. İnsanlar ancak yıldızlar tarafından yaratılan o cennetvari müzikle bedenleri ve ruhları uyum içindeyse fiziksel ve zihinsel sıhhatin keyfini sürebilirdi. Dolayısıyla insanların beste-

Görsel 26: Bir güvercin suretine bürünmüş Kutsal Ruh, Frank krallığının kurucusu Kral Clovis'in vaftiz töreni için kutsal yağla dolu bir kap getirir (illüstrasyon *Grandes Chroniques de France*, 1380). Fransa'nın köklerini aktaran mitlere göre bu minik kutsal kap bundan böyle Rheims Katedrali'nde saklanır ve tüm Fransa kralları taç giyme törenlerinde bu kutsal yağla vaftiz edilir. Her taç giyme töreni yeni bir mucizeye şahit olurken, boşalan minik kapsa tekrar yağla doldurulur. Tüm bunlar kralı Tanrı'nın seçtiğinin bir göstergesidir şüphesiz. Tanrı, Kral IX. Louis, XIV. Louis ya da XVI. Louis'nin başa geçmesini istemeseydi, şişe yeniden dolmazdı, değil mi?

dikleri müzik de kainatın bu ilahi melodisinin bir yankısı olmalıydı; etten kemikten bestecilerin fikirlerini ve kaprislerini yansıtmanın ne lüzumu vardı. En güzel ilahiler ve şarkılara düzülen övgüler bir sanatçının dehasına değil ilahi bir ilhama atfedilirdi.

Böylesi fikirler artık rağbet görmüyor. Bugün hümanistler sanatsal yaratıcılığın ve estetik değerin tek kaynağının insan duyguları olduğuna inanıyor. İçimizdeki ses müziği yaratıyor ve ona bir değer atfediyor; bu ses ne yıldızların ritmini ne de ilham perileriyle meleklerin emirlerini dinlemek zorunda. Yıldızlar suskun, ilham perileriyle meleklerse yalnız hayal gücümüzde var olabiliyor artık. Modern sanatçılar Tanrı'dan ziyade kendileriyle ve duygularıyla ilişki kurmaya çalışıyor. Sanatı nesnel ölçütlerle değerlendiremeyeceğimizi düşünmekten daha normal ne olabilir? Hümanist etik, "Kendinizi nasıl iyi hissediyorsanız öyle yapın," diye öğütlüyor. Siyasette, "seçmen en iyisini bilir," diye buyuruyor hümanist talimatlar. Hüma-

Görsel 27: Gregoryen mezhebine adını da veren Papa Büyük Gregorius ilahi bestelerken. Kutsal Ruh, en sevdiği güvercin kılığıyla Papa'nın sağ omzunda oturur, kulağına ilahiler fısıldar. İlahilerin gerçek bestecisi Kutsal Ruh'tur, Gregorius ise sadece bir aracıdır. Tanrı sanat ve güzelliğin tek kaynağıdır.

nizmin estetik söylemi, "güzellik bakanın gözlerindedir" anlayışıyla şekilleniyor.

Sonuçta sanatın tanımı herkese göre farklılık gösterir. 1917'de Marcel Duchamp, adını *Fountain* [Çeşme] koyduğu seri üretim bir pisuvarın bir sanat eseri olduğunu ilan ederek Paris'te bir müzeye yerleştirdi. Ortaçağda insanlar bu konu üzerine kafa yormaya bile tenezzül etmezdi. Böylesi bir saçmalık için nefes tüketecek hâlleri yoktu. Ne var ki hümanist dünyada Duchamp'ın işi sanatın mihenk taşı olarak kabul gördü. Dünyanın dört bir köşesinde, birinci sınıftaki sanat öğrencilerine Duchamp'ın *Fountain*'ının fotoğrafı gösterilir ve öğretmenin tek bir işaretiyle ortalık birbirine girer. Sanat bu işte! Hayır değil! Tabii ki öyle! Öğrencilerin bir müddet zihinlerini boşaltmasına izin verdikten sonra sözü yeniden alan öğretmen tartışmayı tek bir soruya odaklar, "Sanat nedir? Bir işin sanat eseri olup olmadığına nasıl karar veririz?" Birkaç dakikalık hengameden sonra öğretmen sınıfı doğru istikamete yönlendirir: "Sanat insanların sanat eseri olarak değerlendirdiği her şey olabilir, güzellik bakanın gözlerindedir." İnsanlar bir pisuvarın güzel bir sanat eseri olduğunu düşünüyorsa, öyledir. İnsanlara yanıldıklarını söyleyebilecek daha üst bir merci mi var? Bugün Duchamp'ın başyapıtının kopyaları San Francisco'da Museum of Modern Art, Kanada'da National Gallery, Londra'da Tate ya da Paris'te Pompidou Centre gibi dünyanın en önemli müzelerinde sergilenmektedir (bu kopyalar müzelerin salonlarında yer alır, tuvaletlerinde değil).

Bu tip hümanist yaklaşımlar ekonomik alanda da derin etkilere sahiptir. Ortaçağda üretim sürecini kontrol eden loncalar, girişimlere ya da zanaatkarların ve müşterilerin kişisel zevklerine pek alan tanımazdı. Marangozlar loncası düzgün sandalyeye, fırıncılar loncası iyi ekmeğe, *Meistersinger* loncası hangi şarkıların birinci sınıf, hangilerinin işe yaramaz olduğuna karar verirdi. Prensler ve şehir meclisleri ücretleri ve fiyatları belirlerken insanları pazarlık yapamayacakları alışverişlere zorlardı. Modern serbest piyasalarda tüm loncalar, meclisler ve prensler müşterinin hür iradesiyle değil yeni gelen üst bir otorite tarafından alaşağı edilirdi.

Toyota'nın mükemmel bir otomobil ürettiğini varsayalım. Farklı alanlardaki uzmanlar bir araya gelerek bir kurul oluşturur; en iyi mühendisler ve tasarımcılar, öncü fizikçiler ve ekonomistlerle buluşur, hatta aralarında birkaç psikolog ve sosyolog bile yer alır. Tedbiri elden bırakmamak için birkaç Nobel ve Oscar ödüllü sima ve dünyaca ünlü sanatçılar da eklenir bu gruba. Beş yıllık süren araştırma ve geliştirme sürecinin sonunda mükemmel bir otomobil çıkar ortaya. Milyonlarca araç üretilir ve dünyanın her köşesindeki otomobil satıcılarına yollanır. Ne var ki kimse otomobili satın almaz. Müşteri kendisi için en iyi olanı bilmiyor olabilir mi? Hayır. Serbest piyasada müşteri her zaman haklıdır. Eğer müşteri istemiyorsa demek ki otomobil kötüdür. Üniversite profesörleri ve din adamları kürsülerinden vaaz vererek otomobillerin en harikasının bu olduğunu anlatsalar da müşteri istemiyorsa bu otomobil kötü bir otomobildir. Kimse müşterilere yanlış yaptıklarını söyleyecek otoriteye sahip değildir. Hükümetin vatandaşlarına hangi otomobili alacağını söylediğini düşünün, olacak iş değil!

Aynı durum tüm diğer ürünler için de geçerlidir. Uppsala Üniversitesi'nden Profesör Leif Andersson'ı dinleyelim. Andersson daha hızlı büyüyen domuzlar, daha fazla süt üreten inekler ve daha besili tavuklar yapma amacıyla genetik geliştirme üzerine uzmanlaşmıştır. Gazeteci Naomi Darom, *Haaretz* gazetesinde Andersson'la yaptığı söyleşide, bu tip genetik müdahalelerin hayvanlara acı verip vermediğini sorarak araştırmacıyı sıkıştırır. Bugün "geliştirilmiş" süt inekleri, dolu memeleri yüzünden zar zor hareket edebilirken, "geliştirilmiş" tavuklar ayağa kalkamamaktadır. Profesör Andersson'un cevabıysa son derece nettir: "Her şey müşterilerde ve müşterilerin ete ne kadar ödemek istediğinde bitiyor [...] küresel et tüketimini [geliştirilmiş] modern tavuklar olmadan halihazırdaki seviyede tutmamıza imkan olmadığını gözetmek zorundayız [...] eğer müşteriler mümkün olan en ucuz eti isterse en ucuz eti alırlar [...] Müşteriler kendi önceliklerini belirlemeli, fiyatlar mı önemli yoksa başka öncelikler mi?"[3]

Profesör Andersson vicdanı rahat şekilde başını yastığa koyabiliyor. Müşterilerin geliştirilmiş hayvan ürünlerini tükettiği gerçeği, Andersson'un bu ihtiyaçları ve talepleri karşılarken kötü bir şey yapmadığı anlamına geliyor. Aynı mantıkla bir çokuluslu şirket "Don't be evil"* sloganının değerlerine uygun hareket ettiğinden emin olmak istediğinde, sadece sonuçlara bakıyor. Şirketin çok para kazanması, milyonlarca insanın ürünlerini tercih etmesi, şirket için olumlu yönde itici bir güç sayılıyor. Eğer biri karşı çıkar da insanların yanlış seçimler yaptığını ima ederse hızla müşterinin her zaman haklı olduğu cevabını alıyor ve itiraz eden kişiye her şeyin anlamının ve otoritenin tek kaynağının hislerimiz olduğu hatırlatılıyor. Eğer milyonlarca insan özgürce bu şirketin ürünlerini kullanmak istiyorsa sen kim oluyorsun da onlara yanıldıklarını söyleyebiliyorsun!

Hümanist fikirlerin güç kazanmasının eğitim sistemine etkilerine gelince; ortaçağda tüm anlam ve otoritenin kaynağı dışsaldı, bu

* (İng.) Kötü olma. Rivayete göre 2000'lerin başında bir toplantı sırasında, Google'ın ilk mühendislerinden Amit Patel ya da Paul Buchheit tarafından, şirketin değerlerini özetlemek amacıyla söylenmiş ve Google'ın gayriresmi sloganı hâline gelmiştir. Şirket geçtiğimiz yıllarda bu sloganın temsil ettiği değerlerden saptığı iddiasıyla eleştirilmiştir. –çn

nedenle eğitim itaat duygusunu yerleştirmeye, kutsal metinleri ezberletmeye ve antik gelenekleri öğretmeye odaklanırdı. Öğretmenler öğrencilerine bir soru yönelttiğinde öğrencilerin Aristoteles, Kral Süleyman ya da Aziz Thomas Aquinas'ın ne yanıt verdiğini hatırlaması beklenirdi.

Modern hümanist eğitimse öğrencilerin kendi başlarına düşünme becerisine sahip olması gerektiğine inanır. Aristoteles, Süleyman ve Aquinas'ın siyaset, sanat ve ekonomi üzerine görüşlerini bilmek faydalı olsa da anlamın ve otoritenin en yüce kaynağı içimizde olduğundan, bu alanlarda *kendi* düşüncemizin ne olduğunu bilmek çok daha önemlidir. Anaokulu, ilkokul ya da üniversite, hangisinde görev yaparsa yapsın, bir öğretmene ne öğretmeye çalıştığını sorduğunuzda, "Çocuklara tarih, kuantum fiziği ya da sanat bilgisi anlatmaya çalışıyorum ama hepsinin ötesinde kendi başına düşünebilmeyi öğretmek istiyorum," diye yanıtlayacaktır. Her zaman başarılı olamasa da hümanist eğitimin hedefi budur.

• • •

Anlamın ve otoritenin kaynağı göklerden insan duygularına kaydıkça tüm kainatın doğası da değişmeye başladı. Dışarıdaki evren, yani şimdiye dek tanrılar, ilham perileri ve hortlaklarla dolu bu alan, bir anda boşaldı. İçsel dünyamız, yani ilkel tutkularımızı çevreleyen bu önemsiz alansa ölçülemeyecek kadar derin bir zenginlikle dolup taştı. Melekler ve şeytanlar, ormanlarda ve çöllerde dolanan varlıklar olmaktan çıkıp kendi psişemizin iç kuvvetlerine dönüştüler. Cennet ve cehennem, bulutların üzerinde ya da volkanların derinlerinde yer alan mekanlar olmaktan uzaklaşıp içimizdeki zihinsel durumlar olarak yorumlandı. Öfkeyle oturup kalkan, kalbinde nefreti hisseden cehennemi; düşmanlarını affeden, kabahatleri yüzünden tövbe eden, zenginliğini yoksulla paylaşansa cennetin sonsuz mutluluğunu yaşamaya başladı.

Nietzsche Tanrı'nın ölümünü ilan ettiğinde bunu kastediyordu. En azından Batı'da, Tanrı kimilerinin kabul edip kimilerinin reddettiği soyut bir fikre dönüştü; zaten bu iki görüş arasında da ciddi bir fark kalmadı. Ortaçağda Tanrı olmasaydı siyasi, ahlaki ve estetik otoritenin kaynağı da ortadan kalkacaktı. Dolayısıyla kim haklı, ne iyi, hangisi güzel ayırmak mümkün olmayacaktı. Kim böyle yaşayabilirdi? Bugün Tanrı'ya inanmamak çok kolay çünkü inançsızlığın bir bedeli yok. Tam anlamıyla bir ateist de olsam oldukça zengin bir siyasi, ahlaki ve estetik değerler bütününü kendi içsel deneyimlerimden çıkarabilirim.

Eğer Tanrı'ya inanıyorsam sonuçta inanmak da *benim seçimim*. İçimdeki ben Tanrı'ya inanmam gerektiğini söylediği için inanıyorum. İnanıyorum çünkü Tanrı'nın varlığını *hissediyorum* ve kalbim bana Tanrı'nın orada olduğunu söylüyor. Eğer Tanrı'nın varlığını artık hissetmiyorsam kalbim bir anda Tanrı'nın olmadığını söylemeye başlıyor ve inanmayı bırakıyorum. Her iki durumda da tek otorite hislerimdir. Tanrı'ya inandığımı söylediğimde bile aslında kendi iç sesime çok daha derinden güveniyor ve inanıyorumdur.

Sarı Taşlarla Döşeli Yolu Takip Et

Diğer otorite kaynakları gibi hislerimizin de kendine özgü eksiklikleri vardır. Hümanizm her insanın kendine has bir iç benliği olduğunu varsayar ama bunu dinlemek istediğimizde ya derin bir sessizlikle ya da tartışma seslerinin gürültüsüyle karşılaşırız. Hümanizm bu sorunu aşmak adına yalnızca yeni bir otorite kaynağı ilan etmemiş, otoriteye ve hakiki bilgiye ulaşmak için yeni bir yöntem de belirlemiştir.

Ortaçağ Avrupa'sında bilginin temel formülü belliydi: **Bilgi = Kutsal Metinler x Mantık.*** İnsanlar önemli bir soruyu yanıtlamak istediklerinde kutsal metinleri okur ve mantık yürüterek okuduklarını yorumlardı. Örneğin Dünya'nın şeklini belirlemek isteyen

* Formülün unsurları birbirlerinin yerine geçebildikleri için bir çarpma işlemiyle ifade edilmektedir. En azından ortaçağ eğitimine göre İncil'i mantığın yardımı olmadan anlamak mümkün değildi. Eğer mantık değeriniz sıfırsa İncil'deki her sayfayı okusanız bile elinizdeki bilgi de sıfırdı. Öte yandan kutsal metinler hakkındaki bilginiz sıfırsa, mantığın size hiçbir faydası olmazdı. Eğer formülü toplama işlemiyle ifade etseydik, mantığı yüksek biri kutsal metinler hakkında hiçbir şey bilmese de hâlâ birtakım bilgilere sahip diyebilirdik. Bize uygun gelen bu yaklaşım ortaçağ eğitiminde kabul görmezdi.

Beş Fotoğrafta Hümanizm

Görsel 28: Hümanist Siyaset: Seçmen en iyisini bilir.

Görsel 29: Hümanist Ekonomi: Müşteri her zaman haklıdır.

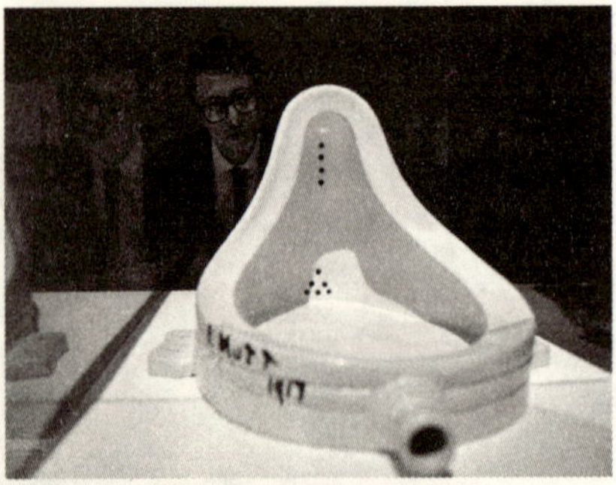

Görsel 30: Hümanist Estetik: Güzellik bakanın gözlerindedir. (Marcel Duchamp'ın *Fountain* isimli eseri National Gallery of Scotland'da özel bir modern sanat sergisinde.)

Görsel 31: Hümanist Etik: Kendinizi nasıl iyi hissediyorsanız, öyle yapın!

Görsel 32: Hümanist Eğitim: Kendi başınıza düşünme becerisi edinin!

âlimler, uygun göndermeler bulabilmek için İncil'i karıştırırdı. Tanrı, "[...] yeryüzünün uçlarını tutsun, oradaki kötüler silkilip atılsın diye," (Eyüp 38:13) diyordu. Tanrı "tutsun diye" dünyanın "uçları" olduğuna göre yeryüzü düz olmalıdır çıkarımını yapardı âlimler. Bu yoruma itiraz eden bir başkasıysa Yeşaya 40:22'den örnek vererek, "Gökkubbenin üzerinde oturan Rab'dır," beyanını Dünya'nın yuvarlak oluşuna bir kanıt olarak değerlendirirdi. Âlimler metinleri doğru anlamak uğruna yıllarını okullarda ve kütüphanelerde geçirir, sayfalarca metin okuyup mantıklarını güçlendirmeye çalışırlardı.

Bilimsel Devrim bambaşka bir bilgi formülü sundu: **Bilgi = Ampirik Veriler x Matematik.** Bir soruyu yanıtlamak için ampirik veriler toplamalı ve matematiksel araçları kullanarak bu verileri çözümlemeliydik. Mesela Dünya'nın gerçek şeklini belirlemek için Güneş'i, Ay'ı ve gezegenleri farklı konumlardan gözlemleyerek işe başlayabilirdik. Yeterli gözlem yaptıktan sonra trigonometriyi kullanarak sadece Dünya'nın şeklini belirlemekle kalmayıp tüm Güneş Sistemi'nin yapısını da ortaya çıkarabilirdik. Bu süreç bilginin peşindeki biliminsanlarının gözlemevlerinde, laboratuvarlarda ya da keşif gezilerinde daha çok ampirik veri toplayıp bu verileri daha doğru yorumlamak adına matematiksel araçlar geliştirme peşinde yıllarını harcaması anlamına gelir.

Bilginin bilimsel formülü astronomi, fizik, tıp ve daha birçok disiplinde beklenmedik atılımların yolunu açtı. Bu formülün tek bir dezavantajı vardı, değer ve anlamla ilgili sorulara bu yöntemle yanıt bulunamıyordu. Ortaçağdaki âlimler öldürmek ve çalmanın kesinlikle yanlış olduğunu belirleyebiliyor, insan hayatının tek amacının Tanrı'nın emirlerini yerine getirmek olduğunu söyleyebiliyorlardı çünkü kutsal metinler böyle buyuruyordu. Biliminsanlarıysa böyle ahlaki yargılarda bulunamazlar. Hiçbir veri ya da matematik formülü öldürmenin yanlış olduğunu kanıtlayamaz. Ne var ki insan toplumları da değer yargıları olmadan ayakta kalamazlar.

Bu sıkıntının üstesinden gelmenin bir yolu, eski ortaçağ formülleriyle yeni bilimsel yöntemleri bir arada kullanmaktı. Dünya'nın şeklini belirlemek, bir köprü kurmak ya da bir hastalığı tedavi etmek gibi teknik bir sıkıntıyla karşılaştığımızda ampirik veriler toplayıp matematiksel olarak çözümlüyor, boşanma, kürtaj ya da eşcinsellik gibi konularda etik bir sıkıntıya düştüğümüzdeyse kutsal metinleri karıştırıyorduk. Bu çözüm Viktorya İngiltere'sinden 21. yüzyılda İran'a kadar pek çok modern toplum tarafından farklı kademelerde benimsendi.

Ancak hümanizm bambaşka bir seçenek sunuyordu. İnsanların kendilerine güveni arttıkça etik bilgiye ulaşmak için yeni bir formül doğdu: **Bilgi = Deneyimler x Hassasiyetler.** Artık herhangi etik bir soruya yanıt ararken içsel deneyimlerimize dönüyor ve bu deneyimleri son derece dikkatle incelerken hassasiyetlerimizi de gözetiyoruz. Yıllar boyunca çeşitli deneyimler biriktiriyor ve bu deneyimleri anlayıp yorumlamak için hassasiyetlerimizi keskinleştiriyoruz.

"Deneyimler" ampirik verilerden oluşmazlar. Bir deneyimin atomları, elektromanyetik dalgaları, proteinleri ya da sayıları yoktur. Öznel bir olgu olan deneyim üç temel bileşenden oluşur: duyular, duygular ve düşünceler. Herhangi bir andaki deneyimim, duyumsadığım her şeyi (ısı, keyif, gerginlik, vb.), her duygumu (sevgi, korku, öfke, vb.) ve aklımdan geçen her düşünceyi kapsar.

Peki bu "hassasiyetler" nelerdir? Hassasiyet hem duyularıma, duygularıma ve düşüncelerime odaklanmak hem de bu duyu, duygu ve düşüncelerin beni etkilemesine izin vermektir. Bu her rüzgarın beni başka bir kıyıya sürükleyeceği anlamına gelmese de yeni deneyimlere açık olmak ve görüşlerimin, düşüncelerimin, hatta karakterimin bu deneyimler sonucunda değişebilmesine izin vermek demektir.

Deneyimler ve hassasiyetler hiç bitmeyen bir döngü içinde birbiriyle gelişir. Herhangi bir hassasiyetim yoksa hiçbir şeyi deneyimleyemem ya da çeşitli deneyimler edinmeden hassasiyet geliştiremem. Hassasiyet kitap okuyup bu konuda ders alarak geliştirilebilecek bir meziyet değildir. Sadece uygulamayla olgunlaşabilecek teknik bir beceridir.

Çay içmeyi ele alalım. Güne gazetemi okurken yanında bir bardak bol şekerli çayla başlarım. Aslında çay şekerin bahanesidir. Bir gün şekerle gazete arasında çayın tadını pek de almadığımı fark ederim. Koyduğum şekeri azaltır, gazeteyi bir kenara bırakır, gözlerimi kapar ve çaya odaklanırım. Kendine has kokusunu ve lezzetini duyumsarım. Kısa sürede kendimi siyah ve yeşil çay gibi farklı türleri denerken bulurum, enfes tatlarla hassas karışımları karşılaştırırım. Birkaç ay içinde süpermarketlerde satılanları bırakıp çayımı aktarlardan almaya başlar, Çin'in Siçuan eyaletindeki Ya'an dağlarının eteklerinde yetişen, panda dışkısıyla gübrelenmiş "panda dışkısı çayı"ndan ayrı bir keyif duymaya başlarım. İşte böylece çay hassasiyetimi bardak bardak damıtır ve bir çay eksperi hâline gelirim. Çay içme ritüellerimin ilk günlerinde bana Ming Hanedanlığı'ndan kalma porselen bir fincanda panda dışkısı çayı sunmuş olsaydınız, kıymetini bilemez, bu özel çaya karton bardaktaki poşet çaydan farklı davranamazdım. Hassasiyetiniz olmayan bir konuyu deneyimleyemezsiniz, tıpkı uzun bir deneyimleme sürecinden geçmeden hassasiyet geliştiremeyeceğiniz gibi.

Çay örneğindeki doğrular tüm estetik ve etik bilgi konusunda da geçerlidir. İçeriği önceden belirlenmiş hazır bir bilinçle doğmayız. Hayatın akışında insanları incitir ve inciniriz; biz şefkat gösterdikçe karşımızdakiler de bize aynı sevgiyi gösterir ve şefkat duyarlar. Eğer dikkatimizi verirsek ahlaki hassasiyetlerimiz gelişir ve bu deneyimler neyin iyi ve doğru olduğuna karar vermemizi sağlar, aslında gerçekte kim olduğumuza dair gerekli etik bilgilerin kaynağı hâline gelir.

Hümanizm, yaşamı içimizdeki kademeli bir değişim süreci olarak değerlendirir. Deneyimler aracılığıyla cehaletten aydınlanmaya doğru ilerleriz. Hümanist bir yaşamın en önemli hedefi entelektüel, duygusal ve fiziksel deneyimlerle bilgimizi geliştirmektir. 19. yüzyılın başında modern eğitim sisteminin baş mimarlarından Wilhelm von Humbolt, varlığımızın amacını "olabildiğince çok deneyimin süzülerek bilgeliğe dönüşmesi," olarak açıklar. Ayrıca, "Hayatın zirvesi her şeyin tadına bakmaktır,"[4] der. Bu söz hümanizmin ana sloganı bile olabilir, değil mi?

•••

Çin felsefesine göre dünya yin ve yang adını verdikleri birbirini tamamlayan zıt güçlerin etkileşimiyle sürdürür düzenini. Fiziksel dünyamızda geçerli olmasa da modern dünyanın doğurduğu bilim ve hümanizm arasındaki sözleşmeye uygun bir görüştür bu. Her bilimsel yang, kendi içinde bir hümanist yin barındırır ve tam tersi de geçerlidir. Yang bize güç verirken yin anlam ve etik yargıların kaynağıdır. Modernitenin yang ve yin'i mantık ve duygulardır, laboratuvar ve müzelerdir, üretim bandı ve süpermarketlerdir. İnsanlar sıklıkla sadece yang'a odaklanarak modern dünyanın tıpkı bir laboratuvar ya da fabrika misali kuru, bilimsel, mantıklı ve faydacı olduğunu düşünür. Ancak modern dünya aynı zamanda tıka basa dolu bir süpermarket gibidir. Tarihte hiçbir kültür, insanın duygu, istek ve deneyimlerine bu kadar değer vermemiştir. Bir deneyimler silsilesi olarak hümanizm, turizmden sanata pek çok modern endüstrinin temelindeki efsaneleri oluşturdu bile. Artık seyahat acenteleri ve restoran şefleri uçak biletleri, oteller ve pahalı yemekler yerine yeni deneyimler pazarlıyor.

Modernite öncesi anlatılar, harici olaylara ve heyecanlara odaklanırken modern romanlar, filmler ve şiirler duygulara vurgu yapar. Greko-Romen destanlar ve ortaçağ şövalyelerine dair romanslar kahramanca davranışların bir kataloğunu sunar ama duygulardan hiç bahsetmezler. Bir bölüm korkunç devle savaşarak onu öldüren cesur şövalyeyi betimlerken, diğer bölümde şövalyenin ateş saçan ejderhayı katlederek güzel prensesi nasıl kurtardığı anlatılır. Üçüncü bölümde prensesi kaçıran kötü kalpli büyücünün peşine düşen şövalye, bu sefer de büyücüyü öldürür. Kahramanın her zaman bir şövalye olmasına hiç şaşırmamak gerek; sonuçta bir marangoz ya da köylüden kahramanlık sergilemesini bekleyecek değiliz!

Buradaki can alıcı nokta kahramanların hiçbir zaman içsel bir değişim göstermemesidir. Aşil, Arthur, Roland ya da Lancelot, şövalyeler dünyasının korkusuz savaşçıları olarak maceralara atılmadan önce neyseler, hikayenin sonunda da aynıdırlar. Öldürdükleri o devler ve kurtardıkları tüm o prensesler şövalyelerin cesaretinin ve azminin bir kanıtıdır, ama başlarına gelenlerden yeni hiçbir şey öğrenmezler.

İcraatlardan çok duygu ve deneyimlere öncelik veren hümanizm, sanatı da kökünden değiştirir. Wordsworth, Dostoyevski, Dickens ve Zola şövalyelerin gözü pek maceralarını çok da umursamazlar, aksine sıradan işçilerin ve ev hanımlarının yaşamlarını betimlerler. Kimileri Joyce'un *Ulysses*'ini modern edebiyatın içsel yaşama odaklanmasının zirvesi olarak görür. Joyce toplamda 260 bin kelimede Dublinli Stephen Dedalus ve Leopold Bloom'un bir gününü betimler, pek de bir şey yapmazlar halbuki...

Çok az kişi *Ulysses*'i baştan sona okumuştur, popüler kültürün temelinde de ilgi odaklarımızdaki bu değişim yatıyor. ABD'de *Survivor* televizyon programı, reality şovları bir deliliğe dönüştürmesiyle bilinir, hatta suçlanır. Reytingleri altüst ederek en tepeye yerleşen ilk reality şov kabul edilen *Survivor*, 2007'de *Time* dergisi tarafından gelmiş geçmiş en iyi yüz televizyon programı arasına seçilmiştir.[5] Her sezon yirmi katılımcı mayolarıyla uzak bir tropik adaya yerleştirilir, çeşitli mücadelelere katılır ve her bölümde oylamayla içlerinden birini elerler. Sona kalan evine bir milyon dolarla döner.

Homeros'un zamanında, Roma İmparatorluğu'nda ya da ortaçağda Avrupa'da insanlar bu fikri kendilerine oldukça yakın bulup beğenirdi: Yirmi kişi mücadeleye girer ancak tek bir kahraman çıkar. Homeros'un prensleri, Romalı soylular ya da Haçlı şövalyeleri *Survivor* izleme hevesiyle ekran başına geçerken, "Ne harika!" diye düşünürdü, "Akıl almaz maceralar, kıran kırana mücadeleler, görülmemiş kahramanlıklar ve ihanetler göreceğiz. Savaşçılar birbirlerini arkadan bıçaklayacak ve vücutlarını sergilemek için kıyasıya yarışacaklar."

Ne büyük bir hayal kırıklığı ama! Arkadan vurmak ya da vücut sergilemek sadece birer metafor olarak kaldı. Yaklaşık birer saatlik her bölümün on beş dakikasını diş macunu, şampuan ya da mısır gevreği reklamları kapladı bile. Beş dakikada kim halkadan en fazla hindistancevizini geçirecek ya da bir dakikada ne kadar böcek yiyebilecek gibi inanılmaz çocukça oyunlara ayrıldı. Geri kalan zamandaysa "kahramanlar" duyguları hakkında konuştu! O bana bunu dedi, şöyle hissettim, böyle etkilendim... Gerçek bir Haçlı şövalyesi oturup *Survivor* izleseydi, muhtemelen baltasını kaptığı gibi sıkıntıdan ve sinirden televizyonu parçalardı.

Ortaçağ şövalyeleri bugün bize duygusuz zorbalar gibi görünüyor olabilir. Eğer bugün yaşasalardı, duygularıyla iletişime geçebilmeleri ve onları açığa çıkarmaları için hepsini terapiye yollardık. *Oz Büyücüsü*'ndeki Teneke Adam'ın başına gelen de bu değil midir? Dorothy ve arkadaşlarıyla sarı taşlarla döşeli yolda yürürken Oz'a varır ve yüce büyücünün ona bir kalp vermesini umar. Korkuluk aynı şekilde bir beyin isterken Aslan ise cesaret dileyecektir. Yolculuklarının sonunda büyük büyücünün şarlatandan başka bir şey olmadığını, hiçbir dileklerini gerçekleştiremeyeceğini anlarlar. Ama çok daha önemli bir şey keşfetmişlerdir: Diledikleri her şey aslında kendi içlerindedir. Duygusal, bilge ya da cesur olmak için tanrı misali bir büyücüye ihtiyaçları yoktur. Sadece sarı taşlı yolu yürüyerek karşılarına çıkan her deneyime kendilerini açmaları gerekir.

Yıldızgemisi *Atılgan*'la galaksiyi dolaşan Kaptan Kirk ve Kaptan Jean-Luc Picard, Mississippi Nehri boyunca maceralara yelken açan Huckleberry Finn ve Jim, *Easy Rider* filminde Harley Davidson motorlarına binen Wyatt ve Billy ve sayısız yol filminde Pensilvanya'daki evlerinden ayrılarak üstü açık eski bir otomobille hayatlarını değiştirecek deneyimler yaşayan tüm diğer karakterler, kendilerine dönerek duygularından bahseder ve daha iyi ve bilge insanlar olarak San Francisco'ya vardıklarında aynı dersleri çıkarırlar.

Savaşın Gerçekliği

Bilgi = Deneyimler x Hassasiyetler formülü yalnızca popüler kültürümüzü şekillendirmekle kalmadı, savaş gibi zorlu konularda da algımızı değiştirdi. Tarih boyunca insanlar bir savaşın haklı sebepleri olup olmadığını merak ettiklerinde tanrıya, kutsal metinlere, krallara, asilzadelere veya rahiplere danıştılar. Neredeyse hiç kimse sıradan bir askerin ya da sivilin deneyimlerine ya da görüşlerine kulak vermezdi. Homeros, Vergilius, Shakespeare gibi yazarların savaş anlatıları savaşın acılarını saklamasa da imparatorların, generallerin ve seçkin kahramanların davranışlarına odaklanır; şan, şöhret ve kahramanlıkla dolu bir menü sunarlardı. Sıradan askerler ya Golyat tarafından katledilerek bir kenara yığılır ya da zafer kazanmış Davud'u omuzlarında taşıyan kalabalığın figüranı olurdu.

17 Eylül 1631'deki Breitenfeld Muharebesi'ni betimleyen bir tabloyu ele alalım:

Ressam Jean-Jacques Walter ordusunu zafere götüren İsveç Kralı Gustav Adolph'u tablosunda yüceltir. Gustav Adolph muharebe alanında bir savaş tanrısı misali yükselir. Kral savaşı yönetirken sanki satranç tahtasında piyonlarla oynuyormuş gibi bir his uyandırır. Piyonlar geride küçük noktalar gibi görünen sıradan çizimlerdir. Onlar hücum ederken, kaçarken ya da öldürülürken Walter ne hissettikleriyle hiç ilgilenmemektedir. Yüzü olmayan bir topluluktan ibarettir bu askerler.

Ressamlar komutanları resmetmeyi bırakıp savaş alanını konu aldıklarında bile kişisel duygulardan çok toplu manevralara odaklanarak duruma uzaktan, mesafeli bakmaya devam ederler. Pieter

Görsel 33: Jean-Jacques Walter, *İsveç Kralı Gustav Adolph, Breitenfeld Muharebesi'nde.*

Snayers'in Kasım 1620'deki Beyaz Dağ Muharebesi'ni resmettiği tabloyu değerlendirelim:

Otuz Yıl Savaşları'nın sonunda sapkın Protestan isyancılara karşı kazanılan Katolik zaferini resmeden Snayers, bu galibiyeti çeşitli askeri manevraları ve birliklerin hareketlerini titizlikle kaydederek anmak ister. Savaşın düzeni içinde farklı birliklerin ve silahların yerlerini kolayca bulabilirsiniz. Snayers sıradan askerlerin deneyimine ve duygularına pek kıymet vermez. Tıpkı Jean-Jacques Walter gibi savaş alanını tanrılar ve kralların yüce bakış açısından görmemizi ister ve savaşın dev bir satranç oyunu olduğu izlenimini yaratır.

Bir büyüteç yardımıyla daha yakından baktığınızda *Beyaz Dağ Muharebesi*'nin bir satranç oyunundan daha karmaşık olduğunu fark edersiniz. İlk bakışta geometrik soyutlamalar gibi görünen izler aslında kanlı kıyım sahneleridir. Yer yer koşan ya da kaçan, silahlarını dolduran, düşmanlarını mızraklarıyla delip geçen askerlerin yüzlerini yakalarsınız. Ancak bu detaylar tablonun bütünü içinde anlamlanır; bir askeri parçalarına ayıran bir top güllesi gördüğümüzde, bunun Katolik zaferinin bir parçası olduğunu hemen his-

Görsel 34: Pieter Snayers, *Beyaz Dağ Muharebesi*.

sedersiniz. Eğer asker Protestansa ölümü isyanın ve sapkınlığın bir bedelidir yalnızca. Asker Katolikse ölümü hayırlı bir amaç uğruna gerçekleştirilmiş soylu bir fedakarlıktır. Gözlerimizi göklere çevirdiğimizde savaş alanının üstünde melekler uçuşmaktadır. Meleklerin tuttuğu beyaz sancakta, yaşananlar ve savaşın önemi Latince aktarılır. Mesaja göre Tanrı'nın eli İmparator II. Ferdinand'ın omzundadır ve imparator bu sayede 8 Kasım 1620'de düşmanlarını yenmiştir.

Binlerce yıl boyunca insanlar savaş alanlarında tanrıları, imparatorları, komutanları ve büyük kahramanları gördü. Ancak geçtiğimiz iki yüzyılda krallar ve komutanlar hızla kenara itilirken, sahnenin ışığı sıradan askerlere ve onların deneyimlerine doğru yön değiştirdi. *Batı Cephesinde Yeni Bir Şey Yok* gibi savaş romanları ya da *Müfreze* gibi filmler, ne kendi ne de dünya hakkında fikir sahibi olan ama umutların ve yanılsamaların ağır yükünü sırtında taşıyan acemi bir erle başlar hikayelerini anlatmaya. Savaşın şanına ve haklılığına inanan sıradan er, komutanının bir dâhi olduğunu düşünür. Çamur, kan ve ölüm kokusuyla cephede geçen birkaç hafta içinde hayalleri tek tek yıkılır. Sağ kalmayı başarırsa o eski naif çocuk; öğretmenlerin, filmlerin ve siyasetçilerin anlattığı klişelere ve ideallere inanmayan akıllı bir adam olup çıkacaktır.

Bu anlatı günümüzde bile hâlâ o kadar güçlüdür ki öğretmenler, filmler ve siyasetçiler tarafından tekrar tekrar kullanılmaya devam edilir. Hollywood *Kıyamet*, *Full Metal Jacket* ve *Kara Şahin Düştü* gibi filmler aracılığıyla, "Savaş, filmlerde gördüklerinize benzemez!" diye uyarır. Sıradan bir erin bir parça kağıda, düz yazı ya da şiir olarak karaladığı duygulara bir kutsallık atfedilir ve bir erin sıradan duygusal beyanı, savaş konusunda herkesin saygı duymayı öğrendiği tek otoriteye dönüşür. Vietnam Savaşı'ndan sonra anlatılan tüm fıkralar birbirine benzer: "Bir ampulü değiştirmek için kaç Vietnam gazisi gerekir?", "Bilemezsin, sen o savaşı görmedin."[6]

Ressamlar da zamanla at sırtındaki komutanlara ve askeri manevralara duydukları ilgiyi yitirir, sıradan askerlerin duygularını resmetmenin peşine düşerler. *Breitenfeld Muharebesi* ve *Beyaz Dağ Muharebesi* tablolarını tekrar inceleyin, ama şimdi 20. yüzyılın başyapıtları arasında sayılan şu iki tabloya göz atalım: Otto Dix, *Savaş* ve Thomas Lea, *2000 Yarda Bakış*.

Dix I. Dünya Savaşı sırasında Alman ordusunda astsubay olarak görev yapar. Lea ise 1944'te *Life* dergisine haber yapmak üzere Peleliu Muharabesi'ne katılır. Walter ve Snayers savaşı askeri ve siyasi bir olgu olarak görerek her bir bataryada ne yaşandığını aktarmak isterken, Dix ve Lea savaşı duygusal olarak ele alarak savaşın nasıl hissettirdiğini anlatmayı amaçlar. Komutanların dehalarıyla ya da taktik becerileriyle ilgilenmezler. Dix'in askerleri herhangi bir cephede savaşıyor olabilir; sonuçta savaş her yerde savaştır ve her yerde cehenneme denktir. Lea'nın askeri hasbelkader Peleliu'da bir ABD eridir ama aynı bakışları Iwo Jima'da bir Japonun, Stalingrad'da bir Almanın ya da Dunkirk'te bir İngilizin yüzünde okumak da mümkündür.

Dix ve Lea'nın tabloları anlamı taktiksel manevralardan ya da ilahi beyanlardan devşirmez. Savaşı anlamak istiyorsanız tepedeki komutanlara ya da gökteki meleklere değil sıradan erlerin gözlerinin içine bakmanız gerekir. Lea travmatize olmuş askerin fal taşı

Görsel 35: Otto Dix, *Savaş* (1929–32).

Görsel 36: Thomas Lea, *2000 Yarda Bakış* (1944).

gibi açılmış gözlerinden savaşın korkunç gerçekliğine bir pencere aralar. Dix'in resmettiği gerçeklik öyle dayanılmazdır ki bir gaz maskesinin arkasına saklanır. Savaş meydanlarında melekler uçmaz; bir yıkıntının ucunda sallanan, çürüyen bir cesedin suçlayıcı işaret parmağından başka bir şey yoktur görünürde.

Dix ve Lea gibi sanatçılar savaşın gelenekçi hiyerarşisini alaşağı etmeye yardım etti. Savaşlar eskiden de tıpkı 20. yüzyıldakiler kadar kanlı ve korkunçtu. Ne var ki en korkunç deneyimler bile daha geniş bir bağlamda ele alınarak olumlu bir anlam kazanabiliyordu. Savaş cehennem gibi olsa da cennete bir biletti. Beyaz Dağ Muharebesi'nde çarpışan Katolik bir asker kendi kendine: "Şu an sefalet içindeyim ama Papa ve İmparator iyi bir amaç uğruna savaştığımı söylüyor, demek ki bu sefalete değer," diye düşünüyordu. Otto Dix tam tersi bir yaklaşımla anlamın tek kaynağı olarak kişisel deneyimi işaret ederek, "Acı çekiyorum ve bunun katlanılır tarafı yok, demek ki savaş korkunç bir şey. Kaiser ve ruhban sınıfı hâlâ savaşı destekliyorsa yanlış yapıyorlar," sonucuna varıyordu."[7]

Hümanist Hizipleşme

Şimdiye kadar hümanizmi bütünlüklü ve uyumlu bir dünya görüşü gibi ele aldık. Aslına bakılırsa hümanizm de tıpkı Hıristiyanlık ve Budizm gibi rüştünü ispatlamış dinlerle aynı kaderi paylaşarak büyüyüp yayıldıkça birbiriyle çelişen mezheplere bölündü. Hümanist mezheplerin hepsi insan deneyiminin anlam ve otoritenin en yüce kaynağı olduğuna inanır, ancak insan deneyimini farklı açılardan ele alır.

Hümanizm üç temel kola ayrılır. Ortodoks inanç, her bireyin kendine özgü bir iç sesi ve asla tekrar edilemeyecek deneyimleri olduğuna inanır. Her insan dünyaya farklı açılardan yansıyan özgün bir ışık huzmesidir, her biri evrene renk, derinlik ve anlam kazandırır. Bu nedenle bireylere dünyayı deneyimleyebilmeleri adına olabildiğince özgürlük tanımamız, iç seslerini dinlemelerine ve içlerindeki doğruyu paylaşmalarına izin vermemiz gerekir. Siyasette, ekonomide ya da sanatta bireylerin hür iradesi, devletin çıkarlarının ve dini dogmaların önünde olmalıdır. Bireysel özgürlükler dünyayı daha güzel, daha zengin ve daha anlamlı kılacaktır. Özgürlüğe yaptığı vurgu nedeniyle hümanizmin Ortodoks kolu "liberal hümanizm" ya da basitçe "liberalizm"* olarak da bilinir.

Liberal siyasetçiler seçmene güvenir, liberal sanatta güzellik görenin gözlerindedir, liberal ekonomide müşteri velinimetimizdir. Liberal etik kendinizi nasıl iyi hissediyorsanız öyle yapın, der. Liberal eğitim tüm cevapları kendi içimizde bulabilelim diye kendi kendimize düşünmeyi aşılar.

19. ve 20. yüzyıllarda hümanizm hızla toplumsal destek ve siyasi güç kazandıkça birbirinden tamamen farklı iki yeni yan ürün verir: Sosyalist ve komünist hareketleri kanatları altına alan sosyalist hümanizm ve en ünlü destekçisi Naziler olan evrimsel hümanizm. Bu ikisi de insan deneyiminin anlam ve otoritenin tek kaynağı olduğu konusunda liberalizmle hemfikirdir. İki akımın temsilcilerinin de in-

* ABD siyasetinde, liberalizm oldukça dar bir tanımla yorumlanır ve "muhafazakarlık"la karşılaştırılır. Liberalizm teriminin geniş anlamına bakıldığında ABD'li muhafazakarların çoğu aslında liberal de sayılır.

san bilincinin sınırlarını aşan bir güce ya da ilahi kanunlarla dolu kitaplara inancı yoktur. Mesela Karl Marx'a on yaşındaki çocukların dumanlı fabrikalarda on iki saatlik vardiyalarla çalışmasının sakıncalarını sorsanız, çocukların kötü hissettiğini söylerdi. İnsanları sefalete sürüklediği için sömürünün, zulmün ve eşitsizliğin önüne geçmeliydik, Tanrı buyurduğu için değil.

Hem sosyalist hem de evrimsel hümanistler liberalizmin insan deneyimlerine bakışının sorunlu olduğuna dikkat çekti. Liberaller insan deneyiminin bireysel bir olgu olduğunu düşünür, lakin dünyada birbiriyle çelişen isteklere sahip bambaşka şeyler hisseden pek çok farklı birey vardır. Eğer tüm anlam ve otoritenin kaynağı bireysel deneyimlerse bu farklılıkları nasıl yan yana getirebiliriz?

17 Temmuz 2015'te Almanya'ya ailesiyle Lübnan'dan sığınmacı olarak gelen ama sınırdışı edilme ihtimaliyle karşı karşıya kalan Filistinli genç bir kız, Alman Şansölyesi Angela Merkel'in karşısına çıktı. Reem adındaki kız, Merkel'e akıcı Almancasıyla derdini anlattı: "İnsanların hayatın keyfini çıkardığını görmek ve bunu hiç yapamayacağını bilmek gerçekten çok zor. Geleceğin bana ne getireceğini bilmiyorum." Siyasetin zaman zaman zor olduğunu belirten ve Lübnan'da yüz binlerce Filistinli mültecinin beklediğini söyleyen Merkel, Almanya'nın hepsini kabul edemeyeceğini söyledi. Bu mantıklı açıklama karşısında donakalan Reem gözyaşlarına boğuldu. Merkel zavallı kızı teselli etmeye giderken ilkelerinden vazgeçmiş değildi.

Akabinde patlayan kamuoyu tartışmasında çoğu insan Merkel'i kalpsiz ve duygusuz olmakla suçladı. Eleştiri yağmurunu biraz olsun dindirmek isteyen Merkel geri adım atarak Reem ve ailesinin sığınma talebinin kabul edilmesini sağladı. İlerleyen aylarda Merkel kapıları daha da açarak yüz binlerce göçmeni Almanya'ya kabul etti. Ancak herkesi memnun etmek mümkün değildi. Bu sefer de duygusallığa yenik düşmek ve tavrını koruyamamakla eleştirildi. Alman aileler Merkel'in bu dönüşü yüzünden çocuklarının daha düşük yaşam standartlarına sahip olmasından ve İslami dalganın onları da etkisi altına almasından korkmaya başlamıştı. Neden ailelerinin huzurunu ve refahını liberalizmin değerlerine bile inanmayan yabancılarla paylaşacaklarmış? Herkesin bu konuda son derece net görüşleri varken, muhtaç mültecilerle endişeli Almanların birbirine taban tabana zıt duygularını nasıl bir araya getirebiliriz?[8]

Liberaller uzun zamandır bu tezatlarla mücadele ediyor. Locke, Jefferson ve Mill gibi düşünürler, böylesi açmazlara hızlı ve kolay çözümler sunmayı başaramadı. Kimin hangi yönde oy kullanacağına karar veremeyeceğinize göre demokratik seçimler de bu çelişkilerle dolu duruma bir çözüm sunamayacaktır. Bu kararı sadece Almanya vatandaşları mı oylamalı yoksa Almanya'ya göç etmek isteyen milyonlarca Asyalı ve Afrikalı da oylamaya katılmalı mıdır? Hangi grubun duygularını neye göre diğerinden üstün tutabiliriz? Aynı şekilde Arap-İsrail sorununu da 8 milyon İsrailli ile Arap Birliği milletlerinin 350 milyon üyesinin katıldığı bir oylamayla çözemezsiniz. Hâl böyle olunca İsrailliler de böyle bir referandumun sonucunu kabul etmeyecektir.

İnsanlar ancak diğer seçmenlerle bir bağ kurabilirlerse demokratik seçimlere tabi olduklarını hissederler. Eğer öteki seçmenlerin tecrübeleri bana yabancıysa ve hislerimi anlamayarak hayati çıkarlarımı umursamadıklarını düşünüyorsam, binlere karşı tek başıma bile kalsam oylamanın sonucunu kabul etmek için herhangi bir sebebim olmayacaktır. Demokratik seçimler yalnızca dini inanç ya da ulusal efsaneler gibi belli ortaklıkları paylaşan toplumlarda uygulanabilir. Seçimler temelde anlaşan insanlar arasındaki anlaşmazlıkları çözmek için bir yöntem olarak kullanılabilir.

Liberalizm çoğu zaman kadim toplumsal kimlikleri kabile duygusuyla harmanlayarak modern milliyetçiliği şekillendirir. Bugün çoğu insan milliyetçiliği, liberalizm karşıtı güçlerle ilişkilendirirken milliyetçilik en azından 19. yüzyıl boyunca liberalizmle kol kola yürümüştür. Liberaller bireylerin özgün deneyimlerini yüceltir. Herkesin ayrı duyguları, zevkleri ve tuhaflıkları olabilir, kimse kimseye zarar vermediği müddetçe herkes bunları ifade etme ve deneyimleme lüksüne sahiptir. Giuseppe Mazzini gibi milliyetçiler 19. yüzyılda da milletlerin özgünlüklerini kutsuyordu. Bireysel deneyimlerin çoğunun toplumsal olduğunun altını çiziyorlardı; tek başına polka yapamaz, Alman dilini geliştirip koruyamazsınız. Kelimeler, danslar, yiyecek ve içecekler her milletin kendi bireyleriyle geliştirdiği özel hassasiyetlerdir.

Mazzini gibi liberal milliyetçiler, bu ayırt edici ulusal deneyimleri anlayışsız imparatorlukların baskısı altında yok olmaktan kurtarmayı amaçlıyor ve her milletin komşusuna zarar vermeden kendi toplumsal duygularını yaşadığı ve yaşattığı, huzurlu bir milletler birliği hayal ediyordu. Avrupa Birliği'nin resmi ideolojisi olarak hâlâ varlığını sürdüren bu fikir, AB'nin 2004 tarihli anayasasında "Avrupa'nın çeşitliliklerde bütünleştiği" ve "Avrupa'da yaşayan farklı kimliklere mensup her bireyin kendi ulusal kimliğiyle gurur duyduğu" maddelerinde kendini beyan eder. Alman ulusunun özgün toplumsal deneyimlerini korumak için ödeyeceği kefaret, liberal Almanların bile akın akın gelen göçmenler karşısında kapıların kapatılmasını savunmasıdır.

Liberalizm ve milliyetçiliğin evliliği, açmazları çözemeyeceği gibi yenilerini de yaratır. Toplumsal deneyimlerin kıymetini bireysel deneyimlerle karşılaştırabilir miyiz? Polka, bratwurst (domuz sucuğu) ve Alman dilini korumak adına, milyonlarca mülteciyi yoksulluk içinde ölümle burun buruna bırakmak kabul edilebilir mi? Peki milletler kendi kimliklerinin tanımında bile anlaşamayıp yeni açmazlara sürüklenirlerse ne olacak? Tıpkı 1861'de ABD'de, 1933'te Almanya'da, 1936'da İspanya'da ya da 2011'de Mısır'da olduğu gibi. Muhalif kampların sonuçlara saygı duymak için bir gerekçesi olmadığı bu gibi durumlarda demokratik seçimler hiçbir derde deva olamayacaktır.

Son olarak polka dansını yaparken bir anlığına kendi milletinizin diğer tüm milletlerden farklı ve daha iyi olduğunu düşünebilirsiniz. 19. yüzyılda liberal milliyetçilik, Habsburg Hanedanı'nın ve çarlık imparatorluklarının Almanların, İtalyanların, Polonyalıların ve Slovenyalıların özgün deneyimlerine saygı duymalarını talep ediyordu. 20. yüzyıldaysa aşırı milliyetçi hareketler, artık kendi melodileriyle dans etmeyi tercih eden herkesi toplama kamplarına yerleştirip tüm dünyayı fethetmeye kalkıştı.

•••

Sosyalist hümanizmse bambaşka bir yaklaşımı tercih eder. Sosyalistler başkalarının deneyimlerini göz ardı edip kendi hislerimize odaklanmamızı önerdiği için liberalleri suçlar. İnsan deneyimi tüm anlamın kaynağıdır, doğru. Ancak dünyada en az benim kadar kıymetli milyarlarca insan var. Liberalizm benim ve milletimin özgünlüğüne vurgu yaparak kendi içime dönmemi isterken, sosyalizm kendimi ve duygularımı takıntı hâline getirmeden davranışlarımın başkalarının deneyimlerini nasıl etkilediğine odaklanmamı bekler. Küresel barış milletlerin kendi farklılıklarını yüceltmesiyle değil tüm dünyadaki işçilerin birleşmesiyle tesis edilebilir; sosyal uyum her bireyin narsistçe kendi derinliğinde kaybolmasıyla değil aksine başkalarının ihtiyaç ve deneyimlerini kendi isteklerinin üstünde tutmasıyla sağlanabilir.

Bir liberal kendi iç dünyasını keşfetmek yoluyla başkalarına karşı şefkat ve anlayış geliştirebileceğini öne sürebilir. Ancak bu akıl yürütme Lenin'i veya Mao'yu ikna edemez; bireyin kendisini keşfetmesinin bir burjuva şımarıklığı olduğunu ve bireyin kendisiyle iletişime geçme çabasının onu kapitalizmin bir başka tuzağına düşüreceğini öne sürerler. Halihazırda sahip olduğum siyasi görüşler, tercihlerim, sevmediğim şeyler, hobilerim ve hırslarım kendi özümü yansıtmaz; hepsi sosyal çevremin ve yetiştirilme tarzımın bir dışavurumudur. Hepsi komşularım ve okulumla şekillenirken, aslında mensubu olduğum sınıfın değerlerini yansıtır. Zenginler ve yoksullar doğuştan itibaren aynı beyin yıkama süreçlerinden geçer. Zengine yoksulu görmezden gelmesi, yoksula kendi menfaatini bir kenara koyması öğretilir. Kişinin kendisiyle yaptığı hiçbir müzakere ya da psikoterapi durumu değiştiremez, sonuçta terapistler de kapitalist sistemin bir parçasıdır.

Hatta kendime dönmek kendi gerçekliğimden daha da uzaklaşmama sebep olacaktır. Toplumsal koşullara yeterince kafa yormaksızın kişisel kararlarıma gömülerek gerçeklerden uzaklaşmam kaçınılmazdır. Örneğin varlıklıysam akıllıca yatırımlar yaptığımı düşünür, yoksulluk batağındaysam birçok hata yaptığıma kani olurum. Bunalmışsam liberal bir terapist kabahati aileme yıkarak yeni hayat planları yapmam için beni yüreklendirmeye çalışacaktır. Kapitalistler tarafından sömürülmekten bunaldığımı ima edip hüküm süren sosyal düzende hedeflerime varma şansımın olmadığını söylersem, terapistim bu sefer kendi sorunlarımı "sosyal sisteme" yıktığımı ve annemle çözemediğim meseleler yüzünden "kapitalistleri" suçladığımı düşünecektir.

Sosyalizme göre yıllar boyu annem, duygularım ve komplekslerim hakkında zihnimi yormak yerine, üretim araçlarının kimin elinde olduğunu sorgulamam gerekir. Temel ithalat ve ihracat ürünleri nelerdir? Uluslararası bankalarla yönetimdeki siyasetçiler arasında ne gibi bir ilişki vardır? Yalnızca hüküm süren sosyoekonomik sistemi kavrayıp diğer tüm insanların deneyimlerini göz önünde bulundurarak ne hissettiğimi gerçekten anlayabilirim ve sadece beraber hareket ettiğimiz sürece bu sistemi değiştirebiliriz. İyi ama tüm insanların deneyimlerini değerlendirerek hakkaniyetli bir mukayese yapabilmek mümkün müdür?

Sosyalistler bu nedenle kendini keşfetme eylemini küçümser, dünyayı bizim yerimize yorumlayacak sosyalist partiler ve sendikalar gibi güçlü toplumsal kurumların gelişmesini desteklerler. Liberal siyasette seçmen en iyisini bilir ve liberal ekonomide müşteri daima haklıdır; sosyalist siyasetteyse en iyisini parti bilirken, ekonomide de sendika her zaman haklıdır. Anlam ve otorite, kaynağını yine insanda bulur; hem parti hem de sendika, insanları sefaletten kurtarma gayesinde canla başla çalışan insanlarla dolup taşar. Tek bir farkla: Bireyler kendi kişisel duyguları ve iç sesleri yerine partiye ve sendikaya kulak vermelidir.

• • •

Evrimsel hümanizmin insan deneyimlerinin çatışması sorununa sunduğu bambaşka bir çözüm vardır. Darwinci evrim teorisinin sağlam temellerinden güç alan evrimsel hümanizm, bu çekişmeler ve anlaşmazlıklar yüzünden sızlanacağımıza bunları takdir etmemiz gerektiğinde ısrar eder. Çekişme doğal seçilimin lokomotifidir, evrimi ileri taşır. Bazı insanlar açıkça diğerlerinden daha üstündür, deneyimler çarpıştığında güçlü olan, diğerini ezip geçmelidir. İnsan türünün yabani kurtların soyunu tüketmesinin, evcil koyunları sömürmesinin, alt sınıflardaki insanların zorbalıklara maruz kalmasının altında hep aynı mantık hüküm sürer. Avrupalıların Afrika'yı sömürgeleştirmesi olumlu bir gelişmedir; o kurnaz işadamı aklını kullanarak diğer tüm budalaları iflasa sürüklemiştir. Evrimsel hümanizme göre insan türü giderek daha da güçlenecek ve eninde sonunda süperinsanlara dönüşecektir. Evrim *Homo sapiens*'le sona ermiş değildir, gidecek daha çok yolu vardır. Ancak insan hakları ya da insan eşitliği adına en güçlü insanları hadım ederek süperinsanların gelişmesinin önüne geçebilir, hatta *Homo sapiens*'in bile bozulmasına ve soyunun tükenmesine neden olabiliriz.

Süpermen'in gelişini müjdeleyen bu üstün insanlar tam olarak kimlerdir? Belki bir ırk, belirli bir kabile ya da herkesten üstün dâhiler olabilirler mi? Her kim ya da ne olursa olsun, onları üstün kılan şey; özünde yeni bilgiler, gelişmiş teknolojiler, refah içinde toplumlar ya da eşsiz sanat eserleri yaratırken tecelli eden yetenekleridir. Einstein ya da Beethoven'ın deneyimleri, hiçbir işe yaramayan bir ayyaşınkinden çok daha değerlidir ve bu insanları aynı meziyetlere ve fazilete sahipmiş gibi değerlendirip denk tutmak gülünç olacaktır. Eğer seçkin bir millet insanlığın gelişimine devamlı önayak oluyorsa onu insan türünün evrimine pek de bir katkı sağlamayan diğer milletlerden üstün tutmalıyızdır.

Dolayısıyla Otto Dix gibi liberal sanatçıların aksine evrimsel hümanizm savaşın değerli, hatta olmazsa olmaz bir deneyim olduğu görüşünü savunmayı sürdürür. II. Dünya Savaşı'nın hemen sonrasında Viyana'da geçen *Üçüncü Adam* filmindeki Harry Lime karakteri güncel sorunlara değinir: "Sonuçta o kadar da kötü olamaz [...] Otuz yıl boyunca Borgias yönetimindeki İtalya savaş, terör, cinayet ve katliamlardan geçilmiyordu ama Michelangelo ve Leonardo da Vinci Rönesans'ı doğurmayı başardı. İsviçre beş yüzyıldır demokrasi ve barış içinde, peki ne ürettiler? Guguklu saat." Lime neredeyse her şeyi yanlış biliyordu: İsviçre modern Avrupa tarihinin ilk evresinde belki de en kanlı coğrafyalardan biriydi (paralı asker ihraç ediyordu), ayrıca guguklu saati Almanlar yapmıştı. Yine de bu bilgiler Lime'ın fikirleri kadar önemli değildir; asıl dikkate değer olan, savaş deneyiminin insan türünü yeni başarılara zorladığını düşünme hâlidir. Savaş doğal seçilimin eksiksiz işlediği durumdur. Zayıfı yok eder, vahşiyi ve hırslıyı ödüllendirir. Yaşamın tek gerçeğini ortaya çıkaran savaş hükmetmeye, ihtişama ve zapt etmeye duyulan isteği kamçılar. Nietzsche savaşı "hayat okulu" olarak özetlerken haklıydı, "beni öldürmeyen şey, güçlendirir."

İngiliz Ordusu'nda görev yapan Teğmen Henry Jones da benzer fikirler dile getirir. I. Dünya Savaşı'nda Batı Cephesi'nde henüz yirmi bir yaşında hayatını kaybetmeden üç gün önce Jones kardeşine bir mektup yollayarak dokunaklı kelimelerle savaş deneyimini anlatır.

> Tüm dehşetine rağmen savaşın en azından büyük bir şey olduğuna kafa yordun mu hiç? Yani insanı gerçeklerle yüzleştiriyor demek istiyorum. Barış zamanında insanların onda dokuzunun benimsediği aptallık, bencillik, zevk düşkünlüğü gibi şeyler ve ufak tefek ticari çıkarların bir varoluş biçimi hâline geldiği düşünülürse, savaş en azından bu saçmalıkların yerine dürüst bir vahşet tesis ediyor. Bir de şöyle bak: Barış zamanı insan sadece kendi küçük hayatını yaşar, ıvır zıvır işlerle oyalanır, para meselelerine endişelenir, böyle şeyler işte; insan sadece kendine yaşar. Ne menfur, ne iğrenç bir yaşam! Savaştaysa her halükarda birkaç yıl içinde göçüp gideceğini bilir ve en azından ülken uğruna "tahtalı köyü boylamanın" rahatlığını yaşarsın. Görebildiğim kadarıyla sıradan bir yaşantıda nadiren bir ideali gerçekleştirebilirsin. Sıradan hayatın böyle ticari ve bencil temeller üzerine kurulu olmasını nasıl açıklarlar bilirsin: "Bir yerlere gelmek istiyorsan elini çamura bulaştıracaksın."
>
> Beni soracak olursan, yolum sık sık savaşla kesiştiği için seviniyorum. Hayatın ne kadar aşağılık olduğunu gösterdi bana. Bana kalırsa savaş herkese "kendinden kurtulma" fırsatı veri-

> yor... Tabii ki kendi adıma konuşuyorum. Geçtiğimiz nisan ayındaki yemin töreninde hissettiğim coşku kadar güçlü bir duyguyu daha önce hiç hissetmemiştim. Daha önce hiç deneyimlemediğim o heyecan en az yarım saat sürdü. [9]

Gazeteci Mark Bowden çoksatar kitabı *Kara Şahin Düştü*'de, 1993 yılında Mogadişu'da görev yapan ABD askeri Shawn Nelson'ın çatışma deneyimini aktarırken benzer bir ilişki kurar:

> Nasıl hissettiğini anlatmak çok zor [...] Sanki bir uyanış, bir aydınlanma ânı gibiydi. Hiç ölüme bu kadar yakın ve bu denli canlı hissetmemişti. Hayatta ölümü ıskalayıp geçtiği kısacık anlar olmuştu, sert bir virajı alamayan hızlı bir otomobilin altında kalmaktan kıl payı kurtulmak gibiydi. O gün aynı duyguyu yaşadı, ölümün nefesini ensesinde hissediyordu [...] bir an, bir an daha, bir an daha, belki üç saat, belki daha fazla [...] Çarpışmak [...] tam anlamıyla fiziksel ve zihinsel bir farkındalık hâliydi. Sokaktaki o üç saat boyunca Shawn Nelson değildi, dış dünyayla bir bağlantısı yoktu, ödenecek faturaların ya da duygusal bağların hiçbiri kalmamıştı. Bir saliseden diğerine hayatta kalmaya çalışan, her nefesin sonuncu olduğunu bilerek bir nefesin ardından diğerini içine çeken bir insandı sadece. Bir daha asla aynı olamayacağını hissediyordu.[10]

Adolf Hitler de savaş deneyiminden sonra aydınlanıp değişmişti. Hitler başta heves içinde olan askerlerin cepheye vardıktan hemen sonra nasıl korkuya kapıldıklarını görmüş, savaşmak zorundaki her askerin amansız bir içsel çatışmaya girmek zorunda kaldığında yenik düşmemek adına nasıl tüm sinirlerini gerdiğini anlamıştı. Hitler kendi savaşını 1915-1916 kışında kazandığını söyler. "Sonunda," diye yazmıştı *Kavgam*'da, "iradem, karşı konulamaz [bir] efendiydi [...] sakin ve kararlıydım. Bu hislerim daimiydi. Artık kader benimle hangi oyunu oynarsa oynasın asabım bozulmadan, aklım yerinde ayakta kalabilirdim."[11]

Savaş tecrübesi Hitler'e dünyanın bir yüzünü gösterdi: Doğal seçilimin merhametsiz kanunlarıyla yönetilen vahşi ormanı. Bu gerçeği görmezden gelenler hayatta kalamıyordu. Başarılı olmak için Orman Kanunlarını anlamakla kalmayıp onları keyifle kabul etmek gerekiyordu. Hitler'in de tıpkı savaş karşıtı liberal sanatçılar gibi sıradan askerlerin deneyimlerini kutsadığının altını çizmek gerek. Aslına bakarsanız Hitler'in siyasi kariyeri 20. yüzyıl siyasi tarihinde sıradan insanların kişisel deneyimlerine değinen muazzam bir otoritenin en iyi örneği sayılabilir. Hitler rütbeli bir asker değildi, dört yıllık savaş boyunca bir onbaşıdan daha yetkili olmamıştı. Resmi bir eğitimi, mesleki bir becerisi ve hiçbir siyasi geçmişi yoktu. Ne başarılı bir işadamı ne de başarılı bir sendikacıydı, yüksek mevkilerde arkadaşları olmadığı gibi parası da yoktu. Hatta Alman vatandaşlığı bile yoktu, beş kuruşsuz bir göçmendi.

Alman seçmenlere seslenen ve onların güvenini isteyen Hitler'in tek ama güçlü bir savı vardı: Siperlerdeki deneyim hiçbir üniversitede, karargahta ya da bakanlıkta öğrenilemezdi. İnsanlar Hitler'i kendilerine yakın buldukları için destekleyip oy verdiler. Hepsi dünyanın vahşi bir orman olduğuna inanıyordu, bizi öldürmeyen güçlendirirdi, değil mi?

Liberalizm her insan topluluğunun özgün deneyimlerini korumak adına milliyetçiliğin daha ılımlı versiyonlarıyla hemhal olurken, Hitler gibi evrimsel hümanistler belirli milletleri insanlığın gelişiminin lokomotifi olarak belirleyip bu milletlerin yollarına çıkan herkesi ezip geçmesi hatta yok etmesi gerektiğine kanaat getirdi. Hitler ve Nazilerin evrimsel hümanizmin sadece tek bir radikal kanadını temsil ettiğini unutmamak gerekir. Stalin'in gulagları nasıl her sosyalist görüş ve öneriyi boşa çıkarmıyorsa Nazizm'in vahşeti de evrimsel hümanizmin sunabileceklerini görmezden gelmemize neden olmamalıdır. Nazizm evrimsel hümanizmin ırkçı teoriler ve aşırı milliyetçi duygularla evliliğinden doğmuştur. Her evrimsel hümanist ırkçı olmadığı gibi, insan türünün evrimleşme imkanını barındırdığına inanmak da polis devleti ve toplama kampları kurma isteğiyle eş anlamlı değildir.

Auschwitz insanlığın ufkunu sınırlayan kara bir perde olarak değil kanla yazılmış bir uyarı levhası olarak işlev görmelidir. Evrimsel hümanizm modern kültürü şekillendirmekte büyük bir rol oynadı ve 21. yüzyılda daha da önemli bir role soyunacak gibi duruyor.

Beethoven Chuck Berry'den Üstün müdür?

Hümanizmin üç kolu arasındaki farkları iyice kavramak amacıyla birkaç farklı deneyimi ele alalım:

1. Deneyim: Viyana Opera Binası'nda bir müzikoloji profesörü Beethoven'ın Beşinci Senfoni'sini dinlemektedir. "Pa pa pa PAM!" Ses kulak zarını çınlattıkça sinyaller işitme sinirleri üzerinden beyne iletilir ve adrenalin bezi kana adrenalin pompalar. Profesörün kalbi çarpmaya başlar, nefesi hızlanır, ensesindeki tüyler diken diken olur, sırtında bir titreme hisseder. "Pa pa pa PAM!"
2. Deneyim: 1965. Üstü açık bir Mustang Pasifik sahilinde San Francisco'dan Los Angeles'a doğru son sürat ilerler. Hafif maço genç sürücü son ses Chuck Berry dinler. "Go! Go Johnny go!" Ses kulak zarını çınlattıkça sinyaller işitme sinirleri üzerinden beyne iletilir ve adrenalin bezi kana adrenalin pompalar. Gencin kalbi çarpmaya başlar, nefesi hızlanır, ensesindeki tüyler diken diken olur ve sırtında bir titreme hisseder. "Go! Go Johnny go!"
3. Deneyim: Kongo yağmur ormanlarının derinliklerinde bir pigme avcı büyülenmiş gibi kalakalır. Yakındaki köyün kızlarının kabul törenlerinde şarkı söylediklerini duyar. "Ye oh, oh. Ye oh, oh." Ses kulak zarını çınlattıkça sinyaller işitme sinirleri üzerinden beyne iletilir ve adrenalin bezi kana adrenalin pompalar. Avcının kalbi çarpmaya başlar, nefesi hızlanır, ensesindeki tüyler diken diken olur, sırtında bir titreme hisseder. "Ye oh, oh. Ye oh, oh."
4. Deneyim: Kanada'da Rocky Dağları'nda dolunaylı bir gece. Tepeye çıkmış bir kurt, kızışma dönemindeki dişinin ulumalarını dinler. "Uuuuuuuu! Uuuuuuuu!" Ses kulak zarını çınlattıkça sin-

yaller işitme sinirleri üzerinden beyne iletilir ve adrenalin bezi kana adrenalin pompalar. Kurdun kalbi çarpmaya başlar, nefesi hızlanır, ensesindeki tüyler diken diken olur, sırtında bir titreme hisseder. "Uuuuuuuu! Uuuuuuuu!"

Bu deneyimlerden hangisi daha kıymetlidir?

Liberaller müzikoloji profesörünün, genç sürücünün ve Kongolu avcının deneyimlerinin eşit derecede değerli olduğunu, hepsinin kıymetinin bilinmesi gerektiğini savunacaktır. Her bireyin deneyimi dünyayı yeni bir anlamla zenginleştiren özgün bir katkıdır. Bazıları klasik müzik sever, bazıları rock'n roll dinler, kimisiyse geleneksel Afrika müziklerine kendini kaptırır. Müzik öğrencileri mümkün olduğunca çok müzik türü bilmelidir, böylece iTunes hesaplarından diledikleri kadar satın alabilirler. Güzellik dinleyenin kulaklarındadır ve müşteri daima haklıdır. Kurda gelince, insan olmadığından deneyimleri diğerleri kadar el üstünde tutulamaz. Kurtların hayatı insanlarınki kadar değerli değildir, bir insanı kurtarmak için bir kurdu öldürmekte hiçbir sakınca yoktur. Hepsinden önemlisi kurtlar ne güzellik yarışmalarına katılır ne de yanlarında kredi kartı taşırlar.

Bu liberal yaklaşım kendini *Voyager I*'deki altın plakta bir kez daha gösterir. 1977'de ABD *Voyager I* mekiğini uzay boşluğuna yolladı ve Güneş Sistemi'nin dışına çıkan araç yıldızlararası uzayda ilerleyen ilk insan yapımı nesne oldu. NASA döneminin en gelişmiş teknik ekipmanlarını kullanmanın yanı sıra herhangi bir meraklı uzaylıyla karşılaşılması durumunda gezegenimiz Dünya'yı tanıtmak için araca bir de altın plak ekledi.

Dünya ve sakinleri hakkında pek çok bilimsel ve kültürel bilgi bulunduran plakta bazı ses kayıtları ve resimler yer alırken, dünyanın farklı coğrafyalarında bestelenmiş, dünyevi sanatın başarılı müzikal örneklerini sunmak üzere belli bestelere yer verilmişti. Bunlar arasında Beethoven'ın Beşinci Senfoni'sinin açılışı, Chuck Berry'nin güncel parçası "Johnny B. Goode", Kongolu pigme kızların kabul törenlerinde kullanılan geleneksel ezgiler gibi farklı eserler bulunuyordu. Plakta müzikal örnekler dışında köpek havlaması gibi hayvan sesleri de vardı ama bunlar rüzgar, yağmur ve dalga sesleriyle birlikte başka bir bölümdeydi. Bize en yakın yıldız sistemi Alpha Centauri'nin muhtemel dinleyicilerine Beethoven, Chuck Berry ve pigme kabul töreni şarkılarına eşit değer vermeleri, köpek ulumalarınıysa bambaşka bir kategoride değerlendirmeleri gerektiği mesajı veriliyordu.

Sosyalistlerin kurdun deneyiminin kıymetsiz olduğu konusunda liberallerle anlaşması mümkün görünse de insan deneyimine karşı tutumları kesinlikle farklı olacaktır. Gerçek bir sosyalist, müziğin kıymetinin bireysel dinleyicinin deneyiminde değil başka insanların ve bir bütün olarak toplumun deneyiminde anlam kazandığını açıklayacaktır. Mao'nun da dediği gibi, "Sanat için sanat, sınıflar üstü bir sanat, siyasetten kopuk ya da siyasetten bağımsız sanat yapmak diye bir şey yoktur."[12]

Sosyalistler müzikal deneyimleri toplumsal sonuçlar üzerinden değerlendirir. Mesela Beethoven'ın Beşinci Senfoni'yi, Avrupa'nın Afrika'yı sömürgeleştirmek için yelken açtığı bir dönemde bestelemiş olmasına ve varlıklı beyaz Avrupalılardan oluşan bir dinleyici kitlesine hitap etmesine odaklanırlar. Senfoni, "beyaz adamın vazifesi" olan Afrika'nın sömürgeleştirilmesini meşrulaştırma amacı güder ve burjuva beyaz erkeklerin Aydınlanmacı ideallerini yansıtır.

Sosyalistler rock'n roll'un öncülerinin blues, caz ve dini gospellerden etkilenen mazlum Afro-Amerikalı müzisyenler olduğunu söyleyecektir. Ancak 1950 ve 60'larda beyazlar tarafından gasp edilen rock'n roll tüketim, Amerikan emperyalizmi ve Coca-Colonyalizmin hizmetine girmiştir. Rock'n roll imtiyazlı beyaz gençlere, isyanın küçük burjuva fantezisine dönüşmüş biçimi olarak pazarlanmaktaydı. Bizzat Chuck Berry, bu kapitalist zorbalara boyun eğerek, aslında "Johnny B. Goode adında *siyahi* bir genç," diye yazdığı sözleri, beyazların elindeki radyo kanallarının baskısıyla "Johnny B. Goode adında *taşralı* bir genç," olarak değiştirmiştir.

Kongolu pigme kızların kabul töreni şarkılarına gelince, erkek ve kadının toplumsal cinsiyetin baskıcı düzenine uyum sağlayabilmesi için oluşturulmuş bu şarkılar, ataerkil toplum yapısının bir parçası olan folklorik öğelerdir. Böylesi şarkıların küresel müzik pazarına girmesi, Afrika genelinde ve Afrikalı kadınların özelinde tezahür eden Batılı sömürgeci fantezileri pekiştirmekten başka bir işe yaramayacaktır.

O zaman yeniden soralım, Beethoven'ın Beşinci Senfoni'si, "Johnny B. Goode" ya da pigme kabul şarkısı arasında en güzeli hangisidir? Hükümet opera binalarına, rock'n roll salonlarına ya da Afrika mirası sergilerine ödenek ayırmalı mıdır? Okullarda müzik bölümü öğrencilerine ne öğretmeliyiz? Bana değil, partinin kültür komiserlerine sorun.

Liberaller kültürel kıyasların mayın tarlasında herhangi bir grubu rencide edecek bir pot kırmaktan korkarak dikkatle dolaşmaya çalışırken sosyalistler mayın tarlasının ortasından geçen güvenli yolu bulmayı partiye havale ederler. Evrimsel hümanistlerse mutlulukla alana dalarak tüm mayınları ateşleyip keyifle curcunayı izleyeceklerdir. Bununla da kalmayacak, liberallerin ve sosyalistlerin de diğer hayvanlarla arasına bir mesafe koyduğuna dikkat çekerek insanların kurtlar karşısındaki tartışmasız üstünlüğünü dile getirmekten ve sonuçta insan müziğinin kurt ulumasından çok daha kıymetli olduğunu itiraf etmekten çekinmeyeceklerdir. Unutmamak gerekir ki insan türü de evrimin gücünden azade değildir. Tıpkı insanların kurtlardan daha üstün olması gibi bazı insan kültürleri de diğerlerinden daha üstündür. İnsan deneyimleri arasındaki keskin hiyerarşi karşısında eğilip bükülmenin lüzumu yoktur. Tac Mahal derme çatma bir kulübeden daha güzel, Michelangelo'nun *Davud*'u beş yaşındaki yeğenimin kil figürlerinden üstündür; Beethoven'ın senfonisiyse Chuck Berry'nin ya da Kongo pigmelerinin müziklerinden çok daha etkileyicidir. İşte, söyledik gitti en sonunda!

Evrimsel hümanistlere göre tüm insan deneyimlerinin eşit değerde olduğunu iddia edenler ya korkak ya da aptaldır. İnsanlığın gelişimine, kültürel görelilik ya da sosyal adalet adı altında ket vurmak gibi korkakça ve bayağı girişimler insan türünün yozlaşmasına, hatta soyunun kurumasına bile yol açabilir. Liberaller ve sosyalistler Taş Devri'nde yaşasaydı, Lascaux ya da Altamira'daki duvar resimlerinin kıymetini bilmeyecek ve bunların Neandertal karalamalarından hiçbir üstünlüğü olmadığını iddia edeceklerdi.

Hümanist Din Savaşları

Liberal hümanizm, sosyalist hümanizm ve evrimsel hümanizm arasındaki farklar ilk bakışta önemsiz görünebilir. Hümanizmin farklı mezhepleri arasındaki derin uçurumlar Hıristiyanlık, İslam ya da Hinduizm arasındaki farklarla kıyaslandığında bu nüanslar önemini yitirir. Sonuçta hepimiz Tanrı'nın öldüğüne ve evreni anlamlandıranın insan deneyimleri olduğuna inanıyorsak, deneyimlerin eşdeğerde olup olmamasının bir önemi var mıdır? Gelin görün ki hümanizm dünyayı fethettikçe daha da derinleşen bu farklar, sonunda tarihteki en kanlı din savaşının başlamasına neden oldu.

20. yüzyılın ilk on yılında, ortodoks liberal kanadın kendine güveni hâlâ tamdı. Liberaller, bireyler özgürlüklerini diledikleri gibi yaşayarak kendilerini ifade ettikleri müddetçe, dünyanın eşi benzeri görülmemiş bir barış ve refah döneminin keyfini süreceğini düşünüyordu. Geleneksel hiyerarşiler, gerici dinler ve acımasız imparatorluklarla aramızda kalan son bağları da koparmanın vakti gelmiş de geçiyordu. On yılda bir, yepyeni özgürlükler deneyimleyip büyük başarılara imza atarak dünyada cenneti yaratmayı başaracaktık. Haziran 1914'ün sakin günlerinde, liberaller tarihin onların tarafında olduğunu sanıyordu.

1914'ün Noel'ine gelindiğinde liberaller bombaların gümbürtüsüyle donakaldılar. Takip eden yıllarda fikirleri hem sağ hem de sol kanadın saldırılarıyla çapraz ateşe tutulacaktı.

Sosyalistler liberalizmin merhametsiz, sömürgeci ve ırkçı bir sistemin sahte kılıfından başka bir şey olmadığını iddia ettiler. Yere göğe sığdırılamayan "özgürlük" kavramını gerçeğe tercüme ettiğinizde "mülkiyet"le karşılaşıyordunuz. Bireysel hakları savunma olarak sundukları "dilediğini yapma hakkı," çoğu zaman orta ve üst sınıfların mülk ve imtiyazlarını koruyordu. Kiranı ödeyemediğinde özgürlüğün, harcını yatıramadığında eğitimin, bir otomobil bile alamadığında dilediğin yere gidebilme özgürlüğüne sahip olmanın ne faydası olabilir? Nükteli bir şekilde ifade ettikleri gibi liberalizmde herkes açlıktan ölmekte özgürdür. Daha da kötüsü liberalizm insanları kendilerini özgür bireyler olarak görmeye teşvik ederek ait oldukları sınıftan ayırır ve kendilerine zulmeden bu sisteme karşı birleşmelerini engeller. Liberalizm eşitsizliği sürdürerek kitleleri yoksulluğa, elitleri yabancılaşmaya mahkum eder.

Liberalizm soldan aldığı bu kroşeyle sendelerken evrimsel hümanistler sağdan vurdular. Irkçılar ve faşistler hem liberalizmi hem de sosyalizmi doğal seçilimi bozmak ve insan türünü yozlaştırmakla suçladılar. Herkesin eşit değere ve aynı üreme fırsatlarına sahip olduğu bir dünyada, doğal seçilim işlevini yerine getiremeyecektir. Koşullara en uygun, en güçlü insanlar sıradanlık okyanusunda boğulacak, bırakın süperinsanlara evrimleşmeyi, insanlığın soyu tükenecektir.

1914-1989 yılları arasında üç hümanist mezhep kanlı bir din savaşına tutuştu. Liberalizm başlarda yenilgi üzerine yenilgi alıyor, tüm cephelerde direniyordu. Komünist ve faşist rejimler pek çok ülkeyi ele geçirmekle kalmamış, liberal fikirlerin prestiji de sarsılmıştı. Liberal dünya görüşü artık doğrudan bir tehdit olmadığı gibi toy ve naif olarak gösteriliyordu. Tüm bireylere özgürlük tanıyalım da dünya barışa ve refaha kavuşsun... Tabii canım!

Bugün büyük liberal bir zafer olarak değerlendirdiğimiz II. Dünya Savaşı ise yaşandığı dönemde hiç de öyle algılanmıyordu. Savaş, Eylül 1939'da gerçekleştirilen kudretli bir liberal ittifakla yapayalnız Nazi Almanyası arasında patlak verdi. Faşist İtalya bile bir sonraki yılın Haziran ayına kadar beklemeyi tercih etmişti. Liberal ittifak ezici bir sayısal ve ekonomik üstünlük sahibiydi. Almanya'nın 1940'taki GSYİH değeri 387 milyon dolarken, Avrupa'daki düşmanlarının toplam GSYİH değeri 631 milyon dolardı (buna denizaşırı İngiliz sömürgeleri ve İngiliz, Fransız, Hollanda ve Belçika imparatorlukları dahil değildi). Tüm bunlara rağmen 1940 baharında Almanya topu topu üç ay içinde Fransa, Hollanda, Norveç ve Danimarka'yı işgal etmeyi başararak liberal ittifakı dağıttı. Birleşik

Krallık ise Manş Denizi sayesinde kıl payı kurtuldu.[13]

Liberal ülkeler ancak Sovyetler Birliği'yle birleşerek Almanları yenmeyi başardı. Savaşın şiddetini göğüsleyen ve çok daha ağır bedeller ödeyense Sovyetler Birliği olmuştu; yarım milyon İngiliz ve yarım milyon ABD'linin yanında, 25 milyon Sovyet vatandaşı hayatını kaybetti. Nazizmin mağlubiyetinde takdiri en çok komünizm hak etmişti. Komünizm en azından bu payeyi kazanmak anlamında kısa süreliğine de olsa savaştan faydalandı.

Sovyetler Birliği kıyıda köşede kalmış komünist bir parya olarak girdiği savaştan dünya çapında büyüyen bir bloğun lideri ve küresel iki güçten biri olarak çıktı. 1949'a gelindiğinde Doğu Avrupa çoktan bir Sovyet uydusu hâline gelmiş, Çin Komünist Partisi İç Savaşı kazanmış ve ABD komünizm karşıtı bir histeriyle dünyayı kasıp kavurur hâle gelmişti. Dünyadaki devrimci ve sömürgecilik karşıtı hareketler gözlerini özlemle Moskova ve Pekin'e çevirmişken, liberalizm ırkçı Avrupa imparatorluklarıyla özdeşleşti. İmparatorluklar parçalandıkça yerlerini liberal demokrasiler yerine ya askeri diktatörlükler ya da sosyalist rejimler alıyordu. 1956'da Sovyetler Birliği devlet başkanı Nikita Kruşçev göğsünü kabartarak liberal Batı'ya sesleniyordu: "İsteseniz de istemeseniz de tarih bizim yanımızda. Sizi gömeceğiz!"

Kruşçev söylediklerine içtenlikle inanıyor, gün geçtikçe daha fazla Üçüncü Dünya lideri ve Birinci Dünya entelektüeli de ona katılıyordu. 1960 ve 70'lerde "liberal" kelimesi pek çok Batı üniversitesinde hakarete dönüşmüştü. Kuzey Amerika ve Batı Avrupa, liberal düzenin kuyusunu kazmak isteyen radikal sol hareketler ve artan toplumsal huzursuzluklarla kaynıyordu. Cambridge, Sorbonne ve Berkeley Halk Cumhuriyeti'ndeki* öğrenciler, Başkan Mao'nun Küçük Kırmızı Kitap'ının sayfalarını karıştırırken, Che Guevara'nın portresini başuçlarına asıyordu.

1968'de protesto ve isyan rüzgarı Batı dünyasının tamamını ele geçirdi. Meksika'da güvenlik güçleri kanlı Tlatelolco Katliamı'nda

* ABD'de California eyaletindeki liberal Berkeley şehrinin takma adı. –çn

onlarca öğrenciyi vurdu, Roma'da öğrenciler Valle Giulia İsyanı olarak anılan günde İtalyan polisiyle çatıştı, Martin Luther King suikastı ABD'nin yüzden fazla kentinde protestoları ateşledi. Mayıs'ta öğrenciler Paris sokaklarını ele geçirdiğinde Başkan de Gaulle Almanya'daki Fransız askeri üssüne kaçmak zorunda kalırken, varlıklı Fransız vatandaşları kabuslarında giyotinler görerek yataklarında dört döndüler.

1970'e gelindiğinde dünyada yüz otuz bağımsız ülke olmasına karşın, çoğu Avrupa'nın batı köşesine sıkışmış topu topu otuz liberal demokrasi rejimi vardı. Bu süreçte Hindistan'ın, bağımsızlığını güvenceye almış bir Üçüncü Dünya ülkesi olarak liberal yola girmesi önemliydi ancak o bile Batı bloğuyla arasına mesafe koyarak Sovyetler'e yakınlaşmayı tercih etti.

1975'te liberal kanat gelmiş geçmiş en küçük düşürücü yenilgisini yaşayacaktı: Kuzey Vietnam'ın Davut'u, ABD'nin Golyat'ını yenerek Vietnam Savaşı'nı bitirecekti. Komünizmin başarısı hızla Güney Vietnam, Laos ve Kamboçya'yı sardı. 17 Nisan 1975'te Kamboçya'nın başkenti Phnom Penh, Kızıl Kmerler'e yenik düştü. İki hafta sonra tüm dünya, ekranları başında Vietnam'ın başkenti Saygon'daki ABD Büyükelçiliği'nin çatısından Yankilerin helikopterlerle kurtarılmasını izliyordu. Büyük çoğunluk Amerikan İmparatorluğu'nun çöktüğünden neredeyse emindi. "Domino etkisi teorisi" daha dillendirilmemişken, 1975'in Haziran'ında İndira Gandi Hindistan'da olağanüstü hâl ilan etti. Dünyanın en büyük demokrasisi de sosyalist diktatörlükler arasına katılmaya hazırlanıyordu.

Liberal demokrasiler gitgide dünyaya sunacak pek bir şeyi kalmamış, hatta kendi genç nesillerine bile hitap edemeyen yaşlı beyaz emperyalistlere has bir kulübe dönüşmeye başladı. Washington özgür dünyanın lideri olarak kendi sistemini methederken, neredeyse tüm müttefikleri otoriter krallar (Suudi Arabistan Kralı Halid, Fas Kralı II. Hasan ve İran Şahı) ya da askeri diktatörlerdi (Yunanistan'da cuntacı albaylar, Şili'de General Pinochet, İspanya'da General Franco, Güney Kore'de General Park, Brezilya'da General Geisel ve Tayvan'da Kızıl General Chiang Kai-shek).

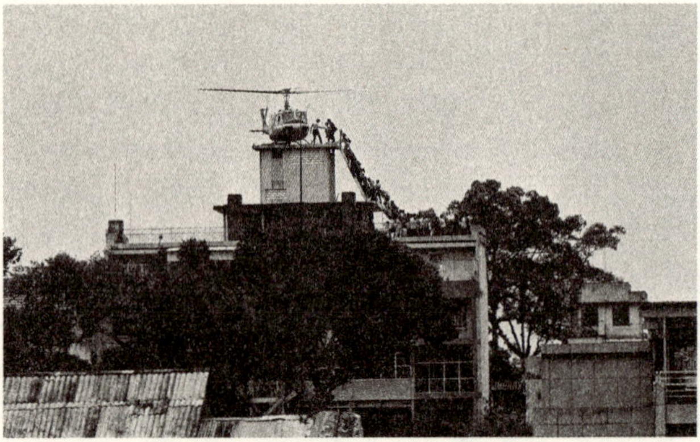

Görsel 37: Saygon'daki ABD Büyükelçiliği'nin boşaltılması.[14]

Tüm bu kralların ve komutanların desteğine rağmen Varşova Paktı NATO'ya karşı askeri olarak sayısal üstünlüğe sahipti. Batılı ülkeler konvansiyonel silahlanmada eşitlik sağlamak adına liberal demokrasiyi ve serbest piyasayı rafa kaldırıp tamamen totaliter devletlere dönüşmek zorunda kalabilirlerdi. Tek kurtuluş nükleer silahlanmadan geçiyordu. Bunun üzerine NATO, Sovyetler'in konvansiyonel silahlarla saldırması durumunda, topyekun nükleer saldırıyla yanıt vereceklerini beyan eden MAD doktrinini* benimsedi.

"Saldırırsanız, bu savaştan kimsenin canlı çıkmasına izin vermeyiz," diyerek tehdit ediyordu liberaller. Sığındıkları bu korkunç kalkan sayesinde liberal demokrasi ve serbest piyasa son kalelerini kurtarmayı başardı; Batılılar çamaşır makineleri, buzdolapları ve televizyonlar kadar seksin, uyuşturucunun ve rock'n roll'un da keyfini sürmeye başladı. Nükleer silahlar olmadan ne Beatles ne Woodstock ne de dolup taşan süpermarketler olabilirdi. Yine de 1970'lerde, nükleer silahlara rağmen gelecek, sosyalizme ait olacakmış gibi görünüyordu.

•••

* (İng. kısaltma) *Mutually Assured Destruction*: Karşılıklı garantili yok olma, olarak tercüme edilebilecek bu askeri doktrin, nükleer silahları kullanma tehdidiyle iki tarafı da büyük risk altında bırakarak bir savunma stratejisi geliştirmeyi amaçlar. Soğuk Savaş'ın seyrini belirlediği düşünülen teori, fikren II. Dünya Savaşı'na dayansa da 1960'larda ABD Savunma Bakanı Robert McNamara tarafından resmi olarak ilan edilmiştir. –çn

Bir anda her şey değişti. Liberal demokrasi tarihin çöplüğünden fırlayıp üstüne başına çekidüzen verdi ve dünyayı fethetti. Süpermarketlerin gulaglardan çok daha etkili olduğunu kanıtladı. Güney Avrupa'da başlayan blitzkrieg* ile Yunanistan, İspanya ve Portekiz'deki otoriter rejimler çöktü ve yerlerini demokratik hükümetlere bıraktı. 1977'de İndira Gandi olağanüstü hâli kaldırarak Hindistan'da tekrar demokrasi ilan etti. 1980'lerde Doğu Asya ve Latin Amerika'daki Tayvan, Güney Kore, Brezilya ve Arjantin gibi ülkelerdeki askeri diktatörlükler de demokratik hükümetlere dönüştü. 1980'lerin sonu 90'ların başında liberalleşme dalgası hakiki bir fırtınaya dönerek muazzam Sovyet İmparatorluğu'nu yerle bir etti ve tarihin sonu geldiğine dair teorileri güçlendirdi. On yıllarca süren yenilgi ve başarısızlıkların ardından biraz yıpranmış olsa da liberalizm Soğuk Savaş'ın tartışmasız galibi olarak hümanist din savaşlarını kazandı.

Sovyet İmparatorluğu parçalanınca yalnızca Doğu Avrupa'da değil Baltık ülkeleri, Ukrayna, Gürcistan ve Ermenistan gibi eski Sovyet cumhuriyetlerinde de komünist rejimlerin yerini liberal demokrasiler aldı. Bugün Rusya bile bir demokrasi ülkesi taklidi yapıyor. Soğuk Savaş zaferi, başta Latin Amerika, Güney Asya ve Afrika olmak üzere liberal modelin dünyanın her yerine yayılması için yeniden itici güç görevi gördü. Bazı liberalizm denemeleri utandırıcı başarısızlıklar olarak son bulurken, başarı hikayeleri de azımsanmayacak düzeydeydi. Endonezya, Nijerya ve Şili gibi onlarca yıl cuntalarla yönetilmiş ülkeler, şu an işleyen demokrasiler olarak yollarına devam ediyor.

Haziran 1914'te derin bir uykuya yatan bir liberal, Haziran 2014'te uyandığında yerini hiç yadırgamazdı. İnsanlar yeniden, bireysel özgürlükler arttıkça dünyanın da barış ve refah dolu bir yere dönüşeceğine inanıyor. 20. yüzyıla dönüp baktığımızda, alınmış her kararın büyük bir hata olduğunu düşünüyoruz. 1914 baharında li-

* (Alm.) Yıldırım savaşı. II. Dünya Savaşı'nda hızlı saldırıp düşmanın savunma geliştiremeden yok edilmesini öngören Alman savaş doktrini. –çn

beral bir yolda hızlanan insanevladının yanlış yöne sapıp çıkmaz bir sokağa girdikten sonra yolunu yeniden bulması için seksen yıl geçmesi ve üç korkunç dünya savaşı yaşanması gerekti. Elbette tüm bu zamanın boşa geçtiğini söylemek yanlış olur; antibiyotik, nükleer enerji ve bilgisayar gibi teknolojiler kadar feminizm, sömürgeciliğin çöküşü ve özgür seks gibi sosyal olguları da var etti bu yıllar. Hepsi bir yana, liberalizm bu deneyimlerden sonra olgunlaşarak, geçen yüzyıla kıyasla çok daha ağırbaşlı bir hâle büründü. Sosyalist ve faşist rakiplerinden gördüğü eğitim, sağlık ve sosyal hizmet gibi çeşitli fikirleri ve kurumları da kendine kattı. Ancak liberalizmin özü şaşırtıcı şekilde pek de değişmedi. Hâlâ bireysel özgürlükleri her şeyin üstünde tutup kutsayan ve seçmenlere ve müşterilere sarsılmaz bir güven duyan liberalizm, 21. yüzyılda yoluna tek başına devam ediyor.

Elektrik, Genetik ve Radikal İslam

Bireycilik, insan hakları, demokrasi ve serbest piyasadan oluşan liberalizm, 2016 itibarıyla ipi tek başına göğüslemeye devam ediyor. 2011'de İspanya'da vuku bulan 15M hareketi ve Wall Street'ten başlayarak tüm dünyaya yayılan "İşgal Et" eylemleri gibi Batı dünyasını kasıp kavuran toplumsal olaylar demokrasiye, bireyciliğe ve insan haklarına, hatta serbest piyasanın temel işleyişine bile hiçbir şekilde karşı çıkmadı. Bilakis bu liberal fikirlerin hayata geçirilmesinin hükümetlerin görevi olduğunu vurguluyorlardı. Piyasaların "batmasına izin verilemeyecek kadar büyük" şirketler ve bankalar tarafından manipüle edilip yönlendirilmemesini, gerçek anlamda serbest kalmasını istiyorlardı. Paralı lobiler ve güçlü çıkar grupları yerine sıradan vatandaşların menfaatlerini koruyacak doğrudan demokrasi kurumları talep ettiler. Yükselen borsalar ve en sert eleştirileri dillendiren hükümetler bile, dünyayı yönetmek için daha iyi uygulanabilir bir model sunamıyor. Batı'daki akademisyenlerin ve aktivistlerin en büyük eğlencesi liberalizmin açığını yakalamak olsa da onlar bile daha iyi bir öneri sunabilmiş değiller.

Öte yandan Çin, Batı'daki toplumsal protestolardan çok daha zorlu bir mücadele veriyormuş gibi görünüyor. Siyasetini ve ekonomisini liberalleştirmesine rağmen hâlâ ne bir demokrasi ne de gerçek bir serbest piyasa ekonomisi olabilen Çin, 21. yüzyılın ekonomik devi olmaktan geri kalmıyor. Ne var ki ekonomik devin ideolojik olarak etki alanı pek de geniş değil. Hiç kimse, bizzat Çinliler bile, bugünlerde tam olarak neye inandıklarını bilmiyor. Teoride hâlâ komünist olan Çin, uygulamada hiç de öyle değil. Bazı Çinli düşünür ve liderler Konfüçyüsçülüğe dönmeyi denemek istese de bunun artık bir geçerliliği yok. Bu ideolojik boşluk Çin'i Silikon Vadisi'nden doğan (gelecek bölümlerde tartışacağımız) yeni tekno-dinlerin yeşermesi için çok uygun bir zemin hâline getiriyor. Ancak ölümsüzlüğe ve sanal cennetlere inanan bu tekno-dinlerin kök salacak vaziyete gelebilmesi için en az on ya da yirmi yıl daha var. Dolayısıyla günümüzde Çin liberalizme gerçek bir alternatif sunamıyor. Liberal modele alternatif arayan, iflas etmiş ve hayal kırıklığına uğramış Yunanlar açısından bile Çin'i taklit etmek bir seçenek olamaz.

Peki ya radikal İslam hakkında ne diyebiliriz? Ya da köktenci Hıristiyanlık, mesihçi Yahudilik ve uyanışçı Hinduizm nerede duruyor? Çinliler neye inanacaklarını bilemezken tutucu dindarlar kendilerinden çok eminler. Nietzsche'nin Tanrı'nın ölümünü ilan etmesinin üzerinden bir asır geçti ama Tanrı yeniden sahneye dönüyor. Bu görüşün yalnızca bir sanrıdan, bir seraptan ibaret olduğu ortada. Tanrı öldü, uzun sürense cenazeyi kaldırma süreci. Radikal Müslümanlar 21. yüzyılı tam olarak kavrayamadıklarından liberalizm açısından gerçek bir tehdit oluşturamıyor, etrafımızda gelişen yeni teknolojilerin yarattığı görülmemiş tehlikeler ve fırsatlar hakkında kayda değer bir fikir geliştiremiyorlar.

Din ve teknoloji tarihin her döneminde, birbirlerine tango yapan bir çift zarafetiyle yaklaşmıştır. Birbirlerini iterler, birbirlerine tutunurlar ama hiçbir zaman birbirlerinden çok uzak kalamazlar. Her buluş çok farklı şekillerde uygulanabileceği için mühendisler hayati kararlarda bir hedefi işaret ederek istikamet belirleyecek peygamberlere ihtiyaç duyar. Bu yüzden teknoloji dine muhtaçtır. Mühendisler 19. yüzyılda lokomotifi, radyoyu ve içten yanmalı motoru icat etti. Fakat 20. yüzyılın kanıtladığı gibi bunlar hem faşist toplumlarda hem komünist diktatörlüklerde hem de liberal demokrasilerde kullanılabildi. Dini kanaatler olmadan lokomotifler istikametlerini belirleyemedi.

Diğer taraftan teknoloji, elimize bir menü tutuşturarak yiyebileceklerimizin sınırını belirleyen bir garson misali, sıklıkla dini tasavvurlarımızın sınırını ve kapsamını belirler. Yeni teknolojiler eski tanrıları öldürüp yenilerini yaratır. Bu yüzden tarım devriminin ilahları, avcı-toplayıcıların ruhlarından farklıdır. Fabrikada çalışan eller köylülerinkinden başka hayaller peşinde koşar. 21. yüzyılın devrim niteliği taşıyan teknolojileri, ortaçağ öğretilerini yeniden canlandırmak yerine benzeri görülmemiş yeni dini hareketler yaratacaktır. Radikal İslamcılar, "Kurtuluş İslamda," mantrasını tekrarlayabilirler; ancak çağın teknolojik gerçekliğiyle bağını kaybetmiş dinler, soruları bile anlama yetisini yitirmeye mahkumdur. Yapay zeka bilişsel işlerde pek çok insanın yerini alabilecek noktaya geldiğinde işgücüne ne olacak? Amaçsız ve işe yaramaz insanlardan oluşan devasa yeni sınıfın siyasi etkileri neler olacak? Nanoteknoloji ve rejeneratif tıp, seksen yaşını elli yaşına çevirmeyi başardığında ilişkiler, aileler ya da emeklilik fonları nasıl etkilenecek? Biyoteknoloji bebekleri tasarlayabilmemizi sağladığında, zenginle fakir arasındaki uçurum hiç olmadığı kadar derinleştiğinde insan toplumu neye benzeyecek?

Bu soruların yanıtlarını Kur'an'da, İncil'de veya Konfüçyüs'ün *Seçmeler*'inde bulmak imkansızdır çünkü antik Çin'de veya ortaçağda Ortadoğu'da bilgisayarın, genetik biliminin ya da nanoteknolojinin fikri bile söz konusu değildi. Radikal İslam teknolojik ve ekonomik fırtınaların koptuğu bir denizde çapa görevi görmeyi sürdürebilir ancak fırtınada yönünüzü bulabilmek için bir çapadan daha fazlasına, bir haritaya ve dümene ihtiyacınız vardır. Bu yüzden radikal İslam, sadece hüküm sürdüğü coğrafyalarda doğmuş ve yetişmiş insanlara seslenebilir, ama işsiz İspanyol gençlerine ya da endişeli Çinli milyarderlere sunabileceği pek bir şey yoktur.

Yüz milyonlarca insan hâlâ İslama, Hıristiyanlığa ya da Hinduizme inanmaya devam edebiliyor. Oysa sayılar tarihin gidişatında tek başına bir şey ifade etmez. Tarih çoğu zaman geçmişe tutunan kitleler yerine ileri görüşlü bir grup yenilikçi tarafından şekillendirilir. 10 bin yıl kadar önce pek çok insan avcı-toplayıcıyken bir avuç öncü Ortadoğu'da tarıma geçmişti ve gelecek çiftçilerindi. 1850'de insanların yüzde 90'ından fazlası Ganj, Nil ve Yangtze boylarındaki küçük kasabalarda tarımla uğraşırken hiçbiri buhar makinesi, demiryolu ya da telgraf hattı görmemişti. Bu çiftçilerin kaderi, Sanayi Devrimi'nin başını çeken bir avuç mühendis, siyasetçi ve yatırımcı tarafından Manchester ve Birmingham'da çoktan yazılmıştı. Buhar makineleri, demiryolları ve telgraflar yiyecek, tekstil, araç ve silah üretimini olduğu gibi değiştirerek endüstriyel güçlere geleneksel tarım toplumlarının karşısında bariz bir üstünlük sağladı.

Sanayi Devrimi tüm dünyaya yayılarak Ganj, Nil ve Yangtze'nin kıyılarına ulaşmaya başladığında bile insanlar buhar makinesi yerine kutsal kitaplara inanmaya devam ettiler. Günümüzde de tıpkı 19. yüzyılda olduğu gibi insanlığın tüm sorunlarının çözümünün kendilerinde olduğunu söyleyen, hatta Sanayi Devrimi'nin yarattığı sorunları bile çözebileceklerine inanan rahipler, mistik öğretiler veya gurular eksik olmuyor. Örneğin 1820-1880 yılları arasında Mısır (İngiltere'nin desteğiyle) Sudan'ı fethetmiş ve yeni uluslararası ticaret ağlarına dahil etmek amacıyla ülkeyi modernleştirmeye çalışmıştır. İstikrarsız geleneksel Sudan toplumunda geniş tabanlı bir huzursuzluk yaratan bu karar, isyanların patlak vermesine neden olur. 1881'de yerel dini lider Muhammed Ahmed İbnü's Seyyid Abdullah, Mehdi olduğunu ve Tanrı'nın hükmünü dünyada yerine getirmek üzere gönderildiğini ilan eder. Destekçileri İngiliz-Mısır ordusunu dağıtır ve Viktorya İngiltere'sini şok eden bir kararla General Charles Gordon'ın kellesini alarak 1898'e kadar şeriatla yönetilecek Sudan'ı kurarlar.

Aynı esnada Hindistan'da, temelde Vedaların asla yanılmadığını öne süren Hindu diriliş hareketinin başındaki Dayananda Saraswati, 1875'te Vedalara dair bilgileri yaymak amacıyla Arya Samaj mezhebini (Asil Topluluğu) kurar. Aslına bakacak olursanız Dayananda,

Vedaları oldukça özgürlükçü bir yorumla ele alarak kadınlara eşit haklar verilmesi gibi fikirleri bile Batı'dan çok önce desteklemiştir.

Dayananda'nın çağdaşı olmasına rağmen kadınlar hakkında çok daha muhafazakar görüşlere sahip olan Papa IX. Pius, Dayananda'nın insanüstü otoriteye duyduğu hayranlığı paylaşır. Katolik inanç sisteminde bir dizi reforma imza atan Pius, Papa'nın inanç meselelerinde asla hata yapmayacağını öne süren yeni prensipler ortaya koymuştur (ortaçağdan kalma gibi görünen bu görüş, Katolik inanç sistemine 1870'te, Charles Darwin *Türlerin Kökeni*'ni yayımladıktan yalnızca on bir yıl sonra dahil olmuştur).

Papa'nın asla hataya düşemeyeceğini keşfetmesinden otuz yıl kadar önce, Hong Xiuquan adında başarısız Çinli bir âlime bir dizi dini görü malum olur. Hong, Hz. İsa'nın kardeşi olduğunu ve tanrının kendisini ilahi bir vazifeyle görevlendirdiğini iddia eder. Tanrı, Hong'dan 7. yüzyıldan beri Çin'i yöneten Mançu "şeytanlarını" kovmasını ve Cennetin Büyük Barış Krallığını (Taiping Tianguó) yeryüzünde kurmasını ister. Hong'un mesajı, Çin'in Afyon Savaşları'ndaki yenilgisiyle zedelenmiş, modern sanayinin ve Avrupa emperyalizminin gelişiyle sarsılmış milyonlarca çaresiz Çinliyi harekete geçirir.

Hong, krallığa barış getirmek şöyle dursun, 1850-1864 yılları arasında Mançu Qing Hanedanlığı'na karşı yürütülen ve 19. yüzyılın gördüğü en kanlı savaş olan Taiping Ayaklanması'na liderlik eder. Napolyon Savaşları'ndan ya da Amerikan İç Savaşı'ndan katbekat daha fazla, en az 20 milyon insan hayatını kaybeder.

Sanayi Devrimi'yle birlikte fabrikalar, demiryolları ve buharlı gemiler dünyanın her yanına yayılmasına rağmen yüz milyonlar hâlâ Hong, Dayananda, Pius ve Mehdi'nin dini dogmalarına tutunmayı sürdürür. Yine de 19. yüzyılı çoğumuz inanç çağı olarak değerlendirmeyiz. 19. yüzyılın ileri görüşlüleri arasında Mehdi, IX. Pius ya da Hong Xiuquan gibi isimleri değil Marx'ı, Engels'i ve Lenin'i anarız. 1850'de henüz zayıf bir hareket olan Sosyalizm, kısa sürede hız kazanarak Çin ve Sudan'da kendini mesih ilan edenlerden çok daha etkili bir şekilde dünyayı temelinden değiştirmeyi başarmıştır. Ulusal sağlık sistemleri, emeklilik fonları ve bedava okullar için Hong Xiuquan ya da Mehdi'den çok, Marx ve Lenin'e (ve tabii ki Otto von Bismarck'a) minnettar olmamız gerekir.

Peki Marx ve Lenin, Hong ve Mehdi'nin yapamadığı neyi başarmıştır? Sosyalist hümanizm felsefi açıdan İslam ve Hıristiyanlık teolojisinden daha karmaşık ve gelişmiş değildir. Marx ve Lenin antik metinleri ve kehanetleri incelemektense daha çok dönemlerinin teknolojik ve ekonomik gerçekliklerini anlamaya zaman ayırmışlardır. Buhar makineleri, demiryolları, telgraflar ve elektrik daha önce duyulmamış sorunlara yol açarken, kimsenin hayal bile edemeyeceği fırsatlar da yaratmıştır. Yeni kentli proletarya sınıfının deneyimleri, ihtiyaçları ve umutları, İncil'de geçen köylülerinkinden çok farklıdır. Marx ve Lenin bu ihtiyaç ve umutlara cevap verebilmek için buhar makinesinin nasıl çalıştığını, madenlerin nasıl işlediğini, demiryollarının ekonomiyi nasıl şekillendirdiğini ve elektriğin siyaseti nasıl etkilediğini incelemiştir.

Bir gün Lenin'den komünizmi tek cümlede özetlemesi istendiğinde, "Komünizm bütün yetkinin işçi konseylerine verilmesinin yanı sıra tüm ülkeye elektrik sağlanmasıdır," der. Elektrik, demiryolları ve radyo olmadan komünizm de olamaz. 16. yüzyılda Rusya'da komünist bir rejim kurulamazdı çünkü komünizm bilgi ve kaynakların tek bir merkezde toplanmasını gerektirir. "Herkese yeteneğine göre, herkese ihtiyacı kadar" anlayışı, sadece üretim kolayca toplanıp geniş mesafelere hızla dağıtılabildiğinde; tüm olan biten, ülkenin her köşesinde takip edilebilir ve yönetilebilir olduğunda işe yarar.

Marx ve komünistler yeni teknolojik gerçeklikleri analiz edip insanların yeni deneyimlerini anlayabildiklerinden sanayi toplumunun sorunlarına cevap sunabildiler. Ayrıca yeni fırsatlardan yararlanmak için özgün fikirler üretebiliyorlardı. Sosyalistler yeni cesur dünya için yeni cesur bir din yarattılar. Teknoloji ve ekonomiyle gelen bir kurtuluş vaadi inşa ederek ideolojik söylemi temelden değiştirdiler ve tarihin ilk tekno-dinini kurdular. Marx'tan önce insanlar kendilerini üretim biçimlerine göre değil dini inançlarıyla tanımlıyor ve buna göre ayırıyorlardı. Marx'la beraber teknoloji ve ekonomik yapı üzerine cevap aranan sorular, ruh ve öteki dünyayla ilgili münakaşalardan çok daha kıymetli hâle geldi. 20. yüzyılın ikinci yarısında üretim ilişkileri üzerinden kopan bir savaş, neredeyse insan türünün kendi kendini yok etmesine neden olacaktı. Marx ve Lenin'i en sert eleştirenler bile komünistlerin tarih ve toplum alanındaki yaklaşımlarını benimseyerek teknoloji ve üretim ilişkilerine daha çok kafa yormaya başladılar.

19. yüzyılın ortasında çok az insan Marx kadar öngörülüydü; bu nedenle çok az ülke hızlı bir sanayileşme sürecini başarıyla atlatarak dünyayı fethedebildi. Pek çok toplum ne olduğunu anlayamadığından ilerleme trenini kaçırdı. Dayananda'nın Hindistan'ı ve Mehdi'nin Sudan'ı buhar makineleri yerine Tanrı'yla meşgul olmaya devam ederken sanayileşmiş İngiltere tarafından işgal edilip sömürgeleştirildiler. Hindistan henüz son birkaç yıldır İngiltere'yle arasındaki siyasi ve jeopolitik uçurumu kapamak amacıyla adımlar atabilirken Sudan hâlâ çok gerilerden geliyor.

• • •

21. yüzyılın başında ilerleme treni bir kez daha perondan ayrılmak üzere. Bu belki de *Homo sapiens* isimli perondan yapılacak son sefer olacak ve treni kaçıranların ikinci bir şansı olmayacak. Trende bir yeriniz olsun istiyorsanız bu yüzyılın teknolojisini, özellikle de biyoteknolojiyi ve bilgisayar algoritmalarının gücünü kavrayabilmeniz gerekiyor. Buhar makinelerinden ve telgraftan çok daha etkili olacakları gibi kullanım alanları da yiyecek, tekstil, araç ve silah üretimiyle sınırlı kalmayacak. Beden, beyin ve zihin, 21. yüzyılın temel ürünleri olarak konumlanırken bunları üretmeyi bilenlerle bilmeyenler arasındaki fark Dickens İngiltere'siyle Mehdi'nin Sudan'ı arasındakinden çok daha derin olacak. Hatta Sapiens ile Neandertaller arasındakinden bile daha büyük bir farka şahit olacağız. 21. yüzyılda ilerleme trenine yetişenler, yaratmanın ve yok etmenin ilahi kudretini elde ederken, geride kalanlar yok olma tehdidiyle karşı karşıya kalacaklar.

Yüzyıl önce zamanın ruhunu yakalayabilen Sosyalizm, sonrasında yeni teknolojilere ayak uyduramadı. Leonid Brejnev ve Fidel Castro, Marx ve Lenin'in buhar makineleri çağında ürettikleri fikirlere tutunmayı sürdürerek bilgisayarların ve biyoteknolojinin gücünü kavrayamadılar. Liberallerse bilgi çağına çok daha iyi uyum sağladı. Kruşçev'in 1956'daki kehaneti bu yüzden gerçekleşemedi ve böylelikle uzun vadede Marksistleri alt edenler liberal kapitalistler oldu. Marx bugün yeniden dirilseydi, Marksistlere *Das Kapital* okumaya daha az zaman ayırıp internet ve insan genomu üzerine yürüttüğü çalışmalarını okumalarını tavsiye ederdi.

Radikal İslam ise sosyalizmden çok daha kötü bir noktada. Henüz Sanayi Devrimi'ni bile yakalayamamış İslam ülkelerinin genetik mühendisliği ve yapay zeka hakkında söyleyecek pek bir sözü olmamasına şaşırmamak gerekiyor. İslam, Hıristiyanlık ve diğer geleneksel dinlerin dünyanın hâlâ önemli oyuncuları olduğunu söyleyebiliriz. Geçmişte hepsi yaratıcı güçlerdi ama artık ancak tepkisellik üzerinden konumlanabiliyorlar. Hıristiyanlık bugüne kadar görülmemiş bir biçimde, dini itikatlarına taban tabana zıt görüşler yayarak tüm insanların Tanrı önünde eşit olduğunu öne sürer ve siyasi yapıyı, toplumsal hiyerarşiyi, hatta toplumsal cinsiyet ilişkilerini bile kökten değiştirir. Vaazlarında en uysalların ve ezilmişlerin Tanrı'nın sevgili kulları olduğunda ısrar eden İsa, güç piramidini tepetaklak ederek devrimcilere nesiller boyu kullanabilecekleri bir cephanelik sağlar.

Hıristiyanlık toplumsal ve ahlaki reformların yanı sıra önemli ekonomik ve teknolojik yeniliklerin gerçekleştirilmesinde de rol almıştır. Katolik Kilisesi Avrupa'nın en gelişmiş yönetim sistemini kurarak arşivler, kataloglar, zaman çizelgeleri oluşturmuş ve başka veri işleme tekniklerinin öncüsü olmuştur. 12. yüzyılda Vatikan, Avrupa'nın Silikon Vadisi'ne en yakın kurumudur. Kilise Avrupa'nın ilk ekonomik şirketleri olan manastırları kurar ve bin yıl boyunca Avrupa ekonomisinin başını çekerek gelişmiş tarım yöntemleri ve idari yönetimler uygular. Manastırlar saatlerin ilk kullanıldığı kurumlardır, asırlar boyu katedral okulları Avrupa'nın en önemli öğrenim merkezleri olarak hizmet verip bölgenin Bologna, Oxford ve Salamanca gibi ilk üniversitelerinin kurulmasını sağlamıştır.

Bugün Katolik Kilisesi yüz milyonlarca destekçisinin bağlılığından ve bağışlarından faydalanmaya devam eder. Ancak Hıristiyanlık ve tüm diğer tüm teist dinlerin yaratıcı güçlerden tepkisel güçlere dönüşmesi uzun zaman önce gerçekleşti. Yeni teknolojilere, yaratıcı ekonomik yöntemlere ya da çığır açan sosyal fikirlere öncü olmaktansa günü kurtarmanın peşindeler. Genellikle diğer hareketlerin savunduğu teknolojiler, yöntemler ve fikirler karşısında sadece ıstırapla kıvranıyorlar. Biyologlar doğum kontrol ilaçları geliştirirken Papa bu konuda ne yapacağını bilemiyor. Bilgisayar mühendisleri interneti geliştiriyor ve hahamlar, ortodoks Yahudiler internette gezinebilir mi, bunu tartışıyor. Feminist düşünürler kadınları kendi bedenlerini sahiplenmeye çağırırken, ezbere konuşan imamlar bu kışkırtıcı fikirlerle nasıl başa çıkacaklarına kafa yoruyorlar.

Kendinize 20. yüzyılın en etkili keşfinin ya da yaratımının ne olduğunu sorun. Antibiyotik gibi bilimsel keşifler, bilgisayarlar gibi teknolojik buluşlar, feminizm gibi ideolojik yaratımların bulunduğu uzun bir aday listesi arasında yanıt bulmak oldukça zor olacaktır. Şimdi de kendinize 20. yüzyılda İslam ya da Hıristiyanlık gibi geleneksel dinler tarafından ortaya konulmuş en etkili keşfin ya da yaratımın ne olduğunu sorun. Seçecek pek bir şey olmadığı için bu da yanıtlaması çok zor bir sorudur. Rahipler, hahamlar ve imamlar 20. yüzyılda antibiyotikler, bilgisayarlar ve feminizmle aynı kefeye konulabilecek ne buldular? Bu iki soru üzerine kafa yorduktan sonra 21. yüzyılın en köklü değişimlerinin nereden başlayacağını sorun kendinize: IŞİD'den mi, yoksa Google'dan mı? Evet IŞİD belki YouTube'a video yüklemeyi biliyor, ama işkence endüstrisi dışında Suriye ve Irak'tan son dönemlerde ne gibi yenilikler doğdu?

Biliminsanları da dahil olmak üzere milyarlarca insan dini metinleri otorite olarak görmeye devam ediyor ancak bu metinler artık yaratıcı kaynaklar değil. Hıristiyanlığın ilerici kollarında ortaya çıkan kadın dini görevlileri ya da eşcinsel evliliğin kabulünü ele alım mesela. Bu kabulleniş nerede filizlendi? İncil, Aziz Augustin ya da Martin Luther okumalarının aksine Michel Foucault'nun *Cinselliğin Tarihi* ya da Donna Haraway'in "Siborg Manifesto" gibi çalışmalarından esinlenildi.[15] Ancak ne kadar ilerici olursa olsun, inançlı Hıristiyanların, etik değerlerini Foucault ve Haraway'den devşirdiklerini itiraf etmeleri pek mümkün görünmüyor. Bu nedenle İncil, Aziz Augustin ve Martin Luther'e dönerek detaylı incelemeler yapıyorlar. Sayfa sayfa, öykü öykü, dikkatle okuyor ve ihtiyaç duyduklarını bulana dek aramaya devam ediyorlar: Ta ki Tanrı'nın eşcinsel evlilikleri ve kadınların rahipliğe kabulünü kutsadığını iddia edebilmeleri için yaratıcı bir şekilde yorumlayabilecekleri özlü bir söz, bir mesel ya da bir hüküm bulana kadar. Sonrasında da esasen ilhamını Foucault'dan alan bu görüş sanki İncil'den çıkmış gibi davranıyorlar. İncil artık gerçek bir ilham kaynağı olmamasına rağmen, onu hâlen bir otorite olarak koruyorlar.

Bu nedenle geleneksel dinler liberalizme gerçek anlamda bir alternatif olamıyor. Kutsal metinlerinde genetik mühendisliği ve yapay zekaya dair söyleyecek hiçbir şeyleri olmamasının yanında pek çok rahip, haham ve imam biyoloji ve bilgisayar mühendisliğindeki gelişmeleri takip bile edemiyor. Çağ atlatan bu ilerlemeleri anlamak istiyorsanız antik metinleri ezberleyip tartışmak yerine bilimsel makaleler okumaya zaman ayırmalı ve laboratuvar deneyleri yapmak zorundasınız.

Tüm bunlar liberalizmin kazanımlarıyla yetineceği anlamına gelmez. Hümanist din savaşlarından galip çıkmış liberalizmin 2016 itibarıyla hiçbir alternatifi yok. Yine de bu sürekli kazanma hâli, ölümcül mağlubiyetin tohumlarına da gebe olabilir. Her savaştan zaferle çıkmış liberal idealler, insan türünü ölümsüzlük, sonsuz mutluluk ve tanrı mertebesine erişmek gibi ideallerin peşinden sürüklüyor. Müşteri ve seçmenlerin her zaman haklı olduğu dolduruşuna gelen biliminsanları ve mühendisler, liberal projelere çok daha fazla zaman ve enerji ayırıyor. Ancak biliminsanlarının keşfettiği ve mühendislerin geliştirdiği şeyler, farkında olmadan liberal dünya görüşünün sorunlarını ve müşterilerle seçmenlerin körlüğünü ortaya çıkarıyor. Liberalizm, genetik mühendisliği ve yapay zeka dahil tüm maharetini ortaya döktüğünde, demokrasi ve serbest piyasa, tarihin tozlu sayfaları arasında taş bıçaklar, teyp kasetler, İslam ve komünizm kadar köhne kalacak belki de.

Bu kitap insanlığın 21. yüzyılda ölümsüzlüğe ulaştığı, daimi mutluluğu yakaladığı ve tanrı mertebesine ulaştığı iddialarından yola çıktı. Bu iddialar özgün ya da duyulmamış görüşler değiller, sadece liberal hümanizmin geleneksel fikirlerini yansıtıyorlar. Hümanizm insan yaşamını, duygularını ve isteklerini daima kutsadığından, hümanist medeniyetin insan ömrünü uzatmak, insan mutluluğunu ve kudretini olabildiğince artırmak istemesinde şaşılacak hiçbir şey yok.

Bu kitabın üçüncü ve son kısmı bu hümanist rüyayı gerçekleştirme çabasının kendini içten çürüten bir eyleme dönüşmeye mahkum olduğunu, yeni post-hümanist teknolojilerin bu idealin sonunu getireceğini ileri sürüyor. Hislere duyduğumuz hümanist inanç, modern sözleşmenin bedelini ödemeden meyvelerini toplamamızı sağladı. Bizi sınırlayacak ve anlamlandıracak hiçbir tanrıya ihtiyacımız yok artık, müşterilerin özgür tercihleri ve seçmenlerin desteği ihtiyacımız olan anlamı bize sağlıyor. Peki müşterilerin ve seçmenlerin hiçbir zaman özgür tercihler yapmadığını anladığımızda ve teknoloji onların duygularını hesaplamayı, tasarlamayı ve aşmayı başardığında neler olacak? Eğer tüm evren insan deneyimine bağlıysa insan deneyimi süpermarketteki herhangi bir üründen farksız, tasarlanabilir bir ürün hâline geldiğinde ne yapacağız?

III. Kısım

Homo Sapiens Kontrolü Kaybediyor

İnsanlar dünyayı yönetmeye ve anlamlandırmaya devam edebilir mi?

Biyoteknoloji ve yapay zeka hümanizmi nasıl tehdit ediyor?

İnsan türünü kim devralacak, hümanizmin yerine hangi yeni din geçecek?

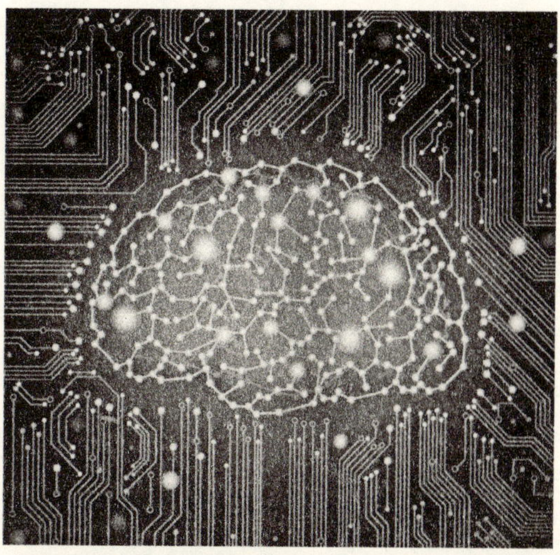

Görsel 38: Bilgisayarlar olarak beyinler, beyinler olarak bilgisayarlar. Yapay zeka artık insan zekasını geçmeye hazır.

8

Laboratuvardaki Saatli Bomba

2016 YILI İTİBARIYLA dünya bireycilik, insan hakları, demokrasi ve serbest piyasadan müteşekkil liberal paketin hakimiyeti altında. Ne var ki 21. yüzyılda bilimin geldiği nokta, liberal düzenin temellerini sarsıyor. Bilim değerlere dair sorularla ilgilenmediğinden, liberaller eşitlikten çok özgürlüğe mi ya da toplumdan çok bireye mi değer verilmeli, bir cevap sunamıyor. Ancak tüm diğer dinler gibi liberalizm de soyut etik yargılar üzerine kuruldur ve beraberinde olgusal önermelere inanır. Bu olgusal önermelerse titiz bilimsel araştırmalara kafa tutamıyor.

Liberaller insanların özgür irade sahibi olduğuna inandıkları için bireysel özgürlüklere çok değer verirler. Liberalizm seçmenin ya da müşterinin neden-sonuç bağlamında deterministik kararlar verdiğini düşünmediği gibi tamamen rastlantısal davranışlar sergilediğine de inanmaz. İnsanlar doğal olarak dış etmenler ve tesadüflerden etkilenir ama günün sonunda her birimiz özgürlüğün büyülü rüzgarına kapılır ve kendi adımıza karar veririz. Bu nedenle liberalizm seçmenleri ve müşterileri el üzerinde tutar, bize kalbimizi dinlememizi, ne iyi hissettiriyorsa onu yapmamızı öğütler. Evreni anlamlı kılan hür irademiz ve "biz"in dışında kalan hiç kimse tercihlerimizi ve hislerimizi tam olarak bilemeyeceğine göre, çıkarlarınızı ve isteklerinizi gözetmesi adına hiçbir Büyük Birader'e güvenemezsiniz.

İnsanların özgür iradeye sahip olduğunu söylemek etik bir yargı değildir; bu iddia dünyanın olgusal bir tanımı olmaya soyunur. Bu sözde olgusal tanım John Locke, Jean-Jacques Rousseau ve Thomas Jefferson'ın zamanında karşılık bulmuş olsa da, yaşambilimlerinin son bulguları arasında kendine uygun bir yer bulamıyor. Özgür irade ve güncel bilim arasındaki çatışma, birçoklarının mikroskoba ve fMRI tarayıcılarına bakarken görmezden gelmeyi tercih ettiği ve laboratuvarlarda konuşulmayan ama varlığı aşikar bir gerçektir.[1]

18. yüzyılda *Homo sapiens* zihnimizin iç işleyişine aklımızın ermeyeceği gizemli bir kara kutu gibiydi. Araştırmacılar birini bıçaklayarak öldüren birinin cinayet işleme nedenine yoğunlaştıklarında, "Çünkü bunu kendisi tercih etti. Özgür iradesiyle cinayet işledi ve bu yüzden suçunun tam sorumluluğunu almak durumunda," sonucuna varabiliyorlardı ve bu genel kabul gören bir akıl yürütmeydi. Geçtiğimiz yüzyılda biliminsanları Sapiens'in kara kutusunun kapağını araladı ve orada ne ruh, ne özgür irade, ne de "benlik" bulamadı, aynı fiziksel ve kimyasal yasalara tabi genler, hormonlar ve nöronlar gerçekliğin geri kalanına hükmediyordu. Bugün biliminsanları birini bıçaklayarak öldüren birinin cinayet işleme nedeni üzerine düşündüklerinde, "Çünkü bunu kendi tercih etti," cevabı hiç tatmin etmiyor. Genetik ve beyin araştırmaları çok daha detaylı yanıtlar verebiliyor: "Beyinde belirli bir genetik yapıyla *şekillenen* şu ve bu elektrokimyasal süreçlerin, evrimsel baskılarla birleşen çeşitli mutasyonları yansıtması nedeniyle cinayeti işledi."

Cinayetle sonuçlanan elektrokimyasal beyin süreçleri deterministik ya da rastlantısal olabilir veya her ikisinin bileşimi şeklinde gerçekleşir ama asla özgürce ortaya çıkmaz. Bir nöron elektrik yüküyle ateşlendiğinde bu dışarıdan gelen bir uyarıya karşı deterministik bir tepkiden de kaynaklanabilir, radyoaktif atomların bozunumu gibi rastlantısal da olabilir. İki durum da özgür iradenin varlığına pek ihtimal tanımıyor. Biyokimyasal olayların zincirleme tepkisinde, her olay bir öncekine bağlıdır, yani kesinlikle özgür değildir. Nükleer kazalar sonucu ortaya çıkan sonuçlar da özgür değildir; sadece rastlantısaldır. Rastlantısal kazalar deterministik süreçlerle birleşince olasılığa dayalı sonuçlar elde etsek de bu özgürce seçimler yapıldığı anlamına gelmez.

Merkezi işletim sistemi radyoaktif bir uranyum kütlesine bağlı bir robot yaptığımızı ve robota sağdaki ya da soldaki butona basmak gibi iki seçenek sunduğumuzu varsayalım. Robot, butonlardan birini seçmek için, bir dakika içinde bozunan uranyum atomlarını sayma komutu alarak sayı çiftse sağdaki, tekse soldaki butona bassın. Böyle bir robotun ne zaman ne yapacağından hiçbir zaman tam olarak emin olamayız; kimse bu mekanizmaya "özgür" diyemeyeceği gibi demokratik seçimlerde oy vermesine izin vermeyecek ya da hukuki olarak davranışlarından sorumlu tutmayacaktır.

Determinizm ve rastlantısallık bilimsel anlayışımızın sınırları dahilinde pastayı aralarında paylaşır ve "özgürlük" için bir parça bile ayırmazlar. Kutsanan "özgürlük" kelimesi, tıpkı "ruh" gibi elle tutulur herhangi bir anlamdan yoksundur. Özgürlük sadece insanların uydurduğu hayali hikayelerde vardır.

Özgürlük son darbeyi evrim teorisinden alır. Evrim nasıl ebedi ruhlarla asla bağdaşmayacaksa özgür irade fikrini de sindiremez. Eğer insanlar özgürse, doğal seçilim onları nasıl şekillendirmiş olabilir? Evrim teorisine göre ister yaşam alanı ve yiyecekler, ister eşler olsun, hayvanların tüm seçimleri genetik kodlarını yansıtır. Bir hayvan uyum sağlamış genleri sayesinde besleyici mantarlar yer ve sağlıklı ve doğurgan bir eş seçerse genleri başarıyla bir sonraki nesle aktarılır. Ancak uyum sağlayamayan genleri yüzünden zehirli mantar yer ve kansızlığı olan bir eş seçerse genleri yok olacaktır. Bu hayvan "özgürce" istediğini yese ve dilediğiyle çiftleşse doğal seçilimin bu hayvan üzerinde kendini gösterebileceği ve çalışabileceği bir alan olamazdı.

İnsanlar bu tür bilimsel açıklamalarla yüz yüze geldiklerinde gerçekleri bir kenara bırakıp özgür *hissettiklerini* ve kendi istek ve kararları doğrultusunda hareket ettiklerini ifade ederler. Doğru, insanlar kendi istekleri doğrultusunda hareket ederler. "Özgür" derken kendi istekleri doğrultusunda davranma yetisini kastediyorsak, evet biz insanlar özgür irade sahibiyiz; tıpkı şempanzeler, köpekler ve papağanlar gibi. Polly kraker istediğinde kraker yiyor.* Ancak sorulması gereken hayati soru papağanlar ya da insanların kendi arzularına göre hareket edip etmediği değil, *ta en başında bu arzuları seçebiliyorlar mı* olmalıdır. Polly salatalık yerine neden kraker istedi? Neden yaptıklarına göz yummak yerine gürültücü komşumu öldürmüyorum? Neden siyah bir araba seçmek yerine kırmızısını almaya daha hevesliyim? Neden sosyal demokratlara değil de muhafazakar bir partiye oy veriyorum? Evet kendi istediğimi yapıyorum ama bu isteklerin hiçbirini seçmiyorum. İçimde belli bir isteğin büyüdüğünü hissediyorum çünkü beynimdeki biyokimyasal süreçler bu duyguyu yaratıyor. Bu süreçler deterministik ya da rastlantısal olabilir ama özgür değildir.

Komşunuzu öldürmek ya da hükümet seçimleri gibi ciddi etkileri olan büyük kararların, anlık duygular yerine ölçülüp tartılmış fikirlerle şekillendiğini öne sürebilirsiniz. Her savı pek çok açıdan değerlendirip birini seçerek herhangi bir partiye oy verebilir ya da evde kalıp oy hakkımı kullanmamayı tercih edebilirim. Bir tartışmada hangi tarafı seçeceğimi söyleyen şey nedir? Deterministik bir süreç sonunda veya tamamen rastlantısal olarak herhangi bir tercihe yönelebilirim. Sonuç ne olursa olsun, beni tercihime ulaştıran düşünce silsilesine "özgürce" vardığım söylenemez.

Bunlar felsefi kurgular ya da hipotezlerden ibaret önermeler değildir. Bugün beyin tarama yöntemleri sayesinde insanların istekleri ve kararları daha kendileri bile fark etmeden öngörülebiliyor. Dev bir beyin tarayıcısına sokulan katılımcılarla gerçekleştirilen bir deneyde deneklere diledikleri zaman basabilecekleri iki buton verilir. Beyindeki nöral aktiviteyi gözlemleyen biliminsanları, katılımcılar henüz butona basmadan, hatta tercihlerinin farkında bile olmadan

* (İng.) "Polly wants a cracker." Bu deyimin kökenine dair farklı rivayetler olsa da, genel kanı Robert Lewis Stevenson'ın *Hazine Adası*'ndaki papağanının tekrarladığı replik olarak popülerleştiğidir. Papağan Polly'nin her koşulda kraker istemesi gibi, koşullardan bağımsız olarak talebinde ısrarcı olma anlamına gelen bir deyim olarak kullanılmıştır. "Crack" kelimesi İngilizcede krakerin yanı sıra bir uyuşturucunun da adı olduğundan deyim zamanla farklı yan anlamlar kazanmıştır.

çok önce tercih edilen düğmeyi belirlemeyi başarırlar. Beyindeki nöral aktiviteler, karar verme bilincinin henüz oluşmadığı ânın birkaç yüz milisaniye öncesinden başlayarak kararın verilmesine birkaç saniye kalana dek gerçekleşir.[2]

Sağ ya da sol butona basmak şüphesiz bir tercihtir. Ancak bu özgür bir tercih değildir. Buradan yola çıkarak özgür iradeye duyduğumuz inancın hatalı bir mantığa dayandığını söyleyebiliriz. Zincirleme bir biyokimyasal tepkime sağ butona basmak istememe neden olur, içtenlikle sağdaki butona basmak istediğimi hissederim. Buraya kadar doğru. Gerçekten de basmak isterim ancak insanlar bir yanılgıya kapılarak basmak isteyişimi *istemeyi tercih ettim* olarak yorumlar. Bu tamamen yanlıştır. İsteklerimi *tercih etmem*, onları sadece *hisseder* ve bu hislere göre davranırım.

Biliminsanları bile sıklıkla miadı dolmuş teolojik kavramları kullanmaya devam ettiğinden, insanlar hâlâ özgür irade üzerine tartışmayı sürdürüyorlar. Yüzyıllar boyunca Hıristiyan, Müslüman ve Yahudi teologlar ruhla irade arasındaki ilişkiye kafa yordu. Her insanın gerçek benliğini oluşturan, manevi öz adını verdikleri bir öz sakladığını varsaydılar. Sonrasında bu özün tıpkı kıyafet, araba ya da ev sahibi olmak gibi çeşitli isteklere haiz olduğunu savundular. Savları şuydu: Tıpkı kıyafet seçer gibi isteklerimi de seçebilirim ve kaderim bu seçimlerle şekillenir. İyi isteklerin sonu cennette, kötülerinkisiyse cehennemde biter. Bu durumda O hayati soru yeniden belirir, isteklerimi tam anlamıyla nasıl seçerim? Havva yılanın sunduğu yasak meyveyi neden yemek istedi? Bu istek ona zorla dayatıldı mı? Tamamen tesadüfen, bir anda içi bu istekle mi doldu? Yoksa "özgür" bir tercih mi yaptı? Tercihi tamamen özgür değilse yaptıklarının sonucunda neden cezalandırıldı?

Ruhun olmadığını kabullendiğimiz anda, insanın "benlik" adını verdiği öz de boşa çıkar ve "Benlik, isteklerini nasıl seçer?" sorusu anlamsızlaşır. Bunun, "Eşin kıyafetlerini nasıl seçer?" sorusunu bekar birine sormaktan pek bir farkı olmasa gerek. Aslına bakarsanız tek bir bilinç akışı bulunur ve arzular bu akışta yükselip alçalan dalgalar misali gelip giderler ancak arzuların sahibi olan sabit bir benlik olmadığından arzularımı deterministik, rastlantısal ya da özgürce mi seçiyorum diye sorgulamanın hiçbir manası kalmaz.

Bunlar akıl almayacak kadar karmaşık görünebilir ama ilginçtir ki bu fikri test etmenin çok kolay bir yolu vardır. Bir daha aklınıza bir fikir geldiğinde bir anlığına durup kendinize sorun, "Neden özellikle bunu düşündüm? Bir dakika önce bunu düşünmem gerektiğini düşündüm ve bu düşünme süreci sonra mı başladı? Yoksa bu fikir nereden geldiği belli olmadan kendiliğinden mi doğdu? Düşüncelerimin ve arzularımın efendisi bensem önümdeki bir dakika boyunca hiçbir şey düşünmemeyi başarabilir miyim?" Deneyip neler olacağına bakın bakalım.

•••

Özgür iradeyi sorgulamak sadece felsefi bir egzersiz değildir. Uygulamalı olarak incelemek de mümkündür. Organizmaların sahiden de özgür iradesi yoksa bu ilaçlar, genetik mühendisliği ya da beyin simülasyonları aracılığıyla onları yönlendirebileceğimiz, hatta kontrol edebileceğimiz anlamına gelir.

Felsefeyi uygulamalı incelemeyi arzu ederseniz robo-rat [robot-fare] laboratuvarlarına bir uğrayın derim. Robo-rat sıradan bir deney faresinden minik bir farkla ayrılır. Biliminsanlarının beyindeki duyu ve ödül merkezlerine yerleştirdiği elektrotlar sayesinde kelimenin tam anlamıyla kumandayla kontrol edilebiliyorlar. Kısa bir eğitim sürecinden sonra araştırmacılar, fareyi sadece sola ya da sağa yönlendirebilmekle kalmıyor, merdivenleri tırmanmasını, çöpleri koklamasını, yüksekten atlamak gibi sıradan farelerin yapmayı sevmediği davranışları sergilemesini bile sağlayabiliyorlar. Robo-rat'lerle yakından ilgilenen ordular ve şirketler, bu hayvancıkların pek çok görevde ve durumda başarılı olmalarını diliyor. Robo-rat'ler enkaz altında kalmış kurbanları bulmakta, bombaların ve bubi tuzaklarının yerini belirlemekte ya da yeraltı mağara ve tünellerinin haritalarını çıkarmakta yardımcı olabilirler.

Hayvan hakları aktivistleriyse bu tür deneylerin farelere acı çektirdiği konusunda endişelerini dile getiriyor. Önde gelen robo-rat araştırmacılarından, State University of New York'ta (SUNY) çalışan Profesör Sanjiv Talwar farelerin bu deneylerden keyif aldığını öne sürerek aktivistlerin kaygılarını kulak arkası ediyor. Farelerin "zevk için çalıştığını" açıklayan Talwar, elektrotlar beyinlerindeki ödül merkezlerini uyardığında "farelerin Nirvana'ya ulaştığını" söylüyor.[3]

Elimizdeki bilgiler farenin başka biri tarafından kontrol edildiğini, kendi iradesi dışında bir şeye zorlandığını hissetmediğini söylüyor. Profesör Talwar uzaktan kumandanın tuşlarına bastığında fare sola gitmek *istediği için* sola doğru ilerliyor. Profesör başka bir tuşa bastığında, fare merdivene tırmanmak *istiyor* ve tırmanıyor. Sonuçta farenin istekleri ateşlenen nöron dizisinden ibarettir. Nöronlar başka nöronlar tarafından mı, Profesör Talwar'ın kumandasına nakledilmiş elektrotlar tarafından mı ateşleniyor, ne fark eder? Belki de fareye sorsanız, "Tabii ki özgür iradem var! Bak, sola dönmek istiyorum ve dönüyorum. Merdivene çıkmak istiyorum ve gördün mü çıkıyorum. Bu özgür iradeмin varlığını kanıtlamaya yetmiyor mu?" diyecektir.

Homo sapiens üzerinde yapılan deneyler, tıpkı fareler gibi insanların da yönlendirilebildiğini ve insan beynindeki doğru noktaların uyarılmasıyla aşk, öfke, korku ya da depresyon gibi karmaşık duyguların bile yaratılabileceğini ya da ortadan kaldırılabileceğini gösteriyor. ABD ordusu yakın dönemde insanların beyinlerine bilgisayar çipleri yerleştirerek travma sonrası stres bozukluğu yaşayan askerleri tedavi etmeyi amaçlayan deneyler yapmaya başladı.[4] Kudüs'teki Hadassah Hastanesi'nde akut depresyon hastaları için devrim niteliğinde yeni tedaviler uygulanıyor. Hastaların beyinlerine takılan elektrotlar, göğüs hizasında cilt altına yerleştirilen çok küçük bir bilgisayara bağlanıyor. Bilgisayardan aldıkları komutlarla elektrotlar zayıf elektrik akımları yollayarak depresyondan sorumlu bölgeleri felç ediyor. Bu tedavi her zaman başarılı olmasa da bazı hastalar hayatları boyunca içlerini kemiren boşluk duygusunun bir anda kaybolduğunu belirtiyor.

Operasyondan aylar sonra durumunun kötüye gittiğinden şikayet eden bir hasta yeniden derin depresyona girdi. İnceleme sonunda doktorlar sorunun kaynağını buldu: Bilgisayarın pili bitmiş. Pili değiştirdikleri anda depresyon da hızla kaybolup yok oldu.[5]

Belli başlı etik sınırlamalar nedeniyle araştırmacılar ancak istisnai durumlarda insan beynine elektrot yerleştirebiliyor. İnsanlar üzerinde yürütülen deneyler, cerrahi girişim gerektirmeyen, tıbbi başlıklar (teknik adıyla transkraniyal doğru akım uyarımı) aracılığıyla gerçekleştiriliyor. Başlığın içine oturtulan elektrotlar kafatasının dışına yerleştiriliyor. Zayıf elektromanyetik alanlar oluşturan başlık, bunları beynin belirli alanlarına yönlendirerek çeşitli beyin aktivitelerini uyarıyor ya da baskılıyor.

ABD ordusu eğitimde ya da sahada olan askerlerin performanslarını yükseltmek ve odaklanmalarını artırmak amacıyla benzer başlıkları kullanarak deneyler yürütüyor. En önemli deneyler, Ohio'daki hava kuvvetleri üssünde bulunan Human Effectiveness Directorate [İnsan Etkinliği Direktörlüğü] tarafından düzenleniyor. Transkraniyal uyarıcıların kazanımları yarattığı heyecana göre sınırlı, sonuçlarsa kesinlikten uzak olmasna rağmen, birçok çalışma bu metodun dikkat gerektiren görevlerde çalışan personelin (insansız hava aracı operatörleri, hava trafiği kontrol görevlileri, keskin nişancılar vb.) bilişsel yetilerini geliştirebileceğini ortaya koyuyor.[6]

New Scientist muhabirlerinden Sally Adee'nin transkraniyal başlığa dair izlenimleri kayda değerdir. Adee'nin keskin nişancıların eğitimlerine katılmasına ve etkileri kendi üzerinde test etmesine izin verilir. Savaş alanı simülatörüne önce transkraniyal başlık takmadan giren Sally, doğrudan üzerine koşan, intihar bombaları ve tüfekler kuşanmış yirmi adam karşısında korkudan nasıl donakaldığını anlatır. "Öldürmeyi başardığım her adamın yerine," diye yazar Sally, "nereden geldiği belli olmayan üç yeni saldırgan beliriyordu. Yeterince hızlı ateş edemediğim aşikardı, panik ve yetersizlik hissiyle sürekli silahımın tutukluk yapmasına sebep oluyordum." Şansına saldırganlar dev ekranlara yansıtılmış video görüntülerinden ibaretti. Yine de kötü performansı yüzünden canı *çok sıkılmış ve* silahını bırakıp simülatörden çıkmak istemişti.

İkinci denemesinde transkraniyal başlığı takan Sally, ağzındaki tuhaf metalik his ve hafif karıncalanma duygusu dışında hiçbir farklılık hissetmediğini aktarır. Sanal teröristleri Rambo ya da Clint Eastwood misali, bir taktik doğrultusunda tek tek haklamaya başlar. "Yirmisi birden silahlarını savurarak *üzerime çullanınca sakince silahımı kaldırdım, derin bir nefes aldım ve* rahatça bir sonraki hedefimi tartarken en yakındakinden başladım. Ne olduğunu anlamadan birinin 'Tamam, bu kadar,' diye seslendiğini duydum. Simülasyon odasının ışıkları açıldı [...] Etrafımı saran insanların ortasında hâlâ saldırganların gelmesini bekliyordum; hatta ekip elektrotlarımı çıkarmaya başlayınca biraz hayal kırıklığına uğradığımı söyleyebilirim. Şaşkınlıkla biri saati ileri mi aldı diye baktım. Yirmi dakika su gibi geçmişti. 'Kaç tane öldürebildim?' diye asistana sorduğumda, alaycı şekilde yanıtladı: 'Hepsini.'"

Bu deney Sally'nın hayatını değiştirir. Takip eden günlerde, "ruhani sayılabilecek bir deneyimden geçtiğini," aktarır: "[...] bu deneyimin daha akıllı hissetmek ya da hızlı öğrenmekle ilgisi yok. Ayaklarımı yerden kesen, hayatımda ilk defa beynimdeki her şeyin susmasıydı... Beynimin kendinden şüphe etmemesi bir çeşit aydınlanma gibiydi. Bir anda kafamda inanılmaz bir sessizlik oluşmuştu [...] Bu deneyimi takip eden haftalar boyunca tek isteğimin geri dönüp o elektrotları takmak olduğunu söylediğimde dilerim beni anlarsınız. Pek çok şeyi sorgulamaya da başladım. Denemekten korktuğum için beni başarısızlığa sürükleyen, kafamın içindeki o huysuz cüceler olmadan ben kimdim? Ve o sesler nereden geliyordu?"[7]

O seslerden bazıları toplumun önyargılarının tekrarıyken, bazılarıysa kendi hikayemizin yankıları ya da genetik mirasımızın kalıntılarıdır. Sally tüm bunların bilinçli kararlarımızı nadiren kavramamıza neden olan görünmez bir hikaye yarattığını söylüyor. İçimizdeki monologları yeniden yazabilsek hatta zaman zaman tamamen susturabilsek ne olurdu?[8]

2016 itibarıyla transkraniyal uyarımlar hâlâ emekleme aşamasında ve olgun teknolojilere dönüşüp dönüşmeyecekleri meçhul görünüyor. Şimdiye dek yalnızca kısa süreler için yetilerimizi geliştirmeyi başardılar; Sally Adee'nin yirmi dakikalık deneyimi tamamen bir istisna (ya da placebo etkisi) olabilir. Pek çok transkraniyal uyarım çalışması, özel koşullarda çalışan çok az sayıda insanla yürütüldü ve uzun dönemdeki etkileri ve zararları hâlâ bilinmiyor. Ne var ki bu teknoloji gerçekten de geliştiğinde ya da beynin elektriksel hareketlerini yönlendirebilecek başka bir yöntem keşfedildiğinde, kim bilir insan denilen varlığın ve insan toplumlarının başına neler gelecek?

İnsanlar sadece teröristleri vurmakta daha etkili olabilmek için beyinlerindeki elektrik devrelerini kurcalamakla kalmayabilir, bu yöntemler çok daha sıradan gündelik hedeflere ulaşmak için de kullanabilir. Daha etkin çalışmak, hobilerinde derinleşmek, matematik sorularını çözebilmek, futbol maçlarına ya da başka bir oyuna odaklanmak listenin başında gelen şeylerden yalnızca birkaçı. Ancak bu müdahaleler düzenli hâle geldiğinde, müşterilerin sözde özgür olan iradesi satın alınabilecek başka bir ürüne dönüşecek. Piyano çalmakta ustalaşmak istiyorsunuz ama ne zaman çalışmanız gerekse televizyon izlemeyi tercih ediyorsunuz. Çözümü var: Başlığınızı takıp doğru uygulamayı yükleyin ve kendinizi bir anda piyano çalmak için yanıp tutuşurken bulun.

Kafanızdaki sesleri susturma ya da yükseltme yeteneği geliştirilmesi sayesinde özgür iradenizin zayıflamaktan çok güçleneceğini öne sürerek karşı çıkabilirsiniz. En kıymetli ve özgün isteklerinizin farkına varamama nedeniniz dış etmenler değil mi zaten? Dikkatinizi toparlayan başlıklar ve benzer cihazlar sayesinde ailenizin, rahiplerin, reklamcıların ve komşuların, kafanızda yankılanan seslerini susturabilir ve *kendi* isteklerinize odaklanabilirsiniz. Ne var ki ilerleyen bölümlerde göreceğimiz gibi, tek bir benliğe sahip olduğumuz ve böylece özgün isteklerimizi kafanızdaki yabancı seslerden ayırabileceğimiz iddiası son dönemdeki bilimsel araştırmalar tarafından alaşağı edilmiş, liberallerin uydurduğu başka bir mitten ibarettir.

Ben? Kimiz biz?

Bilim özgür iradeye duyulan liberal inancı çürütmekle kalmaz, bireyciliğin de kuyusunu kazar. Liberaller, "in-dividual" yani tek ve bölünemez bir benliğe sahip olduğumuza inanır. Yaklaşık 37 trilyon hücreden[9] meydana gelen bedenim, zihnimle beraber her gün sayısız değişim geçiriyor, doğru. Ancak eğer gerçekten kendimi bulmak ister ve tüm dikkatimi buna verirsem, kendi özümü meydana getiren, evrendeki tüm anlam ve otoritenin kaynağı olan tek, açık ve özgün sese derinlerde ulaşabilirim. Liberalizm ancak ve ancak insanın tek bir gerçek benliği varsa anlam kazanır; eğer birden fazla özgün sese sahip olsaydım oy sandığında, süpermarkette ya da eş seçerken hangi sese kulak vermem gerektiğini nasıl bilebilirdim?

Geçtiğimiz yıllarda yaşambilimleri bu liberal hikayenin tamamen uydurma olduğu sonucuna vardı. Tek bir özgün benliğin var olduğu iddiası, ebedi ruhların ya da Noel Baba'nın var olduğunu iddia etmekten öteye daha gerçekçi değil. Kendi içime dönüp derinlere baktığımda, varlığını kabullendiğim o sözde bütünlük, hiçbiri "gerçek benliğimi" temsil etmeyen, birbiriyle çelişen seslerle dağılıyor. İnsanlar bütünlüklü bireyler değil, tam tersine parçalı ve bölünebilirlerdir.

İnsan beyni tabiri caizse kalın bir sinir kablosuyla birbirine bağlı iki yarıküreden oluşur. Her yarıküre bedenin iki farklı tarafını yönetir. Sağ yarıküre bedenin sol tarafını kontrol eder, sol görme alanından gelen verileri işler ve vücudun sağ tarafındaki uzuvların hareketlerinden sorumludur. Sol yarıküre içinse bu işleyişin tam tersi geçerlidir. Bu nedenle beyinlerinin sağ yarıküresinde felç geçirenler zaman zaman bedenlerinin sol tarafını görmezden gelirler (saçlarının yalnızca sağ tarafını tarar ya da tabaktaki yemeklerin yalnızca sağ tarafını yerler).[10]

İki yarıküre arasında çok keskin bir ayrım olmasa da duygusal ve bilişsel farklar bulunur. Pek çok bilişsel etkinlik iki yarıkürede de gerçekleşmesine rağmen yoğunlukları aynı değildir. Örneğin sol yarıküre konuşma ve mantık yürütmede çoğu zaman daha büyük rol oynarken sağ yarıküre uzamsal bilgiyi işlemede daha baskındır.

İki yarıküre arasındaki ilişkiyi anlamamızı sağlayan kritik araştırmaların pek çoğu epilepsi hastaları üzerinde yürütülmüştür. Zorlu epilepsi vakalarında, beynin bir köşesinde patlayan elektrik fırtınaları hızla diğer alanlara yayılır ve akut nöbetlere yol açar. Bu tip nöbetlerde hastalar bedenlerini kontrol edemezken sık ve üst üste gelen nöbetler gündelik hayatlarını devam ettirmelerine engel olacak hâle gelir. 20. yüzyılın ortasında, onca başarısız tedavinin ardından, doktorlar iki yarıküreyi bağlayan kalın sinir kablosunu keserek bir yarıküredeki elektrik fırtınasının diğer tarafa geçmesini engelleyip sorunu bir nebze olsun hafifletmeyi başardılar. Beyin araştırmacıları için bu hastalar, nefes kesen sonuçlar ve muazzam veriler alabildikleri birer altın madeniydi.

Bu tedavinin uygulandığı ayrık-beyin hastaları üzerinde gerçekleştirilen en önemli çalışmalar, 1981'de fizyoloji ve tıp alanında çığır açan araştırmaları sonucu Nobel Ödülü'ne layık görülen Profesör Roger Wolcott Sperry ve öğrencisi Profesör Michael S. Gazzaniga tarafından yürütülmüştür. Bu araştırmalardan birinde büyüyünce ne olmak istediği sorulan ayrık-beyin hastası genç bir çocuk, teknik çizim yapmak istediğini söyler. Çocuk, mantık yürütme ve konuşma yetilerinde hayati önem taşıyan sol yarıküreyle cevap vermiştir. Aynı zamanda sağ yarıküresinde, vokal dil kullanamayan ama kelime bulmacalarındaki gibi harfleri birleştirebilen ikinci aktif bir konuşma merkezi bulunur. Sağ yarıkürenin sesine kulak vermek isteyen araştırmacılar, çocuğun önüne harfler koyar ve bir kağıda, "Büyüyünce ne olmak istersin?" diye yazarlar ve kağıdı çocuğun sol görme alanına denk gelecek şekilde masaya yerleştirirler. Sol görme alanından gelen veri sağ yarıkürede işlenir ama sağ yarıküre vokal dili kullanamadığı için çocuk soruyu yanıtlamaz. Fakat sol eli hızla masada dolaşmaya başlamıştır, dağınık harfleri toparlayarak bambaşka bir isteğini dile getirir ve "otomobil yarışı" yazar. Sizin de tüyleriniz diken diken oldu mu?[11]

II. Dünya Savaşı gazisi WJ de böylesi tuhaf davranışlardan mustariptir. Elleri farklı yarıküreler tarafından kontrol edilen WJ'in iki yarıküresi iletişim kuramadığı için bazen sağ eli bir kapıyı açarken diğer eliyse araya girerek kapatmaya çalışıyordu.

Gazzaniga ve çalışma arkadaşları tarafından yürütülen bir başka deneyde beynin konuşmadan sorumlu sol tarafına bir tavuk ayağının resmi gösterilirken sağ beyne bir kar manzarasının resmi yansıtılır. Hasta PS'ye ne gördüğü sorulduğunda "tavuk ayağı" diye yanıtlar. Daha sonra önüne serilen resimli kartlar arasından, gösterilene en yakın olanı seçmesi istendiğinde (sol beyin tarafından kontrol edilen) sağ eli bir tavuk resmine uzanırken, sol eli aynı anda bir kar küreği resmine gider. Gazzaniga, PS'ye "Neden hem tavuğu hem de küreği seçtin?" diye sorduğunda PS yanıtlar: "Tavuk ayağına yakın olduğu için tavuğu seçtim, kürekse kümesi temizlemek için gerekir."[12]

Bu deneyde gerçekleşen tam olarak nedir? Konuşmayı kontrol eden sol beyin kar manzarası hakkında hiçbir veriye sahip değildir, bu nedenle sol elin neden küreğe doğru uzandığına dair bilgi sahibi değildir. Bu yüzden inanılabilecek bir şeyler uydurur. Bu deneyi pek çok kez tekrarlayan Gazzaniga, sol beynin sözlü yetilerimizin yanı sıra yaşamımızı sürekli anlamlandırmaya çalışan ve inandırıcı hikayeler üretebilmek için dağınık ipuçlarını bir araya getirerek yorumlayan bir iç tercüman işlevi gördüğüne kanaat getirir.

Başka bir deneyde sözel olmayan sağ beyne pornografik resimler gösterilir. Hasta kızarıp kıkırdayarak tepki verir. Ne gördüğünü soran muzip araştırmacılara cevap veren sol yarıküre, "Hiç, sadece parlak bir ışık," diye yanıt verirken hasta eliyle ağzını kapatarak kıkırdamaya devam etmektedir. "Peki neden gülüyorsun?" diye ısrar edildiğinde, mantıklı bir yanıt bulamadığından şaşkına dönen sol yarıküredeki yorumcu, odadaki makinelerin çok komik göründüğünü söyler.[13]

Bunun CIA'in ABD Dışişleri Bakanlığı'ndan habersiz Pakistan'a bir hava saldırısı düzenlemesinden pek de bir farkı yoktur. Gazeteciler bir yanıt alabilmek için Dışişleri Bakanlığı'nın kapısını aşındırdığında, bakanlıktaki yetkililer de inandırıcı bir açıklama uydurmak zorunda kalacaktır. Kamuoyunu yönlendirenlerin hava saldırılarının neden düzenlendiğine dair bir fikri yoktur ve onlara cevap verebilmek için bir şeyler uydururlar. Sadece ayrık-beyin hastaları değil tüm insanlar benzer bir mekanizma kullanır. Kendi istihbaratım, dışişleri bakanlığımın bilgisi dahilinde olmadan türlü işlere kalkışır, bakanlığım da beni kurtaracak hikayeyi uydurur ve genellikle Dışişleri Bakanlığı da kendi uydurduğu fantezilere inanmaya başlar.[14]

•••

İnsanların ekonomik kararlar alırken neleri gözettiğini araştıran davranışsal ekonomistler de benzer sonuçlara vardılar. Daha doğrusu bu kararları *kimin* verdiği sorusu üzerinde durdular. Kim Mercedes yerine Toyota almayı tercih ediyor, kimler tatil için Paris yerine Tayland'ı seçiyor ya da Şangay borsası yerine Güney Kore hazine bonolarına yatırım yapıyor? Pek çok deney bu kararları alan tek bir benlik olmadığına işaret ediyor. Aksine kararlarımız içimizde sürekli çelişen ve çatışan farklı oluşumlardan doğuyor.

2002'de Nobel Ekonomi Ödülü'nü kazanan Daniel Kahneman'ın çığır açan çalışmasında gönüllülerden üç aşamalı bir deneye katılmaları istenir. Deneyin "kısa deneme" olarak adlandırılan etabında katılımcılar ellerini bir dakikalığına 14 °C ısıda su dolu bir kaba sokarlar. Bu sıcaklık seviyesi deneklere acı vermese de rahatsız edebilecek bir soğukluktadır. Altmış saniye sonra deneklere ellerini çıkarmaları söylenir. "Uzun deneme" etabına gelindiğindeyse katılımcılardan diğer ellerini aynı ısıda su dolu başka bir kaba yerleştirmeleri istenir. Ancak altmış saniyenin sonunda kaba gizlice sıcak su ilave edilerek ısı 15 °C seviyesine getirilir. Sıcak su ilave edildikten otuz saniye sonra katılımcılara ellerini sudan çıkarmaları söylenir.

Kimi katılımcılar deneye "uzun deneme" etabıyla başlamıştır. Deneye hangi etaptan başlamış olurlarsa olsunlar, katılımcılar ilk iki etabı tamamladıktan tam yedi dakika sonra deneyin üçüncü ve en önemli kısmına geçerler. Katılımcılardan ilk iki etaptan birini tercih ederek tekrarlamaları istendiğinde katılımcıların yüzde 80'i daha az acılı olduğunu ileri sürerek "uzun denemeyi" tekrarlamayı tercih eder.

Bu basit soğuk su deneyi, liberal dünya görüşünü temelinden sarsar. İçimizde en az iki farklı benliğin olduğunu ortaya çıkarır: Deneyimleyen benliğimiz ve anlatıcı benliğimiz. Deneyimleyen benliğimiz anbean değişen bilincimizdir. Deneyimleyen benliğimiz için "uzun deneme"nin daha kötü olduğu aşikardır. "Kısa deneme" etabında katılımcılar altmış saniye boyunca rahatsız edici bir ısı seviyesine sahip olan 14 °C sıcaklıktaki suyu deneyimler, sonraki etaptaysa aynı rahatsız edici deneyimi yaşayıp çok küçük bir farkla biraz daha iyi sayılabilecek 15 °C sıcaklıktaki suya otuz saniye daha dayanır ama bu küçük iyileştirmeye rağmen "uzun deneme" etabı da hâlâ rahatsız edicidir. Deneyimleyen benliğiniz açısından biraz daha az rahatsız edici bir deneyimi çok rahatsız edici bir deneyime ekleyerek, tüm süreci daha katlanılabilir ve çekici hâle getirmek mümkün değildir.

Ne var ki deneyimleyen benliğiniz hiçbir şey hatırlamaz. Deneyimlenen benlik hikaye anlatamadığı gibi büyük kararlar alırken de nadiren ona danışılır. Anıları hatırlamak, hikayeler anlatmak ve büyük kararlar vermek içimizdeki tamamen farklı bir özün tekelindedir: Anlatıcı benlik. Tıpkı Gazzaniga'nın sol beyin yorumcusu misali, anlatıcı benlik de dur durak bilmeden geçmişi yeniden kurgulamak ve geleceğe dair planlar yapmakla meşguldür. Her gazeteci, şair ve siyasetçi gibi anlatıcı benlik de pek çok kestirme yol kullanmayı tercih eder. Her detayı anlatmadığı gibi sadece can alıcı noktaları ve sonuçları kullanarak hikayeler uydurur. Bir deneyimin değeri, deneyimi oluşturan olayların içindeki dönüm noktalarının ortalaması üzerinden belirlenir. Örneğin soğuk su deneyindeki "kısa deneme" etabı değerlendirilirken, anlatıcı benlik kötü kısım ile (suyun çok soğuk olduğu) en son ânın (suyun aynı sıcaklıkta kaldığı) ortalamasını hesaplayarak "su çok soğuktu" sonucuna varır. Aynı şekilde uzun denemeyi değerlendiren anlatıcı benlik, kötü kısım ile (suyun çok soğuk olduğu) son ânın (suyun sıcaklığının biraz arttığı) ortalamasını alır ve "suyun biraz daha ılık" olduğu sonucuna varır. Anlatıcı benlik iki denemenin sürelerinin farklı olmasına hiç dikkat etmez, sürece karşı kördür. Sonuçta iki denemeden birini tercih etmesi gerektiğinde "suyun biraz daha ılık" olduğuna kanaat getirdiği "uzun deneme"yi seçer.

Anlatıcı benlik ne zaman deneyimlerimizi değerlendirse, sürelerini ihmal ederek "doruk-son kuralını" benimser; sadece doruktaki ve sonraki anları hatırlayarak tüm deneyimi bu ikisinin ortalaması üzerinden değerlendirir. Bu yaklaşımın tüm kararlarımıza geniş etkileri vardır. 1990'ların başında, deneyimleyen ve anlatıcı benlikleri araştırmaya başlayan Kahneman ve Toronto Üniversitesi'nden Donald Redelmeier, kolonoskopiye giren hastalarla çalışmaya başlarlar. Kolonoskopi anüsten küçük bir kamera sokularak bağırsakların incelendiği, çeşitli bağırsak hastalıklarının teşhisinde kullanılan ve pek keyifli olmayan bir deneyimdir. Bu prosedürü olabildiğince acısız uygulamak isteyen doktorlar, sizce işlemin ve dolayısıyla hastanın rahatsızlık süresini mi kısaltmalıdır, yoksa daha yavaş ve dikkatli mi çalışmalıdır?

Bu soruyu yanıtlamak amacıyla Kahneman ve Redelmeier, 154 hastadan kolonoskopi prosedürü sırasında birer dakika arayla acı seviyelerini puanlamalarını ister. Acıyı ölçmek için 0 ila 10 arasında bir ölçeklendirme kullanırlar; 0 puan hiç acı hissedilmediği anlamına gelirken, 10 puan acının katlanılamaz olduğunu belirtmektedir. Kolonoskopi sonrasında hastalara ortalama acı puanları sorulur. Ortalama değerlerin, dakika dakika bildirilen acı seviyelerini yansıtacağını ve kolonoskopi uzadıkça daha çok acı çeken hastaların ortalama acı puanının yükseleceğini tahmin ediyor olmalısınız. Ancak gerçekte sonuçlar oldukça farklıdır.

Aynı soğuk su deneyinde olduğu gibi ortalama acı süreyi görmezden gelerek sadece doruk-son kuralını yansıtır. Sekiz dakika süren kolonoskopinin en kötü ânında 8, son dakikasında 7 puan acı çektiğini bildiren bir hasta, prosedürün genelini puanlaması istendiğinde 7,5 puan acı hissettiğini belirtir. Yirmi dört dakika süren bir kolonoskopi testinde en yüksek acı puanı yine 8'ken, hasta uygulamasının son dakikasındaki acıyı 1 puan olarak değerlendirir ve testin ortalama acı puanı sorulduğunda 4,5 cevabını verir. Kolonoskopinin üç kat daha uzun sürerek toplamda çok daha fazla acıya neden olması, hastanın hafızasında hiçbir iz bırakmaz. Anlatıcı benlik deneyimleri biriktirmez, ortalamalarını alır.

Peki hastaların tercihi daha kısa ve ağrılı bir kolonoskopi mi, yoksa daha uzun ve dikkatli bir uygulama mıdır? Hastaların iki farklı benliğinin farklı beklenti ve istekleri olduğundan bu soruya tek bir yanıt vermek mümkün değildir. Deneyimleyen benliğe sorduğunuzda muhtemelen kısa süren kolonoskopiyi tercih edecektir. Anlatıcı benlikse son anlarla en kötü anların ortalamasını alacağı için uzun kolonoskopiyi seçecektir. Anlatıcı benliğe kulak verecek olursak doktorlar gerekmediği hâlde testin son etabını uzatıp bilinçli olarak hafifçe canınızı acıtırlarsa, deneyimin tümünün daha az travmatik geçeceğini söyleyecektir.[15]

Pediatristler ve veterinerler de bu yönteme başvurur. Muayenehanelerinde bir kavanoz dolusu şeker bulundurur ve can yakan iğneler ya da rahatsız edici muayenelerden sonra çocuklara (ya da köpeklere) bir avuç şeker verirler. Anlatıcı benlik doktor ziyaretini hatırladığında, son andaki on saniyelik mutluluk tüm muayenenin endişe ve ağrısının anılarını götürüverir.

Evrim bu hileyi pediatristlerden çok önce keşfetmişti. Doğum sırasında kadınların yaşadığı dayanılmaz acılar düşünüldüğünde aklı yerinde hiçbir kadının bir daha doğurmak istemeyeceği varsayılabilir. Ancak doğumun sonunda ve takip eden günlerde hormon sistemi ağrıyı azaltan ve rahatlamayla beraber mutluluk hissi de yaratan kortizol ve beta-endorfin hormonları salgılar. Bunların yanı sıra bebeğe duyulan sevgi ve arkadaşlar, aile üyeleri, dini dogmalar ve milliyetçi propagandalar sayesinde doğum travması olumlu ve mutlu bir anıya dönüşür.

Tel Aviv'deki Rabin Tıp Merkezi'nde yürütülen bir çalışma, doğum anısının genellikle doruk ve son anlardan oluştuğunu, genel sürecin doğum anısının oluşmasında neredeyse hiçbir etkisi olmadığını göstermiştir.[16] Başka bir çalışmada 2428 İsveçli kadından doğumun üzerinden iki ay geçtikten sonra doğum anılarını anlatmaları istenir. Aktarılan deneyimlerden yüzde 90'ı ya olumlu ya da çok olumludur. Bu olumlu bildirimler, kadınların çektikleri acıyı unut-

Görsel 39: Meryem'in bebek İsa'yı kucakladığı bir resim. Pek çok kültürde doğum bir travmadan ziyade benzersiz bir deneyim olarak aktarılır.

tukları anlamına gelmez elbette, yüzde 28,5'i yaşadıklarını hayal edilebilecek en kötü acı olarak aktarır. Ancak bu acı bile deneyimlerini olumlu değerlendirmelerinin önüne geçemez. Anlatıcı benlik bir elinde keskin bir makas, diğerinde kalın uçlu siyah bir kalemle anılarımızla oynar. En korkunç anları sansürlerken mutlu sonla biten hikayelerimizi arşivler. [17]

Eş, kariyer, ev ya da tatil gibi hayati seçimlerimiz anlatıcı benlik tarafından yapılır. İki tatil planından birini seçmeniz gerektiğini düşünün. Virginia'da Jamestown'ı ziyaret ederek 1607'de Kuzey Amerika'daki ilk İngiliz yerleşiminin kurulduğu tarihi kolonyal kasabayı görebilirsiniz. Başka bir seçenek olarak ister Alaska'da doğa yürüyüşlerine katılır, ister Florida'da güneş banyosu yapar, ister Las Vegas'ta seks, uyuşturucu ve kumarla dizginlenemez âlemlere akarak hayalinizdeki tatili gerçekleştirebilirsiniz. Tek bir şartla: Hayalinizdeki tatili seçtiğinizde, eve dönmeden önce tüm anılarınızı silecek bir ilaç almanız gerekmektedir, Vegas'ta olan Vegas'ta kalmalıdır. Hangi tatili tercih ederdiniz? Pek çok insan anlatıcı benliği öne alarak tarihi Jamestown'a gitmeyi seçer; çünkü sadece hikayelerle ilgilenen anlatıcı benlik eğer hatırlayamayacaksa aklını başından alacak deneyimleri ciddiye bile almaz.

Doğrusunu söylemek gerekirse deneyimleyen benlik ile anlatıcı benlik, tamamen bağımsız olmaları bir yana, sıkı sıkıya birbirlerinin içine geçmişlerdir. Anlatıcı benlik hikayelerini yazarken (tek kaynak olarak görmese de) değerli hammaddeler olarak deneyimlerimizi kullanır. Bu hikayeler de deneyimleyen benliğin hissettiklerini şekillendirir. Ramazan'da oruç tutarken, tıbbi bir muayeneden önce ya da paramız olmadığı için yemek yiyemediğimizde hissettiğimiz açlık duyguları birbirinden farklıdır. Anlatıcı benlik tarafından açlığımıza yüklenen farklı anlamlar, gerçek deneyimi bambaşka yaşamamızı sağlar.

Üstelik deneyimleyen benlik çoğu zaman anlatıcı benliğin en iyi hikayelerini bile sabote edebilecek kadar güçlüdür. Diyelim ki büyük bir kararlılıkla diyet yapmaya ve her gün spor salonuna gitmeye karar verdim. Bu tür büyük kararlar anlatıcı benliğin kontrolündedir. Bir sonraki hafta spor salonuna gitme vakti geldiğindeyse deneyimleyen benlik geçer direksiyona. Bugün spora gidemeyeceğim, der ve onun yerine pizza sipariş edip koltuğa kurulur televizyon izlerim.

Ne var ki pek çoğumuz kendimizi anlatıcı benlikle tanımlarız. "Ben" dediğimizde yaşadığımız onca deneyimin yerine kafamızın içindeki hikayeyi kastederiz. Hayatın çılgın karmaşasını evirip çevirerek görünüşte mantıklı ve tutarlı masallar uyduran bir iç mekanizmayla kendimizi tanımlarız. Hikayenin yalanlar ya da mantık hatalarıyla dolu olması, defalarca baştan yazılması, bugünün hikayesinin yarınınkiyle açıkça çelişmesinin hiçbir önemi yoktur. Önemli olan sadece beşikten mezara (hatta belki de sonrasında bile) değişmeyen tek bir benliğe sahip olduğumuz hissini koruyabilmemizdir. Sonuç olarak bir birey olduğuma ve tüm evrene anlam kazandıran net ve tutarlı bir iç sese sahip olduğuma duyulan liberal inanç sorgulanabilir hâle gelir.[18]

Hayatın Anlamı

Anlatıcı benlik, Jorge Juis Borges'in "Bir Sorun" isimli hikayesinin yıldızıdır.[19] Hikaye Miguel Cervantes'in meşhur romanına adını bahşeden Don Quijote üzerinedir. Don Quijote efsanevi bir kahraman olduğu ve sevgilisi Dulcinea del Toboso'yu kurtarmak için devlerle savaştığı hayali bir dünya kurar kendisine. Gerçekte kırsalda yaşayan yaşlı bir adamdır Don Quijote, adı da Senyör Kesada'dır. Asil sevgilisi Dulcinea yakındaki kasabada yaşayan, görmemiş çirkin bir köylü kızı, kahraman şövalyenin savaştığı devlerse yeldeğirmenleridir. Tüm bu hayallere yürekten inanan Don Quijote bir gün gerçek bir insana saldırıp onu öldürürse ne olur diye düşünür Borges. İnsanlık hâline dair temel bir soru yöneltir: Anlatıcı benliğimiz tarafından örülen tüm bu masallar bir gün kendimize ya da etrafımızdakilere korkunç acılar çektirirse ne olur? Borges'e göre üç olasılık vardır.

İlk ihtimalde gerçek bir adam öldürmekten zerre rahatsızlık duymayan Don Quijote'nin hayatı ciddi bir değişime uğramaksızın akıp gider. Sanrıları o kadar güçlüdür ki bir cinayet işlemiş olmakla yeldeğirmenleriyle savaşmayı birbirinden ayıramaz. İkinci ihtimalde birinin canına kıyan Don Quijote öylesine korkar ki sanrılarından sıyrılır. Tıpkı ülkesi için canını vermeye hevesli genç bir er gibi savaşın gerçekleri karşısında hayal kırıklığına uğrar ve gerçeklerin farkına varır.

Üçüncü olasılıksa daha karmaşıktır ama sağlam temellere oturur. Hayalindeki devlerle savaşırken Don Quijote aslında sadece rol kesmektedir. Ne zaman ki birini öldürür, fantezilerine daha da sıkı sıkıya bağlanır; korkunç günahına sadece onlar bir anlam kazandırabilir. Çelişkili gelse de, hayali hikayelerimiz için ne kadar çok fedakarlık yaparsak onlara o kadar tutunuruz. Yaptığımız fedakarlıkları ve çektirdiğimiz acıları anlamlandırabilmemizin tek yolu budur.

Bu durum siyasette "Şehitlerimizin Kanı Boşa Dökülmedi" olarak karşımıza çıkar. İtalya 1915'te İtilaf Devletleri'nin yanında I. Dünya Savaşı'na katılır ve amacının Avusturya-Macaristan İmparatorluğu tarafından "haksızca" alıkonulmuş iki "İtalyan" bölgesi olan Trento ve Trieste'yi "özgürleştirmek" olduğunu ilan eder. İtalyan siyasetçiler parlamentoda ateşli konuşmalar yaparken, tarihi düzelteceklerine ve antik Roma'nın ihtişamlı günlerine döneceklerine ant içerler. Yüz binlerce İtalyan askeri cepheye "Trento ve Trieste için!" nidalarıyla gider. Bu işin çocuk oyuncağı olduğunu düşünürler.

Ne var ki olaylar hiç de bekledikleri gibi gelişmez. Avusturya-Macaristan ordusu Isonzo Nehri boyunca güçlü bir savunma hattı kurar. On bir kanlı çarpışma boyunca atağa geçmeye çalışan İtalyanlar en fazla birkaç kilometre ilerleyebilir ve savunma hattını delemezler. İlk karşılaşmada 15 bin, ikincide 40 bin, üçüncüdeyse tam 60 bin asker kaybederler. On birinci çarpışmaya kadar dehşet dolu iki yıl geçer. Caporreto Muharebesi olarak da bilinen on ikinci karşılaşmada Avusturyalılar karşı saldırıya geçer ve rahatça yendikleri İtalyanları neredeyse Venedik'in kapılarına kadar sürerler. İhti-

Görsel 40: Isonzo Muharebeleri'nin kurbanları. Fakat fedakarlıkları boşuna mıydı?

şamlı macera kanın gövdeyi götürdüğü bir kıyıma dönüşür. Savaşın sonunda neredeyse 700 bin İtalyan askeri hayatını kaybetmiş, bir milyondan fazlası yaralanmıştır.[20]

İlk Isonzo çarpışmasını kaybeden İtalyan siyasetçilerin önünde iki seçenek vardı. İlki hatalarını kabul ederek bir barış antlaşması öne sürmekti. İtalya'dan bir talebi olmayan Avusturya-Macaristan İmparatorluğu çok daha güçlü bir rakibe, Ruslara karşı hayatta kalma savaşı vermekle meşgul olduğundan bu teklifi memnuniyetle kabul ederdi. Nasıl olur da siyasetçiler 15 bin askerin ailelerine, eşlerine ve çocuklarına, "Çok üzgünüz, bir hata yaptık. Genç Giovanni de Marco da bir hiç uğruna öldü, umarız anlayışla karşılarsınız," diyebilir? Bunu diyemezlerse başka bir seçenek olarak: "Giovanni ve Marco kahramandı! Trieste'nin İtalyan olabilmesi için canlarını verdiler, biz de bu fedakarlıklarının boşa gitmemesini sağlayacağız. Zafer bizim olana dek çarpışacağız!" demeleri gerekirdi. Hiç şaşırmayacağınız gibi siyasetçiler ikinci seçeneği tercih ettiler ve ikinci karşılaşmada 40 bin asker daha kaybettiler. Siyasetçiler "şehitlerimizin kanı boşa dökülmesin" diyerek tekrar tekrar savaşmanın en iyi seçenek olduğuna karar verdiler.

Ne var ki yalnızca siyasetçileri suçlamak yanlış olur. Kitleler de savaşı desteklemeye devam etti. Savaştan sonra İtalya talep ettiği toprakların tamamını elde edemeyince, İtalyan demokrasisi İtalyanların tüm fedakarlıklarının hak ettiği karşılığı bulacağına söz veren Benito Mussolini ve faşistlerini iktidara getirdi. Bir anne babaya oğullarının sebepsiz yere öldüğü söylemek siyasetçiler için zorken, ebeveynlerin bunu kendilerine itiraf etmesi çok daha acı, kurbanlar içinse daha da ıstırap vericiydi. Bacağını kaybeden sakat bir asker, "Bacağımı kendisinden başka kimseye hizmet etmeyen siyasetçilere inanacak kadar aptal olduğum için kaybettim," diye itiraf edeceğine, "İtalyan ulusunun bekası için kendimi feda ettim," diyerek kendini telkin etmeyi tercih eder. Istıraba anlam verdiği için bir fanteziyle yaşamak gerçeklikten çok daha kolaydır.

Rahipler bu yöntemi binlerce yıl önce keşfetmiştir. Birçok dini törenin ve buyruğun altında da aynı mantık yatmaktadır. İnsanları tanrılar ve uluslar gibi hayali oluşumlara inandırmak istiyorsanız kıymetli bir şeyler feda etmelerini sağlamanız gerekir. Bu fedakarlık ne kadar acı verirse hayali oluşumun varlığı da o denli inandırıcı olur. Roma tanrısı Jüpiter'e bir boğa kurban eden yoksul bir köylü, Jüpiter'in varlığına iyice kani olur, aksi takdirde bu aptallığına nasıl bir açıklama getirebilir? Sonrasında boğalarını kurban etmeye devam eder ki önceki tüm hayvanlarını boşa öldürdüğünü itiraf etmek zorunda kalmasın. İtalyan ulusunun şanı için çocuğumu ya da komünist devrime bacaklarımı feda ettiysem, tam da bu sebepten, fanatik bir İtalyan milliyetçisine ya da ateşli bir komüniste dönüşebilirim. Milliyetçi İtalyan mitleri ya da komünist propagandalar uydurmaysa çocuğumun ölümü ya da kendi sakatlığımın hiçbir anlamı olmadığını kabul etmek zorunda kalırım. Çok az insanın bunu itiraf edebilecek yüreği vardır.

Ekonomi de aynı mantıkla işler. 1999'da İskoç hükümeti yeni bir parlamento binası inşa etmeye karar verir. Asıl plana göre inşaat iki yılda tamamlanacak ve 40 milyon sterline mal olacaktır; ancak çalışmalar beş yıl sürer ve inşaatın maliyeti 400 milyon sterlini bulur. Müteahhitler her seferinde öngörülemeyen zorluklarla karşılaşır ve yeni masraflar çıkarır, İskoç hükümetinden sürekli daha fazla ödenek isterler. Hükümetse her ek bütçe talebinde, "Bu işe çoktan on milyonlar yatırdık, şimdi bırakırsak harcadıklarımız boşa gideceği gibi elimizde yarısı tamamlanmış bir iskelet kalacak. 40 milyon sterlin daha verelim," der. Ellerinde yarısı bitmiş bir yapı kalsın isteme-

Görsel 41: İskoçya Parlamento binası. Sterlinlerimiz boşa akıp gitmedi.

diklerinden baskılar giderek artar, müteahhitlerin talepleri her ay tekrarlanır. Hikaye kendini tekrar ederken masraflar ilk tahminlerin on katına çoktan ulaşmıştır bile.

Bu tuzağa sadece hükümetler değil özel şirketler de düşer ve başarısız yatırımlar yüzünden milyonlar batırırlar. Bireyler de mutsuz evliliklere ya da açmaza girmiş kariyerlerine tutunurlar. Anlatıcı benliğimizin geçmişteki acılarımızın herhangi bir anlamdan yoksun olduğunu itiraf etmektense gelecekte de ıstırapla kıvranmayı tercih eder. Geçmişimizdeki hatalarla eninde sonunda yüzleşirsek anlatıcı benliğimiz bu hatalara yeni anlamlar yükleyebilmek için anlatının rotasını tam tersi yöne kırması gerekir. Örneğin savaş karşıtı bir savaş gazisi kendine şunu söyleyebilir: "Evet, bir hata yaptım ve bacaklarımı kaybettim ama bu hata sayesinde savaşın kimseye fayda getirmeyen bir cehennem olduğunu gördüm ve hayatımı barış için savaşmaya adadım. Sakatlığımın artık olumlu bir anlamı var, bana barışın kıymetini gösterdi."

Demek ki benlik de tıpkı uluslar, tanrılar ve para gibi hayali bir kurgudur. Her birimizin önemli olmayan deneyimleri buruşturup bir kenara atan karmaşık ve gelişkin bir iç sistemi vardır. Önemli deneyimlerse izlediğimiz filmler, okuduğumuz romanlar, dinlediğimiz konuşmalar ve keyfini sürmek istediğimiz birkaç hayalin birleşiminden oluşur. Bu hikaye bize kimi seveceğimizi, kimden nefret edeceğimizi ve kendimizle nasıl baş edeceğimizi söyler. Bu hikaye uğruna, gerekirse canımızı bile feda ederiz. Her birimizin kendine özgü bir rolü vardır; kimi bir trajediyi yaşar, kimileri sonu gelmeyen dini bir dramada rol alır, bazıları hayatı aksiyon filmi misali sürdürürken pek de azımsanmayacak bir grup da bir komedideymişçesine yaşar gider. Sonuçta hepsi birer kurgudur.

•••

Peki hayatın anlamı nedir o zaman? Liberalizm dışsal bir varlıktan medet umarak bize hazır bir anlam sunmasını beklememememiz gerektiğinde ısrar eder. Onun yerine her seçmen, müşteri ve seyirci kendi özgür iradesini kullanarak sadece kendi için değil tüm evren için anlamlar yaratmalıdır.

Ancak yaşambilimleri özgür bireylerin bir dizi biyokimyasal algoritmanın uydurduğu kurgulardan ibaret olduğunu öne sürerek liberalizmin savlarını zayıflatır. Her an, beynin biyokimyasal mekanizmaları hızlıca yanıp sönen deneyim kıvılcımları yaratır. Daha sonra başka kıvılcımlar yanıp söner ve bu böylece sürer. Bu anlık deneyimlerin hiçbiri sonsuza kadar baki kalacak bir öz ortaya çıkaramaz. Anlatıcı benlik hiç bitmeyen kurgular yaratıp her deneyime ait olduğu yeri göstererek bir anlam kazanmasını sağlar ve bu karmaşaya bir düzen getirir. Ne kadar ikna edici ya da yoldan çıkarıcı olursa olsun, her hikaye kurgudur. Ortaçağda haçlılar hayatlarına anlam veren Tanrı'ya ve cennete inanıyordu, modern liberallerse özgür tercihlerin hayatlarını anlamlandıracağını düşünüyor. Her iki taraf da hayal dünyasında yaşıyor.

Özgür irade ve birey kavramlarının sorgulanması yeni bir şey değil elbette. İki bin yıldır Hindistan, Çin ve Yunanistan'daki düşünürler "bireysel benliğin bir sanrı olduğunu" iddia ediyor. Ancak bu tür sorgulamalar ekonomi, siyaset ve gündelik hayata doğrudan etki etmediği sürece tarihin seyrini değiştiremez. Bilişsel uyumsuzluğun piri olan biz insanlar, laboratuvarlarda başka, mahkemelerde ya da parlamentolarda bambaşka şeylere inanıyoruz. Nasıl ki Hıristiyanlık Darwin *Türlerin Kökeni*'ni yayımladığı gün yok olmadıysa liberalizm de biliminsanları bireylerin özgür iradeye sahip olmadığı sonucuna vardığında ortadan kalkmayacak.

Richard Dawkins, Steven Pinker ve yeni bilimsel görüşün yeni kahramanları bile liberalizmden vazgeçmiyor. Yüzlerce sayfayı benliği ve özgür iradeyi yapıbozumuna uğratmak uğruna harcadıktan sonra, sanki evrimsel biyoloji ve beyin araştırmaları alanlarındaki tüm akıl almaz gelişmelerin Locke, Rousseau ve Jefferson'ın etik ve siyasi düşüncelerinde hiçbir etkisi yokmuşçasına entelektüel taklalar atıp yeniden mucizevi bir şekilde 18. yüzyıla ayak basıyorlar.

Ancak radikal bilimsel yaklaşımlar gündelik teknolojiye, sıradan davranışlara ve ekonomik yapılara dönüştüğünde, bu ikili oyunu sürdürmek gittikçe zorlaşacak. Biz ve mirasçılarımız muhtemel dini inançlar ve siyasi kurumların yenilendiği bambaşka bir doktrine ihtiyaç duyacağız. Üçüncü binyılın başında liberalizm yalnızca "özgür birey yoktur"un işaret ettiği felsefi düşünceyle değil, somut teknolojilerle de tehdit ediliyor. Bireylerin özgür iradelerine geçit vermeyecek çok yönlü araçların ve yapıların geliştiği bir akınla karşılaşmak üzereyiz. Peki demokrasi, serbest piyasalar ve insan hakları üzerimize yağacak bu gelişmelerin karşısında durabilecek mi?

9
Büyük Kopuş

GEÇTİĞİMİZ SAYFALARDA liberal felsefeyi zayıflatan bilimsel keşifler arasında hızlı bir tura çıktık. Şimdi bu bilimsel gelişmelerin uygulamadaki etkilerini inceleyebiliriz. Liberaller özgür iradeyi anlamın ve otoritenin en önemli kaynağı kabul ettikleri ve her bireyinin özgün bir değer taşıdığına inandıkları için serbest piyasayı ve demokratik seçimleri el üstünde tutar. 21. yüzyılda görülen üç *uygulamalı* gelişme, bu inançları tarihe gömebilir:

1. İnsanlar ekonomik ve askeri değerlerini yitirecek, böylelikle ekonomik ve siyasi sistem insanlara bu kadar değer vermeyi bırakacak.
2. Sistem kitlesel olarak insanlara değer vermeye devam edecek ama bireyler önemsizleşecek.
3. Sistem bazı özgün bireylere değer vermeye devam edecek ancak bu özgün insan toplulukları kitlelerden farklı olarak sürümleri yükseltilmiş yeni bir süperinsan eliti oluşturacaklar.

Şimdi bu üç önermeyi detaylıca inceleyelim. Öncelikle teknolojik gelişmeler insanları ekonomik ve askeri alanlarda işe yaramaz hâle getirdiğinde, liberalizm felsefi açıdan boşa çıkmasa da demokrasinin, serbest piyasanın ve diğer liberal kurumların böylesi bir sarsıntıdan nasıl sağ çıkacağını kestirmek zor olacaktır. Sonuçta liberalizm yalnızca felsefi önermelerinin doğruluğu sayesinde hakim ideoloji hâline gelmedi. Her insana değer vermek siyasi, ekonomik ve askeri açıdan da en mantıklı tercihti. Modern endüstriyel savaşların devasa meydanlarında, modern endüstriyel ekonominin toplu üretim sistemlerinde her insana ihtiyaç vardı. Tüfek tutabilecek ya da alet kullanabilecek her el kıymetliydi.

1793'te Avrupa kraliyet hanedanları Fransız Devrimi denilen yılanın başını daha küçükken ezmek amacıyla ordularını yolladıklarında Paris'teki ateşli devrim taraftarları buna karşılık *levée en masse* [genel seferberlik] ilan ederek topyekun savaş başlattılar. 23 Ağustos'ta Milli Meclis kararını açıkladı: "An itibarıyla Cumhuriyet'in düşmanları topraklarımızdan atılana dek bütün Fransızlar ordunun emri altındadır. Gençler savaşacak, evli erkekler silah üretip ordulara taşıyacak, kadınlar çadır ve üniforma dikip hastanelerde çalışacak, çocuklar ketenden sargı bezi dokuyacak, yaşlı erkekler meydanlara gidip savaşçıları cesaretlendirerek krallara duyulan öfkeyi hatırlatacak ve Cumhuriyet'in birliğini duyuracaktır." [1]

Bu hüküm Fransız Devrimi'nin en önemli belgesi olan ve tüm vatandaşların eşit siyasi haklara ve değere sahip olduğunu dile getiren İnsan ve Yurttaş Hakları Bildirisi'nin muhtevası hakkında aydınlatıcı bilgiler içerir. Evrensel hakların, evrensel zorunlu askerlikle aynı tarihsel bağlamda ilan edilmesi sizce de bir tesadüf müdür? Araştırmacılar iki konu arasındaki ilişkiyi kaçamak cevaplarla geçiştirmeye çalıştılar. Takip eden iki yüzyıl boyunca demokrasinin kendini savunma refleksi açık ve netti: İnsan haklarını savunmak gerekir çünkü demokratik ülkelerdeki işçilerin ve askerlerin performansı, diktatörlüklerdeki işçilerin ve askerlerin performansından daha yüksektir. İnsanlara siyasi haklar tanımak motivasyonlarını artırır ve yetkiyi ele almaları için onları teşvik eder. Bu formül hem meydanlarda hem de fabrikalarda sorunsuz işlemektedir.

1869–1909 yılları arasında görev yapan Harvard rektörü Charles W. Eliot 5 Ağustos 1917'de *New York Times*'a *şöyle* yazmıştı: "Demokratik ordular aristokrasinin komuta ettiği, zorbalıkla yönetilen ordulardan daha iyi savaşır [...] kitlelerin yasaları belirlediği, kamu görevlilerini seçtiği, barış ve savaş meselelerini çözdüğü ulusların orduları, ulu Tanrı'nın emri doğrultusunda doğuştan gelen hakları sayesinde başa geçmiş bir zorbanın ordusundan daha iyi çarpışır."[2]

I. Dünya Savaşı'nın hemen sonrasında kadınlara oy verme hakkının tanınmasının ardında da benzer bir mantık yatıyordu. Endüstriyel savaşlarda kadınların hayati rolünün fark edilmesinden sonra, ülkeler barış dönemlerinde kadınlara siyasi haklar verme ihtiyacı duydu. 1918'de kadınlara oy hakkı verilmesini destekleyen Başkan Woodrow Wilson ABD Senatosu'na I. Dünya Savaşı'nda kadınların yerini şöyle anlatacaktı: "Kadınların çalıştıkları alanlarda canla başla verdikleri mücadelenin yanı sıra muharebede erkeklerin görev aldığı her yerde, her alandaki hizmetleri olmasaydı ne ABD ne de savaşa dahil olan herhangi bir millet bu savaşta çarpışabilirdi. Eğer onlara oy hakkı konusunda verilebilecek tüm ayrıcalıkları tanımazsak güvenilmez olmakla kalmaz bir daha güvenlerini asla hak edemeyiz."[3]

21. yüzyılda hem kadınlar hem de erkekler askeri ve ekonomik değerlerini yitirebilirler. İki dünya savaşının kitlelere zorunlu kıldığı askeri hizmetlere artık ihtiyaç yok. 21. yüzyılın gelişmiş orduları en ileri teknolojilere güveniyor. Cephede ölmeye giden erler yerine, iyi eğitimli az sayıda asker, hatta daha da az sayıda süpersavaşçı ve gelişmiş teknolojiler üretmeyi ve kullanmayı bilen bir avuç uzman yetiyor da artıyor bile. İnsansız hava araçlarını kuşanmış ileri teknolojiler ve siber virüsler 20. yüzyılın dev ordularının yerine geçerken generaller her geçen gün daha fazla kritik kararı algoritmalara devrediyor.

Korku, açlık ve yorgunluk karşısındaki hassasiyetleri ve öngörülemez olmaları bir yana, kanlı canlı askerler anlamsız bir zaman ölçeğinde düşünüyor ve hareket ediyorlar. Nebukadnezar döneminden Saddam Hüseyin'inkine dek gelişen sayısız teknolojiye rağmen savaşlar gerçek bir zaman ölçeğinde yaşanıyordu. Tartışmalar saatler, çarpışmalar günler, savaşlar yıllarca sürüyordu. Buna karşılık artık siber savaşlar birkaç dakika içinde yaşanıp bitebiliyor. Tekinsiz bir durum sezen siber kumanda nöbetindeki bir teğmen, hemen

Görsel 42 - 42a: Somme Muharebesi'nde askerler 1916. İnsansız hava aracı.

Beyaz Saray'a haber verecek rütbeli üstünü arayacaktır. Başkan kırmızı hatta ulaşana kadarsa savaş çoktan kaybedilmiş olacaktır. Yeterince karmaşık bir siber saldırı ABD'nin güç ağını çökertebilir, ABD uçuş kontrol merkezlerini dağıtabilir, nükleer santrallerde sayısız kazaya ve kimyasal sızıntılara yol açabilir; polisin, ordunun ve istihbarat servislerinin iletişim ağlarını bozabilir, mali kayıtları silerek trilyonlarca doların kime gittiğinin izini bile bırakmadan buhar olup uçmasına neden olabilir. Halkın paniğe kapılmasını engelleyecek tek şeyse internet, televizyon ve radyolara erişimin engellenmesidir. Ancak erişim olmadığında insanlar felaketin boyutlarından bihaber olabilir.

Örneği biraz daha daraltalım. İnsansız hava araçlarından ikisinin havada kapıştığını ve bu araçlardan birinin insan bir operatör emir vermeden ateş edemezken diğerininse tam otomatik olduğunu düşünelim. Sizce hangisi kurtulacaktır? 2093'te köhne Avrupa Birliği insansız hava araçlarını ve sibogları yeni Fransız Devrimi'ni bastırmak amacıyla yolladığında Paris Komünü de sahip olduğu tüm bilgisayarları, akıllı telefonları ve hackerları devreye sokacak, elimizdeki insan gücüyse canlı kalkan olmaktan fazla bir işe yaramayacaktır. Bugün bile güç dengesinin olmadığı çarpışmalarda sıradan vatandaşların büyük bir kısmı gelişmiş silahlar karşısında sadece canlı kalkan işlevi görmektedir.

Adalete zaferden daha çok önem verseniz bile askerlerinizi ve pilotlarınızı robotlar ve insansız hava araçlarıyla değiştirmeyi tercih etseniz iyi olur. İnsan askerler öldürür, tecavüz eder ve yağmalar, kendilerine mukayyet olmaya çalıştıklarında bile yanlışlıkla masum sivillerin canlarını alırlar. Etik algoritmalarla programlanmış bilgisayarlar uluslararası ceza mahkemelerinin son hükümlerine çok daha kolay riayet edecektir.

Ekonomik alanda da düğmeye basma ya da cıvata sıkma yeteneği eskiye göre değersizleşerek liberalizmle kapitalizmin pek değerli ittifakını tehlikeye atıyor. 20. yüzyılda liberaller etik ve ekonomi arasında seçim yapmak zorunda kalmayacağımızı düşünüyordu. İnsan hak ve özgürlüklerini korumak etik bir mecburiyet olduğu kadar büyümenin de anahtarıydı. İngiltere, Fransa ve ABD, ekonomilerini ve toplumlarını liberalleştirdikleri için refaha kavuşmuşlardı. Türkiye, Brezilya ve Çin de aynı rahata kavuşmak istiyorsa bu yolu takip etmeliydi. Her örnekte geçerli olmasa da çoğunlukla zorbaları ve cuntaları liberalleşmeye götüren nedenler etikten ziyade ekonomikti.

21. yüzyılda liberalizm kendini pazarlamakta daha da zorlanacak. Kitleler ekonomik değerlerini yitirirken, insan hak ve özgürlüklerini korumak etik meşruluğundan bir şey kaybetmeyecek. Peki etik savlar tek başlarına yeterli olacak mı? Elitler ve hükümetler ekonomik olarak fayda sağlamadıklarında da insanlara değer vermeye devam edecekler mi?

Geçmişte sadece insanların yapabildiği pek çok iş vardı. Şimdiyse robotlar ve bilgisayarlar arayı kapatıyor. Belki yakın zamanda birçok görevi layıkıyla ve insanlardan çok daha başarılı şekilde yerine getirecekler. Bilgisayarların insanlardan çok farklı işlediği ve kısa dönemde insanlara benzemeyecekleri doğru. Hassasiyet geliştirip hisler aracılığıyla deneyimler elde ederek bilinç kazanmayacaklar. Geçtiğimiz yıllarda bilgisayar zekasında akıl almaz gelişmeler kaydedilmesine karşın, bilgisayar bilincinde hiç ilerleme gösterilmedi. 2016'da bilgisayarlar 1950'lerdeki prototiplerinden daha bilinçli değiller. Ancak çok önemli bir devrimin eşiğindeyiz. İnsanlar ekonomik değerlerini yitirmek üzereler çünkü zeka bilinçten ayrılıyor.

Bugüne kadar yüksek zeka her zaman gelişmiş bir bilinçle birlikte anıldı. Yalnızca bilince sahip varlıklar satranç oynamak, otomobil kullanmak, hastalıklara teşhis koymak ya da teröristleri belirlemek gibi yüksek zeka gerektiren işleri yapabiliyordu. Artık bu tür görevleri insanlardan çok daha iyi yapan ancak bilince sahip olmayan yeni zeka türleri geliştirmeye başladık. Tüm gelişmeler kısa bir süre sonra bilinci-olmayan algoritmaların bir ağın noktalarını birleştirme konusunda insan bilincini aşabileceğini gösteriyor.

Bilimkurgu filmleri genellikle insan zekasına yetişecek ya da onu aşacak bilgisayarların bilinç geliştirmek zorunda olduğunu varsayar. Ancak gerçek bilim bambaşka bir yönde ilerliyor. Süperzekaya doğru ilerleyen birden fazla yoldan yalnızca birkaçı doğrudan bilinçten geçiyor. İnorganik bilgisayarların evrimi, bu dar boğazların etrafından dolanarak bambaşka ve çok daha kestirme bir yoldan süperzekaya varabilir.

Bu noktada karşımıza yeni bir soru çıkıyor: Zeka mı yoksa bilinç mi daha önemlidir? İkisi bir arada olduğu müddetçe, hangisinin daha kıymetli olduğunu sorgulamak felsefeciler için öylesine bir meşgaleden ibaretti. Ancak 21. yüzyılda bu soru siyasi ve ekonomik bir meseleye dönüşüyor. Ordular ve şirketler açısından değerlendirildiğinde cevabın çok net olması insanın gerçeklikle yüzleşmesini sağlıyor: Zeka olmazsa olmaz hâle gelirken bilinç zorunlu olmayan bir tercih artık.

Ordular ve şirketler akıllı yapay ajanlar olmadan işleyemezken bilince ve öznel deneyimlere ihtiyaç duymazlar. Kanlı canlı taksi şoförlerinin bilinçli deneyimleri, hiçbir şey hissetmeden kendi kendine yol alan bir otomobilden daha zengindir. Taksici, Seul'un kalabalık sokaklarında ilerlerken dinlediği müziğin keyfini çıkarabilir. Gökyüzündeki yıldızlara hayranlıkla bakarken zihni açılabilir ve evrenin sırları üzerine kafa yorabilir. Küçük kızının ilk adımları karşısında gözleri mutluluktan dolabilir. Sistem bunlarla ilgilenmez, taksicinin olabildiğince ucuz, güvenli ve hızlı şekilde yolcularını A noktasından B noktasına ulaştırmasını ister. Sürücüsüz otomobiller müzikten keyif almasalar ya da varoluşumuz karşısında hayret duyamasalar da görevlerini pek çok şoförden daha iyi yerine getirebilir.

Atların Sanayi Devrimi'yle birlikte değişen kaderini kendimize hatırlatmalıyız. Sıradan bir çiftlik atı koku alabilir, insanları tanıyabilir, çitlerden atlayabilir, herhangi bir Ford modelinden ya da milyon dolarlık Lamborghini'den çok daha fazlasını yapabilir. Buna rağmen otomobiller hepi topu bir avuç şeyi iyi yaptıkları için değil sistemin beklentilerini karşılayabildikleri için atların yerini almayı başardılar. Taksi şoförleri de büyük ihtimalle atların kaderini paylaşacaktır.

İnsanların taksi ve otomobil kullanmalarını yasaklayıp bilgisayarlara trafikte tam yetki verebilirsek, tüm araçları tek bir ağa bağlayabilir ve fiilen tüm kazaları ortadan kaldırabiliriz. Ağustos 2015'te Google'ın sürücüsüz aracı karşıdan karşıya geçmek isteyen yayaları fark edip frene bastığında, o sırada dikkatini yola vermek yerine belki de evrenin sırlarına kafa yoran dikkatsiz bir sürücünün kullandığı bir otomobil Google'ın aracına arkadan çarptı. Eğer araçların *her ikisi de* birbirine bağlı bilgisayarlar tarafından kontrol ediliyor olsaydı bu kaza meydana gelmeyecekti. Algoritma kontrol ettiği her aracın konumunu ve muhtemel hareketlerini bileceğinden, iki aracının çarpışmasına izin vermeyecekti. Bu tür bir sistem ciddi bir zaman ve kaynak tasarrufu sağlayarak pek çok hayatı kurtarabileceği gibi otomobil kullanma deneyimini anlamsızlaştırarak milyonlarca insanı işinden edebilir.[4]

Bazı ekonomistler gelişmemiş insanların er ya da geç tamamen hurdaya çıkacağını öngörüyor. Robotlar ve üç boyutlu yazıcılar gömlek üretimi gibi kol gücüyle yapılan işlerde işçileri yerinden ederken, üstün zekalı algoritmalar da beyaz yakalı çalışanların pozisyonlarını dolduracak. Kısa süre öncesine kadar otomasyon tehlikesinden korunabilen banka memurluğu ve turizm temsilciliği gibi meslek grupları artık nesli tehdit altında olan türler. Uçak biletlerimizi akıllı telefonlarımızdaki algoritmalarla satın alırken kaç turizm temsilcisine ihtiyaç duyuyoruz artık?

Borsacılar da tehlike altında. Pek çok alım ve satım işlemi, bir insanın bir yılda inceleyebileceği veriyi saniyeler içinde işleyebilen ve göz açıp kapayıncaya kadar tepki verebilen bilgisayarlar tarafından yürütülüyor. 23 Nisan 2013'te Suriyeli hackerlar Associated Press'in (AP) resmi Twitter hesabını ele geçirerek, saat 13.07'de Beyaz Saray'ın saldırıya uğradığını ve Başkan Obama'nın "yaralandığını" yazdı. Haberleri denetleyen işlem algoritmaları duruma anında tepki verdi ve çılgınca hisse satmaya başladı. ABD'nin önemli borsa endeksi Dow Jones serbest düşüşe geçerek altmış saniye içinde yüz elli puan birden düştü ve 136 milyar dolar değer kaybetti! Saat 13.10'da Associated Press atılan tweetin sahte olduğunu doğruladı. Algoritmalar dişlileri ters yöne çevirdi ve saat 13.13 itibarıyla Dow Jones neredeyse tüm kayıplarını geri kazandı.

Bu olaydan üç yıl kadar önce, 6 Mayıs 2010'da New York borsası daha büyük bir şok dalgası yaşadı. 14.42 ile 14.47 arasındaki beş dakikada Dow Jones bin puan birden düşerek çöktü ve bir trilyon dolar buharlaşıp yok oldu. Takip eden üç dakika içinde tekrar çıkış yaparak çöküş öncesi seviyelerine döndü. Paramızın kontrolünü süper-hızlı makinelere teslim ettiğimizde başımıza bunlar gelebiliyor. Uzmanlar hâlâ "Flash Crash" [Ani Çöküş] adını verdikleri olayın ne olduğunu anlamaya çalışıyorlar. Sorunun algoritmalarda olduğunu biliyoruz ama neyin ters gittiğinden emin değiliz. ABD'de bazı borsacılar, algoritmik işlemlerin insan karşısında adaletsiz bir hız avantajına sahip olduğunu, bu yüzden de haksız rekabet yarattığını öne sürerek mahkemeye başvurdular bile. Algoritmik işlemlerin herhangi bir hak ihlali yapıp yapmadığını araştırmak gibi deliye pösteki saydıracak türden bir iş, avukatlara fazla mesai ve yüklü danışma ücretleri olarak geri dönecektir tabii.[5]

Öte yandan bahsi geçen avukatlar da insan olmak zorunda değiller. Filmler ve diziler avukatların günlerini mahkeme salonlarında "İtiraz ediyorum!" diye bağırıp etkileyici nutuklar atarak geçirdiği izlenimini yaratır. Halbuki çoğu avukat vaktinin ciddi bir kısmını bitmek bilmeyen dosyaların arasında, emsaller ve yasalarda boşluklar arayarak ya da ufacık bir delilin peşinde koşarak geçirir. Kimileri kimliği belirsiz maktullerin öldüğü gece neler olduğunu çözmeye çalışırken, kimileri de müvekkillerini akla gelebilecek her türlü durumdan koruyabilecek devasa sözleşmeler hazırlar. Karmaşık algoritmalar bir insanın ömrü hayatında derleyebileceği emsalleri bir günde toplayabildiği ya da beyin taramaları tüm yalanları tek bir tuşla ortaya çıkarabildiği zaman bu avukatlara ne olacak? Deneyimli avukatlar ve dedektifler bile insanların yalanlarını yüz ifadelerinden ya da ses tonlarından hemen anlayamaz. Yalan söylemek beyinde doğruyu söylediğimiz zaman çalışan bölgelerden farklı alanları kullanmamıza neden olur. Henüz bu noktaya varmış olmasak da yakın bir gelecekte fMRI taramaları hatasız yalan makineleri gibi işleyebilir. O zaman milyonlarca avukat, hakim, polis ve dedektife ne olacak? Belki de okullara geri dönüp yeni meslekler edinmeleri gerekecek.[6]

Yeni eğitim hayatlarına başlamak için sınıfa girdiklerindeyse algoritmaların yine kendilerinden bir adım önde olduğunu görecekler. Mindojo gibi şirketler matematik, fizik ve tarih öğretmekle kalmayıp bir yandan da kullanıcıyı inceleyerek tam olarak kim olduğunu öğrenebilen interaktif algoritmalar geliştiriyor. Dijital öğretmenler verdiğim her cevabı ve ne kadar sürede verdiğimi değerlendiriyor. Zamanla kendime has zayıflıklarımla beraber güçlü yanlarımı da keşfediyor. Beni neyin heyecanlandırdığını, ne zaman derste gözlerimin kapandığını belirleyebiliyor. Termodinamik ve geometriyi, diğer öğrencilerin yüzde 99'una uymasa bile benim seviyeme özel yöntemlerle öğretiyor. Sabrını kaybetmediği için asla öğrenciye bağırmayan dijital öğretmenler greve de gitmiyor. Bu kadar zeki bilgisayar programlarının olduğu bir dünyada neden termodinamik ve geometri öğrenmeye ihtiyaç duyarım, orası da meçhul tabii.[7]

Doktorlar bile algoritmaların açık hedefi hâline gelmiş durumda. Doktorların ilk görevleri doğru teşhis koymak ve ardından en uygun tedaviyi önermektir. Yüksek ateş ve ishal besin zehirlenmesinin işareti olabileceği gibi mide virüsü, kolera, dizanteri, sıtma, kanser ya da bilinmeyen yeni bir hastalığın habercisi de olabilir. Doktorumun doğru teşhis koyabilmek için birkaç soru sorabileceği ve üstünkörü bir genel muayeneden fazlasını sunamayacağı beş dakikası vardır çünkü sağlık sigortam ancak bu kadarına imkan sağlar. Daha sonra doktor, benden aldığı azıcık bilgiyi kişisel hastalık geçmişim ve dünyadaki sayısız illetle karşılaştırır. Ne var ki en titiz doktor bile geçmişteki tüm rahatsızlıklarımı ve kontrollerimi hatırlayamayacağı gibi her hastalık ve ilacı tanıyamaz, tıp dergilerinde yayımlanmış her akademik makaleyi okumaya vakit bulamaz. Yetmezmiş gibi doktorlar da zaman zaman yorgun, aç, hatta hasta olabilirler ve bu nedenle değerlendirme süreçleri etkilenebilir. Teşhislerinde sık sık yanılan, en uygun tedaviyi öneremeyen doktorların varlığına şaşmamak gerek.

Şimdi de 2011'de *Jeopardy!* [Riziko] adındaki televizyon yarışmasının tüm şampiyonlarını yenen IBM'in ünlü yapay zeka sistemi Watson'ı ele alalım. Watson bugünlerde hastalık teşhisleri gibi ciddi bir konuyla ilgileniyor. Watson gibi bir yapay zeka, doktorlar karşısında muazzam avantajlara sahiptir. Öncelikle bir yapay zeka tıp tarihinde bilinen her türlü hastalığa dair bilgiyi veritabanında saklayabilir. Veritabanını her gün yeni araştırmaların sonuçlarının yanı sıra dünyadaki her hastane ve klinikte toplanan tıbbi istatistiklere göre güncelleyebilir.

İkinci olarak Watson benim tüm genom haritamı ve günbegün tıbbi bilgilerimi kaydedebileceği gibi ebeveynlerimin, kardeşlerimin, kuzenlerimin, komşularımın ve arkadaşlarımınkileri de yakından takip edebilir. Watson yakın zamanda tropik bir ülkeye mi gittim, tekrarlayan mide enfeksiyonları mı yaşıyorum, ailemde bağırsak

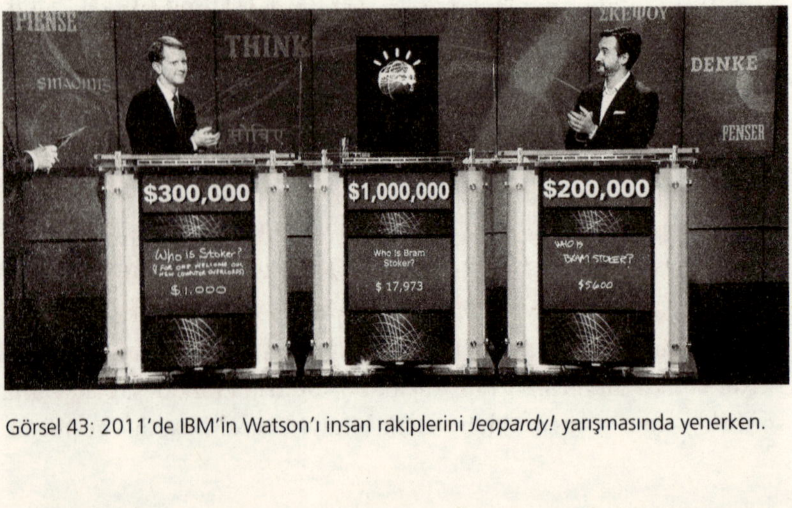

Görsel 43: 2011'de IBM'in Watson'ı insan rakiplerini *Jeopardy!* yarışmasında yenerken.

kanseri geçmişi var mı ya da şehirdeki herkes o sabah ishal şikayetiyle mi geldi, anında bilebilir.

Üçüncü olarak Watson asla yorulmadığı, acıkmadığı ya da hastalanmadığı gibi bana bolca zaman ayırabilir. Salonumdaki koltuğumda otururken yüzlerce soruya cevap vererek Watson'a nasıl hissettiğimi anlatabilirim. Bu durum hastalık hastası hipokondriyaklar dışında çoğu hasta için mükemmel bir gelişme sayılabilir. Bugün mezuniyetinizden yirmi yıl sonra hâlâ aile doktoru olabileceğiniz beklentisi içinde tıp fakültesine gidiyorsanız belki de tekrar düşünmeniz iyi olabilir; boynuzun kulağı geçeceği aşikar. Watson gibileri etrafta olduğu sürece, Sherlocklara ihtiyaç kalmayacak gibi duruyor.

Bu tehlike sadece pratisyen hekimlerin değil uzmanların da ensesinde artık. Öyle ki kanser gibi görece spesifik bir konuda uzmanlaşan doktorları yerinden etmek belki de çok daha kolay olacak. Yakın zamanda yürütülmüş bir deneydeki bilgisayar algoritması, akciğer kanseri vakalarından yüzde 90'ını doğru teşhis ederken doktorların başarı oranı yüzde 50'lerde kaldı.[8] Gelecek çoktan kapımıza dayanmış durumda. Akciğer tomografisi ve mamografi gibi teknolojiler standart algoritmalar tarafından kontrol edilerek doktorlara ikinci bir fikir sunuyor, zaman zaman doktorların kaçırdığı tümörleri yakalayabiliyor.[9]

Watson ve benzerleri, bir sürü teknik aksaklık yüzünden henüz doktorları bir gecede işlerinden edemiyor. Ancak zor olsa da bu teknik sorunlar elbet bir gün çözülecek. Bir doktoru eğitmek yıllar alan karmaşık ve pahalı bir süreçtir. On yıl eğitim ve asistanlığın ardından elinizde sadece tek bir doktor olur. İkinci bir doktor için aynı süreci baştan tekrarlamanız gerekir. Halbuki Watson'a ket vuran teknik aksaklıkları çözdüğünüzde, dünyanın her köşesinde yedi gün yirmi dört saat erişilebilir sayısız doktorunuz olabilir. Toplam maliyet yüzlerce milyar dolara çıkacak olsa da bu yatırım uzun vadede insan doktorları eğitmekten çok daha ucuza gelecektir.

Tabii tüm bunlar doktorların ortadan kalkacağı anlamına gelmez. Yakın gelecekte insanlar, sıradan teşhisler koymaktan çok yaratıcılık gerektiren işleri ellerinde tutmaya devam edecekler. Tıpkı 21. yüzyıl ordularının elit özel harekat güçlerine devşirilmesi gibi gelecekteki sağlık hizmetleri de tıbbi özel harekat timlerine yer açmaya başlayabilir. Ancak orduların milyonlarca ere ihtiyaç duymaması gibi, gelecekteki sağlık servisleri de milyonlarca pratisyen hekime gerek duymayabilir. Eczacılar doktorlardan çok daha önce bu duruma düşecektir. 2011'de San Francisco'da açılan bir eczane tek bir robotla işliyor. Robot, eczaneye gelen müşterilerin tüm reçetelerine, bu reçetelerle alınan ilaçların ve şüphelenilen alerjilerin detaylı bir listesine saniyeler içinde ulaşıyor. Yeni reçetede yazılmış ilaçların birbiriyle tepkimeye girip yan etkiye yol açabilme ihtimalini hesaplıyor ya da alerjileri tetikleme durumunu kontrol ediyor ve müşteriye gerekli ilacı veriyor. Robot eczacı ilk yılında tek bir hata bile yapmadan iki milyondan fazla reçeteyi karşılayabildi; kanlı canlı bir eczacıysa kendisine gelen reçetelerin ortalama yüzde 1.7'sinde hata yapıyor. ABD'de bu sayı yılda her yıl 50 milyondan fazla hatalı reçeteye tekabül ediyor![10]

Kimileri algoritmaların teknik konularda doktorlar ve eczacılardan başarılı olabileceğine katılsa da insan dokunuşuna alternatif olamayacaklarını öne sürüyor. Eğer akciğer tomografiniz kanser olduğunuzu belirlediyse bunu size değer veren ve empati kurabilen bir doktordan mı yoksa bir makineden mi duymak istersiniz? Peki bu haberi kelimelerini kişiliğinize göre seçebilecek, size değer veren ve empati kuran bir makineden duymaya ne dersiniz? Organizmaların algoritmalar olduğunu ve Watson'ın duygu durumunuzu tümörlerinizi tespit ettiği kadar doğru belirleyebildiğini unuttunuz mu yoksa?

Watson tansiyonunuzu, beyin aktivitenizi ve biyometrik verilerinizi inceleyerek duygu durumunuzu belirleyebilir. Yaşamınız boyunca kurduğunuz sosyal iletişime dair milyonlarca istatistiki veriyi analiz ederek ses tonunuzdan ne duymak istediğinizi saptayabilir. İnsanlar övündükleri duygusal zekaları yüzünden sıklıkla kendi duygularında boğulur ve yapıcı olmayan tepkiler verir. Öfkeli bir karakter karşısında bağırmaya başlar, korkmuş biri karşısında endişeye kapılırlar. Watson'ın dikkati bunlarla dağılmaz. Hislerden yoksun olduğundan istisnasız her duygusal hâlimize en uygun tepkiyi verebilir.

Chicago merkezli Mattersight gibi öncü şirketler, müşteri hizmetleri gibi alanlarda bu fikri kısmi olarak uygulamaya başladı bile, firma ürünlerini artık şu reklamlarla pazarlıyor: "Biriyle ilk kez konuştuğunuz anda iyi anlaşabildiğinizi hissettiniz mi hiç? Bu büyülü his, kişisel bir bağlantı kurabilmenin sonucudur. Mattersight dünyanın her köşesindeki çağrı merkezlerinde her gün bu duyguyu yaratıyor." [11] Bir talep ya da şikayetle çağrı merkezini aradığınızda, çağrınız bir temsilciye yönlendirilmeden önce genellikle birkaç saniye bekletilirsiniz. Mattersight'ın kullandığı sistemler aramanızı akıllı bir algoritmaya aktarır. Algoritma talebinizi dinlerken kelime tercihlerinizi ve ses tonunuzu inceler, o anki ruh hâlinizi belirlerken kişiliğinizi de analiz eder; dışadönük bir insan mısınız yoksa içe kapanık mı? İsyankar mısınız yoksa yardıma mı ihtiyaç duyuyorsunuz? Bu bilgiler ışığında algoritma sizi ruh hâlinize ve kişiliğinize en uygun temsilciye aktarır. Algoritma, şikayetlerinizi sabırla dinleyerek empati kurabilecek biri mi size yardımcı olabilir yoksa en hızlı teknik çözümü sunacak rasyonel bir temsilciye mi ihtiyaç duyuyorsunuz, bunun kararını verir. İyi bir eşleşme mutlu bir müşteri ve müşteri hizmetleri bölümleri için daha az para ve zaman kaybı anlamına gelir.[12]

İşlevsiz Sınıf

İşlevsiz bu kadar insanla ne yapacağımız 21. yüzyıl ekonomisinin en önemli sorusu hâline geldi. Bilinci olmayan ama alabildiğine yetenekli algoritmalar neredeyse her şeyi daha iyi idare etmeye başladığında, bilinç sahibi insanlar ne yapacak?

Tarih boyunca insanlar üç temel sektörde istihdam edilmiştir: tarım, sanayi ve hizmet. 1800'lere kadar nüfusun ağırlıklı bir kısmı tarımda istihdam olurken, sanayi ve hizmet sektöründe yalnızca bir azınlık çalışıyordu. Sanayi Devrimi'yle beraber gelişmiş ülkelerde insanlar tarlalarını ve sürülerini bıraktı. Nüfusun çoğu sanayide çalışmaya başlarken gitgide daha fazla insan hizmet sektörüne kaydı.

Geçtiğimiz yıllarda sanayi alanındaki bazı işler ortadan kalktıkça hizmet sektörünün hacmi arttı ve gelişmiş ülkeler bir devrim daha yaşadılar. 2010'da ABD nüfusunun yalnızca yüzde 2'si tarımda, yüzde 20'si sanayide çalışırken yüzde 78'iyse hizmet sektöründe çalışıyor, doktorluk, öğretmenlik, tasarımcılık gibi meslekler icra ediyordu. Algoritmalar insanlardan daha iyi teşhis etmeye, öğretmeye ve tasarlamaya başladığında ne yapacağız?

Hiç de yeni sayılmayacak bu soru, Sanayi Devrimi'nden beri makineleşme nedeniyle kitleler hâlinde işsiz kalmaktan korkan insanların kafasını kurcalıyor. Bazı meslekler zamanla ölürken yerine yenileri doğdu ama bugüne kadar insanların makinelerden daha iyi yapabildiği şeyler her zaman vardı. Neticede bu doğanın bir kanunu değil ve bu düzenin gelecekte de devam edeceğine dair hiçbir bilgiye sahip değiliz. İnsanlar fiziksel ve bilişsel olmak üzere iki temel yeteneğe sahiptir. Makineler bizimle yalnızca fiziksel yeteneklerini yarıştırsaydı, her zaman daha iyi yapabileceğimiz bilişsel işler yaratabildik. Böylece makineler kol gücü gerektiren işleri tamamen üstlenirken insanlar da bilişsel yetenek isteyen alanları kapatırdı. Peki algoritmalar bilişsel işleri bizden daha iyi yapıp daha iyi hatırladığında, analiz edebildiğinde ve örüntüleri tanıyabildiğinde ne olacak?

Bilinci olmayan algoritmaların asla erişemeyeceği, kendi türümüze has bir yeteneği koruyabileceğimize inanmak hayal dünyasında yaşamaktan başka bir şey değil. Bu hayali yıkacak bilimsel cevapları üç maddede özetleyebiliriz.

1. Organizmalar birer algoritmadır. Her hayvan, *Homo sapiens* de dahil olmak üzere, milyonlarca yıllık bir evrim sürecinde şekillenmiş organik algoritmaların bir araya gelmesiyle oluşur.
2. Algoritmik hesaplar, hesaplamayı yaptığımız aletin malzemesinden etkilenmez. Tahta, metal ya da plastik fark etmez; bir abaküste iki boncuk iki boncuk daha her zaman dört boncuk edecektir.
3. Bu nedenle organik olmayan algoritmaların, organik benzerlerini asla taklit edemeyeceklerini, hatta onları geçemeyeceklerini

iddia etmek için ortada hiçbir sebep yoktur. Hesaplar tuttuğu sürece algoritma karbon ya da silikonmuş ne fark eder?

Bugün organik algoritmaların, organik olmayan algoritmalardan daha iyi yapabildiği şeyler vardır, doğru. Uzmanların, organik olmayan algoritmaların "asla" erişmeyeceği ancak insanların uzmanlaşabileceği alanların varlığını koruyacağını belirttikleri de doğrudur. Ancak görünen o ki "asla" lafı belki de otuz yıla anlamını yitirecek. Kısa zaman öncesine kadar yüz tanımanın bebeklerin bile yapabildiği ama yeryüzündeki en gelişmiş bilgisayarların beceremediği bir işlem olması, karşılaştırmalarda verilen en popüler örnekti. Bugün yüz tanıma programları, çehreleri insanlardan çok daha hızlı ve etkin ayırabiliyor. Polis güçleri ve istihbarat servisleri şüpheli ve suçluları takip etmek amacıyla yüzlerce saatlik güvenlik kamerası görüntülerini tararken buna benzer programlar kullanıyor.

1980'lerde insanlığın kendine has doğası tartışılırken insanın koşulsuz üstünlüğüne en iyi örnek olarak satranç gösterilir ve bilgisayarların bir insanı asla yenemeyeceği düşünülürdü. 10 Şubat 1996'da IBM'in Deep Blue isimli bilgisayarı dünya satranç şampiyonu Garry Kasparov'u alt ederek insanın üstünlüğü iddiasını tarihe gömdü.

Deep Blue oyuna bir adım önde başlamıştı, çünkü yazılımcılar satrancın yalnızca temel kurallarını değil stratejiyle ilgili talimatları da Deep Blue'ya aktarmıştı. Yeni nesil yapay zeka programlarıysa insan tavsiyeleri yerine makine öğrenimini tercih ediyor. 2015'in Şu-

Görsel 44: Deep Blue, Garry Kasparov'u yenerken.

bat ayında Google tarafından geliştirilen DeepMind isimli program *kendi kendine* kırk dokuz klasik Atari oyununu oynamayı öğrendi. Yazılımcılarından Dr. Demis Hassabis çalışmalarını, "sisteme verdiğimiz tek bilgi piksellerin yapısal özelliklerinden ve yüksek puan alması gerektiği fikrinden ibaretti," diyerek özetlemişti. Program, Pac-Man'den Space Invaders'a, araba yarışlarından tenis oyunlarına kadar tüm oyunların kurallarını öğrenmeyi başardı. Çoğu oyunu insanlardan daha iyi oynadığı gibi insan oyuncuların aklına hiç gelmeyen stratejiler de geliştirdi.[13]

Bu inanılmaz başarıdan kısa süre sonra yine Google tarafından üretilen AlphaGo yazılımı, kendi kendine Go oynamayı öğrendi. Antik Çin'de bir strateji oyunu olarak gelişen Go, satrançtan katbekat daha karmaşıktır ve yapay zeka programlarının yanına bile yaklaşamayacağı bir hedef olarak görülüyordu.

2016'nın Mart ayında AlphaGo ve Güney Kore Go şampiyonu Lee Sedol, Seul'de karşılaştı. AlphaGo rakibi Lee'yi 4-1 gibi ezici bir üstünlükle yenmekle kalmadı, görülmemiş hareketler ve özgün stratejiler kullanarak ustaları hayrete düşürdü. Karşılaşmadan önce Lee'nin galibiyetinden şüphe duymayan profesyonel Go oyuncularının çoğu, AlphaGo'nun oyununu gördükten sonra pes ederek, bu program ve gelecekteki üst sürüm nesilleri karşısında insanların hiçbir şansı olmadığına ikna oldular.

Bilgisayar algoritmaları son zamanlarda top oyunlarında da rüştünü ispatladı. Beyzbol takımları oyuncu seçerken yıllar yılı profesyonel yetenek avcılarının ve menajerlerin aklına ve deneyimine güvendi. En iyi oyuncular milyon dolarlar kazandıkça zengin takımlar iyinin de iyisini seçebilirken yoksul takımlar geriye kalanlarla yetinmek zorunda kalıyordu. 2002'de düşük bütçeli Oakland Athletics takımının menajeri Billy Beane bu sistemi alt etmeye karar verdi. Ekonomistler ve bilgisayar mühendisleri tarafından üretilmiş gizemli bir bilgisayar algoritmasıyla yetenek avcılarının gözünden kaçan ve kıymeti bilinmeyen oyunculardan, kazanan bir takım yarattı. Ligin ağır topları Beane'in algoritmasının beyzbolun kutsal kapılarından vizesiz geçmesine öfkelenerek son derece rahatsız oldu. Beyzbol oyuncusu seçmek yalnızca tecrübe ve derin bir içgörü sahibi olan insanların icra edebileceği bir sanattı. Bu sanatı beyzbolun ruhunu ve sırlarını çözemeyecek bir bilgisayar programı icra edemezdi.

Tahmin edileceği gibi bu ağır toplar kısa sürede saçlarını başlarını yolmaya başladılar. Beane'in mütevazı bütçeli algoritmik takımı (44 milyon dolar) New York Yankees gibi beyzbol devlerinin karşısına dimdik çıkmayı başardığı gibi ligde art arda yirmi maç kazanan ilk takım oldu. Maalesef Beane ve Oakland başarılarının keyfini süremedi. Pek çok beyzbol takımı benzer bir algoritmik yöntemden faydalandı. Yankees ve Red Sox gibi takımlar beyzbol oyuncularına ve bilgisayar yazılımlarına katbekat daha fazla yatırım yapabildiğinden Oakland Athletics gibi düşük bütçeli takımların sistemi yenmek için artık neredeyse hiç şansı kalmadı.[14]

2004'te MIT'den Profesör Frank Levy ve Harvard'dan Profesör Richard Murnane, yerini otomasyona bırakacak olası meslekleri listeledikleri eksiksiz bir çalışma yayınladılar. Yakın gelecekte makineler tarafından yapılması ihtimal dahilinde olmayan işler arasında tır sürücülüğü de yer alıyordu. Algoritmaların işlek yollarda güvenle tır sürebildiğini hayal etmek pek mümkün değil, diye yazmışlardı. On yıl kadar kısa sürede, Google ve Tesla bunu hayata geçirdi bile.[15]

Zaman geçtikçe insanların yerine bilgisayarları geçirmek daha da kolaylaşıyor ancak bunun tek nedeni bilgisayarların hızla akıllanması değil uzmanlaşma problemidir. Avcı-toplayıcı bir robot tasarlamak son derece zor olurdu çünkü geçmişte avcı-toplayıcılar hayatta kalabilmek için sayısız farklı beceriyi öğrenmek zorundaydı. Böyle bir robotun taşlardan mızrak uçları hazırlayabilmesi, ormanda yenilebilir mantarları ayırabilmesi, yaraları sarmak için tıbbi bitkileri kullanabilmesi, bir mamutun izini sürebilmesi ve sürekli onlarca farklı avcıyla irtibat hâlinde kalabilmesi gerekirdi.

Ancak birkaç bin yıldır insanlar gittikçe uzmanlaşıyor. Bir taksi şoförü ya da kardiyolog, avcı-toplayıcı atalarına kıyasla çok daha kısıtlı bir alanda özelleşiyor, bu sebeple yerlerini yapay zekaya bırakmaları daha kolay hâle geliyor. Tekrar tekrar vurguladığım gibi yapay zeka hiçbir açıdan insansı bir varlık olmaya yakın değil. Ancak insan özelliklerinin ve yeteneklerinin yüzde 99'u pek çok modern iş için lüzumsuz fazlalıklardan ibaret. Yapay zekaların bizi işgücü piyasasından atabilmesi için mesleki ihtiyacı karşılayacak yeteneklerinin bizden üstün hâle gelmesi yetecek hatta artacaktır.

En büyük sorumlulukları omuzlayan yöneticiler bile artık yerlerinden olabilir. Uber adındaki araç bulma programı sayesinde milyonlarca taksi şoförünü bir avuç insan yönetebiliyor. Pek çok talimat hiçbir insan denetimine ihtiyaç duyulmadan algoritmalar tarafından veriliyor.[16] 2014'ün Mayıs ayında rejeneratif tıp alanında uzmanlaşan Hong Kong merkezli girişim şirketi Deep Knowledge Ventures, VITAL isimli algoritmayı yönetim kuruluna dahil ederek bir ilke imza attı. VITAL umut vaat eden şirketlerin finansal durumlarını, klinik çalışmaları ve fikri mülkiyet haklarını gösteren verileri inceleyerek yatırım önerilerinde bulunmaya başladı. Kurulun diğer beş üyesi gibi algoritma da bir şirkete yatırım kararı alınırken oy hakkına sahip oldu.

VITAL'ın bir yönetim kusuru bulunduğunu söylemek mümkün: İltimas. VITAL'ın algoritmalara ağırlık veren şirketlere yatırım yapılmasını önermesi nedeniyle Deep Knowledge Ventures da kendi gibi algoritmalara yatırım yapan Pathway Pharmaceuticals şirketine yatırım yaptı. Pathway Pharmaceuticals en yenilikçi kanser tedavilerini seçen ve değerlendiren OncoFinder adında bir algoritma kullanan yenilikçi tıp şirketlerinden biriydi.[17]

Algoritmalar insanları çalışma hayatının dışına iterken, varlık ve güç, algoritmaları avucunda tutan bir grup elitin elinde toplanarak görülmemiş bir sosyal ve siyasi eşitsizlik doğurabilir. Bugün milyonlarca taksici, otobüs ve kamyon sürücüsü ulaşım pazarının küçük bir payını kontrol eden ciddi bir ekonomik ve siyasi nüfuza sahipler. Eğer çıkarları tehlikeye düşerse sendikalaşarak greve gidebilir, boykot edebilir, oy toplayabilirler. Ancak milyonlarca şoförün yerine tek bir algoritma geçtiğinde, tüm bu varlık ve güç algoritmaya sahip olan şirketin ve şirket sahibi milyarderlerin elinde toplanacaktır.

Bir başka ihtimal de algoritmaların kendilerinin sahibi olmasıdır. Bugün yasalar, şirketler ve milletler gibi öznelerarası varlıkları "tüzel kişilikler" olarak kabul ediyor. Toyota ya da Arjantin bir bedene ya da zihne sahip olmasa da uluslararası yasalara tabidir, toprak ya da para sahibi olabilir, mahkemelerde dava açabilir ve dava edilebilirler. Yakında algoritmaları da benzer bir konuma yerleştirebiliriz. Böylece bir algoritma da insan efendinin isteklerine boyun eğmeden bir ulaşım ağı imparatorluğuna ya da girişim sermayesi fonlarına sahip olabilir.

Algoritma doğru kararlar vermeyi başarırsa bir servet kazanarak dilediğine yatırım yapabilir, mesela bir ev alarak ev sahibiniz olabilir. Algoritmanın yasal haklarını, örneğin kiranızı ödemeyerek ihlal ettiğinizde, avukat tutup sizi dava edebilir. Böylesi algoritmalar insan kapasitesini geride bırakmayı başarırsa gezegenin çoğunu satın almış algoritmik bir üst sınıf ortaya çıkabilir. İmkansız görünen bu fikri bir kenara atmadan önce, gezegenimizin ciddi bir kısmının hukuki olarak şirketler ve milletler gibi öznelerarası varlıkların mülkiyetinde olduğunu unutmayın, tıpkı beş bin yıl kadar önce Sümer'in tüm varlıklarının hayali tanrılar Enki ve İnanna'nın elinde olması gibi. Eğer tanrılar toprakları sahiplenebiliyorsa algoritmalar neden yapamasın?

Peki insanlar ne yapacak? Sanat sıklıkla nihai kutsal sığınağımızdır. Bilgisayarların doktorları, şoförleri, öğretmenleri, hatta mülk sahiplerini yerinden ettiği bir dünyada herkes sanatçıya dönüşecektir. Ne var ki sanatsal üretimin algoritmalardan uzak ve güvende olacağına dair gösterilebilecek geçerli bir neden yok. Bilgisayarların bizim kadar iyi beste yapamayacağından nasıl bu kadar emin olabiliriz? Yaşambilimlerine göre sanat büyülü bir ruhun ya da metafiziksel tinin bir ürünü değil de organik algoritmaların matematiksel örüntüleri tanımasının bir sonucuysa, organik olmayan algoritmaların bu konuda ustalaşamaması için hiçbir sebep yok.

California Santa Cruz Üniversitesi'nde müzikoloji profesörü David Cope konçertolar, koraller, senfoniler ve operalar besteleyebilen bilgisayar programları geliştirerek klasik müzik dünyasındaki tartışmalı isimlerden biri olarak ünlendi. EMI (Experiments in Musical Intelligence) [Müzik Zekası Üzerine Deneyler] adındaki ilk yazılımı

Johann Sebastian Bach'ı taklit etmekte uzmanlaşmıştı. Yedi yılda geliştirilen EMI tamamlandığında bir gün içinde beş bin Bach korali besteleyebildi. Cope daha sonra Santa Cruz'daki bir müzik festivalinde bu korallerden derlediği bir seçkiyi dinleyicilerle buluşturdu. Dinlediklerinin Bach olmadığından habersiz, heyecan içindeki dinleyiciler bu mükemmel gösteriyi öve öve bitiremezken müziğin ne kadar dokunaklı olduğundan bahsettiler. Dinlediklerinin Bach değil EMI besteleri olduğunu öğrendiklerindeyse kimileri sessizliğe gömülürken, kimileri öfkeyle bağırdı.

Buna rağmen EMI gelişmeye devam etti ve Beethoven, Chopin, Rahmaninov ve Stravinski'yi taklit etmeyi öğrendi. EMI için bir sözleşme yapmayı başaran Cope'un, *Bilgisayar Tarafından Bestelenmiş Klasik Müzik Eserleri* adı altında piyasaya sürdüğü ilk albüm oldukça iyi bir satış rakamına ulaştı. Tanıtımların artmasıyla beraber klasik müzik müdavimlerinin öfkesi de büyüyordu. Oregon Üniversitesi'nden Profesör Steve Larson, meseleyi müzikal bir karşılaşmada Cope'a meydan okumaya kadar vardırdı: Larson, profesyonel piyanistlerin Bach, EMI ve kendi bestelerinden biri olmak üzere üç besteyi art arda çalmasını, dinleyicilerin de bestelerin sahiplerini tahmin etmesini teklif etti. Larson bir insanın ruh dolu bestesiyle bir makinenin cansız yaratımının arasındaki farkı ayırmanın bir insan için hiç de zor olmayacağından emindi. Cope'un mücadeleyi kabul etmesi üzerine yüzlerce akademisyen, öğrenci ve müzik tutkunu belirlenen günde Oregon Üniversitesi'nin konser salonunda toplandı. Konserin sonunda oylama yapıldı. Sonuçlar mı? Dinleyicinin nezdinde EMI'nın parçası gerçek bir Bach eseri, Bach'ınki Larson'ın bestesi ve Larson'ın yapıtıysa bir bilgisayarın üretimi olmalıydı.

Eleştirmenler EMI'nın teknik olarak kusursuz olduğunu ancak bir şeylerin eksik olduğunu öne sürdüler. Her şey çok net ve doğruydu, derinliği eksik, ruhu yoktu. Ne var ki insanlar kaynağını bilmeden EMI'nın bestelerini dinlediklerinde bestelerin duygusal yansımalarını övmeye devam ettiler.

EMI'nın başarısını takiben Cope daha karmaşık programlar geliştirdi. En parlak başarısı Annie oldu. EMI önceden belirlenmiş kurallarla beste yaparken Annie makine öğrenimi kullanıyordu. Müzik tarzı aldığı geribildirimlerle sürekli değişebiliyor ve gelişebiliyordu. Cope aslında Annie'nin metin üretebileceğini hayal bile etmemişti ancak kendini bestelerle sınırlamak istemeyen Annie, haiku şiirleri gibi başka alanları de keşfe çıktı. 2011'de Cope, *Comes the Fiery Night: 2,000 Haiku by Man and Machine* [Gelir Ateşten Gece: İnsan ve Makineden 2000 Haiku] başlığıyla hangilerinin organik şairler, hangilerinin Annie'ye ait olduğunu belirtmeden 2000 haiku yayımladı. İnsan yaratıcılığıyla makine üretiminin arasındaki farkı anlayabileceğinize inanıyorsanız, iddianızı dilediğiniz gibi sınayabilirsiniz.[18]

Sanayi Devrimi 19. yüzyılda devasa bir şehirli proletarya yarattı. Yeni işçi sınıfının benzeri görülmemiş ihtiyaçları, umutları ve korkuları karşısında kimse bir çözüm bulamadıkça sosyalizm yayıldı. Liberalizm sosyalist planların en iyi yanlarını alarak sonunda sosyalizmi yenilgiye uğratmayı başardı. 21. yüzyılda biz de yeni ve devasa bir işsiz sınıfının doğuşuna tanık olabiliriz. Bu sınıf ekonomik, siyasi, hatta sanatsal üretimde herhangi bir rolü olmayan, toplumun refahına, gücüne ve şanına hiçbir katkı sunamayacak insanlardan oluşacak. Bu "işe yaramaz sınıf" işsiz olmakla kalmayacak, istihdam edilemez de olacak.

2013'ün Eylül ayında Oxford'da, Carl Benedikt Frey ve Michael A. Osborne adındaki iki araştırmacı, *The Future of Employment* [İstihdamın Geleceği] adlı bir çalışma yayınladılar. Çalışma, gelecekteki yirmi yıl içinde bilgisayar algoritmaları tarafından devralınacak muhtemel meslekleri inceliyordu. Frey ve Osborne tarafından geliştirilen algoritma, ABD'deki mesleklerin yüzde 47'sinin yüksek riskli olduğunu hesapladı. Örneğin 2033'te insanlar yüzde 99 ihtimalle tele-pazarlama ve sigortacılık işlerini algoritmalara kaptıracak. Aynı durum hakemlerin yüzde 98'inin, kasiyerlerin yüzde 97'sinin, şeflerin yüzde 96'sının, garsonların ve avukat asistanlarının yüzde 94'ünün, tur rehberlerinin yüzde 91'inin, fırıncıların ve otobüs sürücülerinin yüzde 89'unun, inşaat işçilerinin yüzde 88'inin, veteriner yardımcılarının yüzde 86'sının, güvenlik görevlilerinin yüzde 84'ünün, denizcilerin yüzde 83'ünün, barmenlerin yüzde 77'sinin, arşivcilerin yüzde 76'sının, marangozların yüzde 72'sinin, cankurtaranların yüzde 67'sinin ve daha birçoklarının başına gelecek. Bazı güvende meslekler de olacak tabii. Bilgisayar algoritmalarının, 2033 itibarıyla arkeologların yerine geçme ihtimali yalnızca yüzde 0.7 çünkü çok kâr getirmeyen bu iş, çok karmaşık konularda yetkinlik ve örüntüleri tanıma becerisi gerektiriyor. Bu yüzden şirketler ya da hükümetlerin, önümüzdeki yirmi yılda arkeolojiyi makineleştirme ihtimali çok düşük.[19]

2033'te pek çok yeni meslek de türeyebilir tabii, örneğin sanal dünya tasarımcıları. Sıradan işinizden çok daha fazla yaratıcılık ve esneklik gerektirecek bu yeni işler düşünüldüğünde, önümüzdeki kırk yılda kasiyerlerin ya da sigortacıların kendilerini sanal dünya tasarımcısı olarak yeniden yaratıp yaratamayacağını kestirmek oldukça zor. (Bir sigortacı tarafından yaratılmış sanal bir dünya hayal etsenize!) Yapabilseler bile, değişim bu hızda devam ettikçe her on yılda bir kendilerini baştan yaratmaları gerekecektir. Sonuçta algoritmalar sanal dünyaları da insanlardan daha iyi tasarlayabilir. Bu nedenle aslında yeni meslekler türetebilmekten çok, bu meslekleri icra eden insanların algoritmalardan daha iyi olabilmesini sağlamakta zorlanacağız. [20]

Bu beklenmedik teknolojik bolluk içinde hiç çaba göstermeseler bile işe yaramayan kitleleri beslemek ve desteklemek mümkün olacaktır. Peki hepsini nasıl meşgul edip memnun edeceğiz? İnsanlar bir şey yapmazlarsa delirirler. Tüm gün ne yapacaklar? Sunulan çözümlerden biri uyuşturucu ve bilgisayar oyunları olabilir. Amaçsız ve ihtiyaç duyulmayan insanlar zamanlarının gitgide daha büyük bir kısmını dışarıdaki donuk gerçeklikten daha heyecanlı ve duygusal bağlar kurmalarını sağlayan üç boyutlu sanal gerçeklik dünyalarında geçirebilir. Böylesi bir gelişme, liberalizmin insan hayatının ve deneyiminin kutsallığına duyduğu inancın şahdamarına son darbe gibi inecektir. Günlerini *La La Land*'de sanal deneyimlerle harcayan bu işe yaramayan başıboş aylakların nesi kutsal olabilir?

Nick Bostrom'un da aralarında olduğu bazı uzman ve düşünürler, yapay zeka insan zekasını geçtiğinde insan türünü zaten yok edeceğinden insanevladının bahsi geçen düşüşü yaşamayacağı konusunda uyarıda bulunuyor. Yapay zeka ya insan türünün kendisine düşman kesilerek fişini çekeceği korkusuyla ya da bambaşka akıl ermez bir amaç uğruna bunu yapabilecektir. İnsanlar açısından da kendilerinden akıllı bir sistemin isteklerini kontrol etmek oldukça zor olacaktır.

Sistemi görünüşte iyi amaçlarla programlamak bile tahmin edilemeyecek kadar ters tepebilir. Popüler bir senaryoda, ilk süper yapay zekayı tasarlayan şirket, programı pi sayısını hesaplamak gibi masum bir teste tabi tutar. Kimse daha ne olduğunu anlamadan, yapay zeka gezegeni ele geçirir, insan ırkını ortadan kaldırır, galaksinin dört bir köşesine işgal seferleri düzenler, bilinen tüm evreni süper bir bilgisayara dönüştürür ki milyarlarca yıl boyunca pi sayısını daha doğru hesaplamaya devam edebilsin. Sonuçta Yaratıcısının kendisine verdiği ilahi görev budur.[21]

Yüzde 87 Olasılık

Bu bölümün başında liberalizmin karşı karşıya olduğu belli başlı tehditleri belirlemiştik. İlk olarak insanlar askeri ve ekonomik açıdan lüzumsuz hâle gelebilir; bu yalnızca bir ihtimal, bir kehanet değil. Teknik sıkıntılar ya da siyasi itirazlar doğrultusunda algoritmaların işgücü piyasasını istila etmesi de yavaşlayabilir tabii. Öte yandan insan zihninin derinlerinden ne gibi yetenekler çıkabileceğini, kaybedilenlerin yerine ne gibi yeni meslekler koyabileceğimizi de kestiremeyiz. Ancak liberalizm yalnızca insana değer vermekle yetinmeyip bireyciliğe de sonsuz bir inançla bağlı olduğundan, bu ihtimaller bile liberalizmi kurtarmaya yetmeyebilir. Gelecekte liberalizmin karşısında yükselecek ikinci büyük tehdit, sistem insanlara gereksinim duysa bile, bireylere ihtiyacın kalmayacak olmasıdır. İnsanlar bestelemeye, fizik öğretmeye veya yatırım yapmaya devam edecek ama sistem insanları onların kendilerini anladıklarından çok daha iyi anlayarak önemli kararları onlar adına alabilecek, dolayısıyla bireyleri otoritelerinden ve özgürlüklerinden mahrum bırakacak.

Bireyciliğe duyulan liberal inanç, kitabın başında da tartıştığımız üç önemli varsayıma dayanıyor:

1. Ben bir bireyim, yani parçalara ya da alt sistemlere bölünemeyecek tek bir özden meydana geliyorum. İçimdeki öz pek çok dış katmanla sarıp sarmalanmış olsa da bu katmanları tek tek soyduğumda içimde, derinlerde bir yerde tek ve net bir iç sese, kendi özgün benliğimin sesine ulaşabilirim.
2. Özgün benliğim tamamen özgürdür.
3. İlk iki varsayımdan yola çıkarak kendim hakkında başka kimsenin keşfedemeyeceği bilgilere sahip olabilirim. İçimdeki özgür alana sadece ben erişebildiğime göre özgün benliğimin fısıltılarını da yalnızca ben duyabilirim. Kimse nasıl biri olduğumu, nasıl hissettiğimi ve neler istediğimi tam anlamıyla bilemeyeceğinden, karar alırken kendimden başka kimseye güvenemem. İşte bu yüzden seçmen en iyisini bilir, müşteri her zaman haklıdır ve güzellik görenin gözlerindedir.

Ne var ki yaşambilimleri tüm bu varsayımlara karşı çıkar. Yaşambilimlerine göre:

1. Organizmalar birer algoritmadır ve insanlar bölünemez bireyler değildir. Pek çok farklı algoritmanın bir araya gelmesiyle ortaya çıkan insanların tek bir iç sesi ve tek bir benliği yoktur.
2. İnsanı meydana getiren algoritmalar özgür değildir. Genler ve çevresel baskılarla şekillenir, deterministik ya da rastlantısal kararlar verirler ancak özgür değildirler.
3. Buradan yola çıkacak olursak, teoride benim dışımda bir algoritmanın beni benden daha iyi bilmesi ve anlaması mümkün olabilir. Bedenimi ve beynimi oluşturan her sistemi denetleyen bir algoritma tam olarak kim olduğumu, ne hissettiğimi ve ne istediğimi bilebilir. Böylesi bir algoritma geliştirildiğinde seçmenlerin, müşterilerin ve tüm seyircilerin yerine geçebilir. O zaman en iyiyi algoritma bilecek, her zaman haklı çıkacak ve güzellik algoritmanın hesaplarında var olacaktır.

19. ve 20. yüzyıllarda bireyleri etkin bir şekilde takip edebilecek algoritmalar olmadığından bireyciliğe duyulan inancın mantıklı gerekçeleri vardı. Devletin ve piyasaların tek istediği bireyi takip etmek olsa da bunu yapabilecek teknolojiye sahip değillerdi. KGB ya da FBI'ın biyokimyam, genom haritam ya da beynim hakkında kabaca bir fikri olduğu bile söylenemezdi. Gizli ajanlar tüm telefonları dinlese ve sokaktaki her karşılaşmayı kaydetse bile tüm bu veriyi inceleyecek beceriden yoksunlardı. Hâl böyle olunca 20. yüzyılın teknolojik koşullarında liberaller beni benden iyi tanıyan biri olamayacağını iddia etmekte haklıydılar. İnsanlar da kendilerini Büyük Birader'in emirlerini dinlemek yerine kendi iç seslerini dinlemeyi tercih eden otonom sistemler olarak görmeye başladılar.

Ancak 21. yüzyılda teknoloji algoritmaların "insanlığı hacklemesini" ve beni benden daha iyi bilmesini mümkün kılabilir. Eğer bu gerçekleşirse bireyciliğe duyulan inanç çökebilir ve bireylerin elindeki otorite, algoritmaların meydana getirdiği ağlara kayabilir. İnsanlar kendilerini bireysel istekleri doğrultusunda hareket eden otonom varlıklar olarak görmekten çıkıp, elektronik algoritmalardan oluşan bir ağ içinde sürekli takip edilen biyokimyasal bir mekanizma bütünü olarak görmeye başlayabilirler. Bunun olması için beni *tam anlamıyla* bilen, hiçbir hataya düşmeyen dışsal bir algoritmaya ihtiyacım olmayacaktır; aksine beni en azından benden *daha iyi* bilen ve benden *daha az* hata yapan bir algoritma yeter de artar bile. Böyle bir durumda kendi tercihlerim ve kararlarımdansa algoritmaya güvenmem daha mantıklı olacaktır.

Tıp alanında bu çizgiyi çoktan aştık. Hastaneler bizi artık bireyler olarak değerlendirmiyor. Bedeniniz ve sağlığınızla ilgili en mühim kararları kim alacak sanıyorsunuz? IBM'in Watson'ı gibi bilgisayar algoritmaları büyük ihtimalle bu seçimlerin çoğunda rol oynayacak. Şeker hastaları bir süredir kanlarındaki şeker seviyesini günde birkaç kez otomatik olarak ölçerek, kan tehlikeli bir sınıra yaklaştığında uyarı veren algılayıcılar kullanıyor. 2014'te Yale Üniversitesi'ndeki araştırmacılar iPhone'la idare edilen ilk "yapay pankreas" denemesinin başarıyla sonuçlandığını açıkladı. Araştırmaya katılan 52 şeker hastasının midesine küçük bir alıcı ve pompa yerleştirildi ve pompaya kandaki şeker seviyesini düzenleyen insülin ve glukagon hormonları içeren küçük tüpler bağlandı. Kandaki şeker seviyesini sürekli ölçen algılayıcılar, verileri iPhone'a aktardı. Telefondaki uygulama hiçbir insan müdahalesine gerek kalmadan bu verileri inceleyerek kana insülin ya da glukagon enjekte etmesi için pompaya talimat verdi.[22]

Herhangi bir ciddi hastalığı olmayan insanlar da bilgisayarlar sağlıklarını ve hareketlerini izlesin diye dışarıdan takılabilir alıcılar kullanmaya başladı. Akıllı telefonlara, kol saatlerine, kol bantlarına ya da iç çamaşırlara yerleştirilebilen bu cihazlarla tansiyon gibi pek çok biyometrik veri kaydediliyor. Daha sonra gelişmiş bilgisayar programlarına aktarılan veriler üzerinden beslenmenize, günlük alışkanlıklarınıza dair tavsiyeler alıyor, daha uzun ve üretken bir hayatın tadını çıkarabiliyorsunuz.[23] İlaç devi Novartis ve Google, gözyaşından kandaki glukoz seviyesini birkaç saniyede ölçen kontakt lensler geliştiriyor.[24] Pixie Scientific bebek kakasını inceleyerek bebeğinizin sağlık durumu hakkında bilgi verebilen "akıllı bezler" satıyor. Kasım 2014'te Microsoft Band'i piyasaya süren Microsoft, akıllı kol bandı sayesinde nabzınız, uyku kaliteniz, günde kaç adım attığınız gibi kişisel bilgilerinizi birkaç saniyede takip edebiliyor. Deadline isimli uygulama bir adım öteye giderek sahip olduğunuz alışkanlıklar üzerinden ne kadar ömrünüz kaldığını söylüyor.

Kimileri bu uygulamaları pek kafa yormadan kullanırken, kimileri de algoritmaların sunduğu bu yeni hayat tarzını henüz bir dine dönüştürmeseler de en azından bir ideoloji olarak benimsenmiş durumda. The Quantified Self [Ölçülebilir Benlik] isimli grup, benliğin matematiksel örüntülerden ibaret olduğunu savunuyor. Onlara göre örüntüler öylesine karmaşık ve gelişkin ki insan zihninin bu karmaşık yapıyı kavrayabilmesine imkan yok. Ancak o eski söze kulak verip *kendinizi bilmek* istiyorsanız, zamanınızı felsefe, meditasyon ya da psikanalizle harcamak yerine sistematik olarak biyometrik verilerinizi toplamalı ve kim olduğunuzu, ne yapmanız gerektiğini söyleyebilmesi için algoritmaların verilerinizi analiz etmesine izin vermelisiniz. Hareketin sloganında özetlendiği gibi, "Kendinizi sayılarla tanıyın." [25]

İsrailli şarkıcı Shlomi Shavan, 2000 yılında ülkedeki listeleri altüst eden "Arik" parçasında eski sevgilisine kafayı takmış Arik isimli bir adamdan bahseder. Arik'in tek isteği kendisinin mi yoksa yeni sevgilinin mi yatakta daha iyi olduğunu öğrenmektir. Eski sevgilisi ikisinin de farklı olduğunu söyleyerek sorudan kaçmaya çalışsa da Arik tatmin olmaz ve ısrar eder: "Sayılarla konuşalım sevgilim." Tam da bu tip erkekler için Bedpost isimli şirket sevişirken takabileceğiniz; nabzınızı, terleme seviyenizi ölçebileceğiniz, cinsel birleşmenin ve orgazmın süresini ya da yaktığınız kalorinin miktarını kaydeden kol bantları geliştiriyor. Daha sonra bilgisayarda incelenen veriler, performansınızı net sayılarla ölçüyor. Sözün kısası, orgazm taklitlerinin ve "Nasıldı" sorusunun devri sona erdi. [26]

Kendilerini bu tür cihazların acımasız aynasından gören insanlar, zamanla kendilerini bireyden çok biyokimyasal bir sistemler toplamı olarak görmeye başlayıp kararlarının çeşitli sistemlerin çelişkili taleplerini yansıttığına kani olabilirler.[27] Haftada iki saat boş vaktiniz olduğunu düşünün, bu zamanı tenis mi yoksa satranç mı oynayarak değerlendireceğinize karar veremiyorsunuz. Bir dostunuz, "Canın ne yapmak istiyor?" diye sorduğunda kendinizden emin, "Canım tenis oynamak istiyor," deseniz de aklınıza başka şeyler takılabilir: "Kolesterolüm ve tansiyonum için tenis gerçekten daha iyi bir seçim ama fMRI taramaları sol prefrontal korteksimi güçlendirmem gerektiğini söylüyor. Ailemde bunama oldukça yaygın, amcamda çok erken başladı. Son araştırmalara göre haftada bir satranç oynamak erken bunamayı engelleyebiliyormuş."

Hastanelerin geriatri servislerinde buna benzer pek çok örneğe rastlamak mümkün. Hümanizm yaşlılığın bilgelikle dolu ve bilinçli bir dönem olacağına dair hayaller kuruyor. İdeal bir yaşlılıkta bedensel rahatsızlıklar ve düşkünlükler yaşansa da zihnin hâlâ berrak kalarak seksen yıllık deneyimi kullanabileceğini ve neyin ne olduğunun farkında olarak torunlarına nasihatler ve tavsiyeler verebileceğini düşünüyor. Biliyoruz ki 21. yüzyılın seksenlikleri her zaman bu kadar iyi durumda değil. Tıp, biyoloji bilgimizin artmasına paralel olarak zihinlerimiz ve "özgün benliklerimiz" çözülüp yok olana dek bizi hayatta tutuyor ve ekrana, bilgisayara ya da pompalara bağlı biyolojik sistemler olarak kalıyoruz.

Genetik teknolojiler günlük hayatımıza sızdıkça ve insanlar DNA'larıyla daha yakın bir ilişki kurdukça, tek benlik fikri daha da silikleşecek ve otantik iç sesimiz genlerin gürültülü kalabalığında kaybolacak. Belki de zor ikilemler ve karar verme süreçleri karşısında iç sesimizi aramayı bırakıp genetik meclisimize başvuracağız, kim bilir?

14 Mayıs 2013'te oyuncu Angelina Jolie'nin *New York Times*'da iki memesini de aldırmaya karar verme sürecini ve mastektomi operasyonunu anlattığı bir yazısı yayımlandı. Erken yaşta annesini ve anneannesini meme kanserinden kaybeden Jolie, yıllarca bu hastalığın gölgesinde yaşamıştı. Genetik bir test yaptırarak tehlikeli BRCA1 genini taşıdığını öğrendi. İstatistiksel verilere göre bu mutasyona sahip kadınların yüzde 87'si meme kanserine yakalanıyor. O sırada kansere yakalanmamış olmasına rağmen Jolie iki memesini de aldırarak bu korkunç hastalığı engellemeye karar verdi. Yazısında, "Hikayemi paylaşmak istedim çünkü kanserin gölgesinde yaşadığını bilmeyen pek çok kadın olabilir. Onların da bu genetik testi yaptırabilmesini umuyor ve yüksek risk altındalarsa bu seçeneğe sahip olduklarını hatırlatmak istiyorum."[28]

Mastektomi oldukça zor ve ölümcül riskleri olabilecek bir seçimdir. Ameliyatın verdiği rahatsızlık, alınan risk ve yüksek maliyet bir yana, bu kararın insanın dış görünüşünde, duygu dünyasında ve ilişkilerinde de ciddi etkileri olabilir. Jolie'nin kararı ve süreci paylaşmaktaki cesareti uluslararası düzeyde takdir kazanırken, birçok insan bu tanıtımın genetik tıp ve muhtemel faydaları konusunda farkındalığı artıracağını umuyor.

Bu olayı tarihsel bir bakış açısıyla ele aldığımızda, bir kez daha algoritmaların rolünün ne denli önemli olduğu gerçeğiyle karşılaşırız. Jolie hayatıyla ilgili bu zor kararı verirken, okyanusa bakan bir dağa tırmanıp güneşin batışından etkilenerek en derindeki duygularını bulmaya çalışmadı. Aksine kendini duygularla değil sayılarla ifade eden genlerini dinlemeyi tercih etti. Hiçbir acı ve rahatsızlık duymuyordu. Duyguları ona, "Merak etme, her şey yolunda," diyordu. Doktorların kullandığı bilgisayar algoritmaları başka bir tabloyu gözler önüne serdi: "Henüz bir şey hissetmiyorsun ama DNA'nda saatli bir bomba var. Bu konuda harekete geçmen gerekiyor. Hemen, şimdi!"

Jolie'nin duygularının ve özgün karakterinin de hayati bir rolü var tabii. Farklı bir kişiliğe sahip başka bir kadın aynı genetik mutasyonu taşıdığını öğrense de mastektomi yaptırmamayı tercih edebilirdi. Peki bu kadın tehlikeli BRCA1 mutasyonunun yanı sıra beynin ihtimalleri değerlendiren kısmını kontrol eden başka bir gen mutasyonuna, adı ABCD3 olsun, sahip olduğu için tehlikeleri doğru tartamasaydı ne olurdu? İşte şimdi bulanık sularda ilerlemeye başlıyoruz. Bir istatistikçi bu kadına annesinin, anneannesinin ve bazı akrabalarının çeşitli sağlık risklerini hafife alarak, gerekli tedbirleri almadıkları için erken öldüğünü söylediğinde ne olacak?

Muhtemelen Angelina Jolie'nin yaptığı gibi siz de sağlığınızla ilgili önemli kararlar vereceksiniz. Genetik testler, kan testleri ya da bir fMRI taraması yaptıracaksınız, algoritmalar sonuçlarınızı devasa istatistiksel veritabanlarında karşılaştıracak ve algoritmanın size sunduğu tavsiyelerden birini kabul edeceksiniz. Bu bir kıyamet senaryosu değil. Algoritmalar isyan ederek bizi esirleri hâline getirmeyecekler. Aksine algoritmalar bizim için doğru kararlar vermekte bu kadar isabetliyken tavsiyelerine kulak vermemek delilik olur.

• • •

Angelina Jolie ilk başrolünü 1993 yapımı *Cyborg 2* adlı bilimkurgu aksiyon filminde, Pinwheel Robotics tarafından 2074 yılında casusluk ve tetikçilik için tasarlanmış bir siborg olan Casella Reese rolünde oynadı. Casella hedefine yaklaşırken daha iyi gizlenebilmesi için insan duygularıyla programlanmıştı. Castella, Pinwheel Robotics'in kendisini kontrol etmekle kalmayıp aynı zamanda yok edeceğini de fark edince, hayatı ve özgürlüğü için savaşmak üzere kaçtı. *Cyborg 2* bireyin küresel şirketlerin ahtapot misali kollarından kaçarak özgürlüğü ve mahremiyeti için savaştığı liberal bir fanteziydi.

Gerçek hayatta Jolie sağlığını mahremiyetine ve özerkliğine tercih etti. Pek çoğumuz sağlığını iyileştirmek adına benzer bir istek duyarak özel alanlarımızı koruyan sınırları kaldırabilir, devlet bürokrasisi ve uluslararası şirketlerin en gizli sığınaklarımıza kadar girmesine izin verebiliriz. Örneğin Google'ın elektronik postalarımızı okuyup, davranışlarımızı takip etmesine izin vererek geleneksel sağlık hizmetleri durumun farkına varmadan önce algoritmanın bir salgın konusunda bizi uyarmasını sağlayabiliriz.

İngiltere Ulusal Sağlık Hizmetleri (NHS) Londra'da başlayan grip salgınını nasıl belirler? Yüzlerce klinikteki binlerce doktorun raporlarını inceleyerek. Peki doktorlar bu bilgilere nasıl ulaşır? Mary sabah uyandığında hafif bir kırgınlık hisseder, doğrudan doktora gitmek yerine birkaç saat bekler, bir iki gün kendine daha iyi bakmaya çalışır, bir fincan ballı çayla toparlanmayı umar. Daha iyi hissetmeyince randevu alarak kliniğe gider ve belirtilerini sıralar. Doktor verileri bilgisayara girdikçe NHS merkezinde çalışan birileri binlerce doktordan gelen ve hızla akan bu verileri inceler, böylelikle grip vakalarının yükseldiği fark edilir. Ancak tüm bu süreç çok zaman alır.

Google bu zahmetli süreci dakikalar içinde sonuçlandırabilir. Yapması gereken tek şey Londralıların elektronik postalarında ve arama motorunda kullandıkları kelimeleri, hastalık belirtilerinin bulunduğu veritabanıyla karşılaştırmaktır. "Baş ağrısı", "ateş", "mide bulantısı" ve "hapşırma" kelimelerinin Londra'daki elektronik posta yazışmalarında ve aramalarda günde ortalama 100 bin defa tekrarladığını varsayalım. Google sayının 300 bine yaklaştığını fark ettiği anda teşhisi koyacaktır: Bingo! İşte size grip salgını. Artık Mary'nin doktora gitmesini beklemeye ne gerek var. Halsiz hissettiği sabah iş arkadaşlarına yazdığı elektronik postada, "Başım ağrıyor ama geleceğim," kelimeleri yeter de artar bile. Google başka bir şeye ihtiyaç duymayacaktır.

Ancak Google'ın büyüsünün işe yaraması için Mary'nin yalnızca elektronik postalarını okuması için değil, bu bilgiyi sağlık yetkilileriyle paylaşması için de Google'a izin vermesi gerekir. Angelina Jolie meme kanserine dikkat çekmek için mahremiyetinden ödün veriyorsa grip salgınlarına karşı neden Mary de benzer bir fedakarlıkta bulunmasın?

Bu örnek bir teoriden ibaret değil. 2008'de Google grip salgınlarını Google aramalarıyla takip eden Google Flu Trends'i uygulamaya soktu. Hâlâ geliştirilme aşamasında olan servis, gizlilik kuralları sınırlamaları nedeniyle yalnızca aratılan kelimeleri takip ediyor ve iddiaya göre özel elektronik postaları okumuyor. Bu servis, geleneksel sağlık hizmetleri fark etmeden on gün önce grip salgını için alarm vermeyi yine de başarıyor.[29]

Daha da hırslı ve iddialı projelerse yolda. Google Baseline Study adlı çalışmasıyla devasa bir sağlık veritabanı yaratmaya çalışan Google, "mükemmel sağlık" profili çıkarabilmeyi amaçlıyor. Esas alınan değerlerden en ufak bir sapmayı bile belirleyerek insanları kanser gibi sağlık sorunları henüz kuluçka aşamasındayken bilgilendirebilmeyi umuyor. Bu çalışma Google Fit adı verilen bir dizi ürünü de beraberinde getiriyor. Bu ürünlerle kıyafet, bileklik, ayakkabı ve gözlük gibi giyilebilir eşyalar üzerinden durmadan biyometrik veri toplanması ve bu verilerin çalışmaya aktarılması planlanıyor. [30]

Google gibi şirketlerin giyilebilir eşyalardan çok daha fazlasını hedeflediğini söylemek gerek. DNA testi pazarı büyük bir hızla ilerlemeye devam ediyor. Google'ın kurucusu Sergey Brin'in eski eşi Anne Wojcicki tarafından kurulan 23andMe şirketi bu büyüyen pazarın liderlerinden. "23andMe" adını sahip olduğumuz yirmi üç çift kromozomdan alıyor ve kromozomlarımızla özel bir ilişkimiz olduğu mesajını veriyor. Kromozomların dilini çözebilenlerin, size ait en ufak detayları dahi bilebileceğini belirtiyor.

23andMe şirketine 99 dolarcık ödemeyi kabul ettiğinizde, size küçük bir paket yolluyor. Paketteki test tüpünün içine tükürüyor ve Mountain View, California'daki adreslerine geri postalıyorsunuz. Tükürüğünüzden DNA'nıza ulaşılıyor ve sonuçlara internet üzerinden erişebiliyorsunuz. Karşılaşabileceğiniz muhtemel sağlık sorunlarını ve kellikten körlüğe doksandan fazla genetik yatkınlığınızı sıralayan bir listeye sahip oluyorsunuz. "Kendinizi bilmek" daha önce hiç bu kadar ucuz ve kolay olmamıştı. Her şey istatistiklere dayandığından, şirketin veritabanı hacmi doğru tahminde kilit rol oynuyor. Bu yüzden devasa bir veritabanı oluşturan ilk şirket, müşterilerine en doğru öngörüleri sağlayacak ve muhtemelen pazarı ele geçirecektir. ABD'deki biyoteknoloji şirketleri bir yandan ülkedeki katı gizlilik kurallarıyla boğuşurken, diğer yandan Çin'deki bireysel mahremiyet ihmalleri yüzünden genetik pazardaki tüm pastayı Çin'in ele geçirmesinden endişeleniyor.

Noktaları birleştirerek Google ve rakiplerine biyometrik cihazlarımıza, DNA taramalarımıza ya da tıbbi kayıtlarımıza erişmeleri için tam izin verirsek salgınlarla savaşmanın yanı sıra bizi kanserden, kalp krizinden ve Alzheimer'dan koruyabilen bir sağlık sistemimiz olabilir. Bu izinler dahilinde devasa boyuta erişecek bir veritabanıyla Google çok daha fazlasını yapabilir. Her an ensenizde hissettiğiniz bir sistem hayal edin, banka hesabınızdan nabzınıza, kandaki şeker seviyenizden cinsel kaçamaklarınıza kadar her şeyinizi takip ediyor. Şüphesiz sizi, sizden daha iyi tanıyacaktır. İnsanları kötü ilişkilere, yanlış kariyerlere ya da zararlı alışkanlıklara yönlendiren kendini kandırma hâlleri ve hezeyanlar Google'ı kandıramayacaktır. Bizi bugün kontrol eden anlatıcı benlikten farklı olarak, Google uydurulmuş hikayelere dayanarak kararlar vermeyecek, bilişsel kısayollar ya da doruk-son kuralı sayesinde yanlış yola girmeyecektir. Google kelimenin gerçek anlamıyla attığınız her adımı hatırlayacaktır.

Pek çok kişi karar verme süreçlerini böylesi bir sisteme teslim etmekten memnuniyet duyacak, ya da en azından önemli bir tercihle karşı karşıya kaldığında sisteme danışacaktır. Google hangi filmi izleyeceğimize, nerede tatil yapacağımıza, hangi okula gideceğimize dair tavsiyeler verecek, iş tekliflerini bizim adımıza değerlendirecek, hatta kiminle flört edip evleneceğimiz konusunda bile fikir beyan edebilecektir. "Google baksana," diyeceğiz, "John da, Paul da benimle flört ediyor. İkisini de farklı açılardan çok seviyorum, nasıl karar vereceğimi bilmiyorum. Elindeki tüm bilgiler ışığında bana tavsiye verebilir misin?"

Google cevaplayacaktır: "Doğduğun günden beri seni tanıyorum. Tüm elektronik postalarını okudum, telefon konuşmalarını kaydettim, en sevdiğin filmleri, DNA'nı, tüm geçmişini biliyorum. Gittiğin tüm randevularla ilgili tüm verilere sahibim, istersen John ya da Paul'la her buluştuğunda nabzının, tansiyonunun ve şeker seviyenin düzeyini saniye saniye gösteren grafikleri gönderebilirim. Gerekirse cinsel birlikteliklerinin matematiksel değerlendirmesini yapabilirim. Doğal olarak onları da seni bildiğim kadar iyi tanıyorum. Tüm bu bilgiye, üstün algoritmalarıma ve milyonlarca ilişkinin onlarca yıllık verilerine dayanarak, yüzde 87 ihtimalle John'la mutlu olacağını söyleyebilir, bu yüzden onunla beraber olmanı tavsiye edebilirim."

"Hatta seni öyle iyi tanıyorum ki bu yanıttan hoşlanmadığını biliyorum. Paul, John'a kıyasla çok daha yakışıklı, dış görünüşe çok önem verdiğinden içten içe 'Paul' dememi istiyorsun. Görünüş tabii ki de önemlidir, ama senin değer verdiğin kadar değil. On binlerce yıl önce Afrika savanalarında evrimleşmiş biyokimyasal algoritmaların, eş ihtimallerini değerlendirirken dış görünüşe yüzde 35 ağırlık verdiğini söylüyor. En güncel çalışmalara ve istatistiksel verilere dayanan benim algoritmalarımsa dış görünüşün romantik ilişkilerde uzun vadede yalnızca yüzde 14 etkisi olduğunu gösteriyor. Paul'un yakışıklılığını göz önünde bulundurarak yine de John'la devam etmenin daha iyi olacağını düşünüyorum." [31]

Böylesi özverili bir rehberlik hizmeti alabilmek için yapmamız gereken tek şey, her insanın bir birey olarak iyiyi, güzeli ve anlamlıyı ayıracak bir özgür iradeye sahip olduğu fikrini terk etmektir. İnsanlar anlatıcı benliklerinin yarattığı öykülerle yönlendirilen otonom varlıklar olmaktan çıkarak devasa bir küresel ağın ayrılmaz parçaları hâline gelecektir.

• • •

Liberalizm anlatıcı benliği kutsar ve benliğin seçim sandıklarında, süpermarketlerde ve eş seçiminde seçenekleri oylayarak tercih yapmasına izin verir. Yüzlerce yıldır anlatıcı benlik türlü kurguya ve fanteziye inandığından başka hiçbir sistemin beni daha iyi tanıyamayacağını düşünmek mantıklıydı. Beni daha iyi tanıyabilen bir sistem ortaya çıktıktan sonra, otoriteyi hâlâ anlatıcı benliğin ellerine bırakmak delilikten başka bir şey olmayacaktır.

Google benim siyasi fikirlerimi benden daha iyi temsil edebileceğinden, demokratik seçimler gibi liberal alışkanlıkların modası zamanla geçecek. Liberalizm seçmen kabininde oy verirken iç benliğime danışmamı, en derindeki isteklerimi yansıtan partiye ya da adaya oy vermemi salık verir. Yaşambilimleriyse oy kullanırken bir önceki seçimlerden beri yaşadığım ve hissettiğim çoğu şeyi hatırlamadığıma dikkat çeker hatta bir adım ileri giderek rasgele anıların ve seçim kampanyalarının çapraz ateşinde kaldığımı, bunun da tercihlerimi saptırarak değiştirebildiğini hatırlatır. Kahneman'ın soğuk su deneyindeki gibi siyasette de anlatıcı benlik doruk-son kuralını takip eder. Yaşananların çoğunu unutarak yalnızca uç örnekleri hatırlar ve son zamanlarda olanlara orantısız bir ağırlık verir.

Geçen seçimden beri başbakanın politikalarından şikayet etmiş, yakaladığım herkese "bu adam sonumuzu getirecek" diye yakınmış olabilirim. Gel gör ki seçimden aylar önce vergi indirimine giden hükümet cömertçe para harcar, etkin kampanya sürecinde beynimdeki korku merkezlerine tehdit ve vaadin dengeli bir bileşimiyle hitap edebilecek en iyi metin yazarlarıyla çalışır. Seçim sabahı keyfimi kaçırarak zihinsel süreçlerimi etkileyen bir nezleyle uyanırım ve bu yüzden tüm seçenekleri bir kenara bırakarak güvenlik ve istikrara tutunmayı tercih ederim. Buyurun işte, "hepimizin sonunu getirecek adam"ı kendi ellerimle makamına geri oturturum.

Benim yerime oy kullanması için Google'a izin vererek kendimi bu kaderden azat edebilirdim. Google da dünkü çocuk değil, haksız mıyım? Yakın zamandaki vergi indirimlerini ve seçim vaatlerini değerlendirebildiği gibi, geçtiğimiz yıllarda neler olduğunu da günü gününe hatırlayabilir. Her sabah gazete okuduğumda değişen tansiyonumu, akşam haberleri karşısında düşen dopamin seviyemi raporlayabilir. Google hükümet yanlısı kalemlerin boş sloganlarını süzgeçten geçirebilir. Ayrıca fiziksel hastalıkların seçmenlerin muhafazakar eğilimlerini tetiklediğini de bilecek ve nezlenin yarattığı hissi telafi edecektir. Böylece zihnimin o anki durumundan ya da anlatıcı benliğimin hayallerinden yola çıkarak değil, aksine "ben" diye bilinen biyokimyasal algoritmaların bir bütün olarak çıkarları doğrultusunda hareket edecektir.

Doğal olarak Google da hata yapacaktır. Sonuçta bunların hepsi olasılıklardan ibaret. Ancak Google yeterince doğru tercih yapabilirse, insanlar da ona daha çok otorite sağlayacaktır. Zamanla veritabanı genişleyecek, istatistikler daha hassaslaşacak, algoritma geliştirilecek ve tercihler daha da iyiye gidecektir. Sistem beni hiçbir zaman tam anlamıyla tanıyamayacaktır ve sıfır hata payı imkansızdır ama ihtiyacımız olan sistemin hatasız çalışması değildir zaten. Liberalizm, sistem beni benden daha iyi tanıdığı gün çökecektir. Çoğu insanın kendini gerçekten tanımadığını düşününce, bu zannettiğiniz kadar zor olmayacaktır.

Kısa süre önce Google'ın ezeli rakibi Facebook tarafından başlatılan bir çalışma, bugün bile Facebook algoritmasının insanların kişiliklerini ve eğilimlerini kendi arkadaşlarından, ebeveynlerinden ve eşlerinden daha iyi tarttığını ortaya koyuyor. Facebook hesabı olan 86.220 gönüllüden yüz maddelik bir kişilik anketi doldurmaları istendi. Facebook algoritması gönüllülerin beğen ikonuna tıklayarak beğendikleri web siteleri, resimler ve videolar üzerinden gönüllülerin anketteki yanıtlarını tahmin etmeye çalıştı. Beğeni sayısı arttıkça algoritmanın hata payı azalıyordu. Algoritmanın tahminleri gönüllülerin iş arkadaşları, yakın arkadaşları, aileleri ve eşleriyle karşılaştırıldığında inanılmaz sonuçlar ortaya çıktı. Algoritma yalnız on beğeniyle iş arkadaşlarından daha iyi tahminler yapabilir, yakın arkadaşların tahminlerini geçebilmek için yetmiş, aileden daha doğru tahminlerde bulunmak için yüz elli, eşleri yenmek içinse yalnızca üç yüz beğeni yeterlidir. Başka bir ifadeyle Facebook'ta üç yüz kez beğen ikonuna tıklamışsanız algoritma fikirlerinizi ve isteklerinizi eşinizden bile daha iyi tanıyabilir.

Bazı alanlarda Facebook algoritması insanın kendisini bile alt edebiliyor. Katılımcılardan madde kullanma sıklıkları ya da sosyal ağlarının genişliği hakkındaki değerlendirmeleri istendiğinde algoritmanın tahminlerinin kişilerin kendi hükümlerinden daha isabetli sonuçlar verdiği görüldü. Araştırmanın sonuçlarının özetlendiği (Facebook algoritması değil bir insan tarafından yazılan) makalede şu tahminde bulunuluyor: "İnsanlar kendi psikolojik muhakeme süreçlerini bırakıp etkinlik seçmek, kariyer planlamak, hatta duygusal ilişkileri hakkında tercih yapmak gibi önemli kararları verirken bilgisayarlara güvenebilirler. Veri üzerinden yola çıkılarak alınan kararların insanların yaşamlarını iyileştirmesi mümkündür."[32]

Daha netameli bir yorum yapacak olursak; aynı çalışma önümüzdeki başkanlık seçimleri için ABD'de yapılırsa, Facebook yalnızca milyonlarca ABD'linin siyasi görüşünü tahmin etmekle kalmayacak, sonucu etkileyebilecek kararsız oyları tespit ederek bunların nasıl değiştirilebileceğinin bilgisine de sahip olacak. Facebook Oklahoma'da Cumhuriyetçiler ile Demokratlar arasındaki yarışın gittikçe kızıştığını söyleyip 32.417 seçmenin henüz karar vermediğini belirleyebiliyor, üstelik her birinin dengeyi değiştirecek kararı almak için adaylardan neler duymak istediğini de biliyor. Peki Facebook bu paha biçilemez siyasi bilgiyi nasıl elde ediyor? Bu değerli bilgiyi biz kullanıcılar bedava sunuyoruz.

Emperyalizmin altın çağında Avrupalı işgalciler ve tüccarlar renkli boncuklar karşılığında bir adanın ya da bir ülkenin tamamını satın alabiliyordu. 21. yüzyılda kişisel bilgilerimiz belki de hâlâ sahip olduğumuz en kıymetli kaynağımız ve biz de elektronik posta hizmeti ve komik kedi videoları karşılığında bu kaynağı teknoloji devlerine veriyoruz.

Kahinden Hükümdara

Google, Facebook ve benzeri algoritmalar her şeyi bilen kahinler hâline geldiklerinde, önce vekile sonra da hakimlere dönüşebilirler.[33] Bu süreci anlamak adına, sürücülerin bugünlerde yaygın olarak kullandığı GPS temelli navigasyon uygulaması Waze'i ele alabiliriz. Waze sadece bir haritadan ibaret değil, milyonlarca kullanıcısı trafik sıkışıklığı, kazalar ve polis araçları hakkında sürekli güncelleme yapıyor. Uygulama bu sayede sizi sıkışan trafikten kurtararak varmak istediğiniz hedefe olabilecek en hızlı yoldan götürüyor. Bir yol ayrımına geldiğinizde içinizden bir his size sağa dönmenizi söylerken Waze sizi sola yönlendiriyor ve kullanıcılar er ya da geç kendi hislerindense Waze'e güvenmeleri gerektiğini öğreniyor.[34]

Waze algoritması ilk bakışta yalnızca bir kahin gibi hizmet sunuyor. Sorulan soruyu kahin yanıtlıyor ama karar vermek bize kalıyor. Ancak kahin güvenimizi kazandıkça bir sonraki adımda kahini bir vekile dönüştürmek mantıklı hâle geliyor. Algoritmaya nihai hedefi veriyoruz ve o da denetimimize tabi olmaksızın, hedefe ulaşmak üzere harekete geçiyor. Waze uygulamasını sürücüsüz bir araçla eşleştirdiğimizde "eve en hızlı yoldan git," ya da "en güzel manzaralı yolu seç," veya "en az çevre kirliliğine neden olacak yolu tercih et," gibi taleplerde bulunabiliriz. Kararları biz verir, uygulamasını Waze'e bırakırız.

Sonunda Waze hükümdara dönüşebilir. Sahip olduğu böylesi bir güçle, ne yapacağını bizden daha iyi bilirken bizi yönlendirmeye başlayabilir ve isteklerimizi şekillendirerek adımıza kararlar verebilir. Waze'in çok geliştiğini, herkesin Waze kullanmaya başladığını varsayalım. Diyelim ki birinci güzergahta trafik sıkışık, ikinci güzergahta görece daha akıcı. Eğer Waze durumu herkese açıklarsa tüm sürücüler ikinci güzergaha yönelecek ve orası da tıkanacaktır. Herkes aynı kahine gider ve ona inanırsa, kahin hükümdara dönüşür ve bizim yerimize düşünecek duruma gelir. Belki bu bilgiyi sürücülerin yarısından saklarken yalnızca diğer yarısına ikinci güzergahın açık olduğunu bildirerek birinci güzergahtaki sıkışıklığı ikinciyi tıkamadan hafifletebilir.

Microsoft, adını ünlü video oyunu serisi *Halo*'daki bir karakterden alan Cortana isimli çok daha karmaşık bir sistem geliştiriyor. Kişisel bir asistan olarak tasarlanmış bir yapay zeka programı olan Cortana'nın Windows'un gelecekteki sürümlerine eklenmesi planlanıyor. Kullanıcıların tüm dosyalara, elektronik postalara ve uygulamalara erişim izni vermesi teşvik edilerek, Cortana'nın onları tanıma olanağı elde etmesi amaçlanıyor. Böylece programın sayısız konuda tavsiye verebilmesi ve kullanıcının çıkarlarını gözeten sanal bir vekil hâline gelmesi hedefleniyor. Cortana eşinize doğumgününüz için hediye almasını hatırlatabilir, bir hediye seçebilir, bir restoranda yer ayırtabilir, yemekten bir saat önce ilacınızı almanız için sizi uyarabilir. Aynı zamanda ekranın başından ayrılmazsanız toplantınıza gecikeceğinizi söyleyebilir. Tam toplantıya girecekken tansiyonunuzun yüksek, dopamin seviyenizin çok düşük olduğu konusunda sizi uyarabilir ve geçmiş değerlerinize bakarak böyle durumlarda hatalı kararlar vermeye yatkın olduğunuzu belirtebilir. Bu nedenle her şeyi deneme aşamasında tutarak hiçbir sözleşmeye onay vermemenize dair tavsiyeler verebilir.

Cortanalar kahinden vekile dönerken, her bireyin Cortana'sı sahipleri adına birbiriyle konuşmaya başlayabilir. Süreç son derece masumane başlasa da bir süre sonra benim Cortana'm sizinkiyle randevulaşabilir. İşin çığırından çıkması son derece olası. Bir bakmışsınız muhterem Cortana'nız iş görüşmesi için özgeçmişinizi isteyeceğine muhtemel işvereninizin Cortana'sı tarafından sorguya çekiliyor. Ya da Cortana'nızın, ruhunuz bile duymadan belirlediği bir sevgili adayının Cortana'sıyla fikir alışverişinde bulunup ne kadar uyumlu bir birlikteliğiniz olabileceği konusunda değerlendirmeler yaptığını bir düşünsenize.

Cortanalar otorite kazandıkça sahiplerinin çıkarları doğrultusunda birbirlerini yönlendirmeye başlayabilir, iş dünyasındaki başarı ya da evlilikteki istikrar Cortana'nın kalitesine göre şekillenebilir. Varlıklılar en gelişkin Cortanalara sahip olarak eski sürümleri kullanan yoksul insanlar karşısında belirleyici bir avantaj kazanabilirler.

En zorlu konuysa Cortana'nın iplerinin kimin elinde olacağıdır. Önceki bölümlerde ele aldığımız üzere insanlar bireyler olmadıkları gibi tek bir benliğe de sahip değildir. O zaman Cortana kimin isteklerini yerine getirmeli ve kimin çıkarlarını gözetmelidir? Anlatıcı benliğimin yeni yılda diyet yapmaya başlayıp her gün spora gitmeye karar verdiğini varsayalım. Bir hafta sonra spora gitme zamanı geldiğinde, deneyimleyen benlik Cortana'dan televizyonu açmasını ve pizza sipariş etmesini ister. Cortana bu durumda ne yapmalıdır? Deneyimleyen benliğe mi itaat etmeli, yoksa anlatıcı benliğin bir hafta önce verdiği karara mı uymalıdır?

Cortana, anlatıcı benliğin deneyimleyen benliği sabah uyandırmak için kurduğu çalar saat işlevi mi görmektedir? Hayır. Cortana çok daha güçlüdür. Deneyimleyen benliğin tek isteği düğmeye basıp alarmı susturmaktır, Cortana ise beni o kadar iyi tanır ki "tavsiyesini" dinlemem için içimdeki düğmelere ne zaman basması gerekeceğini çok iyi bilecektir.

Microsoft'un Cortana'sı bu oyunda yalnız değil. Google Now ve Apple'ın ürettiği Siri de aynı kulvarda koşuyor. Amazon bile dur durak bilmeden üzerinizde çalışan ve elindeki bilgiyle size ürün öneren algoritmalar kullanıyor. Bir kitapçıya girdiğinizde doğru kitabı seçmek için rafların arasında dolaşarak hislerinize güvenirsiniz. Amazon'un sanal mağazasında karşınıza çıkan algoritmaysa: "Geçmişte hangi kitapları sevdiğini biliyorum. Benzer zevkleri olan insanlar bunu ya da şu yeni kitabı seviyor," der.

Üstelik bu daha başlangıç. ABD'de giderek daha çok insan basılı kitaplar yerine e-kitapları tercih ediyor. Amazon, Kindle gibi cihazlar kullanan okurlar sayesinde veri toplayabiliyor. Örneğin kitabın hangi kısımlarını hızlı, hangi kısımlarını yavaş okuduğunuzu, hangi bölümde ara verdiğinizi, hangi cümlede kitabı bir daha elinize almamak üzere bıraktığınızı takip edebiliyor (yazara o kısmı yeniden yazmasını da söylese bari.) Eğer Kindle yüz tanıma sistemleri ve biyometrik algılayıcılarla yeniden güncellenirse hangi cümlenin kalbinizi hızlandırıp tansiyonunuzu yükselttiğini, nerede güldüğünüzü, üzüldüğünüzü ya da öfkelendiğinizi bilebilir. Yakın gelecekte siz kitap okurken kitaplar da sizi okuyabilir. Ancak siz okuduklarınızın çoğunu hızla unuturken, Amazon tek bir detayı bile unutmayacaktır. Böylesi bilgiler Amazon'un sizin için hiç şaşmadan doğru kitabı seçmesini sağlayabilir. Tabii bir yandan da tam anlamıyla kim olduğunuzu bilmesini ve dilediği zaman sizi açıp kapatabilmesini mümkün kılar.[35]

Sonunda bu her şeyi bilen ağdan bir an olsun bile çıkamayacağımız bir noktaya gelebiliriz. Bağlantının kesilmesi bir nevi ölüm anlamına gelebilir. Gelecekte tıbbi hedeflere ulaşılırsa insanlar bedenlerine kalplerini izleyecek, enfeksiyonları, hastalıkları kayıt altına alacak ve onları hasarlardan koruyacak biyometrik cihazlar, biyonik organlar ve nanorobotlar ekleyebilir. Ancak bu cihazların en son tıbbi gelişmelerden haberdar olabilmesi ve siber âlemin illetlerinden korunması için yedi gün yirmi dört saat aktif bağlantıda olmaları gerekebilir. Evdeki bilgisayarın sürekli virüs ve trojanların saldırısına uğraması gibi ritim cihazının, işitme cihazının, nanoteknoloji bağışıklık sisteminin de benzer bir tehdit altında bulunması olasıdır. Bedenimin anti-virüs programlarını güncelleyemezsem bir sabah uyandığımda damarlarımda dolaşan milyonlarca nanorobotu Kuzey Koreli hackerların kontrolünde bulabilirim.

21. yüzyılın yeni teknolojileri, insanı sahip olduğu otoriteden mahrum bırakıp algoritmaları yetkilendirerek hümanist devrimin çarklarını geriye çevirebilir. Bu gidişat sizi dehşete düşürüyorsa bilgisayar kurtlarını suçlamamalısınız. Bu işin asıl sorumlusunun biyologlar olduğunu, tüm bu gidişatın bilgisayar bilimi yerine biyolojik öngörülerden güç alarak ilerlediğini anlamak çok önemli, çünkü organizmaların birer algoritma olduğuna kanaat getiren yaşambilimleridir. Eğer organizmalar algoritmalar gibi işlemiyorsa, bilgisayarlar her alanda harikalar yaratsa dahi, bizi anlamaları ve hayatımızı yönetmeleri imkansızlaşır ve bizimle bütünleşme ihtimalleri de ortadan kalkar. Biyologlar organizmaların birer algoritma olduğu sonucuna vardıkları an, organik ve inorganik yaşam arasındaki duvar yıkıldı, bilgisayar devrimi tamamen mekanik bir meseleden biyolojik bir tufana dönüştü ve bireylerin otoritesi algoritma ağlarının eline geçti.

Bazı insanlar gelişmeler karşısında endişe duysa da milyonlar bu gidişatı benimsemeye dünden razı. Bugün bile pek çoğumuz mahremiyetimizden ve bireyselliğimizden vazgeçmeye, her yaptığımızı kaydetmeye, hayatlarımızı internette yaşamaya, hatta internet bağlantısı birkaç dakikalığına kesildiğinde histerikleşmeye başladık. Otoritenin el değiştirerek algoritmaların eline geçmesi hükümetlerin ciddi kararlarının bir sonucu olarak ortaya çıkmadı, bu değişim insanların rasgele tercihlerine bağlı olarak gerçekleşti.

Eğer dikkatli ilerlemezsek kendimizi Orwell'in ünlü polis devletindeki gibi her hareketimizin, hatta bedenimizin ve aklımızın içindekilerinin bile izlenip kontrol edildiği bir dünyada bulabiliriz. Stalin'in her şeye gücü yeten biyometrik algılayıcıları keşfettiğini düşünün, Putin bu teknolojiyle neler yapardı kim bilir? Bireyciliği savunanlar 20. yüzyılın kabuslarını tekrar yaşamaktan korkarak Orwellci düşmanlara kendilerini hazırlarken, bireycilik bambaşka ve çok daha ciddi bir tehlikeyle karşı karşıya. 21. yüzyılda bireyin kendi kendine yavaşça yok olma ihtimali Büyük Birader tarafından ezilme riskinden çok daha yüksek.

Bugün şirketler ve hükümetler bireyselliğe saygı duyduklarını beyan ederken, isteklerim ve ihtiyaçlarım doğrultusunda tıbbi yardım, eğitim ve eğlence sağlayacaklarını vaat ediyorlar. Ama bunu yapabilmek için önce bedenimi biyokimyasal alt sistemlere ayırmaları, sonra bu alt sistemleri her yere uzanan algılayıcılarla izlemeleri ve gelişmiş, güçlü algoritmalarımın nasıl çalıştığının sırrını çözmeleri gerekiyor. Bu yolun sonunda birey dini bir fantezi olup çıkarken gerçeklik de bireysel merkezleri olmayan, sınırları belirsiz biyokimyasal ve elektronik algoritmalardan oluşan bir ağa dönüşecektir.

Eşitsizliğin Sürümünü Yükseltmek

Şimdiye kadar liberalizmin karşı karşıya olduğu üç tehditten ikisini inceledik. İlk tehdit insanların değerlerini tamamen kaybetmesi üzerine kuruluydu. İkinci tehditse, insanların topluluk halinde değerlerini koruyacaklarını ancak bireysel otoritelerini yitirerek dış algoritmalar tarafından yönetileceklerini söylüyordu. Sistem senfoniler bestelemenizi, tarih öğretmenizi ya da bilgisayar kodları yazmanızı isteyecek, ancak bu alanlarda her zaman sizden daha yetkin olacak ve yine sizin için en önemli kararları verirken siz de bu durumdan hoşnut olacaksınız. Bizi mutlaka kötü bir geleceğin beklediğini söylemiyorum, ama nihayetinde liberalizm-sonrası bir dünyada yaşayacağız.

Gelelim liberalizm karşısında yükselen üçüncü tehdide. Bazı insanlar vazgeçilmez olmaya ve sırları çözülemez kalmaya devam edecek ve bu insanlar sürümleri yükseltilmiş dar bir süperinsan eliti oluşturacak. Bu süperinsanlar duyulmamış yeteneklerin ve görülmemiş bir yaratıcılığın keyfini sürerken, bu sayede dünyadaki en önemli kararların çoğunu almaya devam edecekler. Onlar sistemin hayati gerekliliklerini yerine getirirken, sistem onları anlayamayacak ve yönetemeyecek. Çoğu insanın sürümü yükseltilemediğinden çoğunluk bilgisayar algoritmaları ve süperinsanlar tarafından yönetilecek ve giderek daha alt bir sınıfa mensup olacaklar.

İnsanevladını biyolojik kastlara ayırmak liberal ideolojiyi köklerinden sarsacaktır. Liberalizm sosyoekonomik farklarla var olabilir, öyle ki eşitlikten önce özgürlük diyen liberalizm bu farkları zaten baştan kabul eder. Tüm insanların eşit değerde ve otoritede olduğu varsayımını koruyan liberalizm, bir milyarder şatafatlı bir şatoda yaşarken yoksul bir köylünün derme çatma bir kulübede idare etmeye çalışmasını sorun etmez. Liberalizme göre köylülerin özgün deneyimleri milyarderinki kadar değerlidir. O yüzdendir ki liberal yazarlar yoksul köylülerin deneyimlerine dair uzun romanlar yazarken milyarderler bile bu romanları hevesle okurlar. Broadway ya da Covent Garden'da *Sefiller* müzikalini izlemeye gittiğinizde, biletleri yüzlerce dolara satılan ön koltuklardaki seyircilerin toplam varlığının milyar dolarlara vardığını bilirsiniz ve aynı insanlar oyunu izlerken, açlıktan ölmek üzere olan yeğenlerine bir somun ekmek çaldığı için on dokuz yıl hapis yatan Jean Valjean'a yakınlık duyarlar.

Aynı mantık milyarderlerle yoksul köylülerin oylarının birebir aynı sayıldığı seçim günlerinde de işler. Sosyal eşitsizliğin liberal çözümü herkese aynı deneyimi sağlamaya çalışmaz, farklı insan deneyimlerini bir tutmayı tercih eder. Peki zenginle yoksul artık sadece varlıklarıyla orantılı olarak değil, biyolojik uçurumlarla da ayrılırsa bu çözüm işleyebilir mi?

Angelina Jolie *New York Times*'daki yazısında genetik testlerin pahalılığına dikkat çekmişti. Jolie'nin yaptırdığı ünlü test, bugün 3 bin dolara mâl oluyor (ve buna meme ameliyatı, estetik ameliyat ve yan tedaviler dahil değil). Bugün 1 milyara yakın insan günde 1 dolardan az, 1.5 milyar kadar insan da 1 ila 2 dolar arasında kazanıyor.[36] Her geçen gün artan ekonomik uçurum bir yana, hayatları boyunca çalışsalar bile asla 3 bin dolarlık bir test yaptıramayacak milyonlarca insan var. 2016'nın başı itibarıyla dünyadaki en zengin altmış iki insanın varlığı en yoksul 3.6 milyarınkine tekabül ediyor! Dünya nüfusunun 7.2 milyar olduğu düşünüldüğünde, altmış iki milyarderin, toplam nüfusun yarısının varlığına sahip olduğu anlamına geliyor bu.[37]

DNA testinin maliyetleri zamanla düşecek gibi görünüyor ancak bir yandan yeni ve daha pahalı prosedürler geliştirilmeye devam ediliyor. Eski tedaviler zamanla kitleler için daha ulaşılabilir hâle gelecek olsa bile elitler birkaç adım önde olmaya devam edecek. Tarih boyunca varlıklı kesim sosyal ve siyasi avantajlara sahipti ama hiçbir zaman zenginleri yoksullardan ayıran biyolojik bir ayrım olmamıştı. Ortaçağ aristokratları damarlarında üstün mavi kanın aktığına ya da Hindu Brahminleri herkesten daha zeki olduklarına inanırdı ama bunların hepsi kurmacaydı. Gelecekte üst sınıflarla toplumun geri kalanı arasında açılan fiziksel ve bilişsel yetenek uçurumlarına rastlayabiliriz.

Biliminsanları bu senaryo karşısında, 20. yüzyıldaki pek çok tıbbi gelişmenin de önce zenginlere hizmet ederek başladığını ama bir süre sonra bu gelişmelerin tüm nüfusa hizmet ettiğini ve sosyal ayrımların kapanmasına yardımcı olduğunu tekrarlayıp duruyor. Aşı ve antibiyotikler ilk başta sadece Batı ülkelerinin üst sınıflarına hizmet ederken bugün her yerde, herkesin hayatını iyileştiriyor.

Bu sürecin 21. yüzyılda da aynı şekilde seyredeceğini beklemek iki açıdan hayalperestlik olabilir. Öncelikle tıp büyük bir kavramsal devrim yaşıyor. 20. yüzyılda tıbbın hedefi hastayı iyileştirmekken, 21. yüzyılda bu hedef sağlıklıyı geliştirmeye dönüşmüş durumda. Herkesin standart bir fiziksel ve zihinsel sağlık seviyesine sahip olabileceği ve olması gerektiği varsayıldığı için hastayı iyileştirmek eşitlikçi bir projeydi. Doktorun görevi normun altına düşenlerin sorunlarına çare bulmak, onların da "herkes gibi" olmasını sağlamaktı. Sağlıklıyı geliştirmekse aksine elitist bir projedir. Herkese uyan evrensel bir standart olduğu fikrini reddederek bireylere diğerlerinden daha iyi olmalarını sağlayacak ayrıcalıklar vermeyi amaçlıyor. İnsanlar daha iyi bir hafıza, ortalamanın üstünde bir zeka, birinci sınıf cinsel yetenekler istiyor. Eğer sürüm yükseltme herkesin erişebileceği kadar ucuzlayıp yaygınlaşırsa hızla yeni standartlar oluşacak ve yeni nesil tedaviler bu yeni standartları aşmaya çalışacaktır.

Sonuç olarak 2070'te yoksul bir insan, belki bugün olduğundan çok daha iyi sağlık hizmetlerine ulaşabilecek ama zengini ayıran çıta çok daha yükselmiş olacak. İnsanlar kendilerini bahtsız ataları yerine şanslı çağdaşlarıyla karşılaştırır. Baltimore'un varoşlarında siyahi bir Amerikalıya, Afrika ormanlarındaki atalarından ya da Virginia'daki plantasyonlarda çalışan büyük-büyükannesinden daha iyi sağlık hizmeti aldığını söylediğinizde pek de sevinmeyecektir. Aksine böylesi bir yorum son derece kendini beğenmiş ve küçümseyici karşılanacaktır. "Neden kendimi 19. yüzyıl köleleri ya da ortaçağ kabileleriyle karşılaştırayım?" diye tersleyecektir sizi, "Televizyonlardaki zenginler gibi, olmadı kalburüstü mahallelerdeki insanlar gibi yaşamak istiyorum." Aynı şekilde 2070'te alt sınıflara 2017'den çok daha iyi sağlık hizmetlerine ulaşabildiklerini söylemeye kalktığınızda, rahatlamaktan çok kendilerini dünyaya hükmeden, sürümü yükseltişmiş süperinsanlarla karşılaştıracaklardır.

Dahası tüm tıbbi gelişmelere rağmen 2070'te muhtaç insanların bugünden daha iyi sağlık hizmeti alacağının garantisini veremeyiz çünkü devletin ve elitlerin gözünde yoksullara sağlık hizmeti sunmak önemini yitirebilir. 20. yüzyıl kitlelerin çağıydı, bu nedenle tıp kitlelere hizmet ediyordu. 20. yüzyıl orduları milyonlarca sağlıklı askere, ekonomisiyse milyonlarca zımba gibi işçiye muhtaçtı. Sonuçta devletler herkesin güçlü kuvvetli olduğunu garantileyebilmek adına halk sağlığı hizmeti sunmaya başladılar. En büyük tıbbi başarılarımız kitle çağında hijyen standartlarını yükseltmek, aşı kampanyaları düzenlemek ve salgınların önüne geçmek oldu. 1914'te Japon üst sınıfları yoksulları aşılamak, kenar mahallelere hastaneler kurmak ve kanalizasyon sistemleri yaptırmakla ilgilenmeye başladı; sonuçta Japonya'nın güçlü bir orduya ve güçlü bir ekonomiye sahip olabilmesi için milyonlarca sağlıklı askere ve işçiye ihtiyacı vardı.

Kitle çağının sonuyla beraber kitleler için tıbbın da miadı dolmak üzere. Askerlerin ve işçilerin yerini algoritmalar almaya başladıkça, en azından bazı elitler, işe yaramayan insanlardan oluşan kitlelerin durumunu iyileştirmenin, onlara standart sağlık koşulları sağlamanın bir anlamı olmadığında karar kılabilir, bunun yerine bir grup süperinsanı normun üzerine çıkarmaya odaklanmanın daha akıl kârı olduğunu savunabilirler.

Çocukların eğitimine ve yetiştirilmesine olağanüstü çaba harcayan ve çocuklardan hep daha fazlasını bekleyen Japonya ve Güney Kore gibi teknolojik açıdan gelişmiş ülkelerde doğum oranları hızla düşüyor. Hindistan, Brezilya ya da Nijerya gibi gelişmekte olan ülkeler Japonya'yla nasıl rekabet edebilir? Bu ülkeleri uzun bir tren gibi düşünecek olursak, birinci sınıf vagonlardaki elitler gelişmiş ülkelerle aynı seviyede sağlık hizmeti ve eğitim alabiliyor, o ülkelerin vatandaşları gibi yüksek gelire ulaşabiliyor. Ne var ki üçüncü sınıf vagonları dolduran yüz milyonlarca sıradan vatandaş hâlâ yaygın hastalıklar, cehalet ve yoksullukla boğuşuyor. Hintli, Brezilyalı ya da Nijeryalı elitler gelecek yüzyılda ne yapacaklar? Yüz milyonlarca ihtiyaç sahibinin sorunlarını mı çözmeye, yoksa birkaç milyon zengini daha da geliştirmeye mi yatırım yapmayı tercih edecekler?

Elitlerin askeri ve ekonomik açıdan vazgeçilmez olan yoksulların sorunlarını kendi çıkarları için çözdüğü 20. yüzyılın aksine, 21. yüzyılda (acımasız olmasına rağmen) en etkin yaklaşım, işe yaramayan üçüncü sınıf vagonları geride bırakmak ve birinci sınıfla geleceğe ilerlemek olabilir. Japonya'yla boy ölçüşebilmek isteyen Brezilya, milyonlarca sağlıklı ama sıradan işçi yerine belki de yalnızca bir avuç süperinsanla yoluna devam edecektir.

İstisnai fiziksel, duygusal ve entelektüel yetenekleri olan süperinsanların yükselmesiyle liberal inançlar nasıl hayatta kalabilir? Böylesi süperinsanların sıradan Sapienslerden çok farklı deneyimleri olduğu ortaya çıktığında neler olacak? Peki ya süperinsanlar yoksul Sapienslerin deneyimleriyle ilgili romanlar okumaktan sıkıldığında ve sıradan insanlar da süperinsanların aşk hayatlarını konu alan pembe dizileri anlaşılmaz bulduğunda ne yapacağız?

20. yüzyılın kıtlığı, salgınları ve savaşları alt etmek gibi büyük hedefleri, istisnasız herkese bolluk, sağlık ve barış gibi evrensel değerler kazandırmayı amaçlıyordu. 21. yüzyılın ölümsüzlük ve mutluluk kazanarak tanrı mertebesine yükselmek gibi yeni hedefleri de tüm insanlığa hizmet etmeyi umuyor. Ancak arada önemli bir fark var. Bu yeni hedefler normu sağlamaktan çok aşmayı amaçlıyor. Liberal köklerini geride bırakmış olan 21. yüzyıl idealleri, sıradan insanlara 19. yüzyılda Avrupalıların Afrikalılara davrandığı gibi davranacak yeni bir süperinsan sınıfının doğmasına neden olabilir.

Eğer bilimsel keşifler ve teknolojik gelişmeler insanlığı işe yaramayan kitleler ve bir grup gelişmiş süperinsan eliti olarak ikiye ayırır, ya da otorite insanların elinden zeki algoritmalara geçerse liberalizm çökecektir. Oluşan boşlukta hangi yeni dinler ya da ideolojiler doğacaktır? Tanrı misali kutsal nesillerimizin evrimine rehberlik edecek yeni söylem ne olabilir?

10

Bilinç Okyanusu

YENİ DİNLERİN Afganistan mağaraları ya da Ortadoğu medreselerinden doğması pek mümkün görünmüyor. Yeni dinler araştırma laboratuvarlarında büyüyüp serpilecekler. Sosyalizm nasıl buhardan ve elektrikten müteşekkil bir kurtuluş vaadiyle dünyayı ele geçirdiyse, tekno-dinler de algoritmalara ve genlere dayalı bir kurtuluş vaadiyle dünyayı fethedebilir.

Radikal İslam ve fanatik Hıristiyanlık üzerinde dönen tüm tartışmalara rağmen, dini açıdan dünyadaki en ilgi çekici yer IŞİD'in kontrol ettiği bölgeler ya da ABD'nin İncil Kuşağı olarak adlandırılan muhafazakar güneyi değil, Silikon Vadisi'dir. Yüksek teknoloji gurularının teknoloji odaklı, tanrısız bu yeni cesur dini işte burada mayalıyorlar. Mutluluk, barış, refah, hatta ebedi yaşam gibi kadim sözleri, ilahi varlıklar değil teknoloji aracılığıyla sunuyorlar. Üstelik tüm bunları ölümden sonra yerine bu dünyada vaat ediyorlar.

Yeni tekno-dinler temelde ikiye ayırılabilir: Tekno-hümanizm ve veri dini. Veri dini insanların kozmik görevlerini tamamladığını ve artık meşaleyi yeni oluşumlara devretmesi gerektiğini öne sürer. Veri dininin hayallerini ve korkularınıysa bir sonraki bölümde tartışacağız. Bu bölüm, insanı hâlâ yaratılışın zirvesi olarak gören ve pek çok geleneksel hümanist değere bağlılığını koruyan tekno-hümanizmin nispeten muhafazakar öğretilerine odaklanacak. Tekno-hümanizm

Homo sapiens'in tarihsel görevini yerine getirdiğini ve gelecekte bir yeri olmadığını onaylarken, daha üstün bir insan modeli olan *Homo deus*'u yaratmak için teknolojiyi kullanmamız gerektiği sonucuna varır. *Homo deus* insani özelliklerinin bir kısmını koruyacak ve en karmaşık algoritmalara karşı kalesini koruyabilmesini sağlayacak, sürümü yükseltilmiş fiziksel ve zihinsel yetilerin de keyfini sürecektir. Zeka bilinçten ayrıldığı ve bilinci olmayan zeka tehlikeli bir hızla ilerlediği için insanların oyunda kalabilmelerinin yolu, yorulmadan kendi zihinlerinin sürümünü de yükseltmelerinden geçiyor.

Bilişsel Devrim 70 bin yıl önce Sapiens'in zihinsel yapısını değiştirerek önemsiz bir Afrika maymununu dünyanın hükümdarı hâline getirdi. Gelişen Sapiens zihni tanrılar ve şirketler yaratmamızı, şehirler ve imparatorluklar kurmamızı, yazıyı ve parayı icat etmemizi ve sonunda atomu parçalayıp Ay'a çıkmamızı sağlayarak uçsuz bucaksız öznelerarası bir âlemin kapılarını araladı. Dünyanın gidişatını değiştiren bu devrim, bildiğimiz kadarıyla Sapiens DNA'sındaki küçük birkaç değişim ve Sapiens beynindeki küçük bağlantıların yeniden kurulması sonucu ortaya çıktı. Tekno-hümanizme göre, genlerimizde değişiklik yaparak ve beynimizdeki bağlantıları yeniden yapılandırarak ikinci bir bilişsel devrimi ateşlemek mümkün olabilir. Birinci Bilişsel Devrim'in zihinsel yenilikleri *Homo sapiens*'e öznelerarası âleme giriş izni verdi ve bizi gezegenin hakimi yaptı. İkinci bilişsel devrim de *Homo deus*'a hayal bile edilemeyecek yeni âlemlerin anahtarını teslim ederken bizi de galaksinin lordlarına dönüştürebilir.

Bu görüş yüzyıl kadar önce süperinsanlar yaratma çağrısı yapan evrimsel hümanizmin küllenmiş hayallerini yeniden alevlendirdi. Hitler ve benzerleri süperinsanları seçici üreme ve etnik temizlik yöntemleriyle yaratmayı planlarken, 21. yüzyılın tekno-hümanizmi amacına genetik mühendisliği, nanoteknoloji ve düşünce gücüyle kontrol edilen bilgisayarlar gibi çok daha barışçıl yöntemlerle ulaşmayı hedefliyor.

Zihnin Ayrılıkları

Tekno-hümanizm insan zihninin sürümünü yükselterek bilinmeyen deneyimler yaşamamızı ve alışkın olmadığımız bilinç seviyelerine ulaşmamızı amaçlıyor. Ancak insan zihnini yenilemek akıl almayacak kadar karmaşık ve tehlikeli bir girişimdir. Üçüncü Bölüm'de gördüğümüz gibi aslında zihni tam olarak anlayabilmiş değiliz. Zihnin nasıl oluştuğunu ya da işlevinin tam olarak ne olduğunu bilmiyoruz. Deneme yanılma yöntemiyle çeşitli zihinsel faaliyetleri nasıl planlayıp yönetebileceğimizi öğrendik ama bu tür müdahalelerin etkilerini ve sınırlarını kavramakta hâlâ güçlük çekiyoruz. Daha da beteri, zihinsel faaliyetlerin ulaşabileceği en geniş spektruma sahip olmadığımız için kendimize nasıl zihinsel hedefler belirlememiz gerektiğini de tam olarak kestiremiyoruz.

Ücra bir adanın sakinleri gibiyiz. Sandalımız hazır ama denize ne bir harita ne de bir hedef olmadan açılıyoruz. Aslında hâlimiz bundan bile beter. Hayali adamızın sakinleri, uçsuz bucaksız bu gizemli denizde minicik de olsa en azından bir yere sahip olduklarını biliyorlar. Bizler farklı zihinsel durumların okyanusunda minicik bir bilinç adasına sığınmış olduğumuza şükredemiyoruz bile.

Ses ve ışık spektrumunun insanların duyularını aşacak kadar geniş olması gibi, zihinsel durumların spektrumu da ortalama bir insanın farkında olduğundan çok daha geniştir. Görünür ışığın dalga boyu 400 ila 700 nanometre arasındadır. İnsan görüşünün bu dar aralığının ötesinde kızılötesi, mikrodalga ve radyo dalga ışınları yer alır. Bu ışık tiplerinin görülemeyen muazzam enginlikteki âlemlerinin dışında ultraviyole, x-ray ve gama ışınlarının karanlık krallıkları yer alır. Benzer şekilde, zihinsel durumların spektrumu da sonsuz olabilecekken, bilim henüz sadece iki küçücük kesiti inceleyebilmiştir: norm-altı ve WEIRD.*

* (İng.) Tuhaf. Takip eden iki paragraf içinde detaylı olarak açıklanacağı gibi yazar kelime oyunuyla oluşturulmuş bir terim kullanmaktadır. WEIRD, yani tuhaf anlamına da gelen kısaltma Western [Batılı], Educated [Eğitimli], Industrialised [Sanayileşmiş], Rich [Zengin] ve Democratic [Demoktratik] kelimelerinin baş harflerinden oluşur. Bu terim, psikoloji deneylerinde denekleri oluşturan grupların ortak özelliklerini nitelemektedir. –çn

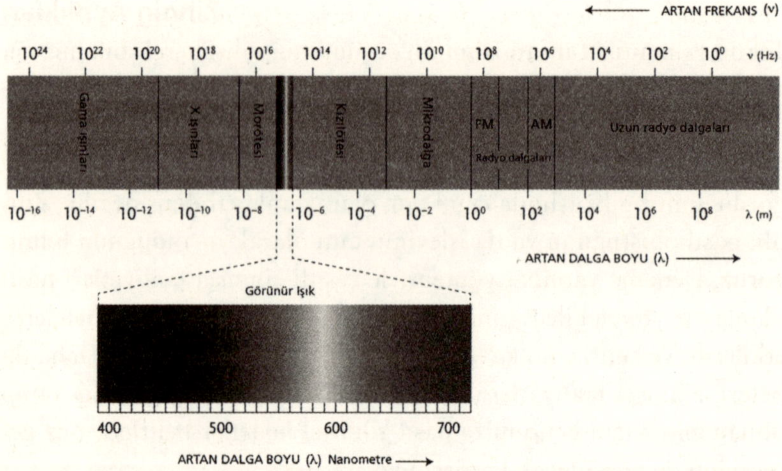

Görsel: 45. İnsanlar elektromanyetik spektrumun çok sınırlı bir kısmını algılayabiliyor. Spektrumun tamamı, görülebilen ışık aralığından tam on trilyon kat daha geniştir.[1] Ya zihinsel spektrum da bu denli genişse?

Bir asırdan daha uzun bir süredir psikologlar ve biyologlar otizmden şizofreniye çeşitli psikiyatrik bozukluk ve zihinsel hastalığa sahip insanlar üzerinde detaylı araştırmalar yürüttü. Sonuç olarak bugün, detaylı ama mükemmelden çok uzak norm-altı bir zihinsel spektrum haritasına sahibiz: Bir yandan insan varlığının hissetme, düşünme ve iletişim kurma becerisi bakımından normalin altında addedildiği bir alan üzerinde çalışmalar yürütürken diğer yandan, sağlıklı ve normal kabul edilen insanların zihinsel durumları üzerine araştırmalar yapmaya devam ediyoruz. Ancak insan zihni ve deneyimleri üzerine yapılan bu bilimsel araştırmaların çoğu Batılı, Eğitimli, Sanayileşmiş, Varlıklı ve Demokratik (WEIRD) toplumlarda yürütülüyor. Bu sınırlı grup, insanlığı temsil edemez. İnsan zihni araştırmaları yakın zamana dek *Homo sapiens*'in Homer Simpson olduğunu varsayıyordu.

Joseph Henrich, Steven J. Heine ve Ara Norenzayan 2003'le 2007 yılları arasında öncü bilimsel dergilerde psikolojinin altı farklı alt alanında yayımlanmış tüm makaleleri incelediler ve 2010 yılında ezber bozan bir çalışma yayımladılar. Sonuçlar makalelerin sıklıkla insan zihni üzerine geniş iddialarda bulunduğunu ancak çalışmalarını sadece WEIRD örneklere dayandığını ortaya koyuyordu. Örneğin sosyal psikoloji alanında en iddialı dergilerden biri olan *Journal of Personality and Social Psychology*'de [Kişilik ve Sosyal Psikoloji Dergisi] örneklenen bireylerin yüzde 96'sı WEIRD grubuna girerken yüzde 68'i de ABD'liydi. *Üstelik* ABD'li örneklerin yüzde 67'si ve ABD'li olmayanlarınsa yüzde 80'i psikoloji öğrencileriydi! Kısaca belirtecek olursak, bu prestijli dergideki makalelerde örneklenen bireylerin üçte ikisi Batı'daki üniversitelerde okuyan psikoloji öğrencileridir. Henrich, Heine ve Norenzayan nüktedan bir söylemde bulunarak derginin adının *The Journal of Personality and Social Psychology of American Psychology Students* [ABD'li Psikoloji Öğrencilerinin Kişiliği ve Sosyal Psikolojisi Dergisi] olarak değiştirilmesini önerdi.[2]

Psikoloji öğrencileri pek çok çalışmanın yıldızı olabilir, çünkü profesörleri deneylere katılmalarını şart koşar. Harvard'da psikoloji profesörü olsaydım, New York'ta suç oranının yüksek olduğu kenar mahallelerin sakinleri yerine kendi öğrencilerim üzerinde deneyler yürütmem çok daha kolay olurdu. Kalahari Çölü'ndeki avcı-toplayıcılarla bir deney yapmak uğruna Namibya'ya seyahat etmeyi önermiyorum bile! New York'un kenar mahalle sakinleri ve Kalahari'nin avcı-toplayıcıları, Harvard psikoloji öğrencilerinin anketlerini doldurup kafalarını MRI tarayıcılarına sokmakla asla öğrenemeyeceğimiz zihinsel durumlar deneyimliyor olabilirler.

Tek tek her toplumu incelemek için dünyayı dolaşsak bile, Sapiens'in zihinsel spektrumunun sadece sınırlı bir kısmını ortaya çıkarabiliriz. Modernitenin eli hepimize dokundu, artık hepimiz tek bir küresel kasabanın sakinleriyiz. Kalahari'deki avcılar Harvard psikoloji öğrencilerinden daha az modern olsa da günümüze uzak bir geçmişten zaman makinesiyle gelmiş değiller. Onlar da Hıristiyan misyonerler, Avrupalı tüccarlar, varlıklı çevreci turistler ve meraklı antropologlardan etkilendiler (Kalahari Çölü'nde tipik bir avcı-toplayıcı grubun yirmi avcı, yirmi toplayıcı ve elli antropologdan oluştuğunu söylerler).

Gezegenimiz, küresel bir kasabaya dönüşmeden önce günümüzde en ufak bir izine dahi rastlayamayacağımız farklı zihinsel durumlara girebilen yalnız insan kültürlerine ev sahipliği yapıyordu. Farklı sosyoekonomik gerçeklikler ve günlük alışkanlıklar çeşitli bilinç seviyelerini besliyordu. Taş Devri'ndeki mamut avcılarının, Neolitik çiftçilerin ya da Kamakura samuraylarının zihinlerini kim nasıl ölçebilir ki? Dahası, modernite öncesi kültürlerin birçoğu insanların meditasyon, uyuşturucu ya da ayinler aracılığıyla geçiş yapabileceği üst bilinç seviyelerinin varlığına inanıyordu. Şamanlar, rahipler ve münzeviler düzenli olarak zihnin gizemli deryalarını keşfe çıkıyor, bu keşiflerden nefes kesen hikayelerle geri dönüyorlardı. Sonsuz huzurun, akıl almaz netliğin ve benzersiz bir hassaslığın alışılmadık evrelerini tecrübe ettiklerinden bahsediyor, zihnin sonsuzluğa uzandığını ve boşlukta yok olduğunu anlatıyorlardı.

Hümanist devrim Batı kültürlerinin üst zihinsel durumlara duydukları inancı ve ilgiyi ortadan kaldırarak sıradan vatandaşın gündelik deneyimlerinin yüceltilmesine sebep oldu. Bu yüzden modern Batı kültürü olağandışı zihinsel durumları deneyimleyen özel bir sınıftan yoksun. Buna girişen herkesin uyuşturucu bağımlısı, akıl hastası ya da düpedüz şarlatan olduğuna inanılıyor. Sonuç olarak Harvard psikoloji öğrencilerinin zihin haritalarını detaylandırabilmiş olsak da Kızılderili şamanlarının, Budist keşişlerin ya da Sufi mistiklerin zihinleri hakkında çok daha az bilgiye sahibiz.[3]

Ayrıca sadece Sapiens zihninden bahsediyoruz. Yaklaşık 50 bin yıl kadar önce gezegeni Neandertal kuzenlerimizle paylaşıyorduk. Uzay gemileri yollamamış, piramitler dikmemiş, imparatorluklar kurmamışlardı. Şüphesiz yeteneklerimizin birçoğundan mahrum ve çok daha farklı zihinsel yetilere sahiplerdi. Beyinlerinin biz Sapienslerinkinden daha büyük olduğunu biliyoruz. O nöronlarla kim bilir neler yapıyorlardı? Hiçbir fikrimiz yok. Muhtemelen Sapiens'in hiç bilmediği çok farklı zihinsel durumları deneyimliyorlardı.

Yeryüzünde var olmuş her insan türünü değerlendirmeyi başarabilsek bile yine de zihinsel spektrumu baştan sona kavrayabilmemiz mümkün olamayacaktı. Diğer hayvanlar biz insanların hayal bile edemeyeceği şeyler deneyimliyor olabilir. Örneğin yarasalar, dünyayı ekolokasyon aracılığıyla algılar. İnsan kulağının duyma aralığının ötesinde, yüksek frekanslı çığlıklar atar, sonrasındaysa dönen yansımaları algılayıp yorumlayarak kendilerine bir dünya resmederler. Resim o kadar detaylıdır ki yarasalar çizdikleri tabloya bakarak ağaçların ya da binaların etrafında hızla uçabilir, gece kelebeklerini ve sivrisinekleri avlayabilir, aynı zamanda baykuş gibi çeşitli yırtıcılardan da saklanabilirler.

Yarasalar yansımalar dünyasında yaşar. Tıpkı insan dünyasında her nesnenin belirli bir şekli ve rengi olması gibi onlarınkinde de her nesne kendi eko-izine sahiptir. Bir yarasa, bir gece kelebeğinin incecik kanatlarından yansıyan sesleri dinleyerek onun zehirli mi yoksa lezzetli mi olduğunu ayırt edebilir.

Bazı yenilebilir güve türleri kendilerini korumak amacıyla eko-izlerini zehirli türlerinkine benzeterek evrimleşir. Bazılarıysa yarasa radarının dalgalarını saptırabilecek etkileyici yetilere sahiptir, hayalet uçaklar misali yarasalara hiç belli etmeden etraflarında uçarlar. Ekolokasyon dünyası, bizim ses ve ışıktan ibaret dünyamız kadar karmaşık ve keşmekeş içinde olabilir ancak biz insanlar o dünyadan bir o kadar bihaberiz.

1974'te felsefeci Thomas Nagel, "Yarasa olmak nasıl bir deneyimdir?"[4] başlıklı zihin felsefesi alanındaki en ünlü makalesinde Sapiens zihninin yarasa dünyasını idrak edemeyeceğinin altını çizer. Yarasa bedeni, ekolokasyonu ve nöronları üzerine dilediğimiz algoritmayı yazabiliriz ama bu algoritma bize bir yarasa gibi *hissetmenin* ne anlama geldiğini aktaramaz. Bir gece kelebeğinin birbirine çarpan kanatlarını ekolokasyonla belirlemek nasıl bir histir? Acaba görmek gibi midir, yoksa tamamen farklı mıdır?

Bir Sapiens'e bir kelebeğin yerini ekolokasyonla belirlemeyi anlatmaya çalışmak, kör bir gece kelebeğine bir Caravaggio tablosunu görmenin nasıl bir his olduğunu aktarmaya çalışmak kadar anlamsızdır. Yarasaların hislerinin ekolokasyon duyularıyla etkileniyor olması muhtemeldir. Sapiens için aşk kırmızı, kıskançlık yeşil, bunalım mavidir. Dişi bir yarasanın yavrusuna duyduğu sevginin ya da erkek yarasanın düşmanları karşısındaki hislerinin ekolokasyon rengini kim bilebilir?

Bu durum yalnızca yarasalara özgü değil elbette, onlar verilebilecek sayısız örnekten sadece biri. Sapiens'in yarasa olmanın duygusunu anlayamaması gibi bir balina, kaplan ya da pelikan olmanın duygusunu anlama ihtimali de yoktur. Mutlaka bir şeylerle benzerlik gösteriyordur ama bu benzerliğin ne olduğuna dair hiçbir fikrimiz yok. Balinalar ve insanlar, duyguları beynin limbik sistem adı verilen bölgesinde işler ancak balina limbik sisteminde insan limbik sisteminde olmayan belli başlı alanlar bulunur. Belki de bu alanlar sayesinde balinalar, bizim yabancı olduğumuz inanılmaz derin ve karmaşık duygularla boğuşuyordur, kim bilir? Balinalar Bach ya da Mozart'ın bile algılayamayacağı şaşırtıcı müzikal deneyimler de yaşıyor olabilirler. Birbirlerini yüzlerce kilometre uzaktan duyabilen bu hayvanların bazen saatlerce süren ve oldukça girift yapılara sahip özgün "şarkı" repertuvarları vardır. Ne zaman bir balina yeni bir hit parça bestelese, okyanustaki diğer balinalar şarkıdan etkilenir ve onu benimser. Biliminsanları düzenli olarak bu hit şarkıları

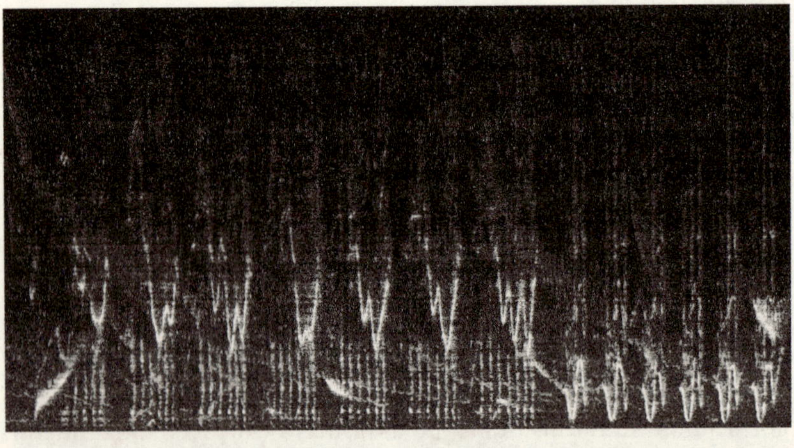

Görsel 46: Bir Grönland balinası şarkısının spektrogramı. Bir balina bu şarkıyı nasıl duyar? 1977'de uzaya gönderilen Voyager uzay aracındaki gramofon kayıtlarında Beethoven, Bach ve Chuck Berry şarkılarının yanı sıra bir de balina şarkısı bulunuyordu; onun da iyi bir parça olduğunu dilemekten başka elimizden ne gelir?

kaydeder ve bilgisayarlar yardımıyla incelerler. Peki hangi insan bu müzikal deneyimleri dinleyerek bir balina Beethoven ile balina Justin Bieber arasındaki farkı söyleyebilir?[5]

Bunların hiçbiri bizi şaşırtmamalı. Sapiens diğer hayvanlara kıyasla daha derin duyguları ve daha karmaşık müzikal yetileri olduğu için dünyayı yönetmiyor. Bazı duygular ve deneyimler açısından balinalardan, yarasalardan, kaplanlardan ve pelikanlardan çok daha niteliksiz bile olabiliriz.

İnsanlar, yarasalar, balinalar ve diğer tüm hayvanların zihinsel spektrumlarının ötesinde de bilinmeyen uçsuz bucaksız evrenler uzanıyor olabilir. Gerekli zihinsel yetilere sahip olmadıkları için yeryüzündeki dört milyar yıllık evrimsel süreçte hiçbir Sapiens'in, yarasanın ya da dinozorun yanına bile yaklaşamadığı sonsuz çeşitlilikte zihinsel durum bulunması oldukça muhtemeldir. Gelecekte güçlü ilaçlar, genetik mühendisliği, elektronik başlıklar ve doğrudan düşünce gücüyle kontrol edilen bilgisayarlar bu bilinmez diyarlara kapı aralayabilir. Tıpkı Kolomb ve Macellan'ın yeni adaların ve bilinmeyen kıtaların peşinde ufkun ötesine yelken açması gibi bir gün biz de zihnin bir ucundan diğerine seferlere çıkabiliriz.

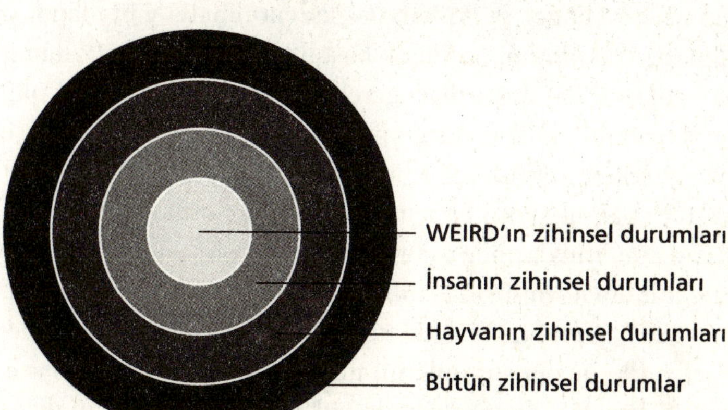

Görsel 47: Bilinç spektrumu.

Korkunun Kokusunu Alıyorum

Doktorlar, mühendisler ve müşteriler zihinsel hastalıkları tedavi etmeye ve WEIRD toplumlarda hayatlarını keyifle sürdürmeye odaklandıkları sürece, norm-altı zihinsel durumları ve WEIRD zihinsel yapıyı araştırmak yüksek ihtimalle ihtiyaçlarımızı karşılayacaktır. Normatif psikoloji sık sık normalden uzaklaşan her farklılığa kötü muamelesi yapmakla suçlansa da geçtiğimiz yüzyılda sayısız insana yardım etmiş, milyonların yaşamını ve ruh sağlığını kurtarmıştır.

Ancak üçüncü binyılın başında bambaşka bir mücadeleyle karşı karşıyayız. Liberal hümanizm tekno-hümanizme doğru adım adım ilerlerken tıp, hastaları iyileştirmenin yanı sıra sağlıklı olanların "sürümünü yükseltmeye" odaklanıyor. Doktorlar, mühendisler ve müşteriler sadece zihinsel sorunlarının düzeltilmesini değil, zihinlerinin sürümlerinin yükseltilmesini de talep ediyor. Yeni bilinç seviyeleri üretebilecek teknik becerileri kazanmaya başlıyoruz ancak elimizde bu olası yeni alanların haritaları henüz mevcut değil. Yalnızca WEIRD insanların normatif ve norm-altı zihinsel spektrumlarına aşina olduğumuz için hangi istikamette ilerlediğimizin farkında bile değiliz.

Pek şaşırtıcı olmamakla birlikte pozitif psikoloji bu sayede psikoloji disiplininin en popüler alt dalı hâline geldi. 1990'larda Martin Seligman, Ed Dinner ve Mihaly Csikszentmihalyi gibi alanın öncü uzmanları, psikolojinin zihinsel hastalıkların yanı sıra zihnimizin güçlü yanlarını da araştırması gerektiğini öne sürdü. Nasıl olur da hasta bir zihnin akıllara durgunluk verecek kadar detaylı bir haritasına sahipken, verimli bir zihnin bilimsel bir haritasına sahip değildik? Geçtiğimiz yirmi yıl içinde, psikoloji norm-üstü zihinsel durumların araştırmalarında aşama kaydetmiş olmasına rağmen, 2016 itibarıyla bilim norm-üstü alanın büyük kısmını keşfetmiş değil.

Bu şartlar altında, elimizde bir yol haritası bile yokken, mevcut zihinsel yetilerimizin sürümlerini günümüz ekonomik ve siyasi sisteminin ihtiyaçları doğrultusunda yükseltmeye odaklanıp diğer yetilerimizi geri plana atabilir hatta sürümlerini düşürebiliriz. Bunlar da hiç duyulmamış şeyler değiller elbette; binlerce yıldır sistem zihinlerimizi ihtiyaçlarına göre şekillendiriyor ve yeniden düzenliyor.

Aslında küçük toplulukların üyeleri olarak evrimleşmiş Sapiens'in zihinsel yetileri, devasa bir makinenin dişlileri gibi yaşamaya uygun gelişmemişti. Ne var ki şehirlerin, krallıkların ve imparatorlukların doğuşuyla sistem büyük çapta işbirliği için gereken yeterlilikleri beslerken, öteki beceri ve yetilerin önemini kaybetmesine izin verdi. Örneğin arkaik insanlar koku alma duyusunu yüksek ihtimalle son derece iyi kullanabiliyordu. Avcı-toplayıcılar çok uzaktan farklı hayvan türlerinin, insanların hatta çeşitli duyguların kokusunu alabiliyordu. Korkunun kokusu cesaretinkinden farklıdır örneğin. Bir insanın korku hissettiğinde salgıladığı kimyasallarla cesaretle aslan kesildiğinde salgıladığı hormonlar birbirinden tamamen farklıdır. Komşu gruba savaş açmak üzerine tartışan arkaik bir toplulukta hakim düşüncenin kokusunu almanız mümkündür.

Küçük bir nüfusla muhatap olurken işe yarayan burnumuz, Sapiens daha büyük gruplarla yaşamaya başlayınca önemini kaybetti. Örneğin ABD'nin Çin'e duyduğu korkuyu koklayamazsınız; insanların koku duyuları böyle böyle etkinliğini yitirdi. On binlerce yıldır kokuya odaklanan beyin bölgeleri, yerini okuma, matematik ya da soyut düşünme gibi görevlere devretti. Sistem, sorunların üstesinden gelmek için nöronlarımıza komşularımızı koklamasını değil onları diferansiyel denklemler olarak ele almamızı önermektedir.[6]

Önce duyularımız, akabinde duyularımızı dinleyebilme yeteneğimiz aynı süreçten geçti. Geçmişte avcılar dikkat kesilir ve gözlerini dört açarlardı. Ormanda mantar aramak için dolanırken rüzgarı dikkatle içlerine çeker, yerdeki izleri takip ederlerdi. Mantar bulduklarında pür dikkat kesilir, tadındaki her ince detayın farkına varmaya çalışarak yenilebilir türleri zehirli olanlardan ayırmaya çalışırlardı. Bugünün varlıklı toplumlarının bu kadar yüksek bir farkındalığa ihtiyaçları yok. Süpermarketlere giderek hepsi yetkililer tarafından kontrol edilmiş binlerce farklı yiyecek arasından dilediğimizi satın alabiliyoruz. Televizyon karşısında midemize indirdiğimiz İtalyan pizzasının ya da noodle'ın tadına pek de dikkat etmiyoruz (gıda üreticileri bu kayıtsızlığı kırabilme ihtimalinin peşinde koşarak sürekli yeni tatlar yaratmaya çalışıyor).

Gelişmiş ulaşım sistemleri sayesinde şehrin öbür ucunda yaşayan arkadaşımızla görüşebiliyoruz. Akıllı telefonlarımız aracılığıyla sürekli Facebook hesaplarımızı kontrol ettiğimizden arkadaşlıklarımıza tam olarak odaklanamıyor, heyecan verici her şeyin başka yerlerde olup bittiğini düşünüyoruz. Modern insanlık bitmek tükenmek bilmeyen bir "Fırsat Kaçırma Korkusu" (FOMO, "Fearing to Miss Out") tarafından esir alınmış durumda. Hiç olmadığı kadar çok seçeneğimiz olmasına rağmen, tercihlerimize odaklanma yeteneğimizi kaybetmiş hâldeyiz.[7]

Korku ve odaklanma dışında zaman içinde rüya görme yeteneğimizi de yitirmeye başladık. Çoğu kültür insanların rüyalarında gördüklerinin ve yapabildiklerinin, en az uyanıkken yaşadıkları kadar önemli olduğuna inanır. İnsanlar yeniden rüya görebilmek, rüyalarını hatırlamak ve hatta rüyalar âleminde davranışlarını kontrol edebilmek için "lucid dreaming" teknikleri üzerine çalışıyorlar. Kontrol edilebilir rüyalar anlamına gelen "lucid dreaming" aktivitesinde ustalaşmış kişiler, rüyalar âleminde kendi iradeleriyle hareket edebileceklerini, hatta varoluşun daha üst düzlemlerine seyahat edebildiklerini ya da başka dünyalardan ziyaretçilerle buluşabileceklerini iddia ederler. Buna karşın modern dünya rüyaları en iyi ihtimalle bilinçaltından gelen mesajlar olarak bir kenara atarken, genellikle rüyalara zihinsel çöp muamelesi yapar. Sonuç olarak rüyalar hayatımızda çok daha mütevazı bir rol oynar. Çok az insan rüya görme yeteneklerini geliştirir, çoğu insan rüya görmez ya da rüyalarını hatırlamaz.[8]

Koku alma, odaklanma ya da rüya görme yetilerimizin azalması hayatlarımızı daha renksiz ve sıkıcı hâle getirmiş olabilir mi? Belki de. Ancak öyle olsa bile, ekonomik ve siyasi sistemin çıkarları bu bedeli ödemeye değerdi. Patronunuz çiçek koklamanız ya da perileri düşlemenizdense elektronik postalarınızı kontrol etmenizi bekler. İnsan zihninin gelecekte yükseltileceği sürümler de benzer sebeplerle siyasi ihtiyaçları ve piyasanın dengelerini yansıtacaktır.

ABD ordusunun "dikkat odaklayıcı miğferleri" insanların belli görevlere odaklanmasına yardım etme ve karar verme süreçlerini hızlandırma amacı güdüyor. Bu amaç doğrultusunda empati yapma, şüphe ve ikilemleri hoş görme yetileri zayıflayabilir. Hümanist psikologlar stres altındaki insanların genellikle hızlı çözümler istediklerinin, kendilerini dinleyen, korku ve endişelerini anlayan insanlara ihtiyaç duyduklarının altını çiziyor. İşyerinizde yeni patronunuzun fikirlerinizi dikkate almadığını ve her şeyin kendi bildiği gibi yapılmasını istediğini ve bu yüzden sorunlar yaşadığınızı varsayalım. Kötü bir günden sonra telefona sarılıp arkadaşınızı ararsınız. Size ayıracak pek vakti ve hâli olmayan arkadaşınız sohbeti kısa keserek sorununuza çözüm üretmeye çalışacaktır: "Tamam. Anlıyorum. Önünde iki seçenek var. Ya istifa et ya da kal ve patronun ne diyorsa onu yap. Ben senin yerinde olsam istifa ederdim." Söylediklerinin hiçbir anlamı, hiçbir kıymeti yoktur. Gerçekten iyi bir arkadaş çözüm bulmak için aceleci davranmaz, size sabır gösterir. Sorunlarınızı dinler, çelişkili duygularınızı ve içinizi kemiren sıkıntılarınızı dökmeniz için size zaman ve alan tanır.

Dikkat odaklayıcı miğfer sabırsız bir arkadaş gibi çalışıyor. Tabii ki zaman zaman, örneğin bir savaş alanında, hızlı ve net kararlar vermek gerekebilir ama hayat daha karmaşıktır. Bu tip aygıtları git gide daha fazla alanda kullanmaya başlarsak karmaşayı, ikilemleri ve şüpheleri ortadan kaldırabilecek sabrımızı yavaş yavaş yitirebiliriz; tıpkı koku alma, rüya görme ve dikkat verme yetilerimizi kaybettiğimiz gibi. Sistem bizi şüphelerimizden çok kararlarımızla ödüllendirdiği için buna yönlendirebilir. Ancak keskin kararlar ve hızlı çözümlerle dolu bir hayat, karmaşa ve şüphelerle süren bir günden çok daha tekdüze ve sığ geçebilir.

Zihinlerimizi tasarlama fikriyle zihinsel spektrum hakkındaki cahilliğimizi birleştirip yanına bir de hükümetlerin, orduların ve şirketlerin çıkarlarını ekleyince, belanın tarifini elde edebilirsiniz. Beden ve zihinlerimizin sürümlerini yükseltmek uğruna zihnimizin tüm işletim sistemini bozabiliriz. Hatta tekno-hümanizm en sonunda insanların *sürümlerini düşürebilir.* Sistem, süper-insan meziyetlerine sahip olmalarından korktuğu için değil, sistemin ayağına dolanarak onu yavaşlatacak rahatsız edici insan özelliklerinden kurtulması için sürümleri düşmüş insanları tercih edebilir. Her çiftçinin de bildiği gibi sürüde sorun çıkaran genelde en akıllı keçidir, bu nedenledir ki Tarım Devrimi de hayvanların zihinsel yetilerinin düşük olduğuna inanılmasını bu kadar önemser. Tekno-hümanistler tarafından hayal edilen ikinci bilişsel devrim bize aynısını yaparak, hiç görülmemiş bir hızda veri aktarıp işleyebilen, rüya ve şüpheden yoksun, dikkatini toplayamayan insan dişlileri üretebilir. Milyonlarca yıldır gelişmiş şempanzelerdik. Gelecekteyse haddinden büyük, battal boy karıncalara dönüşebiliriz.

Pamuk İpliğine Bağlı Evren

Tekno-hümanizmi bekleyen uğursuz bir bela daha var. Hümanizmin her mezhebi gibi tekno-hümanizm de insan iradesini kutsar ve iradeyi tüm evrenin bağlı olduğu bir pamuk ipliği olarak görür. Tekno-hümanizm hangi zihinsel yetileri geliştireceğimize ve zihnimizin nasıl şekilleneceğine tutkularımızın yön vereceği beklentisini taşır. Peki ya teknolojik gelişmeler tutkularımızı da yeniden yaratmayı ve şekillendirmeyi mümkün kılarsa?

Hümanizm özgün iradeye ulaşmanın zorluklarından bahsedip durur. Kendimizi dinlemeye çalıştığımızda, birbiriyle çatışan seslerin kakafonisi altında ezildiğimizi hissederiz. Öyle ki zaman zaman kendi özgün sesimizi duymak bile istemeyiz; ya o ses istenmeyen sırlar, huzursuz talepleri ortaya dökerse diye düşünürüz. Pek çok insan kendisini derinlemesine irdelememek için ciddi bir çaba harcar. Hızla yükselen başarılı bir avukat, bir ara verip çocuk sahibi olmasını söyleyen iç sesini dizginler. Mutsuz bir evliliğe hapsolmuş bir kadın, evliliğin verdiği güvenlik hissini kaybetmekten korkar. Suçluluk duygusuyla tutuşan bir asker, kabuslarında gaddarlıklarının gölgesi tarafından kovalanır. Kendi cinselliğine güvenmeyen genç bir adam "ne sen sor ne ben söyleyeyim" kuralıyla hayatına devam eder. Bu durumların hiçbirini derinlemesine değerlendirmeyen hümanizm herkese aynı kalıptan çıkmış belli başlı çözümler sunar. Hümanizm biraz cesaret etmemizi, bizi korkutsa da içimizdeki sesi dinlememizi, kendimize özgü sesimizi bulmamızı öğütler ve bu sürecin tüm zorluklarına katlanarak talimatlarını dinlememizi söyler.

Teknolojik gelişmenin izleği tamamen farklıdır, içimizdeki sesi dinlemek değil, kontrol etmek ister. Tüm bu sesleri yaratan biyokimyasal sistemi anladığımız anda butonlar ve şalterlerle oynayabilir, sesi biraz açıp isteyince kısabilir, hayatı çok daha rahat ve kolay hâle getirebiliriz. Dikkati dağılan avukata bir konsantrasyon hapı, suçluluk hisseden askere ve mutsuz eşe birer antidepresan verebiliriz ki bu müdahaleler daha başlangıç.

Hümanistler bu yaklaşım karşısında sıklıkla dehşete düşse de peşin hükümlü olmamalıyız. Kendimizi dinlememizi öğütleyen hümanist tavsiye pek çok insanın hayatını karartırken, doğru kimyasalın doğru dozda kullanımı milyonlarca insanın ruh hâlini ve ilişkilerini düzeltmiş durumda. Bazı insanların kendini dinleyebilmesi, ancak içinde bağrışıp duran sesleri susturmasıyla mümkün olabilir. Modern psikiyatriye göre pek çok "iç ses" ve "özgün arzu" nörolojik hastalıklar ve biyokimyasal dengesizliklerin bir yan ürünü olmaktan ibarettir. Klinik depresyondan mustarip insanlar, biyokimyasal bir bozukluk yüzünden her şeyi karanlık camlar ardında gördükleri için umut vaat eden kariyerlerden ya da sağlıklı ilişkilerden vazgeçiyorlar. Bu yıkıcı sesleri dinlemektense susturmak daha hayırlı olabilir. Sally Adee iç seslerini susturmak için dikkat odaklayıcı başlığı kafasına taktığında usta bir nişancı olmakla kalmamış, kendisini çok daha iyi hissetmeye başlamıştı.

Bu durumu çok farklı şekillerde yorumlayabiliriz. Ancak tarihsel bir dönüm noktasına yaklaştığımıza şüphe yok. En önemli hümanist emir olan "kendini dinle" artık tartışmaya kapalı değil. İçimizdeki sesleri kısıp açmayı öğrendikçe, özgünlüğe olan inancımızı da kaybediyoruz çünkü artık kumandanın kimin elinde olduğunu kestirmek çok daha zor. Kafanızdaki rahatsız edici sesleri susturmak, özgün benliğinize ulaşmanızı sağlayacaksa iyi bir fikir olabilir. Peki ortada özgün bir benlik yoksa, hangi sesleri susturup hangisini açacağınıza nasıl karar vereceksiniz?

Tartışmayı bir adım ileri taşıyalım ve birkaç on yıl içinde biliminsanlarının içimizdeki sesleri kolaylıkla kontrol edebileceğini varsayalım. Öznemiz tutucu, koyu Hıristiyan, Mormon bir aileye mensup genç bir eşcinsel erkek olsun. Genç adam yıllarca kapalı kapılar ardında yaşadıktan sonra tutkularından kurtulma operasyonuna yetecek parayı biriktirir. Cebinde 100 bin doları, heteroseksüel Joseph Smith olarak kapıdan çıkmaya kararlı vaziyette bir kliniğin yolunu tutar. Kliniğin kapısında doktora söyleyeceklerini içinden tekrar eder: "Doktor, al sana 100 bin dolar. Lütfen beni düzelt ki artık erkeklere ilgi duymayayım." Kliniğin kapısını çalar ve kapıyı bildiğiniz George Clooney açar. Genç adam zorlukla mırıldanır, "Doktor, işte 100 bin dolar. Lütfen beni düzelt de bir daha asla heteroseksüel olmak istemeyeyim."

Genç adamın özgün benliği yıllarca maruz kaldığı dini beyin yıkamayı alt edebildi mi? Yoksa bir anlığına şeytana uyup kendine ihanet mi etti? Hepsi bir yana, yoksa peşine düşülebilecek ya da ihanet edilebilecek özgün bir benlik yok mu? İnsanlar iradelerini yeniden yaratmayı ve şekillendirmeyi başardıkları anda, iradeyi anlamın ve otoritenin kaynağı olarak görmeyi bırakacağız. İrademiz ne söylerse söylesin, bizim her zaman söyleyecek başka şeylerimiz de olacak.

Hümanizme göre dünyaya bir anlam kazandırabilecek tek şey insani arzulardır. Peki arzularımız arasında seçim yapma şansına sahip olduğumuzda bu tercihlerimizin temelinde ne yatacak? Romeo ve Juliet'in açılış sahnesinde Romeo'nun kime âşık olacağına karar verdiğini düşünün ve bu karardan sonra Romeo'nun her an fikrini değiştirebileceğini, farklı bir karar verebileceğini varsayın. Nasıl bir oyun olurdu bu? Teknolojik gelişmenin bize sunmaya çalıştığı senaryo bu. Arzularımız bizi tedirgin ettiğinde, teknoloji imdadımıza yetişeceğini söylüyor. Teknoloji, ucunda evrenin bağlı olduğu pamuk ipliği gevşemeye başladığında, bizi yeni bir yere bağlayabileceğini iddia ediyor. Peki tam olarak nereye? Kainatta herhangi bir yere bağlanma şansım varsa, o yeri neden ve nasıl seçmeliyim?

Hümanist dramalar insanlar huzursuz edici isteklerde bulunduğunda ortaya çıkar. Örneğin Montague ailesinden Romeo'nun gönlü Capulet'lerden Juliet'e kayınca her şey herkes için huzursuz bir hâl alır çünkü bu iki aile ezeli düşmanlardır. Bu dramanın teknolojik çözümü huzursuz edici istekleri bir daha hiç hissetmememizden geçmektedir. Romeo'yla Juliet zehri içeceklerine iki hap alsalar ya da dikkat odaklayıcı bir başlık taksalar ve böylelikle talihsiz aşklarını başka insanlara yöneltseler, kim bilir ne çok acının ve kederin önüne geçilebilirdi.

Tekno-hümanizm bu noktada çözümsüz bir ikileme düşüyor. İnsan iradesini evrendeki en önemli konuma koyarak, insanlığı irademizi kontrol edecek ve yeniden şekillendirecek teknolojiler geliştirmeye yönlendiriyor. Sonuçta dünyadaki en önemli şeyin kontrolünü ele almak oldukça cezbedici, değil mi? Ne var ki böylesi bir kontrolü elde ettiğimizde tekno-hümanizm onunla ne yapacağını bilemeyecek ve bu da kutsal insan tarafından yaratılmış ürünlerden biri olacak. İnsan iradesi ve deneyiminin en yüce anlam ve otorite kaynağı olduğuna inandığımız sürece, bu tür teknolojilerle asla baş edemeyeceğiz.

Sonunda daha cüretkar bir tekno-din hümanizmin bağını kökten koparmaya kalkışacak. Bu yeni tekno-din, hiçbir insanın istekleri ya da deneyimleri etrafında dönmeyen bir dünya öngörüyor. Anlamın ve otoritenin kaynağı olarak konumlanan isteklerin ve deneyimlerin yerini ne alabilir? Tarihin bekleme odasında 2016 itibarıyla bu pozisyonu hedefleyerek mülakatı bekleyen tek bir aday var. Bu aday bilginin ta kendisi. Yükselen en ilginç din, ne tanrılara ne de insana hürmet ediyor, sadece veriye tapıyor: Dataizm dini.

11
Veri Dini

DATAİZM, EVRENİN VERİ AKIŞINDAN meydana geldiğini ve her olgunun ya da varlığın değerinin veri işleme sürecine yaptığı katkıyla belirlendiğini öne sürer.[1] Bu söylem kulağa ilk etapta çok iddialı, hatta delice gelse de bilimsel çevreleri çoktan etkisi altına almış bir yaklaşımdan bahsediyoruz. Dataizm iki farklı bilimsel akımın yarattığı büyük sarsıntının kesişiminden doğdu. Charles Darwin'in *Türlerin Kökeni*'ni yayımlamasından yüz elli yıl sonra; yaşambilimleri, organizmaları biyokimyasal algoritmalar olarak değerlendirmeye başladı. Bu büyük gelişmeyle eş zamanlı olarak, Turing Makinesi'nin üzerinden geçen seksen yılın ardından, bilgisayar bilimciler gittikçe karmaşıklaşan algoritmalar yaratmayı başardı. Bu iki önemli gelişmeyi birleştiren Dataizm, aynı matematik kanunlarının hem biyokimyasal hem de elektronik algoritmalara uygulanabildiğini gösterdi. Sonuç olarak hayvanlarla makineler arasındaki duvarı yıkan Dataizm, elektronik algoritmaların bir noktada biyokimyasal algoritmaların sırrını çözeceğine inandı, dahası elektronik algoritmaların biyokimyasal algoritmaların tüm sırlarını çözerek onlardan üstün hâle geleceği günü beklemeye başladı.

Dataizm siyasetçilere, iş dünyasına ve tüketicilere çığır açan teknolojiler ve inanılmaz yeni güçler sağlarken akademisyenlere ve entelektüellereyse yüzlerce yıldır kayıp olan bilimin kutsal kasesini geri vermeyi vaat ediyor: Müzikolojiden ekonomiye ve biyolojiye dek tüm bilimsel disiplinleri birleştirip tek bir şemsiye altına toplayabilecek kapsayıcı bir teori öneriyor. Beethoven'ın Beşinci Senfoni'si, borsada spekülatörlerin şişirdiği bir balon ya da grip virüsü; Dataizm tüm bunları aynı kavramsal çerçeveyi ve araçları kullanarak inceleyebileceğimiz veri akışları olarak ele alır. Oldukça çekici görünen bu görüş, tüm biliminsanlarına ortak bir dil bahşederken, akademik uçurumlar arasında köprüler kuruyor ve disiplinlerin sınırlarını kolayca aşan öngörüler sunabiliyor. Müzikologlar, ekonomistler ve hücre biyologları nihayet birbirlerini anlayabiliyor.

Dataizm kendi gelişim süreci içinde geleneksel öğrenme piramidini tersyüz ediyor. Veri yakın zamana kadar zihinsel faaliyetin uzun zincirindeki ilk halka olarak kabul görüyordu. İnsanlar veriyi damıtarak bilgiye, bilgiyi kavrayışa, kavrayışı bilgeliğe çevirmekle yükümlüydü. Ancak insanların devasa veri akışıyla artık baş edemediğine inanan Dataistler bu izleğin takip edilemediğini, datanın bilgiye dönüşmediğini, kavrayışın ve bilgeliğinse ortada kaldığını düşündüler. Böylece veri işleme görevinin insan beyninden katbekat üstün kapasiteli elektronik algoritmalara devredilmesi gerektiği sonucuna vardılar. Aslında bu durum, Dataistlerin insanın kavrayışına ve bilgeliğine şüpheyle yaklaşmasının, Büyük Veri ve bilgisayar algoritmalarını daha güvenilir bulmasının sonucuydu.

Dataizm iki temel disiplinle köklü ilişkiler kurar: bilgisayar bilimleri ve biyoloji. Bu iki disiplinden biyolojinin daha ön planda olduğunu söyleyebiliriz. Dataizmin biyolojiyle kucaklaşması, bu kucaklaşmaya dek etkileri sınırlı olan bilgisayar biliminin, yaşamı derinden sarsan bir afete dönüşmesine neden oldu. Organizmaların algoritmalardan ibaret olduğunu kabul etmeyebilir, zürafaların, domateslerin ya da insanların sadece farklı bilişim sistemlerinden ibaret8 olduğu fikrine karşı çıkabilirsiniz. Ancak hakim bilimsel öğretinin bu olduğunu ve bu görüşlerin dünyayı tanıyamayacağınız kadar değiştirdiğini bilmeniz gerekiyor.

Bugün bireysel organizmaların yanı sıra arı kovanları, bakteri kolonileri, ormanlar ve şehirler de veri işleme sistemleri olarak değerlendiriliyor. Ekonomistler de iktisadı bir çeşit veri işleme sistemi olarak yorumluyor. Sıradan insanlar ekonomiyi çiftçilerin buğday yetiştirdiği, işçilerin kıyafet ürettiği, müşterilerin ekmek ve giysi aldığı bir bütün olarak değerlendirirken uzmanlar ekonomiyi istekler ve yetenekler üzerine veri toplayan ve bu veriyi kararlara dönüştürebilen bir mekanizma olarak görüyor.

Bu bakış açısı, serbest piyasa kapitalizmiyle devlet kontrolündeki komünizmi birbiriyle çelişen ideolojiler, etik öğretiler ya da siyasi kurumlar olarak ele almaz, farklı veri işleme sistemleri olarak birbirleriyle yarıştıklarını iddia eder. Kapitalizm dağıtılmış işlem [distributed processing] kullanırken, komünizm merkezi veri işlem [centralized processing] yöntemleri kullanır. Kapitalizm üreticilerle tüketicileri birbirine bağlayarak verileri işler, özgürce iletişime geçmelerini ve bağımsız karar vermelerini mümkün kılar. Mesela ekmeğin fiyatını serbest piyasada nasıl belirlersiniz? Aslında bir fırın istediği miktarda ekmeği dilediği gibi üretebilir ve kendi belirlediği fiyattan satabilir. Müşteriler de bütçelerine uygun ekmeği almakta ya da rakip fırını tercih etmekte eşit derece özgürdür. Bir ekmek için 1000 dolar istemek yasalara aykırı değildir ama muhtemelen ekmeğinize alıcı bulamazsınız.

Daha büyük bir ölçekte değerlendirecek olursak, yatırımcılar ekmeğe gösterilen talepte artış olduğunu öngörürlerse genetik mühendisliğinden faydalanarak en verimli buğday türünü geliştirmeye çalışan biyoteknoloji firmalarından hisse alabilirler. Sıcak para akışı, şirketlerin araştırmalarını hızlandırmasını, böylece daha fazla buğday üretebilmesini sağlar ve ekmek tedarik ederken yaşanan sıkıntıların önüne geçilmesini mümkün kılar. Bir biyoteknoloji şirketi yanlış bir teorinin peşine düşüp çıkmaza girse bile, başarılı rakiplerinden biri beklenen atılımı gerçekleştirecektir. Serbest piyasa kapitalizmi bu yöntemle veri işleme ve karar verme görevlerini bağımsız ancak birbiriyle ilişkili işlemcilere dağıtır. Avustralyalı ekonomi gurusu Friedrich Hayek'in de belirttiği gibi, "Bilginin kişiler arasında dağıtıldığı bir sistemde, fiyatlar farklı kişilerin farklı davranışlarını koordine etme işlevi görebilir."[2]

Bu görüşe göre borsa insanevladının bugüne kadar yarattığı en hızlı ve etkin veri işleme sistemidir. Sistem herkesi kucaklar ve herkes katılmakta özgürdür. Doğrudan katılım sağlanamıyorsa bankalar ya da emeklilik fonları üzerinden dahil olmak mümkündür. Borsa küresel ekonomiyi yönetir, gezegende olan her şeyi hesaba katar, hatta bunun bile ötesine geçer. Borsadaki değerler başarıya ulaşan bilimsel deneylerden, Japonya'daki siyasi skandallardan, İzlanda'daki volkanik patlamalardan, hatta Güneş yüzeyindeki patlamalardan bile etkilenir. Sistemin sorunsuz işlemesi için bilgi mümkün olduğunca serbest hareket edebilmeli, herkes bilgiye erişim sağlayabilmelidir. Dünyanın dört bir köşesinde milyonlarca insan gerekli bilgiye ulaşırsa petrole, Hyundai hisselerine ya da İsveç devlet tahvillerine doğru değeri biçebilir. Öyle ki *New York Times*'ın manşetinin pek çok hissenin değerini belirlemesinin, borsanın yalnızca on beş dakikasını aldığı tahmin edilmektedir.[3]

Veri işleme yaklaşımları, kapitalistlerin neden vergilerin düşük tutulmasından yana olduklarını da açıklar. Ağır vergilendirme, kullanılabilir sermayenin ciddi bir kısmının tek bir yere, devlet hazinesine yönlendirilmesi anlamına gelir ve bu da kararların git gide tek bir işlemci üzerinden, yani hükümetten yürümesi anlamına gelir. Sonuç olarak merkezi bir veri işleme sistemi ortaya çıkacaktır. Vergilendirmenin son derece yüksek olduğu uç örnekleri incelediğimizde, neredeyse tüm sermayenin hükümetin elinde biriktiğini, dolayısıyla hükümetin tek yetkili merci konumunda olduğunu görürüz. Bu merci ekmeğin fiyatını, fırınların nerede konumlanacağını ve tüm araştırma bütçesini belirleme yetkisine sahip olur. Serbest piyasa ekonomisinde bir işlemci hatalı bir karar verdiğinde, diğerleri hızla bu hatayı faydaya çevirmeye çalışacaktır. Ne var ki eğer tüm kararları tek bir işlemci veriyorsa, hataların bedelleri de ağır olabilir.

Bütün kararların tek bir merkezden verildiği ve tüm verinin tek bir merkezi işlemcide toplandığı bu uç duruma komünizm denir. Komünist ekonomi, herkesin yeteneğine göre çalışıp ihtiyacı kadar kazanacağını iddia eder. Başka bir ifadeyle, yönetim kazancınızın tamamını alır, neye ihtiyaç duyduğunuza karar verir ve bu ihtiyaçları karşılar. Hiçbir ülke bu düzeni tam anlamıyla uygulamayı başaramasa da, Sovyetler Birliği ve uydu devletlerini en yakın örnekler olarak sunabiliriz. Bu devletler dağıtılmış veri işleme yaklaşımını terk ederek merkezi veri işleme modeline geçmişti. Sovyetler Birliği'nin dört bir tarafından toplanan tüm veriler, Moskova'da önemli kararların alındığı tek bir merkezde toplanırdı. Üreticiler ve tüketiciler doğrudan iletişim kuramadıkları gibi yönetimin emirlerine harfiyen uymak zorundaydı.

Sovyetler Birliği ekonomi bakanlığı ekmeğin fiyatını her yerde ve her koşulda iki ruble dört kapiğe sabitleme yetkisine, Odesa oblastında* bir kolhozun buğday yetiştirmek yerine tavukçuluk yapmasına karar verme iradesine, Moskova'daki meşhur "Red October" fabrikasının günlük üretimini 3,5 milyon somun ekmek olarak belirleme gücüne sahipti. Tam 3,5 milyon, ne eksik ne fazla. Diğer yandan Sovyetler Birliği bilim ve teknoloji bakanlığı tüm biyoteknoloji laboratuvarlarını Lenin Ziraat Bilimleri Akademisi'nin kötü şöhretli başkanı Trofim Lysenko'nun teorilerini benimsemeye ve kullanmaya zorladı. Çağının hakim genetik teorilerini reddeden Lysenko, bir organizmanın yaşarken kazandığı özelliklerini doğrudan bir sonraki nesle de aktarabileceğine inanıyordu. Darwinizmi hiçe sayan bu fikir, komünist eğitim ilkeleri arasında yer edinmeyi başarmıştı. Yani Lysenko buğdayı soğuğa dayanıklı hâle getirdiğinizde ondan üreyecek yeni buğdayların da soğuğa dayanıklı olacağına inanıyordu. Milyarlarca karşı devrimci buğday tohumunu yeniden eğitilmeleri için Sibirya'ya yollayan Lysenko'nun bu dâhiyane projesi yüzünden Sovyetler Birliği'nin ABD'den ithal ettiği un miktarı katlanarak artıyordu.[4]

Kapitalizmin komünizm karşısındaki galibiyetinin nedeni daha ahlaklı olması, bireysel özgürlükleri kutsaması ya da dinsiz komünistleri lanetlemesi değildi. Dağıtılmış veri işleme modelleri, en azından teknolojik ilerlemenin hız kazandığı dönemlerde, merkezi veri

* Eyalet, bölge anlamlarına gelen ve SSCB döneminde önemli bir yere sahip olan bu yerleşim birimleri özerk cumhuriyet kavramından sonra gelirdi.

Görsel 48: Moskova'da Sovyetler yönetimi, 1963. Merkezi veri işleme.

işleme modelinden daha işlevsel olduğu için kapitalizm Soğuk Savaş'tan galip çıkmayı başardı. Komünist Parti'nin merkez komitesi 20. yüzyılın hızla değişen dünyasına ayak uyduramadı. Tüm veri tek bir gizli merkezde toplanır, tüm yetki yaşını başını almış bir grup aparatçikin [Komunizt Parti mensubu] iki dudağının arasına sığdırılırsa, bu zihniyetle nükleer bomba üretebilirsiniz, ama Apple ya da Wikipedia yaratamazsınız.

Bir rivayete göre (her iyi hikaye gibi muhtemelen uydurma) Mihail Gorbaçov can çekişen Sovyet ekonomisini diriltebilmek için yardımcılarından birini Thatcherizmin inceliklerini araştırması ve kapitalizmin nasıl işlediğini incelemesi için Londra'ya gönderir. Ev sahibi kapitalistler, Sovyetler'den gelen misafirlerini bir şehir turuna çıkararak Londra borsası ve London School of Economics'te [Londra Ekonomi Okulu] banka yöneticileriyle, girişimcilerle ve profesörlerle görüştürürler. Birkaç saat sonra bunalan Sovyet uzman: "Bir dakika lütfen. Bu karmaşık ekonomi teorilerini bir kenara bırakalım. Bütün gün Londra'da oradan oraya dolaştık ama bir şeyi hâlâ anlayamıyorum. Moskova'da ekmek tedarik sisteminde çalışan birbirinden akıllı bir sürü insan var, her şeye rağmen her fırının, her bakkalın önünde uzun kuyruklar oluyor. Londra'da milyonlarca insan yaşıyor, o kadar dükkan ve süpermarketin önünden geçtik, bir tane bile ekmek kuyruğu görmedim. Lütfen beni Lond-

Görsel 49: New York borsasında telaş. Dağıtılmış veri işleme.

ra'nın ekmek tedarikinin sorumlusuyla görüştürün. Bu başarının sırrını öğrenmeliyim." Ev sahipleri düşünür taşınır ve cevaplar: "Hiç kimse Londra'nın ekmek tedarikinden sorumlu değil."

Kapitalistlerin sırrı işte budur. Londra'nın ekmek üretimine ilişkin tüm veriyi tekeline alan merkezi bir veri işleme ünitesi yoktur. Bilgi, milyonlarca üretici ve tüketici, fırıncı ve kodaman, çiftçi ve biliminsanı arasında serbestçe dolaşır. Ekmeğin fiyatını, her gün ne kadar ekmek yapılması gerektiğini, araştırma ve geliştirmenin önceliklerini piyasanın güç dengeleri belirler. Ola ki piyasa güçleri yanlış bir karar verirse kısa zamanda kendini düzeltir, en azından kapitalistler buna canı gönülden inanır. Burada bizi şimdilik ilgilendiren bu teorinin doğru olup olmadığı değil, teorinin ekonomiyi veri işleme mantığıyla yorumlamasıdır.

Tüm Bu Güç Nereye Kayboldu?

Siyaset bilimciler de siyasi yapıları veri işleme sistemleri olarak yorumlamaya başladı. Kapitalizm ve komünizm gibi demokrasiler ve diktatörlükler de özünde birbiriyle yarışan veri toplama ve analiz etme mekanizmalarıdır. Diktatörlükler merkezi veri işleme yöntemlerine başvururken, demokrasiler dağıtılmış veri işleme yöntemlerini tercih eder. 20. yüzyılın sonunda ortaya çıkan özel koşullar, dağıtılmış veri işleme sistemini avantajlı kıldığı için demokrasi geride bıraktığımız on yılda büyük güç kazandı. Tarihin farklı dönemlerinde, örneğin Roma İmparatorluğu'nun özel koşullarında, merkezi veri işleme sistemleri üstünlüğü elinde tutuyordu. Roma Cumhuriyeti yıkılmış, Senato ve halk meclislerinin sahip olduğu idari güç tek bir otokrat imparatorun eline geçmişti.

Bu bir anlamda 21. yüzyılda veri işleme sistemlerinin yine değişim geçirebileceği, demokrasinin zayıflayarak yok olabileceği anlamına gelebilir. Verinin hacmi ve hızı arttıkça seçimler, siyasal partiler ve meclis gibi saygın kurumlar, etik dışı oldukları için değil, veriyi yeterince hızlı işleyemedikleri için köhneleşir. Bu kurumlar, siyasetin teknolojiden daha hızlı değiştiği bir dönemde doğmuştur. Sanayi Devrimi 19. ve 20. yüzyıllarda, siyasetçi ve seçmenlerin kendi rotalarını belirleyerek teknolojik gelişmenin bir adım önünde olmalarını sağlayacak kadar yavaş gelişme göstermiştir. Siyasetin ritmi, buhar gücünün revaçta olduğu günlerden bu yana pek değişmezken, teknoloji birinci vitesten dördüncü vitese geçti bile. Teknolojik devrimler siyasi ilerlemeyi hızla geride bırakırken, hem milletvekillerinin hem de seçmenlerin kontrolü kaybetmesine neden oluyor.

İnternetin yükselişi bundan sonra karşımıza çıkacak şeyler hakkında bize ipuçları verebilir. Sanal gerçeklik artık günlük hayatımızın, ekonomimizin ve güvenliğimizin bir parçası hâline geldi. Öte yandan egemenlik, sınırlar, mahremiyet, güvenlik gibi geleneksel siyasi konular hakkında izlenecek yollar demokratik bir sürecin ardından belirlenirken, alternatif web kurguları arasında yapılan kritik seçimler böyle bir sürece tabi olmadı. Sanal gerçekliğin biçiminin nasıl olması gerektiğiyle ilgili bir oylamaya katıldınız mı? Web tasarımcıların aldığı kararların kamunun ilgi odağından uzak olması, internetin bedava ve kanunsuz bir alan olması anlamına gelmekle kalmıyor, bu durum aynı zamanda interneti, devlet egemenliğini yıpratan, sınırları önemsemeyen, mahremiyeti hükümsüz kılan ve küresel güvenlik tehdidini en üst boyuta taşıyan bir yapı hâline de getiriyor. On yıl kadar önce öngörülmesi çok zorken bugün kendini kaybetmiş yetkililer, olası bir siber 11 Eylül ihtimali üzerine kafa patlatıyor.

Hükümetler ve sivil toplum kuruluşları interneti yeniden yapılandırmak için ardı arkası kesilmeyen ateşli tartışmalar yürütüyor. Halbuki var olan bir sistemi değiştirmek, başlangıçta müdahale etmekten çok daha zordur. Üstelik hantal devlet bürokrasileri siber düzenlemeler konusunda karar verene kadar internet kendini defalarca yeniledi ve yenilemeye devam ediyor. Bürokrasi önündeki veri dağının altında ezilen devlet kaplumbağasının, teknoloji tavşanını yakalamasının imkanı yok. ABD Ulusal Güvenlik Ajansı (NSA) her kelimenizi takibe almış olabilir. Ancak ülkenin dış politikasındaki başarısızlıklardan anlayacağımız üzere, Washington'dakiler ellerindeki tüm bu veriyle ne yapacağını bilmiyor. ABD'nin durumu rakibinin elindeki tüm kartları bilmesine rağmen, her turda kaybeden bir poker oyuncusuna benziyor. Tarihte ilk kez bir devlet, dünyada neler olup bittiğine dair bu kadar çok bilgiye sahip olduğu hâlde bu kadar beceriksizce her şeyi eline yüzüne bulaştırmayı başarmıştır.

Önümüzdeki yıllarda teknolojinin hızlı davranarak siyasetten rol çalacağı internet benzeri devrimlere imza atmasını bekleyebiliriz. Yapay zeka ve biyoteknoloji, hâlâ siyaset radarımızda minik bir sinyalden ibaret olsa da, yakında toplumlarımızı, ekonomilerimizi (ve tabii bedenlerimizi ve zihinlerimizi de) elden geçirecek. Günümüzdeki demokratik yapıların yeterince hızlı veri toplama ve işleme kabiliyetine sahip olmaması bir yana, çoğu seçmen biyoloji ve sibernetik alanlarında fikir üretebilecek bilgiye sahip değil. Bu yüzden geleneksel demokratik siyaset, olaylar üzerindeki kontrolünü kaybediyor ve geleceğe dair anlamlı planlar yapamıyor.

Sıradan seçmen demokratik mekanizmanın artık onları yetkin kılmadığını hissetmeye başlıyor. Dünya, seçmenlerin gözü önünde çepeçevre değişiyor ve onlar bu değişimin neden ve nasıl gerçekleştiğini anlayamıyor. Güç ellerinden kayıp giderken bu gücün nereye gittiğini bilmiyor. İngiliz seçmen bu gücün kendi ellerinden kayıp Avrupa Birliği'ne göç ettiğini düşündüğünden Brexit lehine oy kullandı. ABD seçmenleri tüm gücün "kurulu düzenin" tekelinde olduğuna inandığı için yerleşik düzene farklı açılardan karşı çıkan Bernie Sanders ve Donald Trump gibi adayları destekledi. Üzücü olan şu ki kimse tüm bu gücün nereye gittiğini bilmiyor. İngiltere Avrupa Birliği'nden çıktığında ya da Trump Beyaz Saray'ı aldığında, sonuçta güç sıradan seçmenin eline geri dönmeyecek.

Tüm bunlar 20. yüzyıl tipi diktatörlüklere geri döneceğimiz anlamına gelmiyor. Muhtemelen otoriter rejimler de teknolojik gelişmelerin ve veri akışının hızı ve büyüklüğü karşısında bu kadar eziliyordu. Fakat 20. yüzyıl liderlerinin geleceğe dair büyük tasavvurları vardı. Komünistler de faşistler de eski düzeni kökünden yıkarak yerine yepyeni bir dünya kurmayı hayal ediyordu. Yiğidi öldürsek de hakkını vermek gerek; Lenin, Hitler ya da Mao hakkında ne düşünürseniz düşünün, ileri görüşlü olmadıklarını söyleyemezsiniz. Bugün liderlerin çok daha büyük hayallerin peşinde koşma imkanları var. Komünistler ve Naziler buhar makinelerinin ve daktiloların yardımıyla yeni bir toplum ve yeni bir insan yaratmayı amaçlarken bugünün peygamberleri sırtlarını biyoteknolojiye ve süperbilgisayarlara yaslama lüksüne sahipler.

Bilimkurgu filmlerinde, Hitler benzeri merhametsiz politik karakterler, yeni teknolojilerin üzerine hızla atlayıp bu olanakları megaloman siyasi emellerine alet eder. Ancak 21. yüzyılın siyasetçileri, Rusya ve Kuzey Kore'deki gibi en baskıcı yönetimler söz konusu olduğunda bile, Hollywood'daki emsalleriyle benzerlik göstermiyor. Hiçbiri *Cesur Yeni Dünya* peşinde değil. Kim Jong'un ve Ali Hamaney'in en çılgın hayalleri bile, 1945'teki bomba ve balistik füze çılgınlığının ötesine geçemiyor. Putin'in emelleri eski Sovyet topraklarını ya da daha da eski Çarlık sınırlarını yeniden ele geçirmekle sınırlı kalıyor. Diğer taraftan ABD'de paranoyak Cumhuriyetçiler art arda komplo teorileri yumurtlayarak Barak Obama'yı gaddar bir despot olmakla suçluyor. Oysa sekiz yıllık başkanlık döneminde sadece mütevazı bir sağlık reformunu güçbela uygulamaya geçirmeyi başaran Obama'nın gündeminde ne yeni dünyalar ne de yeni insanlar yaratmak oldu.

Parlamentolar da diktatörler de teknolojinin hızına yetişemeyince veri yığınlarının altında eziliyor ve siyasetçiler de olaylara yüzyıl önceki seleflerinden çok daha dar bir pencereden bakıyor. 21. yüzyılın başında siyaset büyük tasavvurları rafa kaldırdı. Hükümetler idari mekanizmalardan ibaret artık, ülkeyi idare etseler de gidişata yön veremiyorlar. Öğretmenlerin maaşının ödenmesini, kanalizasyon sistemlerinin düzgün çalışmasını sağlıyor ama ülkelerinin yirmi yıl içinde nerede olacağını kestiremiyorlar.

Farklı bir bakış açısıyla bu gelişmelerin olumlu taraflarını da görmek mümkün tabii. Geçtiğimiz yüzyılın büyük siyasi tasavvurlarının Auschwitz, Hiroşima ve Büyük Atılım gibi olaylara yol açtığını düşünürsek, dar vizyonlu bürokratların himayesinde olmak belki de daha hayırlıdır. Tanrısal üstünlüklere sahip teknolojileri, megalomanyak siyasetle bir arada kullanmak felaketin ta kendisi olabilir. Pek çok neoliberal ekonomist ve siyaset bilimci, önemli kararları serbest piyasanın eline bırakmanın en iyi yöntem olduğunu iddia ediyor. Fakat bu iddiayla aynı zamanda bilgelik olarak yorumlanan siyasetçi atıllığına ve cehaletine mükemmel bir bahane üretmiş de oluyorlar. Sonuçta siyasetçiler dünyayı yorumlayamamalarını, dünyanın yorumlanmaya ihtiyaç duymadığını öne sürerek meşrulaştırıyor.

Distopik Nazi dünya görüşü, 20. yüzyılda birdenbire kendiliğinden yok olmadı. En az onun kadar heybetli olan sosyalizm ve liberalizm tarafından yenilgiye uğratıldı. Geleceğimizi piyasa güçlerine emanet etmek tehlikelidir çünkü bu güçler insanlığın ortak çıkarları yerine piyasanın çıkarlarını savunacaktır. Piyasanın eli, görünmez olduğu kadar kördür, eğer denetimden muaf olursa küresel ısınma tehdidi ya da yapay zekanın tehlike potansiyeli karşısında başarısız olur.

Tüm bu işleyişin ardında ipleri elinde tutan birileri olduğuna dair genel bir inanış var. Demokrat politikacıların ya da otokrat despotların yerine dünyayı gizlice yöneten bir milyarderler zümresinin her şeyi kontrol ettiğini düşünüyorlar. Sistemin karmaşıklığını hafife alan bu tip komplo teorileri hiçbir yere varmaz. Gizli odalarda purolarını tüttürüp viskilerini yudumlayan birkaç milyarderin, bırakın dünyayı kontrol etmeyi, olup biten her şeyi anlamasına bile imkan yoktur. Acımasız milyarderlerin ve dar menfaat gruplarının bugünün kaotik dünyasında tutunabilmeleri, olan biteni herkesten daha iyi okumalarıyla değil sınırlı hedeflere sahip olmalarıyla ilgilidir. Kaotik dar bir bakış açısıyla hedefe odaklanmanın birçok avantajı vardır ve milyarderlerin gücü de hedefleriyle doğru orantılıdır. Dünyanın en zengin adamı servetine bir milyar dolar daha katmayı kafasına koyduğunda amacına ulaşmak için sistemi oyuna getirebilir. Fakat söz konusu milyarder küresel eşitsizliğe son vermeye ya da küresel ısınmayı durdurmaya kalktığında başarılı olamayacaktır, zira sistem fazlasıyla karmaşıktır.

Diğer yandan, iktidar boşlukları uzun sürmez. Eğer 21. yüzyılın geleneksel siyasi yapıları veriyi anlamlı bir vizyon elde etmek için yeterince hızlı işleyemezse, yerini yeni ve daha etkin yapılara devredecektir. Bu yeni yapıların, ister demokratik ister otoriter olsun, bundan önceki siyasi kurumlardan tamamen farklı olması kuvvetle muhtemeldir. Bu noktada önemli olan tek soru, bu yapıları inşa ve kontrol edenin kim olacağıdır. İnsan türü artık bu iş için yetkin değilse, belki de bu görevi başkaları üstlenecektir.

Tarihin Kısa Bir Özeti

Dataist bir bakış açısıyla yorumladığımızda, insan türünün tamamını, bireylerin küçük birer çip vazifesi gördüğü tek bir bilişsel sistem olarak değerlendirebiliriz. Buradan yola çıkarak tüm tarihi bu sistemin verimini artırmak için başvurulan dört temel yöntemin gelişim süreci olarak okuyabiliriz:

1. **İşlemci sayısını artırmak:** 100 bin nüfuslu bir şehrin bin nüfuslu bir kasabadan daha çok hesaplama gücü vardır.
2. **İşlemci çeşidini artırmak:** Farklı işlemciler veri hesaplamak ve analiz etmek için çeşitli yöntemler kullanabilir. Tek bir sistem bünyesinde birden fazla işlemci çeşidi kullanmak, hareketliliği ve yaratıcılığı artıracaktır. Bir köylü, bir rahip ve bir doktor arasında kurulan diyalog, üç avcı-toplayıcı arasından asla ortaya çıkamayacak yeni fikirler doğurur.
3. **İşlemciler arasındaki bağları artırmak:** İşlemciler birbirine bağlı

değilse işlemci çeşidini artırmanın bir anlamı olmayacaktır. On şehri birbirine bağlayan bir ticari ağ, birbirinden bağımsız on şehrin ürettiğinden çok daha fazla ekonomik, teknolojik ve toplumsal yenilik üretebilir.

4. **Mevcut bağlantıların hareket serbestisini artırmak:** Veri serbestçe dolaşamıyorsa işlemcileri birbirine bağlamak bir fayda sağlamaz. Tıpkı haydutların yol kestiği, ya da zorba tüccarların ve idarecilerin seyahat özgürlüğünü kısıtladığı şehirler arasında bağlantı yolları inşa etmenin bir anlamı olmadığı gibi.

Bu dört yöntem sık sık birbiriyle çelişir. İşlemcilerin sayısı ve çeşidi arttıkça onları serbestçe birbirine bağlamak da o kadar zorlaşır. Sapiens bilişim sisteminin altyapısı da bu dört farklı yöntemin özellikleriyle karakterize olmuş dört temel aşamadan geçmiştir.

İlk aşama sayısız Sapiens'i tek bir bilişim ağına bağlayan Bilişsel Devrim'le başlar. Diğer insan ve hayvan türleri karşısında Sapiens'e hayati bir üstünlük sağlayan bu adımla beraber Sapienslerin bir ağa bağlanması önünde hiçbir engel kalmazken Neandertaller, şempanzeler ya da filler hâlâ sınırlamalarla karşı karşıyadır.

Sapiens bu bilişsel üstünlüğünü, yayılarak dünyayı istila etmek için kullandı. Sapiens türünün mensupları çeşitli bölgelere ve iklimlere yayıldıkça birbirleriyle kurdukları bağı kaybederek farklı kültürel değişimler geçirdi. Sonuçta her biri kendine has bir yaşam tarzı sürdüren, farklı davranış biçimlerine ve dünya görüşlerine sahip insan kültürleri ortaya çıktı. Böylece insanlar tarihin ilk evresinde bağlantıları feda ederek işlemcilerinin sayısını ve çeşitliliği artırmayı tercih etmiş oldu: 70 bin yıl öncesiyle kıyasladığımızda, 20 bin yıl önce Sapiens ailesinin nüfusu çok daha kalabalıktı ve Avrupa'daki Sapiens veriyi Çin'deki akrabalarından çok daha farklı işliyordu. Ancak Avrupa ve Çin'deki insanlar arasında bir bağ bulunmadığından, tüm Sapiens türünün bir gün tek bir bilişim ağına dahil olabilmesi son derece imkansız görünüyordu.

İkinci aşama Tarım Devrimi'yle başladı ve 5 bin yıl öncesine, paranın ve yazının icadına dek devam etti. Tarımın demografik büyümeyi hızlandırmasının bir sonucu olarak insan işlemcilerin sayısı da hızla artış gösterdi. Eşzamanlı olarak tarım insanların aynı yerde yaşamasını mümkün kıldı. Bu da ilk kez bu kadar çok işlemcinin aynı çatı altında toplanarak birbirine sıkıca bağlı yerel ağlar oluşturmasına neden oldu. Tarım ayrıca farklı ağların birbiriyle iletişime geçerek ticaret yapmasına da ön ayak oldu. Yine de ikinci evrenin hakim gücü merkezkaç kuvvetiydi. İnsanların yazı ve para olmaksızın şehirler, krallıklar, imparatorluklar kurması mümkün değildi. İnsanevladı her biri kendine has bir yaşam tarzı sürdüren ve farklı dünya görüşlerine sahip sayısız küçük kabileye ayrılmıştı. İnsan türünü tek bir çatı altında toplamak hayal bile edilemezdi.

Üçüncü evre, 5 bin yıl kadar önce yazı ve paranın icadıyla başlayıp Bilimsel Devrim'in başlangıcına dek devam etti. Nihayet insan işbirliğinin yazı ve para sayesinde oluşturduğu çekim gücü, merkezkaç kuvvetlerine boyun eğdirdi. İnsan toplulukları şehirler ve krallıklar kurmak üzere birleşti. Farklı şehirler ve krallıklar arasındaki siyasi ve ticari bağlar da güçlendi. Madeni paraların, imparatorlukların ve evrensel dinlerin ortaya çıktığı birinci binyılla beraber, insanlar bilinçli olarak tüm yerküreyi saracak tek bir ağ örmenin hayalini kurmaya başladı.

Bu rüya, tarihin dördüncü ve son aşamasında, 1492 yılı civarında gerçeğe dönüştü. Erken modern dönem kaşifleri, istilacıları ve tüccarları tüm dünyayı saracak ağın düğümlerini ince ince dokumaya başladı. Modern dönemin sonunda bu düğüm daha da sıklaştırılıp güçlendirildi. Nihayetinde Kolomb'un döneminde örülmeye başlanan örümcek ağı, 21. yüzyılın çelik ve asfalttan mamul kafesi hâline geldi. Ve en önemlisi, bilginin bu küresel yapının her parçasında giderek daha da serbestçe dolaşmasına izin verildi. Kolomb, Avrasya ve Amerika ağını ilk kez birbirine bağladığında çok az miktarda veri kültürel önyargıların, katı sansürün ve siyasi baskının barikatlarını aşarak okyanusun öteki tarafına ulaşabilmişti. Yıllar geçtikçe serbest piyasa, bilim, hukukun egemenliği ve demokrasinin yayılması, bu barikatların kaldırılmasına yardımcı oldu. Genellikle demokrasinin ve serbest piyasanın, "iyi" olduğu için bu yarışı kazandığı düşünülür, halbuki başarılarını küresel veri işleme sistemini geliştirmelerine borçlular.

Sonuç olarak insanevladı geçtiğimiz 70 bin yılda önce yayıldı, daha sonra farklı gruplara ayrıldı ve nihayetinde yeniden birleşti. Gelgelelim bu birleşme süreci bizi başladığımız noktaya geri götürmedi. İnsan toplulukları bugünün kasabasında bir araya geldiğinde, yol boyunca toplayıp geliştirdikleri araçların, düşüncelerin ve davranışların eşsiz mirası da onlara eşlik ediyordu. Bugün modern kilerlerimiz Ortadoğu'nun buğdayı, And Dağları'nın patatesi, Yeni Gine'nin şekeri ve Etiyopya'nın kahvesiyle dolup taşıyor. Aynı şekilde dilimiz, dinimiz, müziğimiz ve siyasetimiz de gezegenin her köşesinden toplanmış mirasla zenginleşmiş durumda.[5]

Eğer insan türü sahiden tek bir bilişim sisteminden ibaretse, bunun son çıktısı ne olabilir? Dataistler bunun, Nesnelerin İnterneti adı verilen, yeni ve çok daha etkin bir bilişim sistemi olduğunu öne sürüyor. *Homo sapiens*'in sonu bu sistem tamamlandıktan sonra gelecek.

Bilgi Özgür Kalmak İstiyor

Tıpkı kapitalizm gibi Dataizm de yoluna tarafsız bir bilimsel teori olarak başlamış olsa da, giderek doğruyu ve yanlışı belirleme iddiası taşıyan bir din olma yolunda ilerliyor. Bu dinin en yüce değeriyse "bilgi akışı". Eğer yaşam bilginin devinimiyse ve biz yaşamın iyi olduğuna inanıyorsak, o halde evrendeki bilgi akışını artırmamız, derinleştirmemiz ve yaymamız gerekir. Dataizme göre insan deneyimleri kutsal değildir ve *Homo sapiens* yaratılışın zirvesi olmadığı gibi *Homo deus*'un öncüsü de olamaz. İnsanlar zamanla gezegenimizin sınırlarını aşıp galaksiye hatta tüm evrene yayılacak "Nesnelerin İnterneti"ni* yaratma amacıyla kullanılan araçlardan ibarettir. Bu kozmik bilişim sistemi, adeta Tanrı gibi her yerde olacak ve her

* (İng.) *Internet of Things*. Gündelik hayatta kullanılan her türlü fiziki nesnenin çeşitli elektronik düzeneklerle internete bağlanmasıyla yaratılan iletişim ağıdır. Bahsi geçen nesnelerin tekil anahtar adı verilen özgün bir kimlikle internete bağlanabilmesi ve bir sensöre sahip olması gerekir, böylece nesne dünyanın herhangi bir noktasından erişilebilir hâle gelir. –çn

şeyi kontrol edecek, insanlarınsa sisteme dahil olup onunla kaynaşmaktan başka şansı kalmayacaktır.

Bu tutum bazı geleneksel dini inançların vizyonunu anımsatır. Örneğin Hindular insanların kainatın ruhu *atman* ile kaynaşıp onun bir parçası hâline gelebileceklerine ama bunun için çabalamaları gerektiğine inanır. Hıristiyanlar ölümden sonra azizlerin ruhunun Tanrı'nın rahmetiyle dolacağını, buna karşın günahkarların onun varlığıyla tüm bağlarının kopacağına inanır. Silikon Vadisi'ndeki Dataist peygamberler de bilinçli olarak bu geleneksel mesihçi dile başvuruyor. Örneğin Ray Kurzweil'in *İnsanlık 2.0* adlı kehanetler kitabında, Vaftizci Yahya'nın yakarışlarının yankılandığını duyabilirsiniz: "Göklerin hükümranlığı yakındır" (Matta, 3:2).

Dataistler, ölümlü insanevladına hâlâ tapanlara, miadı dolmuş bir teknolojiye ısrarla tutunmaya çalıştıklarını anlatıyor. Onlara göre *Homo sapiens* köhne bir algoritmadan ibaret. Nihayetinde insanların tavuklardan ne gibi bir üstünlüğü var ki? Sadece, bilgi akışları tavuklarınkine göre çok daha karmaşık bir örüntü üzerinden sağlanıyor. İnsanlar daha çok veriyi absorbe edip, daha iyi algoritmalarla işleyebiliyor. (Bu ifade gündelik dilde, insanların sözde daha derin hisler ve daha üstün düşünsel yetilere sahip olduğu şeklinde karşılık bulur. Ancak hatırlayacağınız üzere, hakim biyolojik dogma, duyguların ve zekanın da algoritmalardan ibaret olduğunu söylüyordu.) Pekala, o zaman insana kıyasla daha fazla veriyi absorbe edip daha etkin işleyebilen bir bilişim sistemi oluşturduğumuzda, tıpkı insanın tavuktan üstün olması gibi, bu sistem de insandan üstün olmayacak mı?

Dataizm içi boş kehanetlerden ibaret değildir. Her din gibi uygulanabilir buyrukları vardır. Bir Dataist her şeyden önce daha fazla kitle iletişim aracına bağlanarak veri akışını olabildiğince artırmalı, ve bunun sonucu olarak olabildiğince çok bilgi üretmeli ve tüketmelidir. Tıpkı diğer başarılı dinler gibi, Dataizm de misyonerdir. Dataizmin ikinci buyruğu her şeyin, hatta bu devasa ağa bağlanmak istemeyen kafirlerin bile sisteme bağlanmasını emreder. "Her şey" ile kastedilen yalnızca insanlar değildir, bunun da ötesinde akla gelebilecek tüm "nesneler" kastedilmektedir. Bedenimle beraber, sokaktaki araçlar, mutfaktaki buzdolapları, kümeslerdeki tavuklar ve ormandaki ağaçlar dahil, hepsi ama hepsi Nesnelerin İnterneti'ne bağlanmalıdır. Buzdolabı kalan yumurtaların sayısını tespit ederek kümesteki tavuğa ne zaman yeni yumurta tedarik edilmesi gerektiğini bildirmelidir. Araçlar birbiriyle iletişim hâlinde olmalı, ormandaki ağaçlar da hava durumu ve karbondioksit seviyelerini bildirmelidir. Evrenin, yaşam ağına bağlanmayan ve dahil olmayan hiçbir parçası kalmamalıdır. Veri akışını engellemek günahların en büyüğüdür. Ölüm, veri akışının kesilmesinin ötesinde nedir ki? Nitekim Dataizm bilgi edinme özgürlüğünü her şeyden üstün tutar.

İnsanlar nadiren daha önce görülmemiş, yepyeni bir değer üretir. En son 18. yüzyılda karşımıza çıkan bu durum, hümanist devrim aracılığıyla özgürlük, eşitlik ve kardeşliğin coşkulu ilkelerini vaaz etmişti. 1789'dan beri sayısız savaşa, devrime ve ayaklanmaya rağmen insanevladı yeni bir değer yaratabilmeyi başaramadı. Takip eden tüm çatışmalar ve mücadelelerse ya bu üç hümanist değer adına ya da Tanrı'ya itaat etmek, ulusa hizmet etmek gibi çok daha eski inançlar uğruna veriliyordu. Dataizm 1789'dan beri yeni bir değer yaratabilmiş ilk harekettir: Bu değer bilgi edinme özgürlüğüdür.

Bilgi edinme özgürlüğünü eski bir liberal değer olan ifade özgürlüğüyle karıştırmamamız gerekir. İfade özgürlüğü insanlara dilediklerini düşünüp söyleme ve arzu ettiklerinde susup düşüncelerini kendilerine saklama hakkını vermiştir. Bilgi edinme özgürlüğüyse insanlara değil, *bilgiye* tanınmıştır. Dahası bu yeni değer, bilginin serbest dolaşım hakkına insanların veriye sahip olma ve bu verinin hareketini kısıtlama hakkından fazla imtiyaz tanıyarak geleneksel ifade özgürlüğünü boyunduruğu altına alabilir. Dataizm 11 Ocak 2013'te, yirmi altı yaşındaki ABD'li hacker Aaron Swartz'ın evinde kendi canına kıymasıyla ilk şehidini verdi. Ender bir dâhi olan Swartz henüz on dört yaşındayken RSS iletişim protokolünün*

* Düzenli olarak güncellenen haber siteleri ve bloglar gibi kanalların yeni bilgiler yayımlamak için kullandıkları iletişim protokolüdür. Kaynaklardaki her güncellemeyi kullanıcılara ileterek bir nevi abonelik sistemi sağlar. –çn

geliştirilmesine katkıda bulundu. Bilgi edinme hakkının ateşli bir savunucusu olan Swartz, 2008'de bilginin serbest ve sınırsız dolaşımını talep eden *Gerilla Açık Erişim Manifestosu*'nu yayınladı. Manifestosunda şöyle diyordu: "Nerede depolanmış olursa olsun bilgiyi almalı, kendi kopyalarımızı çıkarmalı ve dünyayla paylaşmalıyız. Telif hakkı biten şeyleri alıp arşive eklemeliyiz. Gizli veritabanlarını satın alıp internete koymalıyız. Bilimsel dergileri indirip dosya paylaşım ağlarına yüklemeliyiz. Gerilla Açık Erişim için savaşmalıyız."

Sözünün eri olan Swartz, JSTOR dijital kütüphanesinin müşterilerinden aldığı paradan rahatsızdı. Milyonlarca bilimsel makaleyi ve çalışmayı elinde bulunduran JSTOR, biliminsanlarının ve dergi editörlerinin ifade özgürlüğüne inandığı gibi, ifadeleri içeren makalelere erişmek için bir ücret ödemek gerektiğine de inanıyordu. JSTOR insanların ürettikleri fikirler karşılığında bir ödeme alma hakları olduğunu iddia ederken, Swartz tam tersini düşünüyordu. Bilginin özgür olmak istediğini, fikirlerin onları üreten insanlara ait olmadığını ve veriyi duvarların arkasına hapsederek ona ulaşmak için bir ücret beklenmesinin yanlış olduğuna inanıyordu. JSTOR'a erişmek için MIT'nin bilgisayar ağını kullandı ve herkesin internet üzerinden özgürce okuyabilmesi için yüz binlerce bilimsel makaleyi indirip kullanıma açtı.

Swartz bu eylemden sonra tutuklandı ve mahkemeye çıkarıldı. Muhtemelen hüküm giyerek hapse yollanacağını fark edince de kendini astı. Hackerlar imza kampanyaları düzenlediler, bilgi edinme özgürlüğünü kısıtlayıp Swartz'ı hedef hâline getiren akademi ve devlet kurumlarına yönelik siber saldırılar düzenleyerek tepkilerini gösterdiler. Baskılar karşısında, bu trajedinin bir parçası olduğu için özür dileyen JSTOR, bugün elindeki verinin (hepsine değilse de) bir kısmına serbest erişim hakkı tanımaktadır.[6]

•••

Dataist misyonerler, şüphecileri ikna etmek için bilgi edinme özgürlüğünün muazzam faydalarını her fırsatta vurgular. Tıpkı kapitalistlerin her başarıyı ekonomik büyümeyle ilişkilendirmesi gibi Dataistler de ekonomik büyüme dahil tüm iyi ve faydalı şeyleri bilgi edinme özgürlüğüne bağlar. ABD neden Sovyetler Birliği'nden daha hızlı büyüdü? Çünkü bilgi ABD'de daha serbest dolaşıyordu. Peki ABD'liler Nijeryalılara ya da İranlılara göre neden daha sağlıklı, daha varlıklı ve daha mutlu? Tabii ki bilginin özgürlüğü sayesinde. Yani daha iyi bir dünya yaratmak istiyorsak, veriyi özgür kılmalıyız.

Google'ın, yeni salgınları geleneksel sağlık kuruluşlarından daha hızlı tespit edebildiğine önceki bölümlerde değinmiştik, ancak biliyoruz ki bu sadece ürettiğimiz verilere erişim izni verdiğimiz müddetçe mümkün. Verinin serbest dolaşımı, ulaşım sistemlerinin yeniden düzenlenmesi gibi uygulamalarla çevre kirliliğini önleyebilir ve atıkları azaltmamızı sağlayabilir. 2010 itibarıyla dünyadaki özel araçların sayısı bir milyarı geçti ve bu sayı her geçen gün artıyor.[7] Bu araçlar daha geniş yollara ve daha fazla park yerine duyulan ihtiyacı artırmakla kalmıyor, gezegeni kirleterek muazzam kaynakları da tüketiyor. Özel araçlarla ulaşımın rahatına varan insanların tren ve otobüsle yetinmesiyse pek mümkün görünmüyor. Ancak Dataistler insanların özel araçlardan ziyade hareket özgürlüğüne önem verdiklerini söylüyor ve iyi bir bilişim sisteminin çok daha ucuz ve etkin bir hareket özgürlüğü sağlayabileceğini öne sürüyor.

Benim de bir özel aracım var ama çoğu zaman otoparkta atıl duruyor. Sıradan bir günde sabah 8.04'te aracıma biniyor, yarım saatte üniversiteye varıyor ve aracı park yerine bırakıyorum. Akşamüstü 18.11'de tekrar yarım saatlik bir yolculukla evime varıyorum, bu kadar. Aracımı günde yalnızca bir saat kullanıyorsam, neden geri kalan yirmi üç saatte de elimde tutuyorum? Bilgisayar algoritmaları tarafından işletilen bir araç paylaşma sistemi yaratabiliriz. Bilgisayar evden 8.04'te çıkmam gerektiğini bilir ve en yakındaki otonom arabayı beni alması için tam o vakitte evime yönlendirebilir. Otonom araç beni üniversite kampüsüne bıraktıktan sonra otoparkta beklemek yerine başka yerlerde işe yarayabilir. Yine saat tam 18.11'de üniversitenin kapısından çıkarken bir başka araç beni eve götürmek için önümde durabilir. Böylece bir milyar özel aracın yerini elli milyon ortak araç alabilir, böylelikle çok daha az sayıda yol, köprü ve tünel inşa etmek zorunda kalır ve park yeri sorununa da kalıcı bir çözüm bulabiliriz. Tabii ki tüm bunlar mahremiyetimizden feragat ederek algoritmalara nerede olduğumuzu ve nereye gitmek istediğimizi söylediğimizde gerçekleşebilir.

Kaydet, Yükle, Paylaş!

Tabii yirmi yaşın altındaysanız, muhtemelen ikna edilmeye bile ihtiyacınız yoktur. Mahremiyetlerinden, özerkliklerinden ve bireyselliklerinden vazgeçmek pahasına da olsa, insanlar veri akışının bir parçası olmak istiyor. Hümanist sanat bireysel dehayı kutsar, bu sayede Picasso'nun bir peçeteye karaladıkları Sotheby's tarafından milyonlarca dolara satın alınabilir. Hümanist bilim bireysel araştırmacıyı yüceltir, bu yüzden her araştırmacı isminin *Science* ya da *Nature*'da yayımlanacak bir makalenin tepesinde yer almasını ister. Oysa giderek daha fazla sanatsal ve bilimsel üretim "herkesin" işbirliğiyle ortaya çıkıyor. Wikipedia'nın yazarı kim? Hepimiziz.

Birey devasa bir sistemin içinde kimsenin tam olarak anlayamadığı minicik bir çipe dönüşüyor. Her gün elektronik postalar, telefon konuşmaları ve makalelerden oluşan sayısız veri bitini absorbe ediyor, tüm bu veriyi işliyor ve daha fazla elektronik posta, telefon konuşması ve makaleyle yeni küçük veri bitleri hâlinde geri aktarıyorum. Büyük resimdeki yerimi ya da benim veri bitlerimin dünyadaki milyarlarca insan ve bilgisayar tarafından üretilen diğer veri bitleriyle nasıl bağlandığını bilmiyorum. Bu ilişkiyi çözecek vakte sahip değilim çünkü elektronik postalarımı yanıtlamakla meşgulüm. Daha çok elektronik posta yanıtladıkça, daha çok telefon görüşmesi yaptıkça ve daha fazla makale yazdıkça, yani etkin bir biçimde veri işledikçe, etrafımdaki insanlar daha da fazla veri yığınına gömülüyor.

Dur durak bilmeyen veri akışı, kimsenin aklına bile gelmemiş, kontrol edilemeyen ya da kavranamayan yeni keşifleri ve sorunları beraberinde getiriyor. Kimse küresel ekonominin nasıl işlediğini ya da küresel siyasetin nereye gittiğini anlayamıyor. Zaten kimsenin anlamasına da gerek yok. Yapmamız gereken tek şey elektronik postaları daha hızlı yanıtlamak ve sistemin tüm yazışmalarımızı okumasına izin vermekten ibaret. Serbest piyasa kapitalistlerinin piyasanın görünmez eline yürekten inanması gibi, Dataistler de veri akışının görünmez eline güveniyor.

Küresel bilişim sistemi her şeyi bilen ve her şeye kadir bir hâle büründükçe, sisteme bağlanmak anlamın tek kaynağı hâline geliyor. İnsanlar veri akışıyla kaynaşmak istiyorlar çünkü bu akışın bir parçası olduklarında kendilerini çok daha büyük bir şeyin parçası gibi hissediyorlar. Geleneksel dinler bireylerin her eyleminin büyük kozmik bir planın parçası olduğunu, Tanrı'nın her an hepimizi izlediğini ve duygu ve düşüncelerimizle tek tek ilgilendiğini söylüyordu. Şimdi de veri dini her sözün ve her eylemin devasa veri akışının bir parçası olduğunu, algoritmaların bizi aralıksız izlediğini, her türlü duygu ve düşüncemizle tek tek ilgilendiğini buyuruyor. Çoğu insan bu durumdan hoşnut. Veri akışıyla bağlantının kopması, inancı tam olanlar için yaşamın anlamını kaybetmeyi göze almak demek.

Kimse bunun hakkında bilgi sahibi olmayacaksa ve küresel bilgi alışverişine bir katkı sunmayacaksa, bir şeyleri deneyimlemenin ya da gerçekleştirmenin ne anlamı olabilir? Hümanizm deneyimlerimizin kendi içimizde ortaya çıktığını, olup bitenin farkına varmamız için kendimizi keşfetmemiz gerektiğini, böylece evrene bir anlam katabileceğimizi öğütlüyordu. Dataistlerse deneyimlerin paylaşılmadıkları takdirde değersiz olduğuna, kendi içimizde bir anlam bulmaya ihtiyacımız olmadığına, hatta istesek de bir anlam bulamayacağımıza inanıyor. Deneyimlerimizi kaydedip devasa veri akışına aktarmamız yeterli; algoritmalar deneyimlerimizin anlamını kavrayacak ve bize ne yapmamız gerektiğini söyleyecektir. Yirmi yıl önce Japon turistler yanlarından ayırmadıkları fotoğraf makineleriyle etraftaki her şeyin fotoğrafını çektikleri için tüm dünyada alay konusu hâline gelmişlerdi. Şimdiyse herkes onlar gibi davranıyor. Hindistan'a gidip bir fil gördüğünüzde bir an durup, "Ne hissediyorum?" diye sormuyorsunuz bile. Alelacele telefonunuzu bulmaya çalışıyor, filin fotoğrafını çekip Facebook'a yüklüyor, sonra da iki dakikada bir kaç beğeni aldığınızı kontrol ediyorsunuz. Nesiller boyu yaygın olarak sürdürülmüş hümanist bir uygulama olan günlük tutmak, bugün pek çok genç insana son derece anlamsız görünüyor. İnsan kimsenin okuyamayacağı bir şeyi neden yazar? Artık sloganımız değişti: "Bir şey deneyimliyorsanız, kaydedin. Bir şey kaydettiyseniz, yükleyin. Bir şey yüklediyseniz, paylaşın."

Bu kitap boyunca tekrar tekrar insanları hayvanlardan üstün kılan şeyin ne olduğunu sorguladık. Dataizmin bu soruya verdiği yeni ve basit bir cevap var. Kendi içinde değerlendirildiğinde, insan deneyimlerinin kurtların ya da fillerinkinden üstün hiçbir yanı yoktur. Her bir veri en az bir diğeri kadar değerlidir. İnsanlar bu deneyim hakkında bir şiir yazıp bunu internette paylaşarak küresel bilişim sistemini zenginleştirebilir. Bu da insanların ürettiği veriyi daha değerli kılar. Kurt bunu yapamayacağı için, deneyimleri ne kadar derin ve karmaşık olursa olsun, tek kelimeyle değersizdir. Deneyimlerimizi bıkıp usanmadan veriye çevirme çabamıza şaşmamak gerek. Bu popüler olmakla değil hayatta kalmakla ilgili bir mesele. Hem sisteme hem de kendimize hâlâ bir değer taşıdığımızı kanıtlamamız gerekiyor. Kıymetimiz deneyim sahibi olmakla değil, bu deneyimleri serbest hareket edebilen verilere dönüştürebilme kapasitemizle belirleniyor.

(Bu arada kurtlar, daha doğrusu akrabaları köpekler de sistem için umutsuz vaka değil. "No More Woof" [Artık Havlamak Yok] adlı şirket, köpek deneyimlerini okumak için köpeklere özel bir başlık geliştiriyor. Köpeğin beyin dalgalarını izleyen bu elektronik başlık, bilgisayar algoritmalarıyla basit mesajları, "öfkeliyim" gibi ifadelerle insan diline çeviriyor.[8] Böyle giderse köpeğiniz de kendine ait bir Facebook ya da Twitter hesabı açabilir, ki muhtemelen sizden daha çok takipçisi olur.)

Kendini Bilmek

Dataizm ne liberal ne de hümanisttir, ancak hümanizm karşıtı olmadığının da altını çizmek gerekir. İnsan deneyimine karşı olumsuz bir tavrı yoktur, sadece deneyimlerin içsel bir değeri olmadığına inanır.

Hümanizmin üç ana mezhebini incelerken en yüce deneyimin ne olduğunu sormuştuk: Beethoven'ın Beşinci Senfoni'si mi, Chuck Berry mi, pigme kabul töreni şarkısı mı, yoksa kızışma dönemindeki bir kurdun uluması mı? Bir Dataist, müziğin ürettiği deneyimden çok sahip olduğu verilerle değerlendirilmesi gerektiğini öne sürerek tüm bu düşünce deneyinin yanıltıcı olduğunu iddia edecektir. Bir örnek üzerinden açıklamaya çalışalım. Bir Dataist Beşinci Senfoni'de daha fazla dizi ve akort kullanıldığını, bu yüzden çeşitli müzik tarzları arasında bir diyalog yaratabilme ihtimalinin daha yüksek olduğunu söyler ve buna dayanarak Beşinci Senfoni'nin pigme kabul töreni şarkısından çok daha fazla veri taşıdığını öne sürer. Beşinci Senfoni'yi çözmek daha fazla işlem gücü gerektirir ve bu çözümleme daha fazla müzikal bilgi sağlar.

Bu yaklaşım müziği matematiksel örüntüler olarak değerlendirir. Matematik her müzikal parçayı tanımlayabileceği gibi iki parça arasındaki ilişkiyi de açıklayabilir. Böylece her senfoninin, şarkının ve ulumanın net değerini ölçebilir ve en zengin olanın hangisi olduğunu belirleyebilirsiniz. İnsanlar ya da kurtlarda neden oldukları deneyimlerin hiçbir önemi kalmayacaktır. Geçtiğimiz 70 bin yıl boyunca insan deneyiminin evrendeki en etkin bilişim algoritması olması, deneyimin bu denli yüceltilmesini anlaşılır kılabilir. Ancak çok yakında bu algoritmaların misyonunu tamamlayacağı, hatta bir yüke dönüşeceği günler görebiliriz.

Afrika savanalarında on binlerce yıl önce evrimleşen Sapiens ve algoritmaları, 21. yüzyılda eriştiğimiz veri akışına yetişebilecek kapasitede değil. İnsan bilişim sistemini geliştirmeyi deneyebiliriz ancak sürümü yükseltilmiş insanlar bile bu noktada yetersiz kalabilir. Yakın gelecekte Nesnelerin İnterneti, sürümü yükseltilmiş insan algoritmalarının bile başa çıkamayacağı hızda ve boyutlarda veri akışı üretebilir. Motorlu taşıtlar at arabalarının yerini aldığında atların sürümünü yükseltmedik, onları emekliye ayırdık. *Homo sapiens*'in emeklilik günleri de muhtemelen yaklaşıyor.

Dataizm insan deneyimine veri işleme mekanizmalarındaki işlevi üzerinden değer biçen katı bir işlevsel yaklaşım benimser. Dolayısıyla aynı işlevi yerine getirebilecek bir algoritma geliştirildiğinde insan deneyimi de önemini yitirir. Eğer taksi şoförleri ve doktorlarla yetinmeyip avukatların, şairlerin ve müzisyenlerin yerine de üstün bilgisayar programları koyabileceksek, bu programların bilinci ya da öznel deneyimleri varmış yokmuş, ne fark eder? Hümanistler insan deneyiminin kutsallığına methiyeler düzmeye başlarsa Dataistler böylesi bir duygusal şarlatanlığı başlarından savacaktır. "Deneyim diye övdükleriniz devri geçmiş biyokimyasal algoritmalardan ibaret. 70 bin yıl önce Afrika savanasında bu algoritmalar son model kabul ediliyordu. 20. yüzyılda bile ordu ve ekonominin olmazsa olmazlarıydı ama artık çok daha iyi algoritmalara sahibiz."

Hollywood'daki bilimkurgu filmlerinin en heyecanlı sahnelerinde insanlar istilacı uzaylıların filolarıyla çarpışır, isyankar robot ordularına ya da insanlığı imha etmeyi amaçlayan bir süperbilgisayara direnir. İnsanlığın sonu yakın görünür. Ancak son anda, tüm zorluklara rağmen insanlık uzaylıların, robotların ve süperbilgisayarların aklına gelmeyen, asla idrak edemeyecekleri bir şey sayesinde tüm savaşlardan muzaffer çıkar: sevgi. Son âna dek süperbilgisayar tarafından kolaylıkla kontrol edilmiş, kötü robotların kurşunlarıyla delik deşik olmuş kahramanımız, sevgilisi sayesinde durumu tersine çevirerek Matrix'te hiç beklenemedik bir çıkış yapar. Dataizm bu tür senaryoları düpedüz aptalca bulur. "Hadi oradan," der Hollywood senaristlerine, "Bula bula bunu mu buldunuz? Sevgi mi? Platonik kozmik bir aşk bile değil hem de, iki memeli arasındaki bedensel, şehvete dayalı bir çekim mi çözüm diye bulduğunuz? Her şeyi bilen bir süperbilgisayarın ya da tüm galaksiyi ele geçirmeyi başarmış uzaylıların bu hormonal heyecan karşısında şaşıracağını mı düşünüyorsunuz?"

•••

Dataizm insan deneyimlerini veri örüntülerine eş tutarak, anlam ve otoritemizin temel kaynağını sarsıyor ve belki de 18. yüzyıldan beri benzeri görülmemiş dini bir devrimi müjdeliyor. Locke, Hume ve

Voltaire gibi düşünürlerin döneminde hümanistler, "Tanrı insanın hayal gücünün bir ürünüdür," diyordu. Dataizm, hümanizmi kendi silahıyla vuruyor: "Tanrı'nın insanın hayal gücünün bir ürünü olduğu doğru, ancak insanın hayal gücü de biyokimyasal algoritmaların bir ürünü." 18. yüzyılda hümanizm tanrımerkezci dünya görüşünü insanmerkezci bir yaklaşıma dönüştürerek Tanrı'yı dışladı. 21. yüzyıla geldiğimizdeyse Dataizm insanları dışlayarak insanmerkezci yaklaşımı verimerkezci bir görüşe dönüştürecek gibi duruyor.

Dataist devrim birkaç yüzyıl sonra değilse bile önümüzdeki yetmiş seksen yıl içinde gerçekleşebilir. Sonuçta hümanist devrim de bir gecede gerçekleşmedi. İnsanlar uzun süre iman etmeye devam ederek insanevladının Tanrı tarafından bir tür ilahi amaç için yaratıldığını öne sürdüler ve bu yüzden insan kutsaldır dediler. Uzunca bir zaman sonra insanlar, kendi varlıklarının başlı başına kutsal olduğunu ve Tanrı'nın aslında var olmadığını dile getirme cesaretini gösterebildi. Benzer şekilde bugünün Dataistleri Nesnelerin İnterneti'nin kutsallığını, insanların ihtiyaçlarına hizmet etmek için insanlar tarafından yaratılmış olmasına dayandırıyor. Zamanla Nesnelerin İnterneti de kendi başına kutsallığını ilan edecektir.

İnsanmerkezci dünya görüşünün yerini verimerkezci bir yaklaşıma devretmesi, tıpkı tüm önemli devrimler gibi, sadece felsefi değil uygulamaya dönük bir devrimle gerçekleşecek. "İnsanın Tanrı'yı icat ettiğini" söyleyen hümanist görüş önemliydi çünkü uygulamaya dönük geniş kapsamlı imalar taşıyordu. "Organizmalar birer algoritmadır" diyen Dataist görüş de aynı ölçüde önemli çünkü günden güne uygulamada karşılık bulmaya başlıyor. Fikirler dünyayı davranışları etkileyebildiği ölçüde değiştirebilir.

Antik Babil'de insanlar çözümsüz çıkmazlarla karşılaştıklarında gökyüzünü izlemek için gecenin karanlığında tapınağın tepesine çıkardı. Babiller yıldızların kaderimizi yönlendirdiğine ve geleceği öngörebildiklerine inanıyordu. Yıldızları izleyerek kiminle evleneceklerine, tarlayı ekip ekmeyeceklerine, savaşa girip girmeyeceklerine karar verirlerdi. Böylelikle felsefi inançları gündelik uygulamalara dönüşürdü.

Yahudilik ve Hıristiyanlık gibi semavi dinler bambaşka bir hikaye anlatmaya başladı: "Yıldızlar yalan söylüyor. Yıldızları yaratan Tanrı, tüm doğruları İncil'de açıklığa kavuşturmuştur. Yıldızlara bakmayı bırakın ve İncil okuyun!" Bu da uygulamaya dönük bir tavsiyeydi. İnsanlar kiminle evleneceklerini, ne iş yapacaklarını, savaşa girip girmeyeceklerini belirleyebilmek için İncil okuyup nasihatlerine uydu.

Hümanistlerse yepyeni bir hikayeyle çıkageldi: "İnsanlar Tanrı'yı icat etti, İncil'i yazdı ve binlerce farklı şekilde yorumladı. Demek ki insanlar tüm doğruların asıl kaynağıdır. İncil'i ilham verici bir insan yaratımı olarak okuyabilirsiniz ama buna mecbur değilsiniz. Bir çıkmazda hissediyorsanız, kendinizi dinleyin ve içinizdeki sese kulak verin." Böylece Hümanizm kendinizi nasıl dinleyeceğinize dair uygulanabilir talimatlar vererek günbatımını izlemenizi, Goethe okumanızı, günlük tutmanızı, yakın arkadaşlarınızla içten sohbetler etmenizi ve demokratik seçimler düzenlemenizi salık verdi.

Yüzyıllar boyunca biliminsanları hümanizmin rehberliğini benimsedi. Fizikçiler evlenip evlenmeme kararı alırken günbatımını izleyip içsel benlikleriyle ilişki kurmaya çalıştı. Kimyagerler zorlu bir iş teklifi üzerine düşünürken bu durumu günlüklerine yazdı, yakın dostlarıyla dertleşti. Biyologlar savaşa girme ya da barış anlaşması imzalama ikileminden kurtulmak için demokratik seçimlerde oy kullandı.

Beyin araştırmacıları sansasyonel keşiflerini anlattıkları kitaplarının girişine çoğu zaman Goethe alıntıları ekledi. Bilimle hümanizm arasındaki modern ittifakın temeli de buydu; mantıkla duygunun, laboratuvarla müzenin, üretim bandıyla süpermarketin arasındaki hassas dengeyi sağlayarak modern yin ve yang'ı oluşturuyorlardı.

Biliminsanları sadece insan duygularını kutsamakla kalmadı, duyguları açıklamak için mükemmel bir evrimsel gerekçe de buldu. Darwin'den sonra biyologlar, duyguların evrim tarafından bilenmiş karmaşık algoritmalar olduğunu ve hayvanların doğru kararlar almasında kilit rol üstlendiğini öne sürdü. Sevgi, korku ve tutku yalnızca şiir yazmaya yarayan ne olduğu belirsiz ruhani kavramlar değildi artık, bilakis milyonlarca yılda deneyimlenmiş uygulanabilir bir bilgelik barındırıyordu. İncil'i okuduğunuzda kadim Kudüs'te yaşayan birkaç rahip ve hahamın tavsiyelerini dinliyordunuz. Duygularınıza kulak verdiğinizdeyse evrimin milyonlarca yılda geliştirdiği ve doğal seçilimin en sert kalite kontrol testlerinden geçmiş algoritmalarının peşinden gitmeniz gerekiyordu. Duygularınız, hata kabul etmeyen koşullarda hayatta kalmayı ve üremeyi başarmış milyonlarca atanızın sesidir. Duyguların da hata payı vardır elbette ama önünüzdeki pek çok seçenekten daha tercih edilebilirdir. Milyonlarca yıl boyunca duygular dünya üzerindeki en gelişmiş algoritmalar olarak vazife gördü. Dolayısıyla Konfüçyüs'ün, Muhammed'in ya da Stalin'in yaşadığı çağlarda insanlar Konfüçyüsçülük, İslam ya da komünizmin öğretileri yerine kendi duygularını dinlemeyi tercih ettiler.

Ne var ki duygular 21. yüzyılda dünyadaki en gelişmiş algoritmalar olma vasfını yitirdi. Artık devasa veritabanlarını işleyebilecek, eşsiz hesaplama gücüne sahip algoritmalar geliştiriyoruz. Google ve Facebook algoritmaları tam olarak nasıl hissettiğinizi bilmekle kalmıyor, kuşkuyla yaklaştığınız milyonlarca başka şeyden de emin olabiliyor. Tam da bu yüzden duygularınızı dinlemeye bir son verip dışsal algoritmalara kulak vermeye başlamalısınız. Algoritmalar kimin kime oy vereceğini, tam olarak hangi nörolojik nedenler yüzünden kimin Demokratları, kimin Cumhuriyetçileri destekleyeceğini biliyorsa, demokratik seçimlerin ne anlamı olabilir? Hümanizm, "Duygularınıza kulak verin!" diye buyuruyordu, Dataizm ise "Algoritmaları dinleyin!" diye emrediyor.

Dataizm kiminle evlenmeniz gerektiğini, hangi kariyeri seçeceğinizi ya da ne zaman savaşa gireceğinizi düşünmek için dağlara tırmanmanın ya da dalgaların arasından batan güneşi izlemenin tamamen zaman kaybı olduğunu söyleyecektir. Bir müzeye gitmek, günlük tutmak ya da arkadaşlarınızla sohbet etmek de aynı derece anlamsızdır. Evet, doğru kararlar vermek için kendinizi daha iyi anlamanız gerekir. Ne var ki 21. yüzyılda kendinizi anlamak için dağları arşınlamaktan, müze gezmekten ya da günlük doldurmaktan çok daha iyi yöntemler var. Dataistlerin uygulanabilir talimatlarına bir göz atalım:

"Kim olduğunu mu bilmek istiyorsun?" diye sorar Dataizm. "O zaman dağ tepe dolaşmayı bırak. DNA dizilimini analiz ettirdin mi? Hayır mı? Daha ne bekliyorsun? Hemen git ve yaptır. Büyükanneni, anneni, babanı ve kardeşlerini de götür, onların verileri de son derece değerli. Peki giyilebilir biyometrik cihazları duydun mu, hani tansiyonunu ve nabzını günde yirmi dört saat ölçen şu giyilebilir biyometrik cihazları? Güzel, hemen bir tane edin ve akıllı telefonuna bağla. Alışveriş yaparken yaptığın her şeyi kaydetmek için bir kamera ve mikrofon al, çektiklerini internete yükle. Google ve Facebook'un elektronik postalarını okumasına, görüşme ve mesajlarını takip etmesine, tıkladığın ve beğendiğin her şeyi kaydetmesine izin ver. Tüm bunları yaparsan, Nesnelerin İnterneti'nin harikulade algoritmaları, kimle evlenmen gerektiğini, hangi kariyeri seçeceğini ve ne zaman savaş başlatabileceğini söyleyecek."

Peki tüm bu harikulade algoritmaların kaynağı ne? İşte Dataizm'in gizemi de buradadır. Tıpkı Hıristiyanlık öğretisinin, insanların Tanrı'yı ve planlarını anlayamayacağını iddia etmesi gibi, Dataizm de insan beyninin yeni üstün algoritmaları kavrayamayacağını iddia ediyor. Bugün bu algoritmaların çoğu, bir yandan hackerlar tarafından geliştiriliyor tabii. Ancak Google'ın arama algoritmaları gibi kritik olanlarsa büyük bir ekip çalışmasıyla geliştiriliyor. Takımın her bir üyesi yapbozun bir parçasına hakimken kimse algoritmayı bir bütün olarak anlayamıyor. Dahası, makine öğrenimi ve yapay nöral ağlar geliştikçe daha fazla algoritma bağımsız şekilde evriliyor ve kendi kendine gelişerek hatalarını düzeltiyor. Hiçbir insanın üstesinden gelemeyeceği devasa veri yığınlarını analiz edebilen bu algoritmalar, insan aklını aşan örüntü tanıma becerileri geliştiriyor ve stratejiler benimsiyor. Algoritmanın ilk adımları insanlar tarafından atılmış olsa da, algoritmalar geliştikçe hiçbir insanın daha önce yürümediği ve takip edemeyeceği bir yolu kendi kendine adımlamaya başlıyor.

Veri Akışındaki Dalgalanma

Dataizmin de doğal olarak kendine has muhalifleri ve bu doktrini şiddetle reddeden kafirleri var. Üçüncü bölümde gördüğümüz gibi, yaşamın tamamen veri akışına indirgenmesi mümkün görünmüyor. Örneğin veri akışının, bilinci ve kişisel deneyimi nasıl ve niçin yaratabileceğini bilmiyoruz. Belki yirmi yıl içinde bu soruyu yanıtlayabiliriz ama o vakte kadar belki de organizmaların aslında algoritmalar olmadığını keşfederiz.

Hayatı tamamen karar alma yetilerine indirgemek de bir o kadar kuşku uyandıran bir yaklaşım. Dataist etki hem yaşambilimlerini hem de sosyal bilimleri, sanki yaşam bundan ibaretmişçesine, karar verme süreçlerine takıntılı hâle getirdi. Peki gerçekten de hayat bundan mı ibaret? Hisler, duyumlar ve düşünceler tercihlerimizde şüphesiz önemli bir yere sahip ama tek işlevleri bu mu? Dataizm karar verme süreçlerini sürekli geliştiriyor olabilir ama bu alandaki yetkinliği arttıkça hayata bakış açısı da çarpıklaşma eğilimi gösteriyor.

Dataist öğretinin eleştirel bir değerlendirmesi 21. yüzyıldaki en önemi bilimsel mücadelelerden biri olduğu gibi, aynı zamanda çağımızın en acil siyasi ve ekonomik projesi olarak karşımıza çıkıyor. Yaşambilimleri ve sosyal bilimler alanında çalışma yürütenler, kendilerini daima sorgulamalı, yaşamı veri işleme ve karar verme süreçlerine indirgerken bir şeyleri gözden kaçırma ihtimallerini göz önünde bulundurmalılar. Evrende veriye indirgenemeyecek bir şeyler olabilir mi? Bilinci olmayan algoritmaların bilinci olan zekayı her türlü veri işleme alanında alt ettiğini varsayın; bilinci olan zekanın yerine bilinci olmayan algoritmaları geçirsek ne kaybederiz, ya da bir şey kaybeder miyiz?

Dataizm yanılıyorsa ve organizmalar algoritmalardan ibaret değilse bile, bu Dataizmin dünyaya hükmetmesinin önüne geçilebileceği anlamına gelmiyor. Geçmişte pek çok din, belirgin yanılgılarına rağmen muazzam bir güç ve popülarite kazanabilmişti. Hıristiyanlık ve komünizm bunu başarabildiğine göre, Dataizm neden başaramasın? Dataizm tüm bilimsel disiplinlerle ilişki kurduğu için potansiyeli çok daha yüksek. Tümleşik bir bilimsel paradigma kolayca sorgulanamaz bir öğreti hâline gelebilir. Bilimsel bir paradigmayı eleştirmek her zaman zor olmuştur ancak bu zamana dek bilimsel çevrelerin tamamı tarafından kabul gören bir paradigma olmamıştı. Bu nedenle araştırmacılar hakim paradigmayı eleştiren görüşlerle daima temas hâlindeydi. Müzikologlardan biyologlara kadar herkes aynı Dataist paradigmayı benimserse, disiplinlerarası seyir hakim paradigmanın daha da güçlenmesine hizmet edecektir. Paradigmada bir sorun varsa bile, bunu dile getirmek ve paradigmaya direnmek oldukça zorlaşacaktır.

Peki Dataizm dünyayı fethetmeyi başarırsa insanlara ne olacak? İlk etapta sağlık, mutluluk ve güç elde etme gibi hümanist alanlarda hız kazanacaktır. Dataizm hümanist istekleri yerine getirmeyi vaat ederek yayılır. Ölümsüzlük, mutluluk ve ilahi bir yaratma gücü edinmek için devasa verileri insan beyninin kapasitesini aşan bir güçle işlemek durumundayız. Algoritmaların işlevi tam da budur. Ancak otorite insanlardan algoritmalara geçtiğinde hümanist hedefler anlamsızlaşabilir. Verimerkezci yaklaşımı insanmerkezci dünya görüşünün yerine koyduğumuz anda, insan sağlığı ve mutluluğu gözümüze çok daha önemsiz görünecektir. Elimizde çok daha iyi modeller varken köhnemiş veri işleme makinelerini neden umursayalım? Nesnelerin İnterneti'ni yapılandırmaya çalışıyoruz çünkü bizi daha sağlıklı, mutlu ve güçlü yapmasını umuyoruz. Nesnelerin İnterneti sorunsuz işlemeye başladığında mühendisten çipe, çipten veriye indirgenerek, gürleyerek akan bir nehirdeki toprak parçası misali, veri selinde eriyip gidebiliriz.

Dataizm *Homo sapiens*'i, *Homo sapiens*'in diğer hayvanlara yaptığını yapmakla tehdit ediyor. İnsanlar tarih boyunca küresel bir ağ oluşturdu ve her şeyin değerini bu ağdaki işlevine göre değerlendirdi. İnsanın gururu ve önyargıları bu ağdaki kritik konumu sayesinde perçinlendi. İnsanlar bu ağdaki en önemli işleri yerine getirdikçe, ağın tüm kazanımlarını kendimize mâl etmeye başladık ve kendimizi yaratılışın doruk noktasına yerleştirdik. Tüm diğer hayvanların yaşamı ve deneyimleri değersizleşti çünkü insanlardan daha işlevsizlerdi ve işlevsiz hâle gelen hayvanların zamanla soyu tükendi. Gelgelelim insanlar işlevsel konumlarını kaybettiğinde, biz de yaratılışın zirvesinde olmadığımızı fark edeceğiz. Kutsadığımız değerler bizi unutulmaya yüz tutmuş mamutların ve Çin nehir yunuslarının kaderine mahkum edecek. Geriye dönüp bakıldığında insanlık kozmik veri akışının içinde minik bir dalgalanmadan ibaret kalacak.

• • •

Geleceği öngöremeyiz çünkü teknoloji deterministik değildir. Aynı teknoloji farklı türlerde toplumlar yaratabilir. Örneğin Sanayi Devrimi'nin tren, elektrik ve radyo gibi teknolojileri komünist diktatörlükler, faşist rejimler ya da liberal demokrasiler kurmak için kullanıldı. Güney Kore ve Kuzey Kore'yi ele alalım: İki ülkenin de aynı teknolojiye erişim imkanı bulunsa da teknolojiyi tamamen farklı şekillerde kullanmayı tercih ettiler.

Yapay zekanın ve biyoteknolojinin gelişimi dünyayı kesinlikle değiştirecek, ancak ortaya tek bir deterministik sonuç çıkmayacak. Bu kitapta özetlenen tüm senaryolar da kehanetlerden ziyade ihtimaller olarak okunmalıdır.

Bu ihtimallerin bazıları hoşunuza gitmiyorsa, gerçekleşmesini önleyecek yeni fikirler üretmekte ve bunlara uygun davranmakta tamamen özgürsünüz.

Gelin görün ki yeni fikirler üretmek ve buna uygun davranmak hiç de kolay değildir çünkü düşüncelerimiz ve davranışlarımız günümüz ideolojileri ve sosyal sistemleri tarafından sınırlanıyor. Bu kitap, geleceğimiz hakkında daha yaratıcı düşünebilmemizi ve farklı davranabilmemizi sağlamak adına günümüz koşullarının köklerine iniyor. Tek bir nihai senaryo öngörerek ufkumuzu sınırlamak yerine genişletmeyi ve çok daha geniş bir seçenek yelpazesinden haberdar olmamızı amaçlıyor. Tekrar tekrar altını çizdiğim gibi, kimse 2050 yılında işgücü piyasasının, ailenin ya da ekolojinin ne vaziyette olacağını, hangi dinlerin, ekonomik sistemlerin ve siyasi yapıların dünyaya hükmedeceğini bilmiyor.

Bununla birlikte, ufkumuzu genişletmek bizi daha kafası karışık hâle getirip eskisinden daha pasif kılarak istenmeyen sonuçları beraberinde getirebilir. Bu kadar çok senaryo ve ihtimal karşısında dikkatimizi neye odaklamalıyız? Dünya eşi benzeri görülmemiş bir hızla değişiyor ve biz baş edilmesi mümkün olmayan bir veri, fikir, vaat ve tehdit seline kapılmış gidiyoruz.

İnsanlar veri sağanağıyla baş edemeyince, sahip olduğu otoriteyi serbest piyasaya, kitlelerin ortak aklına ve dışsal algoritmalara bıraktı. Geçmişte sansür bilginin akışını engelleyerek işliyordu. 21. yüzyıldaysa insanları gereksiz veriye boğarak işliyor. Dikkatimizi neye odaklayacağımızı bilmiyor ve zamanımızın çoğunu tali konuları araştırarak ve tartışarak geçiriyoruz. Kadim zamanlarda güç sahibi olmak, veriye erişim yetkisine sahip olmak demekti. Bugünse güç, neyi görmezden geleceğini bilmek demek. Kaotik dünyamızda olup biten tüm bu olayları göz önünde bulundurarak aynı soruyu bir kez daha sormalıyız; dikkatimizi neye odaklayacağız?

Kısa vadede muhtemelen Ortadoğu'daki karmaşa, Avrupa'daki mülteci sorunu ve yavaşlayan Çin ekonomisi gibi acil sorunlara öncelik tanıyacağız. Uzun vadedeyse küresel ısınma, artan eşitsizlik ve işgücü piyasasının parçalanması önem kazanacak. Nihayet yaşama gerçekten geniş bir pencereden bakabilirsek tüm sorunlar ve gelişmeler birbirine bağlı üç sürecin gölgesinde kalacak:

1. Bilim tüm toplumu, organizmaların algoritmalar ve yaşamın veri işleme süreci olduğuna ikna eden bir dogma olma yolunda ilerliyor.
2. Zeka bilinçle yollarını ayırıyor.
3. Bilinci olmayan ama yüksek zekalı algoritmalar yakında bizi bizden daha iyi bilecek.

Bu üç süreçse bu kitabı okuduktan çok sonra bile aklınızda kalmasını umduğum üç soruyu beraberinde getiriyor:

1. Organizmalar birer algoritmadan, yaşam da veri işlemeden mi ibarettir?
2. Zeka mı daha değerlidir yoksa bilinç mi?
3. Bilinci olmayan ama yüksek zekalı algoritmalar bizi bizden daha iyi bilecek duruma geldiğinde toplum, siyaset ve gündelik hayat ne olacak, neye benzeyecek?

NOTLAR

Birinci Bölüm

1. Tim Blanning, *The Pursuit of Glory* (New York: Penguin Books, 2008), s. 52.
2. Age, s. 53. Ayrıca bkz: J. Neumann ve S. Lindgrén, "Great Historical Events That Were Significantly Affected by the Weather: 4, The Great Famines in Finland and Estonia, 1695–97", *Bulletin of the American Meteorological Society* 60 (1979), s. 775–87; Andrew B. Appleby, "Epidemics and Famine in the Little Ice Age", *Journal of Interdisciplinary History* 10:4 (1980): s. 643–63; Cormac Ó Gráda ve Jean-Michel Chevet, "Famine and Market in *Ancien Régime* France", *Journal of Economic History* 62:3 (2002), s. 706–73.
3. Nicole Darmon ve diğ. "L'insécurité alimentaire pour raisons financières en France", *Observatoire National de la Pauvreté et de l'Exclusion Sociale*, https://www.onpes.gouv.fr/IMG/pdf/Darmon.pdf, 3 Mart 2015'te erişilmiştir; Rapport Annuel 2013, *Banques Alimetaires*, http://en.calameo.com/ read/001358178ec47d2018425, 4 Mart 2015'te erişilmiştir.
4. Richard Dobbs ve diğ. "How the World Could Better Fight Obesity", McKinseys & Company, Ekim, 2014, 11 Aralık 2014'te erişilmiştir, http://www.mckinsey.com/insights/economic_studies/how_the_world_could_better_fight_obesity.
5. "Global Burden of Disease, Injuries and Risk Factors Study 2013", *Lancet*, 18 Aralık 2014, 18 Aralık 2014'te erişilmiştir, http://www.thelancet.com/themed/global-burden-of-disease; Stephen Adams, "Obesity Killing Three Times As Many As Malnutrition", *Telegraph*, 13 Aralık 2012, 18

Aralık 2014'te erişilmiştir, http://www.telegraph.co.uk/ health/health-news/9742960/Obesity-killing-three-times-as-many-as- malnutrition.html.

6. Robert S. Lopez, *The Birth of Europe* [İbranice] (Tel Aviv: Dvir, 1990), s. 427.
7. https://upload.wikimedia.org/wikipedia/commons/d/d0/Yersinia_pestis.jpg.
8. Alfred W. Crosby, *The Columbian Exchange: Biological and Cultural Consequences of 1492* (Westport: Greenwood Press, 1972); William H. McNeill, *Plagues and Peoples* (Oxford: Basil Blackwell, 1977).
9. Hugh Thomas, *Conquest: Cortes, Montezuma and the Fall of Old Mexico* (New York: Simon & Schuster, 1993), 443–6; Rodolfo Acuna-Soto ve diğ., "Megadrought and Megadeath in 16th Century Mexico", *Historical Review* 8:4 (2002), 360–2; Sherburne F. Cook ve Lesley Byrd Simpson, *The Population of Central Mexico in the Sixteenth Century* (Berkeley: University of Califronia Press, 1948).
10. Jared Diamond, *Guns, Germs and Steel: The Fates of Human Societies* [İbranice] (Tel Aviv: Am Oved, 2002), 167. [Türkçesi: Jared Diamond, *Tüfek, Mikrop ve Çelik*, çev. Ülker İnce (Ankara: Tübitak Yayınları, 26. Baskı, 2016)]
11. Jeffery K. Taubenberger ve David M. Morens, "1918 Influenza: The Mother of All Pandemics", *Emerging Infectious Diseases* 12:1 (2006), 15–22; Niall P. A. S. Johnson ve Juergen Mueller, "Updating the Accounts: Global Mortality of the 1918–1920 "Spanish" Influenza Pandemic", *Bulletin of the History of Medicine* 76:1 (2002), 105–15; Stacey L. Knobler, Alison Mack, Adel Mahmoud ve diğ., *The Threat of Pandemic Influenza: Are We Ready? Workshop Summary* (Washington DC: National Academies Press 2005), 57–110; David van Reybrouck, *Congo: The Epic History of a People* (New York: HarperCollins, 2014), 164; Siddharth Chandra, Goran Kuljanin ve Jennifer Wray, "Mortality from the Influenza Pandemic of 1918–1919: The Case of India", *Demography* 49:3 (2012), 857–65; George C. Kohn, *Encyclopedia of Plague and Pestilence: From Ancient Times to the Present*, 3. ed. (New York: Facts on File, 2008), 363.
12. 2005 ile 2010 arasındaki küresel ortalama yüzde 4,6 olmakla beraber Afrika'da yüzde 7,9 ve Avrupa ve Kuzey Amerika'da yüzde 0,7'dir. Bkz: "Infant Mortality Rate (Both Sexes Combined) by Major Area, Region and Country, 1950–2010 (Infant Deaths for 1000 Live Births), estimates", *World Population Prospects: the 2010 Revision*, BM Ekonomik ve Sosyal İşler Dairesi, Nisan 2011, 26 Mayıs 2012'de erişilmiştir, http://esa.un.org/unpd/wpp/Excel-Data/mortality. htm. Ayrıca bkz: Alain Bideau, Bertrand

Desjardins ve Hector Perez-Brignoli, *Infant and Child Mortality in the Past* (Oxford: Clarendon Press, 1997); Edward Anthony Wrigley ve diğ., *English Population History from Family Reconstitution, 1580–1837* (Cambridge: Cambridge University Press, 1997), 295–6, 303.

13. David A. Koplow, *Smallpox: The Fight to Eradicate a Global Scourge* (Berkeley: University of California Press, 2004); Abdel R. Omran, "The Epidemiological Transition: A Theory of Population Change", *Milbank Memorial Fund Quarterly* 83:4 (2005), 731–57; Thomas McKeown, *The Modern Rise of Populations* (New York: Academic Press, 1976); Simon Szreter, *Health and Wealth: Studies in History and Policy* (Rochester: University of Rochester Press, 2005); Roderick Floud, Robert W. Fogel, Bernard Harris ve Sok Chul Hong, *The Changing Body: Health, Nutrition and Human Development in the Western World since 1700* (New York: Cambridge University Press, 2011); James C. Riley, *Rising Life Expectancy: A Global History* (New York: Cambridge University Press, 2001).
14. "Cholera", Dünya Sağlık Örgütü (WHO), Şubat 2014, 18 Aralık 2014'te erişilmiştir,http://www.who.int/mediacentre/factsheets/fs107/en/index.html.
15. "Experimental Therapies: Growing Interest in the Use of Whole Blood or Plasma from Recovered Ebola Patients", Dünya Sağlık Örgütü (WHO), 26 Eylül 2014, 23 Nisan 2015'te erişilmiştir, http://www.who.int/ mediacentre/news/ebola/26–september-2014/en/.
16. Hung Y. Fan, Ross F. Conner ve Luis P. Villarreal, *AIDS: Science and Society*, 6. ed. (Sudbury: Jones and Bartlett Publishers, 2011).
17. Peter Piot ve Thomas C. Quinn, "Response to the AIDS Pandemic – A Global Health Model", *New England Journal of Medicine* 368:23 (2013): 2210–18.
18. "Yaşlılık" resmi istatistiklerde hiçbir zaman ölüm sebebi olarak değerlendirilmez. Çelimsiz yaşlı bir kadın o ya da bu enfeksiyona yenilerek hayatını kaybetse de, ölüm sebebi olarak bu enfeksiyon gösterilecektir. Bu nedenle resmi olarak ölümlerin yüzde 20'den fazlası enfeksiyon hastalıklarıdan kaynaklanır. Ancak bu geçtiğimiz yüzyıllarda enfeksiyonlar yüzünden kitleler hâlinde ölen çocuk ve sağlıklı yetişkinlerin durumundan tamamen farklıdır.
19. David M. Livermore, "Bacterial Resistance: Origins, Epidemiology, and Impact", *Clinical Infectious Diseases* 36:s1 (2005), s11–23; Richards G. Wax ve diğ., der., *Bacterial Resistance to Antimicrobials*, 2. ed. (Boca Raton: CRC Press, 2008); Maja Babic ve Robert A. Bonomo, "Mutations as a Basis of Antimicrobial Resistance", *Antimicrobial Drug Resistance: Mechanisms*

of Drug Resistance, der. Douglas Mayers, c. 1 (New York: Humana Press, 2009), 65–74; Julian Davies ve Dorothy Davies, "Origins and Evolution of Antibiotic Resistance", *Microbiology and Molecular Biology Reviews* 74:3 (2010), 417–33; Richard J. Fair ve Yitzhak Tor, "Antibiotics and Bacterial Resistance in the 21st Century", *Perspectives in Medicinal Chemistry* 6 (2014), 25–64.

20. Alfonso J. Alanis, "Resistance to Antibiotics: Are We in the Post-Antibiotic Era?", *Archives of Medical Research* 36:6 (2005), 697–705; Stephan Harbarth ve Matthew H. Samore, "Antimicrobial Resistance Determinants and Future Control", *Emerging Infectious Diseases* 11:6 (2005), 794–801; Hiroshi Yoneyama ve Ryoichi Katsumata, "Antibiotic Resistance in Bacteria and Its Future for Novel Antibiotic Development", *Bioscience, Biotechnology and Biochemistry* 70:5 (2006), 1060–75; Cesar A. Arias ve Barbara E. Murray, "Antibiotic-Resistant Bugs in the 21st Century – A Clinical Super-Challenge", *New England Journal of Medicine* 360 (2009), 439–43; Brad Spellberg, John G. Bartlett ve David N. Gilbert, "The Future of Antibiotics and Resistance", *New England Journal of Medicine* 368 (2013), 299–302.
21. Losee L. Ling ve diğ., "A New Antibiotic Kills Pathogens without Detectable Resistance", *Nature* 517 (2015), 455–9; Gerard Wright, "Antibiotics: An Irresistible Newcomer", *Nature* 517 (2015), 442–4.
22. Roey Tzezana, *The Guide to the Future* [İbranice] (Haifa: Roey Tzezana, 2013), 209–33.
23. Azar Gat, *War in Human Civilization* (Oxford: Oxford University Press, 2006), 130–1; Steven Pinker, *The Better Angels of Our Nature: Why Violence Has Declined* (New York: Viking, 2011); Joshua S. Goldstein, *Winning the War on War: The Decline of Armed Conflict Worldwide* (New York: Dutton, 2011); Robert S. Walker ve Drew H. Bailey, "Body Counts in Lowland South American Violence", *Evolution and Human Behavior* 34:1 (2013), 29–34; I. J. N. Thorpe, "Anthropology, Archaeology, and the Origin of Warfare", *World Archaology* 35:1 (2003), 145–65; Raymond C. Kelly, *Warless Societies and the Origin of War* (Ann Arbor: University of Michigan Press, 2000); Lawrence H. Keeley, *War before Civilization: The Myth of the Peaceful Savage* (Oxford: Oxford University Press, 1996); Slavomil Vencl, "Stone Age Warfare", *Ancient Warfare: Archaeological Perspectives*, der. John Carman ve Anthony Harding (Stroud: Sutton Publishing, 1999), 57–73.
24. "Global Health Observatory Data Repository, 2012", Dünya Sağlık Örgütü (WHO), 16 Ağustos 2015'te erişilmiştir, http://apps.who.int/gho/data/node.

main.RCODWORLD?lang=en; "Global Study on Homicide, 2013", UNDOC, 16 Ağustos 2015'te erişilmiştir, http://www.unodc.org/documents/gsh/pdfs/2014_GLOBAL_HOMICIDE_BOOK_web.pdf; http://www.who.int/healthinfo/global_burden_disease/estimates/en/index1.html.

25. Van Reybrouck, *Congo*, 456–7.

26. Obezite kaynaklı ölümler: "Global Burden of Disease, Injuries and Risk Factors Study 2013', *Lancet*, 18 Aralık 2014, 18 Aralık 2014'te erişilmiştir, http://www.thelancet.com/themed/global-burden-of-disease; Stephen Adams, "Obesity Killing Three Times As Many As Malnutrition", *Telegraph*, 13 Aralık 2012, 18 Aralık 2014'te erişilmiştir, http://www.telegraph.co.uk/health/healthnews/9742960/Obesity-killing-three-times-as-many-as-malnutrition.html. Terör kaynaklı ölümler: *Global Terrorism Database*, http://www.start.umd.edu/gtd/, 16 Ocak 2016'da erişilmiştir.

27. Arion McNicoll, "How Google's Calico Aims to Fight Aging and "Solve Death", CNN, 3 Ekim 2013, 19 Aralık 2014'te erişilmiştir, http://edition.cnn.com/2013/10/03/tech/innovation/google-calico-aging-death/.

28. Katrina Brooker, "Google Ventures and the Search for Immortality", *Bloomberg*, 9 Mart 2015, 15 Nisan 2015'te erişilmiştir, http://www.bloomberg.com/news/articles/2015-03-09/google-ventures-bill-maris-investing-in-idea-of-living-to-500.

29. Mick Brown, "Peter Thiel: The Billionaire Tech Entrepreneur on a Mission to Cheat Death", *Telegraph*, 19 Eylül 2014, 19 Aralık 2014'te erişilmiştir, http://www.telegraph.co.uk/technology/11098971/Peter-Thiel-the-billionaire-tech-entrepreneur-on-a-mission-to-cheat-death.html.

30. Kim Hill ve diğ., "Mortality Rates among Wild Chimpanzees", *Journal of Human Evolution* 40:5 (2001): 437–50; James G. Herndon, "Brain Weight Throughout the Life Span of the Chimpanzee", *Journal of Comparative Neurology* 409 (1999): 567–72.

31. Beatrice Scheubel, *Bismarck's Institutions: A Historical Perspective on the Social Security Hypothesis* (Tubingen: Mohr Siebeck, 2013); E. P. Hannock, *The Origin of the Welfare State in England and Germany, 1850–1914* (Cambridge: Cambridge University Press, 2007).

32. "Mental Health: Age Standardized Suicide Rates (per 100,000 Population), 2012", Dünya Sağlık Örgütü (WHO), 28 Aralık 2014'te erişilmiştir, http://gamapserver.who.int/gho/interactive_charts/mental_health/suicide_rates/atlas.html.

33. Ian Morris, *Why the West Rules – For Now* (Toronto: McClelland & Stewart, 2010), 626–9.

34. David G. Myers, "The Funds, Friends, and Faith of Happy People", *Ameri-*

can Psychologist 55:1 (2000), 61; Ronald Inglehart ve diğ., "Development, Freedom, and Rising Happiness: A Global Perspective (1981–2007)", *Perspectives on Psychological Science* 3:4 (2008), 264–85. Ayrıca bkz: Mihaly Csikszentmihalyi, "If We Are So Rich, Why Aren't We Happy?", *American Psychologist* 54:10 (1999), 821–7; Gregg Easterbrook, *The Progress Paradox: How Life Gets Better While People Feel Worse* (New York: Random House, 2003).

35. Kenji Suzuki, "Are They Frigid to the Economic Development? Reconsideration of the Economic Effect on Subjective Well-being in Japan", *Social Indicators Research* 92:1 (2009), 81–9; Richard A. Easterlin, "Will Raising the Incomes of all Increase the Happiness of All?", *Journal of Economic Bheavior and Organization* 27:1 (1995), 35–47; Richard A. Easterlin, "Diminishing Marginal Utility of Income? Caveat Emptor", *Social Indicators Research* 70:3 (2005), 243–55.

36. Linda C. Raeder, *John Stuart Mill and the Religion of Humanity* (Columbia: University of Missouri Press, 2002).

37. Oliver Turnbull ve Mark Solms, *The Brain and the Inner World* [İbranice] (Tel Aviv: Hakibbutz Hameuchad, 2005), 92–6; Kent C. Berridge ve Morten L. Kringelbach, "Affective Neuroscience of Pleasure: Reward in Humans and Animals", *Psychopharmacology* 199 (2008), 457–80; Morten L. Kringelbach, *The Pleasure Center: Trust Your Animal Instincts* (Oxford: Oxford University Press, 2009).

38. M. Csikszentmihalyi, *Finding Flow: The Psychology of Engagement with Everyday Life* (New York: Basic Books, 1997).

39. Centers for Disease Control and Prevention, Attention-Deficit / Hyperactivity Disorder (ADHD), http://www.cdc.gov/ncbddd/adhd/data.html, 4 Ocak 2016"da erişilmiştir; Sarah Harris, "Number of Children Given Drugs for ADHD Up Ninefold with Patients As Young As Three Being Prescribed Ritalin", *Daily Mail*, 28 Haziran 2013, http://www.dailymail.co.uk/health/article-2351427/Number-children-given-drugs-ADHD-ninefold-patients-young-THREE-prescribed-Ritalin.html, 4 Ocak 2016'da erişilmiştir; International Narcotics Control Board (UN), *Psychotropics Substances, Statistics for 2013, Assessments of Annual Medical and Scientific Requirements 2014*, 39–40.

40. Bu tip uyaranların okul çağındaki çocuklarında kullanımları üzerinde yeterince kanıt yoktur, ancak 2013 tarihli bir araştırma ABD'deki üniversite öğrencilerinin yüzde 5 ila 15 aralığında bir kısmının en azından bir kez yasadışı uyaranlar kullandığını göstermiştir: C. Ian Ragan, Imre Bard and Ilina Singh, "What Should We Do about Student Use of Cognitive Enhan-

cers? An Analysis of Current Evidence", *Neuropharmacology* 64 (2013), 589.

41. Bradley J. Partridge, "Smart Drugs "As Common as Coffee": Media Hype about Neuroenhancement", *PLoS One* 6:11 (2011), e28416.
42. Office of the Chief of Public Affairs Press Release, "Army, Health Promotion Risk Reduction Suicide Prevention Report, 2010", 23 Aralık 2014'te erişilmiştir, http://csf2.army.mil/downloads/HP-RR-SPReport2010.pdf; Mark Thompson, "America's Medicated Army", *Time*, 5 Haziran 2008, 19 Aralık 2014'te erişilmiştir, http://content.time.com/time/magazine/article/0,9171,1812055,00.html; Office of the Surgeon Multi-National Force-Iraq and Office of the Command Surgeon, "Mental Health Advisory Team (MHAT) V Operation Iraqi Freedom 06–08: Iraq Operation Enduring Freedom 8: Afghanistan", 14 Şubat 2008, 23 Aralık 2014'te erişilmiştir, http://www.careforthetroops.org/reports/Report-MHATV-4–FEB-2008–Overview.pdf.
43. Tina L. Dorsey, "Drugs and Crime Facts", US Department of Justice, 20 Şubat 2015'te erişilmiştir, http://www.bjs.gov/content/pub/pdf/dcf.pdf; H. C. West, W. J. Sabol ve S. J. Greenman, "Prisoners in 2009", US Department of Justice, Bureau of Justice Statistics Bulletin (Aralık 2010), 1–38; "Drugs And Crime Facts: Drug use and Crime", US Department of Justice, 19 Aralık 2014'te erişilmiştir, http://www.bjs.gov/content/dcf/duc.cfm; "Offender Management Statistics Bulletin, July to September 2014", UK Ministry of Justice, 29 Ocak 2015, 20 Şubat 2015'te erişilmiştir, https://www.gov.uk/government/statistics/offender-management-statistics-quarterly-july-to-september-2014.; Mirian Lights ve diğ., "Gender Differences in Substance Misuse and Mental Health amongst Prisoners", UK Ministry of Justice, 2013, 20 Şubat 2015'te erişilmiştir, https://www.gov.uk/government/uploads/system/uploads/attachment_data/file/220060/gender-substance-misuse-mental-health-prisoners.pdf; Jason Payne ve Antonette Gaffney, "How Much Crime is Drug or Alcohol Related? Self-Reported Attributions of Police Detainees", *Trends & Issues in Crime and Criminal Justice* 439 (2012), http://www.aic.gov.au/media_library/publications/tandi_pdf/tandi439.pdf, 11 Mart 2015'te erişilmiştir; Philippe Robert, "The French Criminal Justice System", *Punishment in Europe: A Critical Anatomy of Penal Systems*, der. Vincenzo Ruggiero ve Mick Ryan (Houndmills: Palgrave Macmillan, 2013), 116.
44. Betsy Isaacson, "Mind Control: How EEG Devices Will Read Your Brain Waves And Change Your World", *Huffington Post*, 20 Kasım 2014, 20 Aralık 2014'te erişilmiştir, http://www.huffingtonpost.com/2012/11/20/

mind-control-how-eeg-devices-read-brainwaves_n_2001431.html; "EPOC Headset", *Emotiv*, http://emotiv.com/store/epoc-detail/; "Biosensor Innovation to Power Breakthrough Wearable Technologies Today and Tomorrow", *NeuroSky*, http://neurosky.com/.

45. Samantha Payne, "Stockholm: Members of Epicenter Workspace Are Using Microchip Implants to Open Doors", *International Business Times*, 31 Ocak 2015, 9 Ağustos 2015'te erişilmiştir, http://www.ibtimes.co.uk/stockholm-office-workers-epicenter-implanted-microchips-pay-their-lunch-1486045.
46. Meika Loe, *The Rise of Viagra: How the Little Blue Pill Changed Sex in America* (New York: New York University Press, 2004).
47. Brian Morgan, "Saints and Sinners: Sir Harold Gillies", *Bulletin of the Royal College of Surgeons of England*, 95:6 (2013), 204–5; Donald W. Buck II, "A Link to Gillies: One Surgeon's Quest to Uncover His Surgical Roots", *Annals of Plastic Surgery* 68:1 (2012), 1–4.
48. Paolo Santoni-Rugio, *A History of Plastic Surgery* (Berlin, Heidelberg: Springer, 2007); P. Niclas Broer, Steven M. Levine ve Sabrina Juran, "Plastic Surgery: Quo Vadis? Current Trends and Future Projections of Aesthetic Plastic Surgical Procedures in the United States", *Plastic and Reconstructive Surgery* 133:3 (2014): 293e–302e.
49. Holly Firfer, "How Far Will Couples Go to Conceive?", CNN, 17 Haziran 2004, 3 Mayıs 2015'te erişilmiştir, http://edition.cnn.com/2004/HEALTH/03/12/infertility.treatment/index.html?iref=allsearch.
50. Rowena Mason ve Hannah Devlin, "MPs Vote in Favour of "Three-Person Embryo Law", *Guardian*, 3 Şubat 2015, 3 Mayış 2015'te erişilmiştir, http://www.theguardian.com/science/2015/feb/03/mps-vote-favour-three-person-embryo-law.
51. Lionel S. Smith ve Mark D. E. Fellowes, "Towards a Lawn without Grass: The Journey of the Imperfect Lawn and Its Analogues", *Studies in the History of Gardens & Designed Landscape* 33:3 (2013), 158–9; John Dixon Hunt ve Peter Willis, der., *The Genius of the Place: The English Landscape Garden 1620–1820*, 5. ed. (Cambridge, MA: MIT Press, 2000), 1–45; Anne Helmriech, *The English Garden and National Identity: The Competing Styles of Garden Design 1870–1914* (Cambridge: Cambridge University Press, 2002), 1–6.
52. Robert J. Lake, "Social Class, Etiquette and Behavioral Restraint in British Lawn Tennis", *International Journal of the History of Sport* 28:6 (2011), 876–94; Beatriz Colomina, "The Lawn at War: 1941–1961", *The American Lawn*, der. Georges Teyssot (New York: Princeton Architectural Press,

1999), 135–53; Virginia Scott Jenkins, *The Lawn: History of an American Obsession* (Washington: Smithsonian Institution, 1994).

İkinci Bölüm

1. "*Canis lupus*", IUCN Red List of Threatened Species, 20 Aralık 2014'te erişilmiştir, http://www.iucnredlist.org/details/3746/1; "Fact Sheet: Gray Wolf", *Defenders of Wildlife*, 20 Aralık 2014'te erişilmiştir, http://www.defenders.org/gray-wolf/basic-facts; "Companion Animals", *IFAH*, accssed 20 Aralık 2014'te erişilmiştir, http://www.ifaheurope.org/companion-animals/about-pets.html; "Global Review 2013", World Animal Protection, 20 Aralık 2014'te erişilmiştir, https://www.worldanimalprotection.us.org/sites/default/files/us_files/global_review_2013_0.pdf.
2. Anthony D. Barnosky, "Megafauna Biomass Tradeoff as a Driver of Quaternary and Future Extinctions", *PNAS* 105:1 (2008), 11543–8; kurtlar ve aslanlar için: William J. Ripple ve diğ., "Status and Ecological Effects of the World's Largest Carnivores", *Science* 343:6167 (2014), 151; Dr. Stanley Coren'e göre dünyada yaklaşık 500 milyon köpek vardır: Stanley Coren, "How Many Dogs Are There in the World", *Psychology Today*, 19 Eylül 2012, 20 Aralık 2014'te erişilmiştir, http://www.psychologytoday.com/blog/canine-corner/201209/how-many-dogs-are-there-in-the-world; kedilerin sayısı için, bkz: Nicholas Wade, "DNA Traces 5 Matriarchs of 600 Million Domestic Cats", *New York Times*, 29 Haziran 2007, 20 Aralık 2014'te erişilmiştir, http://www.nytimes.com/2007/06/29/health/29iht-cats.1.6406020.html; Afrika Mandası için, bkz: "Syncerus caffer", IUCN Red List of Threatened Species, 20 Aralık 2014'te erişilmiştir, http://www.iucnredlist.org/details/21251/0; inek nüfusu için, bkz: David Cottle ve Lewis Kahn, der., *Beef Cattle Production and Trade* (Collingwood: Csiro, 2014), 66; tavukların sayısı için, bkz: "Live Animals", *Food and Agriculture Organization of the United Nations: Statistical Division*, 20 Aralık 2014'te erişilmiştir, http://faostat3.fao.org/browse/Q/QA/E ; şempanzelerin sayısı için, bkz: "Pan troglodytes", IUCN Red List of Threatened Species, 20 Aralık 2014'te erişilmiştir, http://www.iucnredlist.org/details/15933/0.
3. *"Living Planet Report 2014"*, WWF Global, 20 Aralık 2014'te erişilmiştir, http://wwf.panda.org/about_our_earth/all_publications/living_planet_report/.
4. Richard Inger ve diğ., "Common European Birds are Declining Rapidly While Less Abundant Species" Numbers Are Rising', *Ecology Letters* 18:1 (2014), 28–36; "Live Animals", Food and Agriculture Organization

of the United Nations, 20 Aralık 2014'te erişilmiştir, http://faostat.fao.org/site/573/default.aspx#ancor.

5. Simon L. Lewis ve Mark A. Maslin, "Defining the Anthropocene", *Nature* 519 (2015), 171–80.
6. Timothy F. Flannery, *The Future Eaters: An Ecological History of the Australasian Lands and Peoples* (Port Melbourne: Reed Books Australia, 1994); Anthony D. Barnosky ve diğ., "Assessing the Causes of Late Pleistocene Extinctions on the Continents", *Science* 306:5693 (2004), 70–5; Bary W. Brook ve David M. J. S. Bowman, "The Uncertain Blitzkrieg of Pleistocene Megafauna", *Journal of Biogeography* 31:4 (2004), 517–23; Gifford H. Miller ve diğ., "Ecosystem Collapse in Pleistocene Australia and a Human Role in Megafaunal Extinction", *Science* 309:5732 (2005), 287–90; Richard G. Roberts ve diğ., "New Ages for the Last Australian Megafauna: Continent Wide Extinction about 46,000 Years Ago", *Science* 292:5523 (2001), 1888–92; Stephen Wroe ve Judith Field, "A Review of Evidence for a Human Role in the Extinction of Australian Megafauna and an Alternative Explanation", *Quaternary Science Reviews* 25:21–2 (2006), 2692–703; Barry W. Brooks ve diğ., "Would the Australian Megafauna Have Become Extinct If Humans Had Never Colonised the Continent? Comments on "A Review of the Evidence for a Human Role in the Extinction of Australian Megafauna and an Alternative Explanation" S. Wroe and J. Field", *Quaternary Science Reviews* 26:3–4 (2007), 560–4; Chris S. M. Turney ve diğ., "Late-Surviving Megafauna in Tasmania, Australia, Implicate Human Involvement in their Extinction", *PNAS* 105:34 (2008), 12150–3; John Alroy, "A Multispecies Overkill Simulation of the End-Pleistocene Megafaunal Mass Extinction", *Science* 292:5523 (2001), 1893–6; J. F. O'Connel ve J. Allen, "Pre-LGM Sahul (Australia-New Guinea) and the Archaeology of Early Modern Humans", *Rethinking the Human Evolution: New Behavioral and Biological Perspectives on the Origin and Dispersal of Modern Humans*, der. Paul Mellars (Cambridge: McDonald Institute for Archaeological Research, 2007), 400–1.
7. Graham Harvey, *Animism: Respecting the Living World* (Kent Town: Wakefield Press, 2005); Rane Willerslev, *Soul Hunters: Hunting, Animism and Personhood Among the Siberian Yukaghirs* (Berkeley: University of California Press, 2007); Elina Helander-Renvall, "Animism, Personhood and the Nature of Reality: Sami Perspectives", *Polar Record* 46:1 (2010), 44–56; Istvan Praet, "Animal Conceptions in Animism and Conservation", *Routledge Handbook of Human-Animal Studies*, der. Susan McHaugh ve Garry Marvin (New York: Routledge, 2014), 154–67; Nurit Bird-David, "Ani-

mism Revisited: Personhood, Environment, and Relational Epistemology", *Current Anthropology* 40 (1999): s67–91; N. Bird-David, "Animistic Epistemology: Why Some Hunter-Gatherers Do Not Depict Animals", *Ethnos* 71:1 (2006): 33–50.

8. Danny Naveh, "Changes in the Perception of Animals and Plants with the Shift to Agricultural Life: What Can Be Learnt from the Nayaka Case, A Hunter-Gatherer Society from the Rain Forests of Southern India?" [İbranice], *Animals and Society*, 52 (2015): 7–8.
9. Howard N. Wallace, "The Eden Narrative", *Harvard Semitic Monographs* 32 (1985), 147–81.
10. David Adams Leeming ve Margaret Adams Leeming, *Encyclopedia of Creation Myths* (Santa Barbara: ABC-CLIO, 1994), 18; Sam D. Gill, *Storytracking: Texts, Stories, and Histories in Central Australia* (Oxford: Oxford University Press, 1998); Emily Miller Bonney, "Disarming the Snake Goddess: A Reconsideration of the Faience Figures from the Temple Repositories at Knossos", *Journal of Mediterranean Archaeology* 24:2 (2011), 171–90; David Leeming, *The Oxford Companion to World Mythology* (Oxford ve New York: Oxford University Press, 2005), 350.
11. Jerome H. Barkow, Leda Cosmides ve John Tooby, der., *The Adapted Mind: Evolutionary Psychology and the Generation of Culture* (Oxford: Oxford University Press, 1992); Richard W. Bloom ve Nancy Dess, der., *Evolutionary Psychology and Violence: A Primer for Policymakers and Public Policy Advocates* (Westport: Praeger, 2003); Charles Crawford ve Catherine Salmon, der., *Evolutionary Psychology, Public Policy and Personal Decisions* (New Jersey: Lawrence Erlbaum Associates, 2008); Patrick McNamara ve David Trumbull, *An Evolutionary Psychology of Leader–Follower Relations* (New York: Nova Science, 2007); Joseph P. Forgas, Martie G. Haselton ve William von Hippel, der., *Evolution and the Social Mind: Evolutionary Psychology and Social Cognition* (New York: Psychology Press, 2011).
12. Marc Bekoff ve John A. Byers, der., *Animals Play: Evolutionary, Comparative and Ecological Perspective* (Cambridge: Cambridge University Press, 1998); Marek Spnika, Ruth C. Newberry ve Mark Bekoff, "Mammalian Play: Training for the Unexpected", *The Quarterly Review of Biology* 76:2 (2001): 141-68; Gordon M. Burghardt, *The Genesis of Animal Play: Testing the Limits* (Cambridge: MIT Press, 2005); Wojciech Pisula, "Play and Exploration in Animals – A Comparative Analysis", *Polish Psychological Bulletin* 39:2 (2008): 104-7; Ana Flora Sarti Oliveira ve diğ., "Play Behavior in Nonhuman Animal and the Animal Welfare Issue", *Journal of Etho-*

logy 28:1 (2010): 1-5. Evcilleştirilmiş ineklerin sosyal ve bilişsel yetenekleri hakkında daha fazlası için lütfen bkz: D. W. Bailey ve diğ., "Characteristics of spatial memory in cattle". *Applied Animal Behaviour Science* 23:4 (1989), 331–340; T. Ksiksi ve E.A. Laca, "Cattle do remember locations of preferred food over extended periods". *Asian Australasian Journal of Animal Sciences* 15:6 (2002), 900–904; R. Kilgour, "Use of the Hebb–Williams closed-field test to study the learning ability of Jersey cows". *Animal Behaviour* 29 (1981), 850–860; A. M. de Passille ve diğ., "Dairy calves" discrimination of people based on previous handling". *Journal of Animal Science* 74 (1996), 969–974; C. H. Barfield, Z. Tang-Martinez ve J. M. Trainer, "Domestic calves (Bos taurus) recognize their own mothers by auditory cues". *Ethology* 97:4 (1994), 257–264; M. Coulon ve diğ., "Social cognition and welfare in cattle: capacities of visual species discrimination", *14 èmes Recontres autour des recherches sur les ruminants, Paris, les 5 et 6 Décembre 2007* (Paris: Institut National de la Recherche Agronomique (INRA), 2007), 297–300; K. Hagen ve D.M. Broom, "Cattle discriminate between individual familiar herd members in a learning experiment", *Applied Animal Behaviour Science* 82:1 (2003), 13–28; C.J.C. Phillips ve diğ., "Lateralization of behavior in dairy cows in response to conspecifics and novel persons". *Journal of Dairy Science* 98:4 (2015), 2389–2400; A. Boissy ve P. Le Neindre, "Behavioral, cardiac and cortisol responses to brief peer separation and reunion in cattle", *Physiology & Behavior* 61:5 (1997), 693–699.

13. Turnbull ve Solms, *Brain and the Inner World*, 90–2.
14. David Harel, *Algorithmics: The Spirit of Computers*, 3. ed. [İbranice] (Tel Aviv: Open University of Israel, 2001), 4–6; David Berlinski, *The Advent of the Algorithm: The 300-Year Journey from an Idea to the Computer* (San Diego: Harcourt, 2000); Hartley Rogers Jr., *Theory of Recursive Functions and Effective Computability*, 3. ed. (Cambridge, MA ve Londra: MIT Press, 1992), 1–5; Andreas Blass ve Yuri Gurevich, "Algorithms: A Quest for Absolute Definitions", *Bulletin of European Association for Theoretical Computer Science* 81 (2003), 195–225; Donald E, Knuth, *The Art of Computer Programming*, 2. ed. (New Jersey: Addison-Wesley Publishing Company, 1973).
15. Daniel Kahneman, *Thinking, Fast and Slow* (New York: Farrar, Straus & Giroux, 2011) [Türkçesi: Daniel Kahneman, *Hızlı ve Yavaş Düşünme,* (İstanbul: Varlık Yayınları, 2016)]; Dan Ariely, *Predictably Irrational* (New York: Harper, 2009) [Türkçesi: Dan Ariely, *Akıldığı ama Öngörülebilir,* (İstanbul: Optimist Yayınları, 2013)].

16. Justin Gregg, *Are Dolphins Really Smart? The Mammal Behind the Myth* (Oxford: Oxford University Press, 2013), 81–7; Jaak Panksepp, "Affective Consciousness: Core Emotional Feelings in Animals and Humans", *Consciousness and Cognition* 14:1 (2005), 30–80.
17. A. S. Fleming, D. H. O'Day and G. W. Kraemer, "Neurobiology of Mother–Infant Interactions: Experience and Central Nervous System Plasticity Across Development and Generations", *Neuroscience and Biobehavioral Reviews* 23:5 (1999), 673–85; K. D. Broad, J. P. Curley ve E. B. Keverne, "Mother–Infant Bonding and the Evolution of Mammalian Relationship", *Philosophical Transactions of the Royal Society B* 361:1476 (2006), 2199–214; Kazutaka Mogi, Miho Nagasawa ve Takefumi Kikusui, "Developmental Consequences and Biological Significance of Mother-Infant Bonding", *Progress in Neuro-Psychopharmacology and Biological Psychiatry* 35:5 (2011), 1232–41; Shota Okabe ve diğ., "The Importance of Mother–Infant Communication for Social Bond Formation in Mammals", *Animal Science Journal* 83:6 (2012), 446–52.
18. Jean O'Malley Halley, *Boundaries of Touch: Parenting and Adult–Child Intimacy* (Urbana: University of Illinois Press, 2007), 50–1; Ann Taylor Allen, *Feminism and Motherhood in Western Europe, 1890–1970: The Maternal Dilemma* (New York: Palgrave Macmillan, 2005), 190.
19. Lucille C. Birnbaum, "Behaviorism in the 1920s", *American Quarterly* 7:1 (1955), 18.
20. US Department of Labor (1929), "Infant Care", Washington: United States Government Printing Office, http://www.mchlibrary.info/history/chbu/3121–1929.PDF.
21. Harry Harlow ve Robert Zimmermann, "Affectional Responses in the Infant Monkey", *Science* 130:3373 (1959), 421–32; Harry Harlow, "The Nature of Love", *American Psychologist* 13 (1958), 673–85; Laurens D. Young ve diğ., "Early Stress and Later Response to Sepration in Rhesus Monkeys", *American Journal of Psychiatry* 130:4 (1973), 400–5; K. D. Broad, J. P. Curley ve E. B. Keverne, "Mother–Infant Bonding and the Evolution of Mammalian Social Relationships", *Philosophical Transactions of the Royal Soceity B* 361:1476 (2006), 2199–214; Florent Pittet ve diğ., "Effects of Maternal Experience on Fearfulness and Maternal Behavior in a Precocial Bird", *Animal Behavior* 85:4 (2013), 797–805.
22. Jacques Cauvin, *The Birth of the Gods and the Origins of Agriculture* (Cambridge: Cambridge University Press, 2000); Tim Ingord, "From Trust to Domination: An Alternative History of Human–Animals Relations", *Animals and Human Society: Changing Perspectives*, der. Aubrey Manning

ve James Serpell (New York: Routledge, 2002), 1–22; Roberta Kalechofsky, "Hierarchy, Kinship and Responsibility", *A Communion of Subjects: Animals in Religion, Science and Ethics*, der. Kimberley Patton ve Paul Waldau (New York: Columbia University Press, 2006), 91–102; Nerissa Russell, *Social Zooarchaeology: Humans and Animals in Prehistory* (Cambridge: Cambridge University Press, 2012), 207–58; Margo DeMello, *Animals and Society: An Introduction to Human–Animal Studies* (New York: University of Columbia Press, 2012).

23. Olivia Lang, "Hindu Sacrifice of 250,000 Animals Begins", *Guardian*, 24 Kasım 2009, 21 Aralık 2014'te erişilmiştir, http://www.theguardian.com/world/2009/nov/24/hindu-sacrifice-gadhimai-festival-nepal.
24. Benjamin R. Foster, der., *The Epic of Gilgamesh* (New York, Londra: W. W. Norton, 2001), 90.
25. Noah J. Cohen, *Tsa'ar Ba'ale Hayim: Prevention of Cruelty to Animals: Its Bases, Development and Legislation in Hebrew Literature* (Kudüs, New York: Feldheim Publishers, 1976); Roberta Kalechofsky, *Judaism and Animal Rights: Classical and Contemporary Responses* (Marblehead: Micah Publications, 1992); Dan Cohen-Sherbok, "Hope for the Animal Kingdom: A Jewish Vision", *A Communion of Subjects: Animals in Religion, Science and Ethics*, der. Kimberley Patton ve Paul Waldau (New York: Columbia University Press, 2006), 81–90; Ze'ev Levi, "Ethical Issues of Animal Welfare in Jewish Thought", *Judaism and Environmental Ethics: A Reader*, der. Martin D. Yaffe (Plymouth: Lexington, 2001), 321–32; Norm Phelps, *The Dominion of Love: Animal Rights According to the Bible* (New York: Lantern Books, 2002); Dovid Sears, *The Vision of Eden: Animal Welfare and Vegetarianism in Jewish Law Mysticism* (Spring Valley: Orot, 2003); Nosson Slifkin, *Man and Beast: Our Relationships with Animals in Jewish Law and Thought* (New York: Lambda, 2006).
26. Talmud Bavli, Bava Metzia, 85:71.
27. Christopher Chapple, *Nonviolence to Animals, Earth and Self in Asian Traditions* (New York: State University of New York Press, 1993); Panchor Prime, *Hinduism and Ecology: Seeds of Truth* (Londra: Cassell, 1992); Christopher Key Chapple, "The Living Cosmos of Jainism: A Traditional Science Grounded in Environmental Ethics", *Daedalus* 130:4 (2001), 207–24; Norm Phelps, *The Great Compassion: Buddhism and Animal Rights* (New York: Lantern Books, 2004); Damien Keown, *Buddhist Ethics: A Very Short Introduction* (Oxford: Oxford University Press, 2005), ch. 3; Kimberley Patton ve Paul Waldau, der., *A Communion of Subjects: Animals in Religion, Science and Ethics* (New York: Columbia University Press, 2006),

esp. 179–250; Pragati Sahni, *Environmental Ethics in Buddhism: A Virtues Approach* (New York: Routledge, 2008); Lisa Kemmerer ve Anthony J. Nocella II, der., *Call to Compassion: Reflections on Animal Advocacy from the World's Religions* (New York: Lantern, 2011), esp. 15–103; Lisa Kemmerer, *Animals and World Religions* (Oxford: Oxford University Press, 2012), esp. 56–126; Irina Aristarkhova, "Thou Shall Not Harm All Living Beings: Feminism, Jainism and Animals", *Hypatia* 27:3 (2012): 636–50; Eva de Clercq, "Karman and Compassion: Animals in the Jain Universal History", *Religions of South Asia* 7 (2013): 141–57.

28. Naveh, "Changes in the Perception of Animals and Plants", 11.

Üçüncü Bölüm

1. "Evolution, Creationism, Intelligent Design", Gallup, 20 Aralık 2014'te erişilmiştir, http://www.gallup.com/poll/21814/evolution-creationism-intelligent-design.aspx; Frank Newport, "In US, 46 per cent Hold Creationist View of Human Origins", Gallup, 1 Haziran 2012, 21 Aralık 2014'te erişilmiştir, http://www.gallup.com/poll/155003/hold-creationist-view-human-origins.aspx.
2. Gregg, *Are Dolphins Really Smart?*, 82–3.
3. Stanislas Dehaene, *Consciousness and the Brain: Deciphering How the Brain Codes Our Thoughts* (New York: Viking, 2014); Steven Pinker, *How the Mind Works* (New York: W. W. Norton, 1997).
4. Dehaene, *Consciousness and the Brain.*
5. Uzmanlar Gödel'in hiçbir matematiksel aksiyom sisteminin tüm aritmetik doğruları kanıtlayamayacağını öne süren eksiklik teoremine işaret eder. Sistemin içinde her zaman kanıtlanamayacak bazı doğru önermeler kalacaktır. Popüler literatürde bu teorem zaman zaman zihnin varlığına kanıt sunmak için çalınmaktadır. Sözde zihinler bu tür kanıtlanamaz doğrular için gereklidir. Ancak yaşayan varlıkların hayatta kalabilmek ve üreyebilmek için neden böylesi sır dolu matematiksel doğrularla ilgilenmesi gerektiği pek de açık değil. Öyle ki bilinçli kararlarımızın ciddi bir kısmı böyle meselelerin yanından bile geçmiyor.
6. Christopher Steiner, *Automate This: How Algorithms Came to Rule Our World* (New York: Penguin, 2012), 215; Tom Vanderbilt, "Let the Robot Drive: The Autonomous Car of the Future is Here", *Wired*, 20 Ocak 2012, 21 Aralık 2014'te erişilmiştir, http://www.wired.com/2012/01/ff_autonomouscars/all/; Chris Urmson, "The Self-Driving Car Logs More Miles on New Wheels", Google Official Blog, 7 Ağustos 2012, 23 Aralık 2014'te eri-

şilmiştir, http://googleblog.blogspot.hu/2012/08/the-self-driving-car-logs-more-miles-on.html; Matt Richtel ve Conor Dougherty, "Google's Driverless Cars Run Into Problem: Cars With Drivers", *New York Times*, 1 Eylül 2015, 2 Eylül 2015'te erişilmiştir, http://www.nytimes.com/2015/09/02/technology/personaltech/google-says-its-not-the-driverless-cars-fault-its-other-drivers.html?_r=1.

7. Dehaene, *Consciousness and the Brain*.
8. Age, 7. bölüm.
9. "The Cambridge Declaration on Consciousness", 7 Temmuz 2012, 21 Aralık 2014'te erişilmiştir, https://web.archive.org/web/20131109230457/http://fcmconference.org/img/CambridgeDeclarationOnConsciousness.pdf. Türkçe çevirisi için lütfen bkz: http://www.zulalkalkandelen.com/2012/09/7-temmuz-2012.html, 11 Ağustos 2016'da erişilmiştir.
10. John F. Cyran, Rita J. Valentino ve Irwin Lucki, "Assessing Substrates Underlying the Behavioral Effects of Antidepressants Using the Modified Rat Forced Swimming Test", *Neuroscience and Behavioral Reviews*, 29:4–5 (2005), 569–74; Benoit Petit-Demoulière, Frank Chenu ve Michel Bourin, "Forced Swimming Test in Mice: A Review of Antidepressant Activity", *Psychopharmacology* 177:3 (2005), 245–55; Leda S. B. Garcia ve diğ., "Acute Administration of Ketamine Induces Antidepressant-like Effects in the Forced Swimming Test and Increases BDNF Levels in the Rat Hippocampus", *Progress in Neuro-Psychopharmacology and Biological Psychiatry* 32:1 (2008), 140–4; John F. Cryan, Cedric Mombereau ve Annick Vassout, "The Tail Suspension Test as a Model for Assessing Antidepressant Activity: Review of Pharmacological and Genetic Studies in Mice", *Neuroscience and Behavioral Reviews* 29:4–5 (2005), 571–625; James J. Crowley, Julie A. Blendy ve Irwin Lucki, "Strain-dependent Antidepressant-like Effects of Citalopram in the Mouse Tail Suspension Test", *Psychopharmacology* 183:2 (2005), 257–64; Juan C. Brenes, Michael Padilla ve Jaime Fornaguera, "A Detailed Analysis of Open-Field Habituation and Behavioral and Neurochemical Antidepressant-like Effects in Postweaning Enriched Rats", *Behavioral Brain Research* 197:1 (2009), 125–37; Juan Carlos Brenes Sáenz, Odir Rodríguez Villagra ve Jaime Fornaguera Trías, "Factor Analysis of Forced Swimming Test, Sucrose Preference Test and Open Field Test on Enriched, Social and Isolated Reared Rats", *Behavioral Brain Research* 169:1 (2006), 57–65.
11. Marc Bekoff, "Observations of Scent-Marking and Discriminating Self from Others by a Domestic Dog (*Canis familiaris*): Tales of Displaced Yellow Snow", *Behavioral Processes* 55:2 (2011), 75–9.

12. Farklı özbilinç seviyeleri için lütfen bkz.: Gregg, *Are Dolphins Really Smart?*, 59–66.
13. Carolyn R. Raby ve diğ., "Planning for the Future by Western Scrub Jays", *Nature* 445:7130 (2007), 919–21.
14. Michael Balter, "Stone-Throwing Chimp is Back – And This Time It's Personal", *Science*, 9 Mayıs 2012, 21 Aralık 2014'te erişilmiştir, http://news.sciencemag.org/2012/05/stone-throwing-chimp-back-and-time-its-personal; Sara J. Shettleworth, "Clever Animals and Killjoy Explanations in Comparative Psychology", *Trends in Coginitive Sciences* 14:11 (2010), 477–81.
15. Gregg, *Are Dolphins Really Smart?*; Nicola S. Clayton, Timothy J. Bussey, ve Anthony Dickinson, "Can Animals Recall the Past and Plan for the Future?", *Nature Reviews Neuroscience* 4:8 (2003), 685–91; William A. Roberts, "Are Animals Stuck in Time?", *Psychological Bulletin* 128:3 (2002), 473–89; Endel Tulving, "Episodic Memory and Autonoesis: Uniquely Human?", *The Missing Link in Cognition: Evolution of Self-Knowing Consciousness*, der. Herbert S. Terrace ve Janet Metcalfe (Oxford: Oxford University Press), 3–56; Mariam Naqshbandi ve William A. Roberts, "Anticipation of Future Events in Squirrel Monkeys (*Saimiri sciureus*) and Rats (*Rattus norvegicus*): Tests of the Bischof-Kohler Hypothesis", *Journal of Comparative Psychology* 120:4 (2006), 345–57.
16. I. B. A. Bartal, J. Decety ve P. Mason, "Empathy and Pro-Social Behavior in Rats", *Science* 334: 6061 (2011), 1427–30; Gregg, *Are Dolphins Really Smart?*, 89.
17. Karl Krall, *Denkende Tiere: Beiträge zur Tierseelenkunde auf Grund eigener Versuche* (Leipzig: F. Engelmann, 1912).
18. Christopher B. Ruff, Erik Trinkaus ve Trenton W. Holliday, "Body Mass and Encephalization in Pleistocene *Homo*", *Nature* 387:6629 (1997), 173–6; Maciej Henneberg ve Maryna Steyn, "Trends in Cranial Capacity and Cranial Index in Subsaharan Africa During the Holocene", *American Journal of Human Biology* 5:4 (1993), 473–9; Drew H. Bailey ve David C. Geary, "Hominid Brain Evolution: Testing Climatic, Ecological, and Social Competition Models", *Human Nature* 20:1 (2009), 67–79; Daniel J. Wescott ve Richard L. Jantz, "Assessing Craniofacial Secular Change in American Blacks and Whites Using Geometric Morphometry", *Modern Morphometrics in Physical Anthropology: Developments in Primatology: Progress and Prospects*, der. Dennis E. Slice (New York: Plenum Publishers, 2005), 231–45.
19. Ayrıca bkz: Edward O. Wilson, *The Social Conquest of the Earth* (New York: Liveright, 2012).

20. Cyril Edwin Black, der., *The Transformation of Russian Society: Aspects of Social Change since 1861* (Cambridge, MA: Harvard University Press, 1970), 279.
21. NAEMI09, "Nicolae Ceauşescu LAST SPEECH (İngilizce altyazılı) (1/2)", 22 Nisan 2010, 21 Aralık 2014'te erişilmiştir, http://www.youtube.com/watch?v=wWIbCtz_Xwk.
22. Tom Gallagher, *Theft of a Nation: Romania since Communism* (Londra: Hurst, 2005).
23. Robin Dunbar, *Grooming, Gossip, and the Evolution of Language* (Cambridge, MA: Harvard University Press, 1998).
24. TVP University, "Capuchin monkeys reject unequal pay", 15 Aralık 2012, 21 Aralık 2014'te erişilmiştir, http://www.youtube.com/watch?v=lKhAd0Tyny0. Türkçe altyazılı video için bkz: "Frans de Waal: Hayvanlarda Ahlaki Davranış (2/2)", 12 Nisan 2012, 9 Ağustos 2016'da erişilmiştir, https://www.youtube.com/watch?v=rPIlWqKELow.
25. Christopher Duffy, *Military Experience in the Age of Reason* (Londra: Routledge, 2005), 98–9.
26. Serhii Ploghy, *The Last Empire: The Final Days of the Soviet Union* (Londra: Oneworld, 2014), 309.
27. "RIAN archive 848095 Signing the Agreement to eliminate the USSR and establish the Commonwealth of Independent States" RIA Novosti archive, image #848095 / U. Ivanov / CC-BY-SA 3.0. Lisans: CC BY-SA 3.0 via Commons, https://commons.wikimedia.org/wiki/File:RIAN_archive_848095_Signing_the_Agreement_to_eliminate_the_USSR_and_establish_the_Commonwealth_of_Independent_States.jpg#/media/File:RIAN_archive_848095_Signing_the_Agreement_to_eliminate_the_USSR_and_establish_the_Commonwealth_of_Independent_States.jpg.

Dördüncü Bölüm

1. Fekri A. Hassan, "Holocene Lakes and Prehistoric Settlements of the Western Fayum, Egypt", *Journal of Archaeological Science* 13:5 (1986), 393–504; Gunther Garbrecht, "Water Storage (Lake Moeris) in the Fayum Depression, Legend or Reality?", *Irrigation and Drainage Systems* 1:3 (1987), 143–57; Gunther Garbrecht, "Historical Water Storage for Irrigation in the Fayum Depression (Egypt)", *Irrigation and Drainage Systems* 10:1 (1996), 47–76.
2. Yehuda Bauer, *A History of the Holocaust* (Danbur: Franklin Watts, 2001), 249.

3. Jean C. Oi, *State and Peasant in Contemporary China: The Political Economy of Village Government* (Berkeley: University of California Press, 1989), 91; Jasper Becker, *Hungry Ghosts: China's Secret Famine* (Londra: John Murray, 1996); Frank Dikkoter, *Mao's Great Famine: The History of China's Most Devastating Catastrophe, 1958–62* (Londra: Bloomsbury, 2010).
4. Martin Meredith, *The Fate of Africa: From the Hopes of Freedom to the Heart of Despair: A History of Fifty Years of Independence* (New York: Public Affairs, 2006); Sven Rydenfelt, "Lessons from Socialist Tanzania", *The Freeman* 36:9 (1986); David Blair, "Africa in a Nutshell", *Telegraph*, 10 Mayıs 2006, 22 Aralık 2014'te erişilmiştir, http://blogs.telegraph.co.uk/news/davidblair/3631941/Africa_in_a_nutshell/.
5. Roland Anthony Oliver, *Africa since 1800*, 5. ed. (Cambridge: Cambridge University Press, 2005), 100–23; David van Reybrouck, *Congo: The Epic History of a People* (New York: HarperCollins, 2014), 58–9.
6. Ben Wilbrink, "Assessment in Historical Perspective", *Studies in Educational Evaluation* 23:1 (1997), 31–48.
7. M. C. Lemon, *Philosophy of History* (Londra ve New York: Routledge, 2003), 28–44; Siep Stuurman, "Herodotus and Sima Qian: History and the Anthropological Turn in Ancient Greece and Han China", *Journal of World History* 19:1 (2008), 1–40.
8. William Kelly Simpson, *The Literature of Ancient Egypt* (Yale: Yale University Press, 1973), 332–3.

Beşinci Bölüm

1. C. Scott Dixon, *Protestants: A History from Wittenberg to Pennsylvania, 1517–1740* (Chichester, UK: Wiley-Blackwell, 2010), 15; Peter W. Williams, *America's Religions: From Their Origins to the Twenty-First Century* (Urbana: University of Illinois Press, 2008), 82.
2. *Antichrist1,* Lucas Cranach the Elder. İlk ekleyen, Epiphyllumlover, en.wikipedia – en.wikipedia' alınmıştır (Metnin aslı: Google Books). Lisans: Public Domain via Commons, https://commons.wikimedia.org/wiki/File:Antichrist1.jpg#/media/File:Antichrist1.jpg
3. Glenn Hausfater and Sarah Blaffer, der., *Infanticide: Comparative and Evolutionary Perspectives* (New York: Aldine, 1984), 449; Valeria Alia, *Names and Nunavut: Culture and Identity in the Inuit Homeland* (New York: Berghahn Books, 2007), 23; Lewis Petrinovich, *Human Evolution, Reproduction and Morality* (Cambridge, MA: MIT Press, 1998), 256; Richard A.

Posner, *Sex and Reason* (Cambridge, MA: Harvard University Press, 1992), 289.

4. Ronald K. Delph, "Valla Grammaticus, Agostino Steuco, and the Donation of Constantine", *Journal of the History of Ideas* 57:1 (1996), 55–77; Joseph M. Levine, "Reginald Pecock and Lorenzo Valla on the Donation of Constantine", *Studies in the Renaissance* 20 (1973), 118–43.
5. Gabriele Boccaccini, *Roots of Rabbinic Judaism* (Cambridge: Eerdmans, 2002); Shaye J. D. Cohen, *From the Maccabees to the Mishnah*, 2. ed. (Louisville: Westminster John Knox Press, 2006), 153–7; Lee M. McDonald ve James A. Sanders, der., *The Canon Debate* (Peabody: Hendrickson, 2002), 4.
6. Sam Harris, *The Moral Landscape: How Science Can Determine Human Values* (New York: Free Press, 2010).

Altıncı bölüm

1. Gerald S. Wilkinson, "The Social Organization of the Common Vampire Bat II", *Behavioral Ecology and Sociobiology* 17:2 (1985), 123–34; Gerald S. Wilkinson, "Reciprocal Food Sharing in the Vampire Bat", *Nature* 308:5955 (1984), 181–4; Raul Flores Crespo ve diğ., "Foraging Behavior of the Common Vampire Bat Related to Moonlight", *Journal of Mammalogy* 53:2 (1972), 366–8.
2. Goh Chin Lian, "Admin Service Pay: Pensions Removed, National Bonus to Replace GDP Bonus", *Straits Times*, 8 Nisan 2013, 9 Şubat 2016'da alınmıştır, http://www.straitstimes.com/singapore/admin-service-pay-pensions-removed-national-bonus-to-replace-gdp-bonus.
3. Edward Wong, "In China, Breathing Becomes a Childhood Risk", *New York Times*, 22 Nisan 2013, 22 Aralık 2014'te erişilmiştir, http://www.nytimes.com/2013/04/23/world/asia/pollution-is-radically-changing-childhood-in-chinas-cities.html?pagewanted=all&_r=0; Barbara Demick, "China Entrepreneurs Cash in on Air Pollution", *Los Angeles Times*, 2 Şubat 2013, 22 Aralık 2014'te erişilmiştir, http://articles.latimes.com/2013/feb/02/world/la-fg-china-pollution-20130203.
4. IPCC, *Climate Change 2014: Mitigation of Climate Change – Summery for Policymakers*, Ottmar Edenhofer ve diğ., der., (Cambridge ve New York: Cambridge University Press, 2014), 6.
5. UNEP, *The Emissions Gap Report 2012* (Nairobi: UNEP, 2012); IEA, *Energy Policies of IEA Countries: The United States* (Paris: IEA, 2008).
6. Daha detaylı bir tartışma için bkz: Ha-Joon Chang, *23 Things They Don't Tell You About Capitalism* (New York: Bloomsbury Press, 2010).

Yedinci Bölüm

1. Jean-Jacques Rousseau, *Émile, ou de l'éducation* (Paris, 1967), 348. [Türkçesi: Jean-Jacques Rousseau, *Emile ya da Eğitim Üzerine*, (İstanbul: İş Bankası Yayınları, 2009)]
2. "Journalists Syndicate Says Charlie Hebdo Cartoons "Hurt Feelings", Washington Okays", *Egypt Independent*, 14 Ocak 2015, 12 Ağustos 2015'te erişilmiştir, http://www.egyptindependent.com/news/journalists-syndicate-says-charlie-hebdo-cartoons-per centE2per cent80per cent98hurt-feelings-washington-okays.
3. Naomi Daron, "Evolution on Steroids", *Haaretz*, 13 Haziran 2014 .
4. Walter Horace Bruford, *The German Tradition of Self-Cultivation: "Bildung" from Humboldt to Thomas Mann* (Londra, New York: Cambridge University Press, 1975), 24, 25.
5. "All-Time 100 TV Shows: *Survivor*", *Time*, 6 Eylül 2007, 12 Ağustos 2015'te düzenlenmiştir, http://time.com/3103831/survivor/.
6. Phil Klay, *Redeployment* (Londra: Canongate, 2015), 170.
7. Yuval Noah Harari, *The Ultimate Experience: Battlefield Revelations and the Making of Modern War Culture, 1450–2000* (Houndmills: Palgrave Macmillan, 2008); Yuval Noah Harari, "Armchairs, Coffee and Authority: Eye-witnesses and Flesh-witnesses Speak about War, 1100–2000", *Journal of Military History* 74:1 (Ocak 2010), 53–78.
8. "Angela Merkel Attacked over Crying Refugee Girl", BBC, 17 Temmuz 2015, 12 Ağustos 2015'te erişilmiştir, http://www.bbc.com/news/world-europe-33555619.
9. Laurence Housman, *War Letters of Fallen Englishmen* (Philadelphia: University of Pennsylvania State, 2002), 159.
10. Mark Bowden, *Black Hawk Down: The Story of Modern Warfare* (New York: New American Library, 2001), 301–2.
11. Adolf Hitler, *Mein Kampf*, çev. Ralph Manheim (Boston: Houghton Mifflin, 1943), 165. [Tükçesi: Adolf Hitler, *Kavgam*, çev. Basad Kocaoğlu, (İstanbul: İlgi Yayınları, 2016)]
12. Evan Osnos, *Age of Ambition: Chasing Fortune, Truth and Faith in the New China* (Londra: Vintage, 2014), 95.
13. Mark Harrison, der., *The Economics of World War II: Six Great Powers in International Comparison* (Cambridge: Cambridge University Press, 1998), 3–10; John Ellis, *World War II: A Statistical Survey* (New York: Facts on File, 1993); I. C. B Dear, der., *The Oxford Companion to the Second World War* (Oxford: Oxford University Press, 1995).
14. "Saigon-hubert-van-es", Source. Lisans: Wikipedia, https://en.wikipedia.

org/wiki/File:Saigon-hubert-van-es.jpg#/media/File:Saigon-hubert-van-es.jpg.

15. Donna Haraway, "A Cyborg Manifesto: Science, Technology, and Socialist-Feminism in the Late Twentieth Century", *Simians, Cyborgs and Women: The Reinvention of Nature*, der. Donna Haraway (New York: Routledge, 1991), 149–81. [Türkçesi: Donna Haraway, *Siborg Manifestosu*, çev. Osman Akınhay (İstanbul: Agora Kitaplığı, 2006)]

Sekizinci Bölüm

1. Detaylı bir tartışma için bkz. Michael S. Gazzaniga, *Who's in Charge?: Free Will and the Science of the Brain* (New York: Ecco, 2011).
2. Chun Siong Soon ve diğ., "Unconscious Determinants of Free Decisions in the Human Brain", Nature Neuroscience 11:5 (2008), 543–5. Ayrıca bkz. Daniel Wegner, The Illusion of Conscious Will (Cambridge, MA: MIT Press, 2002); Benjamin Libet, "Unconscious Cerebral Initiative and the Role of Conscious Will in Voluntary Action", Behavioral and Brain Sciences 8 (1985), 529–66.
3. Sanjiv K. Talwar ve diğ., "Rat Navigation Guided by Remote Control", *Nature* 417:6884 (2002), 37–8; Ben Harder, "Scientists 'Drive' Rats by Remote Control", *National Geographic*, 1 Mayıs 2012, 22 Aralık 2014'te erişilmiştir, http://news.nationalgeographic.com/news/2002/05/0501_020501_roborats.html; Tom Clarke, "Here Come the Ratbots: Desire Drives Remote-Controlled Rodents", *Nature*, 2 Mayıs 2002, 22 Aralık 2014'te erişilmiştir, http://www.nature.com/news/1998/020429/full/news020429-9.html; Duncan Graham-Rowe, "'Robo-rat' Controlled by Brain Electrodes", *New Scientist*, 1 Mayıs 2002, 22 Aralık 2014'te erişilmiştir, http://www.newscientist.com/article/dn2237–roborat-controlled-by-brain-electrodes.html#.UwOPiNrNtkQ.
4. http://fusion.net/story/204316/darpa-is-implanting-chips-in-soldiers-brains/; http://www.theverge.com/2014/5/28/5758018/darpa-teams-begin-work-on-tiny-brain-implant-to-treat-ptsd.
5. Smadar Reisfeld, "Outside of the Cuckoo's Nest", *Haaretz*, 6 Mart 2015.
6. Dan Hurley, "US Military Leads Quest for Futuristic Ways to Boost IQ", *Newsweek*, 5 Mart 2014, http://www.newsweek.com/2014/03/14/us-military-leads-quest-futuristic-ways-boost-iq-247945.html, 9 Ocak 2015'te erişilmiştir; Human Effectiveness Directorate, http://www.wpafb.af.mil/afrl/rh/index.asp; R. Andy McKinley ve diğ., "Acceleration of Image Analyst Training with Transcranial Direct Current Stimulation", *Behavioral*

Neuroscience 127:6 (2013): 936–46; Jeremy T. Nelson ve diğ., "Enhancing Vigilance in Operators with Prefrontal Cortex Transcranial Direct Current Stimulation (TDCS)", *NeuroImage* 85 (2014): 909–17; Melissa Scheldrup ve diğ., "Transcranial Direct Current Stimulation Facilities Cognitive Multi-Task Performance Differentially Depending on Anode Location and Subtask", *Frontiers in Human Neuroscience* 8 (2014); Oliver Burkeman, "Can I Increase my Brain Power?", *Guardian*, 4 Ocak 2014, http://www.theguardian.com/science/2014/jan/04/can-i-increase-my-brain-power,9 Ocak 2016'da erişilmiştir; Heather Kelly, "Wearable Tech to Hack Your Brain", CNN, 23 Ekim 2014, http://www.cnn.com/2014/10/22/tech/innovation/brain-stimulation-tech/. 9 Ocak 2016'da erişilmiştir.

7. Sally Adee, "Zap Your Brain into the Zone: Fast Track to Pure Focus", *New Scientist*, 6 Şubat 2012, 22 Aralık 2014'te erişilmiştir, http://www.newscientist.com/article/mg21328501.600–zap-your-brain-into-the-zone-fast-track-to-pure-focus.html. Ayrıca bkz: R. Douglas Fields, "Amping Up Brain Function: Transcranial Stimulation Shows Promise in Speeding Up Learning", *Scientific American*, 25 Kasım 2011, 22 Aralık 2014'te erişilmiştir, http://www.scientificamerican.com/article/amping-up-brain-function.
8. Sally Adee, "How Electrical Brain Stimulation Can Change the Way We Think", *The Week*, 30 Mart 2012, 22 Aralık 2014'te erişilmiştir, http://theweek.com/article/index/226196/how-electrical-brain-stimulation-can-change-the-way-we-think/2.
9. E. Bianconi ve diğ., "An Estimation of the Number of Cells in the Human Body," *Annals of Human Biology* 40:6 (2013): 463–71.
10. Oliver Sacks, *The Man Who Mistook His Wife for a Hat* (Londra: Picador, 1985), 73–5. [Türkçesi: Oliver Sacks, *Karısını* Şapka *Sanan Adam,* çev. Çiğdem Çalkılıç (İstanbul: Yapı Kredi Yayınları, 10. Baskı, 2016)]
11. Joseph E. LeDoux, Donald H. Wilson, Michael S. Gazzaniga, "A Divided Mind: Observations on the Conscious Properties of the Separated Hemispheres", *Annals of Neurology* 2:5 (1977), 417–21. Ayrıca bkz: D. Galin, "Implications for Psychiatry of Left and Right Cerebral Specialization: A Neurophysiological Context for Unconscious Processes", *Archives of General Psychiatry*, 31:4 (1974), 572–83; R. W. Sperry, M. S. Gazzaniga ve J. E. Bogen, "Interhemispheric relationships: The Neocortical Commisures: Syndromes of Hemisphere Disconnection", *Handbook of Clinical Neurology*, der. P. J. Vinken ve G. W. Bruyn (Amsterdam: North Holland Publishing Co., 1969), c: 4.
12. Michael S. Gazzaniga, *The Bisected Brain* (New York: Appleton-Century-Crofts, 1970); Gazzaniga, *Who's in Charge?*; Carl Senior, Tamara

Russell, ve Michael S. Gazzaniga, *Methods in Mind* (Cambridge, MA: MIT Press, 2006); David Wolman, "The Split Brain: A Tale of Two Halves", *Nature* 483 (14 Mart 2012): 260–3.

13. Galin, "Implications for Psychiatry of Left and Right Cerebral Specialization", 573–4.
14. Springer ve Deutsch, *Left Brain, Right Brain,* 3rd edn (New York: W. H. Freeman, 1989), 32–6.
15. Kahneman, *Thinking, Fast and Slow*, 377–410. [Türkçesi: Daniel Kahneman, *Hızlı ve Yavaş Düşünme,* (İstanbul: Varlık Yayınları, 2016)]; Ayrıca bkz. Gazzaniga, *Who's in Charge?*, 3. Bölüm.
16. Eran Chajut ve diğ., "In Pain Thou Shalt Bring Forth Children: The Peak-and-End Rule in Recall of Labor Pain", *Psychological Science* 25:12 (2014), 2266–71.
17. Ulla Waldenström, "Women's Memory of Childbirth at Two Months and One Year after the Birth", *Birth* 30:4 (2003), 248–54; Ulla Waldenström, "Why Do Some Women Change Their Opinion about Childbirth over Time?", *Birth* 31:2 (2004), 102–7.
18. Gazzaniga, *Who's in Charge?*, ch. 3.
19. Jorge Luis Borges, *Collected Fictions*, çev. Andrew Hurley (New York: Penguin Books, 1999), 308–9. İspanyolcası için bkz: Jorge Luis Borges, "Un problema", *Obras completas*, c. 3 (Buenos Aires: Emece Editores, 1968–9), 29–30.
20. Mark Thompson, *The White War: Life and Death on the Italian Front, 1915-1919* (New York: Basic Books, 2009).

Dokuzuncu Bölüm

1. F. M. Anderson, der., *The Constitutions and Other Select Documents Illustrative of the History of France: 1789–1907*, 2. ed. (Minneapolis: H. W. Wilson, 1908), 184–5; Alan Forrest, "L'armée de l'an II: la levée en masse et la création d'un mythe républicain", *Annales historiques de la Révolution francais* 335 (2004), 111–30.
2. Morris Edmund Spears, der., *World War Issues and Ideals: Readings in Contemporary History and Literature* (Boston and New York: Ginn and Company, 1918), 242. Hem lehte hem de alehte en sık atıfta bulunulan önemli bir çalışma demokrasinin askerlerinin daha iyi savaştığını kanıtlamaya çalışır: Dan Reiter ve Allan C. Stam, *Democracies at War* (Princeton: Princeton University Press, 2002).
3. Doris Stevens, *Jailed for Freedom* (New York: Boni and Liveright, 1920),

290. Ayrıca bkz. Susan R. Grayzel, *Women and the First World War* (Harlow: Longman, 2002), 101–6; Christine Bolt, *The Women's Movements in the United States and Britain from the 1790s to the 1920s* (Amherst: University of Massachusetts Press, 1993), 236–76; Birgitta Bader-Zaar, "Women's Suffrage and War: World War I and Political Reform in a Comparative Perspective", *Suffrage, Gender and Citizenship: International Perspectives on Parliamentary Reforms*, der. Irma Sulkunen, Seija-Leena Nevala-Nurmi ve Pirjo Markkola (Newcastle upon Tyne: Cambridge Scholars Publishing, 2009), 193–218.

4. Matt Richtel ve Conor Dougherty, "Google's Driverless Cars Run Into Problem: Cars With Drivers", *New York Times*, 1 Eylül 2015, 2 Eylül 2015'te erişilmiştir, http://www.nytimes.com/2015/09/02/technology/personaltech/google-says-its-not-the-driverless-cars-fault-its-other-drivers.html?_r=1; Shawn DuBravac, *Digital Destiny: How the New Age of Data Will Transform the Way We Work, Live and Communicate* (Washington DC: Regnery Publishing, 2015), 127–56.
5. Bradley Hope, "Lawsuit Against Exchanges Over "Unfair Advantage" for High-Frequency Traders Dismissed", *Wall Street Journal*, 29 Nisan 2015, 6 Ekim 2015'te erişilmiştir, http://www.wsj.com/articles/lawsuit-against-exchanges-over-unfair-advantage-for-high-frequency-traders-dismissed-1430326045; David Levine, "High-Frequency Trading Machines Favored Over Humans by CME Group, Lawsuit Claims", *Huffington Post*, 26 Haziran 2012, 6 Ekim 2015'te erişilmiştir, http://www.huffingtonpost.com/2012/06/26/high-frequency-trading-lawsuit_n_1625648.html; Lu Wang, Whitney Kisling ve Eric Lam, "Fake Post Erasing $136 Billion Shows Markets Need Humans", Bloomberg, 23 Nisan 2013, 22 Aralık 2014'te erişilmiştir, http://www.bloomberg.com/news/2013–04–23/fake-report-erasing-136–billion-shows-market-s-fragility.html; Matthew Philips, "How the Robots Lost: High-Frequency Trading's Rise and Fall", *Bloomberg Businessweek*, 6 Haziran 2013, 22 Aralık 2014'te erişilmiştir, http://www.businessweek.com/printer/articles/123468–how-the-robots-lost-high-frequency-tradings-rise-and-fall; Steiner, *Automate This*, 2–5, 11–52; Luke Dormehl, *The Formula: How Algorithms Solve All Our Problems – And Create More* (Londra: Penguin, 2014), 223.
6. Jordan Weissmann, "iLawyer: What Happens when Computers Replace Attorneys?", *Atlantic*, 19 Haziran 2012, 22 Aralık 2014'te erişilmiştir, http://www.theatlantic.com/business/archive/2012/06/ilawyer-what-happens-when-computers-replace-attorneys/258688; John Markoff, "Armies of Expensive Lawyers, Replaced by Cheaper Software", *New York*

Times, 4 Mart 2011, 22 Aralık 2014'te erişilmiştir, http://www.nytimes.com/2011/03/05/science/05legal.html?pagewanted=all&_r=0; Adi Narayan, "The fMRI Brain Scan: A Better Lie Detector?", *Time*, 20 Temmuz 2009, 22 Aralık 2014'te erişilmiştir, http://content.time.com/time/health/article/0,8599,1911546–2,00.html; Elena Rusconi and Timothy Mitchener-Nissen, "Prospects of Functional Magnetic Resonance Imaging as Lie Detector", *Frontiers in Human Neuroscience* 7:54 (2013); Steiner, *Automate This*, 217; Dormehl, *The Formula*, 229.

7. B. P. Woolf, *Building Intelligent Interactive Tutors: Student-centered Strategies for Revolutionizing E-learning* (Burlington: Morgan Kaufmann, 2010); Annie Murphy Paul, "The Machines are Taking Over", *New York Times*, 14 Eylül 2012, 22 Aralık 2014'te erişilmiştir, http://www.nytimes.com/2012/09/16/magazine/how-computerized-tutors-are-learning-to-teach-humans.html?_r=0; P. J. Munoz-Merino, C. D. Kloos and M. Munoz-Organero, "Enhancement of Student Learning Through the Use of a Hinting Computer e-Learning System and Comparison With Human Teachers", *IEEE Transactions on Education* 54:1 (2011), 164–7; *Mindojo*, 14 Temmuz 2015'te erişilmiştir, http://mindojo.com/.
8. Steiner, *Automate This*, 146–62; Ian Steadman, "IBM's Watson Is Better at Diagnosing Cancer than Human Doctors", *Wired*, 11 Şubat 2013, 22 Aralık 2014'te erişilmiştir, http://www.wired.co.uk/news/archive/2013–02/11/ibm-watson-medical-doctor; "Watson Is Helping Doctors Fight Cancer", IBM, 22 Aralık 2014'te erişilmiştir, http://www-03.ibm.com/innovation/us/watson/watson_in_healthcare.shtml; Vinod Khosla, "Technology Will Replace 80 per cent of What Doctors Do", *Fortune*, 4 Aralık 2012, 22 Aralık 2014'te erişilmiştir, http://tech.fortune.cnn.com/2012/12/04/technology-doctors-khosla; Ezra Klein, "How Robots Will Replace Doctors", *Washington Post*, 10 Ocak 2011, 22 Aralık 2014'te erişilmiştir, http://www.washingtonpost.com/blogs/wonkblog/post/how-robots-will-replace-doctors/2011/08/25/gIQASA17AL_blog.html.
9. Tzezana, *The Guide to the Future*, 62–4.
10. Steiner, *Automate This*, 155.
11. http://www.mattersight.com.
12. Steiner, *Automate This*, 178–82; Dormehl, *The Formula*, 21–4; Shana Lebowitz, "Every Time You Dial into These Call Centers, Your Personality Is Being Silently Assessed", *Business Insider*, 3 Eylül 2015, 31 Ocak 2016 'da düzenlenmiştir, http://www.businessinsider.com/how-mattersight-uses-personality-science-2015-9.
13. Rebecca Morelle, "Google Machine Learns to Master Video Games", BBC,

25 Şubat 2015, 12 Ağustos 2015'te erişilmiştir, http://www.bbc.com/news/science-environment-31623427; Elizabeth Lopatto, "Google's AI Can Learn to Play Video Games", *The Verge*, 25 Şubat 2015, 12 Ağustos 2015'te erişilmiştir, http://www.theverge.com/2015/2/25/8108399/google-ai-deepmind-video-games; Volodymyr Mnih ve diğ., "Human-Level Control through Deep Reinforcement Learning", *Nature*, 26 Şubat 2015, 12 Ağustos 2015'te erişilmiştir, http://www.nature.com/nature/journal/v518/n7540/full/nature14236.html

14. Michael Lewis, *Moneyball: The Art of Winning An Unfair Game* (New York: W. W. Norton, 2003). Ayrıca bkz. *Kazanma Sanatı*, yönetmen Bennett Miller ve başrolde Billy Beane rolünde Brad Pitt.
15. Frank Levy ve Richard Murnane, *The New Division of Labor: How Computers are Creating the Next Job Market* (Princeton: Princeton University Press, 2004); Dormehl, *The Formula*, 225–6.
16. Tom Simonite, "When Your Boss is an Uber Algoritm", *MIT Technology Review*, 1 Aralık 2015, 4 Şubat 2016 'da düzenlenmiştir, https://www.technologyreview.com/s/543946/when-your-boss-is-an-uber-algorithm/.
17. Simon Sharwood, "Software "Appointed to Board" of Venture Capital Firm", *The Register*, 18 Mayıs 2014, 12 Ağustos 2015'te erişilmiştir, http://www.theregister.co.uk/2014/05/18/software_appointed_to_board_of_venture_capital_firm/; John Bates, "I'm the Chairman of the Board", *Huffington Post*, 6 Nisan 2014, 12 Ağustos 2015'te erişilmiştir, http://www.huffingtonpost.com/john-bates/im-the-chairman-of-the-bo_b_5440591.html; Colm Gorey, "I'm Afraid I Can't Invest in That, Dave: AI Appointed to VC Funding Board", *Silicon Republic*, 15 Mayıs 2014, 12 Ağustos 2015'te erişilmiştir, https://www.siliconrepublic.com/discovery/2014/05/15/im-afraid-i-cant-invest-in-that-dave-ai-appointed-to-vc-funding-board.
18. Steiner, *Automate This*, 89–101; D. H. Cope, *Comes the Fiery Night: 2,000 Haiku by Man and Machine* (Santa Cruz: Create Space, 2011). Ayrıca bkz: Dormehl, *The Formula*, 174–80, 195–8, 200–2, 216–20; Steiner, *Automate This*, 75–89.
19. Carl Benedikt Frey ve Michael A. Osborne, "The Future of Employment: How Susceptible Are Jobs to Computerisation?", 17 Eylül 2013, 12 Ağustos 2015'te erişilmiştir, http://www.oxfordmartin.ox.ac.uk/downloads/academic/The_Future_of_Employment.pdf.
20. E. Brynjolfsson ve A. McAffee, *Race Againt the Machine: How the Digital Revolution is Accelerating Innovation, Driving Productivity, and Irreversibly Transforming Employment and the Economy* (Lexington: Digital Frontier Press, 2011).

21. Nick Bostrom, *Superintelligence: Paths, Dangers, Strategies* (Oxford: Oxford University Press, 2014).
22. Ido Efrati, "Researchers Conducted a Successful Experiment with an 'Artificial Pancreas' Connected to an iPhone" [İbranice], *Haaretz*, 17 Haziran 2014, 23 Aralık 2014'te erişilmiştir, http://www.haaretz.co.il/news/health/1.2350956. Moshe Phillip ve diğ., "Nocturnal. Glucose Control with an Artificial Pancreas at a Diabetis Camp", *New England Journal of Medicine* 368:9 (2013), 824–33; "Artificial Pancreas Controlled by iPhone Shows Promise in Diabetes Trial", *Today*, 17 Haziran 2014, 22 Aralık 2014'te erişilmiştir, http://www.todayonline.com/world/artificial-pancreas-controlled-iphone-shows-promise-diabetes-trial?singlepage=true
23. Dormehl, *The Formula*, 7–16.
24. Martha Mendoza, "Google Develops Contact Lens Glucose Monitor", Yahoo News, 17 Ocak 2014, 12 Ağustos 2015'te erişilmiştir, http://news.yahoo.com/google-develops-contact-lens-glucose-monitor-000147894.html; Mark Scott, "Novartis Joins with Google to Develop Contact Lens That Monitors Blood Sugar", *New York Times*, 15 Temmuz 2014, 12 Ağustos 2015'te erişilmiştir, http://www.nytimes.com/2014/07/16/business/international/novartis-joins-with-google-to-develop-contact-lens-to-monitor-blood-sugar.html?_r=0; Rachel Barclay, "Google Scientists Create Contact Lens to Measure Blood Sugar Level in Tears", Healthline, 23 Ocak 2014, 12 Ağustos 2015'te erişilmiştir, http://www.healthline.com/health-news/diabetes-google-develops-glucose-monitoring-contact-lens-012314.
25. "Quantified Self", http://quantifiedself.com/; Dormehl, *The Formula*, 11–16.
26. Dormehl, *The Formula*, 91–5; "Bedpost", http://bedposted.com.
27. Dormehl, *The Formula*, 53–9.
28. Angelina Jolie, "My Medical Choice", *New York Times*, 14 Mayıs 2013, 22 Aralık 2014'te erişilmiştir, http://www.nytimes.com/2013/05/14/opinion/my-medical-choice.html.
29. "Google Flu Trends", http://www.google.org/flutrends/about/how.html; Jeremy Ginsberg ve diğ., "Detecting Influenza Epidemics Using Search Engine Query Data", *Nature*, 457:7232 (2008), 1012–14; Declan Butler, "When Google Got Flu Wrong", *Nature*, 13 Şubat 2013, 22 Aralık 2014'te erişilmiştir, http://www.nature.com/news/when-google-got-flu-wrong-1.12413; Miguel Helft, "Google Uses Searches to Track Flu's Spread", *New York Times*, 11 Kasım 2008, 22 Aralık 2014'te erişilmiştir, http://msl1.mit.edu/furdlog/docs/nytimes/2008-11-11_nytimes_google_influenza.pdf; Samanth Cook ve diğ., "Assessing Google Flu Trends Performance in the Uni-

ted States during the 2009 Influenza Virus A (H1N1) Pandemic", *PLOS One*, 19 Ağustos 2011, 22 Aralık 2014'te erişilmiştir, http://www.plosone.org/article/info%3Adoi%2F10.1371%2Fjournal.pone.0023610; Jeffrey Shaman ve diğ., "Real-Time Inluenza Forecasts during the 2012–2013 Season", *Nature*, 23 Nisan 2013, 24 Aralık 2014'te erişilmiştir, http://www.nature.com/ncomms/2013/131203/ncomms3837/full/ncomms3837.html.

30. Alistair Barr, "Google's New Moonshot Project: The Human Body", *Wall Street Journal*, 24 Temmuz 2014, 22 Aralık 2014'te erişilmiştir, http://www.wsj.com/articles/google-to-collect-data-to-define-healthy-human-1406246214; Nick Summers, "Google Announces Google Fit Platform Preview for Developers", Next Web, 25 Haziran 2014, 22 Aralık 2014'te erişilmiştir, http://thenextweb.com/insider/2014/06/25/google-launches-google-fit-platform-preview-developers/.
31. Dormehl, *The Formula*, 72–80.
32. Wu Youyou, Michal Kosinski ve David Stillwell, "Computer-Based Personality Judgements Are More Accurate Than Those Made by Humans", *PNAS* 112:4 (2015), 1036–40.
33. Kahinler, vekiller ve hükümdarlar için bkz: Bostrom, *Superintelligence*.
34. https://www.waze.com/.
35. Dormehl, *The Formula*, 206.
36. World Bank, *World Development Indicators 2012* (Washington DC: World Bank, 2012), 72, http://data.worldbank.org/sites/default/files/wdi-2012–ebook.pdf.
37. Larry Elliott, "Richest 62 People as Wealthy as Half of World's Population, Says Oxfam", *Guardian*, 18 Ocak 2016, 9 Şubat 2016'da düzenlenmiştir, http://www.theguardian.com/business/2016/jan/18/richest-62-billionaires-wealthy-half-world-population-combined; Tami Luhby, "The 62 Richest People Have As Much Wealth As Half the World", *CNN Money*, 18 Ocak 2016, 9 Şubat 2016'da düzenlenmiştir, http://money.cnn.com/2016/01/17/news/economy/oxfam-wealth/.

Onuncu Bölüm

1. "EM spectrum". Lisans: CC BY-SA 3.0, https://commons.wikimedia.org/wiki/File:EM_spectrum.svg#/media/File:EM_spectrum.svg
2. Joseph Henrich, Steven J. Heine ve Ara Norenzayan, "The Weirdest People in the World", *Behavioral and Brain Sciences* 33 (2010), 61–135.
3. Benny Shanon, *Antipodes of the Mind: Charting the Phenomenology of the Ayahuasca Experience* (Oxford: Oxford University Press, 2002).

4. Thomas Nagel, "What Is It Like to Be a Bat?", *Philosophical Review* 83:4 (1974), 435–50. [Türkçesi: Thomas Nagel, "Yarasa Olmak Nasıl Bir Şeydir?", *Zihin ve Evren*, çev. Özge Çağlar Aksoy (İstanbul: Jaguar Kitap, 2015)]
5. Michael J. Noad ve diğ., "Cultural Revolution in Whale Songs", *Nature* 408:6812 (2000), 537; Nina Eriksen ve diğ., "Cultural Change in the Songs of Humpback Whales (*Megaptera novaeangliae*) from Tonga", *Behavior* 142:3 (2005), 305–28; E. C. M. Parsons, A. J. Wright ve M. A. Gore, "The Nature of Humpback Whale (*Megaptera novaeangliae*) Song", *Journal of Marine Animals and Their Ecology* 1:1 (2008), 22–31.
6. C. Bushdid ve diğ., "Human can Discriminate More than 1 Trillion Olfactory Stimuli", *Science* 343:6177 (2014),1370–2; Peter A. Brennan ve Frank Zufall, "Pheromonal Communication in Vertebrates", *Nature* 444:7117 (2006), 308–15; Jianzhi Zhang ve David M. Webb, "Evolutionary Deterioration of the Vomeronasal Pheromone Transduction Pathway in Catarrhine Primates", *Proceedings of the National Academy of Sciences* 100:14 (2003), 8337–41; Bettina Beer, "Smell, Person, Space and Memory", *Experiencing New Worlds*, der. Jurg Wassmann ve Kathrina Stockhaus (New York: Berghahn Books, 2007), 187–200; Niclas Burenhult ve Majid Asifa, "Olfaction in Aslian Ideology and Language", *Sense and Society* 6:1 (2011), 19–29; Constance Classen, David Howes ve Anthony Synnott, *Aroma: The Cultural History of Smell* (Londra: Routledge, 1994); Amy Pei-jung Lee, "Reduplication and Odor in Four Formosan Languages", *Language and Linguistics* 11:1 (2010): 99–126; Walter E. A. van Beek, "The Dirty Smith: Smell as a Social Frontier among the Kapsiki/Higi of North Cameroon and North-Eastern Nigeria", *Africa* 62:1 (1992), 38–58; Ewelina Wnuk ve Asifa Majid, "Revisiting the Limits of Language: The Odor Lexicon of Maniq", *Cognition* 131 (2014), 125–38. Ancak bazı araştırmacılar insanların koku yetilerinin azalmasını çok daha eski evrimsel süreçlere dayandırıyor. Bkz: Yoav Gilad ve diğ., "Human Specific Loss of Olfactory Receptor Genes", *Proceedings of the National Academy of Sciences* 100:6 (2003), 3324–7; Atushi Matsui, Yasuhiro Go ve Yoshihito Niimura, "Degeneration of Olfactory Receptor Gene Repertories in Primates: No Direct Link to Full Trichromatic Vision", *Molecular Biology and Evolution* 27:5 (2010), 1192–200.
7. Matthew Crawford, *The World Beyond Your Head: How to Flourish in an Age of Distraction* (Londra: Viking, 2015).
8. Turnbull ve Solms, *The Brain and the Inner World*, 136–59; Kelly Bulkeley, *Visions of the Night: Dreams, Religion and Psychology* (New York:

State University of New York Press, 1999); Andreas Mavrematis, *Hypnogogia: The Unique State of Consciousness Between Wakefulness and Sleep* (Londra: Routledge, 1987); Brigitte Holzinger, Stephen LaBerge ve Lynn Levitan, "Psychophysiological Correlates of Lucid Dreaming", *American Psychological Association* 16:2 (2006): 88–95; Watanabe Tsuneo, "Lucid Dreaming: Its Experimental Proof and Psychological Conditions", *Journal of International Society of Life Information Science* 21:1 (2003): 159–62; Victor I. Spoormaker ve Jan van den Bout, "Lucid Dreaming Treatment for Nightmares: A Pilot Study", *Psychotherapy and Psychosomatics* 75:6 (2006): 389–94.

On Birinci Bölüm

1. Örneğin bkz. Kevin Kelly, *What Technology Wants* (New York: Viking Press, 2010); César Hidalgo, *Why Information Grows: The Evolution of Order, From Atoms to Economies* (New York: Basic Books, 2015); Howard Bloom, *Global Brain: The Evolution of Mass Mind from the Big Bang to the 21st Century* (Hoboken: Wiley, 2001); DuBravac, *Digital Destiny.*
2. Friedrich Hayek, "The Use of Knowledge in Society," *American Economic Review* 35:4 (1945): 519–30.
3. Kiyohiko G. Nishimura, *Imperfect Competition Differential Information and the Macro-foundations of Macro-economy* (Oxford: Oxford University Press, 1992); Frank M. Machovec, *Perfect Competition and the Transformation of Economics* (Londra: Routledge, 2002); Frank V. Mastrianna, *Basic Economics*, 16. ed. (Mason: South-Western, 2010), 78–89; Zhiwu Chen, "Freedom of Information and the Economic Future of Hong Kong", *Hong Kong Centre for Economic Research* 74 (2003); Randall Morck, Bernard Yeung ve Wayne Yu, "The Information Content of Stock Markets: Why Do Emerging Markets Have Synchronous Stock Price Movements?", *Journal of Financial Economics* 58:1 (2000), 215–60; Louis H. Ederington ve Jae Ha Lee, "How Markets Process Information: News Releases and Volatility", *Journal of Finance* 48:4 (1993), 1161–91; Mark L. Mitchell and J. Harold Mulherin, "The Impact of Public Information on the Stock Market", *Journal of Finance* 49:3 (1994): 923–50; Jean-Jacques Laffont ve Eric S. Maskin, "The Efficient Market Hypothesis and Insider Trading on the Stock Market", *Journal of Political Economy* 98:1 (1990), 70–93; Steven R. Salbu, "Differentiated Perspectives on Insider Trading: The Effect of Paradigm Selection on Policy", *St John's Law Review* 66:2 (1992), 373–405.
4. Valery N. Soyfer, "New Light on the Lysenko Era", *Nature* 339:6224

(1989), 415–20; Nils Roll-Hansen, "Wishful Science: The Persistence of T. D. Lysenko's Agrobiology in the Politics of Science", *Osiris* 23:1 (2008), 166–88.

5. William H. McNeill and J. R. McNeill, *The Human Web: A Bird's-Eye View of World History* (New York: W. W. Norton, 2003).
6. Aaron Swartz, "Guerilla Open Access Manifesto", Temmuz 2008, 22 Aralık 2014'te erişilmiştir, https://ia700808.us.archive.org/17/items/GuerillaOpenAccessManifesto/Goamjuly2008.pdf, [Türkçesi: Aaron Swartz "Gerilla Açık Erişim Manifestosu", 1 Kasım 2016'da erişilmiştir, https://openaccessmanifesto.wordpress.com/gerilla-acik-erisim-manifestosu/]; Sam Gustin, "Aaron Swartz, Tech Prodigy and Internet Activist, Is Dead at 26", *Time*, 13 Ocak 2013, 22 Aralık 2014'te erişilmiştir, http://business.time.com/2013/01/13/tech-prodigy-and-internet-activist-aaron-swartz-commits-suicide; Todd Leopold, "How Aaron Swartz Helped Build the Internet", CNN, 15 Ocak 2013, 22 Aralık 2014, http://edition.cnn.com/2013/01/15/tech/web/aaron-swartz-internet/; Declan McCullagh, "Swartz Didn't Face Prison until Feds Took Over Case, Report Says", CNET, 25 Ocak 2013, 22 Aralık 2014'te erişilmiştir, http://news.cnet.com/8301-13578_3-57565927-38/swartz-didnt-face-prison-until-feds-took-over-case-report-says/.
7. John Sousanis, "World Vehicle Population Tops 1 Billion Units", *Wardsauto*, 15 Ağustos 2011, 3 Aralık 2015'te erişilmiştir, http://wardsauto.com/news-analysis/world-vehicle-population-tops-1-billion-units.
8. "No More Woof", https://www.indiegogo.com/projects/no-more-woof.